BUSINESS INTELLIGENCE e ANÁLISE DE DADOS para gestão do negócio

S531b Sharda, Ramesh.
　　　　　Business intelligence e análise de dados para gestão do negócio / Ramesh Sharda, Dursun Delen, Efraim Turban ; tradução: Ronald Saraiva de Menezes ; revisão técnica: Ângela Brodbeck. – 4. ed. – Porto Alegre : Bookman, 2019.
　　　　　xxx, 584 p. : il. ; 25 cm.

　　　　　ISBN 978-85-8260-519-6

　　　　　1. Administração de empresas. 2. Gestão do conhecimento. I. Delen, Dursun. II. Turban, Efraim. III. Título.

CDU 658

Catalogação na publicação: Karin Lorien Menoncin – CRB 10/2147

Ramesh SHARDA
Oklahoma State University

Dursun DELEN
Oklahoma State University

Efraim TURBAN
University of Hawaii

Com contribuições nas edições anteriores por

J. E. Aronson
The University of Georgia

Ting-Peng Liang
National Sun Yat-sen University

David King
JDA Software Group, Inc.

BUSINESS INTELLIGENCE e ANÁLISE DE DADOS para gestão do negócio

4ª EDIÇÃO

Tradução
Ronald Saraiva de Menezes

Revisão técnica
Ângela Brodbeck
Doutora em Administração pela UFRGS
Professora aposentada da Escola de Administração/UFRGS

bookman

Porto Alegre
2019

Obra originalmente publicada sob o título
Business Intelligence, Analytics, and Data Science: A Managerial Perspective, 4th Edition
ISBN 9780134633282

Authorized translation from the English language edition, entitled BUSINESS INTELLIGENCE, ANALYTICS, AND DATA SCIENCE: A MANAGERIAL PERSPECTIVE, 4th Edition by RAMESH SHARDA; DURSUN DELEN; EFRAIM TURBAN, published by Pearson Education,Inc., publishing as Pearson, Copyright © 2018. All rights reserved. No part of this book may be reproduced or transmitted in any form or by any means, electronic or mechanical, including photocopying, recording or by any information storage retrieval system, without permission from Pearson Education, Inc.

Portuguese language edition published by Bookman Companhia Editora Ltda, a Division of Grupo A Educação S.A., Copyright © 2019.

Tradução autorizada a partir do original em língua inglesa da obra intitulada BUSINESS INTELLIGENCE, ANALYTICS, AND DATA SCIENCE: A MANAGERIAL PERSPECTIVE, 4ª Edição, autoria de RAMESH SHARDA; DURSUN DELEN; EFRAIM TURBAN, publicado por Pearson Education, Inc., sob o selo Pearson, Copyright © 2018. Todos os direitos reservados. Este livro não poderá ser reproduzido nem em parte na íntegra, nem ter partes ou sua íntegra armazenado em qualquer meio, seja mecânico ou eletrônico, inclusive fotoreprografação, sem permissão da Pearson Education, Inc.

A edição em língua portuguesa desta obra é publicada por Bookman Companhia Editora Ltda, uma empresa Grupo A Educação S.A., Copyright © 2019.

Gerente editorial: *Arysinha Jacques Affonso*

Colaboraram nesta edição:

Editora: *Denise Weber Nowaczyk*

Capa: *Márcio Monticelli* (arte sobre capa original)

Leitura final: *Ronald Saraiva de Menezes*

Editoração: *Clic Editoração Eletrônica Ltda.*

Reservados todos os direitos de publicação, em língua portuguesa, à
BOOKMAN EDITORA LTDA., uma empresa do GRUPO A EDUCAÇÃO S.A.
Av. Jerônimo de Ornelas, 670 – Santana
90040-340 Porto Alegre RS
Fone: (51) 3027-7000 Fax: (51) 3027-7070

SÃO PAULO
Rua Doutor Cesário Mota Jr., 63 – Vila Buarque
01221-020 São Paulo SP
Fone: (11) 3221-9033

SAC 0800 703-3444 – www.grupoa.com.br

É proibida a duplicação ou reprodução deste volume, no todo ou em parte, sob quaisquer formas ou por quaisquer meios (eletrônico, mecânico, gravação, fotocópia, distribuição na Web e outros), sem permissão expressa da Editora.

IMPRESSO NO BRASIL
PRINTED IN BRAZIL

Sobre os autores

Ramesh Sharda (MBA, Ph.D., University of Wisconsin–Madison) é vice-reitor de pesquisa e programas de pós-graduação, ocupante da cátedra Watson/Conoco-Phillips e Regents Professor de ciência administrativa e sistemas de informação da Spears School of Business na Oklahoma State University (OSU). É cofundador e diretor do programa de PhD em negócios para executivos pela OSU. Cerca de 200 artigos descrevendo suas pesquisas já foram publicados em importantes periódicos, incluindo *Operations Research, Management Science, Information Systems Research, Decision Support Systems* e *Journal of MIS*. Ele também cofundou a AIS SIG sobre Sistemas de Apoio à Decisão e Gestão de Conhecimentos (SIGDSA, na sigla em inglês). O Dr. Sharda integra diversos conselhos editoriais, incluindo aqueles do *Decision Sciences Journal, Decision Support Systems* e *ACM Data Base*. É autor e editor de diversos livros-texto e livros de pesquisa, atuando como coeditor de várias séries de livros da Springer (Integrated Series in Information Systems, Operations Research/Computer Science Interfaces e Annals of Information Systems). Atualmente, atua como diretor executivo da Teradata University Network. Seus atuais interesses de pesquisa incluem sistemas de apoio à decisão, análise de negócios e tecnologias para gerenciar a sobrecarga de informações.

Dursun Delen (Ph.D., Oklahoma State University) é ocupante das cátedras Spears Endowed Chair em administração de negócios e Patterson Foundation Endowed Chair em análise de negócios, além de atuar como diretor de pesquisas no Center for Health Systems Innovation e como Regents Professor de ciência administrativa e sistemas de informação na Spears School of Business, da Oklahoma State University (OSU). Antes de sua carreira acadêmica, trabalhou para uma empresa privada de pesquisa e consultoria, a Knowledge Based Systems Inc., em College Station, Texas, como cientista pesquisador durante cinco anos, período no qual liderou inúmeros projetos de pesquisa envolvendo, entre outros, sistemas de informação e de apoio à decisão financiados por diversas agências federais norte-americanas, como o Departamento de Defesa, National Aeronautics and Space Administration (Nasa), National Institute for Standards and Technology (NIST), Ballistic Missile Defense Organization (BMDO) e Department of Energy (DOE). O Dr. Delen já publicou mais de 100 artigos revisados por pares, alguns dos quais foram publicados em importantes periódicos como *Decision Sciences, Decision Support Systems, Communications of the ACM, Computers and Operations Research, Computers in Industry, Journal of Production Operations Management, Artificial Intelligence in Medicine, International Journal of Medical Informatics, Expert Systems with Applications* e *IEEE Wireless Communications*. Ele recentemente foi autor/coautor de sete livros em amplas áreas envolvendo análise de negócios, mineração de dados, mineração de texto, inteligência de negócios e sistemas de apoio à decisão. É frequentemente convidado para palestrar em conferências nacionais e internacionais a respeito de mineração de dados/texto, análise de negócios, sistemas de apoio à decisão, inteligência de negócios e gestão de conhecimentos. Atuou como codiretor geral da Quarta Conferência Internacional sobre Computação em Rede e Gestão Avançada de Informações (de 2 a 4 de setembro, 2008, em Seul, Coreia do Sul) e coordena e participa com regularidade de inúmeras conferências sobre sistemas de informação e análise de dados. Atualmente ocupa cargos de editor-chefe, editor sênior, diretor associado ou membro do conselho editorial de mais de uma dezena de periódicos acadêmicos. Seus interesses de pesquisa e ensino incluem mineração de dados e texto, análise de negócios, sistemas de apoio à decisão, gestão de conhecimentos, inteligência de negócios e modelagem empresarial.

Efraim Turban (MBA, Ph.D., University of California, Berkeley) é acadêmico visitante no Pacific Institute for Information System Management, University of Hawaii. Antes disso, trabalhou em diversas universidades, incluindo City University of Hong Kong; Lehigh University; Florida International University; California State University, Long Beach; Eastern Illinois University; e University of Southern California. O Dr. Turban é autor de mais de 100 artigos revisados por pares e publicados em periódicos de destaque, tais como *Management Science, MIS Quarterly* e *Decision Support Systems*. Também é autor de 20 livros, incluindo *Electronic Commerce: A Managerial Perspective* e *Information Technology for Management*. Ademais, atua como consultor para importantes empresas do mundo inteiro. As atuais áreas de interesse do Dr. Turban são: sistemas de apoio à decisão baseados na Web, comércio social e tomada de decisão colaborativa.

Prefácio

A análise de dados se tornou a força motriz tecnológica desta década. Empresas como IBM, SAP, SAS, Teradata, Oracle, Microsoft, Dell e outras estão criando novas unidades organizacionais focadas em análise de dados, visando aumentar a efetividade e eficiência dos negócios em suas operações. Os tomadores de decisões estão usando mais ferramentas computadorizadas para apoiar seu trabalho. Até mesmo consumidores estão usando ferramentas de análise de dados, quer direta ou indiretamente, para tomarem decisões envolvendo atividades rotineiras como fazer compras, cuidados de saúde, turismo e entretenimento. A área da inteligência de negócios (BI – *business intelligence*) e análise de negócios (BA – *business analytics*) evoluiu rapidamente e passou a se concentrar em aplicações inovadoras para extração de conhecimentos e *insights* junto a fluxos de dados que algum tempo atrás sequer eram capturados, muito menos analisados de modo significativo. Todos os dias surgem novas aplicações nos setores de saúde, esportes, turismo, entretenimento, gestão da cadeia de suprimento, serviços básicos e em praticamente qualquer outro ramo imaginável. O termo *análise de dados* caiu no gosto popular. Inclusive, já evoluiu para outros termos, como ciência de dados, aprendizado profundo (*deep learning*) e Internet das Coisas.

Esta edição traz uma perspectiva gerencial para o *continuum* da análise de negócios, a começar pela análise de dados descritiva (a natureza dos dados, modelagem estatística, visualização de dados e inteligência de negócios), avançando para a análise de dados preditiva (mineração de dados, mineração de texto/Web, mineração de redes sociais), depois para a análise de dados prescritiva (otimização e simulação), chegando, por fim, aos tópicos de Big Data, tendências futuras, privacidade e considerações gerenciais. O livro é apoiado por um site independente em dssbibook.com.

O propósito deste livro é introduzir o leitor às tecnologias que costumam ser chamadas de *análise de negócios* ou *ciência de dados*, mas que também são conhecidas por outros nomes. São apresentados os fundamentos das técnicas e o modo como tais sistemas são construídos e usados. Seguimos uma abordagem **Exposição, Experiência** e **Exploração**. O texto, antes de mais nada, expõe diversas técnicas de análise estatística e suas aplicações. A ideia é que o estudante sinta-se inspirado ao aprender como outras organizações vêm empregando a análise de dados para tomar decisões ou obter vantagens competitivas. Acreditamos que tal **exposição** às recentes aplicações da análise de dados e a como isso pode ser replicado é um componente didático básico de aprendizado. Ao descrever as técnicas, também introduzimos ferramentas de software que podem ser usadas para desenvolver tais aplicações. O livro não se atém a uma única ferramenta de software, para que os estudantes possam **experimentar** as disponíveis no mercado. Sugestões específicas são apresentadas em cada capítulo, mas o estudante e o professor podem usar este livro com muitas ferramentas de software diferentes. O site dssbibook.com incluirá guias a pacotes específicos de software, mas os estudantes podem adquirir **experiência** com essas técnicas de muitas maneiras diferentes. Esperamos que essa **exposição** e **experiência** habilite e motive os leitores a **explorar** o potencial de tais técnicas em seus próprios ramos de atuação. Para facilitar tal **exploração**, incluímos exercícios que direcionam o leitor para a Teradata University Network (TUN) e para outros sites. Conforme aplicações novas e inovadoras forem sendo lançadas, daremos destaque a elas no site.

A maioria das melhorias específicas feitas nesta quarta edição se concentra em quatro áreas: reorganização, novos capítulos, atualização de conteúdo e foco aprofundado. Apesar das inúmeras mudanças, preservamos a abrangência e a facilidade de leitura que tornaram este texto um líder no mercado. Por fim, apresentamos materiais precisos e atualizados que não estão disponíveis em outras obras.

O que há de novo na quarta edição?

Com o objetivo de aprimorar o texto, esta edição recebeu uma grande reorganização do texto para refletir o foco na análise de negócios. O texto está organizado em torno de três tipos principais de análise de negócios (descritiva, preditiva e prescritiva). Além de trazer muitas atualizações, conteúdos datados foram suprimidos. A seguir, são listadas as principais mudanças.

- **Nova organização.** O livro reconhece três tipos de análise de dados: descritiva, preditiva e prescritiva, uma classificação promovida pelo instituto INFORMS. O Capítulo 1 introduz a BI e a análise de dados com um foco na aplicação em diversos setores. Também inclui uma visão geral do ecossistema de análise de dados, para ajudar o leitor a explorar todas as diferentes formas de participar e crescer dentro do ambiente de análise de dados. O Capítulo 2 traz uma visão geral da estatística, da importância dos dados e da análise de dados descritiva/visualização. Já o Capítulo 3 aborda *data warehouse* e fundamentos de dados, incluindo conteúdo atualizado, com destaque para os lagos de dados (*data lakes*). O Capítulo 4, por sua vez, aborda a análise de dados preditiva. O Capítulo 5 estende a aplicação de análise de dados a texto, Web e redes sociais. O Capítulo 6 cobre a análise de dados prescritiva, especificamente a programação linear e a simulação. Trata-se de conteúdo inteiramente novo para esta nova edição. O Capítulo 7 introduz ferramentas e plataformas de Big Data. Por fim, o Capítulo 8 aborda tendências e tópicos emergentes em análise de negócios, incluindo análise de dados de localização, Internet das Coisas, análise de dados baseada em nuvem e considerações éticas/de privacidade na análise de dados. A discussão sobre o ecossistema da análise de dados também reconhece a análise de dados prescritiva.
- **Novos capítulos.** Os capítulos a seguir foram adicionados:

    Capítulo 2. *Análise de dados descritiva I: natureza dos dados, modelagem estatística e visualização* Este capítulo visa preparar o terreno com uma compreensão rigorosa da natureza dos dados, principal ingrediente para qualquer estudo de análise de dados. Em seguida, a modelagem estatística é introduzida como parte da análise de dados descritiva. A visualização de dados se tornou uma parte popular de qualquer relatório de negócios e/ou projeto de análise de dados descritiva; por isso, ela é explicada em detalhes neste capítulo. O capítulo é enriquecido com sete casos e exemplos do mundo real (75% de material novo).

    Capítulo 6. *Análise de dados prescritiva: otimização e simulação* Este capítulo tem como foco o desenvolvimento de modelos de otimização no Excel usando técnicas de programação linear. Ele também introduz o conceito de simulação. O capítulo é uma versão atualizada do material de dois capítulos do nosso livro sobre DSS, 10ª edição. No caso deste livro, trata-se de material inteiramente novo (99% de material novo).

Capítulo 8. *Tendências futuras, privacidade e considerações gerenciais em análise de dados*   Este capítulo examina diversos fenômenos novos que já estão alterando ou que provavelmente irão alterar a análise de dados. Ele inclui uma cobertura sobre análise de dados geoespaciais, Internet das Coisas e uma atualização considerável do material a respeito de análise de dados baseada em nuvem. Também atualiza parte da abordagem da última edição a respeito de considerações éticas e de privacidade (70% de material novo).

- **Capítulos revisados.**   Todos os demais capítulos também foram revisados e atualizados. Eis um resumo de suas modificações.

    Capítulo 1.   *Uma visão geral da inteligência de negócios, análise de dados e ciência de dados*   Este capítulo foi reescrito e significativamente ampliado. Ele começa por uma nova vinheta que aborda múltiplas aplicações de análise de dados nos esportes. Introduz os três tipos de análise de dados conforme proposto pelo instituto INFORMS: análise de dados descritiva, preditiva e prescritiva. Como mencionado, essa classificação foi usada para orientar a reorganização completa do livro (conteúdos anteriores, mas com uma cara nova). Em seguida, inclui diversos exemplos de análise de dados no atendimento de saúde e no setor do varejo. Por fim, conclui com uma cobertura consideravelmente ampliada e atualizada sobre o ecossistema de análise de dados, para proporcionar aos estudantes uma noção da vastidão da indústria de análise de dados e ciência de dados (cerca de 60% de material novo).

    Capítulo 3.   *Análise de dados descritiva II: inteligência de negócios e data warehouse*   Este é um capítulo antigo com algumas novas subseções (como lagos de dados) e novos casos (cerca de 30% de material novo).

    Capítulo 4.   *Análise de dados preditiva I: processo, métodos e algoritmos de mineração de dados*   Este é um capítulo antigo com uma nova organização/fluxo de conteúdos e alguns novos casos (cerca de 20% de material novo).

    Capítulo 5.   *Análise de dados preditiva II: análise de texto, da Web e de redes sociais*   Este é um capítulo antigo com uma nova organização/fluxo de conteúdos e alguns novos casos (cerca de 25% de material novo).

    Capítulo 7.   *Conceitos e ferramentas de Big Data*   Este era o Capítulo 6 na edição anterior. Ele foi atualizado com uma nova vinheta de abertura e casos novos, cobertura a respeito do Teradata Aster e novo material sobre dados alternativos (cerca de 25% de material novo).

- **Equipe de autores remodelada.**   Alicerçada no excelente conteúdo que já fora preparado pelos autores das edições anteriores (Turban, Sharda, Delen e King), esta edição foi revisada primordialmente por Ramesh Sharda e Dursun Delen. Ambos trabalharam extensivamente em análise de dados e contam com experiência no ramo e na pesquisa sobre o tema.

- **Um site vivo e atualizado.**   Aqueles que adotarem este livro terão acesso a um site que incluirá links a novas notícias, software, tutoriais e até mesmo vídeos do YouTube relacionados aos tópicos abordados no livro. Esse site ficará acessível em dssbibook.com.

- **Conteúdo revisado e atualizado.** Praticamente todos os capítulos trazem novas vinhetas de abertura que se baseiam em notícias e eventos recentes. Além disso, os casos ao longo do livro foram atualizados para incluir exemplos recentes de aplicações de uma técnica/modelo específico. Novos links da Internet foram adicionados ao longo do livro. Também suprimimos muitos links e referências a produtos mais antigos. Por fim, a maioria dos capítulos traz novos exercícios, tarefas na Internet e questões de discussão espalhados por suas páginas.
- **Links para a Teradata University Network (TUN)** A maioria dos capítulos inclui novos links para a TUN (teradatauniversitynetwork.com).
- **Título do livro.** Como já deve ter ficado evidente, o título e o foco do livro passaram por uma mudança substancial.
- **Suporte de software.** O site da TUN oferece suporte a pacotes de software sem custo algum. Apresenta links para mineração de dados gratuita e outros pacotes de software, além de oferecer exercícios sobre o uso desses pacotes de software.

Para o professor

Um pacote abrangente e flexível de suporte tecnológico (em inglês) está disponível para aprimorar a experiência de ensino e aprendizado. Os suplementos a seguir para instrutores estão disponíveis no site www.grupoa.com.br. Para acessá-los, basta ir até o site, fazer seu cadastro, buscar pela página do livro e localizar a área de Material Complementar.

- **Manual do Professor.** O Manual do Professor (Instructor's Manual) inclui objetivos didáticos para cada capítulo, respostas para as perguntas e os exercícios de fim de capítulo, além de sugestões didáticas (incluindo instruções para projetos).
- **Arquivo de Itens de Teste e Software TestGen.** O Arquivo de Itens de Teste é uma coleção abrangente de questões de verdadeiro ou falso, múltipla escolha, de preencher as lacunas e de redação de ensaios. As perguntas estão classificadas por nível de dificuldade, e as respostas trazem o respectivo número de página (do original em inglês) como referência. O Arquivo de Itens de Teste está disponível para Microsoft Word e TestGen.
- **Apresentações em PowerPoint.** Apresentações em PowerPoint estão disponíveis para esclarecer e aprofundar conceitos-chave no texto.

Agradecimentos

Muitos indivíduos colaboraram com sugestões e críticas desde a publicação da primeira edição deste livro. Dezenas de estudantes participaram de testes em aula de vários capítulos, programas de software e problemas, e auxiliaram na coleta de material. Não há como citar todos aqueles que participaram deste projeto, assim agradecemos a todos eles. Algumas pessoas fizeram contribuições significativas e merecem reconhecimento especial.

Em primeiro lugar, agradecemos aos esforços daqueles que conduziram revisões formais da primeira à terceira edição (afiliações acadêmicas conforme a data de revisão):

Ann Aksut, Central Piedmont Community College
Bay Arinze, Drexel University
Andy Borchers, Lipscomb University
Ranjit Bose, University of New Mexico
Marty Crossland, MidAmerica Nazarene University
Kurt Engemann, Iona College
Badie Farah, Eastern Michigan University
Gary Farrar, Columbia College
Jerry Fjermestad, New Jersey Institute of Technology
Christie M. Fuller, Louisiana Tech University
Martin Grossman, Bridgewater State College
Jahangir Karimi, University of Colorado, Denver
Huei Lee, Eastern Michigan University
Natalie Nazarenko, SUNY Fredonia
Joo Eng Lee-Partridge, Central Connecticut State University
Gregory Rose, Washington State University, Vancouver
Khawaja Saeed, Wichita State University
Kala Chand Seal, Loyola Marymount University
Joshua S. White, PhD, State University of New York Polytechnic Institute
Roger Wilson, Fairmont State University
Vincent Yu, Missouri University of Science and Technology
Fan Zhao, Florida Gulf Coast University

Agradecemos também aos esforços daqueles que conduziram revisões formais deste texto e do nosso outro livro sobre DSS—*Business Intelligence and Analytics: Systems for Decision Support*, 10th Edition, Pearson Education, 2013.

Em segundo lugar, diversos indivíduos colaboraram com material para o texto ou de apoio. Susan Baskin, da Teradata, e David Schrader ofereceram auxílio especial na identificação de novos conteúdos da TUN e Teradata para o livro, e ainda cuidaram das permissões necessárias. Dave Schrader colaborou com a vinheta de abertura do livro. Essa vinheta também inclui material desenvolvido pelo Dr. Ashish Gupta, da Auburn University, e Gary Wilkerson, da University of Tennessee-Chattanooga. Ela garantirá uma ótima introdução à análise de dados. Também somos gratos ao instituto INFORMS por sua permissão de destacar conteúdos da publicação *Interfaces*. Ademais, prestamos reconhecimento aos seguintes indivíduos no desenvolvimento desta edição: Pankush Kalgotra, Prasoon Mathur, Rupesh Agarwal, Shubham Singh, Nan Liang, Jacob Pearson, Kinsey Clemmer e Evan Murlette (todos da Oklahoma State University). Sua ajuda para esta edição é gratamente reconhecida. A equipe Teradata Aster, especialmente Mark Ott, forneceu o material para a vinheta de abertura do Capítulo 7. Os materiais da Aster no Capítulo 7 foram adaptados de outros guias de treinamento desenvolvidos por

John Thuma e Greg Bethardy. O Dr. Brian LeClaire, CIO da Humana Corporation, liderou as contribuições a diversos estudos de caso envolvendo atendimento de saúde na vida real, desenvolvidos por sua equipe na Humana Corporation. Abhishek Rathi, da vCreaTek, colaborou com sua visão de análise de dados no ramo do varejo. Também somos imensamente gratos aos excelentes exercícios do Dr. Rick Wilson para o ensino e a prática de habilidades de programação linear no Excel. Matt Turck nos permitiu adaptar seu material sobre o ecossistema da Internet das Coisas. Ramesh também é grato à assistência de revisão oferecida por sua filha, Ruchy Sharda Sen. Além disso, os alunos de PhD e nossos colegas de pesquisa a seguir ofereceram conteúdos ou conselhos e apoio para o livro de muitas formas diretas e indiretas:

- Asil Oztekin, Universality of Massachusetts-Lowell
- Enes Eryarsoy, Sehir University
- Hamed Majidi Zolbanin, Ball State University
- Amir Hassan Zadeh, Wright State University
- Supavich (Fone) Pengnate, North Dakota State University
- Christie Fuller, Boise State University
- Daniel Asamoah, Wright State University
- Selim Zaim, Istanbul Technical University
- Nihat Kasap, Sabanci University

Em terceiro lugar, para a edição anterior, agradecemos às contribuições de Dave King (JDA Software Group). Dentre outros importantes colaboradores da edição anterior, estão: J. Aronson (University of Georgia), que foi nosso coautor, colaborando com o capítulo sobre *data warehouse*; Mike Goul (Arizona State University), cujas contribuições foram incluídas no Capítulo 1; e T. P. Liang (National Sun Yet-Sen University, Taiwan), que colaborou com material sobre redes neurais nas edições anteriores. Judy Lang colaborou com todos nós, prestou serviço de editoria e nos guiou durante todo o projeto na primeira edição.

Em quatro lugar, diversos fornecedores cooperaram emprestando estudos de caso e/ou software de demonstração para as edições anteriores: Acxiom (Little Rock, Arkansas), California Scientific Software (Nevada City, Califórnia), Cary Harwin of Catalyst Development (Yucca Valley, Califórnia), IBM (San Carlos, Califórnia), DS Group, Inc. (Greenwich, Connecticut), Gregory Piatetsky-Shapiro, da KDnuggets. com, Gary Lynn, da NeuroDimension Inc. (Gainesville, Flórida), Palisade Software (Newfield, Nova York), Promised Land Technologies (New Haven, Connecticut), Salford Systems (La Jolla, Califórnia), Sense Networks (New York, Nova York), Gary Miner of StatSoft, Inc. (Tulsa, Oklahoma), Ward Systems Group, Inc. (Frederick, Maryland), Idea Fisher Systems, Inc. (Irving, Califórnia) e Wordtech Systems (Orinda, Califórnia).

Em quinto lugar, agradecemos à Teradata University Network e especialmente a Susan Baskin, diretora de programa, Hugh Watson, que deu início à TUN, e Michael Goul, Barb Wixom e Mary Gros, por encorajarem a vinculação deste livro à TUN e por colaborarem com inestimável material para esta obra.

Por fim, à equipe da Pearson também reservamos nosso agradecimento: Samantha Lewis, que trabalhou conosco nesta revisão, e a equipe de produção, Ann Pulido, Revathi Viswanathan e todo o pessoal da Cenveo, que transformaram o manuscrito em um livro.

Gostaríamos de agradecer a todos esses indivíduos e empreendimentos. Sem sua ajuda, a criação deste livro não teria sido possível.

R.S.
D.D.
E.T.

URLs de sites são dinâmicos. Enquanto este livro estava no prelo, confirmamos que todos os endereços de sites citados estavam ativos e válidos. Porém, desde então, podem ter sido modificados ou descontinuados, já que empresas mudam de nome, são compradas e vendidas, fundem-se com outras ou declaram falência. Sites também são desativados para manutenção, conserto ou redesenho. Caso você enfrente algum desses problemas, faça uma busca na Web para tentar identificar o site novo. Na maioria das vezes, ele pode ser encontrado sem demora. Pedimos desculpas desde já por essa inconveniência.

Sumário resumido

Capítulo 1 Uma visão geral da inteligência de negócios, análise de dados e ciência de dados   1

Capítulo 2 Análise de dados descritiva I: natureza dos dados, modelagem estatística e visualização   61

Capítulo 3 Análise de dados descritiva II: inteligência de negócios e *data warehouses*   149

Capítulo 4 Análise de dados preditiva I: processo, métodos e algoritmos de mineração de dados   225

Capítulo 5 Análise de dados preditiva II: análise de texto, da Web e de mídias sociais   293

Capítulo 6 Análise de dados prescritiva: otimização e simulação   379

Capítulo 7 Conceitos e ferramentas de Big Data   435

Capítulo 8 Tendências futuras, privacidade e considerações gerenciais em análise de dados   493

Glossário   555

Índice   565

Sumário

Capítulo 1 Uma visão geral da inteligência de negócios, análise de dados e ciência de dados 1

1.1 VINHETA DE ABERTURA: Análise de dados esportivos – uma empolgante fronteira para aprender e entender as aplicações da análise de dados 2

1.2 Rumos dos ambientes de negócios e novas exigências para apoio à decisão e análise de dados 9

1.3 Evolução do apoio computadorizado a decisões até a análise/ciência de dados 11

1.4 Um quadro referencial para inteligência de negócios 15

Definições de BI 15

Uma breve história da BI 15

A arquitetura do BI 16

As origens e motivações do BI 16

    Caso aplicado 1.1 A Sabre ajuda seus clientes por meio de *dashboards* e análise de dados 17

Um exercício multimídia em inteligência de negócios 19

Processamento de transações *versus* processamento analítico 19

Planejamento e alinhamento apropriados com a estratégia de negócios 20

BI em tempo real e sob demanda é possível 21

Desenvolvimento e aquisição de sistemas BI 22

Justificativa e análise de custo/benefício 22

Segurança e proteção de privacidade 23

Integração de sistemas e aplicativos 23

1.5 Visão geral da análise de dados 23

Análise de dados descritiva 25

    Caso aplicado 1.2 A Silvaris aprimora os negócios com análise visual e capacidades de geração de relatórios em tempo real 25

    Caso aplicado 1.3 A Siemens reduz custos com o uso de visualização de dados 26

Análise de dados preditiva 27

    Caso aplicado 1.4 Analisando lesões esportivas 27

Análise de dados prescritiva 28

Caso aplicado 1.5   Uma empresa de barras de aço especiais utiliza análise de dados para determinar prazos de promessa de entrega   29

Análise de dados aplicada em diferentes domínios   30

Análise de dados ou ciência de dados?   30

1.6   Exemplos de análise de dados em ramos selecionados de atuação   32

Aplicações de análise de dados no atendimento de saúde – empresa Humana   32

Análise de dados na cadeia de valor do varejo   36

1.7   Uma breve introdução à análise de Big Data   40

O que é Big Data?   40

Caso aplicado 1.6   A CenterPoint Energy utiliza análise de Big Data em tempo real para aprimorar seu atendimento ao cliente   42

1.8   Uma visão geral do ecossistema de análise de dados   42

Fornecedores de infraestrutura de geração de dados   44

Fornecedores de infraestrutura de gerenciamento de dados   45

Fornecedores de *data warehouse*   46

Fornecedores de *middleware*   46

Prestadores de serviços de dados   46

Desenvolvedores de software focados em análise de dados   47

Desenvolvedores de aplicações: para cada indústria ou gerais   49

Analistas e influenciadores da indústria da análise de dados   50

Instituições acadêmicas e agências de certificação   51

Órgãos reguladores de políticas de atuação   52

Organizações usuárias de análise de dados   52

1.9   Plano do livro   54

1.10   Recursos, links e a conexão com a Teradata University Network   55

Links e recursos   55

Fornecedores, produtos e demos   55

Periódicos   55

A conexão com a Teradata University Network   56

Material complementar   56

Destaques do capítulo   57

Termos-chave   57

Questões para discussão   57

Exercícios   58

Referências   59

Sumário xix

Capítulo 2 Análise de dados descritiva I: natureza dos dados, modelagem estatística e visualização 61

2.1 VINHETA DE ABERTURA: a SiriusXM atrai e engaja uma nova geração de consumidores de rádio usando marketing embasado em dados 62

2.2 A natureza dos dados 66

2.3 Uma simples taxonomia dos dados 70

Caso aplicado 2.1 Empresa de equipamentos médicos garante a qualidade dos produtos e ao mesmo tempo poupa dinheiro 72

2.4 A arte e a ciência do pré-processamento de dados 75

Caso aplicado 2.2 Incrementando a retenção estudantil com análise estatística embasada em dados 80

2.5 Modelagem estatística para análise estatística empresarial 86

Estatística descritiva para análise de dados descritiva 87

Medidas de tendência de centralidade (também chamadas de medidas de localização ou centralidade) 88

Média aritmética 88

Mediana 89

Moda 89

Medidas de dispersão (também chamadas de medidas de descentralidade) 90

Amplitude 90

Variância 90

Desvio-padrão 91

Desvio absoluto médio 91

Amplitude de quartis e interquartis 91

Diagrama de caixa e fios de bigode 92

O formato de uma distribuição 93

Caso aplicado 2.3 O município de Cary aplica análise de negócios para monitorar dados de sensores, aferir demanda e detectar problemas 98

2.6 Modelos de regressão para estatística inferencial 99

Como desenvolvemos o modelo de regressão linear? 101

Como podemos saber se o modelo é bom o bastante? 102

Quais são os pressupostos mais importantes em regressão linear? 102

Regressão logística 104

Caso aplicado 2.4 Previsão de resultados de finais de campeonato da NCAA 105

Previsão por série temporal 111

2.7 Geração de relatórios empresariais 113
   Caso aplicado 2.5 Fim das inundações de papelada na FEMA 115
2.8 Visualização de dados 116
   Uma breve história da visualização de dados 117
   Caso aplicado 2.6 Macfarlan Smith obtém um vislumbre melhor de seu desempenho operacional com Tableau Online 119
2.9 Diferentes tipos de gráficos e diagramas 122
   Diagramas e gráficos básicos 123
   Diagramas e gráficos especializados 124
   Qual diagrama ou gráfico devo usar? 126
2.10 O crescimento da análise de dados visual 128
   Análise de dados visual 130
   Ambientes de análise de dados visual de alto poder 130
2.11 *Dashboards* informativos 135
   Caso aplicado 2.7 Dallas Cowboys marca pontos com Tableau e Teknion 137
   Design de *dashboards* 138
   Caso aplicado 2.8 A análise de dados visual ajuda a fornecedora de energia Make a estabelecer melhores conexões 139
   O que procurar em um *dashboard* 140
   Melhores práticas para o design de *dashboards* 141
   Utilize indicadores-chave de desempenho como *benchmark* para padrões do setor 141
   Envolva os parâmetros do *dashboard* com metadados contextuais 141
   Valide o design do *dashboard* por meio de um especialista em usabilidade 142
   Priorize e ranqueie alertas/exceções transmitidos para o *dashboard* 142
   Enriqueça o *dashboard* com comentários de usuários empresariais 142
   Apresente as informações em três níveis diferentes 142
   Escolha o construto visual certo usando princípios de design de *dashboard* 142
   Proporcione análise de dados guiada 143
      Destaques do capítulo 143
      Termos-chave 144
      Questões para discussão 144
      Exercícios 145
      Referências 147

Capítulo 3 Análise de dados descritiva II: inteligência de negócios e *data warehouses* 149

3.1 VINHETA DE ABERTURA: Vasculhando fraudes fiscais com inteligência de negócios e *data warehouse* 149

3.2 Inteligência de negócios e armazenamento de dados 153

O que é um *data warehouse*? 154

Uma perspectiva histórica dos *data warehouses* 154

Características dos *data warehouses* 156

Data marts 157

Depósitos de dados operacionais 158

Data warehouses empresariais (EDW) 158

Caso aplicado 3.1 Um melhor plano de dados: Telecoms bem estabelecidas tiram proveito de *data warehouses* e análise de dados para permanecer no topo de um setor competitivo 159

Metadados 161

3.3 Processo de armazenamento de dados 161

3.4 Arquiteturas de armazenamento de dados 163

Arquiteturas alternativas de armazenamento de dados 166

Qual arquitetura é a melhor? 168

3.5 Processos de integração e extração, transformação e carga (ETL) de dados 170

Integração de dados 171

Caso aplicado 3.2 BIGS é o sucesso da BP Lubricants 171

Extração, transformação e carga 173

3.6 Desenvolvimento de *data warehouse* 176

Caso aplicado 3.3 O Teradata Analytics for SAP Solutions acelera a entrega de Big Data 177

Abordagens de desenvolvimento de *data warehouses* 180

Considerações adicionais ao desenvolvimento de *data warehouses* 184

Representação de dados em *data warehouse* 184

Análise de dados em *data warehouse* 186

OLAP *versus* OLTP 186

Operações OLAP 187

3.7 Problemas na implementação de *data warehouses* 189

Data warehouses massivos e escalabilidade 191

Caso aplicado 3.4 Um EDW ajuda a conectar agências estaduais no Michigan 192

3.8 Administração, questões de segurança e tendências dos *data warehouses* 193

O futuro do armazenamento de dados 194

3.9 Gestão de desempenho de negócios (BPM) 202
　　BPM em circuito fechado 202
　　　Caso aplicado 3.5　A AARP transforma sua infraestrutura de BI e alcança 347% de ROI em três anos　205
3.10 Medição de desempenho 207
　　Indicador-chave de desempenho (KPI) 208
　　Sistema de medição de desempenho 209
3.11 *Balanced scorecards* (BSC) 210
　　As quatro perspectivas 210
　　O que quer dizer o *"balanced"* em *balanced scorecards* 211
3.12 Seis Sigma como um sistema de medição de desempenho 212
　　O modelo de desempenho DMAIC 213
　　Balanced scorecard versus Seis Sigma 214
　　Medição efetiva de desempenho 214
　　　Caso aplicado 3.6　O cartão de satisfação de clientes da Expedia.com　215
　　Destaques do capítulo 217
　　Termos-chave 218
　　Questões para discussão 218
　　Exercícios 219
　　Referências 222

Capítulo 4 **Análise de dados preditiva I: processo, métodos e algoritmos de mineração de dados 225**

4.1 VINHETA DE ABERTURA: O departamento de polícia de Miami-Dade está usando análise de dados preditiva para antever e combater a criminalidade 225
4.2 Conceitos e aplicações da mineração de dados 230
　　　Caso aplicado 4.1　A análise preditiva e a mineração de dados ajudam a Visa a melhorar a experiência do cliente e ao mesmo tempo reduzir as fraudes　231
　　Definições, características e benefícios 233
　　Como funciona a mineração de dados 235
　　　Caso aplicado 4.2　A Dell permanece ágil e efetiva com análise de dados no séc. XXI　236
　　Mineração de dados *versus* estatística 242
4.3 Aplicações da mineração de dados 242
　　　Caso aplicado 4.3　Análise de dados preditiva e mineração de dados ajudam a interromper financiamento terrorista　245
4.4 Processo de mineração de dados 246
　　1º passo: compreender os negócios 247
　　2º passo: compreender os dados 247

3° passo: preparação dos dados 248
4° passo: construção de modelos 249
    Caso aplicado 4.4 A mineração de dados ajuda na pesquisa contra o câncer 249
5° passo: teste e avaliação 252
6° passo: implementação 253
Outros processos e metodologias padronizados de mineração de dados 253
4.5 Métodos de mineração de dados 256
Classificação 256
Estimativa da verdadeira previsão de modelos de classificação 257
    Caso aplicado 4.5 A Influence Health utiliza análise de dados preditiva para se concentrar nos fatores que realmente influenciam nas decisões de saúde das pessoas 265
Análise de agrupamento para mineração de dados 268
Mineração de regras de associação 270
4.6 Ferramentas de software de mineração de dados 274
    Caso aplicado 4.6 A mineração de dados vai para Hollywood: previsão do sucesso financeiro dos filmes 277
4.7 Questões, mitos e deslizes de privacidade em mineração de dados 281
    Caso aplicado 4.7 Prevendo padrões de compra de consumidores – a história da Target 282
Mitos e deslizes na mineração de dados 283
Destaques do capítulo 286
Termos-chave 287
Questões para discussão 288
Exercícios 288
Referências 292

Capítulo 5 Análise de dados preditiva II: análise de texto, da Web e de mídias sociais 293

5.1 VINHETA DE ABERTURA: Máquina *versus* ser humano no *Jeopardy!*: a história do Watson 294
5.2 Visão geral da análise de texto e mineração de texto 297
    Caso aplicado 5.1 Grupo de seguradoras reforça a gestão de riscos com solução de mineração de texto 301
5.3 Processamento de linguagem natural (PLN) 302
    Caso aplicado 5.2 A AMC Networks está usando análise de dados para capturar novos espectadores, prever índices de audiência e agregar valor para patrocinadores em um mundo multicanais 305

5.4 Aplicações da mineração de texto 309
Aplicações em marketing 309
Aplicações de segurança 310
Caso aplicado 5.3 Mineração de mentiras 311
Aplicações biomédicas 313
Aplicações acadêmicas 315
Caso aplicado 5.4 Incluindo o cliente na equação de qualidade: a Lenovo emprega análise de dados para repensar seu redesign 315
5.5 Processo de mineração de texto 318
Tarefa 1: estabelecer o *corpus* 319
Tarefa 2: criar a matriz termos-documentos 319
Tarefa 3: extrair o conhecimento 321
Caso aplicado 5.5 Levantamento de literatura científica com mineração de texto 324
5.6 Análise de sentimentos 327
Caso aplicado 5.6 Criação de uma experiência digital singular para capturar os momentos mais importantes em Wimbledon 328
Aplicações da análise de sentimentos 332
O processo da análise de sentimentos 334
Métodos de identificação de polaridade 336
Usando um léxico 337
Usando uma coleção de documentos de treinamento 338
Identificação da orientação semântica de frases e expressões 338
Identificação da orientação semântica de documentos 339
5.7 Visão geral da mineração da Web 340
Mineração de conteúdos e estruturas da Web 342
5.8 Mecanismos de busca 345
Anatomia de um mecanismo de busca 346
1. Ciclo de desenvolvimento 346
2. Ciclo de resposta 348
Otimização para mecanismos de busca 349
Métodos de otimização para mecanismos de busca 351
Caso aplicado 5.7 Saber por que os consumidores abandonam seus carrinhos de compras resulta num aumento de US$10 milhões em vendas 352
5.9 Mineração de uso da Web (análise da Web) 354
Tecnologias de análise de dados da Web 355
Métricas de análise da Web 356

Usabilidade do site   356
Fontes de tráfego   357
Perfis dos visitantes   358
Estatística de conversão   359
5.10 Análise social   361
Análise de redes sociais   361
Métricas de análise de redes sociais   362
Caso aplicado 5.8   A Tito's Vodka estabelece fidelidade de marca com uma estratégia social autêntica   363
Conexões   365
Distribuições   366
Segmentação   366
Análise de mídias sociais   367
Como as pessoas usam as mídias sociais?   368
Mensurando o impacto das mídias sociais   369
Melhores práticas em análise de mídias sociais   369
Destaques do capítulo   372
Termos-chave   373
Questões para discussão   373
Exercícios   374
Referências   375

Capítulo 6   Análise de dados prescritiva: otimização e simulação   379

6.1 VINHETA DE ABERTURA: O Distrito Escolar da Filadélfia utiliza análise de dados prescritiva para encontrar a solução ideal para licitar rotas de ônibus   380
6.2 Tomada de decisões baseada em modelos   381
Caso aplicado 6.1   Transporte otimizado a jusante para a ExxonMobil por meio de DSS   383
Exemplos de modelo de análise de dados prescritiva   384
Identificação do problema e análise ambiental   384
Caso aplicado 6.2   A Ingram Micro utiliza aplicações de inteligência de negócios para tomar decisões de precificação   385
Categorias de modelo   387
6.3 Estrutura dos modelos matemáticos para apoio a decisões   389
Os componentes dos modelos matemáticos de apoio a decisões   389
A estrutura dos modelos matemáticos   391

6.4 Certeza, incerteza e risco 391
   Tomada de decisão mediante certeza 392
   Tomada de decisão com incerteza 392
   Tomada de decisão sob risco (análise de riscos) 393
6.5 Modelagem de decisões com planilhas 393
   Caso aplicado 6.3 A American Airlines utiliza modelagem de custo almejado para aferir a incerteza de lances para rotas de frete 394
   Caso aplicado 6.4 A Pennsylvania Adoption Exchange utiliza um modelo de planilhas para aprimorar a combinação entre crianças e famílias 395
   Caso aplicado 6.5 A Metro Meals on Wheels Treasure Valley utiliza o Excel para encontrar rotas de entrega otimizadas 396
6.6 Otimização de programação matemática 399
   Caso aplicado 6.6 Um modelo de programação por inteiros mistos ajuda no agendamento de médicos no Centro Médico da University of Tennessee 399
   Modelo de programação linear 401
   Modelagem em PL: um exemplo 402
   Implementação 407
6.7 Metas múltiplas, análise de sensibilidade, análise "e se" e atingimento de metas 409
   Múltiplas metas 409
   Análise de sensibilidade 410
   Análise "e se" 411
   Atingimento de metas 412
6.8 Análise decisória com tabelas de decisão e árvores de decisão 413
   Tabelas de decisão 413
   Árvores de decisão 415
6.9 Introdução à simulação 416
   Caso aplicado 6.7 Simulação dos efeitos de intervenções contra a hepatite B 416
   Principais características das simulações 418
   Vantagens da simulação 418
   Desvantagens da simulação 419
   A metodologia da simulação 419
   Tipos de simulação 420
   Simulação de Monte Carlo 422
   Simulação de eventos discretos 422

Sumário **xxvii**

    Caso aplicado 6.8 A Cosan aprimora sua cadeia de suprimento de energia renovável usando simulação 423
 6.10 Simulação visual interativa 424
    Inadequações da simulação convencional 424
    Simulação visual interativa 424
    Modelos visuais interativos e DSS 425
    Caso aplicado 6.9 Aprimoramento de decisões de cronograma para o setor de produção por meio de RFID: uma avaliação baseada em simulação 426
    Software de simulação 428
    Destaques do capítulo 429
    Termos-chave 430
    Questões para discussão 430
    Exercícios 430
    Referências 433

Capítulo 7 Conceitos e ferramentas de Big Data 435

 7.1 VINHETA DE ABERTURA: Análise da evasão de clientes numa empresa telecom usando métodos de Big Data 436
 7.2 Definição de Big Data 439
    Os Vs que definem Big Data 440
    Caso aplicado 7.1 Dados alternativos para análise ou projeções de mercado 444
 7.3 Fundamentos da análise de Big Data 446
    Problemas empresariais enfrentados com análise de Big Data 450
    Caso aplicado 7.2 O banco de investimento Top Five obtém uma fonte única da verdade 450
 7.4 Tecnologias de Big Data 452
    MapReduce 453
    Por que usar MapReduce? 454
    Hadoop 454
    Como o Hadoop funciona? 455
    Componentes técnicos de Hadoop 456
    Hadoop: os prós e os contras 457
    NoSQL 459
    Caso aplicado 7.3 Solução de Big Data da eBay 460
    Caso aplicado 7.4 Avaliação da qualidade e confiabilidade de informações sobre saúde no Twitter 462
 7.5 Big Data e *data warehouses* 464
    Usos preferenciais de Hadoop 465

Usos preferenciais de *data warehouses* 466
Áreas duvidosas (em que ambos cumprem a tarefa) 467
Coexistência de Hadoop e *data warehouse* 468
7.6 Fornecedores e plataformas de Big Data 470
IBM InfoSphere BigInsights 471
Caso aplicado 7.5 Uso de mídias sociais para previsões imediatas de contágio de gripe 473
Teradata Aster 474
Caso aplicado 7.6 Análise de padrões de doenças a partir de um *data warehouse* com registros médicos eletrônicos 476
7.7 Big Data e análise de fluxos 481
Análise de fluxos *versus* análise perpétua 482
Processamento de eventos críticos 483
Mineração de fluxo de dados 483
7.8 Aplicações da análise de fluxos 484
Comércio eletrônico 484
Telecomunicações 485
Caso aplicado 7.7 A Salesforce está utilizando dados em *streaming* para elevar o valor dos clientes 485
Fiscalização e segurança cibernética 486
Setor energético 486
Serviços financeiros 487
Ciências da saúde 487
Governo 487
Destaques do capítulo 488
Termos-chave 489
Questões para discussão 489
Exercícios 489
Referências 490

Capítulo 8 Tendências futuras, privacidade e considerações gerenciais em análise de dados 493

8.1 VINHETA DE ABERTURA: A análise de dados de sensores ajuda a Siemens a evitar falhas em trens 494
8.2 Internet das Coisas (IoT) 495
Caso aplicado 8.1 As lanchas SilverHook utilizam análise de dados em tempo real para informar pilotos e espectadores 497
Infraestrutura tecnológica da IoT 497
Caso aplicado 8.2 A Rockwell Automation monitora equipamentos caros de exploração de gás e petróleo 498

Sensores RFID 500
Computação em névoa 503
Plataformas de IoT 504

Caso aplicado 8.3 A Pitney Bowes colabora com a plataforma de IoT da General Electric para otimizar a produção 504

Ecossistema de *start-ups* em IoT 505
Considerações gerenciais da Internet das Coisas (IoT) 505

8.3 Computação em nuvem e análise de negócios 507
Dados como Serviço (DaaS – Data as a Service) 510
Software como Serviço (SaaS – Software as a Service) 510
Plataforma como Serviço (PaaS – Platform as a Service) 510
Infraestrutura como Serviço (IaaS – Infrastructure as a Service) 511
Tecnologias essenciais para computação em nuvem 512
Modelos de implementação em nuvem 512
Principais fornecedores de plataforma em nuvem para análise de dados 513
Análise de dados como Serviço (AaaS – Analytics as a Service) 514
Ofertas representativas de análise de dados como serviço 515
Aplicações ilustrativas de análise de dados que empregam infraestrutura em nuvem 516

O Centro Oncológico MD Anderson utiliza capacidades de computação cognitiva do IBM Watson para oferecer melhor tratamento para pacientes com câncer 516

Escolas públicas de Tacoma, Washington, utilizam aprendizado de máquina do Microsoft Azure para prever a evasão escolar 517

O Centro Médico Dartmouth-Hitchcock oferece atendimento proativo e personalizado usando Microsoft Cortana 518

A Mankind Pharma utiliza a infraestrutura em nuvem da IBM para reduzir o tempo de implementação de encomendas em 98% 518

A Gulf Air utiliza Big Data para conhecer melhor seus clientes 519

A Chime melhora a experiência dos clientes usando Snowflake 520

8.4 Análise de dados baseados em localização para organizações 521
Análise de dados geoespaciais 522

Caso aplicado 8.4 A Great Clips emprega análise espacial para poupar tempo na escolha de locais para expansão 524

Caso aplicado 8.5 A Starbucks explora GIS e análise de dados para se expandir pelo mundo 525

Informações estratégicas sobre localização em tempo real 526
Caso aplicado 8.6 A Quiznos customiza sanduíches para seus clientes 528
Aplicações de análise de dados para consumidores 528
8.5 Questões envolvendo legalidade, privacidade e ética 530
Questões legais 531
Privacidade 532
Coleta de informações sobre indivíduos 532
Privacidade de usuário móvel 533
Segurança nacional e privacidade individual 533
Recentes questões tecnológicas envolvendo privacidade e análise de dados 534
A quem pertence nossos dados privados? 535
Ética no apoio e na tomada de decisões 536
8.6 Impactos da análise de dados em organizações: uma visão geral 537
Novas unidades organizacionais 538
Remodelagem de uma organização pelo uso de análise de dados 539
O impacto da análise de dados nas atividades, no desempenho e na satisfação profissional de gestores 539
Reestruturação industrial 541
O impacto da automação nos empregos 542
Efeitos não intencionais da análise de dados 543
8.7 Ciência de dados como uma profissão 544
De onde vêm os cientistas de dados? 545
Destaques do capítulo 548
Termos-chave 549
Questões para discussão 549
Exercícios 549
Referências 550

Glossário 555
Índice 565

CAPÍTULO 1

Uma visão geral da inteligência de negócios, análise de dados e ciência de dados

OBJETIVOS DIDÁTICOS

- Compreender a necessidade de apoio computadorizado para se tomar decisões gerenciais.
- Reconhecer a evolução de tal apoio computadorizado no ambiente atual – análise/ciência de dados.
- Descrever a metodologia e os conceitos da inteligência de negócios (BI – *business intelligence*).
- Aprender sobre os diferentes tipos de análise de dados e examinar aplicações selecionadas.
- Compreender o ecossistema de análise de dados a fim de identificar os diversos agentes relevantes e as oportunidades de carreira profissional.

O ambiente empresarial está em constante evolução, tornando-se cada vez mais complexo. Organizações, tanto públicas quanto privadas, veem-se pressionadas a reagir rapidamente a tal evolução e a inovarem seu *modus operandi*. Isso exige que as organizações sejam ágeis e tomem decisões operacionais frequentes, rápidas, estratégicas e táticas, algumas das quais são bastante complexas. Para que tais decisões sejam tomadas, pode ser preciso quantidades consideráveis de dados, informações e conhecimentos relevantes. E seu processamento, à luz das decisões necessárias, deve ser feito com rapidez, muitas vezes em tempo real, o que geralmente exige suporte computadorizado.

Este livro trata da análise de negócios na forma de suporte computadorizado para a tomada de decisões gerenciais. Seu foco recai nas bases teóricas e conceituais do apoio a decisões, bem como nas ferramentas e técnicas comerciais que se encontram disponíveis. Nele, são apresentados os fundamentos das técnicas e o modo como tais sistemas são construídos e usados. Seguimos uma abordagem EEE ao introduzirmos esses tópicos: **Exposição**, **Experiência** e **Exploração**. O livro, antes de mais nada, expõe diversas técnicas de análise de dados e suas aplicações. A ideia é que o estudante sinta-se inspirado ao aprender como outras organizações vêm empregando a análise de dados para tomar decisões ou obter vantagens competitivas. Acreditamos que tal **exposição** às recentes aplicações da análise de dados, e a como isso pode ser replicado, é um componente didático básico para aprender sobre o tema. Ao descrever as técnicas, também apresentamos exemplos de ferramentas de software que podem ser usadas para desenvolver tais aplicações. O livro não se atém a uma única ferramenta de software, para que os estudantes possam **experimentar** essas técnicas usando diversas delas disponíveis no mercado. Esperamos que essa exposição e experiência habilite e motive os leitores a explorarem o potencial de tais técnicas em seus próprios ramos de atuação. Para facilitar tal **exploração**, incluímos exercícios que direcionam o leitor para a Teradata University Network (TUN) e para outros sites que incluem exercícios em grupo onde apropriado.

1.1 VINHETA DE ABERTURA: Análise de dados esportivos – uma empolgante fronteira para aprender e entender as aplicações da análise de dados

A aplicação da análise de dados a problemas empresariais é uma habilidade-chave, sobre a qual você aprenderá neste livro. Atualmente, muitas dessas técnicas estão sendo aplicadas para aprimorar processos decisórios em todos os aspectos dos esportes, uma área em franca ebulição denominada análise de dados esportivos (*sports analytics*). A análise de dados esportivos é a arte e a ciência de reunir dados sobre atletas e equipes para melhor embasar decisões esportivas, como decidir quais jogadores devem ser recrutados, quanto pagar de salário a cada atleta, quem colocar para jogar, quem escolher como treinador, como evitar lesões e quando atletas devem ser negociados ou aposentados. Para equipes, isso envolve decisões empresariais como o preço de ingressos, bem como decisões de formação de plantel, análise de pontos fortes e fracos de equipes adversárias e muitas decisões no calor do jogo.

Na verdade, a análise de dados esportivos está se tornando uma especialidade dentro da análise de dados. Trata-se de uma área importante, pois os esportes representam uma grande indústria, gerando cerca de U$145 bilhões em receitas anuais, sem contar os U$100 bilhões adicionais em apostas legais e outros U$300 bilhões em ilegais, segundo a PriceWaterhouse.[1] Em 2014, apenas U$125 milhões foram gastos em análise de dados (menos de 0,1% das receitas). Calcula-se que este valor deve crescer em ritmo acelerado até alcançar U$4,7 bilhões em 2021.[2]

O uso de análise de dados nos esportes foi popularizado pelo livro *Moneyball*, de Michael Lewis, de 2003, e pelo filme estrelado por Brad Pitt em 2011. Ambos retratam como Billy Beane, diretor executivo dos Oakland A's, utilizou análise de dados para fazer um time perdedor começar a ganhar. Em particular, ele contratou um analista que empregava análise de dados para draftar jogadores capazes de avançar de base, em oposição a jogadores que se destacavam em parâmetros mais tradicionais, como corridas impulsionadas e bases roubadas. Esses *insights* lhes permitiram draftar talentos renegados por outras equipes a salários iniciais razoáveis. E funcionou – eles chegaram aos *playoffs* em 2002 e 2003.

---

[1] "Changing the Game: Outlook for the Global Sports Market to 2015," PriceWaterhouseCoopers Report, em https://www.pwc.com/gx/en/hospitality-leisure/pdf/changing-the-game-outlook-for-the-global-sports-marketto-2015.pdf. Dados sobre apostas de https://www.capcredit.com/how-much-americansspend-on-sports-each-year/.

[2] "Sports Analytics Market Worth $4.7B by 2021," Wintergreen Research Press Release, noticiado por PR Newswire em http://www.prnewswire.com/news-releases/sports-analytics-market-worth-47-billion--by-2021-509869871.html, June 25, 2015.

Hoje, a análise de dados está sendo usada em todos os aspectos dos esportes. Sua aplicação pode ser dividida em departamento administrativo e departamento esportivo. Uma boa descrição com 30 exemplos aparece no artigo de levantamento de Tom Davenport.[3] Quando empregada por departamentos administrativos, a análise de dados envolve a análise comportamental de torcedores, incluindo desde modelos preditivos de renovação de ingressos de temporada e venda regular de ingressos até a contabilização de tuítes de torcedores a respeito do time, dos atletas, da equipe técnica e dos proprietários. Isso é muito similar à tradicional gestão de relacionamento com clientes. A análise financeira também é uma área-chave, em que tetos salariais (no caso dos profissionais) e limites de bolsas de estudo (no caso de programas universitários) fazem parte da equação.

Já as aplicações por parte do departamento esportivo envolvem tanto atletas individuais quanto desempenho em equipe. Para atletas individuais, há um foco em modelos analíticos de recrutamento, análise de dados de força, condicionamento e desenvolvimento, além de modelos preditivos (MPs) para evitar treinamento excessivo e lesões. Pesquisas na área de concussões estão em alta. A análise de dados de equipes como um todo inclui estratégias e táticas, avaliação de adversários e formação do plantel ideal sob várias situações dentro e fora de campo.

Os exemplos a seguir ilustram como três organizações esportivas utilizam análise de dados para aprimorar operações esportivas, da mesma forma que a análise de dados aprimorou processos decisórios em setores tradicionais.

Exemplo 1: departamento administrativo

Dave Ward trabalha como analista de negócios para uma equipe de beisebol, focado em receitas. Ele analisa venda de ingressos, tanto na forma de pacotes para a temporada inteira quanto entradas avulsas para jogos únicos. Dentre as perguntas que sua área de responsabilidade tenta responder estão: por que compradores de ingressos de temporada renovam (ou deixam de renovar) seus pacotes, e quais fatores motivam compras avulsas de última hora. Outra pergunta é: quanto cobrar pelos ingressos.

Algumas das técnicas analíticas que Dave emprega incluem estatísticas simples sobre o comportamento de torcedores, como dados de públicos totais e enquetes sobre a propensão a compras futuras. No entanto, as respostas dos torcedores nem sempre correspondem a suas ações. Dave conduziu uma enquete junto aos torcedores por local de assento ("nível") e perguntou sobre suas propensões a renovarem seu pacote de temporada. Mas quando comparou o que eles disseram com o que de fato fizeram, encontrou grandes diferenças (veja a Figura 1.1). Ele descobriu que 69% dos torcedores que responderam à enquete afirmando que "provavelmente não renovariam" na verdade o fizeram. Essa é uma descoberta útil com repercussões práticas – na Figura 1.1, clientes nas células verdes são os mais propensos a renovarem seus pacotes, e por isso exigem menos investimentos em marketing para serem convertidos quando comparados, por exemplo, aos clientes nas células azuis.

Muitos fatores, porém, influenciam o comportamento de compra de ingressos por parte dos torcedores, o que motiva estatísticas e análises de dados mais sofisticadas. Para ambas áreas, mas sobretudo para ingressos avulsos, Dave está estimulando o uso de precificação dinâmica – o que substituiria o modelo de simples

---

[3]Thomas Davenport, "Analytics in Sports: The New Science of Winning," International Institute for Analytics White paper, patrocinado por SAS, fevereiro de 2014. No site da SAS em: http://www.sas.com/content/dam/SAS/en_us/doc/whitepaper2/iia-analytics-in-sports-106993.pdf. (Acessado em julho de 2016).

Nível	Bastante provável	Provável	Talvez	Provavelmente não	Certamente não
1	92	88	75	69	45
2	88	81	70	65	38
3	80	76	68	55	36
4	77	72	65	45	25
5	75	70	60	35	25

FIGURA 1.1 Renovações de ingressos de temporada – resultados de enquete.

precificação estática por nível de assento por uma precificação diariamente flutuante de assentos individuais. Essa é uma área fértil de pesquisa para muitas equipes esportivas, com um potencial imenso de aumento de receitas. Seu novo modelo de preços leva em consideração, por exemplo, o retrospecto atual da equipe, o adversário a ser enfrentado, as datas e os horários dos jogos, quais estrelas atuam em cada time, o histórico de cada torcedor em renovação de ingressos de temporada ou compra de ingressos avulsos, bem como fatores como localização de assento, quantidade de assentos e informações em tempo real sobre congestionamentos no horário do jogo e até mesmo as condições meteorológicas. Veja a Figura 1.2.

Quais desses fatores são importantes? Em que ordem? Com sua extensa experiência em estatística, Dave constrói modelos de regressão para isolar os fatores que melhor determinam para esses históricos comportamentais e para criar MPs identificando como gastar recursos de marketing para aumentar as receitas. Ele desenvolve modelos de fidelidade para criar segmentos de clientes que renovarão seus pacotes de temporada, que não os renovarão ou que ficarão indecisos, o que acaba possibilitando campanhas de marketing mais refinadas.

Além disso, ele afere o sentimento dos torcedores conforme comentários em redes sociais, ajudando a segmentá-los em patamares de fidelidade. Outros estudos sobre motivadores de comparecimento a jogos avulsos ajudam o departamento de marketing a entender o impacto de distribuição de brindes, como bonecos e camisetas, ou de anúncios publicitários na TV.

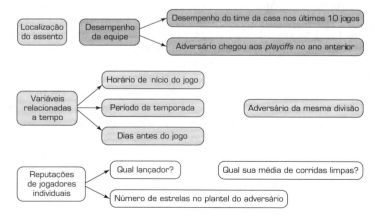

FIGURA 1.2 Trabalho anterior de precificação dinâmica – Major League Baseball. *Fonte:* adaptado de C. Kemper and C. Breuer, "How Efficient is Dynamic Pricing for Sports Events? Designing a Dynamic Pricing Model for Bayern Munich", *Intl. Journal of Sports Finance*, 11, pp. 4-25, 2016.

Além das receitas, há muitas outras áreas analíticas abordadas pela equipe de Dave, incluindo merchandising, receitas de transmissão por rádio e TV, dicas ao diretor executivo quanto a negociações salariais, análise de recrutamentos tendo em vista o teto de folha salarial, nível de eficiência de canais publicitários e conscientização de marca, além de análise de parcerias. Ele é um cara bastante atarefado!

Exemplo 2: o treinador

Bob Breedlove é o treinador de uma importante equipe universitária de futebol americano. A única coisa que importa para ele é vencer os jogos. Suas áreas de foco são o recrutamento de jogadores do ensino médio, a adaptação deles a seus sistemas de ataque e defesa e a obtenção de seu máximo esforço em dias de jogos. Eis uma amostra dos questionamentos em sua área de responsabilidade: Quem devemos recrutar? Que tipo de treinamento pode desenvolver suas habilidades? O quanto devo exigir fisicamente de nossos atletas? Quais são os pontos fortes e fracos dos adversários, e como identificamos suas tendências táticas?

Felizmente, sua equipe acaba de contratar uma nova assessora técnica, Dar Beranek, especializada em ajudar treinadores a tomar decisões táticas. Ela está trabalhando com uma equipe de estagiários dedicada a criar análises de adversários. Eles usaram o VT de um jogo com comentários do treinador para desenvolver um modelo de árvore de decisão em cascata (Figura 1.3) a fim de prever se a próxima jogada será uma corrida ou um passe. Para o coordenador defensivo, eles construíram mapas de calor (Figura 1.4) dos ataques via passes do adversário, ilustrando suas tendências de lançar para a direita ou para a esquerda dependendo da formação defensiva enfrentada. Por fim, desenvolveram uma análise de séries temporais (Figura 1.5) para jogadas explosivas (definidas como um ganho superior a 16 jardas para jogadas via passe ou superior a 12 jardas para jogadas via corrida). Para cada jogada, eles comparam o resultado final com suas próprias formações defensivas e com as formações ofensivas da outra equipe, o que ajuda o treinador Breedlove a reagir mais depressa a trocas de formação durante um jogo. Nos Capítulos 2 a 5 e no Capítulo 7, explicaremos em mais detalhes as técnicas analíticas que geraram essas figuras.

Um novo trabalho que Dar está fomentando envolve a aprimoramento dos modelos de recrutamento de atletas do ensino médio. A cada ano, a equipe concede,

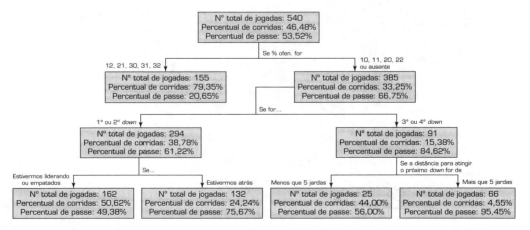

FIGURA 1.3 Árvore de decisão em cascata para jogadas de corrida ou de passe.

6 BI e análise de dados para gestão do negócio

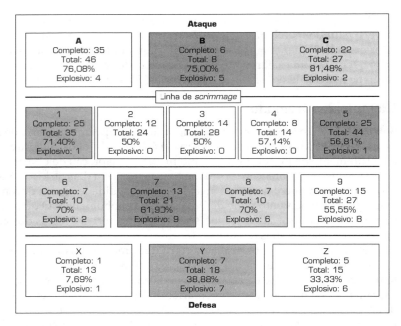

FIGURA 1.4 Análise de zonas por mapa de calor para jogadas via passe.

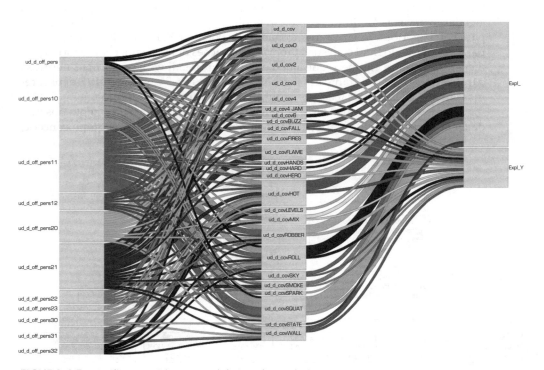

FIGURA 1.5 Análise por série temporal de jogadas explosivas.

por exemplo, três bolsas-atleta para estudantes que atuam na posição de *wide receiver*. Para escolher os melhores jogadores, Dar considera necessário ir além de dados como velocidade de corrida, impulsão ou comprimento dos braços; para ela, novos critérios devem ser incluídos, como velocidade de rotação da cabeça para receber um passe, tempo de reação a diversos estímulos e precisão em trajetos de corrida para recepção de passe. Algumas de suas ideias ilustrando esses conceitos aparecem no site da TUN; procure por BSI Case of Precision Football.[4]

Exemplo 3: o preparador físico

O Dr. Dan Johnson é o preparador físico de uma equipe universitária de futebol feminino. Seu trabalho é ajudar as jogadoras a evitarem lesões e aconselhar a equipe técnica quanto à carga de treinamento das atletas. Ele também tem um interesse no bem-estar das jogadoras, incluindo suas horas de sono e de descanso entre sessões leves e pesadas de treino. A meta é garantir que as atletas estejam preparadas para os dias de jogo com a máxima eficiência.

E com o advento dos dispositivos portáteis de rastreamento, há muito mais dados para o Dr. Dan analisar. Suas jogadoras treinam usando coletes que contêm sensores capazes de medir dados internos como frequência cardíaca e respiratória e temperatura corporal. Os coletes também incluem acelerômetros que medem dados externos como distância percorrida e velocidade, bem como acelerações e desacelerações. Ele sabe quais jogadoras estão dando seu máximo durante os treinos e quais não estão.

Atualmente, seu foco são as pesquisas que preveem ou previnem lesões em atletas (Figura 1.6). Algumas tarefas simples, como o Teste de Permanência em Agachamento numa Única Perna – ficar parado num pé só, depois no outro –, com diferenciais de pontuação superiores a 10% podem fornecer importantes informações sobre forças e fraquezas no tronco (Figura 1.7). Se uma atleta sofre uma forte pancada durante uma partida, o preparador físico pode realizar um teste do lado de fora do campo para conferir a reação a um estímulo num dispositivo móvel, o que complementa protocolos tradicionais de detecção de concussão. Sensores de sono mostram quem está obtendo repouso adequado (e quem passa a noite inteira na farra). Ele solicita exames de ressonância magnética no laboratório universitário para saber quais atletas apresentam risco de lesão cerebral.

QUESTÕES SOBRE ESSES EXEMPLOS

1. Quais são os três fatores que podem fazer parte de um modelo preditivo (MP) para renovações de ingressos de temporada?
2. Quais são as duas técnicas que as equipes de futebol americano podem usar como análise de adversários?
3. Como os dispositivos portáteis de rastreamento previnem lesões e aumentam a segurança dos atletas? Quais novos dados analíticos os preparadores físicos podem usar?
4. Quais outras aplicações da análise de dados você consegue vislumbrar nos esportes?

---

[4]Business Scenario Investigation BSI: The Case of Precision Football (video). (Fall 2015). Aparece em http://www.teradatauniversitynetwork.com/About-Us/Whats-New/BSI–Sports-Analytics—Precision--Football//,Fall 2015. (Acessado em setembro de 2016.)

FIGURA 1.6 Modelos de lesões no futebol.[5]

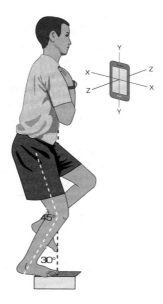

FIGURA 1.7 Teste de Permanência em Agachamento numa Única Perna – teste de força corporal no tronco. (*Fonte:* figura adaptada de Gary Wilkerson e Ashish Gupta.)

---

[5]"Women's Soccer Injuries," National Center for Catastrophic Sports Injury Research Report, NCAA. As compilações de dados factuais sobre lesões da NCAA Sport Injury são produzidas pela Datalys Center for Sports Injury Research and Prevention em colaboração com a National Collegiate Athletic Association e com a STOP Sports Injuries. Aparece em https://www.ncaa.org/sites/default/files/NCAA_W_Soccer_Injuries_WEB.pdf. (Acessado em novembro de 2016.)

O que podemos aprender com essas vinhetas?

Além dos analistas de departamentos administrativos, dos treinadores, preparadores físicos e dos especialistas em desempenho, há muitos outros envolvidos no esporte que utilizam dados, desde zeladores de campos de golfe que aferem as condições do solo e da grama para torneios do PGA, até árbitros de beisebol e basquete que são avaliados de acordo com os erros e acertos que cometem. Na verdade, é difícil achar uma área esportiva que *não* esteja sendo afetada pela disponibilidade de mais dados, sobretudo aqueles advindos de sensores.

As habilidades que você aprenderá neste livro em análise de negócios também se aplicarão aos esportes. Caso queira se aprofundar nessa área, sugerimos que consulte a seção Sports Analytics da Teradata University Network (TUN), um recurso gratuito para docentes e discentes. Nesse site, você encontrará descrições do que ler para aprender mais a respeito de análise de dados esportivos, compilações de locais onde poderá encontrar conjuntos de dados publicamente disponíveis para análise, bem como exemplos de projetos estudantis em análise de dados esportivos e entrevistas com profissionais da área que usam análise de dados em seus trabalhos. Boa sorte em seus estudos de análise de dados!

Fonte e créditos: com a colaboração do Dr. Dave Schrader, que se aposentou após 24 anos em desenvolvimento avançado e marketing na Teradata. Ele permanece no Conselho Diretor da Teradata University Network, onde desfruta de sua aposentadoria ajudando estudantes e professores a aprenderem mais sobre análise de dados esportivos. As imagens de futebol americano (Figuras 1.3 – 1.5) foram construídas por Peter Liang e Jacob Pearson, pós-graduandos da Oklahoma State University, como parte de um projeto estudantil no primeiro semestre de 2016. As gravuras de treinamento (Figuras 1.6 e 1.7) foram adaptadas de imagens fornecidas pelo prof. Gary Wilkerson, da University of Tennessee, em Chattanooga, e pelo prof. Ashish Gupta, da Auburn University.

1.2 Rumos dos ambientes de negócios e novas exigências para apoio à decisão e análise de dados

A vinheta de abertura ilustra como um setor inteiro pode aplicar análise de dados para desenvolver relatórios sobre o que está acontecendo, prever o que deve acontecer e então tomar decisões para tirar o melhor proveito da situação que se apresenta. Tais etapas exigem uma organização para reunir e analisar vastas coleções de dados. A partir de suas aplicações tradicionais em funções de folha de pagamento e contabilidade, sistemas computadorizados já penetraram em áreas gerenciais complexas, desde projeto e gerenciamento de fábricas automatizadas até a aplicação de métodos analíticos para a avaliação de propostas de fusões e aquisições. Praticamente todos os executivos sabem que as tecnologias da informação são vitais para seus negócios e já as adotam de forma extensiva.

Aplicações computadorizadas passaram de atividades de processamento e monitoramento de transações para tarefas de análise e solução de problemas, e boa parte disso por meio de tecnologias na nuvem, em muitos casos acessadas via dispositivos móveis. Ferramentas de análise de dados e BI como armazenamento de dados, mineração de dados, processamento analítico online (OLAP – *online analytical processing*), *dashboards* e uso de sistemas baseados na nuvem para apoio a decisões são os pilares da gestão moderna. Os gestores precisam dispor de redes de sistemas informatizados em alta velocidade (via cabo ou sem fio) para auxiliá-los em sua tarefa mais importante: tomar decisões. Em muitos casos, tais decisões estão sendo rotineiramente automatizadas, eliminando-se a necessidade de qualquer intervenção gerencial.

Além dos óbvios avanços em hardware, software e capacidades de rede, alguns desenvolvimentos contribuíram claramente para aprimorar o apoio a decisões e a análise de dados de diversas maneiras, incluindo:

- **Comunicação e colaboração em grupo.** Atualmente, muitas decisões são tomadas por grupos cujos membros estão geograficamente dispersos. Os membros podem colaborar entre si e se comunicar prontamente usando ferramentas colaborativas, além dos onipresentes *smartphones*. A colaboração é especialmente importante ao longo da cadeia de suprimento, na qual parceiros – desde fornecedores até clientes – precisam compartilhar informações. A reunião de um grupo de tomadores de decisão, sobretudo de especialistas, em um mesmo local pode ser dispendiosa. Sistemas de informação podem aprimorar o processo colaborativo de um grupo e permitir que seus membros se situem em locais diferentes (economizando custos de deslocamento). Acima de tudo, tal colaboração ao longo da cadeia de suprimento permite que os fabricantes fiquem a par de novos padrões de demanda quase em tempo real, levando-os a reagir mais depressa a alterações no mercado.
- **Avanços no gerenciamento de dados.** Muitas decisões envolvem computações complexas. Os dados para isso podem ser armazenados em diferentes bases de dados em qualquer lugar da organização, ou mesmo fora dela. Os dados podem incluir texto, áudio, imagens e vídeo, e podem estar em diferentes idiomas. Muitas vezes, é preciso transmitir dados rapidamente a partir de locais distantes. Os sistemas atuais são capazes de pesquisar, armazenar e transmitir os dados necessários de forma ágil, econômica, segura e transparente.
- **Gerenciamento de gigantescos *data warehouses* e Big Data.** Grandes *data warehouses*, como aqueles operados pela Walmart, contêm quantidades descomunais de dados. Métodos especiais, incluindo computação paralela, Hadoop/Spark e assim por diante, estão disponíveis para organização, pesquisa e mineração de dados. Os custos relativos a armazenamento e mineração de dados estão em franco declínio. As tecnologias incluídas na ampla categoria de Big Data possibilitam a transmissão de uma profusão de dados provenientes de várias fontes e em diversas formas, o que permite um cenário bastante diferente de desempenho organizacional que não era possível no passado.
- **Suporte analítico.** Com mais tecnologias de dados e análise, mais alternativas podem ser avaliadas, previsões podem ser aprimoradas, análises de risco podem ser aceleradas e as opiniões de especialistas (que podem estar em locais remotos) podem ser coletadas com agilidade e a um custo reduzido. Conhecimentos especializados podem ser até mesmo derivados de sistemas analíticos. Com tais ferramentas, os tomadores de decisões podem conduzir simulações complexas, conferir muitos cenários e aferir impactos diversos de forma rápida e econômica. Este, é claro, é o foco de muitos capítulos neste livro.
- **Superação de limites cognitivos no processamento e armazenamento de informações.** Segundo Simon (1977), a mente humana apresenta uma capacidade limitada para processar e armazenar informações. Devido a seus limites cognitivos, as pessoas às vezes encontram dificuldade de recordar e utilizar informações sem cometer equívocos. O termo *limites cognitivos* indica que a capacidade de

resolução de problemas de um indivíduo revela-se limitada quando uma ampla gama de informações e conhecimentos diversos se faz necessária. Sistemas computadorizados possibilitam que as pessoas superem seus limites cognitivos ao acessarem e processarem rapidamente vastas quantidades de informações armazenadas.

- **Gestão de conhecimento.** As organizações reunem vastas coleções de informações a respeito de suas operações, seus clientes, procedimentos internos, interações com funcionários e assim por diante, por meio das comunicações estruturadas e não estruturadas que ocorrem entre as várias partes interessadas. Sistemas de gestão de conhecimento se tornaram fontes de embasamento formal e informal para decisões gerenciais, embora por vezes nem sejam chamados por esse nome. Tecnologias como análise de texto e o IBM Watson estão tornando possível a geração de valor a partir de tais coleções de conhecimento.
- **Suporte a qualquer hora, em qualquer lugar.** Usando tecnologia sem fio, gestores conseguem acessar informações a qualquer hora e em qualquer lugar, além de analisá-las, interpretá-las e comunicá-las aos envolvidos. Essa talvez tenha sido a maior mudança ocorrida nos últimos anos. A velocidade com que as informações precisam ser processadas e convertidas em decisões alterou em muito as expectativas tanto por parte dos clientes quanto das empresas. Essas e outras funcionalidades vêm motivando o uso de suporte computadorizado para decisões desde o fim dos anos 60, mas com maior vigor desde meados dos anos 90. O crescimento das tecnologias móveis, das plataformas de redes sociais e das ferramentas analíticas viabilizou um novo nível de suporte por sistemas de informação (SI) para os gestores. Esse crescimento na oferta de embasamento de dados para qualquer decisão se estende não apenas aos gestores, mas também aos consumidores. Para começar, estudaremos uma visão geral das tecnologias que vêm sendo amplamente referidas como BI. A partir daí, ampliaremos nossos horizontes para introduzir vários tipos de análise de dados.

SEÇÃO 1.2 QUESTÕES DE REVISÃO

1. Quais são algumas das tendências fundamentais baseadas em sistemas que levaram as decisões apoiadas em SI a um novo patamar?
2. Liste algumas funcionalidades dos sistemas de informação capazes de facilitar o processo decisório gerencial.
3. Como um computador pode ajudar os humanos a superar seus limites cognitivos?

1.3 Evolução do apoio computadorizado a decisões até a análise/ciência de dados

A linha do tempo na Figura 1.8 exibe a terminologia utilizada para descrever a análise de dados desde os anos 70. Durante essa década, o foco dos sistemas de informação para apoiar decisões era o fornecimento de relatórios estruturados e periódicos que os gestores podiam usar (ou ignorar) ao tomar decisões. As empresas começaram a criar relatórios rotineiros para apoiar os tomadores de decisões (gestores) sobre o que ocorrera no período prévio (como um dia, semana, mês ou trimestre anterior). Embora fosse útil saber o que ocorrera no passado, os gestores queriam mais do que isso: precisavam de uma variedade de relatórios em diferentes níveis de granularidade

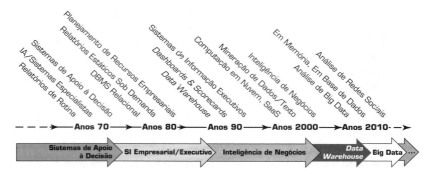

FIGURA 1.8 Evolução do apoio à decisão, inteligência de negócios e análise de dados.

para melhor entender e abordar novas exigências e desafios para a empresa. Eles costumavam ser chamados de sistemas de informação gerencial (MIS – *management information systems*). No início da década de 1970, Scott-Morton articulou pela primeira vez os principais conceitos de DSS (*decision support system*, ou sistema de apoio à decisão). Ele definiu os DSSs como "sistemas computadorizados interativos, que ajudam os tomadores de decisões a utilizar *dados* e *modelos* para solucionar problemas não estruturados" (Gorry and Scott-Morton, 1971). O trecho a seguir é outra definição clássica de DSS, fornecida por Keen e Scott-Morton (1978):

> Sistemas de apoio à decisão complementam os recursos intelectuais dos indivíduos com as capacidades do computador para melhorar a qualidade das decisões. Trata-se de um sistema de apoio computadorizado para tomadores de decisões gerenciais que lidam com problemas semiestruturados.

Observe que o termo *sistema de apoio à decisão*, assim como *sistema de informação gerencial* e vários outros termos no campo de TI, é uma expressão de livre conteúdo (ou seja, significa coisas diferentes para pessoas diferentes). Sendo assim, não existe uma definição universalmente aceita de DSS.

Durante os primórdios da análise de dados, os dados costumavam provir de especialistas de cada área usando processos manuais (como entrevistas e enquetes) para construir modelos matemáticos ou baseados em conhecimento para solucionar problemas restritos de otimização. A ideia era fazer o melhor com recursos limitados. Tais modelos de apoio à decisão costumavam ser chamados de pesquisa operacional (PO). Os problemas que eram complexos demais para ser resolvidos idealmente (usando-se técnicas de programação matemática linear ou não linear) eram abordados usando-se métodos heurísticos, como modelos de simulação. (Introduziremos isso como análise de dados prescritiva mais adiante neste capítulo e em mais detalhes no Capítulo 6.)

No fim dos anos 70 e início dos 80, além dos modelos maduros de PO que estavam sendo usados em diversos ramos e sistemas governamentais, uma nova e empolgante linha de modelos surgiu: sistemas especialistas baseados em regras. Tais sistemas prometiam capturar o conhecimento de especialistas num formato que os computadores podiam processar (via uma coleção de regras tipo "se-então-senão" ou heurísticas), e poderiam ser consultados da mesma forma que consultamos especialistas em cada área para identificar um problema estruturado e prescrever a solução mais provável. Os sistemas especialistas permitiam que escassos conhecimentos especializados fossem disponibilizados onde e quando necessário, usando um DSS "inteligente".

Os anos 80 testemunharam uma mudança significativa no modo como as organizações capturavam dados empresariais. A antiga prática era ter múltiplos sistemas de informação desmembrados e feitos sob medida para capturar dados transacionais de diferentes departamentos ou funções dentro da organização (como contabilidade, marketing e vendas, finanças, produção). Na década de 1980, tais sistemas foram integrados na organização como um todo, seguindo o modelo atualmente chamado de planejamento de recursos empresariais (ERP – *enterprise resource planning*). As antigas estruturas marcadas pela representação sequencial e não padronizada de dados foram substituídas por sistemas de gerenciamento de banco de dados relacional (RDBM – *relational database management*). Tais sistemas aprimoraram a captura e o armazenamento de dados, bem como as relações entre campos de dados organizacionais, significativamente reduzindo, ao mesmo tempo, a replicação de informações. A necessidade de sistemas RDBM e ERP surgiu quando a integridade e a consistência dos dados se tornaram um problema, entravando a eficiência das práticas empresariais. Com o ERP, todos os dados de cada canto da empresa são coletados e integrados segundo uma estrutura consistente, fazendo com que cada parte da organização tenha acesso à única versão da verdade quando e onde for necessária. Além do advento de sistemas ERP, ou talvez devido a tais sistemas, os relatórios de dados empresariais passaram a ser empregados sob demanda e conforme a necessidade. Assim, os tomadores de decisões podiam determinar quando precisavam ou queriam criar relatórios especializados para investigar problemas e oportunidades organizacionais.

Já na década de 1990, a exigência de relatórios mais versáteis levou ao desenvolvimento dos sistemas de informação executivos (*executive information systems* – EIs; DSSs projetados e desenvolvidos para executivos e suas necessidades de tomada de decisões). Tais sistemas foram projetados como painéis gráficos e planilhas de resultados, para que pudessem ser visualmente atraentes e ao mesmo tempo se concentrassem nos indicadores básicos de desempenho a serem monitorados pelos tomadores de decisões. Para viabilizar relatórios com tamanha versatilidade sem botar a perder a integridade transacional dos sistemas de informações empresariais, foi necessário criar um patamar intermediário de dados na forma de um repositório DW (*data warehouse*) a fim de suportar especificamente os relatórios empresariais e o processo decisório. De uma hora para outra, a maioria das empresa de médio e grande porte adotou os *data warehouses* como sua plataforma para decisões de âmbito geral. Os *dashboards* e *scorecards* desenvolvidos em planilhas obtinham seus dados a partir de um DW, e, dessa forma, não atravancavam a eficiência dos sistemas de transações empresariais, costumeiramente chamados de sistemas ERP.

Na virada do milênio, os DSSs baseados em DW começaram a ser chamados de sistemas de BI. Conforme aumentava a quantidade de dados longitudinais acumulados nos DWs, o mesmo ocorria com as capacidades de hardware e software para acompanhar a rápida evolução das necessidades dos tomadores de decisões. Devido ao mercado competitivo globalizado, os tomadores de decisões precisavam de informações atualizadas em um formato bastante digerido para atacarem problemas empresariais e tirarem proveito das oportunidades do mercado com agilidade. Como os dados em um DW são atualizados de tempos em tempos, eles não refletem as últimas informações. Para dar conta deste problema de latência de informações, fornecedores de DW desenvolveram um sistema para atualizar os dados com maior frequência, o que levou aos termos *armazenamento de dados em tempo real* e, mais realisticamente, *armazenamento de dados no tempo certo*, o qual difere do anterior por adotar uma política de renovação de dados baseada no nível exigido de atualização das informações (isto é, nem todos os dados precisam ser renovados em tempo real). Os DWs são muito grandes e ricos em recursos, e tornou-se necessário "minerar" os dados corporativos a fim de "revelar" pepitas novas e úteis de conhecimento para aprimorar processos e práticas empresariais, o que deu origem aos termos *mineração de dados* e *mineração de texto*. Com volumes e variedades cada vez maiores de dados, surgiram exigências de maior armazenamento e mais poder de processamento. Se por um lado as grandes corporações dispunham dos meios para resolver este problema, as empresas de médio porte precisavam de modelos de negócio mais administráveis financeiramente. Essa exigência levou a arquiteturas voltadas para serviços e a fornecimento de análise de dados na forma de prestação de serviços. Empresas menores ganharam, portanto, acesso a recursos de análise de dados segundo um modelo sob demanda, passando a pagar apenas pelo que precisavam usar, em vez de investirem recursos financeiramente proibitivos em hardware e software.

Na década de 2010, estamos assistindo a mais uma quebra de paradigma no modo como os dados são capturados e usados. Em grande parte pela difusão do uso da Internet, novos meios de geração de dados emergiram. Dentre todas as novas fontes de dados (como etiquetas de identificação de rádio frequência [RFID], medidores de energia digital, *logs* na Web do tipo *clickstream*, aparelhos domésticos inteligentes, equipamentos portáteis de monitoramento de saúde), talvez as mais interessantes e desafiadoras sejam as redes sociais. Esses dados não estruturados são ricos em conteúdo informativo, mas a análise de tais fontes de dados impõe desafios consideráveis para sistemas computadorizados, tanto em termos de software quanto hardware. Recentemente, o termo *Big Data* foi cunhado para destacar os desafios que essas novas fontes de dados trouxeram para nós. Muitos avanços em hardware (tais como processamento paralelo massivo com enorme memória computacional e sistemas computadorizados com multiprocessador altamente paralelo) e em software/algoritmos (tais como Hadoop com MapReduce e NoSQL) foram desenvolvidos para enfrentar os desafios de Big Data.

É difícil prever o que a próxima década trará e quais serão os novos termos relacionados à análise de dados. O tempo decorrido entre novas quebras de paradigma em sistemas de informação e especialmente em análise de dados vem encolhendo, e essa tendência deve continuar no futuro próximo. Muito embora a análise de dados não seja novidade, a explosão em sua popularidade é bastante nova. Graças à recente explosão em Big Data, nos modos de coletar e armazenar esses dados e nas ferramentas de software intuitivas, diagnósticos embasados por dados estão mais acessíveis do que nunca a profissionais de negócios. Portanto, em meio a concorrência global, gestores se deparam com uma incrível oportunidade de tomarem melhores decisões usando análise de dados para aumentar receitas, diminuir custos, desenvolver produtos melhores, melhorar a experiência dos clientes, rastrear fraudes antes que aconteçam, além de aumentar o engajamento dos consumidores por meio de segmentação e customização. Hoje em dia, cada vez mais empresas estão preparando seus funcionários para aplicarem técnicas de análise de negócios a fim de melhorarem a eficiência e a eficácia de seus processos decisórios cotidianos.

A próxima seção tem como foco um sistema referencial para BI. Embora a maioria das pessoas provavelmente concorde que a BI evoluiu para se tornar análise de dados e ciência de dados, muitos fornecedores e pesquisadores ainda usam esse termo. Assim, a Seção 1.4 faz uma homenagem a essa história concentrando-se especificamente naquilo que vem sendo chamado de BI. Após a próxima seção, introduziremos a análise de dados e usaremos este termo para classificar todos os conceitos relacionados.

SEÇÃO 1.3 QUESTÕES DE REVISÃO

1. Liste três dos termos predecessores de análise de dados.
2. Qual era a principal diferença entre os sistemas denominados MIS, DSS e Sistemas de Informação Executivos?
3. O DSS evoluiu para se tornar BI ou vice-versa?

1.4 Um quadro referencial para inteligência de negócios

Os conceitos de apoio à decisão apresentados nas Seções 1.2 e 1.3 foram implementados aos poucos, sob nomes diferentes, por muitos fornecedores que criaram ferramentas e metodologias para apoiar decisões. Conforme destacado na Seção 1.3, quando os sistemas passaram a englobar empresas inteiras, os gestores puderam acessar relatórios práticos que os ajudavam a tomar decisões mais depressa. Tais sistemas, que costumavam ser chamados de EISs, passaram então a oferecer capacidades adicionais de visualização, alertas e mensurações de desempenho. Em 2006, os principais produtos *comerciais* já apareciam sob o termo inteligência de negócios (BI).

Definições de BI

Inteligência de negócios (BI – *business intelligence*) é um termo guarda-chuva que combina arquiteturas, ferramentas, bases de dados, ferramentas analíticas, aplicativos e metodologias.* Assim como DSS, trata-se de uma expressão de livre conteúdo, com significados diferentes de uma pessoa para outra. Parte da confusão provém da enxurrada de siglas e expressões associadas, como gestão de desempenho de negócios (BPM – *business performance management*). O principal objetivo do BI é possibilitar acesso interativo (às vezes em tempo real) a dados, permitir a manipulação de dados e oferecer a gestores empresariais e analistas a capacidade de conduzir análises apropriadas. Ao analisarem dados, situações e desempenhos históricos e atuais, os tomadores de decisões obtêm vislumbres valiosos que lhes permitem tomar decisões mais embasadas e melhores. O processo de BI baseia-se na *transformação* de dados em informações, depois em decisões e por fim em ações.

Uma breve história da BI

O termo *BI* foi cunhado pelo Gartner Group em meados dos anos 90. No entanto, conforme a história apresentada na seção anterior destacou, o conceito é bem mais antigo; suas raízes remontam aos sistemas de informação gerenciais (MIS) geradores de relatórios dos anos 70. Durante esse período, estes sistemas de informação geravam relatórios estáticos, bidimensionais e sem capacidade analítica. No início da década de 1980, o conceito de EISs emergiu. Tal conceito ampliou o suporte computadorizado aos gestores e executivos do primeiro escalão. Dentre as funcionalidades introduzidas estavam extração dinâmica de relatórios multidimensionais (*ad hoc* ou sob demanda), geração de previsões, análise de tendências, aprofundamento em detalhes, acesso a *status* e fatores cruciais de sucesso. Esses recursos apareceram em dezenas de produtos comerciais até meados dos anos 90.

---

*N. de R.T.: Neste livro, fazemos distinção entre o sistema e a técnica ou tecnologia BI. Assim, é utilizado "o BI" quando se tratar do sistema BI e "a BI" quando relacionado à técnica ou tecnologia.

Em seguida, as mesmas funcionalidades e algumas novas apareceram sob o nome de BI. Atualmente, um bom sistema empresarial de informação baseado em BI contém todas as informações de que os executivos precisam. Dessa forma, o conceito original de EIS foi transformado em BI. Em 2005, sistemas de BI passaram a incluir funcionalidades de inteligência artificial, bem como poderosos recursos analíticos. A Figura 1.9 ilustra as diversas ferramentas e técnicas que podem ser incluídas em um sistema BI. Ela ilustra também a evolução do BI. As ferramentas mostradas na Figura 1.9 apresentam as funcionalidades do BI. Os produtos mais sofisticados de BI incluem um maior número de tais funcionalidades; outros se especializam em apenas algumas delas.

A arquitetura do BI

Um sistema de BI apresenta quatro componentes principais: um *DW*, com seus dados-fonte; *análise de negócios*, uma coleção de ferramentas para manipular, minerar e analisar os dados no DW; *BPM* para monitorar e analisar desempenhos; e uma *interface do usuário* (como um **dashboard**). A relação entre esses componentes está ilustrada na Figura 1.10.

As origens e motivações do BI

De onde vieram as abordagens modernas a armazenamento de dados e BI? Quais são suas raízes, e como essas raízes afetam o modo como as organizações estão gerindo essas iniciativas atualmente? Hoje em dia, os investimentos em tecnologia da informação estão sob crescente escrutínio em termos de impacto e potencial sobre o balanço financeiro. O mesmo vale para DW e os aplicativos de BI que tornam essas iniciativas possíveis.

As organizações estão sendo levadas a capturar, compreender e aproveitar seus dados para embasar decisões capazes de aprimorar operações empresariais. Leis e

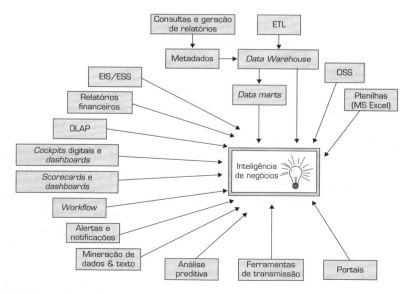

FIGURA 1.9 Evolução da inteligência de negócios (BI).

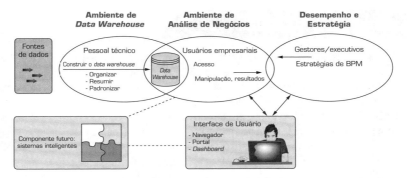

FIGURA 1.10 Uma arquitetura de BI em alto nível. (*Fonte:* baseado em W. Eckerson, *Smart Companies in the 21st Century: The Secrets of Creating Successful Business Intelligent Solutions.* The Data Warehousing Institute, Seattle, WA, 2003, p. 32, Illustration 5.)

regulamentações (como a Sarbanes-Oxley Act, de 2002) passaram a exigir que líderes empresariais documentem seus processos comerciais e ratifiquem a legitimidade das informações que os embasam e que são repassadas a partes interessadas. Ademais, os ciclos empresariais estão cada vez mais comprimidos; tomar decisões mais ágeis, mais embasadas e melhores é, portanto, um imperativo competitivo. Os gestores precisam das *informações certas* na *hora certa* e no *lugar certo*. Este é o mantra das abordagens modernas de BI.

As organizações precisam atuar com inteligência. Prestar bastante atenção à gestão das iniciativas de BI é um aspecto necessário dos negócios. Não chega a surpreender, então, que as organizações estejam capitaneando cada vez mais o BI, ou sua nova encarnação, a análise de dados. O Caso Aplicado 1.1 ilustra uma tal aplicação de BI que ajudou muitas companhias aéreas, além, é claro, das empresas que prestaram tais serviços a elas.

Caso aplicado 1.1

A Sabre ajuda seus clientes por meio de *dashboards* e análise de dados

A Sabre é uma das líderes mundiais no ramo de viagens, prestado tanto serviços do tipo empresa-cliente quanto empresa-empresa. Ela atende viajantes, agências de viagem, corporações e fornecedores do setor por meio de suas quatro empresas principais: Travelocity, Sabre Travel Network, Sabre Airline Solutions e Sabre Hospitality Solutions. O atual ambiente volátil da economia global impõe desafios competitivos consideráveis para o setor aeronáutico. Para se manter à frente da concorrência, a Sabre Airline Solutions reconheceu que executivos de companhias aéreas precisavam de ferramentas mais poderosas para administrar suas decisões de negócios, eliminando o processo tradicional, manual e demorado de agregar informações financeiras e afins necessárias para iniciativas práticas. Tais ferramentas permitem um apoio à decisão em tempo real em companhias aéreas do mundo inteiro, maximizando seus retornos (e, por sua vez, também os da Sabre) e o valor oferecido aos clientes pelo uso crescente de dados de diagnóstico e direcionamento.

(Continua)

Caso aplicado 1.1 *(Continuação)*

A Sabre desenvolveu um *Data Warehouse* Empresarial de Viagem (ETDW – Enterprise Travel Data Warehouse) usando a Teradata para manter suas reservas descomunais de dados. O ETDW é atualizado quase em tempo real com lotes que rodam a cada 15 minutos, reunindo dados de todos os empreendimentos da Sabre. A empresa utiliza seu ETDW para criar *Dashboards* Executivos Sabre que proporcionam vislumbres quase em tempo real usando a plataforma Cognos BI com infraestruturas tecnológicas Oracle Data Integrator e Oracle Goldengate. Os *Dashboards* Executivos oferecem aos altos gestores de suas companhias aéreas clientes uma solução ágil, automatizada e fácil de usar, agregando parâmetros cruciais de desempenho de um modo sucinto e fornecendo uma visão em 360° da saúde em geral de suas empresas. Numa dessas companhias aéreas, os *Dashboards* Executivos da Sabre fornecem aos gestores seniores um resumo diário e intradiário de indicadores-chave em um único aplicativo, substituindo o processo semanal que levava 8 horas para gerar o mesmo relatório a partir de várias fontes de dados. E o uso de *dashboards* não se limita aos clientes externos; a Sabre também os utiliza em seus próprios levantamentos de desempenho operacional interno.

Os *dashboards* ajudam os clientes da Sabre a obterem uma clara compreensão dos dados por meio de suas exibições visuais que incorporam capacidades de aprofundamento. Isso substitui apresentações superficiais e possibilita uma revisão detalhada dos dados com menos esforço e em menos tempo. Ademais, facilita o diálogo em equipe ao disponibilizar os dados/parâmetros referentes a desempenho de vendas para muitos interessados, incluindo bilhetagem, assentos comprados e voados, desempenho operacional, como movimentação e rastreamento de voos, reservas, estoques e faturamento em múltiplos canais de distribuição da companhia. Os sistemas de *dashboards* oferecem infraestrutura escalável, suporte geográfico a interface de usuário, integração de dados e agregação, para permitir que os executivos sejam mais proativos ao tomarem medidas positivas para a saúde em geral da companhia aérea.

Com seu ETDW, a Sabre também foi capaz de desenvolver outras soluções baseadas na Web para análises e extração de relatórios, tirando proveito de dados para investigar perfis de clientes e outras interações de vendas a fim de aumentar o valor oferecido pela empresa. Isso permite uma melhor segmentação de clientes e agregação de valor aos serviços.

Questões para discussão

1. Como se dá a extração tradicional de relatórios? Como ela é usada na organização?
2. Como a análise de dados pode ser usada para transformar a extração tradicional de relatórios?
3. De que forma a extração interativa de relatórios pode auxiliar as organizações em seu processo decisório?

O que podemos aprender com este caso aplicado

Este caso mostra que organizações que costumavam usar relatórios apenas para rastrear atividades empresariais internas e cumprir com normas de regulamentação estipuladas pelo governo agora estão abordando cientificamente seus dados empresariais transacionais. As possibilidades de geração de relatórios se ampliaram, já que as organizações estão tentando analisar seus dados transacionais arquivados para entender as tendências e padrões subjacentes e ocultos, permitindo-lhes diagnosticar áreas problemáticas e tomar melhores decisões para resolvê-las, além de aproveitar oportunidades presentes e futuras no mercado. A extração de relatórios evoluiu e passou a incluir interatividade online, permitindo que usuários gerem e criem relatórios instantâneos e customizados, munidos de ferramentas de visualização e de conexão com a base de dados, com capacidades de aprofundamento em dados resumidos.

Fonte: Teradata.com, "Sabre Airline Solutions," Terry, D. (2011), "Sabre Streamlines Decision Making," http://www.teradatamagazine.com/v11n04/Features/Sabre-Streamlines-Decision-Making/ (Acessado em julho de 2016.)

Um exercício multimídia em inteligência de negócios

A TUN inclui vídeos (similares ao seriado de televisão *CSI*) para ilustrar conceitos da análise de dados em diferentes ramos. Eles se chamam "Vídeos BSI" (Business Scenario Investigations, ou Investigações de Cenários de Negócios). Além de serem divertidos, também suscitam questões para discussão em sala de aula. Para começar, acesse http://www.teradatauniversitynetwork.com/Library/Items/BSI-The-Case-of-the-Misconnecting-Passengers ou www.youtube.com/watch?v=NXEL5F4_aKA. Assista ao vídeo no YouTube. Basicamente, você precisa assumir o papel de encarregado de uma central de serviço ao cliente. Um voo está com sua chegada atrasada, e vários passageiros podem acabar perdendo suas conexões. Há assentos em um voo de partida que podem acomodar dois dos quatro passageiros. Quais dois passageiros devem receber prioridade? Você recebe informações sobre os perfis dos clientes e suas relações com a companhia aérea. É provável que sua decisão se modifique conforme você for descobrindo mais sobre os perfis dos clientes.

Assista ao vídeo, pause quando apropriado e responda as perguntas sobre quais passageiros devem receber prioridade. Em seguida, retome o vídeo para obter mais informações. Depois de encerrado o vídeo, você pode ver detalhes relacionados a ele e como a análise foi preparada em um conjunto de slides em www.slideshare.net/teradata/bsi-how-we-did-it-the-case-of-the-misconnecting-passengers.

Essa excursão multimídia fornece um exemplo de como informações adicionais disponibilizadas por uma empresa de DW são capazes de auxiliar na tomada de uma decisão.

Embora algumas pessoas considerem DSS e BI sinônimos, esses sistemas não são, atualmente, o mesmo. É interessante observar que algumas pessoas creem que o DSS é uma parte do BI – uma de suas ferramentas analíticas. Outras pensam que o BI é um caso especial do DSS que lida com extração de relatórios, comunicação e colaboração (uma forma de DSS voltada para dados). Outra explicação (Watson, 2005) é que o BI é resultado de uma revolução contínua, e, como tal, o DSS é um dos elementos originais do BI. Além do mais, como ressaltado da próxima seção em diante, em muitos círculos, o BI foi englobado pelos novos termos *análise de dados* ou *ciência de dados*.

Processamento de transações *versus* processamento analítico

Para ilustrar as principais características do BI, começaremos mostrando aquilo que o BI não é – ou seja, processamento de transações. Estamos familiarizados com sistemas de informação que suportam nossas transações, como saques em caixas eletrônicos, depósitos bancários, leitura de código de barras em mercados e assim por diante. Esses sistemas de *processamento de transações* estão constantemente lidando com atualizações daquilo que chamamos de *bases de dados operacionais*. Numa transação de saque em caixa eletrônico, por exemplo, precisamos reduzir nosso saldo bancário de acordo ao valor sacado; já um depósito bancário soma-se a uma conta; e uma compra em um mercado acaba se refletindo no total de vendas da loja naquele dia, e deve refletir-se numa redução apropriada no seu estoque do produto adquirido; e assim por diante. Esses sistemas de **processamento de transações online (OLTP –** *online transaction processing***)** lidam com os negócios cotidianos de uma empresa. Em contraste, um DW geralmente representa um sistema distinto que fornece armazenamento para dados que serão usados para *análise*. O objetivo é que tal análise acabe proporcionando à gestão a capacidade de vasculhar dados atrás de informações a respeito dos negócios, que podem ser usadas para embasar e agilizar decisões táticas ou operacionais. Forneceremos uma definição mais técnica de DW no Capítulo 2, mas basta afirmar que DWs são voltados a trabalhar com dados informatizados usados em sistemas de **processamento analítico online (OLAP –** *online analytical processing***)**.

A maior parte dos dados operacionais em sistemas de planejamento de recursos empresariais (ERP – *enterprise resource planning*) – e seus componentes complementares como *gestão de cadeia de suprimento* (SCM – *supply chain management*) ou *CRM* – fica armazenada em um sistema OLTP, que é um tipo de processamento computadorizado em que o computador responde imediatamente a solicitações do usuário. Cada solicitação é considerada uma *transação*, que é um registro computadorizado de um evento discreto, como um recibo de estoque ou a encomenda de um cliente. Em outras palavras, uma transação exige um conjunto de duas ou mais atualizações de base de dados que precisam ser completadas de um modo "tudo ou nada".

O próprio design que torna o sistema OLTP eficiente para processamento de transações o torna ineficiente para relatórios, consultas e análises *ad hoc* para usuários finais. Na década de 1980, muitos usuários empresariais se referiam a seus *mainframes* como "buracos negros", porque todas as informações entravam neles, mas nenhuma retornava jamais. Todas as solicitações de relatórios tinham de ser programadas pelo pessoal de TI, ao passo que os relatórios "pré-enlatados" podiam ser gerados com agendamento, e consultas *ad hoc* em tempo real eram praticamente impossíveis. Embora os sistemas ERP baseados em cliente/servidor dos anos 90 tenham facilitado um pouco a extração de relatórios, ainda estavam longe de oferecer praticidade a usuários finais regulares sem conhecimentos técnicos em termos de produção de relatórios operacionais, análises interativas, etc. Para dirimir esses problemas, as noções de DW e BI foram criadas.

Os *DWs* contêm uma ampla variedade de dados que apresentam as condições empresariais em um certo instante no tempo. A ideia era criar uma infraestrutura de base de dados que permanecesse sempre online e que contivesse todas as informações dos sistemas OLTP, incluindo dados históricos, mas reorganizados e estruturados de modo a aumentar a agilidade e a eficiência para consultas, análises e embasamento de decisões. É a separação do OLTP e da análise e embasamento de decisões que gera os benefícios do BI que foram descritos anteriormente.

Planejamento e alinhamento apropriados com a estratégia de negócios

Em primeiro lugar, os motivos fundamentais para investir em BI precisam estar alinhados com a estratégia de negócios da empresa. A BI não pode ser um mero exercício técnico para o departamento de sistemas informatizados. Ela precisa ser um agente de mudança do modo com que a empresa conduz seus negócios, aprimorando os processos comerciais e embasando os processos decisórios com dados mais concretos. Muitos consultores e praticantes de BI envolvidos em iniciativas bem-sucedidas na área sugerem que um quadro referencial para planejamento é uma pré-condição necessária. Um desses quadros referenciais, desenvolvido pela Gartner, Inc. (2004), decompõe planejamento e execução em componentes de *negócios, organização, funcionalidade* e *infraestrutura*. Nos âmbitos organizacional e de negócios, objetivos estratégicos e operacionais devem ser definidos ao se avaliar as habilidades organizacionais disponíveis para cumpri-los. Questões de cultura organizacional envolvendo iniciativas de BI e a motivação para tais iniciativas e procedimentos de compartilhamento intraorganizacional de melhores práticas de BI precisam ser considerados pelo alto escalão – com planos prontos para preparar a organização para as mudanças. Um dos primeiros passos nesse processo é avaliar a área de SI, o conjunto de habilidades das classes potenciais de usuários e se a cultura é passível de mudança. A partir desse levantamento, e assumindo-se que haja justificativa e necessidade de avançar, uma empresa pode preparar um plano detalhado de ação. Outro aspecto crucial para o sucesso da implementação de BI é a integração de diversos projetos de BI (a maioria das empresas utiliza vários deles ao mesmo tempo) entre si e com outros sistemas de TI da organização e junto a seus parceiros comerciais.

Se a estratégia da empresa estiver apropriadamente alinhada com os motivos para iniciativas de DW e BI, e se a área de SI da empresa for capaz de cumprir seu papel em tal projeto, e se a comunidade potencial de usuários estiver pronta e motivada, só então é recomendado iniciar o BI e estabelecer uma Central de Competência de BI dentro da empresa. A central pode cumprir algumas ou todas as seguintes funções (Gartner, 2004):

- A central pode demonstrar como o BI está claramente vinculada à estratégia e à execução da estratégia.
- A central pode estimular a interação entre as comunidades potenciais de usuários empresariais e a área de SI.
- A central pode servir como repositório e disseminador das melhores práticas de BI entre as diferentes linhas de negócios.
- Padrões de excelência em práticas de BI podem ser capitaneados e encorajados por toda a empresa.
- A área de SI pode aprender bastante ao interagir com as comunidades de usuários, como a respeito da variedade de tipos de ferramentas analíticas necessárias.
- A comunidade de usuários empresariais e a área de SI podem compreender melhor por que a plataforma de DW precisa ser flexível para atender às exigências empresariais em constante evolução.
- A central pode ajudar atores importantes, como altos executivos, a enxergarem como o BI pode cumprir um papel importante.

Outros fator importante para o sucesso do BI é sua capacidade de facilitar um ambiente em tempo real e sob demanda, introduzido a seguir.

BI em tempo real e sob demanda é possível

A demanda por acesso instantâneo e sob demanda a informações dispersas cresceu devido à necessidade cada vez maior de diminuir a lacuna entre os dados operacionais e os objetivos estratégicos. Como resultado, uma categoria de produtos denominados *aplicativos de BI em tempo real* acabou surgindo. A introdução de novas tecnologias de geração de dados, como RFID e outros sensores, só faz acelerar esse crescimento e a exigência subsequente de BI em tempo real. Sistemas tradicionais de BI utilizam um grande volume de dados *estáticos* que foram extraídos, limpos e abastecidos em um DW a fim de produzir relatórios e análises. No entanto, além de relatórios, os usuários também precisam de monitoramento de negócios, análises de desempenho e um vislumbre de por que as coisas estão acontecendo. Tudo isso pode ajudar os usuários, que precisam ficar a par (praticamente em tempo real) das mudanças nos dados ou da disponibilidade de relatórios, alertas e notificações relevantes envolvendo eventos e tendências emergentes em aplicativos de mídia social. Além disso, aplicativos empresariais podem ser programados para agir dependendo das descobertas desses sistemas de BI em tempo real. Um aplicativo SCM, por exemplo, pode encaminhar automaticamente uma encomenda de mais mercadorias assim que o estoque em tempo real cair abaixo de um certo patamar, ou um aplicativo CRM pode automaticamente convocar um representante de vendas e um controlador de crédito para conferir um cliente que fez uma encomenda online superior a US$10 mil.

Uma abordagem de BI em tempo real utiliza o modelo DW de sistemas tradicionais de BI. Nesse caso, produtos de fornecedores de plataformas inovadoras de BI oferecem uma solução de prestação de serviço em tempo real que povoa o DW muito mais depressa do que as típicas atualizações noturnas de lotes em *extrair/transformar/carregar* (veja o Capítulo 3). Uma segunda abordagem, geralmente chamada de *gestão de atividades empresariais* (BAM – *business activity management*), é adotada por fornecedores de BAM puro e/ou BAM híbrido de *middleware* (como Savvion, Iteration Software, Vitria, webMethods, Quantive, Tibco ou Vineyard Software). Ela deixa o DW totalmente de lado e utiliza **serviços Web** ou outros meios de monitoramento para encontrar eventos empresariais-chave. Esses **agentes inteligentes** podem ser colocados em um servidor em separado na rede ou nas próprias bases de dados de aplicativos transacionais, e podem usar abordagens baseadas em eventos ou processos para mensurar e monitorar processos operacionais de modo proativo e inteligente.

Desenvolvimento e aquisição de sistemas BI

Atualmente, muitos fornecedores oferecem ferramentas diversificadas, algumas das quais são completamente pré-programadas (chamadas de *shells*); tudo que você precisa fazer é inserir os seus números. Tais ferramentas podem ser compradas ou arrendadas. Para uma lista de produtos, demos, artigos técnicos e informações mais recentes, confira diretórios de produtos em tdwi.org. A inscrição gratuita de usuário é obrigatória. Quase todos os aplicativos de BI são construídos com *shells* oferecidos por fornecedores que podem criar por conta própria soluções customizadas para um cliente ou então trabalhar com outro fornecedor terceirizado. A questão que resta às empresas é qual alternativa selecionar: aquisição, aluguel ou desenvolvimento. Cada uma dessas alternativas inclui diversas opções. Um dos principais critérios para tomar tal decisão é a justificativa e análise de custo/benefício.

Justificativa e análise de custo/benefício

Com a multiplicação das aplicações potenciais de BI, maior ainda a necessidade de justificá-las e priorizá-las. Isso não é tarefa fácil, devido à grande quantidade de benefícios intangíveis. Tanto benefícios diretos quanto indiretos têm de ser identificados. Obviamente, é aí que o conhecimento sobre aplicações similares em outras organizações e casos de estudo vem bem a calhar. O Data Warehousing Institute (tdwi.org), por exemplo, fornece uma profusão de informações sobre produtos e suas aplicações e implementações inovadoras. Tais informações podem ser úteis para estimar os benefícios diretos e indiretos.

Segurança e proteção de privacidade

Esta é uma questão extremamente importante no desenvolvimento de um sistema computadorizado, sobretudo em BI que contém dados que podem possuir valor estratégico. Além disso, a privacidade de funcionários e clientes precisa ser protegida.

Integração de sistemas e aplicativos

Com a exceção de alguns itens acessórios, todos os aplicativos de BI devem ser integrados com outros sistemas como bases de dados, sistemas legados, sistemas empresariais (especialmente ERP e CRM), *e-commerce* (lado das vendas, lado das compras) e muitos mais. Além disso, aplicativos de BI costumam ter conexão com a Internet, e muitas vezes com sistemas informatizados de parceiros comerciais.

Ademais, ferramentas de BI às vezes precisam ser integradas entre si, criando sinergia. A necessidade de integração levou fornecedores de software a incluir cada vez mais funcionalidades em seus produtos. Clientes que compram um pacote de software "tudo em um" lidam com um único fornecedor e não precisam se preocupar com conectividade entre sistemas. Porém, podem abrir mão da vantagem de criar sistemas formados pelos componentes mais especializados.

SEÇÃO 1.4 QUESTÕES DE REVISÃO

1. Defina *BI*.
2. Liste e descreva os principais componentes do BI.
3. Defina *OLTP*.
4. Defina *OLAP*.
5. Liste alguns dos tópicos de implementação abordados pelo relatório da Gartner.
6. Liste alguns dos fatores de sucesso do BI.

1.5 Visão geral da análise de dados

A expressão *análise de dados* acabou em grande parte substituindo os componentes individuais anteriores de tecnologias de apoio à decisão computadorizadas que estavam disponíveis sob vários rótulos no passado. Na verdade, muitos proponentes e acadêmicos utilizam hoje a expressão *análise de dados* no lugar de BI. Embora muitos autores e consultores trabalhem com definições ligeiramente diferentes, a **análise de dados** pode ser vista como o processo de desenvolvimento de decisões ou recomendações práticas para ações baseadas em vislumbres gerados por dados históricos. De acordo com o Institute for Operations Research and Management Science (Informs), a análise de dados representa a combinação de tecnologia computadorizada, técnicas de ciência administrativa e estatística para solucionar problemas reais. Muitas outras organizações, é claro, propuseram suas próprias interpretações e motivações para análise de dados. O SAS Institute Inc., por exemplo, propôs oito níveis de análise de dados que começam por relatórios padronizados gerados por sistema computadorizado. Tais relatórios proporcionam essencialmente uma noção do que está acontecendo com uma organização. Tecnologias adicionais permitiram criar relatórios mais customizados que podem ser gerados de maneira *ad hoc*. A próxima extensão de relatórios nos leva a consultas ao estilo OLAP, que permitem que o usuário se aprofunde e determine fontes específicas de interesse ou oportunidades. As tecnologias disponíveis nos dias de hoje também podem emitir alertas automáticos para um tomador de decisões quando patamares de desempenho são ultrapassados. No âmbito dos consumidores, vemos tais alertas na meteorologia e em outras áreas. Mas alertas similares também podem ser gerados em configurações específicas quando as vendas ficam acima ou abaixo de um determinado patamar por um certo período, ou quando o estoque de um produto específico está minguando. Todos esses aplicativos são possibilitados por meio de análises e consultas em torno de dados sendo coletados por uma organização.

O próximo nível de análise pode envolver um aprofundamento estatístico para melhor compreender padrões. Isso pode ser levado ainda mais longe pelo desenvolvimento de modelos preditivos de como os clientes podem reagir a uma campanha de marketing específica ou a ofertas de produtos/serviços. Quando uma organização tem uma boa noção do que está acontecendo e do que deve vir a acontecer, ela também pode empregar outras técnicas para tomar melhores decisões dependendo das circunstâncias. Esses oito níveis de análise de dados são descritos em mais detalhes num artigo técnico da SAS (sas.com/news/sascom/analytics_levels.pdf).

Essa ideia de olhar para todos os dados a fim de entender o que está acontecendo, o que virá a acontecer e como tirar o melhor proveito disso também foi abarcada pelo Informs, ao propor três níveis de análise de dados. Esses três níveis são identificados (informs.org/Community/Analytics) como descritivo, preditivo e prescritivo. A Figura 1.11 apresenta uma visão gráfica desses três níveis de análise de dados. Ela sugere que esses três níveis representam etapas de certa forma independentes e

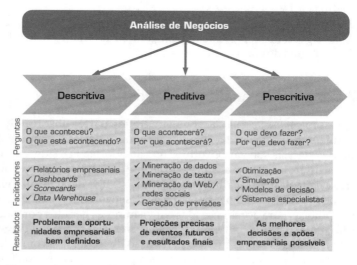

FIGURA 1.11 Três tipos de análise de dados.

que um tipo de aplicação de análise de dados leva a outro. Também sugere que há, na verdade, uma certa sobreposição entre esses três tipos de análise de dados. Seja como for, a natureza interconectada dos diferentes tipos de aplicações de análise de dados fica evidente. A seguir, introduziremos esses três níveis de análise de dados.

Análise de dados descritiva

A **análise de dados descritiva (ou de extração de relatórios)** diz respeito a conhecer o que está acontecendo na organização e entender tendências e causas subjacentes de tais ocorrências. Em primeiro lugar, isso envolve a consolidação de fontes de dados e a disponibilidade de todos os dados relevantes de um modo que permita a extração e a análise apropriadas de relatórios. Geralmente, o desenvolvimento dessa infraestrutura de dados faz parte dos DWs. A partir dessa infraestrutura de dados, podemos desenvolver relatórios, consultas, alertas e tendências apropriados usando ferramentas e técnicas de extração de relatórios.

Uma tecnologia significativa que se tornou parte fundamental dessa área é a visualização. Usando as mais recentes ferramentas de visualização do mercado, podemos agora obter retratos claros das operações de nossa organização. Os Casos Aplicados 1.2 e 1.3 destacam algumas dessas aplicações. Recursos de visualizações coloridas discutidas nessas aplicações estão disponíveis online ou no site dssbibook.com.

Caso aplicado 1.2

A Silvaris aprimora os negócios com análise visual e capacidades de geração de relatórios em tempo real

A Silvaris Corporation foi fundada no ano 2000 por uma equipe de profissionais do ramo florestal para fornecer avanços tecnológicos ao setor madeireiro e de material de construção. Ela é a primeira plataforma de comércio eletrônico nos Estados Unidos voltada especificamente para produtos florestais, e está sediada em Seattle, Washington. É líder no fornecimento em atacado de produtos industriais de madeira e materiais de construção reaproveitáveis.

A Silvaris vende seus produtos e presta serviços internacionais de logística para mais de 3.500 clientes. Para administrar os diversos processos envolvidos a cada transação, ela criou uma plataforma de comércio online para rastrear fluxos de informação relacionados a transações entre comerciantes, contabilidade, crédito e logística. Isso lhe permitiu compartilhar suas informações em tempo real com seus clientes e parceiros. Porém, devido à forte flutuação no preço dos materiais, a Silvaris precisou obter um retrato em tempo real dos dados sem transformá-los em um formato separado para geração de relatórios.

Assim, a empresa passou a usar o Tableau, devido à sua capacidade de conexão e visualização de dados ao vivo. Aproveitando seus *dashboards* fáceis de entender e explicar, a Silvaris começou a usar o Tableau para gerar relatórios. Isso a ajudou a filtrar informações rapidamente e a identificar questões que afetavam seus negócios. Assim, ela passou a gerir encomendas online *versus* offline com sucesso usando os relatórios gerados pelo Tableau. Atualmente, a Silvaris faz um acompanhamento das encomendas online feitas por clientes, e sabe quando deve enviar lembretes

(Continua)

Caso aplicado 1.2 *(Continuação)*

de renovação para determinados clientes para mantê-los comprando online.

Além disso, usando o Tableau, seus analistas podem poupar tempo gerando *dashboards*, em vez de redigirem centenas de páginas de relatórios.

Questões para discussão

1. Qual foi o desafio enfrentado pela Silvaris?
2. Como a Silvaris resolveu seu problema usando visualização de dados com Tableau?

O que podemos aprender com este caso aplicado

Muitos setores precisam analisar dados em tempo real. Análises em tempo real permitem que os analistas identifiquem aspectos que afetam seus negócios. Às vezes, a visualização é a melhor maneira de começar a analisar fluxos de dados ao vivo. O Tableau é uma ferramenta de visualização de dados deste tipo, com a capacidade de analisar dados ao vivo sem precisar transformá-los em um formato separado para geração de relatórios.

Fontes: Tableau.com, "Silvaris Augments Proprietary Technology Platform with Tableau's Real-Time Reporting Capabilities," http://www.tableau.com/sites/default/files/case-studies/silvarisbusiness-dashboards_0.pdf (acessado em julho de 2016); Silvaris.com, "Overview," http://www.silvaris.com/About/ (acessado em julho de 2016).

Caso aplicado 1.3

A Siemens reduz custos com o uso de visualização de dados

A Siemens é uma empresa alemã sediada em Berlim e é uma das maiores empresas do mundo, centrada nas áreas de eletrificação, automação e digitalização. Seu faturamento anual é de 76 bilhões de euros.

O grupo de análise de dados visual da Siemens é encarregado de soluções de extração de relatórios ponta a ponta e de consultoria para todas as necessidades de BI da Siemens internacional. Esse grupo estava enfrentando o desafio de fornecer soluções de geração de relatórios para a organização como um todo, em seus diferentes departamentos, sem perder o equilíbrio entre capacidades de governança e de autoatendimento. A Siemens precisava de uma plataforma capaz de analisar múltiplas instâncias de enquetes de satisfação de clientes, processos de logística e relatórios financeiros. Tal plataforma devia ser fácil de usar para seus funcionários, para que pudessem aplicar os dados em análise e embasamento de decisões. Além disso, a plataforma devia ser facilmente integrada aos sistemas já existentes da Siemens e proporcionar uma experiência sem percalços aos funcionários.

Eles começaram usando a Dundas BI, uma líder em fornecimento global de BI e soluções de visualização de dados. Isso permitiu que a Siemens criasse painéis altamente interativos, capazes de detectar problemas com antecedência e, assim, poupar cifras consideráveis de dinheiro. Os *dashboards* desenvolvidos pela Dundas BI ajudaram o grupo de logística global da Siemens a determinar, por exemplo, de que forma taxas diferentes de suprimento afetam a operação, ajudando, assim, a reduzir o ciclo logístico em 12% e os custos com resíduos em 25%.

Questões para discussão

1. Quais desafios foram enfrentados pelo grupo de análise de dados visual da Siemens?
2. De que forma a ferramenta de visualização de dados Dundas BI ajudou a Siemens a reduzir custos?

> **O que podemos aprender com este caso aplicado**
>
> Muitas organizações desejam ferramentas que possam ser usadas para analisar dados a partir de múltiplas divisões. Tais ferramentas podem ajudar a melhorar o desempenho e a exibir dados com clareza a seus usuários, para que possam identificar problemas organizacionais facilmente.
>
> *Fontes:* Dundas.com, "How Siemens Drastically Reduced Cost with Managed BI Applications," http://www.dundas.com/resource/getcasestudy?caseStudyName=09-03-2016-Siemens%2FDundas-BI-Siemens-Case-Study.pdf (acessado em julho de 2016); Wikipedia.org, "SIEMENS," https://en.wikipedia.org/wiki/Siemens (acessado em julho de 2016); Siemens.com, "About Siemens," http://www.siemens.com/about/en/ (acessado em julho de 2016).

Análise de dados preditiva

A **análise de dados preditiva** visa determinar o que é mais provável de acontecer no futuro. Essa análise se baseia em técnicas estatísticas, bem como em outras técnicas desenvolvidas mais recentemente que recaem na categoria geral de **mineração de dados**. A meta dessas técnicas é conseguir prever se o cliente está propenso a migrar para um concorrente, o que o cliente tende a comprar a seguir e em qual quantidade, a quais promoções o cliente reagiria, qual o risco de crédito do cliente, e assim por diante. Inúmeras técnicas são usadas para desenvolver aplicativos analíticos preditivos, incluindo diversos algoritmos de classificação. Conforme descrito nos Capítulos 4 e 5, por exemplo, podemos usar técnicas de classificação como regressão logística, modelos de árvores de decisão e redes neurais para prever o nível de sucesso de bilheteria de um determinado filme a ser lançado. Também podemos usar algoritmos agregadores para segmentar clientes em diferentes grupos e preparar promoções específicas voltadas a cada um deles. Por fim, podemos usar técnicas de mineração de associação para estimar as relações entre diferentes comportamentos de compra. Ou seja, se um cliente compra um determinado produto, o que mais ele estará propenso a comprar? Tal análise pode ajudar um vendedor a recomendar ou promover produtos relacionados. Qualquer produto procurado na Amazon.com, por exemplo, leva o vendedor a sugerir outros produtos similares em que o cliente talvez esteja interessado. Estudaremos essas técnicas e suas aplicações nos Capítulos 3 a 6. O Caso Aplicado 1.4 ilustra uma dessas aplicações nos esportes.

Caso aplicado 1.4

Analisando lesões esportivas

Qualquer atividade esportiva é propensa a lesões. Se não houver um cuidado apropriado com as lesões, a equipe sairá prejudicada. O uso de análise de dados para entender as lesões pode ajudar a gerar vislumbres valiosos para que treinadores e médicos esportivos lidem com a composição da equipe, compreendam os perfis dos atletas e, acima de tudo, tomem melhores decisões envolvendo a escalação ou não de jogadores em diferentes situações.

Em um estudo exploratório, a Oklahoma State University analisou lesões relacionadas a futebol americano usando relatórios e análise de dados preditiva. O projeto seguiu a

(Continua)

Caso aplicado 1.4 *(Continuação)*

metodologia CRISP-DM (a ser descrita no Capítulo 4) para identificar recomendações sobre gestão de lesões, entender os vários dados coletados a respeito, limpar os dados, desenvolver visualizações para fazer diversas inferências, construir MPs para analisar períodos de recuperação de lesões e obter regras sequenciais para prever relações entre as lesões e as várias partes do corpo afetadas.

O conjunto de dados envolveu mais de 560 registros de lesão no futebol americano, que foram divididos em categorias de lesão em si – parte do corpo/local/lateralidade, ação realizada, gravidade, tipo de lesão, data de início e de recuperação – e em categorias de atleta e de evento – ID do jogador, posição de atuação, atividade, início e local do jogo. O tempo de recuperação foi calculado para cada registro e classificado em diferentes categorias temporais: de 0 a 1 mês, de 1 a 2 meses, de 2 a 4 meses, de 4 a 6 meses e de 6 a 24 meses.

Diversas visualizações foram desenvolvidas para fazer inferências a partir de conjuntos de dados envolvendo o tempo de recuperação associado às posições dos jogadores; a gravidade das lesões e o tempo de recuperação; o tratamento oferecido e o tempo de recuperação associado; principais lesões em cada parte do corpo e assim por diante.

Modelos de redes neurais foram construídos para prever as categorias de recuperação usando o IBM SPSS Modeler. O sucesso da classificação de categorias de recuperação foi bastante bom: a precisão foi de 79,6%. Com base nessa análise, muitas recomendações foram sugeridas, incluindo obter mais informação dos especialistas logo após a ocorrência da lesão, em vez de deixar a equipe de preparação física examinar jogadores lesionados, treinar jogadores de posições defensivas a evitar lesões e aplicar mecanismos rigorosos de prevenção de lesões em treinamento.

Questões para discussão

1. Quais tipos de análises estatísticas são aplicados no exame de lesões?
2. Como as visualizações ajudam a entender os dados e a filtrar recomendações a partir deles?
3. O que é um problema de classificação?
4. O que pode ser obtido a partir de análises sequenciais?

O que podemos aprender com este caso aplicado

Para qualquer projeto de análise de dados, é sempre importante entender o domínio a ser estudado e o estado atual de seus problemas por meio de uma análise extensiva do único recurso: dados históricos. Muitas vezes, visualizações representam uma ótima ferramenta para obter *insights* iniciais a partir dos dados, o que pode ser refinado ainda mais pelas opiniões de especialistas, identificando a importância relativa dos dados relacionados ao problema. As visualizações também ajudam a gerar ideias a respeito de problemas obscuros, o que pode ser obtido desenvolvendo-se MPs capazes de auxiliar no processo decisório de organizações.

Fonte: Sharda, R., Asamoah, D., & Ponna, N. (2013). "Research and Pedagogy in Business Analytics: Opportunities and Illustrative Examples." Journal of Computing and Information Technology, 21(3), 171–182.

Análise de dados prescritiva

Uma terceira categoria de análise de dados é denominada **análise de dados prescritiva**. A meta da análise de dados prescritiva é reconhecer o que está acontecendo, bem como o que deve vir a acontecer, e tomar decisões para garantir o melhor desempenho possível. Historicamente, esse grupo de técnicas costumava ser estudado sob o guarda-chuva da pesquisa operacional ou das ciências administrativas, e seu objetivo geral é otimizar o desempenho de um sistema. A meta aqui é chegar a uma decisão ou a uma recomendação para uma ação específica. Tais recomendações podem assumir a forma de uma decisão pontual do tipo sim/não a um problema, uma quantidade específica (o preço de um determinado item, digamos) ou um conjunto completo de planos de produção. A decisão pode ser apresentada a um tomador de decisões ou pode ser usada diretamente em um sistema automatizado de regras decisórias (como em sistemas de precificação de companhias aéreas). Por isso, esses tipos de análise de dados também podem ser denominados **análise de dados normativa ou decisória**. O Caso Aplicado 1.5 oferece um exemplo de tais aplicações analíticas prescritivas. Aprenderemos outros aspectos da análise de dados prescritiva no Capítulo 6.

Caso aplicado 1.5

Uma empresa de barras de aço especiais utiliza análise de dados para determinar prazos de promessa de entrega

Este caso aplicado se baseia em um projeto que envolve um dos autores. Uma empresa que prefere não revelar seu nome (nem seu setor de atuação) estava tendo dificuldades ao se decidir sobre o estoque de matérias-primas a ser mantido para satisfazer seus clientes. Essa empresa fornece barras de aço customizadas para seus clientes. Essas barras podem ser cortadas em formatos e tamanhos específicos e podem obedecer a exigências singulares de material e acabamento. A empresa adquire matérias-primas por todo o mundo e as armazena em seu depósito. Quando um cliente em potencial entra em contato com a empresa para orçar barras especiais com exigências materiais específicas (composição, origem do metal, qualidade, formatos, tamanhos, etc.), o representante de vendas tem pouquíssimo tempo para produzir tal orçamento, incluindo a data em que o produto poderá ser entregue e, é claro, preços e outros detalhes. Ele precisa tomar decisões sobre disponibilidade de entrega, determinando em tempo real os prazos para quando pode prometer os produtos que os clientes consultaram durante a etapa de orçamento. Anteriormente, um representante de vendas tinha de tomar tais decisões analisando relatórios sobre o estoque disponível de matérias-primas. E parte da matéria-prima disponível podia já ter sido comprometida para a encomenda de outro cliente. Assim, talvez nem todo estoque pudesse ser considerado livremente disponível. Por outro lado, talvez haja uma carga de matéria-prima a ser entregue no futuro próximo e que também poderia ser usada para satisfazer a encomenda desse cliente em potencial. Por fim, pode até haver a oportunidade de cobrar mais caro para dar prioridade a uma nova encomenda, reaproveitando estoque já comprometido e atrasando uma encomenda anterior. Obviamente, tais decisões devem se basear em análises de custo/benefício quanto a atrasar ou não uma encomenda anterior. O sistema deve, portanto, ser capaz de extrair em tempo real dados sobre estoque, encomendas comprometidas, entrada de matéria-prima, limitações de produção e assim por diante.

Para embasar tais decisões sobre prazos de entrega, um DSS em tempo real foi desenvolvido para encontrar um aproveitamento ideal do estoque disponível e nortear análises adicionais do tipo "e se". O DSS utiliza um pacote de modelos de programação mesclada com números inteiros que são solucionados usando-se software comercial. A empresa incorporou o DSS ao seu sistema de planejamento de recursos empresariais para racionalizar seu uso de análise de negócios.

(Continua)

Caso aplicado 1.5 *(Continuação)*

Questões para discussão

1. Por que a realocação de estoque de um cliente para outro pode ser uma importante questão para discussão?

2. De que forma um DSS pode ajudar na tomada de tais decisões?

Fonte: Pajouh Foad, M., Xing, D., Hariharan, S., Zhou, Y., Balasundaram, B., Liu, T., & Sharda, R. (2013). "Available--to-Promise in Practice: An Application of Analytics in the Specialty Steel Bar Products Industry." *Interfaces*, 43(6), 503–517. http://dx.doi.org/10.1287/inte.2013.0693 (acessado em julho de 2016).

Análise de dados aplicada em diferentes domínios

As aplicações da análise de dados em vários ramos de atuação deram origem a muitas áreas relacionadas ou pelo menos a novos vocabulários. Está na moda vincular a expressão análise de dados a qualquer ramo ou tipo de dados. Além da categoria geral de análise textual – voltada a agregar valor a partir de texto (a ser estudada no Capítulo 5) – ou da análise da Web – que analisa fluxos de dados na Internet (também no Capítulo 5) – muitos fluxos/profissões de análise de dados específicos de um ramo de atuação ou de um problema foram desenvolvidos. Dentre os novos terrenos de aplicação da análise de dados estão marketing, varejo, prevenção de fraudes, transportes, saúde, esportes, recrutamento de talentos, ciência comportamental, entre outros. A Seção 1.1 introduziu o exemplo da análise de dados esportivos. O Caso Aplicado 1.1 também poderia ser considerado um caso de estudo de análise de dados em companhias aéreas. A seção a seguir introduzirá em termos gerais sua aplicação na área de saúde e de mercado. Literalmente toda análise sistemática de dados em um setor específico está sendo rotulada como análise de dados de ("preencha a lacuna"). Embora isso possa levar longe demais o conceito de análise de dados, o benefício é que mais pessoas de ramos específicos estão cientes do poder e do potencial dessa ferramenta. Isso também proporciona um foco para profissionais que desenvolvem e aplicam conceitos da análise de dados em um setor vertical. Ainda que muitas das técnicas para desenvolver aplicações de análise de dados sejam comuns, há aspectos singulares dentro de cada segmento vertical que influenciam o modo como os dados podem ser coletados, processados, analisados e as aplicações implementadas. Por isso, a diferenciação da análise de dados com base em um foco vertical é vantajosa para o crescimento em geral da disciplina.

Análise de dados ou ciência de dados?

Embora o conceito de análise de dados esteja recebendo mais atenção por parte da indústria e dos círculos acadêmicos, outro termo já foi introduzido e está ganhando popularidade. O novo termo é *ciência de dados*. Assim, praticantes da ciência de dados são cientistas de dados. D. J. Patil, do LinkedIn, é às vezes creditado como o criador do termo *ciência de dados*. Já foram feitas algumas tentativas de descrever as diferenças entre analista de dados e cientistas de dados (consulte, por exemplo, emc.com/collateral/about/news/emc-data-science-study-wp.pdf). Uma opinião é que *analista de dados* é apenas mais um termo para designar os profissionais que estão praticando BI na forma de compilação e limpeza de dados, extração de relatórios e talvez alguma visualização.

Seus conjuntos de habilidades incluem Excel, algum conhecimento de SQL e geração de relatórios. Tais capacidades poderiam ser reconhecidas como referentes a análise de dados descritiva ou de extração de relatórios.

Em contraste, cientistas de dados são responsáveis por análise preditiva, análise estatística e ferramentas e algoritmos analíticos mais avançados. Eles podem ter um conhecimento mais aprofundado em algoritmos e talvez os reconheçam sob diferentes designações – mineração de dados, descoberta de conhecimento e aprendizado de máquina. Alguns desses profissionais também podem precisar de conhecimentos mais aprofundados em programação para serem capazes de escrever códigos para limpeza/análise de dados em linguagens atuais voltadas para a Web, como Java ou Python, e linguagens estatísticas, como R. Muitos profissionais da análise de dados também precisam desenvolver especializações significativas em modelagem, experimentação e análise de dados. Reforçando, nossos leitores devem perceber que tais termos se encontram sob o guarda-chuva da análise de dados preditiva e prescritiva. No entanto, a análise de dados prescritiva também inclui especializações mais significativas em PO, abarcando otimização, simulação, análise de decisões, entre outras. Profissionais especializados em tais áreas tendem a serem chamados mais de cientistas de dados do que de analistas estatísticos.

Na nossa opinião, a distinção entre analista de dados e cientista de dados se refere mais ao grau de conhecimento técnico e ao conjunto de habilidades do que às funções. Também pode representar uma distinção mais entre disciplinas. Programas universitários em ciência da computação, estatística e matemática aplicada parecem preferir a designação de ciência de dados, reservando o rótulo de analista de dados para profissionais mais voltados aos negócios. Como outro exemplo disso, profissionais da física aplicada propuseram o uso de *ciência de redes* como o termo para descrever a análise de dados relacionada a grupos de pessoas – redes sociais, redes de cadeia de suprimento e assim por diante. Veja http://barabasi.com/networksciencebook para um livro-texto sobre este tópico.

Tirante uma diferença clara entre os conjuntos de habilidades de profissionais que praticam apenas análise de dados descritiva/extração de relatórios *versus* aqueles que se envolvem nos três tipos de análise de dados, a distinção é no mínimo tênue entre as duas designações. Observamos que graduados em nossos programas de análise de dados tendem a se responsabilizar por tarefas mais alinhadas com profissionais da ciência de dados (conforme definido em alguns círculos) do que com a mera análise voltada à geração de relatórios. Este livro é claramente voltado à introdução das competências e funcionalidades de toda a análise de dados (incluindo a ciência de dados), e não apenas da análise voltada a geração de relatórios. Daqui por diante, empregaremos esses termos como sinônimos.

SEÇÃO 1.5 QUESTÕES DE REVISÃO

1. Defina *análise de dados*.
2. O que é análise de dados descritiva? Quais são as várias ferramentas empregadas na análise de dados descritiva?
3. Qual a diferença entre análise de dados descritiva e a tradicional geração de relatórios?
4. O que é DW? De que forma as tecnologias de armazenamento de dados ajudam a promover a análise de dados?

5. O que é análise de dados preditiva? Como as organizações podem empregar análise de dados preditiva?
6. O que é análise de dados prescritiva? Quais tipos de problemas podem ser resolvidos pela análise de dados prescritiva?
7. Defina modelagem a partir da perspectiva da análise de dados.
8. É uma boa ideia obedecer a uma hierarquia de análise de dados descritiva e preditiva antes de aplicar a análise de dados prescritiva?
9. Como a análise de dados pode ajudar na tomada de decisões objetivas?

1.6 Exemplos de análise de dados em ramos selecionados de atuação

Ao longo dos próximos capítulos, você verá exemplos de aplicação de análise de dados. Esta é uma das principais abordagens (exposições) deste livro. Nesta seção, destacamos duas áreas de aplicação – atendimento de saúde e varejo – que são aquelas com mais relatos de aplicação e maior sucesso.

Aplicações de análise de dados no atendimento de saúde – empresa Humana

Embora a análise de dados na área da saúde abranja uma ampla variedade de aplicações, como prevenção, diagnóstico, operações eficientes e detecção de fraudes, iremos nos concentrar em algumas aplicações que foram desenvolvidas na Humana, uma importante empresa do setor de planos de saúde. De acordo com seu site, "a estratégia da empresa integra o atendimento, a experiência dos associados e *insights* clínicos e de clientes para estimular o engajamento, a mudança comportamental, um alcance clínico proativo e o bem-estar..." Para cumprir essas metas estratégicas, são necessários investimentos consideráveis em tecnologia da informação em geral, e em análise de dados em particular. Brian LeClaire é o vice-presidente sênior e CIO da Humana, uma grande empresa de plano de saúde dos Estados Unidos. Ele é PhD em MIS pela Oklahoma State University. Além disso, capitaneia a análise de dados como um diferencial competitivo na Humana – tendo inclusive copatrocinado a criação de um centro de excelência em análise de dados. LeClaire descreveu os projetos a seguir como exemplos das iniciativas de análise de dados na Humana, liderados pelo seu diretor de análise de dados clínicos, Vipin Gopal.

Exemplo 1: prevenindo quedas entre a população idosa – uma abordagem analítica

As quedas acidentais representam um importante fator de risco para adultos com 65 anos de idade ou mais, com um terço deles sofrendo uma queda por ano.[1] As quedas também são o principal fator de lesões fatais e não fatais entre adultos idosos, com quedas não fatais elevando o risco de

---
[1] http://www.cdc.gov/homeandrecreationalsafety/falls/adultfalls.html.
[2] Gill, T. M., Murphy, T. E., Gahbauer, E. A., et al. (2013). Association of injurious falls with disability outcomes and nursing home admissions in community living older persons. *American Journal of Epidemiology*, 178(3), 418–425.

incapacidade em até 50%.[2] Os custos associados a quedas representam um fardo considerável para o sistema de saúde norte-americano, com custos diretos estimados em U$34 bilhões apenas no ano de 2013. Com o aumento percentual da população idosa nos Estados Unidos, projeta-se que as quedas e seus custos associados devem crescer. De acordo com os Centers for Disease Control and Prevention (CDC), "as quedas representam um problema de saúde pública que é em grande parte evitável".

A Humana é a segunda maior prestadora de benefícios do programa Medicare Advantage, com cerca de 3,2 milhões de membros, em sua maioria idosos. Manter seus membros idosos com saúde e ajudá-los a levar a vida em segurança são objetivos empresariais básicos, sendo a prevenção de quedas um componente importante. No entanto, não havia qualquer metodologia rigorosa disponível para identificar indivíduos mais propensos a quedas, para os quais esforços de prevenção seriam benéficos. Ao contrário de problemas médicos crônicos como diabetes e câncer, uma queda não é uma condição médica bem-definida. Além disso, as quedas nem sempre são relatadas em fichas de requisição médica, já que os médicos tendem a codificar apenas a consequência de uma queda, como fraturas ou deslocamentos. Embora existam muitas avaliações administradas clinicamente para identificar idosos que sofreram quedas, seu alcance é limitado e elas carecem de poder preditivo suficiente.[3] Sendo assim, faz-se necessário um método prospectivo e preciso para identificar indivíduos com maior risco de queda, para que possam receber prevenção proativa contra isso. Assim, nesse contexto, a equipe de análise de dados desenvolveu um Modelo Preditivo de Quedas. Trata-se do primeiro MP abrangente conhecido que utiliza requisições administrativas médicas e farmacêuticas, dados clínicos, padrões clínicos temporais, informações de clientes e outros dados para identificar indivíduos sob risco de sofrerem quedas em certo horizonte de tempo.

Atualmente, o MP de Quedas da Humana é crucial para sua capacidade de identificar idosos que podem se beneficiar de intervenções de mitigação de quedas. Uma comprovação inicial do conceito junto a clientes da Humana, representando os 2% mais propensos a quedas, demonstrou que os clientes haviam aumentado sua utilização de serviços de terapia física, indicando que estavam tomando medidas para reduzir seus riscos de queda. Uma segunda iniciativa utiliza o MP de Queda para inscrever indivíduos de alto risco em programas de monitoramento remoto. Usando o MP, a Humana conseguiu identificar 20 mil clientes sob alto risco de queda, que acabaram se beneficiando do programa. Os clientes identificados passaram a usar um dispositivo que detecta quedas e alerta um serviço 24/7 para auxílio imediato.

Em 2015, esse trabalho foi premiado na Analytics Leadership Award da Indiana University Kelly School of Business pela adoção inovadora de análise de dados em um ambiente de negócios.

---

[3]Gates, S., Smith, L. A., Fisher, J. D., et al. (2008). Systematic review of accuracy of screening instruments for predicting fall risk among independently living older adults. *Journal of Rehabilitation Research and Development, 45*(8), 1105–1116.

Colaboradores: Harpreet Singh, PhD; Vipin Gopal, PhD; Philip Painter, MD.

Exemplo 2: a meta ousada da Humana – aplicação da análise de dados para definir as métricas corretas

Em 2104, a Humana, Inc., anunciou sua organização Meta Ousada para melhorar em 20% os índices de saúde das comunidades por ela atendidas até 2020. As comunidades que a Humana atende podem ser definidas de muitas formas, seja em termos geográficos (estado, cidade, bairro), por tipo de produto (Medicare Advantage, planos empresariais, planos avulsos) ou por perfil clínico (condições prioritárias incluindo diabetes, hipertensão, insuficiência cardíaca congestiva, doença arterial coronariana, doença pulmonar obstrutiva crônica ou depressão). Conhecer a saúde dessas comunidades e sua evolução é crucial não apenas para a avaliação da meta, mas também para encontrar estratégias para aprimorar a saúde dos membros como um todo.

O desafio perante a organização de análise de dados era identificar uma métrica capaz de capturar a essência da Meta Ousada. Métricas tradicionais de saúde medidas objetivamente, como internações ou visitas a pronto socorro por 1.000 pessoas, não conseguiria capturar o espírito da nova missão. A meta era identificar uma métrica capaz de capturar índices de saúde e sua melhoria em uma comunidade, mas também era relevante para a Humana em termos de negócios. Através de avaliações analíticas rigorosas, a Humana acabou selecionando o "Healthy Days", um questionário de quatro perguntas sobre qualidade de vida, originalmente desenvolvido pelo CDC para acompanhar e mensurar o progresso em geral rumo à Meta Ousada.

Era crucial garantir a seleção de uma métrica altamente correlacionada com índices de saúde e de negócios, de tal modo que um avanço no Healthy Days resultasse também num avanço desses índices. Alguns exemplos de como o "Healthy Days" está correlacionado com parâmetros relevantes são listados a seguir:

- Indivíduos com mais dias sem saúde (UHDs – *unhealthy days*) exibem padrões mais altos de cuidados e de custos. Para cada cinco dias de aumento em UHDs, há (a) um aumento de U$0,82 na média de custos médicos e farmacêuticos, (b) um aumento de 52 internações por 1.000 pacientes e (c) um aumento de 0,28 dia na duração das internações.[1]
- Indivíduos que exibem comportamentos saudáveis e mantêm suas doenças crônicas sob tratamento adequado apresentam menos UHDs. Quando examinamos indivíduos com diabetes, por exemplo, os UHDs são menores para aqueles que passaram por exame de LDL (–4,3 UHDs) e exame de retinopatia diabética (–2,3 UHDs). O mesmo vale para aqueles que controlam seus níveis glicêmicos medidos por HbA1C (–1,8 UHD) ou por níveis de LDL (–1,3 UHDs).[2]

---

[1] Havens, E., Peña, J., Slabaugh, S., Cordier, T., Renda, A., & Gopal, V. (2015, October). Exploring the relationship between health-related quality of life and health conditions, costs, resource utilization, and quality measures. Podium presentation at the ISOQOL 22nd Annual Conference, Vancouver, Canada.

[2] Havens, E., Slabaugh, L., Peña J., Haugh G., & Gopal, V. (2015, February). Are there differences in Healthy Days based on compliance to preventive health screening measures? Poster presentation at Preventive Medicine 2015, Atlanta, GA.

- Indivíduos com doenças crônicas apresentam um maior número de UHDs do que indivíduos sem tais doenças: (a) insuficiência cardíaca congestiva (16,9 UHDs), (b) doença arterial coronariana (14,4 UHDs), (c) hipertensão (13,3 UHDs), diabetes (14,7 IUHDs), (e) doença pulmonar obstrutiva crônica (17,4 UHDs) e (f) depressão (22,4 UHDs).[1,3,4]

Desde então, a Humana adotou o Healthy Days como sua métrica para mensurar o progresso rumo à Meta Ousada.[5]

Colaboradores: Tristan Cordier, MPH; Gil Haugh, MS; Jonathan Peña, MS; Eriv Havens, MS; Vipin Gopal, PhD.

---

[3]Chiguluri, V., Guthikonda, K., Slabaugh, S., Havens, E., Peña, J., & Cordier, T. (2015, June). Relationship between diabetes complications and health related quality of life among an elderly population in the United States. Poster presentation at the American Diabetes Association 75th Annual Scientific Sessions. Boston, MA.
[4]Cordier, T., Slabaugh, L., Haugh, G., Gopal, V., Cusano, D., Andrews, G., & Renda, A. (2015, September). Quality of life changes with progressing congestive heart failure. Poster presentation at the 19th Annual Scientific Meeting of the Heart Failure Society of America, Washington, DC.
[5]http://populationhealth.humana.com/wp-content/uploads/2016/05/BoldGoal2016ProgressReport_1.pdf.

Exemplo 3: modelos preditivos para identificar os membros de um plano de saúde sob maior risco

A regra 80/20 geralmente se aplica na área da saúde, ou seja, cerca de 20% dos clientes abarcam 80% dos recursos de atendimento devido a sua saúde deteriorada e a doenças crônicas. Planos de saúde como a Humana costumam incluir seus membros com a saúde mais delicada em programas de acompanhamento médico para ajudar a tratar suas doenças crônicas.

A identificação de tais membros é crucial para esse exercício, e nos últimos anos, MPs foram desenvolvidos para identificar os membros com maior risco futuro. Muitos desses MPs foram desenvolvidos com forte embasamento em dados de prontuários médicos, resultantes de atendimentos recebidos pelos membros. Devido à demora que existe entre a inserção e o processamento dos dados de prontuários, existe uma demora correspondente na identificação de membros de alto risco a serem incluídos em programas clínicos. O problema é especialmente relevante quando novos membros entram para um plano de saúde, já que assim não possuem histórico algum em seu sistema. Um MP baseado em prontuários poderia levar uma média de 9 a 12 meses para identificar novos membros a serem incluídos em programas clínicos.

No início dessa década, a Humana atraiu muitos membros novos com seus produtos Medicare Advantage, e passou a precisar de uma estratégia melhor para geri-los. Sendo assim, tornou-se extremamente importante desenvolver uma abordagem analítica diferente para identificar de maneira rápida e precisa novos membros sob alto risco, a fim de controlar os custos associados a esse grupo.

A equipe de Análise de Dados Clínicos da Humana desenvolveu o Modelo Preditivo de Novos Membros (NMPM – New Member Predictive Model) para identificar indivíduos de alto risco recém ingressos na Humana, em vez de esperar até a disponibilização de dados suficientes de seus prontuários para compilar perfis clínicos e prever riscos médicos futuros. Voltado a enfrentar os desafios singulares associados a novos membros, o NMPM desenvolveu uma nova abordagem que aproveitou e integrou conjuntos mais amplos de dados que vão além de prontuário médicos, como autorrelatos sobre riscos de saúde e indicadores precoces como dados farmacêuticos, além de empregar técnicas avançadas de mineração de dados para descobrir padrões e ranquear os clientes com base nos dados mais atualizados da Humana. O modelo foi desenvolvido com uma equipe multifuncional de análise de dados, TI e operações para garantir uma integração empresarial sem percalços.

Desde que o NMPM foi implementado, em janeiro de 2013, ele tem conseguido identificar rapidamente novos membros de alto risco a serem inscritos em programas clínicos da Humana. Os resultados positivos alcançados por esse modelo foram destacados por importantes líderes dentro da empresa. Na divulgação a investidores do faturamento no primeiro trimestre de 2013, Bruce Broussard, CEO da Humana, ressaltou a importância do "aprimoramento nos processos de avaliação clínica e MPs de novos membros", que resultou em 31 mil novos membros incluídos em programas clínicos, comparados a quatro mil no mesmo período do ano anterior, um aumento de 675%. Além do maior volume de participantes em programas clínicos, levantamentos revelaram que os novos membros identificados pelo NMPM também foram incluídos mais cedo em tais programas, com cerca de 50% dos encaminhamentos tendo ocorrido nos primeiros três meses após ingressos em planos de atendimento médico. Os clientes identificados também apresentaram maiores índices de participação e ficaram mais tempo nos programas.

Colaboradores: Sandy Chiu, MS; Vipin Gopal, Ph.D.

Esses exemplos ilustram como uma organização pode explorar e implementar aplicações da análise de dados para alcançar metas estratégicas. Você encontrará diversos outros exemplos de aplicações na área médica ao longo dos vários capítulos do livro.

Análise de dados na cadeia de valor do varejo

O setor do varejo talvez seja aquele onde mais se encontram aplicações da análise de dados. Este é um ramo em que os volumes são grandes, mas as margens de lucro costumam ser pequenas. Os gostos e as preferências dos consumidores mudam com frequência. Para serem bem-sucedidas, lojas físicas e online enfrentam muitos desafios. E o domínio do mercado em certo momento não garante um sucesso duradouro. Por isso, há muito tempo esse setor já vem investindo em análise de dados para aprender mais a respeito de seus fornecedores, clientes, funcionários e todas as partes interessadas que garantem o sucesso de uma cadeia de valor no varejo, a fim de usar tais informações para tomar melhores decisões. Até mesmo leitores casuais de análise de dados provavelmente devem estar cientes dos enormes investimentos da Amazon em análise de dados para alavancar sua cadeia de valor. De modo similar, a Walmart, a Target e outras grandes varejistas já investiram milhões de dólares na análise de dados de suas cadeias de valor. A maior parte dos prestadores de serviços e tecnologia de análise de dados tem uma importante presença no ramo do varejo. O mero exame de uma pequena parcela dessas aplicações já bastaria para preencher um livro inteiro. Por isso, esta seção destaca apenas algumas aplicações esporádicas. Como a maioria delas foi capitaneada por muitos varejistas e estão disponíveis por meio de fornecedores de tecnologia, esta seção assumirá um olhar mais genérico, em vez de esmiuçar casos específicos. Essa visão geral foi proposta por Abhishek Rathi, CEO da vCreaTek.com. A vCreaTek, LLC é uma empresa-butique de software e serviços de análise de dados com escritórios na Índia, Estados Unidos, Emirados Árabes Unidos e Bélgica. A empresa desenvolve aplicativos em diversos domínios, mas o varejo é uma de suas áreas-chave.

A Figura 1.12 destaca componentes selecionados de uma cadeia de valor no varejo. Ela começa por fornecedores e se encerra com consumidores, mas ilustra muitos pontos intermediários de decisões estratégicas e de planejamento operacional onde a análise de dados – descritiva, preditiva ou prescritiva – pode cumprir um papel na tomada de melhores decisões embasadas por dados. O Quadro 1.1 também ilustra algumas das áreas importantes de aplicação da análise de dados, exemplos de perguntas-chave que podem ser respondidas por meio dela e, é claro, o potencial valor empresarial derivado da implementação de tais iniciativas. Alguns exemplos são discutidos a seguir.

Uma empresa de varejo online geralmente conhece seus consumidores assim que eles entram em seu site, e dessa forma pode oferecer páginas/ofertas customizadas para aprimorar a experiência. Para qualquer loja de varejo, conhecer seus clientes logo que adentram suas portas continua sendo um imenso desafio. Ao combinar análise de dados de vídeo e informações captadas por seu programa de fidelidade, a loja talvez consiga identificar o cliente logo na entrada e, assim, aproveitar uma oportunidade extra para vendas cruzadas ou venda incrementada. Além disso, uma experiência de compras personalizada pode ser proporcionada com mais engajamento customizado durante o tempo de permanência do cliente na loja.

FIGURA 1.12 Exemplo de aplicações da análise de dados na cadeia de valor do varejo. Colaboração de Abhishek Rathi, CEO, vCreaTek.com.

QUADRO 1.1 Exemplos de aplicações da análise de dados na cadeia de valor do varejo

Aplicação da análise de dados	Pergunta empresarial	Valor empresarial
Otimização de estoque	1. Quais produtos apresentam alta demanda? 2. Quais produtos tem pouca saída ou estão ficando obsoletos?	1. Faça uma previsão do consumo dos produtos com alta saída e garanta um estoque suficiente deles para evitar escassez. 2. Acelere a saída de produtos com pouca demanda combinando-os com outros de alta demanda.
Elasticidade de preço	1. Quanta margem de lucro eu tenho sobre tal produto? 2. Quanto desconto posso dar sobre esse produto?	1. A tabela de preço de cada produto pode ser otimizada para reduzir a margem de prejuízo. 2. O preço otimizado para o combo de produtos é identificado para poupar a margem financeira.
Análise de cesta de mercado	1. Quais produtos devo combinar para formar uma oferta em combo? 2. Devo combinar produtos com base em características de alta e baixa demandas? 3. Devo criar um combo a partir de uma mesma categoria ou de categorias diferentes?	1. A análise de afinidade identifica as correlações ocultas entre os produtos, o que pode ajudar nos seguintes valores: a) escolha estratégica dos produtos em um combo com base em estoques ou margens de lucro. b) aumento de venda cruzada ou venda alavancada pela criação de um combo a partir de categorias diferentes ou iguais, respectivamente.
Insight sobre os compradores	1. Qual cliente está comprando qual produto em qual local?	1. Mediante segmentação de clientes, o proprietário do negócio pode criar ofertas personalizadas que resultem em melhor experiência e maior retenção de clientes.
Análise de evasão (*churn*) de clientes	1. Quais são os clientes que não retornarão? 2. Quanto faturamento acabarei perdendo? 3. Como posso retê-los? 4. Qual é o padrão demográfico de meus clientes fiéis?	1. Empresas podem identificar as relações entre clientes e produtos que não estão funcionando e apresentando grande evasão (*churn*). Assim, podem perceber melhor a qualidade dos produtos e o motivo para tal evasão (*churn*). 2. Com base no valor de vida útil (LTV) dos clientes, a empresa pode segmentar seu marketing para aumentar sua retenção.

Análise de canais	1. Qual canal apresenta o menor custo de aquisição de clientes? 2. Qual canal apresenta melhor retenção de clientes? 3. Qual canal é o mais lucrativo?	1. O orçamento de marketing pode ser otimizado com base em melhores informações a respeito de retorno sobre investimento.
Análise de lojas novas	1. Em qual local devo abrir uma loja? 2. Quanto estoque devo ter na inauguração?	1. Melhores práticas de outros locais e canais podem ser usadas para ganhar uma vantagem já de saída. 2. Comparações com dados de concorrentes podem ajudar a criar um fator de diferenciação/exclusividade para atrair os novos clientes.
Leiaute de loja	1. Qual leiaute devo escolher para melhor expor os produtos em destaque? 2. Como posso melhorar a experiência dos clientes dentro da loja?	1. Compreender a associação de produtos para escolher um leiaute para a loja e um melhor alinhamento com as necessidades dos clientes. 2. A alocação de funcionários pode ser planejada para melhorar a interatividade com clientes e, assim, satisfazer suas necessidades.
Análise de dados em vídeo	1. Quais são os padrões demográficos dos clientes que visitam a loja em períodos de pico de vendas? 2. Como posso identificar um cliente com alto LTV já na entrada da loja para oferecer-lhe uma experiência personalizada?	1. Promoções e eventos na loja podem ser planejados com base nos padrões demográficos dos clientes em trânsito. 2. O engajamento personalizado de clientes e a oferta de descontos instantâneos melhora a experiência do cliente e resulta em maior retenção.

Alguns varejistas investem bastante dinheiro em vitrines atraentes, eventos promocionais, gráficos customizados, decorações, publicidades impressas e *banners*. Para mensurar a efetividade desses métodos de marketing, a equipe pode analisar estatisticamente os compradores ao observar as imagens de seu circuito interno de câmeras para identificar os detalhes demográficos do trânsito de clientes através da loja. As imagens do circuito interno podem ser analisadas usando-se algoritmos avançados para derivar detalhes demográficos como idade, gênero e humor de cada pessoa que passeia pela loja.

Ademais, os dados de movimentação de clientes pela loja, quando combinados com a disposição das gôndolas e do planograma, podem ajudar o gerente a identificar as áreas mais quentes/lucrativas da loja. Como se não bastasse, o gerente da loja também pode usar essas informações para planejar a alocação de atendentes para essas áreas em períodos de pico.

Análises de cestas de mercado são tradicionalmente usadas pelos gerentes de categorias para impulsionar a venda de unidades de estoque sem grande saída.

Usando-se análise avançada dos dados disponíveis, a afinidade de produtos pode ser realizada junto às unidades mais elementares de estoque para melhorar os ROIs de ofertas conjuntas. Além disso, usando-se técnicas de elasticidade de preço, o preço ideal da oferta conjunta também pode ser deduzido, diminuindo, assim, qualquer perda na margem de lucro.

Dessa forma, ao usar análise de dados, um varejista pode obter não apenas informações sobre suas operações correntes, mas também diagnósticos aprofundados para aumentar as receitas e diminuir o custo operacional para maiores lucros. Uma lista bastante abrangente de aplicações atuais e potenciais da análise de dados no varejo que grandes varejistas como a Amazon poderiam empregar foi proposta por um blogueiro da Data Science Central. Tal lista está disponível em http://www.datasciencecentral.com/profiles/blogs/20-data-science-systems-used-by-amazon-to-operate-its-business. Conforme mencionado anteriormente, os exemplos de tais oportunidades são tantos que não caberiam aqui, mas encontraremos alguns deles ao longo do livro.

SEÇÃO 1.6 QUESTÕES DE REVISÃO

1. Por que uma empresa de plano de saúde investe em análise de dados além da detecção de fraudes? Por que é do seu maior interesse prever a probabilidade de queda dos pacientes?
2. Quais outras aplicações similares você consegue imaginar para prevenir quedas?
3. Como você convenceria um novo cliente de um plano de saúde a adotar um estilo de vida mais saudável (Humana Exemplo 3)?
4. Identifique pelo menos três outras oportunidades de aplicação de análise de dados na cadeia de valor do varejo além daquelas abordadas nesta seção.
5. Você conhece lojas de varejo que empregam algumas das aplicações de análise de dados identificadas nesta seção?

1.7   Uma breve introdução à análise de Big Data

O que é Big Data?

Qualquer livro sobre análise de dados e ciência de dados tem de abordar em detalhe a chamada **análise de Big Data**. Ela será examinada no Capítulo 7, mas faremos uma breve introdução. Nosso cérebros funcionam com extrema rapidez e eficiência e são versáteis no processamento de grandes quantidades de todos os tipos de dados: imagens, texto, sons, cheiros e vídeo. Processamos todas as formas diferentes de dados com relativa facilidade. Computadores, por sua vez, ainda encontram dificuldade em acompanhar o ritmo com que os dados são gerados, sem falar em analisá-los com rapidez. É por isso que temos o problema do Big Data. Mas o que é Big Data afinal? Basicamente, Big Data são dados que não podem ser armazenados em uma única unidade. Refere-se a dados existentes em muitas formas diferentes: estruturados, não estruturados, em fluxo e assim por diante. As principais fontes de tais dados são *clickstreams* a partir de sites, postagens em mídias sociais como Facebook e dados provenientes de tráfego, de sensores ou da meteorologia. Uma ferramenta de busca na Web como o Google precisa vascular e indexar bilhões de páginas da Internet para lhe apresentar resultados relevantes em uma fração de segundo. Embora isso não seja realizado em tempo real, a geração de um índice para todas as páginas na

Internet não é tarefa fácil. Para sorte da Google, tal problema foi solucionado. Dentre outras ferramentas, ela emprega técnicas analíticas de Big Data.

Há dois aspectos no gerenciamento de dados nessa escala: armazenamento e processamento. Se pudéssemos comprar uma solução extremamente cara de armazenagem para guardar tudo isso na mesma unidade, tornar tal unidade tolerante a erros representaria uma enorme despesa. Uma solução engenhosa foi proposta, envolvendo o armazenamento desses dados em porções e em máquinas diferentes conectadas em rede – colocando uma cópia ou duas de cada porção em localizações diferentes na rede, tanto em termos lógicos quanto físicos. Isso foi originalmente usado na Google (sob o nome de Google File System) e mais tarde foi desenvolvido e lançado como um projeto Apache pela Hadoop Distributed File System (HDFS).

O armazenamento desses dados, porém, é apenas metade do problema. Dados são inúteis se não agregarem valor comercial, e para isso eles precisam ser analisados. Como quantidades tão vastas de dados podem ser analisadas? Delegar toda a computação a um único computador poderoso não funciona; essa escala imporia um fardo excessivo sobre tal máquina. Outra solução engenhosa foi proposta: levar computação aos dados, ao invés de levar os dados a um nó computacional. Isso representou um novo paradigma e deu origem a uma maneira totalmente nova de processar dados. É isso que conhecemos hoje em dia como o paradigma de programação MapReduce, que tornou o processamento de Big Data uma realidade. O MapReduce foi desenvolvido originalmente pela Google, e uma versão subsequente foi lançada pelo projeto Apache chamado Hadoop MapReduce.

Atualmente, quando falamos em armazenamento, processamento e análise de Big Data, o HDFS e o MapReduce estão envolvidos em algum nível. Outros padrões e soluções de software relevantes foram propostos. Embora o principal conjunto de ferramentas esteja disponível como código aberto, diversas empresas foram lançadas para fornecer treinamento ou serviços analíticos especializados de hardware e software nesse espaço. Dentre elas estão a HortonWorks, a Cloudera e a Teradata Aster.

Nos últimos anos, a definição de Big Data vem mudando cada vez mais com o surgimento de novos aplicativos de Big Data. A necessidade de processar dados que chegam cada vez mais depressa adicionou velocidade à equação. Um exemplo de rápido processamento de dados é a transação algorítmica. Ela utiliza plataformas eletrônicas baseadas em algoritmos para comercializar ações no mercado financeiro, que opera em milissegundos. A necessidade de processar diferentes tipos de dados adicionou variedade à equação. Outro exemplo com uma ampla variedade de dados é a análise de sentimentos, que emprega várias formas de dados provenientes de plataformas de redes sociais e respostas de consumidores para estimar sentimentos. Hoje, o Big Data está associado a praticamente qualquer conjunto de dados que tenha as características de volume, velocidade e variedade. O Caso Aplicado 1.6 ilustra uma aplicação da análise de Big Data na indústria da energia. Estudaremos tecnologias e aplicações de Big Data no Capítulo 7.

SEÇÃO 1.7 QUESTÕES DE REVISÃO

1. O que é análise de Big Data?
2. Quais são as fontes de Big Data?
3. Quais são as características de Big Data?
4. Qual técnica de processamento é aplicada para processar Big Data?

Caso aplicado 1.6

A CenterPoint Energy utiliza análise de Big Data em tempo real para aprimorar seu atendimento ao cliente

A CenterPoint Energy é uma empresa de fornecimento de energia sediada em Houston, Texas, e listada na *Fortune 500*. Seu principal ramo de atuação é a transmissão e distribuição de energia elétrica, distribuição de gás natural e vendas e serviços envolvendo gás natural. Ela atende a mais de cinco milhões de clientes fixos nos Estados Unidos.

A CenterPoint Energy utiliza redes inteligentes de abastecimento para coletar informações em tempo real sobre a saúde de diversos aspectos da rede, como medidores de energia, transformadores e disjuntores que são usados para fornecer eletricidade. Essas informações em tempo real passam por análise de Big Data, o que permite diagnósticos e soluções muito mais ágeis. Os dados podem, por exemplo, prever e potencialmente ajudar a prevenir apagões.

Além disso, a ferramenta coleta informações meteorológicas, permitindo que dados históricos ajudem a prever a magnitude de um apagão causado por tempestade. Isso serve de guia para alocar os recursos certos antes da ocorrência de uma tempestade e assim evitar quedas de energia.

Como se não bastasse, para conhecer melhor seus clientes, a CenterPoint Energy utiliza análise de sentimentos, que examina suas opiniões por meio de suas emoções (alegria, raiva, tristeza, etc.). A empresa segmenta seus clientes conforme seus sentimentos e é capaz de tratar esses grupos de um modo mais personalizado, prestando um melhor atendimento a cada um deles.

Como resultado do emprego de análise de Big Data, a CenterPoint Energy economizou mais de 2 milhões de litros de combustível nos últimos dois anos atendendo a seis milhões de solicitações de serviço remotamente. Além disso, economizou U$ 24 milhões para seus clientes nesse processo.

Questões para discussão

1. De que forma uma distribuidora de eletricidade pode prever apagões numa localidade?
2. O que é análise de sentimentos de clientes?
3. Como a análise de sentimentos de clientes ajuda empresas a prestar um atendimento personalizado a seus clientes?

O que podemos aprender com este caso aplicado

Comparado ao processo adotado anteriormente, o uso de análise de Big Data permite que distribuidoras de energia solucionem os problemas dos clientes, como quedas de energia, com maior eficiência e rapidez. Além disso, a análise de sentimentos pode ajudar a segmentar os clientes de acordo com suas necessidades.

Fontes: Sap.com, "A 'Smart' Approach to Big Data in the Energy Industry," http://www.sap.com/bin/sapcom/cs_cz/downloadasset.2013-10-oct-09-20.a-smart-approach-to-big-data-in-the-energy-industry-pdf.html (acessado em junho de 2016); centerpointenergy.com, "Electric Transmission & Distribution (T&D)," http://www.centerpointenergy.com/en-us/Corp/Pages/Company-overview.aspx (acessado em junho de 2016); YouTube.com, "CenterPoint Energy Talks Real Time Big Data Analytics," https://www.youtube.com/watch?v=s7CzeSlIEfI (acessado em junho de 2016).

1.8 Uma visão geral do ecossistema de análise de dados

Então você está empolgado com o potencial da análise de dados e deseja ingressar nesse setor em crescimento. Quem são os atores atuais, e o que eles fazem? Como você pode entrar nesse meio? O objetivo desta seção é identificar os diversos ramos da indústria da análise de dados, fornecer uma classificação dos diferentes tipos de participantes em tal indústria e ilustrar os tipos de oportunidades que existem para seus profissionais. Onze tipos diferentes de atores são identificados em um **ecossistema de análise de dados**. Ao entender tal ecossistema, o leitor enxergará mais amplamente como os diversos atores se complementam entre si. Uma meta secundária de entender o ecossistema de análise de dados para o profissional de BI é ficar por dentro das organizações e novas ofertas e oportunidades em setores vinculados à análise de dados. Esta seção se encerra com algumas observações acerca de oportunidades para profissionais navegarem por esses setores.

Embora alguns pesquisadores façam uma distinção entre profissionais de análise de dados e cientistas de dados (Davenport and Patil, 2012), conforme observado anteriormente, para entender o ecossistema da análise de dados em geral, preferimos aqui considerá-los como uma mesma profissão. Claramente, as habilidades exigidas podem variar entre um matemático e um programador, entre um modelador e um comunicador, e acreditamos que essa questão pode ser resolvida num nível mais micro/individual do que num nível macro de entender o bolsão de oportunidades. Também adotamos a definição mais abrangente de análise de dados, que inclui todos os três tipos definidos pelo Informs: descritivo/extração de relatórios/visualização, preditivo e prescritivo, conforme descritos anteriormente.

A Figura 1.13 ilustra uma visão do ecossistema da análise de dados. Os componentes do ecossistema são representados por pétalas de uma flor de análise de dados. Onze setores-chave ou agrupamentos no espaço de análise de dados são identificados. Os componentes de tal ecossistema estão agrupados em três categorias representadas pelas pétalas mais de dentro, mais de fora e pela semente (parte do meio) da flor.

As seis pétalas mais de fora abarcam os fornecedores de tecnologia. O grosso de suas receitas provém do fornecimento de tecnologia, soluções e treinamento para organizações que desejam aplicar a análise de dados do modo mais eficiente possível. As pétalas mais de dentro podem ser definidas em geral como os aceleradores

FIGURA 1.13   Ecossistema da análise de dados.

de análise de dados. Os aceleradores trabalham tanto com fornecedores quanto com usuários de tecnologias. Por fim, o núcleo do ecossistema compreende as organizações usuárias de análise de dados. Trata-se do componente mais importante, já que todos os demais agrupamentos da indústria são motivados pelas organizações usuárias.

A metáfora de uma flor é bastante apta ao ecossistema de análise de dados, já que múltiplos componentes se sobrepõem uns aos outros. Similares a um organismo vivo como uma flor, todas essas pétalas crescem e murcham juntas. Usamos os termos *componentes*, *agrupamentos*, *pétalas* e *setores* como sinônimos para descrever os diversos atores no espaço da análise de dados. A seguir, introduziremos cada um desses setores da indústria por sua vez e daremos alguns exemplos de atores em cada setor. A lista de nomes de empresas incluídas em cada pétala não é exaustiva, servindo apenas para ilustrar onde os talentos da análise de dados podem ser aproveitados e empregados dentro dela. Além disso, a menção a determinada empresa ou à sua capacidade dentro de um grupo específico não implica que ela seja a única atividade/oferta de tal organização. O principal objetivo é focar nas diferentes capacidades em cada componente do espaço da análise de dados. Muitas empresas atuam em vários setores dentro dessa indústria e, assim, oferecem oportunidades de movimento na área, tanto na horizontal quanto na vertical.

Matt Turck, investidor de capitais da FirstMark, também desenvolve e atualiza um ecossistema de análise de dados centrado em Big Data. Sua meta é fazer um acompanhamento dos agentes novos e já estabelecidos em vários segmentos da indústria de Big Data. Uma ótima imagem visual de sua interpretação de tal ecossistema e uma listagem abrangente das empresas está disponível em seu site: http://mattturck.com/2016/02/01/big-data-landscape/ (acessado em agosto de 2016). Também encontraremos um ecossistema similar no contexto da Internet das Coisas no próximo capítulo.

Fornecedores de infraestrutura de geração de dados

Talvez o primeiro lugar para começar a identificar os agrupamentos seja um novo grupo de empresas que promovem a geração e a coleta de dados que podem ser usados para desenvolver vislumbres analíticos. Ainda que esse grupo possa incluir todos os sistemas tradicionais de ponto de venda, sistemas de gestão de estoque e fornecedores de tecnologia a cada etapa da cadeia de suprimento/valor e operações de uma empresa, iremos nos ater sobretudo aos novos atores concentrados em possibilitar que uma organização desenvolva novos *insights* a respeito de suas operações, e não apenas em gerir suas operações básicas. Esse grupo, portanto, inclui empresas que criam infraestrutura para a coleta de dados provenientes de fontes diferentes.

Um dos componentes emergentes de tal infraestrutura é o "sensor". Os sensores coletam rapidamente quantidades massivas de dados e vêm sendo adotados por vários setores, como atendimento de saúde, esportes e fornecimento de energia. Dados de saúde, por exemplo, coletados por tais sensores costumam ser usados para fazer um acompanhamento de seus usuários. Alguns dos principais atores na fabricação de sensores de coleta de informações de saúde são AliveCor, Google, Shimmer e Fitbit. De modo similar, o ramo esportivo está usando sensores para coletar dados sobre os jogadores e o ambiente a fim de desenvolver estratégias para aprimorar o jogo em equipe. Exemplos de empresas que produzem sensores relacionados ao esporte incluem Sensors, Zepp, Shockbox, entre outras. Além disso, sensores também são usados na gestão de trânsito. Eles ajudam a implementar medidas em tempo real para controlar o tráfego. Alguns de seus fornecedores são Advantech B+B SmartWorx, Garmin e Sensys Network.

Os sensores cumprem um importante papel na Internet das Coisas (IoT) e são uma parte essencial dos objetos inteligentes. São eles que tornam possível a comunicação entre uma máquina e outra. Os principais atores na infraestrutura de IoT são Intel, Microsoft, Google, IBM, Cisco, Smartbin, SIKO Products, Omega Engineering, Apple e SAP. Esse agrupamento é provavelmente o grupo mais técnico do ecossistema. Revisaremos um ecossistema de IoT no Capítulo 8. A bem da verdade, existe um ecossistema em torno de praticamente cada um dos agrupamentos que identificamos aqui.

Fornecedores de infraestrutura de gerenciamento de dados

Este grupo inclui todas as principais organizações que fornecem hardware e software voltados à fundação básica de todas as soluções de gerenciamento de dados. Dentre os exemplos óbvios estão todos os principais fabricantes de hardware que fornecem a infraestrutura para computação de base de dados, como IBM, Dell, HP, Oracle, etc.; fornecedores de solução de armazenagem, como a EMC (recentemente adquirida pela Dell) e a NetApp; empresas que fornecem plataformas nativas de hardware e software, como IBM, Oracle e Teradata; e fornecedores de solução de dados que oferecem sistemas de gerenciamento de base de dados independentes de plataforma, como a família SQL Server, da Microsoft, e fornecedores de software integrado, como a SAP. Esse grupo também inclui outras organizações, como fornecedores de equipamentos de banco de dados, prestadores de serviços, integradores, desenvolvedores e assim por diante, que sustentam os ecossistemas de cada uma dessas empresas.

Diversas outras empresas estão emergindo como atores importantes em um espaço relacionado, graças à infraestrutura de rede que promove a computação em nuvem. Empresas como a Amazon (Amazon Web Services), IBM (Bluemix) e Salesforce.com foram pioneiras na oferta de armazenamento de dados e soluções de análise de dados via nuvem, o que agora passou a ser adotado por diversas empresas citadas anteriormente.

Uma recente safra de empresas no espaço de Big Data também faz parte desse grupo. Empresas como Cloudera, Hortonworks e muitas outras não necessariamente oferecem seu próprio hardware, mas fornecem serviços de infraestrutura e treinamento para criar a plataforma de Big Data. Isso incluiria agrupamentos Hadoop, MapReduce, NoSQL, Spark, Kafka, Flume e outras tecnologias relacionadas para análise de dados. Dessa forma, elas também poderiam ser incluídas entre os consultores e treinadores da indústria que viabilizam a infraestrutura básica. Ecossistemas inteiros de consultores, integradores de software, prestadores de treinamento e outros fornecedores de valor agregado acabaram evoluindo em torno dos grandes atores no setor de infraestrutura de gerenciamento de dados. Alguns dos setores listados a seguir identificarão esses atores, pois muitos deles estão migrando para a análise de dados à medida que o foco da indústria se afasta do processamento eficiente de transações e passa a se concentrar na derivação de valor analítico a partir dos dados.

Fornecedores de *data warehouse*

Empresas com foco em armazenamento de dados fornecem tecnologia e serviços voltados a integração de dados provenientes de múltiplas fontes, permitindo assim que organizações derivem e entreguem valor a partir de seus ativos de dados. Muitas empresas nesse espaço incluem seu próprio hardware para oferecer eficiência no armazenamento, busca e processamento de dados. Empresas como IBM, Oracle e Teradata são importantes atores nessa arena. Desenvolvimentos recentes nesse espaço incluem o desempenho de análise junto a dados diretamente na memória. Outro setor que cresce bastante é o de armazenamento de dados em nuvem. Nessa área, destacam-se empresas como Snowflake e Redshift. Empresas desse setor trabalham em conjunto com atores de outros setores no fornecimento de soluções e serviços de DW em seu próprio ecossistema, o que fez com que se tornassem a espinha dorsal da indústria da análise de dados. Em si mesma, ela já representa uma importante indústria e, assim, um fornecedor e consumidor de talentos em análise de dados.

Fornecedores de *middleware*

O foco original do armazenamento de dados era reunir todas as coleções de dados em uma mesma plataforma organizacional. Lidar com esses dados tornou-se uma indústria em si mesma. A meta geral da indústria de *middleware* é fornecer ferramentas fáceis de usar para extração de relatórios e análise de dados descritiva, o que forma uma parte fundamental da BI ou da análise de dados empregada nas organizações. Dentre as empresas nesse espaço, podemos citar a Microstrategy, a Plum e muitas outras. Alguns dos principais atores independentes no cenário de *middleware* acabaram sendo adquiridos por empresas dos dois primeiros grupos. A Hyperion, por exemplo, tornou-se parte da Oracle, a SAP adquiriu a Business Objects e a IBM adquiriu a Cognos. Este setor tornou-se em grande parte sinônimo de fornecedores de BI que oferecem *dashboards*, extração de relatórios e serviços de visualização para a indústria, alicerçados sobre os dados de processamento de transações e fornecedores de banco de dados e DW. Sendo assim, muitas empresas migraram para esse espaço com o passar dos anos, incluindo fornecedores de software de análise de dados em geral, como a SAS, ou novos fornecedores de visualização, como a Tableau, ou muitos fornecedores de aplicativos de nicho. Um diretório de produtos em TDWI. org lista 201 fornecedores apenas nessa categoria (http://www.tdwidirectory.com/category/business-intelligence-services) em junho de 2016, mostrando que o setor tornou-se robusto. Claramente, este também é o setor da indústria que está buscando migrar para um segmento mais voltado à ciência de dados.

Prestadores de serviços de dados

Boa parte dos dados que uma organização utiliza para análise de dados é gerada internamente por suas operações, mas há muitas fontes externas de dados que cumprem um papel importante no processo decisório de qualquer organização. Exemplos de tais fontes de dados incluem dados demográficos, dados meteorológicos, dados coletados por terceiros que podem embasar o processo decisório de uma organização, e assim por diante. Diversas empresas perceberam a oportunidade de desenvolver mecanismos especializados em coleta, agregação e distribuição de dados. Essas empresas costumam se concentrar em um setor específico e aproveitar seus relacionamentos já existentes nesse ambiente por meio de suas plataformas e serviços de nicho para coleta de dados. A Nielsen, por exemplo, oferece a seus parceiros fontes de dados sobre o comportamento de compra de clientes no varejo. Outro exemplo é a Experian, que inclui dados sobre cada domicílio dos Estados Unidos. A Omniture, por sua vez, desenvolveu tecnologia para coletar cliques na Web e compartilhar tais dados com seus clientes. A Comscore é outra empresa importante nesse espaço. Já a Google compila dados de sites individuais e faz um resumo disponível através dos serviços Google Analytics. Outros exemplos são Equifax, TransUnion, Acxiom, Merkle, Epsilon e Avention. Isso também pode incluir organizações como a ESRI.org, que fornece dados voltados à orientação para seus clientes. Há centenas de outras empresas que estão desenvolvendo plataformas e serviços de nicho para coletar, agregar e compartilhar tais dados com seus clientes. Como mencionado antes, muitos agregadores e distribuidores em indústrias específicas já migraram e estão migrando para oferecer seus próprios serviços de análise de dados. Dessa forma, esse também é um setor que atrai e potencialmente fornece novos talentos em análise de dados, sobretudo com conhecimentos especializados em certos nichos.

Desenvolvedores de software focados em análise de dados

Empresas nessa categoria desenvolveram software de análise de dados para uso geral com dados coletados junto a um DW ou disponíveis por meio de uma das plataformas identificadas anteriormente (incluindo Big Data). Também pode incluir inventores e pesquisadores de universidades e outras organizações que desenvolveram algoritmos para tipos específicos de aplicações de análise de dados. Nesse espaço, podemos identificar importantes atores que utilizam os três tipos de análise de dados: análise de dados descritiva, preditiva e prescritiva.

ANÁLISE DE DADOS DESCRITIVA/EXTRAÇÃO DE RELATÓRIOS A análise de dados descritiva ou de extração de relatórios é possibilitada pelas ferramentas disponibilizadas por atores da indústria de *middleware* identificados anteriormente, ou por funcionalidades singulares oferecidas por fornecedores especializados. O kit de ferramentas de BI SQL Server, da Microsoft, por exemplo, inclui capacidades de extração de relatórios, bem como de análise de dados preditiva. Por outro lado, produtos de software especializados em visualização são oferecidos por empresas como a Tableau. A SAS também oferece uma ferramenta de Análise de Dados Visual com capacidade similar. Existem, além disso, muitas ferramentas de visualização de código aberto. Literalmente centenas de ferramentas de visualização de dados foram desenvolvidas ao redor do mundo, e muitas delas se concentram na visualização de dados de uma indústria ou domínio específico. Como a visualização é até o momento a principal forma de explorar a análise de dados na indústria, este setor testemunhou o maior crescimento. Muitas empresas novas foram formadas. O Gephi, por exemplo, é um software gratuito e de código aberto, focado em redes de visualização. Basta uma busca no Google para ver a lista mais recente de fornecedores de ferramentas e software desse tipo.

ANÁLISE DE DADOS PREDITIVA Talvez o maior crescimento recente em análise de dados tenha ocorrido nesta categoria, e há uma grande quantidade de empresas que se concentram em análise de dados preditiva. Muitas empresas de software estatístico, como a SAS e a SPSS, mergulharam desde cedo na análise de dados preditiva, desenvolvendo capacidades de software e práticas do ramo para empregar técnicas de mineração de dados e técnicas estatísticas clássicas nessa área. O IBM-SPSS Modeler, da IBM, e o Enterprise Miner, da SAS, são alguns exemplos de ferramentas usadas para análise de dados preditiva. Outros atores nesse espaço incluem KXEN, Statsoft (recentemente adquirida pela Dell), Salford Systems e inúmeras outras empresas que podem vender seu software amplamente ou usá-lo por conta própria para práticas de consultoria (próximo grupo de empresas).

Três plataformas de código aberto (R, RapidMiner e KNIME) também emergiram como ferramentas de software de capacidade industrial para análise de dados preditiva, contando com empresas dedicadas a treinamento e implementação nessas ferramentas. A Revolution Analytics é um exemplo de empresa focada em desenvolvimento e treinamento em R. A integração com a plataforma R é possível com quase todo software de análise de dados. Uma empresa chamada Alteryx utiliza extensões de R para extração de relatórios e análise de dados preditiva, mas seu ponto forte é o fornecimento compartilhado de soluções de análise de dados para clientes e outros usuários. De modo similar, a RapidMiner e a KNIME também são exemplos de fornecedores de código aberto. Empresas como a Rulequest, que vende variantes proprietárias de software de Árvore de Decisão, e a NeuroDimensions, uma fornecedora de software de Rede Neural, são exemplos de empresas que desenvolveram software especializado em torno de uma técnica específica de mineração de dados.

ANÁLISE DE DADOS PRESCRITIVA Fornecedores de software nesta categoria oferecem ferramentas e algoritmos de modelagem para otimizar operações, geralmente chamados de software de ciência administrativa/pesquisa operacional (PO). A área já teve seu próprio conjunto de principais fornecedores de software. A IBM, por exemplo, possui software clássico de programação linear e inteira mista. Muitos anos atrás, a IBM adquiriu uma empresa chamada ILOG, que fornece software e serviços de análise prescritiva, para complementar suas outras ofertas. Fornecedores de análise de dados como a SAS possuem suas próprias ferramentas de PO/MS – SAS/PO. A FICO adquiriu outra empresa chamada XPRESS, que oferece software de otimização. Outros importantes atores neste domínio incluem empresas como AIIMS, AMPL, Frontline, GAMS, Gurobi, Lindo Systems, Maximal, NGData, Ayata e muitas outras. Uma delineação e descrição detalhada dos produtos ofertados por essas empresas está além do escopo de nossos objetivos aqui. Basta dizer que este setor da indústria testemunhou um forte crescimento recentemente.

Obviamente, há muitas técnicas que caem na categoria de análise de dados prescritiva, e cada uma conta com seu próprio conjunto de fornecedores. Software de simulação, por exemplo, é fornecido por importantes empresas, como a Rockwell (ARENA) e a Simio. Já a Palisade fornece ferramentas que incluem muitas categorias de software. De modo similar, a Frontline oferece ferramentas de otimização com planilhas Excel, bem como análise de dados preditiva. Análises de decisão em ambientes multiobjetivos podem ser realizadas usando-se ferramentas como a Expert Choice. Também há ferramentas de empresas como Exsys, XpertRule e outras para gerar regras diretamente a partir dos dados ou de contribuições especializadas.

Algumas novas empresas estão evoluindo e passando a combinar múltiplos modelos analíticos no espaço de Big Data, incluindo análise de redes sociais e mineração de fluxos. A Teradata Aster, por exemplo, inclui suas próprias capacidades de análise de dados prescritiva e preditiva no processamento de fluxos de Big Data. Diversas empresas desenvolveram mecanismos de processamento de eventos complexos (CEP – *complex event processing*), que tomam decisões usando dados em *streaming*, como o Infosphere Streams, da IBM, o StreamInsight, da Microsoft, e o Event

Processor, da Oracle. Outras importantes empresas que dispõem de produtos CEP incluem Apache, Tibco, Informatica, SAP e Hitachi. Vale ressaltar mais uma vez que os grupos de fornecedores para todas as três categorias de análise de dados não são mutuamente excludentes. Na maioria dos casos, um fornecedor pode atuar em múltiplos componentes de análise de dados.

A seguir iremos introduzir as "pétalas de dentro" da flor da análise de dados. Esses agrupamentos podem ser chamados de aceleradores de análise de dados. Ainda que por vezes não estejam envolvidas no desenvolvimento direto da tecnologia, essas organizações cumpriram um papel-chave no delineamento da indústria.

Desenvolvedores de aplicações: para cada indústria ou gerais

As organizações neste grupo usam seu conhecimento da indústria, suas especializações analíticas, soluções disponível a partir da infraestrutura de dados, DW, *middleware*, agregadores de dados e fornecedores de software de análise de dados para desenvolver soluções customizadas para uma indústria específica. Dessa forma, tal grupo possibilita que a tecnologia de análise de dados seja usada sob medida. Esse grupo, é claro, também pode existir em organizações de usuários específicos. Em sua maioria, os principais fornecedores de tecnologia de análise de dados, como IBM, SAS e Teradata, reconhecem claramente a oportunidade de se conectar com um setor ou cliente específico e oferecer serviços de consultoria analítica. Empresas que tradicionalmente forneciam soluções de dados/aplicativos para setores específicos passaram a desenvolver produtos de análise de dados para tais setores. A Cerner, por exemplo, fornece soluções de prontuários médicos eletrônicos para planos de saúde, e seus produtos agora incluem muitos relatórios e visualizações de análise de dados. De forma similar, a IBM oferece um mecanismo de detecção de fraudes para o setor de planos de saúde, e está trabalhando com um desses planos para empregar sua famosa plataforma de análise de dados Watson para auxiliar em diagnósticos e tratamento de doenças. Outro exemplo de fornecedor de aplicação vertical é a Sabre Technologies, que oferece soluções analíticas para o setor de viagens, incluindo precificação de tarifas para otimização de receitas e planejamento de despachos.

Esse agrupamento também inclui empresas que desenvolveram suas próprias soluções analíticas voltadas a um domínio específico e que as oferecem amplamente para uma base de clientes. A Nike, a IBM e a Sportvision, por exemplo, desenvolvem aplicações de análise de dados esportivos para aprimorar eventos esportivos e aumentar o número de espectadores. Já a Acxiom desenvolveu agrupamentos para praticamente todos os domicílios nos Estados Unidos baseando-se em dados coletados por muitas fontes diferentes. Empresas de avaliação e consultoria de crédito (FICO, Experian, etc.) também pertencem a esse grupo. A IBM e diversas outras empresas oferecem soluções de otimização de precificação para a indústria do varejo.

Esse campo representa uma oportunidade empresarial para o desenvolvimento de aplicações em indústrias específicas. Muitos emergentes em análise de dados no âmbito de Web/mídias sociais/localização buscam identificar perfis de usuários para melhor concentrar suas campanhas promocionais em tempo real. Exemplos de tais empresas e de suas atividades incluem: a YP.com emprega dados de localização para desenvolver perfis de usuários/grupos e customizar publicidades móveis, a Towerdata identifica perfis de usuários com base no uso de email, a Qualia visa identificar usuários pelo uso de qualquer tipo de dispositivo e a Simulmedia customiza propagandas na TV analisando os hábitos dos espectadores.

A proliferação dos smartphones deu origem a toda uma indústria centrada em aplicações específicas de análise de dados junto a consumidores e também a organizações. Aplicativos de smartphone como Shazam, Soundhound ou Musixmatch, por exemplo, são capazes de identificar uma canção com base nas primeiras notas musicais e permitir que o usuário selecione-a em seus catálogos para ouvir/baixar/comprar. Já o Waze usa informações de trânsito em tempo real compartilhadas pelos usuários, além de dados de localização, para auxiliar na navegação. Ferramentas de reconhecimento de voz como a Siri do iPhone, o Google Now e a Alexa da Amazon estão levando a muitas aplicações especializadas da análise de dados em termos de imagens, vídeos, áudio e outros dados que podem ser capturados por meio de smartphones e/ou sensores conectados. Os smartphones também viabilizaram fornecedores de economia compartilhada como Uber, Lyft, Curb e Ola. Muitas dessas empresas são exemplos de como a análise de dados pode levar a novas oportunidades de negócios.

As mídias sociais online são outra área efervescente nesse agrupamento. Sem dúvida, o Facebook é o protagonista nesse espaço, seguido por Twitter e LinkedIn. Além do mais, o acesso público a seus dados deu origem a muitas outras empresas voltadas a analisá-los. A Unmetric, por exemplo, analisa dados do Twitter e fornece soluções a seus clientes. De modo similar, há muitas outras empresas cujo foco é a análise de redes sociais.

Outra área efervescente na indústria de desenvolvimento de aplicações é a IoT. Diversas empresas estão criando aplicações para produzir objetos inteligentes. A SmartBin, por exemplo, desenvolveu sistemas de monitoramento remoto inteligente para os setores de dejetos e reciclagem. Várias outras organizações estão trabalhando para produzir medidores de energia inteligentes, redes elétricas inteligentes, carros conectados, lares inteligentes, cadeias de suprimento inteligentes, saúde conectada, varejo inteligente e outros objetos inteligentes.

Essa atividade e espaço de *start-up* está em crescimento e representa uma importante transição, devido aos financiamentos de tecnologias/empreendimentos e a questões de segurança/privacidade. Ainda assim, o setor de desenvolvimento de aplicativos talvez seja aquele que mais cresce dentro da análise de dados a essa altura. Esse agrupamento proporciona uma oportunidade única para profissionais de análise de dados em busca de carreiras mais empreendedoras.

Analistas e influenciadores da indústria da análise de dados

O próximo agrupamento da indústria de análise de dados inclui três tipos de organizações ou de profissionais. O primeiro grupo é um conjunto de organizações profissionais que prestam consultoria para os fornecedores e usuários da indústria de análise de dados. Seus serviços incluem a realização de análises, a cobertura de novos desenvolvimentos, a avaliação de tecnologias específicas, o desenvolvimento de treinamento/artigos técnicos e assim por diante. Exemplos de tais atores incluem organizações como Gartner Group, The Data Warehousing Institute, Forrester, McKinsey e muitos outras publicações gerais e técnicas e sites da Web que cobrem a indústria da análise de dados. Os Quadrantes Mágicos (Magic Quadrants), do Gartner Group, são bastante influentes e baseados em enquetes da indústria. De modo similar, profissionais do TDWI.org oferecem excelentes panoramas da indústria e estão sempre por dentro de suas futuras tendências.

O segundo grupo inclui sociedades ou organizações profissionais que também prestam alguns dos mesmos serviços, mas com membros cadastrados e organizados.

O Informs, por exemplo, uma organização profissional, vem se concentrando na promoção de análise de dados. O Special Interest Group on Decision Support and Analytics, um subgrupo de Association for Information Systems, também se concentra em análise de dados. A maioria dos principais fornecedores (como Teradata e SAS) contam com seus próprios grupos de usuários cadastrados. Por meio de suas publicações e conferências, tais entidades promovem o uso da análise de dados e o compartilhamento das lições aprendidas. Algumas delas também prestam serviços de recrutamento, sendo assim boas fontes de localização de talentos.

Um terceiro grupo de analistas dessa indústria é formado pelos chamados embaixadores, influenciadores ou evangelistas da análise de dados. Esses analistas apresentam seu entusiasmo pelo tema através de seus seminários, livros e outras publicações. Exemplos ilustrativos incluem Steve Baker, Tom Davenport, Charles Duhigg, Wayne Eckerson, Bill Franks, Malcolm Gladwell, Claudia Imhoff, Bill Inman e muitos outros. Mais uma vez, essa lista não é exaustiva. Todos esses embaixadores já escreveram livros (alguns deles *best-sellers*!) e/ou deram palestras para promover aplicações da análise de dados. Outro grupo de evangelistas que pode ser incluído aqui são os autores de livros-texto em BI/análise de dados que visam auxiliar o próximo agrupamento a produzir profissionais para essa indústria. Sem dúvida, levará algum tempo para que o estudante de análise de dados se torne um membro desse agrupamento, mas logo pode atuar nele na condição de pesquisador ou aprendiz.

Instituições acadêmicas e agências de certificação

Em qualquer indústria de conhecimentos intensivos como a análise de dados, a vantagem fundamental é ter estudantes que estejam interessados na tecnologia e decididos a se dedicarem a tal indústria como sua profissão. As universidades cumprem um papel-chave em tornar isso possível. Este agrupamento representa, então, os programas acadêmicos que preparam profissionais para o mercado de trabalho. Ele inclui vários componentes de faculdades de administração, como sistemas de informação, marketing, ciências administrativas e assim por diante. Também vai além das faculdades de administração, abarcando departamentos de ciência da computação, estatística, matemática e engenharia industrial espalhados pelo mundo. O agrupamento também inclui desenvolvedores gráficos que geram novas maneiras de visualizar informações. As universidades estão oferecendo programas de graduação e pós-graduação em todas essas disciplinas, ainda que possam ser designadas por outros nomes. Uma importante fronteira de crescimento tem sido programas de análise de dados para a reciclagem de profissionais que já atuam na área. Programas de certificação permitem que analistas já atuantes obtenham proficiência em software específico, cursando algumas disciplinas cruciais em faculdades que oferecem esses programas. A TUN oferece uma lista de programas em análise de dados. Ela inclui quase 150 programas, mas é provável que já haja um número ainda maior, pois novos estão sendo adicionados a cada dia.

Outro grupo de atores auxilia no desenvolvimento de competência em análise de dados. Trata-se dos programas de qualificação que concedem certificados de especialidade em software específico. Praticamente todos os principais fornecedores de tecnologia (IBM, Microsoft, Microstrategy, Oracle, SAS, Tableau e Teradata) contam com seus próprios programas de certificação. Tais certificados asseguram que novos contratados em potencial possuam certo nível de habilidades naquela ferramenta. Por sua vez, o Informs oferece um programa de certificação profissional em análise de dados, voltado a testar as competências gerais dos indivíduos na área. Qualquer dessas certificações confere a um estudante universitário habilidades desejadas pelo mercado.

O crescimento dos programas acadêmicos em análise de dados é espantoso. Só o tempo dirá se esse agrupamento está ultrapassando a capacidade de absorção dos outros agrupamentos, mas nesse momento, a demanda parece superar a oferta de formados qualificados em análise de dados, e este é o lugar mais óbvio para encontrar candidatos a vagas pelo menos em nível básico.

Órgãos reguladores de políticas de atuação

Os atores neste componente são responsáveis por definir regras e regulamentações para proteger funcionários, clientes e acionistas de organizações de análise de dados. A coleta e o compartilhamento de dados de usuários requerem leis rigorosas para proteger sua privacidade. Nesse âmbito, diversas organizações regulamentam a transferência de dados e protegem os direitos dos usuários. Nos Estados Unidos, por exemplo, a Federal Communications Commission (FCC) regulamenta comunicações interestaduais e internacionais. De modo similar, a Federal Trade Commission (FTC) é responsável por prevenir práticas empresariais injustas envolvendo dados. Já a International Telecommunication Union (ITU) regulamenta o acesso a informações e tecnologias de comunicação para comunidades carentes ao redor do mundo. Por sua vez, uma agência federal não regulatória chamada National Institute of Standards and Technology (NIST) ajuda a promover a infraestrutura tecnológica. Há diversas outras organizações por todo o globo que regulamentam a segurança de dados e aceleram a indústria da análise de dados. Este é um componente muito importante no ecossistema para impedir o mau uso de informações sobre consumidores.

Para quem quer que esteja desenvolvendo ou usando aplicativos de análise de dados, é provavelmente crucial contar com alguém na equipe que tenha intimidade com o marco regulatório. Essas agências e os profissionais que trabalham com elas claramente oferecem talentos e habilidades singulares em análise de dados.

Organizações usuárias de análise de dados

Claramente, este é o mecanismo econômico de toda a indústria da análise de dados e, portanto, representamos esse agrupamento como o núcleo da flor. Se não houvesse usuários, não haveria indústria alguma de análise de dados. Organizações de todos os ramos, independente de seu tamanho, forma ou localização, estão usando ou explorando a análise de dados em suas operações. Elas atuam no setor privado, governamental, educacional, militar e assim por diante. Além disso, estão espalhadas por todo o mundo. São abundantes os exemplos do emprego de análise de dados em diferentes ramos. Também há as organizações que estão explorando oportunidades similares para tentar ganhar/reter uma vantagem competitiva. Empresas específicas não serão identificadas nesta seção; na verdade, a meta aqui é examinar os tipos de papéis que os profissionais de análise de dados podem cumprir em uma organização usuária.

Obviamente, os principais líderes de uma organização, sobretudo na área de tecnologia da informação (diretor de informações, etc.), são de crucial importância para a aplicação de análise de dados em suas operações. Conta-se que alguém na Forrest

Mars, do império dos chocolates Mars, certa vez afirmou que toda gestão se resume à aplicação de matemática nas operações e economias de uma empresa. Embora nem todos os gestores seniores concordem com essa opinião, a conscientização de aplicar análise de dados dentro de uma organização está crescendo por toda parte. Um executivo de uma empresa de plano de saúde certa vez nos contou que seu chefe (o CEO) via a empresa como uma organização viabilizada por TI que arrecadava dinheiro dos membros filiados ao plano e o distribuía aos prestadores de atendimento médico. Sendo assim, a eficiência nesse processo era o ágio que eles podiam obter acima de um concorrente. Isso levou a empresa a desenvolver diversas aplicações de análise de dados para reduzir fraudes e pagamentos excessivos aos prestadores, obtendo, assim, maior lucratividade.

Praticamente todas as principais organizações de cada ramo que conhecemos estão contratando profissionais analíticos em diversos cargos. A Figura 1.14 é uma nuvem de palavras referentes aos cargos obtidos por alguns pós-graduados pela Oklahoma State University entre 2013 e 2016. Ela mostra claramente que os termos Analytics (Análise de Dados) e Data Science (Ciência de Dados) são populares entre os cargos das organizações que os contrataram. Outras palavras-chave parecem incluir termos como Risk (Risco), Database (Banco de Dados), Revenue (Receita), Marketing, e assim por diante.

Obviamente, organizações usuárias incluem carreiras capazes de levar profissionais de análise de dados a cargos de gerência. Tais cargos incluem gerente de projeto, gerente sênior e gerente geral, chegando até diretor de informações e diretor executivo. Isso sugere que as organizações usuárias atuam como um agrupamento-chave no ecossistema de análise de dados, podendo, portanto, ser uma boa fonte de talentos. Este talvez seja o primeiro destino para quem deseja encontrar profissionais de análise de dados dentro do segmento vertical da indústria.

O propósito desta seção foi apresentar um mapa para o terreno da indústria da análise de dados. Assim, foram identificados 11 grupos diferentes que cumprem um papel-chave no desenvolvimento e promoção dessa indústria. Outras pétalas/componentes podem ser adicionados com o passar do tempo na flor/ecossistema de análise de dados. Como a análise de dados exige um conjunto diverso de habilidades, a compreensão desse ecossistema acaba apresentando mais opções do que antes imaginadas para carreiras nessa área. Além disso, é possível para os profissionais

FIGURA 1.14 Nuvem de palavras de cargos obtidos por pós-graduados em análise de dados.

migrarem de um agrupamento da indústria para outro a fim de aproveitarem suas habilidades. Profissionais especializados que trabalham para fornecedores, por exemplo, podem às vezes migrar para posições de consultoria, ou diretamente para organizações usuárias. Em geral, existem muitos motivos de animação em torno da indústria de análise de dados neste instante.

SEÇÃO 1.8 QUESTÕES DE REVISÃO

1. Liste as 11 categorias de atores no ecossistema de análise de dados.
2. Dê exemplos de empresas em cada um dos 11 tipos de agrupamento.
3. Quais empresas são dominantes em mais de uma categoria?
4. É preferível ser o protagonista em uma categoria ou ser ativo em múltiplas categorias?

1.9 Plano do livro

As seções anteriores lhe deram uma compreensão da necessidade de tecnologia da informação para a tomada de decisão, a evolução da BI e aspectos da análise de dados e da ciência de dados. Nas últimas seções, vimos um panorama dos diversos tipos de análise de dados e suas aplicações. Agora estamos prontos para uma excursão gerencial mais aprofundada nesses tópicos, juntamente com relatos de experiências práticas em alguns dos tópicos técnicos. A Figura 1.15 apresenta um plano do restante do livro.

Neste capítulo, oferecemos uma introdução, definições e um panorama de DSSs, BI e análise de dados, incluindo análise de Big Data e ciência de dados. Também apresentamos um panorama do ecossistema da análise de dados para deixar-lhe a par da amplitude e profundidade da indústria. Os Capítulos 2 e 3 cobrem análise de dados descritiva e detalhes sobre dados. Claramente, são os dados que formam o alicerce de qualquer aplicação da análise de dados. Por isso, apresentaremos uma

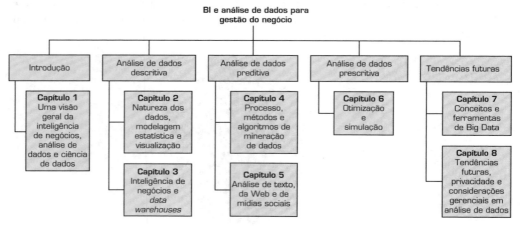

FIGURA 1.15 Plano do livro.

introdução a aspectos de *data warehouse*, aplicativos e tecnologias. Nessa mesma parte, também abordaremos a extração de relatórios empresariais e as tecnologias e os aplicativos de visualização. Isso será seguido de um breve resumo de técnicas e aplicações da BI – um tema que tem sido uma parte essencial da BI tradicional.

A seção subsequente cobre a análise de dados preditiva. O Capítulo 4 oferece uma introdução a aplicações nessa área. Ela inclui muitas das técnicas comuns de mineração de dados: classificação, agrupamento, associação e assim por diante. Já o Capítulo 5 abrange aplicações da mineração de texto, bem como análise na Web, incluindo análise de mídias sociais, análise de sentimentos e outros tópicos relacionados. O Capítulo 6, por sua vez, aborda a análise de dados prescritiva. O Capítulo 7 traz mais detalhes sobre a análise de Big Data. O Capítulo 8 trata da discussão de tendências emergentes. A onipresença de dispositivos sem fio e de GPS e outros sensores está resultando na criação de novos e massivos bancos de dados e aplicações singulares. Uma nova estirpe de empresas de análise de dados está emergindo para analisar esses novos bancos de dados e compreender bem melhor e mais profundamente os comportamentos e as movimentações dos clientes. Isso está levando à automação da análise de dados, além de dar origem a uma nova área chamada de "Internet das Coisas". O Capítulo 8 também cobre a análise de dados baseada em nuvem e, por fim, busca integrar todo o material abordado neste livro, concluindo com uma breve discussão sobre questões de segurança/privacidade na análise de dados.

1.10 Recursos, links e a conexão com a Teradata University Network

Este e a maioria dos capítulos deste livro podem ser mais bem aproveitados usando-se as ferramentas descritas nas seções a seguir.

Links e recursos

Recomendamos os links e recursos destacados a seguir:

- The Data Warehousing Institute (tdwi.org)
- Data Science Central (datasciencecentral.com)
- DSS Resources (dssresources.com)
- Microsoft Enterprise Consortium (enterprise.waltoncollege.uark.edu/mec.asp)

Fornecedores, produtos e demos

A maioria dos fornecedores oferece demos de software de seus produtos e aplicativos. Informações a respeito de produtos, arquitetura e software estão disponíveis em dssresources.com.

Periódicos

Recomendamos os seguintes periódicos:

- *Decision Support Systems* (www.journals.elsevier.com/decision-support-systems)
- *CIO Insight* (cioinsight.com)

A conexão com a Teradata University Network

Este livro está intimamente vinculado aos recursos gratuitos oferecidos pela TUN (veja teradatauniversitynetwork.com). O portal da TUN está dividido em duas partes principais: uma para estudantes e uma para professores. Este livro está ligado ao portal da TUN via uma seção especial ao final de cada capítulo. Tal seção inclui links apropriados ao capítulo específico, indicando recursos relevantes. Ademais, fornecemos exercícios práticos, usando software e outros materiais (como estudos de caso) disponíveis na TUN.

Material complementar

O professor interessado em recursos pedagógicos complementares deve acessar o site do Grupo A (www.grupoa.com.br), fazer seu cadastro, buscar pela página do livro e localizar a área de Material Complementar.

Destaques do capítulo

- O ambiente de negócios está cada vez mais complexo e em franca evolução, dificultando ainda mais a tomada de decisões.
- As empresas devem reagir e se adaptar às mudanças no ambiente tomando decisões mais rápidas e melhores.
- O tempo até a tomada de decisões está encolhendo, ao passo que a natureza global das decisões está se expandindo, exigindo o desenvolvimento e uso de DSSs computadorizados.
- DSSs utilizam dados, modelos e por vezes gestão de conhecimento para encontrar soluções para problemas semiestruturados e não estruturados.
- Os métodos de BI utilizam um repositório central chamado DW que permite eficiência em mineração de dados, OLAP, BPM e visualização de dados.
- A arquitetura de BI inclui um DW, ferramentas de análise de negócios usadas por usuários finais e uma interface de usuário (como um *dashboard*).
- Muitas organizações empregam análise de dados descritiva para substituir sua extração de relatórios tradicionais por relatórios que apresentam *insights*, tendências e padrões nos dados transacionais.
- Com análise de dados preditiva, as organizações podem colher previsões a partir da análise de dados históricos sobre o comportamento dos clientes para nortear seus negócios.
- A análise de dados prescritiva ajuda a desenvolver modelos que envolvem técnicas de previsão e otimização baseadas em princípios de PO e ciência administrativa para ajudar as organizações a tomar melhores decisões.
- A análise de Big Data se concentra em grandes conjuntos de dados não estruturados que podem incluir tipos de dados vastamente diferentes para análise.
- O campo de estudo da análise de dados também é conhecido por nomes de suas aplicações em setores específicos, como a análise de dados esportivos. Também é conhecido por outros nomes relacionados, como ciência de dados ou ciência de rede.
- O atendimento de saúde e as cadeias de varejo são duas áreas em que aplicações da análise de dados abundam, com muito mais por vir.
- O ecossistema da análise de dados pode ser visto como uma coleção de fornecedores, usuários e facilitadores. Ele pode ser dividido em 11 agrupamentos

Termos-chave

agentes inteligentes
análise de Big Data
análise de dados
análise de dados decisória ou normativa
análise de dados descritiva (ou de extração de relatórios)
análise de dados preditiva
análise de dados prescritiva
dashboard
ecossistema de análise de dados
inteligência de negócios (BI)
mineração de dados
processamento analítico online (OLAP)
processamento de transações online (OLTP)
serviços Web

Questões para discussão

1. Consulte a literatura dos últimos seis meses para encontrar uma aplicação de cada: DSS, BI e análise de dados. Resuma as aplicações em uma página e entregue-a com as fontes exatas.
2. Distinga BI de DSS.
3. Compare e contraste a análise de dados preditiva com a análise de dados prescritiva e descritiva. Use exemplos.
4. Analise os maiores impedimentos à implementação de BI.

Exercícios

Teradata University Network e outros exercícios práticos

1. Entre em teradatauniversitynetwork.com. Usando a senha para o site fornecida por seu professor, inscreva-se no site, caso ainda não o tenha feito. Faça o seu login e estude o conteúdo do site. Você receberá tarefas relacionadas a ele. Prepare uma lista de 20 itens no site que lhe parecem benéficos aos seus estudos.
2. Entre no site da TUN. Explore a página Sports Analytics e resuma pelo menos duas aplicações de análise de dados esportivos em qualquer esporte à sua escolha.
3. Entre no site da TUN e selecione "Cases, Projects, and Assignments". Em seguida, selecione o estudo de caso "Harrah's High Payoff from Customer Information". Responda as seguintes questões sobre o caso:
   a. Quais informações a mineração de dados gera?
   b. Como essas informações ajudam os gestores a tomarem decisões? (Seja específico.)
   c. Liste os tipos de dados que são minerados.
   d. Trata-se de uma aplicação de DSS ou de BI? Por quê?
4. Entre em teradatauniversitynetwork.com e encontre o artigo intitulado "Data Warehousing Supports Corporate Strategy at First American Corporation" (de Watson, Wixom e Goodhue). Leia o artigo e respondas as seguintes questões:
   a. Quais são os motivadores do projeto DW/BI dentro da empresa?
   b. Quais vantagens estratégicas foram obtidas?
   c. Quais vantagens operacionais e táticas foram alcançadas?
   d. Quais foram os fatores cruciais de sucesso para a implementação?
5. Entre em http://analytics-magazine.org/issues/digital-editions e encontre a edição de janeiro/fevereiro de 2012 intitulada "Special Issue: The Future of Healthcare". Leia o artigo "Predictive Analytics—Saving Lives and Lowering Medical Bills". Responda as seguintes questões:
   a. Qual problema está sendo enfrentado pela aplicação da análise de dados preditiva?
   b. Qual é o Escore de Adesão a Medicamentos da FICO?
   c. Como um modelo preditivo é treinado para prever o Escore de Adesão a Medicamentos da FICO HoH? O modelo preditivo classificou o Escore de Adesão a Medicamentos da FICO?
   d. Dê um zoom na Figura 4 e explique qual tipo de técnica é aplicado nos resultados gerados.
   e. Liste algumas das decisões com consequências práticas que se basearam nos resultados preditivos.
6. Entre em http://analytics-magazine.org/issues/digital-editions, e encontre a edição de janeiro/fevereiro de 2013 intitulada "Work Social". Leia o artigo "Big Data, Analytics and Elections" e responda as questões a seguir:
   a. Quais tipos de Big Data foram analisados no artigo? Comente a respeito de algumas das fontes de Big Data.
   b. Explique o termo *sistema integrado*. Qual é o outro termo técnico que se adequa a um *sistema integrado*?
   c. Quais tipos de técnicas de análise de dados são empregados no projeto? Comente a respeito de algumas iniciativas resultantes da análise de dados.
   d. Quais são os diferentes problemas preditivos respondidos pelos modelos?
   e. Liste algumas das decisões com consequências práticas que se basearam nos resultados preditivos.
   f. Identifique duas aplicações de análise de Big Data que não foram listadas no artigo.
7. Procure na Internet por materiais referentes ao trabalho de gestores e ao papel cumprido pela análise de dados. Quais tipos de referências a firmas de consultoria, departamentos acadêmicos e programas você encontrou? Quais são as principais áreas representadas? Selecione cinco sites que tratam de uma dessas áreas e relate suas descobertas.

8. Explore as áreas públicas em dsssresources.com. Prepare uma lista dos principais recursos disponibilizados no site. Você também pode seguir consultando esse site à medida que avança pelo livro.
9. Entre em microstrategy.com. Encontre informações a respeito dos cinco estilos de BI. Prepare um quadro resumido sobre cada um deles.
10. Entre em oracle.com e clique no link Hyperion, dentro do item Applications. Determine quais são os principais produtos da empresa. Estabeleça uma relação entre eles e as tecnologias de suporte citadas neste capítulo.
11. Entre no site de perguntas da TUN. Procure por vídeos BSI. Assista ao vídeo "Case of Retail Tweeters". Prepare um resumo de uma página sobre o problema, a solução proposta e os resultados divulgados. Você também pode encontrar slides associados em slideshare.net.
12. Revise a seção Ecossistema de Análise de Dados. Identifique ao menos duas empresas adicionais em ao menos cinco dos agrupamentos da indústria mencionados na discussão.
13. A discussão sobre o ecossistema de análise de dados também incluiu diversos cargos típicos para formados em programas de análise de dados e ciência de dados. Pesquise sites da Web como o datasciencecentral.com e o tdwi.org para localizar pelo menos três cargos adicionais similares que você consideraria interessantes na sua carreira.

Referências

Capcredit.com. (2015). "How Much Do Americans Spend on Sports Each Year?" capcredit.com/how-much-americans-spend-on-sports-each-year/ (accessed July 2016).

CDC.gov. (2015, September 21). "Important Facts about Falls." cdc.gov/homeandrecreationalsafety/falls/adultfalls.html (accessed July 2016).

CenterPointEnergy.com. "Company Overview." centerpointenergy.com/en-us/Corp/Pages/Company-overview.aspx (accessed June 2016).

Chiguluri, V., Guthikonda, K., Slabaugh, S., Havens, E., Peña, J., & Cordier, T. (2015, June). *Relationship between diabetes complications and health related quality of life among an elderly population in the United States.* Poster presentation at the American Diabetes Association 75th Annual Scientific Sessions. Boston, MA.

Cordier, T., Slabaugh, L., Haugh, G., Gopal, V., Cusano, D., Andrews, G., & Renda, A. (2015, September). *Quality of life changes with progressing congestive heart failure.* Poster presentation at the 19th Annual Scientific Meeting of the Heart Failure Society of America, Washington, DC.

Davenport, T., & SAS Institute Inc. (2014, February). Analytics in sports: The new science of winning. sas.com/content/dam/SAS/en_us/doc/whitepaper2/iia-analytics-in-sports-106993.pdf (accessed July 2016).

Davenport, T. H., & Patil, D. J. (2012). Data scientist. *Harvard Business Review, 90*, 70–76.

Dundas.com. "How Siemens Drastically Reduced Cost With Managed Bi Applications." dundas.com/resource/getcasestudy?caseStudyName=09-03-2016-Siemens%2FDundas-BI-Siemens-Case-Study.pdf (accessed July 2016).

Emc.com. (n.d.). "Data science revealed: A data-driven glimpse into the burgeoning new field". emc.com/collateral/about/news/emc-data-science-study-wp.pdf (accessed July 2016).

Gartner, Inc. (2004). *Using business intelligence to gain a competitive edge. A special report.*

Gates, S., Smith, L. A., Fisher, J. D., et al. (2008). Systematic review of accuracy of screening instruments for predicting fall risk among independently living older adults. *Journal of Rehabilitation Research and Development, 45*(8), 1105–1116.

Gill, T. M., Murphy, T. E., Gahbauer, E. A., et al. (2013). Association of injurious falls with disability outcomes and nursing home admissions in community living older persons. *American Journal of Epidemiology, 178*(3), 418–425.

Gorry, G. A., & Scott-Morton, M. S. (1971). A framework for management information systems. *Sloan Management Review, 13*(1), 55–70.

Keen, P. G. W., & M. S. Scott-Morton. (1978). *Decision support systems: An organizational perspective.* Reading, MA: Addison-Wesley.

Havens, E., Peña, J., Slabaugh, S., Cordier, T., Renda, A., & Gopal, V. (2015, October). Exploring the relationship between health-related quality of life and health conditions, costs, resource utilization, and quality measures. Podium presentation at the ISOQOL 22nd Annual Conference, Vancouver, Canada.

Havens, E., Slabaugh, L., Peña, J., Haugh, G., & Gopal, V. (2015, February). *Are there differences in Healthy Days based on compliance to preventive health screening measures?* Poster presentation at Preventive Medicine 2015, Atlanta, GA.

Humana. *2016 progress report*. populationhealth.humana.com/wp-content/uploads/2016/05/BoldGoal-2016ProgressReport_1.pdf (accessed July 2016).

INFORMS. *Analytics section overview*. informs.org/Community/Analytics (accessed July 2016).

NCAA, National Center for Catastrophic Sports Injury Research Report. NCAA Sport Injury fact sheets are produced by the Datalys Center for Sports Injury Research and Prevention in collaboration with the National Collegiate Athletic Association, and STOP Sports Injuries. *Women's soccer injuries*. ncaa.org/sites/default/files/NCAA_W_Soccer_Injuries_WEB.pdf (accessed July 2016).

Pajouh Foad, M., Xing, D., Hariharan, S., Zhou, Y., Balasundaram, B., Liu, T., & Sharda, R. (2013). Available-to-promise in practice: An application of analytics in the specialty steel bar products industry. *Interfaces*, *43*(6), 503–517. dx.doi.org/10.1287/inte.2013.0693 (accessed July 2016).

Price Waterhouse Coopers Report. (2011, December). *Changing the game: Outlook for the global sports market to 2015*. pwc.com/gx/en/hospitality-leisure/pdf/changing-the-game-outlook-for-the-global-sports-market-to-2015.pdf (accessed July 2016).

Sap.com. (2013, October). A "Smart" Approach to Big Data in the Energy Industry. sap.com/bin/sapcom/cs_cz/downloadasset.2013-10-oct-09-20.a-smart-approach-to-big-data-in-the-energy-industry-pdf.html (accessed June 2016).

Sharda, R., Asamoah, D., & Ponna, N. (2013). Research and pedagogy in business analytics: Opportunities and illustrative examples. *Journal of Computing and Information Technology*, *21*(3), 171–182.

Siemens.com. *About Siemens*. siemens.com/about/en/ (accessed July 2016).

Silvaris.com. *Silvaris overview*. silvaris.com/About/ (accessed July 2016).

Simon, H. (1977). *The New Science of Management Decision*. Englewood Cliffs, NJ: Prentice Hall.

Tableau.com. *Silvaris augments proprietary technology platform with Tableau's real-time reporting capabilities*. tableau.com/sites/default/files/case-studies/silvaris-business-dashboards_0.pdf (accessed July 2016).

TeradataUniversityNetwork.com. (2015, Fall). *BSI: Sportsanalytics—Precision football* (video). teradatauniversity network.com/About-Us/Whats-New/BSI-Sports-Analytics-Precision-Football/ (accessed July 2016).

Terry, D. (2011), "Sabre Streamlines Decision Making," http://www.teradatamagazine.com/v11n04/Features/Sabre-Streamlines-Decision-Making/ (Accessed July 2016).

Turck, Matt, "Is Big Data Still a Thing? (The 2016 Big Data Landscape)." http://mattturck.com/2016/02/01/big-data-landscape/ (accessed August 2016)

Watson, H. (2005, Winter). Sorting out what's new in decision support. *Business Intelligence Journal*.

Wikipedia.org. *On-base percentage*. en.wikipedia.org/wiki/On_base_percentage (accessed January 2013).

Wikipedia.org. *Sabermetrics*. en.wikipedia.org/wiki/Sabermetrics (accessed January 2013).

Wikipedia.org. *SIEMENS*. en.wikipedia.org/wiki/Siemens (accessed July 2016).

Wintergreen Research Press Release (PR Newswire). (2015, June 25). *Sports analytics market worth $4.7 billion by 2021*. prnewswire.com/news-releases/sports-analytics-market-worth-47-billion-by-2021-509869871.html (accessed July 2016).

YouTube.com. (2013, December 17). *CenterPoint energy talks real time big data analytics*. youtube.com/watch?v=s7CzeSlIEfI (accessed June 2016).

CAPÍTULO 2

Análise de dados descritiva I: natureza dos dados, modelagem estatística e visualização

OBJETIVOS DIDÁTICOS

- Entender a natureza dos dados no âmbito da inteligência de negócios (BI) e da análise de dados.
- Aprender os métodos usados para preparar a análise de dados no mundo real.
- Descrever a modelagem estatística e sua relação com a análise de negócios.
- Aprender sobre estatística descritiva e inferencial.
- Definir relatórios empresariais e entender sua evolução histórica.
- Entender a importância da visualização de dados/informações.
- Aprender diferentes tipos de técnicas de visualização.
- Apreciar o valor que a visualização confere à análise de negócios.
- Conhecer as capacidades e limitações dos *dashboards*.

Na era do Big Data e da análise de negócios em que estamos vivendo, a importância dos dados é inegável. Expressões recém cunhadas como "dados são como petróleo", "os dados são a nova moeda" e "os dados são o rei" destacam ainda mais a renovada importância dos dados. Mas de que tipo de dados estamos falando? Obviamente, não de qualquer dado. O conceito/princípio de "lixo entra, lixo sai" se aplica ao fenômeno atual de "Big Data" melhor do que qualquer outra definição de dados que tivemos no passado. Para fazer jus à sua promessa, à sua proposição de valor e à sua capacidade de esclarecer os fatos, os dados têm de ser cuidadosamente criados/identificados, coletados, integrados, limpos, transformados e adequadamente contextualizados para embasar decisões com precisão e agilidade.

Os dados são o tema principal deste capítulo. Sendo assim, o capítulo começa por uma descrição da natureza dos dados: o que são, quais seus tipos e formas diferentes de apresentação e como podem ser pré-processados e preparados para análise. As primeiras seções do capítulo são dedicadas a um mergulho profundo, porém necessário, no conceito de dados. As seções subsequentes descrevem os métodos estatísticos usados para preparar os dados para produzirem parâmetros descritivos e inferenciais. Após as seções sobre estatística vêm as seções sobre geração de relatórios e visualização. Um relatório é um artefato de comunicação preparado com a intenção específica de converter dados em informações/conhecimento e de repassar tais informações em um formato facilmente compreensível/digerível. Hoje, esses relatórios apresentam um caráter mais visual, geralmente usando cores e ícones gráficos para se parecerem com um painel de instrumentos e destacar o conteúdo informativo. Portanto, a parte final do capítulo é dedicada a subseções que apresentam o design, a implementação e melhores práticas para visualização de informações, desenvolvimento de narrativas e uso de *dashboards*.

2.1 VINHETA DE ABERTURA: a SiriusXM atrai e engaja uma nova geração de consumidores de rádio usando marketing embasado em dados

A SiriusXM Radio é uma gigante do rádio via satélite, sendo a maior empresa do ramo em todo mundo, com U$3,8 bilhões em receitas anuais e uma ampla gama de estações bastante populares de música, esportes, notícias, debates e entretenimento. A empresa, que iniciou suas transmissões em 2001 com 50 mil assinantes, cresceu para 18,8 milhões de assinantes em 2009, e atualmente conta com quase 29 milhões.

Boa parte do crescimento da SiriusXM até agora está enraizada em acordos criativos com montadoras de automóveis: atualmente, quase 70% dos carros novos já vêm prontos para receberem seu sinal. Porém, o alcance da empresa se estendeu bem além dos rádios de carros nos Estados Unidos, espalhando sua presença pelo mundo via Internet, em smartphones e através de outros serviços e canais de distribuição, incluindo SONOS, JetBlue e Dish.

Desafio comercial

Apesar desses admiráveis sucessos, mudanças ocorridas nos últimos anos no padrão demográfico dos consumidores, nas tecnologias e no cenário competitivo impuseram uma nova série de desafios comerciais e oportunidades à SiriusXM. Eis alguns dentre os mais notáveis:

- Com o aumento de sua penetração entre carros novos, os padrões demográficos dos compradores mudaram, incluindo um maior número de jovens, com menor poder aquisitivo. Como a SiriusXM poderia atrair esse novo grupo demográfico?
- À medida que os carros novos viravam usados e trocavam de mãos, como a SiriusXM poderia identificar, atrair e converter segundos donos em clientes pagadores?
- Ao adquirir a empresa de conexão veicular Agero – a fornecedora líder em telemática no mercado automotivo norte-americano – a SiriusXM tornou-se apta a entregar seu serviço tanto via satélite como via redes sem fio. De que forma ela podia tirar proveito dessa aquisição para capturar novos fluxos de receita?

Solução proposta: adoção de uma visão de marketing embasada em dados

A SiriusXM percebeu que, para enfrentar esses desafios, precisaria se tornar uma organização de alto desempenho com marketing embasado em dados. A empresa começou a fazer essa migração ao estabelecer três premissas fundamentais.

Primeiro, interações personalizadas – ao invés de marketing em massa – seriam a ordem do dia. A empresa não demorou a entender que, para conduzir um marketing mais personalizado, precisaria se embasar em históricos e interações pregressas, bem como em uma identificação precisa da posição do consumidor ao longo do ciclo de assinatura.

Em segundo lugar, para ganhar essa percepção, métodos de TI e parceiros externos ligados a tecnologia teriam de entregar dados integrados, análise de dados avançada, plataformas de marketing integradas e sistemas de entrega multicanais.

E em terceiro lugar, a empresa não poderia alcançar suas metas comerciais sem um ponto de vista integrado e consistente em toda a organização. Acima de tudo, os departamentos comerciais e de tecnologia da SiriusXM teriam de atuar como verdadeiros parceiros para melhor enfrentar os desafios de se tornar uma organização de alto desempenho com marketing embasado em dados para falar diretamente com consumidores de um modo realmente relevante.

Essas percepções baseadas em dados permitiriam, por exemplo, que a empresa distinguisse segmentos de consumidores, motoristas, ouvintes e assinantes. Tais percepções ajudariam a SiriusXM a descobrir quais outros veículos e serviços fazem parte de cada domicílio – e a criar novas oportunidades de engajamento. Além disso, ao construir uma visão em 360° coerente e confiável de todos os seus consumidores, a SiriusXM poderia assegurar que todas as mensagens de todas as campanhas e interações fossem customizadas, relevantes e consistentes por todos os canais. O bônus importante é que o marketing mais sob medida e mais efetivo também costuma ser o de melhor custo/benefício.

Implementação: desbravando e trilhando a rota de marketing de alto desempenho

Na época em que decidiu se tornar uma empresa de marketing de alto desempenho, a SiriusXM estava trabalhando com uma plataforma terceirizada de marketing que não dispunha da capacidade para apoiar suas ambições. Por isso, a empresa tomou uma decisão importante e previdente de assumir as atividades marketing – e então estipulou claramente o que precisaria para realizar tal transição com sucesso.

1. Aprimorar a limpeza dos dados por meio de avanços no gerenciamento e na governança de dados. Embora a empresa estivesse compreensivelmente impaciente para colocar ideias em prática, a higiene dos dados era um primeiro passo essencial para criar uma janela confiável para o comportamento dos consumidores.
2. Trazer a análise de dados de marketing para dentro da empresa e expandir o *data warehouse* para permitir crescimento em escala e suporte total e integrado de análise de dados de marketing.
3. Desenvolver novos modelos de segmentação e escore a serem rodados na própria base de dados, eliminando a latência e a duplicação de dados.

4. Ampliar o *data warehouse* integrado para incluir dados de marketing e escores, alavancando a análise de dados dentro da própria base de dados.
5. Adotar uma plataforma de marketing para desenvolvimento de campanhas.
6. Integrar entre si todas essas capacidades para gerir ofertas em tempo real por todos os canais de marketing: *call center*, móvel, Web e via aplicativos.

Para o cumprimento dessas etapas, era preciso encontrar o parceiro tecnológico certo. Assim, a SiriusXM escolheu a Teradata, já que seus pontos fortes se encaixavam bem com o projeto e com a empresa. A Teradata ofereceu a capacidade de:

- Consolidar fontes de dados por meio de um *data warehouse* integrado (IDW – *integrated data warehouse*), análise de dados avançada e poderosas aplicações de marketing.
- Solucionar problemas de latência de dados.
- Reduzir consideravelmente o movimento de dados entre múltiplas bases de dados e aplicativos.
- Interagir suavemente com aplicativos e módulos para todas as áreas de marketing.
- Proporcionar crescimento em escala e desempenho em altíssimos níveis para conduzir campanhas e análise de dados na própria base de dados.
- Conduzir comunicações em tempo real com os clientes.
- Oferecer suporte operacional, quer via nuvem ou no próprio local.

Essa parceria permitiu que a SiriusXM avançasse com rapidez e sem percalços pelo seu trajeto estipulado, e a empresa encontra-se agora em meio a um processo transformacional de cinco anos. Após estabelecer seu sólido processo de governança de dados, a SiriusXM passou a implementar seu *data warehouse* integrado, permitindo a operacionalização rápida e confiável das novas percepções por toda a organização.

Em seguida, a empresa implementou o Gestor de Interação com Clientes – parte da Nuvem de Marketing Integrado da Teradata, que possibilita o estabelecimento de diálogos em tempo real com os clientes por todo o espectro de canais digitais e tradicionais de comunicação. Além disso, a SiriusXM irá incorporar a Central de Mensagens Digitais da Teradata.

Em conjunto, o pacote de capacidades permitirá que a SiriusXM lide com comunicações diretas por múltiplos canais. Essa evolução viabilizará ofertas, mensagens de marketing e recomendações em tempo real com base em comportamento prévio.

Além de racionalizar a execução e a otimização de suas atividades de marketing para fora da empresa, a SiriusXM também está assumindo o controle de suas operações internas de marketing mediante a implementação da Gestão de Recursos de Marketing, outra parte da Nuvem de Marketing Integrado da Teradata. A solução permitirá que a SiriusXM racionalize o fluxo de trabalho, otimize recursos de marketing e aumente a eficiência de cada centavo de seu orçamento de marketing.

Resultados: colhendo os benefícios

Enquanto segue sua evolução rumo a uma organização de marketing de alto desempenho, a SiriusXM já está se beneficiando de sua estratégia rigorosamente executada. Por meio de dados domiciliares de cada consumidor e uma estratégia completa de contato de marketing, a SiriusXM consegue criar ofertas mais segmentadas por residência, cliente e aparelhos. Ao assumir internamente as capacidades de análise de dados e de marketing, a SiriusXM acabou obtendo:

- Resultados de campanhas quase em tempo real, em vez de após 4 dias, reduzindo radicalmente os ciclos de tempo para as campanhas e para os analistas responsáveis por elas.
- Visão do circuito completo, permitindo que analistas deem conta de diálogos multiestágios e em meio a campanhas para aumentar sua eficácia.
- Modelagem e escores em tempo real para aguçar a inteligência de marketing e sintonizar ofertas e respostas a campanhas no ritmo de seus negócios.

Por fim, a experiência da SiriusXM só fez reforçar a ideia de que o marketing de alto desempenho é um conceito em constante evolução. A empresa implementou tanto processos quanto tecnologias que proporcionam capacidade de crescimento contínuo e flexível.

QUESTÕES SOBRE A VINHETA DE ABERTURA

1. O que a SiriusXM faz? Em qual tipo de mercado ela conduz seus negócios?
2. Quais eram seus desafios? Comente a respeito dos desafios em termos de tecnologia e dados.
3. Quais foram as soluções propostas?
4. Como as soluções propostas foram implementadas? A empresa enfrentou algum desafio à implementação?
5. Quais foram os resultados e os benefícios? Eles compensaram o esforço/investimento?
6. Você consegue lembrar de outras empresas que enfrentam desafios similares e que poderiam se beneficiar de soluções similares de marketing embasado em dados?

O que podemos aprender com essa vinheta

Lutando para prosperar em um setor competitivo e em rápida evolução, a SiriusXM percebeu a necessidade de uma infraestrutura de marketing nova e aprimorada (embasada em dados e análise de negócios) a fim de comunicar com eficiência sua proposição de valor a seus clientes existentes e potenciais. No ramo do entretenimento, assim como em qualquer outro, o sucesso ou a mera sobrevivência depende de inteligência para perceber as tendências (preferências e aversões) e organizar as mensagens e políticas certas para conquistar novos clientes sem perder os já existentes. A chave é criar e administrar campanhas de marketing bem-sucedidas que calem fundo na população-alvo de clientes e enxergar o circuito como um todo para ajustar e modificar a mensagem a fim de otimizar os resultados. Ao final, para a SiriusXM, tudo se resumiu à precisão com que conduziram seus negócios: ser proativo em termos de modificar a clientela, criar e transmitir os produtos e serviços certos com agilidade usando uma estratégia de marketing holística e embasada em fatos/dados. A identificação e a criação de fontes, além do acesso, agrupamento, integração, limpeza, transformação, armazenamento e processamento de dados relevantes, cumpriram um papel-chave no sucesso da SiriusXM em projetar e implementar uma estratégia de análise de dados de marketing, como no caso de toda empresa atual com tino analítico, qualquer que seja o seu ramo de atuação.

Fontes: Quinn, C. (2016). Data-driven marketing at SiriusXM. Teradata Articles & News. http://bigdata.teradata.com/US/Articles-News/Data-Driven-Marketing-At-SiriusXM/ (acessado em agosto de 2016); Teradata customer success story. SiriusXM attracts and engages a new generation of radio consumers. http://assets.teradata.com/resourceCenter/downloads/CaseStudies/EB8597.pdf?processed=1.

2.2 A natureza dos dados

Os dados representam o principal ingrediente de qualquer iniciativa de BI, ciência de dados e análise de negócios. Na verdade, eles podem ser encarados como a matéria-prima daquilo que essas populares tecnologias de decisão acabam produzindo: informações, *insight* e **conhecimento**. Sem dados, nenhuma dessas tecnologias poderia existir nem ser popularizada – ainda que tradicionalmente costumássemos desenvolver modelos analíticos usando conhecimentos especializados e experiências, associados a poucos ou nenhum dado. No entanto, estes eram tempos muito antigos, e atualmente os dados são essenciais. Se antes eram vistos como um grande desafio para coletar, armazenar e administrar, hoje os dados são amplamente considerados o bem mais valioso de uma organização, com o potencial de criar vislumbres inestimáveis para melhor compreender clientes, concorrentes e processos comerciais.

Os dados podem vir em pequena quantidade ou em grande abundância. Podem ser estruturados (bem organizados para serem processados por computador) ou sem estrutura alguma (como os textos criados por humanos e, portanto, não preparados para serem compreendidos/consumidos por computadores). Podem se apresentar em lotes pequenos e contínuos ou podem ser despejados todos de uma vez em um lote imenso. Essas são algumas das características que definem a natureza inerente dos dados hoje em dia, que muitas vezes chamamos de Big Data. Muito embora essas características dos dados tornem seu processamento e seu consumo mais desafiadores, também podem torná-los mais valiosos, já que enriquecem os dados além dos limites convencionais, permitindo a descoberta de conhecimento novo e inovador. Modos tradicionais de coletar dados manualmente (seja via questionários ou via transações comerciais digitadas por humanos) foram em grande parte substituídos por mecanismos mais modernos de coleta que utilizam a Internet e/ou redes computadorizadas baseadas em sensores/RFID. Esses sistemas automatizados de coleta de dados não apenas estão permitindo que coletemos maiores volumes como também estão melhorando a **qualidade dos dados** e sua integridade. A Figura 2.1 ilustra um típico *continuum* de análise de negócios: dados, seguidos de análise de dados, seguida de informações práticas.

Embora sua proposta de valor seja inegável, para fazer jus à sua promessa, os dados precisam obedecer a alguns parâmetros básicos de usabilidade e qualidade. Nem todos os dados são úteis para todas as tarefas, obviamente. Ou seja, os dados precisam corresponder (cumprir com as especificações adequadas) às tarefas para a qual visa ser usado. Mesmo para uma tarefa específica, os dados relevantes à disposição precisam obedecer a exigências de qualidade e quantidade. Em essência, os dados precisam estar prontos para o uso em análise de dados. Mas o que significa estar pronto para o uso em análise de dados? Além de sua relevância ao problema em questão e das exigências de qualidade/quantidade, eles também precisam apresentar certa estrutura, contando com os campos/variáveis básicos com os valores adequadamente normalizados. Além do mais, é preciso que haja uma definição aceita pela

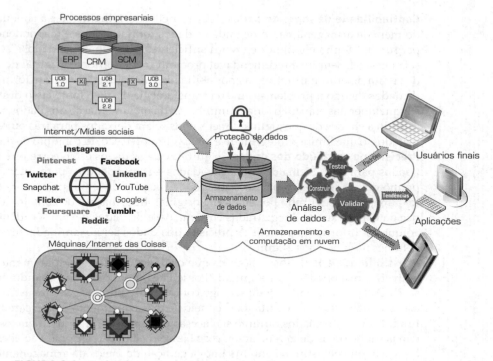

FIGURA 2.1 Dados do *continuum* de conhecimentos.

organização inteira para variáveis e padrões comuns (às vezes chamada de gerenciamento de dados mestres), como a definição de cliente (quais características dos clientes são usadas para produzir uma representação holística o bastante para a análise de dados) e a que altura do processo comercial as informações relacionadas aos clientes são capturadas, validadas, armazenadas e atualizadas.

Às vezes, a representação dos dados pode depender do tipo de análise de dados sendo empregada. Como os algoritmos preditivos geralmente requerem um arquivo plano com uma variável-alvo, deixar um conjunto de dados **pronto para análise de dados** preditiva significa que eles devem ser transformados em formato de arquivo plano e preparados para o processamento por parte de tais algoritmos. Também é imperativo adequar os dados às necessidades e exigências de um algoritmo preditivo específico e/ou de uma ferramenta de software – por exemplo, algoritmos de rede neural exigem que todas as variáveis de entrada sejam representadas numericamente (até mesmo as variáveis nominais precisam ser convertidas em variáveis numéricas pseudobinárias); já algoritmos de árvore de decisão não exigem tal transformação numérica, lidando de forma fácil e nativa com uma mistura de variáveis nominais e numéricas.

Projetos de análise de dados que ignoram tarefas de adequação de dados (algumas das etapas mais cruciais) muitas vezes acabam gerando respostas erradas para o problema certo, e essas respostas aparentemente boas, criadas sem querer, podem levar a decisões imprecisas e inoportunas. A seguir são listadas algumas das características (métricas) que definem a adequação dos dados para um estudo de análise de dados (Delen, 2015; Kock, McQueen, & Corner, 1997).

- **Confiabilidade da fonte de dados**   diz respeito à originalidade e à adequação do meio de armazenamento de onde os dados foram obtidos – respondendo a pergunta: "Tenho confiança e crença suficientes nessa fonte de dados?". Caso seja possível, sempre é recomendável procurar o criador/fonte original dos dados a fim de eliminar/mitigar as possibilidades de deturpação e transformação de dados devido a problemas em sua transferência desde a fonte até o destino, em qualquer das etapas ao longo caminho. Cada movimentação dos dados acaba criando a chance de que alguns de seus itens sejam deixados para trás ou reformatados, o que limita a integridade e talvez até a precisão do conjunto de dados.
- **Precisão do conteúdo dos dados**   significa que os dados estão corretos e adequados para o problema de análise de dados – respondendo a pergunta: "Disponho dos dados certos para o trabalho?". Os dados devem representar o que foi almejado ou definido por sua fonte original. Informações de contato de um paciente, por exemplo, registradas em uma base de dados devem ser idênticas ao que foi informado por ele. A precisão dos dados será examinada em mais detalhes na subseção a seguir.
- **Acessibilidade aos dados**   significa que os dados são fácil e rapidamente obteníveis – respondendo a pergunta: "Posso chegar até os dados quando precisar?". O acesso aos dados pode ser algo complicado, sobretudo se eles estiverem armazenados em mais de um local e meio de armazenamento e precisarem ser fundidos/transformados durante seu acesso ou obtenção. À medida que os sistemas tradicionais de gerenciamento de banco de dados relacional vão abrindo espaço a (ou coexistindo com) uma nova geração de meios de armazenamento de dados como *data lakes* e infraestrutura Hadoop, a importância/imperativo de acessibilidade de dados também vem aumentando.
- **Segurança e privacidade de dados**   significa que os dados estão assegurados apenas para aquelas pessoas com a autoridade e a necessidade de acesso a eles, impedindo que todas as demais os acessem. O aumento da popularidade de diplomas universitários e programas de qualificação em Garantia de Informações é uma prova da importância e crescente urgência deste parâmetro de qualidade de dados. Qualquer organização que mantenha registros de saúde de pacientes individuais deve dispor de sistemas vigentes capazes não apenas de salvaguardar os dados contra acessos não autorizados (o que está previsto em leis federais como a Health Insurance Portability and Accountability Act), mas também de identificar precisamente a quais pacientes deve ser concedido acesso adequado e ágil a registros limitados apenas a usuários autorizados (Annas, 2003).
- **Riqueza de dados**   significa que todos os elementos exigidos estão incluídos no conjunto de dados. Em essência, a riqueza (ou abrangência) significa que as variáveis disponíveis retratam a matéria com uma riqueza suficiente de dimensões para garantir a precisão e a validade de um estudo de análise de dados. Significa também que o conteúdo informativo está completo (ou quase completo) para a criação de um modelo de análise de dados preditivo e/ou prescritivo.
- **Consistência dos dados**   significa que os dados foram coletados e combinados/fundidos com precisão. Dados consistentes representam as informações dimensionais (variáveis de interesse) provenientes de fontes potencialmente díspares, mas envolvendo o mesmo tema. Quando a integração/fusão de dados não é feita de modo adequado, algumas das variáveis de temas diferentes podem acabar parando no mesmo registro – como na mistura de prontuários médicos de dois

pacientes diferentes. Isso pode ocorrer, por exemplo, durante a fusão de registros de dados demográficos e resultados de testes clínicos.
- **Valor corrente/atualidade dos dados** significa que os dados devem estar atualizados (ou serem o mais recentes/novos quanto possível) para determinado modelo de análise de dados. Significa também que os dados são registrados exatamente ou próximo ao instante do evento ou observação, de modo a evitar uma representação errônea (lembrança ou codificação incorreta) deles. Como a análise de dados de precisão depende de dados precisos e atualizados, uma característica essencial dos dados nesse contexto é a agilidade de criação e de acesso a seus elementos.
- **Granularidade de dados** exige que as variáveis e os valores dos dados estejam definidos no nível mais básico (ou tão básico quanto necessário) de detalhamento para o uso almejado dos dados. Se os dados forem agregados, podem não conter o nível necessário de detalhe para que um algoritmo de análise de dados aprenda a discernir diferentes registros/casos uns dos outros. Num ambiente médico, por exemplo, valores médicos para resultados laboratoriais devem ser registrados com a casa decimal apropriada para a interpretação almejada de tais resultados e o uso adequado desses valores em um algoritmo de análise de dados. De modo similar, numa coleção de dados demográficos, os elementos dos dados devem ser definidos em um nível granular para determinar as diferenças em resultados de atendimento entre várias subpopulações. Algo a ser lembrado é que dados que são agregados não podem ser desagregados (sem que haja acesso à fonte original), mas podem ser facilmente agregados a partir de sua representação granular.
- **Validade dos dados** é o termo usado para descrever uma correspondência/descompasso entre os valores reais e esperados para uma determinada variável. Como parte da definição de dados, a faixa de valor ou valores aceitáveis para cada elemento de dados deve ser definida. Em termos de gêneros, por exemplo, uma definição de dados válidos poderia incluir três valores: masculino, feminino e desconhecido.
- **Relevância dos dados** significa que todas as variáveis no conjunto de dados são relevantes para o estudo sendo conduzido. A relevância não é um parâmetro dicotômico (em termos de uma variável ser relevante ou não); na verdade, apresenta um espectro de relevância desde menos relevante até mais relevante. Dependendo dos algoritmos de análise de dados sendo usados, pode-se optar por incluir apenas as informações (isto é, as variáveis) mais relevantes ou, se o algoritmo for capaz de filtrá-las, pode-se optar por incluir todas as relevantes, qualquer que seja seu nível de relevância. Os estudos de análise de dados devem evitar incluir dados totalmente irrelevantes no seu modelo, já que isso pode contaminar as informações para o algoritmo, levando a resultados imprecisos ou enganosos.

Embora esses talvez sejam os parâmetros mais predominantes a serem levados em consideração, a verdadeira qualidade de dados e a excelente preparação para uma aplicação específica em análise de dados exigiria níveis diferentes de ênfase sobre esses parâmetros e talvez até a inclusão de outros mais específicos a essa coleção. Na seção a seguir, mergulharemos na natureza dos dados de um ponto de vista taxonômico para listar e definir diferentes espécies de dados em termos de sua relação com diferentes projetos de análise de dados.

SEÇÃO 2.2 QUESTÕES DE REVISÃO

1. Como você descreve a importância dos dados na análise de negócios? Podemos pensar em análise de negócios sem dados?
2. Considerando-se a nova e ampla definição de análise de negócios, quais são os principais elementos de entrada e saída no *continuum* da análise de dados?
3. De onde vêm os dados para análise de negócios?
4. Na sua opinião, quais são os três principais desafios em termos de dados para otimização da análise de dados?
5. Quais são os parâmetros mais comuns que tornam um conjunto de dados pronto para análise de dados?

2.3 Uma simples taxonomia dos dados

O termo **conjunto de dados** diz respeito a uma coleção de fatos geralmente obtida como resultado de experimentos, observações, transações ou experiências. Dados podem consistir em números, letras, palavras, imagens, gravações de voz e assim por diante, na forma de medidas de um conjunto de variáveis (características do assunto ou evento que estamos interessados em estudar). Os dados são muitas vezes vistos como o nível mais fundamental de abstração de onde pode-se derivar informações e, então, conhecimento.

No nível mais elevado de abstração, os dados podem ser classificados como estruturados ou não estruturados (ou ainda semiestruturados). **Dados não estruturados/semiestruturados** são compostos por qualquer combinação de conteúdos textuais, de imagens, voz ou da Web. Dados não estruturados/semiestruturados serão abordados em mais detalhes no capítulo sobre mineração de texto e mineração da Web. Os **dados estruturados** são aqueles utilizados por algoritmos de mineração de dados, e podem ser classificados como categóricos ou numéricos. Os dados categóricos podem ser subdivididos em dados nominais ou ordinais, enquanto os dados numéricos podem ser subdivididos em intervalos ou taxas. A Figura 2.2 mostra uma simples **taxonomia de dados**.

- **Dados categóricos** representam as designações de múltiplas classes usadas para dividir uma variável em grupos específicos. Exemplos de variáveis categóricas incluem raça, sexo, faixa etária e nível educacional. Embora as duas últimas variáveis também possam ser consideradas numéricas, por usarem valores exatos para idade e máxima diplomação obtida, geralmente é mais informativo categorizar tais variáveis em um número relativamente pequeno de classes ordenadas. Os dados categóricos também podem ser chamados de dados discretos, implicando que representam um número finito de valores sem um *continuum* entre eles. Mesmo se os valores usados para as variáveis categóricas (ou discretas) forem numéricos, tais números nada mais são do que símbolos e não implicam na possibilidade de cálculo de valores fracionais.
- **Dados nominais** contêm medidas de códigos simples atribuídos a objetos na forma de designações, que em si não são mensurações. A variável *estado civil*, por exemplo, pode ser categorizada geralmente como (1) solteiro, (2) casado e (3) divorciado. Dados nominais podem ser representados por valores binominais (com dois valores possíveis, como sim/não, verdadeiro/falso, bom/mau) ou por valores multinominais (com três ou mais valores possíveis, tais como castanhos/verdes/azuis, branco/negro/latino/asiático, solteiro/casado/divorciado).

Capítulo 2 • Análise de dados descritiva I: natureza dos dados, modelagem estatística e visualização **71**

FIGURA 2.2 Uma simples taxonomia dos dados.

- **Dados ordinais** contêm códigos atribuídos a objetos ou eventos na forma de designações, que também representam o ranking entre eles. A variável *nível de crédito*, por exemplo, pode ser geralmente categorizada como (1) baixo, (2) médio ou (3) alto. Relações ordenadas similares podem ser vistas em variáveis como grupo etário (isto é, criança, jovem, meia-idade, idoso) e escolaridade (isto é, ensino médio, universidade, pós-graduação). Alguns algoritmos analíticos preditivos, como *regressão logística múltipla ordinal*, levam em consideração essas informações adicionais de ranqueamento para desenvolver um melhor modelo de classificação.
- **Dados numéricos** representam os valores numéricos de variáveis específicas. Exemplos de variáveis com valores numéricos incluem idade, número de filhos, renda familiar total, distância viajada (em quilômetros) e temperatura (em graus Fahrenheit). Os valores numéricos que representam uma variável podem ser inteiros ou reais (que incluem também números fracionários). Os dados numéricos também podem ser chamados de dados contínuos, implicando que a variável contém medidas contínuas numa escala específica que permite a inserção de valores intermediários. Ao contrário de uma variável discreta, que representa dados contáveis finitos, uma variável contínua representa medidas escaláveis, sendo possível que os dados contenham uma quantidade infinita de valores fracionários.
- **Dados intervalares** são variáveis que podem ser medidas em escalas intervalares. Um exemplo comum de medida em escala intervalar é a temperatura na escala Celsius. Nessa escala específica, a unidade de medida é 1/100 da diferença entre a temperatura de derretimento e a temperatura de ebulição da água sob pressão no nível do mar; ou seja, não existe um valor de zero absoluto.
- **Dados racionais** incluem variáveis de medidas geralmente encontradas nas ciências físicas e na engenharia. Massa, comprimento, ângulo planar e carga elétrica são exemplos de medidas físicas que são escalas de razão. O tipo de escala leva seu nome do fato de que a medida é uma estimativa da razão entre uma magnitude de uma quantidade contínua e uma magnitude unitária da mesma espécie. Informalmente, a característica peculiar da escala de razão é a posse de um valor zero não arbitrário. A escala Kelvin de temperatura, por exemplo, possui um ponto não arbitrário de zero absoluto, que é igual a −273,15 graus Celsius. O ponto zero é não arbitrário porque as partículas que formam a matéria nessa temperatura apresentam energia cinética zero.

Outros tipos de dados, incluindo textuais, espaciais, de imagens, vídeo e voz, precisam ser convertidos em alguma forma de representação categórica ou numérica antes de poderem ser processados por métodos de análise de dados (algoritmos de mineração de dados; Delen, 2015). Os dados também podem ser classificados como estáticos ou dinâmicos (isto é, em séries temporais).

Alguns métodos de análise de dados preditiva (como mineração de dados) e algoritmos de aprendizado artificial são bastante seletivos quanto ao tipo de dados com que podem lidar. A alimentação deles com dados incompatíveis pode levar a modelos incorretos ou (no mais das vezes) travar o processo de desenvolvimento de modelos. Certos métodos de mineração de dados, por exemplo, exigem que todas as variáveis (tanto de entrada como de saída) sejam representadas em termos de valores numéricos (tais como redes neurais, máquinas de vetores de suporte, regressão logística). As variáveis nominais ou ordinais são convertidas em representações numéricas usando-se algum tipo de pseudovariável *1 de N* (por exemplo: uma variável categórica com três valores únicos pode ser transformada em três pseudovariáveis com valores binários – 1 ou 0). Como esse processo pode aumentar o número de variáveis, é preciso tomar cuidado com o efeito de tais representações, sobretudo no caso de variáveis categóricas que incluem grandes quantidades de valores únicos.

De modo similar, alguns métodos de análise de dados preditiva, como o ID3 (um algoritmo clássico de árvore de decisão) e os *rough sets* (um algoritmo relativamente novo de indução de regras), exigem que todas as variáveis sejam representadas como variáveis de valores categóricos. Versões iniciais desses métodos exigiam que o usuário discretizasse variáveis numéricas em representações categóricas antes que elas pudessem ser processadas pelo algoritmo. A boa notícia é que a maioria das implementações desses algoritmos em ferramentas de software amplamente disponíveis aceita uma mescla de variáveis numéricas e nominais, realizando internamente as conversões necessárias antes de processar os dados.

Os dados se apresentam em muitos tipos diferentes de variáveis e esquemas de representação. Ferramentas de análise de negócios estão continuamente melhorando sua capacidade de ajudar os cientistas de dados na hercúlea tarefa de transformação de dados e representação de dados, para que as exigências dos modelos e algoritmos preditivos específicos nesse contexto possam ser executadas adequadamente. O Caso Aplicado 2.1 apresenta um cenário comercial em que uma empresa de desenvolvimento e pesquisa de equipamentos médicos rica em dados racionalizou suas práticas de análise de dados para facilitar o acesso aos dados e às análises de que precisava para dar continuidades às tradições de inovação e qualidade nos níveis mais elevados.

Caso aplicado 2.1

Empresa de equipamentos médicos garante a qualidade dos produtos e ao mesmo tempo poupa dinheiro

Poucas tecnologias estão avançando mais depressa do que aquelas no setor médico; por isso, para uma empresa do ramo, ter o software certo de análise de dados avançada pode ser decisivo. A Instrumentation Laboratory é uma líder no desenvolvimento, fabricação e distribuição de equipamentos médicos e tecnologias relacionadas, incluindo tecnologias que estão revolucionando os exames de sangue e hemostasia. Para dar continuidade a tamanho crescimento e sucesso, a empresa faz uso de análise estatística de dados e do Dell Statistica.

Problema

Na condição de uma líder de mercado em instrumentos diagnósticos para tratamento crítico e hemostasia, a Instrumentation Laboratory deve aproveitar as tecnologias em rápida evolução e ao mesmo tempo manter a qualidade e a eficiência em desenvolvimento de produtos, fabricação e processos de distribuição. Em particular, a empresa precisou permitir que seus cientistas e engenheiros de pesquisa e desenvolvimento (P&D) pudessem acessar e analisar sua vasta coleção de dados de exames, bem como monitorar seus processos de fabricação e cadeias de suprimento.

"Como muitas empresas, o que não nos falta são dados, e sim capacidade para analisá-los", explica John Young, analista de negócios da Instrumentation Laboratory. "Já não é mais viável fazer os analistas de P&D recorrerem ao pessoal de TI a cada vez que precisam de acesso a dados de exames, para então conduzirem análises isoladas no Minitab. É preciso que tenham acesso agilizado aos dados para conduzirem análises complexas com consistência e precisão."

A implementação de análise de dados sofisticada foi especialmente crucial para a Instrumentation Laboratory devido ao volume e à complexidade de seus produtos. A cada ano, por exemplo, a empresa fabrica centenas de milhares de cartuchos contendo um cartão com uma variedade de sensores que medem os sinais elétricos do sangue sendo examinado.

"Como tais sensores são afetados por uma ampla gama de fatores, desde mudanças ambientais como calor e umidade até inconsistências em materiais dos fornecedores, estamos constantemente monitorando seu desempenho", afirma Young. "Coletamos milhões de registros de dados, a maior parte dos quais fica armazenada em bases de dados de SQL Server. Precisávamos de uma plataforma de análise de dados que permitisse a nossas equipes de P&D o acesso ágil aos dados e a resolução de qualquer problema. Além do mais, por haver tantos fatores em jogo, precisávamos também de uma plataforma capaz de monitorar com inteligência os dados dos exames e nos alertar automaticamente quanto a problemas emergentes."

Solução

A Instrumentation Laboratory começou a procurar por uma solução em análise de dados que atendesse a suas necessidades. A empresa logo descartou a maioria das ferramentas ofertadas no mercado, pois não entregavam a funcionalidade estatística e o nível de confiabilidade necessário para o ambiente médico. Com isso, restaram apenas duas candidatas: outra solução em análise de dados e o Dell Statistica. Para a Instrumentation Laboratory, o vencedor foi claramente o Statistica.

"A escolha do Statistica foi uma decisão fácil", relembra Young. "Com o Statistica, eu era capaz de criar rapidamente uma ampla gama de configurações que nossos analistas podiam aplicar sobre dados da empresa inteira. Assim, quando quisessem compreender coisas específicas, podiam simplesmente rodar uma análise pré-configurada no próprio departamento, sem precisar solicitar ao pessoal de TI acesso aos dados ou lembretes sobre como conduzir um teste específico."

Além disso, o Statistica era bem mais fácil de implementar e usar do que soluções legadas de análise de dados. "Para implementar e manter outras soluções desse tipo, é preciso conhecer programação no assunto", observa Young. "Mas com o Statistica, posso me conectar a nossos dados, criar uma análise e publicá-la dentro de uma hora – mesmo eu não sendo um ótimo programador."

Por fim, além de sua funcionalidade avançada e facilidade de uso, o Statistica oferecia suporte de primeiro nível e um preço atraente. "As pessoas que nos ajudaram a implementar o Statistica foram simplesmente fantásticas", conta Young. "E o preço ficou bem abaixo daquele que outras soluções em análise de dados estavam orçando."

(Continua)

Caso aplicado 2.1 *(Continuação)*

Resultados

Com o Statistica em funcionamento, analistas de toda a empresa agora têm fácil acesso tanto aos dados quanto às análises que eles precisam para dar continuidade à dupla tradição de inovação e qualidade na Instrumentation Laboratory. Como se não bastasse, as análises rápidas e eficientes e os alertas automatizados do Statistica estão economizando centenas de milhares de dólares para a empresa.

"Durante a fabricação de cartuchos, ocasionalmente enfrentamos problemas, como uma imprecisão em alguma formulação química que ocorre em um dos sensores", afirma Young. "Descartar um único lote de cartões nos custaria centenas de milhares de dólares. O Statistica nos ajuda a descobrir depressa o que deu errado e a corrigir isso para que possamos evitar tais custos. Podemos, por exemplo, casar os dados de exames com registros históricos de aparelhos eletrônicos em nosso ambiente SAP e conduzir todos os tipos de correlações a fim de determinar quais alterações específicas – tais como mudanças em temperatura e umidade – podem estar acarretando em tal problema em particular."

Inspeções manuais de qualidade são, é claro, valiosas, mas o Statistica também roda uma variedade de análises automaticamente para a empresa, ajudando a garantir que nada esteja faltando e que os problemas sejam identificados sem demora. "Muitas configurações de análise são agendadas para rodarem periodicamente e conferir coisas diferentes", afirma Young. "Quando há algum problema, o sistema envia um email automático para as pessoas indicadas e registra as violações numa base de dados."

Alguns dos principais benefícios da análise de dados avançada oferecida pelo Dell Statistica incluíam os seguintes:

- *Conformidade regulatória.* Além de economizar custos para a Instrumentation Laboratory, o Statistica também ajuda a deixar os processos da empresa em conformidade com regulamentações da Food and Drug Administration (FDA) para qualidade e consistência. "Como fabricamos equipamentos médicos, somos regulamentados pela FDA", explica Young. "O Statistica nos ajuda a cumprir as validações estatísticas exigidas pela FDA – por exemplo, podemos demostrar com facilidade que dois lotes de um mesmo produto feitos usando-se diferentes produtos químicos são estatisticamente iguais."
- *Garantia de consistência.* Por meio do Statistica, configurações padronizadas de análise podem ser usadas por toda a empresa, ajudando a garantir a consistência e a qualidade na Instrumentation Laboratory. "Diferentes resultados podem ser obtidos dependendo de como os nossos dados são analisados. Diferentes cientistas, por exemplo, poderiam usar diferentes cortes nos dados, ou nem sequer cortá-los, fazendo com que chegassem a resultados diferentes", explica Young. "Com o Statistica, podemos assegurar que todos os cientistas espalhados pela empresa estão realizando as análises do mesmo jeito, levando-nos a resultados consistentes."
- *Monitoramento de cadeia de suprimento.* A Instrumentation Laboratory fabrica não apenas o cartão com os sensores, e sim o instrumento médico como um todo, fazendo com que a empresa dependa de parceiras para o fornecimento de peças. Para garantir ainda mais a qualidade, a empresa está planejando usar o Statistica para monitorar sua cadeia de suprimento.
- *Economia de tempo.* Além de poupar dinheiro e melhorar a conformidade regulatória da Instrumentation Laboratory, o Statistica também está economizando um tempo precioso para engenheiros e cientistas da empresa, permitindo que aloquem mais tempo em inovação e

menos em questões rotineiras. "Os alertas proativos do Statistica acabam poupando bastante tempo para os engenheiros, pois assim não precisam ficar lembrando de conferir diversos fatores, como curva de glicose, o tempo todo. Este único teste já ocuparia um turno inteiro", observa Young. "Com o Statistica monitorando nossos dados de exames, nossos engenheiros podem se concentrar em outras questões, cientes de que receberão um email se e quando um fator como curva de glicose se tornar um problema."

Possibilidades futuras

A Instrumentation Laboratory está empolgada com as oportunidades reveladas pela visibilidade que o software de análise de dados avançado Statistica conferiu a suas coleções de dados. "Usando Statistica, conseguimos descobrir os mais diversos *insights* sobre nosso dados, o que sem ela não seria possível", afirma Young. "Podem muito bem existir bolsões ocultos de dinheiro que você não está conseguindo ver porque não está analisando seus dados até onde poderia. Utilizando a ferramenta, acabamos descobrindo coisas interessantes em nossos dados que nos levaram a poupar vastas quantias em dinheiro, e seguimos procurando para encontrar ainda outras."

Questões para discussão

1. Quais eram os principais desafios para a empresa de equipamentos médicos? Eram desafios relativos ao mercado ou à tecnologia? Explique.
2. Qual foi a solução proposta?
3. Quais foram os resultados? Quanto você acha que foi o verdadeiro retorno sobre o investimento (ROI)?

Fonte: Dell customer case study. Medical device company ensures product quality while saving hundreds of thousands of dollars. https://software.dell.com/documents/instrumentation-laboratory-medical-device-companyensures-product-quality-while-saving-hundreds-ofthousands-of-dollars-case-study-80048.pdf (acessado em agosto de 2016). Usado com a permissão da Dell.

SEÇÃO 2.3 QUESTÕES DE REVISÃO

1. O que são dados? Qual é a diferença entre dado e informação e conhecimento?
2. Quais são as principais categorias dos dados? Quais tipos de dados podemos usar em BI e análise de dados?
3. Podemos usar a mesma representação de dados para todos os modelos analíticos? Por quê?
4. O que é uma representação de dados 1 de N? Por que e onde ela é usada na análise de dados?

2.4 A arte e a ciência do pré-processamento de dados

Em sua forma original, isto é, no mundo real, os dados costumam não estar prontos para serem usados em tarefas de análise de dados. Eles costumam se apresentar sujos, mal-alinhados, excessivamente complexos e imprecisos. Um processo longo e demorado (denominado **pré-processamento de dados**) é necessário para converter os dados brutos do mundo real em uma forma bem-definida para algoritmos de análise de dados (Kotsiantis, Kanellopoulos, & Pintelas, 2006). Muitos profissionais de análise de dados confirmariam que o tempo despendido em pré-processamento de dados (que deve ser a fase menos agradável de todo o processo) é consideravelmente maior do que o tempo dedicado ao restante das tarefas de análise de dados (a parte

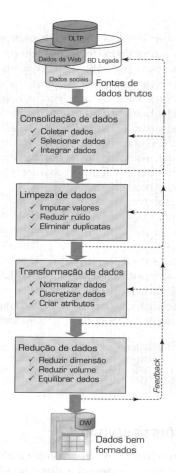

FIGURA 2.3   Etapas do pré-processamento de dados.

divertida de desenvolver e testar um modelo do tipo). A Figura 2.3 mostra os muitos passos no esforço de pré-processamento de dados.

Na primeira fase do pré-processamento de dados, os dados relevantes são coletados a partir das fontes identificadas, os registros e variáveis necessários são selecionados (conhecendo-se intimamente os dados, as informações desnecessárias são filtradas e deixadas de lado) e os registros provenientes de múltiplas fontes de dados são integrados/fundidos (novamente, usando-se um profundo conhecimento dos dados, os sinônimos e homônimos podem ser tratados de forma adequada).

Na segunda fase do pré-processamento, os dados passam por uma limpeza. Dados em sua forma original e bruta no mundo real geralmente são sujos (Hernández & Stolfo, 1998; Kim et al., 2003). Nessa etapa, os valores no conjunto de dados são identificados e tratados. Em certos casos, valores ausentes são uma anomalia no conjunto de dados, e nesse caso precisam ser preenchidos (pelo valor mais provável) ou ignorados; em outros casos, os valores ausentes são uma parte natural do conjunto de dados (o campo *renda familiar*, por exemplo, muitas vezes é deixado em branco por pessoas no patamar mais alto de renda). Nessa etapa o analista também deve identificar ruídos nos valores dos dados (isto é, valores discrepantes) e suavizá-los. Além disso, inconsistências nos dados (valores atípicos em uma variável) devem ser tratadas usando-se conhecimento na área e/ou a opinião de especialistas.

Na terceira fase do pré-processamento, os dados são transformados para facilitar seu processamento. Em muitos casos, por exemplo, os dados são normalizados entre um certo mínimo e máximo para todas as variáveis, a fim de mitigar a distorção potencial de que uma variável com altos valores numéricos (como *renda familiar*) acabe dominando outras variáveis (como *número de dependentes* ou *anos de serviço*, que podem ter maior importância) cujos valores são mais baixos. Outra transformação comum de ocorrer é a discretização e/ou agregação. Em alguns casos, as variáveis numéricas são convertidas em valores categóricos (tais como baixo, médio e alto); em outros, a faixa de valores únicos de uma variável nominal é reduzida para um conjunto menor usando-se hierarquias conceituais (em vez de usar, por exemplo, os estados individuais dos Estados Unidos com 50 valores diferentes, pode-se optar por usar diversas regiões para uma variável que mostra localização), a fim de deixar o conjunto de dados mais apto a ser processado no computador. Ainda assim, em outros casos pode-se optar por criar novas variáveis baseadas naquelas já existentes a fim de ampliar as informações encontradas numa coleção de variáveis de um conjunto de dados. Num conjunto de dados sobre transplante de órgãos, por exemplo, pode-se optar por usar uma única variável que mostre a compatibilidade entre os tipos sanguíneos (1: compatível; 0: não compatível), em vez de separar valores multinominais por tipo sanguíneo tanto do doador quanto do receptor. Tal simplificação pode aumentar o conteúdo informativo e ao mesmo tempo reduzir a complexidade das relações nos dados.

A fase final do pré-processamento de dados é a redução de dados. Muito embora cientistas de dados (isto é, profissionais de análise de dados) gostem de contar com grandes conjuntos de dados, um excesso deles também pode ser um problema. No sentido mais simples, pode-se visualizar os dados comumente usados em projetos de análise de dados preditiva como um arquivo plano de duas dimensões: variáveis (a quantidade de colunas) e casos/registros (a quantidade de linhas). Em alguns casos (como no processamento de imagens e em projetos genômicos com dados complexos em microformações), a quantidade de variáveis pode ser bastante grande, e o analista deve reduzir tal quantidade para um valor mais controlável. Como as variáveis são tratadas como diferentes dimensões que descrevem o fenômeno a partir de perspectivas distintas, na análise de dados preditiva e na mineração de dados esse processo costuma ser chamado de **redução dimensional** (ou **seleção de variáveis**). Muito embora não haja uma maneira universalmente melhor de realizar essa tarefa, pode-se usar os achados de pesquisas já publicadas, consultar especialistas na área, conduzir testes estatísticos apropriados (como análise de componentes ou análise de componentes independentes) e, o mais recomendado, usar uma combinação dessas técnicas para conseguir reduzir as dimensões nos dados para um subconjunto mais administrável e mais relevante.

Com relação à outra dimensão (isto é, o número de casos), alguns conjuntos de dados chegam a incluir milhões ou bilhões de registros. Ainda que o poder computacional esteja aumentando de forma exponencial, o processamento de tamanha quantidade de registros pode não ser praticável ou viável. Em tais casos, a solução por vezes pode ser a coleta de um subconjunto dos dados como amostra para análise. A ideia por trás da coleta de uma amostra é a de que os dados conterão todos os padrões relevantes do conjunto completo de dados. Em um conjunto de dados homogêneo, tal pressuposição pode até se confirmar, mas no mundo real os dados raríssimamente são homogêneos. O analista deve tomar extremo cuidado na hora de selecionar um subconjunto dos dados que reflita a essência do conjunto completo de dados e que não seja específico de um subgrupo ou subcategoria. Os dados geralmente se encontram segmentados por alguma variável, e a escolha de um recorte superior ou inferior dos dados pode levar a uma distorção em valores específicos da variável indexada; por isso, sempre busque selecionar aleatoriamente os registros no conjunto de amostragem. Para dados com tendenciosidades, uma amostragem aleatória básica pode não ser suficiente, e uma amostragem estratificada (em que uma representação proporcional de diferentes subgrupos nos dados é obedecida na amostragem do conjunto de dados) pode ser necessária. E por falar em dados com tendenciosidades: uma boa prática para equilibrar aqueles dados com forte tendenciosidade é ou exagerar na amostragem de classes menos representadas ou restringir a amostragem das classes mais representadas. Pesquisas mostram que conjuntos de dados equilibrados tendem a produzir modelos preditivos melhores do que aqueles não equilibrados (Thammasiri et al., 2014).

A essência do pré-processamento de dados está resumida no Quadro 2.1, que estabelece uma correspondência entre as principais fases (juntamente com a descrição dos problemas) e uma lista representativa de tarefas e algoritmos.

É praticamente inestimável a proposição de valor do pré-processamento de dados. Trata-se de uma daquelas tarefas bastante demoradas em que o investimento de tempo e de esforço compensa sem um limite perceptível para queda nos retornos. Ou seja, quanto mais recursos são investidos, mais você tem a ganhar no final. O Caso Aplicado 2.2 ilustra um estudo interessante em que dados acadêmicos brutos e prontamente disponíveis no âmbito de uma organização educacional são usados para desenvolver modelos preditivos para melhor entender evasões e aumentar a retenção de calouros numa grande instituição de ensino superior. Como o caso aplicado deixa bem claro, toda e cada tarefa de pré-processamento de dados descrita no Quadro 2.1 foi crucial para a execução bem-sucedida do projeto de análise de dados subjacente, sobretudo a tarefa relacionada ao equilíbrio do conjunto de dados.

QUADRO 2.1 Resumo das tarefas de pré-processamento de dados e métodos potenciais

Tarefa principal	Subtarefas	Métodos populares
Consolidação de dados	Acesse e colete dados	Consultas SQL, agentes de software, serviços Web
	Selecione e filtre os dados	Especialização na área, consultas SQL, testes estatísticos
	Integre e unifique os dados	Consultas SQL, especialização na área, mapeamento de dados embasado em ontologia
Limpeza de dados	Corrija valores ausentes nos dados	Preencher valores ausentes (imputações) com os valores mais apropriados (média, mediana, min/máx, moda, etc.); recodificar os valores ausentes com uma constante como "ML"; remover o registro do valor ausente; deixar como está.
	Identifique e reduza ruído nos dados	Identificar os valores discrepantes nos dados com técnicas estatísticas simples (como médias e desvios padrão) ou com análise de agrupamento; depois de identificados, ou remover os valores discrepantes ou suavizá-los por segmentação (*binning*), regressão ou médias simples.
	Encontre e elimine dados errôneos	Identificar os valores errôneos nos dados (além das discrepâncias), tais como valores estranhos, designações de classe inconsistentes, distribuições esquisitas; depois de identificados, aplicar especialização na área para corrigir os valores ou remover os registros envolvidos nos valores errôneos.
Transformação de dados	Normalize os dados	Reduzir a amplitude de valores em cada variável numérica para uma amplitude-padrão (como de 0 a 1 ou de −1 a +1) usando uma variedade de técnicas de normalização ou escala.
	Discretize ou agregue os dados	Caso necessário, converter as variáveis numéricas em representações discretas usando técnicas de segmentação baseadas em amplitude ou frequência; no caso de variáveis categóricas, reduzir a quantidade de valores aplicando hierarquias conceituais apropriadas.
	Construa novos atributos	Derivar variáveis novas e mais informativas a partir das já existentes usando uma ampla gama de funções matemáticas (tão simples quanto adição e multiplicação ou tão complexas quanto combinação híbrida e transformações logarítmicas).
Redução de dados	Reduza a quantidade de atributos	Análise de componentes principais, análise de componentes independentes, teste de qui quadrado, análise de correlações e indução por árvore de decisão.
	Reduza a quantidade de registros	Amostragem aleatória, amostragem estratificada, amostragem intencional guiada por conhecimento especializado.
	Equilibre dados assimétricos	Exagerar a amostragem daquilo que está sub-representado e diminua a amostragem das classes mais representadas.

Caso aplicado 2.2

Incrementando a retenção estudantil com análise estatística embasada em dados

A evasão escolar se tornou um dos problemas mais desafiadores para os responsáveis por decisões dentro de instituições acadêmicas. Apesar de todos os programas e serviços implantados para ajudar na retenção de alunos, de acordo com o Centro de Estatísticas Educacionais (nces.ed.gov) do Departamento de Educação dos Estados Unidos, apenas cerca de metade daqueles que ingressam no ensino superior acaba obtendo seu diploma de conclusão de curso. A gestão de matrículas e a retenção dos estudantes se tornaram prioridade para os administradores de faculdades e universidades nos Estados Unidos e em outros países ao redor do mundo. Uma grande taxa de desistência estudantil costuma resultar em prejuízo financeiro em geral, baixas taxas de graduação e reputação escolar inferior aos olhos de todas as partes interessadas. Os legisladores e reguladores de políticas que supervisionam o ensino superior e alocam fundos, os pais que pagam pelos estudos de seus filhos a fim de prepará-los para um futuro melhor e os estudantes que optam por uma faculdade procuram por indícios de qualidade e reputação institucional para nortear seus processos decisórios.

Solução proposta

Para aumentar a retenção estudantil, é preciso tentar entender as razões não triviais por trás da evasão. Isso, por sua vez, só é possível quando se consegue identificar com precisão aqueles estudantes sob risco de desistência. Até aqui, a vasta maioria das pesquisas sobre evasão escolar se dedicou a entender este fenômeno social complexo e ainda assim crucial. Muito embora tais estudos qualitativos, comportamentais e embasados em questionários tenham se revelado inestimáveis no desenvolvimento e testagem de um amplo leque de teorias, eles não chegam a fornecer os instrumentos tão necessários para prever com precisão (e potencialmente mitigar) a evasão escolar. O projeto resumido neste estudo de caso propôs uma abordagem de pesquisa quantitativa, na qual os dados históricos institucionais provenientes de bases de dados estudantis puderam ser usados para desenvolver modelos capazes de prever e explicar a natureza do problema da evasão de uma instituição para outra. A abordagem de análise de dados proposta é mostrada na Figura 2.4.

Embora o conceito seja relativamente novo no ensino superior, por mais de uma década problemas similares no campo da gestão de marketing vêm sendo estudados usando-se técnicas de análise de dados preditiva, sob o nome de *"churn analysis"* (análise de evasão de clientes), onde o objetivo é responder a pergunta: "Quais de nossos clientes atuais estão mais propensos a pararem de comprar nossos produtos ou serviços?", para que então alguma mediação ou processo de intervenção possa ser executado para retê-los. A retenção dos clientes já existentes é essencial porque, como todos sabemos, e como as pesquisas na área demostraram repetidas vezes, o custo de adquirir um novo cliente é uma ordem de magnitude maior, em termos de esforço, tempo e dinheiro, do que tentar manter aquele que você já conquistou.

A essência está nos dados

Os dados para esse projeto de pesquisa vieram de uma única instituição (uma universidade pública abrangente localizada na região meio-oeste dos Estados Unidos) com uma média de 23 mil estudantes matriculados, dentre os quais cerca de 80% residem no mesmo estado e cerca de 19% estão listados sob alguma classificação de minoria. Entre os alunos matriculados, não existe diferença numérica considerável em termos de gênero. A taxa média de

Capítulo 2 • Análise de dados descritiva I: natureza dos dados, modelagem estatística e visualização **81**

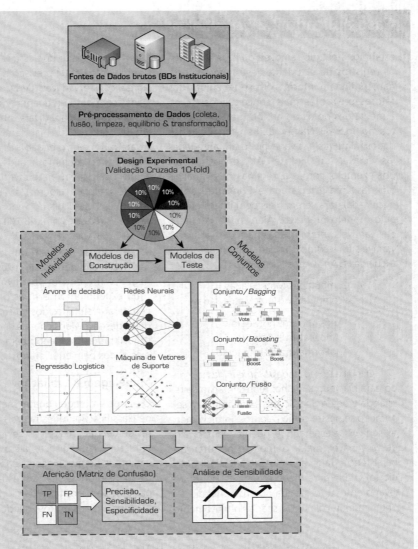

FIGURA 2.4 Uma abordagem de análise de dados para prever a evasão escolar.

retenção de calouros para essa instituição era de aproximadamente 80%, e a taxa média de graduação dentro de 6 anos era de aproximadamente 60%.

O estudo envolveu 5 anos de dados institucionais, abrangendo mais de 16 mil estudantes matriculados como calouros, consolidados a partir de várias e diversas bases de dados estudantis da universidade. Os dados continham variáveis relativas a características acadêmicas, financeiras e demográficas dos estudantes. Após fundir e converter os dados estudantis multidimensionais em um único arquivo plano (um arquivo com colunas representando as variáveis e as linhas representando os registros estudantis), o arquivo resultante foi aferido e pré-processado para identificar e remediar anomalias e valores não aproveitáveis. Como

(Continua)

Caso aplicado 2.2 *(Continuação)*

exemplo, o estudo removeu da base de dados os registros de estudantes estrangeiros, pois não continham informações sobre alguns dos fatores previsores mais conceituados (como a média das notas no ensino médio e a pontuação no SAT). Na fase de transformação dos dados, algumas das variáveis foram agregadas (as variáveis de "Ênfase" e "Concentração", por exemplo, foram agregadas nas variáveis binárias ÊnfaseDeclarada e ConcentraçãoEspecificada) para serem mais bem interpretadas pelo modelo preditivo. Além disso, algumas das variáveis foram usadas para derivar novas variáveis (tais como o índice Computadas/Matriculadas e AnosApósEnsinoMédio).

Computadas/Matriculadas = HorasComputadas/HorasMatriculadas

AnosApósEnsinoMédio = AnoMatrículaCalouro − AnoFormaturaEnsinoMédio

O índice *Computadas/Matriculadas* foi criado para haver uma melhor representação da resiliência e determinação dos estudantes em seu primeiro semestre como calouros. Intuitivamente, seria de se esperar que, quanto maior o valor desta variável, maior o impacto na retenção/persistência. Já a variável AnosApósEnsinoMédio foi criada para medir o impacto do tempo levado entre a formatura no ensino médio e a primeira matrícula universitária. Intuitivamente,

seria de se esperar que essa variável fosse uma contribuinte para a previsão de desistência. As agregações e variáveis derivadas são determinadas com base na quantidade de experimentos conduzidos para diversas hipóteses lógicas. Aquelas que fizeram mais sentido e aquelas que levaram a maior precisão nas previsões foram mantidas no conjunto final de variáveis. Refletindo a verdadeira natureza da subpopulação (isto é, os alunos calouros), a variável dependente (isto é, "Matrícula no Segundo Ano") continha mais registros *sim* (~80%) do que registros *não* (~20%; veja a Figura 2.5).

Pesquisas mostram que dispor de dados tão desequilibrados assim exerce um impacto negativo no modelo preditivo. Por isso, o estudo experimentou com as opções de usar e comparar resultados dos mesmos tipos de modelos desenvolvidos com os dados originais desequilibrados (pendendo para os registros *sim*) e os dados bem equilibrados.

Modelagem e avaliação

O estudo empregou quatro métodos populares de classificação (redes neurais artificiais, árvores de decisão, máquinas de vetores de suporte e regressão logística), além de três técnicas conjuntas de modelagem (*bagging*, *busting* e fusão de informações). Os resultados obtidos a partir de todos os tipos de modelo foram comparados uns aos outros usando-se métodos de

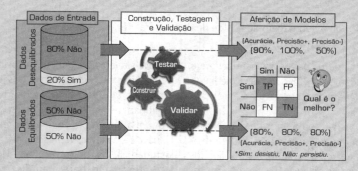

FIGURA 2.5 Representação gráfica do problema de desequilíbrio de classes.

avaliação classificatória de modelos (tais como precisão, sensibilidade e especificidade preditiva em geral) junto às amostras filtradas e já equilibradas.

Em algoritmos de aprendizado por máquina (alguns dos quais serão abordados no Capítulo 4), a análise de sensibilidade é um método para identificar a relação de "causa e efeito" entre entradas e saídas de um determinado modelo preditivo. A ideia fundamental por trás da análise de sensibilidade é que ela mede a importância das variáveis previsoras com base na mudança ocorrida no desempenho de um modelo quando uma variável previsora não é incluída no modelo. Essa prática de modelagem e experimentação também é chamada de avaliação "deixando uma de fora". Sendo assim, a medida de sensibilidade de uma variável previsora específica é a razão entre o erro do modelo treinado sem a variável previsora e o erro do modelo que inclui essa variável. Quanto mais sensível for a rede a uma variável específica, mais acentuada será a queda de desempenho na ausência de tal variável, e, portanto, maior a razão de importância. Além do poder preditivo dos modelos, o estudo também conduziu análises de sensibilidade para determinar a importância relativa das variáveis de entrada.

Resultados

No primeiro grupo de experimentos, o estudo utilizou o conjunto de dados original desequilibrado. Com base nos resultados da validação cruzada em dez vezes, as máquinas de vetores de suporte produziram a melhor precisão, com uma taxa de previsão geral de 87,23%, a árvore de decisão veio logo atrás, com uma taxa de previsão geral de 87,16%; em seguida, vieram as redes neurais artificiais e a regressão logística, com taxas de previsão geral de 86,45% e 86,12%, respectivamente (veja a Tabela 2.1). Um exame cuidadoso desses resultados revela que a precisão das previsões para a classe "Sim" é consideravelmente maior do que a precisão das previsões para a classe "Não". Na verdade, todos os quatro tipos de modelo previram com uma precisão superior a 90% quais estudantes voltariam para o segundo ano, mas se saíram mal prevendo quais estudantes desistiriam após seu primeiro ano como calouros, com uma precisão inferior a 50%. Como a previsão da classe "Não" é o objetivo primordial desse estudo, uma precisão inferior a 50% para essa classe foi considerada não aceitável. Tal diferença de precisão entre as duas classes pode (e deve) ser atribuída à natureza desequilibrada do conjunto de dados de treinamento (isto é, amostras com ~80% "Sim" e ~20% "Não").

A rodada seguinte de experimentos utilizou um conjunto de dados bem equilibrado, em que as duas classes estavam representadas em contagens quase equivalentes. Ao realizar essa abordagem, o estudo tomou todas as amostras da classe minoritária (isto é, a classe "Não") e selecionou aleatoriamente uma quantidade igual de amostras da classe majoritária (isto é, a classe "Sim") e repetiu este processo por dez vezes a fim de reduzir assimetrias potenciais de amostragem aleatória. Cada um desses processos de amostragem resultou

TABELA 2.1 Resultados preditivos do conjunto de dados original/desequilibrado

	ANN(MLP)		DT(C5)		SVM		LR	
	Não	Sim	Não	Sim	Não	Sim	Não	Sim
Não	1494	384	1518	304	1478	255	1438	376
Sim	1596	11142	1572	11222	1612	11271	1652	11150
SOMA	3090	11526	3090	11526	3090	11526	3090	11526
Precisão por classe	48,35%	96,67%	49,13%	97,36%	47,83%	97,79%	46,54%	96,74%
Precisão em geral	86,45%		87,16%		87,23%		86,12%	

(Continua)

Caso aplicado 2.2 *(Continuação)*

TABELA 2.2 Resultados preditivos do conjunto de dados equilibrado

Matriz de confusão	ANN(MLP) Não	ANN(MLP) Sim	DT(C5) Não	DT(C5) Sim	SVM Não	SVM Sim	LR Não	LR Sim
Não	2309	464	2311	417	2313	386	2125	626
Sim	781	2626	779	2673	777	2704	965	2464
SOMA	3090	3090	3090	3090	3090	3090	3090	3090
Precisão por classe	74,72%	84,98%	74,79%	86,50%	74,85%	87,51%	68,77%	79,74%
Precisão em geral	79,85%		80,65%		81,18%		74,26%	

em um conjunto de dados com mais de 7 mil registros, nos quais ambas classes ("Sim" e "Não") estavam representadas de modo equivalente. Novamente, usando uma metodologia de validação cruzada em dez vezes, o estudo desenvolveu e testou todos os quatro tipos de modelo de previsão. Os resultados desses experimentos estão mostrados na Tabela 2.2. Com base nessas amostras com dados deixados de fora, máquinas de vetores de suporte mais uma vez geraram a melhor precisão geral nas previsões, com 81,18%, seguidas pelas árvores de decisão, redes neurais artificiais e regressão logística, com taxas de precisão geral de previsão de 80,65%, 79,85% e 74,26%, respectivamente. Como se pode ver pelos valores de precisão por classe, os modelos preditivos se saíram consideravelmente melhor prevendo a classe "Não" com os dados bem equilibrados do que com os dados desequilibrados. Em geral, três técnicas de aprendizado por máquina se saíram consideravelmente melhor do que sua alternativa estatística, a regressão logística.

Em seguida, outro grupo de experimentos foi conduzido para aferir a capacidade preditiva dos três modelos conjuntos. Com base na metodologia de validação cruzada em dez vezes, o modelo conjunto do tipo fusão de informações produziu os melhores resultados, com uma taxa de precisão geral de 82,10%, seguido pelos modelos conjuntos do tipo *bagging* e do tipo *boosting*, com taxas de precisão geral de 81,80% e 80,21%, respectivamente (veja a Tabela 2.3). Ainda que os resultados preditivos sejam ligeiramente melhores que os dos modelos individuais, é sabido que os modelos conjuntos produzem sistemas preditivos mais robustos comparados ao melhor dos modelos isolados (mais sobre esse assunto no Capítulo 4).

TABELA 2.3 Resultados preditivos dos três modelos conjuntos

	Boosting (*Boosted trees*) Não	Boosting (*Boosted trees*) Sim	Bagging (*Random forest*) Não	Bagging (*Random forest*) Sim	Fusão de informações (Média ponderada) Não	Fusão de informações (Média ponderada) Sim
Não	2242	375	2327	362	2335	351
Sim	848	2715	763	2728	755	2739
SOMA	3090	3090	3090	3090	3090	3090
Precisão por classe	72,56%	87,86%	75,31%	88,28%	75,57%	88,64%
Precisão em geral	80,21%		81,80%		82,10%	

Além de aferir a precisão preditiva de cada tipo de modelo, uma análise de sensibilidade também foi conduzida usando-se os modelos preditivos desenvolvidos para identificar a importância relativa das variáveis independentes (isto é, os previsores). Extraindo-se os resultados em geral da análise de sensibilidade, cada um dos quatro tipos de modelo individual gerou suas próprias medidas de sensibilidade ranqueando todas as variáveis independentes numa lista priorizada. Conforme esperado, cada tipo de modelo gerou ranqueamentos de sensibilidade ligeiramente diferentes para as variáveis independentes. Depois de coletados todos os quatro conjuntos de valores de sensibilidade, tais cifras foram normalizadas, agregadas e plotadas em um gráfico de barras horizontais (veja a Figura 2.6).

Conclusões

O estudo mostrou que, dispondo-se de dados suficientes com as variáveis apropriadas, métodos de mineração de dados são capazes de prever a evasão acadêmica de calouros com cerca de 80% de precisão. Os resultados também mostraram que, qualquer que seja o modelo preditivo empregado, o conjunto de dados equilibrado (em comparação ao conjunto de dados desequilibrado/original) produziu melhores modelos preditivos para identificar estudantes

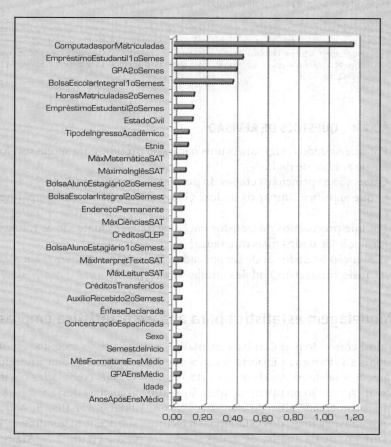

FIGURA 2.6 Resultados da importância das variáveis com base em análise de sensibilidade.

(Continua)

> **Caso aplicado 2.2** *(Continuação)*
>
> propensos a desistirem da faculdade antes do seu segundo ano. Dentre os quatro modelos preditivos individuais usados neste estudo, as máquinas de vetores de suporte apresentaram o melhor desempenho, seguidas por árvores de decisão, redes neurais e regressão logística. Do ponto de vista da usabilidade, apesar das máquinas de vetores de suporte terem apresentado os melhores resultados preditivos, pode-se optar por usar as árvores de decisão, já que, comparadas às máquinas de vetores de suporte e às redes neurais, elas retratam uma estrutura modelar mais transparente. As árvores de decisão exibem explicitamente o processo racional de diferentes previsões, oferecendo justificativas para um resultado específico, ao passo que as máquinas de vetores de suporte e as redes neurais artificiais são modelos matemáticos que não oferecem uma visão tão transparente de como chegam até seus resultados.
>
> **Questões para discussão**
>
> 1. O que é evasão escolar e por que este é um problema importante no ensino superior?
> 2. Quais eram os métodos tradicionais para lidar com o problema da evasão?
> 3. Liste e analise os desafios relacionados aos dados no contexto desse estudo de caso.
> 4. Qual foi a solução proposta? E quais foram os resultados?
>
> *Fontes*: Thammasiri, D., Delen, D., Meesad, P., & Kasap N. (2014). A critical assessment of imbalanced class distribution problem: The case of predicting freshmen student attrition. *Expert Systems with Applications, 41*(2), 321–330; Delen, D. (2011). Predicting student attrition with data mining methods. *Journal of College Student Retention, 13*(1), 17–35; Delen, D. (2010). A comparative analysis of machine learning techniques for student retention management. *Decision Support Systems, 49*(4), 498–506.

SEÇÃO 2.4 QUESTÕES DE REVISÃO

1. Por que os dados originais/brutos não estão prontos para serem usados em tarefas de análise de dados?
2. Quais são as principais etapas do pré-processamento de dados?
3. O que significa limpar os dados? Quais atividades são desempenhadas nessa fase?
4. Por que precisamos de transformação de dados? Quais são as tarefas de transformação de dados mais utilizadas?
5. A redução de dados pode ser aplicada a linhas (amostragem) e/ou a colunas (seleção de variáveis). Qual das tarefas é mais desafiadora?

2.5 Modelagem estatística para análise estatística empresarial

Devido à crescente popularidade da análise de negócios, os métodos estatísticos tradicionais e as técnicas subjacentes também estão recuperando sua atratividade como ferramentas facilitadoras de apoio a decisões gerenciais embasadas em evidências. E não apenas estão recuperando atenção e admiração, mas dessa vez estão atraindo usuários comerciais, além de estatísticos e profissionais da análise de dados.

A estatística (métodos estatísticos e técnicas subjacentes) geralmente é considerada uma parte da análise de dados descritiva (veja a Figura 2.7). Alguns dos métodos estatísticos também podem ser considerados parte da análise de dados preditiva, como a análise discriminante, a regressão múltipla, a regressão logística e

FIGURA 2.7 Relação entre estatística e análise de dados descritiva.

o agrupamento por *k-means*. Conforme mostrado na Figura 2.7, a análise de dados descritiva possui dois ramos principais: a estatística e o **processamento analítico online** (**OLAP** – *online analytical processing*). OLAP é o termo usado para análise, caracterização e resumo de dados estruturados armazenados em bases de dados organizacionais (muitas vezes armazenados num *data warehouse* ou em um *data mart* – detalhes sobre *data warehouses* serão abordados no Capítulo 3) usando cubos (isto é, estruturas multidimensionais de dados que são criadas para extrair um subconjunto de valores de dados para responder alguma pergunta empresarial específica). O ramo OLAP da análise de dados descritiva também é chamado de Inteligência de Negócios. A estatística, por outro lado, ajuda a caracterizar os dados uma variável por vez ou muitas variáveis de uma só vez, usando métodos descritivos ou inferenciais.

A **estatística** – uma coleção de técnicas matemáticas voltadas a caracterizar e interpretar dados – vem sendo usada há muito tempo. Muitos métodos e técnicas foram desenvolvidos para atender às necessidades dos usuários finais e às características singulares dos dados sendo analisados. Em termos gerais, no mais alto nível, os métodos estatísticos podem ser classificados ou como descritivos ou como inferenciais. A principal diferença entre estatística descritiva e inferencial são os dados usados nesses métodos – enquanto a **estatística descritiva** se resume a descrever a amostra de dados à disposição, a **estatística inferencial** é voltada a fazer inferências ou tirar conclusões sobre as características da população. Nesta seção, descreveremos brevemente a estatística descritiva (pois é ela que serve de base e é parte integral da análise de dados descritiva), e na próxima seção abordaremos a regressão (tanto a linear quanto a logística) como parte da estatística inferencial.

Estatística descritiva para análise de dados descritiva

A estatística descritiva, como o nome sugere, descreve as características básicas dos dados à disposição, frequentemente uma variável por vez. Usando fórmulas e agregações numéricas, a estatística descritiva resume os dados de tal forma que padrões importantes e facilmente compreensíveis muitas vezes acabam emergindo do estudo. Embora seja bastante útil na análise de dados e muito popular entre os métodos estatísticos, a estatística descritiva não permite que se tire conclusões (ou que se façam inferências) para além da amostra de dados sendo analisados. Ou seja, ela é simplesmente uma boa maneira de caracterizar e descrever os dados à disposição, sem tirar conclusões (nem fazer inferências ou extrapolações) quanto à população de hipóteses relacionadas que podemos ter em mente.

Na análise de negócios, a estatística descritiva cumpre um papel crucial – ela nos permite entender, explicar e dar sentido aos nossos dados usando números agregados, tabelas de dados ou diagramas/gráficos. Em essência, a estatística descritiva nos ajuda a converter nossos números e símbolos em representações que qualquer um pode entender, encontrar significado e usar. Tal compreensão não apenas auxilia os usuários empresariais em seus processos decisórios como também ajuda os profissionais de análise de negócios e os cientistas de dados a caracterizar e validar os dados para outras tarefas de análise de dados mais sofisticadas. A estatística descritiva permite que analistas identifiquem concertações de dados, valores atipicamente grandes ou pequenos e valores de dados com distribuição inesperada para variáveis numéricas. Sendo assim os métodos da estatística descritiva podem ser classificados ou como medidas de tendência central ou como medidas de dispersão. Na próxima seção, usaremos uma descrição simples e uma representação/formulação matemática dessas medidas. Na representação matemática, usaremos $x_1, x_2, \ldots, x_n$ para representar valores individuais (observações) da variável (medida) que estamos interessados em caracterizar.

Medidas de tendência de centralidade (também chamadas de medidas de localização ou centralidade)

As medidas de centralidade são métodos matemáticos por meio dos quais estimamos ou descrevemos o posicionamento central de uma determinada variável em questão. Uma medida de tendência central é um único valor numérico que visa descrever um conjunto de dados simplesmente identificando ou estimando a posição central dentre os dados. A média (muitas vezes chamada de média aritmética ou média simples) é a medida de tendência central usada com maior frequência. Além da média, também podemos encontrar a mediana e a moda sendo usadas para descrever a centralidade de determinada variável. Embora a média, a mediana e a moda sejam todas medidas válidas da tendência central, sob diferentes circunstâncias, uma dessas medidas de centralidade se torna mais apropriada do que as outras. A seguir temos breves descrições dessas medidas, incluindo como calculá-las matematicamente e definições das circunstâncias em que cada uma é a medida mais apropriada a ser usada.

Média aritmética

A **média aritmética** (ou simplesmente *média*) é a soma de todos os valores/observações dividido pela quantidade de observações no conjunto de dados. Ela é de longe a medida mais popular e mais usada como indicadora de tendência central. É usada com dados numéricos contínuos ou discretos. Para uma determinada variável x, se dispusermos de n valores/observações($x_1, x_2, \ldots, x_n$), podemos escrever a media aritmética da amostragem de dados ($\bar{x}$, pronunciado xis-barra) da seguinte forma:

$$\bar{x} = \frac{x_1 + x_2 + \cdots + x_n}{n}$$

ou

$$\bar{x} = \frac{\sum_{i=1}^{n} x_i}{n}$$

A média apresenta várias características singulares. Por exemplo: a soma dos desvios absolutos (diferenças entre a média e as observações) acima da média é igual à soma dos desvios abaixo da média, equilibrando os valores de cada lado dela. Isso não quer dizer, porém, que metade das observações se encontram acima e a outra metade abaixo da média (um equívoco comum entre quem não conhece estatística básica). Além disso, a média é exclusiva de cada conjunto de dados e pode ser calculada e interpretada tanto para dados numéricos intervalares quanto racionais. Uma importante desvantagem é que a média pode ser afetada por valores discrepantes (observações que são consideravelmente maiores ou menores do que o restante dos pontos de dados). Os valores discrepantes puxam a média na sua própria direção e, assim, distorcem para o seu lado a representação de centralidade. Portanto, quando existem valores discrepantes ou quando os dados encontram-se dispersos ou inclinados erraticamente, deve-se evitar o uso da média como a medida de tendência central, ou então complementá-la com outras medidas de tendência central, como a mediana e a moda.

Mediana

A **mediana** é a medida do valor central de um determinado conjunto de dados. Trata-se do número situado no meio de um conjunto de dados que foi organizado/ranqueado em ordem de magnitude (seja ascendente ou desentende). Se a quantidade de observações for um número ímpar, a identificação da mediana é bem fácil – basta ordenar as observações com base em seu valor e escolher o valor bem no meio. Já se a quantidade de observações for um número par, então será preciso identificar os dois valores mais do meio e extrair a média aritmética entre esses dois valores. A mediana é significativa e calculável para dados do tipo racional, intervalar e ordinal. Depois de determinada, metade dos pontos de dados estarão acima e a outra metade abaixo da mediana. Ao contrário da média, a mediana não é afetada por valores discrepantes ou dados que tendem numa direção.

Moda

A **moda** é a observação que ocorre com maior frequência (o valor mais frequente no nosso conjunto de dados). Num histograma, ela representa a barra mais alta de um diagrama de barras e, portanto, pode ser considerada a opção/valor mais popular. A moda é mais útil para conjuntos de dados que contêm uma quantidade relativamente pequena de valores isolados. Ou seja, ela pode ser inútil quando os dados apresentam inúmeros pontos isolados (como no caso de muitas mensurações em engenharia que capturam alta precisão com uma grande quantidade de casas decimais), fazendo com que cada valor seja único ou se repita pouquíssimas vezes.

Em resumo, qual medida de tendência central é a melhor? Embora não exista uma resposta clara para essa pergunta, eis algumas dicas: use a média se os dados não apresentarem muitos valores discrepantes e se não houver um nível considerável de tendenciosidade no conjunto de dados; use a mediana quando os dados apresentarem valores discrepantes e/ou uma natureza ordinal; use a moda quando os dados forem nominais. Talvez a melhor prática seja utilizar todas as três, para que a tendência central do conjunto de dados possa ser capturada e representada a partir das três perspectivas. Devido ao fato da "média" ser um conceito bastante difundido e frequentemente usado por todos em atividades cotidianas regulares, os gestores (bem como alguns cientistas e jornalistas) muitas vezes utilizam as medidas de centralidade (especialmente a média) de forma inapropriada, quando outras informações estatísticas deveriam ser levadas em consideração juntamente com a centralidade. Uma prática recomendável é apresentar a estatística descritiva como um pacote – uma combinação de medidas de centralidade e dispersão – e não apenas na forma de uma medida isolada, como a média.

Medidas de dispersão (também chamadas de medidas de descentralidade)

Medidas de **dispersão** são os métodos matemáticos usados para estimar ou descrever o grau de variação em determinada variável de interesse. Elas são uma representação do nível de "espalhamento" numérico (compactação ou difusão) de um determinado conjunto de dados. Para descrever a dispersão, inúmeras medidas estatísticas são desenvolvidas; as mais notáveis são amplitude, variância e desvio-padrão (e também quartis e desvio absoluto). Um dos principais motivos da importância das medidas de dispersão de valores de dados é o fato delas nos proporcionarem um quadro referencial a partir do qual podemos estimar a tendência central, dando-nos a indicação de até que ponto a média (ou outras medidas de centralidade) representa bem os dados amostrados. Quando a dispersão dos valores no conjunto de dados é grande, a média deixa de ser considerada uma boa representação dos dados. Isso porque uma grande medida de dispersão indica amplas diferenças entre pontuações individuais. Além disso, em pesquisas, uma pequena variação em uma amostra de dados geralmente é percebida como um sinal positivo, já que pode indicar homogeneidade, similaridade e robustez dos dados coletados.

Amplitude

A **amplitude** talvez seja a media mais simples de dispersão. Trata-se da diferença entre os valores mais alto e mais baixo de um determinado conjunto de dados (isto é, variáveis). Assim, para calcular a amplitude, basta identificar o valor mais baixo no conjunto de dados (mínimo), identificar o valor mais alto no conjunto de dados (máximo) e calcular a diferença entre eles (amplitude = máximo – mínimo).

Variância

Uma medida mais abrangente e sofisticada de dispersão é a **variância**. Trata-se de um método para calcular o desvio a partir da média de todos os pontos em determinado conjunto de dados. Quanto maior a variância, mais os dados se encontram espalhados a partir da média e mais variabilidade pode-se perceber na amostragem de dados. Para evitar que as diferenças negativas e positivas acabem se anulando mutuamente, a variância leva em consideração o quadrado das distâncias até a média. A fórmula para uma amostra de dados pode ser escrita como:

$$s^2 = \frac{\sum_{i=1}^{n}(x_i - \overline{x})^2}{n - 1}$$

onde n é o número de amostras, $\overline{x}$ é a média da amostra e x_i é o i-ésimo valor no conjunto de dados. Valores mais altos de variância indicam mais dispersão, enquanto valores menores indicam compressão no conjunto geral de dados. Pelo fato das diferenças serem elevadas ao quadrado, grandes desvios a partir da média colaboram consideravelmente para o valor final da variância. Além disso, devido a essa potenciação, os números que representam desvio/variância perdem um pouco do seu significado (ao contrário de uma diferença em termos de dólares, nesse caso teríamos o quadrado dessa diferença). Portanto, no lugar da variância, em muitas aplicações comerciais usamos uma medida mais palpável de dispersão, chamada desvio-padrão.

Desvio-padrão

O **desvio-padrão** também é uma medida do espalhamento de valores em determinado conjunto de dados. Para obtê-lo, basta calcular a raiz quadrada das variâncias. A fórmula a seguir mostra o cálculo do desvio-padrão a partir de uma determinada amostra de pontos de dados:

$$s = \sqrt{\frac{\sum_{i=1}^{n}(x_i - \overline{x})^2}{n-1}}$$

Desvio absoluto médio

Além da variância e do desvio-padrão, às vezes também usamos o **desvio absoluto médio** para medir a dispersão de um conjunto de dados. Trata-se de uma maneira mais simples de calcular o desvio em geral a partir da média. Especificamente, ele é calculado medindo-se os valores absolutos das diferenças entre cada ponto nos dados e a média, e então somando-os entre si. Isso fornece uma medida do espalhamento sem entrar no mérito se o ponto nos dados fica acima ou abaixo da média. A fórmula a seguir mostra o cálculo do desvio absoluto médio:

$$DAM = \frac{\sum_{i=1}^{n}|x_i - \overline{x}|}{n}$$

Amplitude de quartis e interquartis

Os quartis nos ajudam a identificar o espalhamento dentro de um subconjunto de dados. Um **quartil** é um quarto da quantidade de pontos em determinado conjunto de dados. Quartis são determinados organizando-se os dados e depois segmentando-se os dados organizados em conjuntos de dados menores e isolados. Os quartis são úteis para medir dispersão porque são bem menos afetados por valores discrepantes ou por tendenciosidades no conjunto de dados do que medidas equivalentes que abrangem o conjunto como um todo. Os quartis e a média muitas vezes são considerados a melhor escolha de medida de dispersão e tendência central, respectivamente, quando se está lidando com dados tendenciosos ou com valores discrepantes. Uma maneira comum de expressar quartis é na forma de um intervalo interquartis, que descreve a diferença entre o terceiro quartil (Q3) e o primeiro quartil (Q1), informando quanto à amplitude da metade intermediária das pontuações na distribuição. As medidas descritivas indicadas por quartis (tanto de centralidade quanto de dispersão) são mais bem explicadas por uma plotagem denominada diagrama de caixa (ou diagrama de caixa e fios de bigode).

Diagrama de caixa e fios de bigode

O **diagrama de caixa e fios de bigode** (ou simplesmente **diagrama de caixa**) é uma ilustração gráfica de diversas estatísticas descritivas sobre um conjunto de dados. Ele pode ser horizontal ou vertical, sendo esta última a representação mais comum, sobretudo em produtos modernos de software de análise de dados. John W. Tukey é considerado seu criador, em 1969, e divulgador. Um diagrama de caixa muitas vezes é usado para ilustrar tanto a centralidade quanto a dispersão de um determinado conjunto de dados (isto é, a distribuição dos dados amostrados) em uma notação gráfica fácil de entender. A Figura 2.8 exibe dois diagramas de caixa lado a lado, compartilhando o mesmo eixo y. Como ela mostra, uma mesma figura pode ter um ou mais diagramas de caixa para fins de comparação visual. Em tais casos, o eixo y seria a medida comum de magnitude (o valor numérico da variável), com o eixo x mostrando diferentes classes/subconjuntos, tais como diferentes dimensões temporais (vide, por exemplo, as estatísticas descritivas das despesas anuais do programa de saúde norte-americano Medicare em 2015 *versus* 2016) ou diferentes categorias (como, por exemplo, as estatísticas descritivas de despesas de marketing *versus* vendas totais).

Embora, em termos históricos, o diagrama de caixa não tenha se difundido e sido adotado em grande proporção (sobretudo em áreas fora da estatística), com a

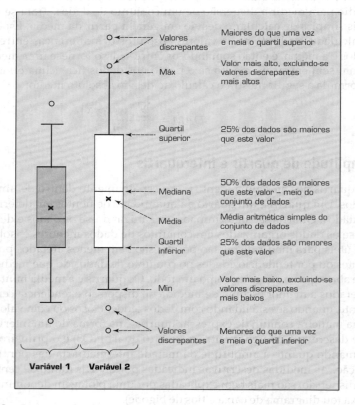

FIGURA 2.8 Compreendendo as especificidades dos diagramas de caixa e fios de bigode.

crescente popularidade da análise de negócios ele está ganhando fama em setores menos técnicos do mundo dos negócios. Sua riqueza de informação e sua facilidade de entendimento são os grandes responsáveis por sua recente popularidade.

O diagrama de caixa exibe a **centralidade** (mediana e às vezes também média), bem como a dispersão (a densidade dos dados no núcleo intermediário – desenhado como uma caixa entre o primeiro e o terceiro quartis), as amplitudes de mínimo e máximo (mostradas como linhas que se estendem a partir da caixa, parecendo-se com bigodes, que são calculadas como 1,5 vez o limite superior ou inferior da caixa de quartil), além dos valores discrepantes que ficam fora dos limites dos bigodes. Um diagrama de caixa também mostra se os dados encontram-se simetricamente distribuídos com relação à média ou se pendem para um lado ou outro. A posição relativa da mediana *versus* a média e os comprimentos dos bigodes em ambos lados da caixa oferecem uma boa indicação da assimetria potencial nos dados.

O formato de uma distribuição

Ainda que não seja tão comum quanto a centralidade e a dispersão, o formato da distribuição de dados também é uma medida valiosa para a estatística descritiva. Antes de mergulharmos no formato em si da distribuição, primeiro precisamos definir o que é uma distribuição. *Grosso modo*, distribuição é a frequência dos pontos de dados contados e plotados ao longo de uma pequena quantidade de classes designatórias ou intervalos numéricos (isto é, compartimentos). Na ilustração gráfica de uma distribuição, o eixo *y* mostra a frequência (contagem ou percentual), enquanto o eixo *x* mostra as classes individuais ou compartimentos em ordem de ranqueamento. Uma distribuição bastante conhecida é a chamada distribuição normal, que é perfeitamente simétrica para ambos os lados da média e apresenta inúmeras propriedades matemáticas bem estudadas que a tornam uma ferramenta muito útil de pesquisa e prática. Conforme a dispersão de um conjunto de dados vai aumentando, o mesmo se dá com o desvio-padrão, fazendo com que o formato da dispersão se alargue. Uma ilustração gráfica da relação entre a distribuição normal e o formato da distribuição (no contexto da distribuição normal) é mostrada na Figura 2.9.

Há duas medidas bastante usadas para calcular as características de formato de uma distribuição: assimetria e curtose. Um histograma (uma plotagem de frequência) costuma ser usado para ilustrar visualmente tanto a assimetria quanto a curtose.

A **assimetria** mede a tendência de pendor para um dos lados numa distribuição de dados que retrata uma estrutura unimodal – quando existe um único pico na distribuição dos dados. Como a distribuição normal é uma distribuição unimodal perfeitamente simétrica, ela não apresenta assimetria, ou seja, sua medida de assimetria (isto é, o valor do coeficiente de assimetria) é igual a zero. Afora a distribuição normal, o valor/medida de assimetria pode ser positivo ou negativo. Quando a distribuição pende para a esquerda (isto é, sua cauda fica para o lado direito e a média é menor que a mediana), ela produz então uma medida de assimetria positiva; já quando a distribuição pende para a direita (isto é, sua cauda fica para o lado esquerdo e a média é maior que a mediana), ela produz então uma medida de assimetria negativa. Na Figura 2.9, (c) representa uma distribuição positivamente assimétrica, enquanto (d) representa uma distribuição negativamente assimétrica. Na mesma figura, tanto (a) quanto (b) representam uma medida perfeitamente simétrica e, portanto, com valor zero.

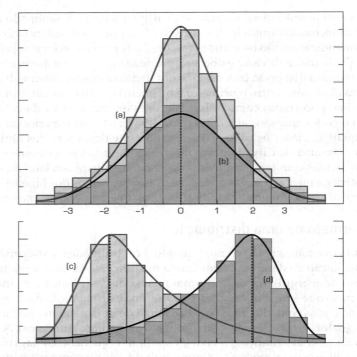

FIGURA 2.9 Relação entre propriedades de dispersão e de formato.

$$Assimetria = S = \frac{\sum_{i=1}^{n}(x_i - \bar{x})^3}{(n-1)s^3}$$

onde s é o desvio padrão e n é a quantidade de amostras.

Curtose é outra medida usada para caracterizar o formato de uma distribuição unimodal. Ao contrário do pendor de um formato, a curtose está mais interessada em caracterizar a natureza pontuda/alta/esguia de uma distribuição. Em termos específicos, a curtose mede até que ponto uma certa distribuição é mais pontuda do que uma distribuição normal. Enquanto uma curtose positiva indica uma distribuição relativamente pontuda/alta, uma curtose negativa indica uma distribuição relativamente achatada/baixa. Como ponto de referência, uma distribuição normal apresenta uma curtose de 3. A fórmula para a curtose pode ser escrita como:

$$Curtose = K = \frac{\sum_{i=1}^{n}(x_i - \bar{x})^4}{ns^4} - 3$$

A estatística descritiva (bem como a estatística inferencial) pode ser facilmente calculada usando-se pacotes de software estatístico comercialmente viáveis (tais como SAS, SPSS, Minitab, JMP, Statistica) ou ferramentas gratuitas/de código aberto (como R). Talvez a maneira mais conveniente de calcular estatísticas descritivas e algumas inferenciais seja usando o Excel. O quadro Dicas Tecnológicas 2.1 descreve em detalhes como usar o Microsoft Excel para calcular estatísticas descritivas.

Capítulo 2 • Análise de dados descritiva I: natureza dos dados, modelagem estatística e visualização 95

DICAS TECNOLÓGICAS 2.1
Como calcular estatísticas descritivas no Microsoft Excel

O Excel, provavelmente a ferramenta de análise de dados mais popular no mundo, pode ser facilmente usado para estatísticas descritivas. Embora a configuração básica do Excel não pareça disponibilizar prontamente a função estatística para usuários finais, tais funções já vêm com a instalação e podem ser ativadas (ligadas) com poucos cliques do mouse. A Figura 2.10 mostra como essas funções estatísticas (como parte do Analysis ToolPak) podem ser ativadas no Microsoft Excel 2016.

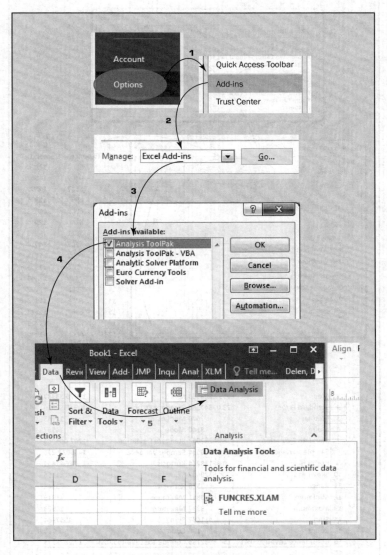

FIGURA 2.10   Ativação da função estatística no Excel 2016.

(Continua)

DICAS TECNOLÓGICAS 2.1 *(Continuação)*
Como calcular estatísticas descritivas no Microsoft Excel

Depois da ativado, o *Analysis ToolPak* aparecerá na opção *Data* do menu sob o nome de *Data Analysis*. Ao clicar em Data Analysis no grupo Analysis sob a aba Data na barra de menu do Excel, você verá Descriptive Statistics como uma das opções na lista de ferramentas de análise de dados (veja a Figura 2.11, passos [1, 2]); clique em OK e a caixa de diálogo Descriptive Statistics

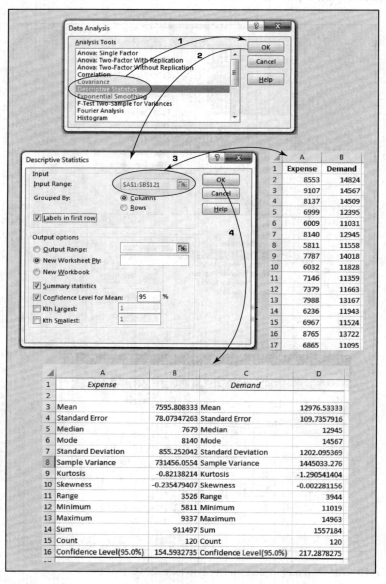

FIGURA 2.11 Obtenção de estatísticas descritivas no Excel.

Capítulo 2 • Análise de dados descritiva I: natureza dos dados, modelagem estatística e visualização **97**

aparecerá (veja o meio da Figura 2.11). Nessa caixa de diálogo, você precisa inserir a amplitude dos dados, que pode ser de uma ou mais colunas numéricas, juntamente com as caixas de seleção de preferência, e clique em OK (veja a Figura 2.11, passos [3, 4]). Quando a seleção inclui mais de uma coluna numérica, a ferramenta trata cada coluna como um conjunto de dados em separado e fornece estatísticas descritivas para cada coluna separadamente.

Como um exemplo simples, selecionamos duas colunas (designadas Expense [Despesa] e Demand [Demanda] e executamos a opção Descriptive Statistics. A parte de baixo da Figura 2.11 mostra os resultados de saída criados pelo Excel. Como se pode ver, o Excel produziu todas as estatísticas descritivas que abordamos na seção anterior e adicionou mais algumas à lista. No Excel 2016, também é bem fácil (com poucos cliques do mouse) criar um diagrama de caixa e fios de bigode. A Figura 2.12 mostra o simples processo em três passos para criar um diagrama de caixa e fios de bigode no Excel.

Ainda que esta seja uma ferramenta bastante útil no Excel, é preciso estar alerta para um aspecto importante dos resultados gerados pelo Analysis ToolPak, o qual apresenta um comportamento diferente das outras funções ordinárias do Excel: embora as funções do Excel se alterem dinamicamente conforme os dados subjacentes na planilha são alterados, o mesmo não ocorre com o Analysis ToolPak. Se você alterar, por exemplo, os valores em quaisquer ou em ambas essas colunas, os resultados de Descriptive Statistics produzidos pelo Analysis ToolPak continuaram iguais. No entanto, o mesmo não vale para funções ordinárias do Excel. Se você fosse calcular o valor médio de uma determinada coluna (usando "=AVERAGE(A1:A121)", ou "=MÉDIA(A1:A121)"), e então alterasse os valores dentro da amplitude de dados, o valor médio seria automaticamente alterado. Em resumo, os resultados produzidos pelo Analysis ToolPak não apresentam um vínculo dinâmico com os dados subjacentes, e se os dados forem alterados, a análise precisará ser refeita usando-se a caixa de diálogo.

Aplicações bem-sucedidas de análise estatística de dados cobrem uma ampla gama de ambientes empresariais e organizacionais, resolvendo problemas que antes pareciam insolúveis. O Caso Aplicado 2.3 é uma excelente ilustração dessas histórias de sucesso, onde a prefeitura de uma pequena cidade adota uma abordagem de análise estatística de dados para detectar e resolver problemas com inteligência ao examinar continuamente padrões de demanda e consumo.

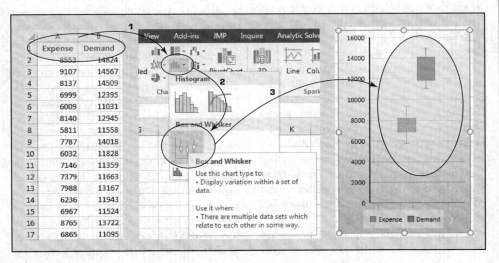

FIGURA 2.12   Criação de um diagrama de caixa e fios de bigode no Excel 2016.

Caso aplicado 2.3

O município de Cary aplica análise de negócios para monitorar dados de sensores, aferir demanda e detectar problemas

Uma torneira pingando. Uma lava-louça com defeito. Um sistema de irrigação com vazamento. Não são meras dores de cabeça que o proprietário de uma residência ou empresa terá de consertar. Podem ser caras, imprevisíveis e, infelizmente, difíceis de identificar. Mediante uma combinação de hidrômetros *wireless* e um portal acessível a clientes e embasado em análise estatística de dados, o município de Cary, na Carolina do Norte, está facilitando em muito a identificação e correção de problemas de desperdício de água. E de carona nesse processo, o município conseguiu obter uma visão geral do consumo de água que se revelou crucial para o planejamento de futuras expansões de estações de tratamento e para promover esforços de conservação segmentados.

Quando o município de Cary instalou hidrômetros *wireless* para 60 mil clientes em 2012, sabia que a nova tecnologia não iria apenas economizar fundos ao eliminar leituras manuais mensais; o prefeitura também percebeu que obteria informações mais precisas e mais ágeis sobre o consumo de água. O sistema *wireless* Aquastar faz a leitura dos hidrômetros a cada hora – são 8.760 pontos de dados por cliente a cada ano, em vez de 12 leituras ao mês. Os dados tinham um imenso potencial, caso pudessem ser facilmente consumidos.

"Com leituras diárias, é como se tivéssemos o equivalente a um balde de dados à disposição. Mas com os hidrômetros sendo lidos a cada hora, temos o equivalente a uma piscina olímpica de dados", afirma Karen Mills, diretora financeira da prefeitura de Cary. "A SAS nos ajuda a gerir bem tamanho volume de dados." Na verdade, a solução permite que o município analise meio bilhão de pontos de dados sobre consumo de água e os disponibilize para o fácil acesso de todos os clientes.

A capacidade de conferir visualmente dados por cliente residencial ou empresarial, de hora em hora, levou a algumas aplicações bastante práticas:

- A prefeitura pode notificar clientes com vazamentos potenciais em poucos dias.
- Os clientes podem configurar alarmes para alertá-los dentro de horas se houver um salto no consumo de água.
- Os clientes podem monitorar online seu consumo de água, o que os ajuda a serem mais proativos em esforços de conservação.

Através do portal online, uma empresa no município de Cary percebeu um salto no seu consumo de água aos fins de semana, quando não há funcionários trabalhando. Isso pareceu estranho, e a leitura incomum ajudou a empresa a descobrir que uma lava-louça comercial estava com defeito, funcionando continuamente durante os fins de semana. Sem os dados do hidrômetro *wireless* e o portal acessível aos clientes, este problema poderia passar despercebido, continuando a desperdiçar água e dinheiro.

A prefeitura conta agora com um panorama bem mais preciso do consumo de água por pessoa, o que é crucial para o planejamento de futuras expansões de estações de tratamento. A vantagem mais interessante para a prefeitura talvez tenha sido a capacidade de confirmar um palpite cujas ramificações de custo vão bem longe: os residentes de Cary são bastante econômicos em seu consumo de água. "Calculamos que, com os eletrodomésticos modernos de alta eficiência, o uso de água dentro de casa poderia alcançar um mínimo de 35 litros por pessoa por dia. Os residentes de Cary consomem em média 170 litros, o que ainda é extraordinariamente baixo", explica a diretora de recursos hídricos da cidade, Leila Goodwin. Por que isso é importante? O município estava gastando dinheiro para encorajar a eficiência hídrica – com abatimentos para descargas de baixo fluxo e descontos para barris de captação de água da chuva. Agora pode redirecionar melhor sua abordagem, ajudando consumidores específicos a entender e a gerir o uso de água do lado de dentro e de fora de casa.

A SAS foi fundamental não apenas para fazer os residentes entenderem seu próprio consumo de água, mas também trabalhando nos bastidores para ligar duas bases de dados separadas. "Temos uma base de dados de cobranças e uma base de dados de leituras de hidrômetros. Precisamos juntar as duas entre si e tornar o resultado apresentável", afirma Mills.

A prefeitura estima que, com a mera remoção da necessidade de leituras manuais, o sistema Aquastar acabará poupando mais de U$10 milhões acima do custo do projeto. Mas o componente da análise de dados pode garantir economias ainda maiores. Até aqui, tanto a cidade quanto os cidadãos individuais já economizaram um bom dinheiro descobrindo vazamentos com antecedência. Conforme o município de Cary continuar planejando suas futuras necessidades em infraestrutura, o acesso a informações precisas sobre o consumo de água o ajudará alocar os investimentos certos no momento adequado. Além disso, conhecer de perto o consumo de água ajudará a o município caso venha a passar por dificuldades, como uma seca.

"Passamos por uma seca em 2007", conta Goodwin. "Se passarmos por outra, já temos um plano a postos para usar os dados do Aquastar e ver exatamente quanta água estamos usando a cada dia e nos comunicarmos com os residentes. Assim, podermos mostrar: 'eis o que está acontecendo, e eis o quanto podemos usar porque nossas reservas estão baixas'. Tomara que não precisemos usá-lo, mas estamos preparados."

Questões para discussão

1. Quais foram os desafios que o município de Cary enfrentou?
2. Qual foi a solução proposta?
3. Quais foram os resultados?
4. Quais outros problemas e soluções via análise estatística de dados você antevê para municípios como Cary?

Fonte: "Municipality puts wireless water meter-reading data to work (SAS® Analytics) – The Town of Cary, North Carolina uses SAS Analytics to analyze data from wireless water meters, assess demand, detect problems and engage customers." Copyright © 2016 SAS Institute Inc., Cary, NC, USA. Reimpresso com permissão. Todos os direitos reservados.

SEÇÃO 2.5 QUESTÕES DE REVISÃO

1. Qual é a relação entre estatística e análise de negócios?
2. Quais são as principais diferenças entre a estatística descritiva e a inferencial?
3. Liste e defina em resumo as medidas de tendência central da estatística descritiva.
4. Liste e defina em resumo as medidas de dispersão da estatística descritiva.
5. O que é um diagrama de caixa e fios de bigode? Quais tipos de informações estatísticas ele representa?
6. Quais são as duas características de formato mais usadas para descrever uma distribuição de dados?

2.6 Modelos de regressão para estatística inferencial

Regressão, sobretudo a regressão linear, talvez seja a técnica de análise de dados mais conhecida e usada em estatística. Historicamente falando, as raízes da regressão remontam às décadas de 1920 e 1930, e antes ainda à obra sobre características hereditárias na ervilha-de-cheiro por Sir Francis Galton e subsequentemente Karl

Pearson. Desde então, a regressão se tornou a técnica estatística para caracterização de relações entre variáveis explanatórias (entrada) e variáveis de resposta (saída).

Em toda sua popularidade, a regressão, em essência, é uma técnica relativamente simples para modelar a dependência de uma variável (de resposta ou saída) em relação a uma ou mais variáveis explanatórias (entrada). Uma vez identificada, essa relação entre as variáveis pode ser formalmente representada como uma função/equação linear/aditiva. Como no caso de muitas outras técnicas de modelagem, a regressão visa capturar a relação funcional entre as características do mundo real e descrever essa relação mediante um modelo matemático, que pode então ser usado para descobrir e compreender as complexidades da realidade – explorar e explicar as relações ou prever ocorrências futuras.

A regressão pode ser usada para um dentre dois propósitos: testar hipóteses – a investigação das relações potenciais entre duas variáveis diferentes – e fazer previsões – a estimativa dos valores de variáveis de resposta com base em uma ou mais variáveis explanatórias. Essas duas aplicações não são mutuamente excludentes. O poder explanatório da regressão também representa a base de sua capacidade de previsão. Na testagem de hipóteses (construção de teorias), a análise de regressão pode revelar a existência/intensidade e as direções de relações entre inúmeras variáveis explanatórias (geralmente representadas por x_i) e a variável de resposta (geralmente representada por y). Já ao se fazer previsões, a regressão identifica relações matemáticas aditivas (na forma de uma equação) entre uma ou mais variáveis explanatórias e uma variável de resposta. Uma vez determinada, essa equação pode ser usada para fazer a previsão de valores da variável de resposta para determinado conjunto de valores das variáveis explanatórias.

CORRELAÇÃO *VERSUS* REGRESSÃO Como a análise de regressão se originou em estudos de correlação, e como ambos métodos buscam descrever a associação entre duas variáveis (ou mais), esses dois termos são muitas vezes confundidos por profissionais e até mesmo por cientistas. A **correlação** não faz qualquer pressuposição *a priori* sobre uma variável ser ou não dependente de outra(s) e não está preocupada com o tipo de relação entre variáveis; na verdade, ela oferece uma mera estimativa sobre o grau de associação entre elas. Por sua vez, a regressão busca descrever a dependência de uma variável de resposta em relação a uma ou mais variáveis explanatórias, assumindo implicitamente que há uma relação causal apontando na direção das variáveis explanatórias para a variável de resposta, quer a trajetória do efeito seja direta ou indireta. Ademais, embora a correlação esteja interessada em relações de nível fundamental entre duas variáveis, a regressão está preocupada com as relações entre todas as variáveis explanatórias e a variável de resposta.

REGRESSÃO SIMPLES *VERSUS* MÚLTIPLA Quando a equação de regressão envolve uma variável de resposta e uma variável explanatória, ela é chamada de regressão simples. A equação de regressão desenvolvida para prever/explicar a relação entre, por exemplo, a altura de uma pessoa (variável explanatória) e seu peso (variável de resposta) é um bom exemplo de regressão simples. Regressão múltipla é a extensão da regressão simples em que há mais de uma variável explanatória. Tomando o exemplo anterior, caso incluíssemos não apenas a altura da pessoa, mas também outras características pessoais (como IMC, gênero, etnia) para prever o peso dela, então estaríamos aplicando uma análise de regressão múltipla. Em ambos casos, a relação entre a variável de resposta e a(s) variável(eis) explanatória(s) é de natureza linear e aditiva. Se as relações não forem lineares, então podemos usar um dentre muitos métodos de regressão não linear para melhor capturar as relações entre as variáveis de entrada e saída.

Como desenvolvemos o modelo de regressão linear?

Para entender a relação entre duas variáveis, a coisa mais simples a se fazer é desenhar um gráfico de dispersão, onde o eixo y representa os valores da variável de resposta e o eixo x representa os valores da variável explanatória (veja a Figura 2.13). Uma gráfico de dispersão mostraria as mudanças na variável de resposta como uma função das mudanças na variável explanatória. No caso mostrado na Figura 2.13, parece haver uma relação positiva entre as duas; conforme os valores da variável explanatória aumentam, o mesmo se dá com os valores da variável de resposta.

Uma análise de regressão simples visa encontrar uma representação matemática dessa relação. Na realidade, ela busca encontrar a assinatura de uma linha reta passando bem em meio aos pontos plotados (representando os dados de observação/históricos) de modo a minimizar a distância entre os pontos e a linha (os valores previstos na linha teórica de regressão). Muito embora haja diversos métodos/algoritmos propostos para identificar a linha de regressão, aquele mais frequentemente usado é o chamado método dos **mínimos quadrados ordinários (MQO)**. O método MQO visa minimizar a soma dos resíduos quadrados (distâncias verticais quadradas entre a observação e o ponto de regressão) e leva a uma expressão matemática para os valores estimados da linha de regressão (que são conhecidos como parâmetros β). Para uma **regressão linear** simples, a relação recém mencionada entre a variável de resposta (y) e a(s) variável(eis) explanatória(s) (x) pode ser mostrada como uma equação simples, como a seguinte:

$$y = \beta_0 + \beta_1 x$$

Nessa equação, β_0 é chamado de altura e β_1 é chamado de inclinação. Depois que o MQO determina os valores desses dois coeficientes, a equação simples pode ser

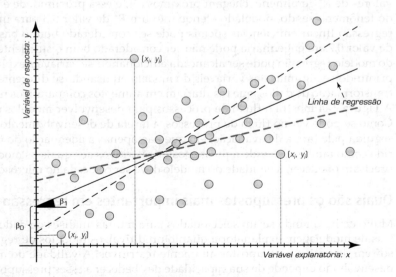

FIGURA 2.13 Gráfico de dispersão e uma linha de regressão linear.

usada para prever valores de y para determinados valores de x. O sinal e o valor de β_1 também revelam a direção e a intensidade da relação entre as duas variáveis.

Se o modelo for do tipo regressão multilinear, então haverá mais coeficientes a serem determinados, um para cada variável explanatória adicional. Como mostra a fórmula, a variável explanatória adicional seria multiplicada pelos novos coeficientes β_1 e somadas entre si para estabelecer uma representação linear aditiva da variável de resposta.

$$y = \beta_0 + \beta_1 x_1 + \beta_2 x_2 + \beta_3 x_3 + \ldots + \beta_n x_n$$

Como podemos saber se o modelo é bom o bastante?

Por diversas razões, às vezes modelos como representações da realidade não se revelam muito bons. Qualquer que seja a quantidade de variáveis explanatórias incluídas, sempre há a possibilidade de que o modelo simplesmente não seja bom, precisando, portanto, ser avaliado quanto à sua adequação para representar a variável de resposta. No sentido mais simples, um modelo de regressão bem-sucedido prevê valores bem aproximados aos dados observados. Para a avaliação numérica, três medidas estatísticas costumam ser usadas para determinar a adequação de um modelo de regressão. R^2 (R quadrado), o teste geral F e a raiz do erro quadrático médio (REQM). Todas essas medidas se baseiam nas somas dos erros quadrados (a que distância os dados se encontram da média e a que distância os dados se encontram dos valores previstos pelo modelo). Diferentes combinações desses dois valores fornecem informações distintas quanto à correspondência entre o modelo de regressão e o modelo médio.

Dentre as três, o R^2 apresenta o significado mais útil e mais compreensível, devido à sua escala intuitiva. O valor de R^2 fica entre 0 e 1 (correspondendo à quantidade de variabilidade explicada como um percentual), com 0 indicando que a relação e o poder preditivo do modelo proposto não são bons, e 1 indicando que o modelo proposto é perfeito e produz previsões exatas (o que quase nunca acontece). Os bons valores de R^2 geralmente chegam próximos a 1, e essa proximidade é uma questão do fenômeno sendo modelado – enquanto um R^2 de valor 0,3 para um modelo de regressão linear em ciências sociais pode ser considerado bom o bastante, um R^2 de valor 0,7 em engenharia pode não ser considerado bom o suficiente. A melhoria do modelo regressão pode ser alcançada adicionando-se variáveis explanatórias, suprimindo-se algumas das variáveis do modelo ou usando-se diferentes técnicas de transformação de dados, que resultariam em aumentos comparativos no valor de R^2. A Figura 2.14 mostra o fluxo de processos para desenvolver modelos de regressão. Como se pode ver no fluxo de processos, a tarefa de desenvolvimento do modelo é seguida pela tarefa de avaliação, em que não apenas a adequação do modelo é aferida como também, devido a pressupostos restritivos aos quais os modelos lineares precisam obedecer, a validade do modelo deve ser colocada no microscópio.

Quais são os pressupostos mais importantes em regressão linear?

Muito embora ainda sejam selecionados para muitas análises de dados (tanto para fins de modelagem explanatória quanto preditiva), os modelos de regressão linear sofrem de vários pressupostos altamente restritivos. A validade do modelo linear desenvolvido depende de sua capacidade de obedecer a esses pressupostos. Eis aqui os pressupostos geralmente mais destacados:

Capítulo 2 • Análise de dados descritiva I: natureza dos dados, modelagem estatística e visualização

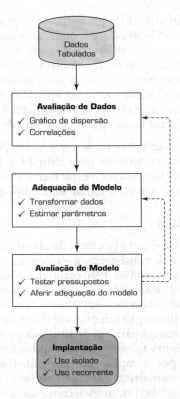

FIGURA 2.14 Fluxo de processos para desenvolver modelos de regressão.

1. **Linearidade.** Este pressuposto impõe que a relação entre a variável de resposta e as variáveis explanatórias seja linear. Isto é, o valor esperado da variável de resposta é uma função em linha reta de cada variável explanatória, mantendo-se todas as demais variáveis explanatórias fixas. Além disso, a inclinação da linha não depende dos valores das outras variáveis. Também implica que os efeitos de diferentes variáveis explanatórias sobre o valor esperado da variável de resposta sejam de natureza aditiva.
2. **Independência** (de erros).   Este pressuposto impõe que os erros da variável de resposta não têm qualquer correlação uns com os outros. A independência dos erros é mais débil do que a independência estatística real, que é uma condição mais impositiva e que muitas vezes não é necessária para análise de regressão linear.
3. **Normalidade** (de erros).   Este pressuposto impõe que os erros da variável de resposta apresentem uma distribuição normal. Ou seja, devem ser totalmente aleatórios e não devem representar qualquer padrão não aleatório.
4. **Variância constante** (de erros).   Este pressuposto, também chamado de homoscedasticidade, impõe que as variáveis de resposta apresentem a mesma variância em seus erros, quaisquer que sejam os valores das variáveis explanatórias. Na prática, este pressuposto é inválido quando a variável de resposta varia ao longo de uma faixa/escala grande o suficiente.

5. **Multicolinearidade.** Este pressuposto impõe que as variáveis explanatórias não sejam correlacionadas (isto é, que não se repliquem identicamente, e sim forneçam uma perspectiva diferente das informações necessárias para o modelo). A multicolinearidade pode ser acionada ao haver duas ou mais variáveis explanatórias perfeitamente correlacionadas apresentadas no modelo (como no caso da mesma variável explanatória ser incluída por engano duas vezes no modelo, apenas com uma ligeira transformação nela). Uma avaliação de dados baseada em correlações geralmente apanha esse tipo de erro.

Existem técnicas estatísticas desenvolvidas para identificar violações desses pressupostos, bem como técnicas para mitigá-las. Para alguém desenvolvendo um modelo, a parte mais importante é estar ciente da existência de tais pressupostos e providenciar meios para avaliar seu modelo e assegurar que obedecem a todos eles.

Regressão logística

A **regressão logística** é um algoritmo de classificação probabilística bastante popular e estatisticamente consistente que emprega **aprendizado** supervisionado. Ele foi desenvolvido na década de 1940 como um complemento à regressão linear e a métodos de análise linear discriminante. É adotado extensivamente em inúmeras disciplinas, incluindo as áreas médicas e as ciências sociais. A regressão logística é similar à regressão linear por também visar regredir a uma função matemática que explique a relação entre a variável de resposta e as variáveis explanatórias usando uma amostra de observações passadas (dados de treinamento). Ela difere da regressão linear num ponto importante: sua saída (variável de resposta) é uma classe, e não uma variável numérica. Ou seja, enquanto a regressão linear é empregada para estimar uma variável numérica contínua, a regressão logística é usada para classificar uma variável categórica. Muito embora a forma original da regressão logística tenha sido desenvolvida para produzir uma variável binária de saída (como 1/0, sim/não, aprovado/rejeitado), a versão atual modificada é capaz de prever variáveis multiclasse de saída (isto é, regressão logística multinominal). Quando há apenas uma variável previsora e uma variável prevista, o método é chamado de regressão logística simples (da mesma forma como os modelos de regressão linear com uma única variável independente são chamados de regressão linear simples).

Em análise de dados preditiva, modelos de regressão logística são usados para desenvolver modelos probabilísticos entre uma ou mais variáveis explanatórias/de resposta (cuja natureza pode ser uma mescla de valores contínuos e categóricos) e uma variável de classe/resposta (que pode ser binomial/binária ou multinominal/multiclasse). Ao contrário da regressão linear ordinária, a regressão logística é usada para prever resultados categóricos (muitas vezes binários) da variável de resposta – tratando-a como o resultado de um ensaio de Bernoulli. Portanto, a regressão logística toma o logaritmo das chances da variável de resposta para criar um critério contínuo como uma versão transformada da variável de resposta. Assim, a transformação logit é referida como a função de ligação na regressão logística – muito embora a variável de resposta na regressão logística seja categórica ou binomial, o logit é o critério contínuo sobre o qual a regressão logística é conduzida. A Figura 2.15 mostra uma função de regressão logística onde as chances são representadas no eixo x (uma função linear das variáveis independentes), enquanto o resultado probabilístico é mostrado no eixo y (isto é, os valores da variável de resposta variam entre 0 e 1).

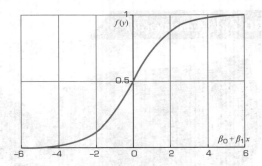

FIGURA 2.15 A função logística.

A função logística, $f(y)$ na Figura 2.15, é o núcleo da regressão logística, que só pode assumir valores entre 0 e 1. A equação a seguir é uma representação matemática simples dessa função:

$$f(y) = \frac{1}{1 + e^{-(\beta_0 + \beta_1 x)}}$$

Os coeficientes de regressão logística (os βs) são geralmente estimados usando-se o método estimativo da probabilidade máxima. Ao contrário da regressão linear, com seus resíduos em distribuição normal, não é possível encontrar uma expressão em forma fechada para os valores dos coeficientes que maximize a função de probabilidade, fazendo com que um processo iterativo seja usado em seu lugar. Esse processo começa por uma solução inicial tentativa, depois revisa ligeiramente os parâmetros para ver se a solução pode ser aprimorada e repete essa revisão iterativa até que mais nenhuma melhoria possa ser alcançada ou seja ínfima, momento no qual considera-se o processo completo/convergido.

A análise de dados esportivos – o uso de dados e técnicas estatísticas/analíticas para melhor gerir equipes/organizações esportivas – vem ganhando extrema popularidade. O uso de técnicas analíticas embasadas em dados caiu no gosto não apenas de equipes profissionais, mas também de esportes universitários e amadores. O Caso Aplicado 2.4 é um exemplo de como fontes de dados já existentes e publicamente disponíveis podem ser usadas para prever os resultados de jogos finais de futebol americano universitário usado modelos preditivos de classificação e regressão.

Caso aplicado 2.4

Previsão de resultados de finais de campeonato da NCAA

Prever o resultado de um jogo de futebol americano universitário (ou de qualquer esporte, a bem da verdade) é um problema interessante e desafiador. Por isso, pesquisadores atrás de desafios, atuantes tanto na academia quanto na iniciativa privada, investem muitos esforços na previsão do resultado de eventos esportivos. Em diferentes veículos de mídia (muitas vezes disponíveis ao público), estão disponíveis grandes quantidades de dados históricos referentes

(Continua)

Caso aplicado 2.4 *(Continuação)*

à estrutura e aos resultados de eventos esportivos, na forma de uma variedade de fatores representados numérica ou simbolicamente e vistos como colaboradores para tais resultados.

Os jogos de encerramento de temporada, que valem títulos, são bastante importantes para as universidades tanto em termos financeiros (arrecadando milhões de dólares em receitas adicionais) quanto em termos de reputação – para o recrutamento de estudantes qualificados e atletas de destaque no ensino médio para seu programas atléticos (Freeman & Brewer, 2016). As equipes que ganham vagas para um jogo que vale taça dividem uma bolsa, cujo valor depende da taça em questão (algumas taças são mais prestigiadas e rendem mais às duas equipes); por isso, assegurar uma vaga para um jogo final é o principal objetivo de qualquer equipe da divisão universitária I-A de futebol americano. Os responsáveis por organizar os jogos finais têm a autoridade para selecionar e convidar equipes elegíveis para o jogo decisivo (um time que tenha seis vitórias contra seus adversários da Divisão I-A naquela temporada) e equipes bem-sucedidas (conforme sua colocação e seu ranking), que disputarão um jogo empolgante e competitivo, atraindo seus respectivos torcedores e mantendo os torcedores das demais equipes atentos via diversos veículos de mídia que lucram com publicidade.

Num recente estudo por mineração de dados, Delen, Cogdell e Kasap (2012) utilizaram dados de 8 anos de jogos finais com três técnicas populares de mineração de dados (árvores de decisão, redes neurais e máquinas de vetores de suporte) para preverem o resultado de cada jogo, tanto em termos de classificação (vitória *versus* derrota) quanto em termos de regressão (diferença projetada de placar entre a pontuação dos dois oponentes). A seguir é apresentado um breve resumo de seu estudo.

Metodologia

Nessa pesquisa, Delen e seus colegas seguiram uma metodologia popular de mineração de dados chamada CRISP-DM (Cross-Industry Standard Process for Data Mining), que abrange um processo em seis etapas. Essa metodologia popular, que é examinada em detalhes no Capítulo 4, proporcionou-lhes uma maneira sistemática e estruturada para conduzir o estudo subjacente de mineração de dados e, assim, aumentou suas chances de obterem resultados precisos e confiáveis. Para aferir com objetividade o poder preditivo dos diferentes tipos de modelo, eles usaram uma metodologia conhecida como validação cruzada *k-fold*. Detalhes sobre a validação cruzada *k-fold* podem ser encontrados no Capítulo 4. A Figura 2.16 ilustra graficamente a metodologia empregada pelos pesquisadores.

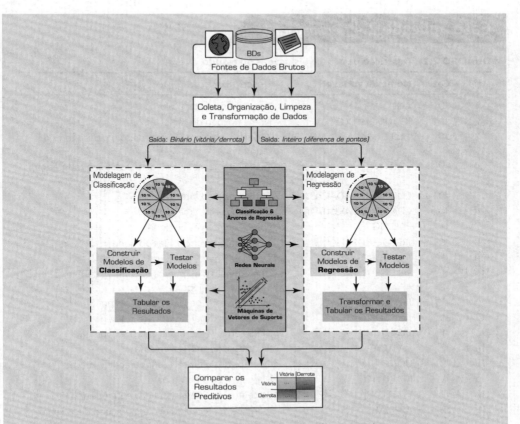

FIGURA 2.16 A ilustração gráfica da metodologia empregada no estudo.

Aquisição de dados e pré-processamento de dados

Os dados amostrados para esse estudo foram coletados junto a várias bases de dados esportivos disponíveis na Web, incluindo jhowel.net, ESPN.com, Covers.com, ncaa.org e rauzulusstreet.com. O conjunto de dados incluiu 244 decisões de campeonato, representado um conjunto completo de oito temporadas de finais de campeonato de futebol americano universitário disputadas entre 2002 e 2009. Praticando algumas das regras gerais mais populares em mineração de dados, os pesquisadores incluíram no modelo o máximo possível de informações relevantes. Assim, após um processo aprofundado de identificação e coleta de variáveis, acabaram com um conjunto de dados que incluía 36 delas. As primeiras 6 eram as variáveis identificadoras (isto é, nome e ano do jogo de disputa de título, nomes dos times da casa e visitante e suas conferências atléticas – confira as variáveis 1 a 6 no Quadro 2.2), seguidas por 28 variáveis de entrada (referentes a estatísticas sazonais de cada equipe no ataque e na defesa, resultados de jogos, características de composição das equipes, característica das respectivas conferências e o desempenho real das equipes frentes às probabilidades – confira as variáveis 7 a 34 no Quadro 2.2) e, por fim, as últimas 2 eram as variáveis de saída (isto é, DifPont – a diferença de pontuação entre o time da casa e o visitante, representada por um número inteiro, e VitóriaDerrota – determinando se o time da casa

(Continua)

Caso aplicado 2.4 *(Continuação)*

QUADRO 2.2 Descrição das variáveis usadas no estudo

Nº	Cat	Nome da variável	Descrição
1	ID	ANO	Ano da disputa de título
2	ID	JODODOTÍTULO	Nome do jogo do título
3	ID	TIMEDACASA	Time da casa (como listado pelos organizadores da disputa)
4	ID	VISITANTE	Time visitante (como listado pelos organizadores da disputa)
5	ID	CONFERÊNCIADACASA	Conferência do time da casa
6	ID	CONFERÊNCIAVISITANTE	Conferência do time visitante
7	I1	PDEFPJG	Pontos defensivos por jogo
8	I1	JRDSDEFCORRPJG	Jardas defensivas corridas por jogo
9	I1	JRDSDEFPJG	Jardas defensivas por jogo
10	I1	PPJ	Número médio de pontos que uma determinada equipe marcou por jogo
11	I1	JRDSPPJG	Média do total de jardas passadas por jogo
12	I1	JRDSCORRPJG	Média total de jardas corridas por jogo
13	I1	JRDSPJG	Média do total de jardas ofensivas por jogo
14	I2	%VITCASA	Percentual de vitórias em casa
15	I2	ULT7	Quantos dos últimos 7 jogos a equipe venceu
16	I2	MARGVIT	Margem média de vitória
17	I2	VITFCON	Percentual de vitórias fora da conferência
18	I2	APPREV	A equipe apareceu ou não em um jogo decisivo no ano anterior
19	I2	%FCASA	Percentual de vitórias fora de casa
20	I2	%VITTEMP	Percentual de vitórias no ano
21	I2	TOP25	Percentual de vitórias contra os 25 melhores times no ano
22	I3	DIFTABTEMP	Dificuldade da tabela no ano
23	I3	%CAL	Percentual de jogos disputados por atletas calouros no ano
24	I3	%SEG	Percentual de jogos disputados por atletas do segundo ano no ano
25	I3	%TER	Percentual de jogos disputados por atletas do terceiro ano no ano
26	I3	%QUAR	Percentual de jogos disputados por atletas do quarto ano no ano
27	I4	%AcTEMP	Percentual de vezes que uma equipe ficou acima do Ac/Ab* na atual temporada
28	I4	%COBDIFP	Percentual de cobertura de diferencial de pontos nos jogos finais anteriores
29	I4	%AB	Percentual de vezes que uma equipe ficou abaixo em jogos finais anteriores

30	I4	%AC	Percentual de vezes que uma equipe ficou acima em jogos finais anteriores
31	I4	%COBTEM	Percentual de cobertura contra diferencial de pontos na atual temporada
32	I5	CAMPCOF	O time venceu ou não a disputa do título de sua respectiva conferência
33	I5	DIFTABCONF	Dificuldade da tabela da conferência
34	I5	%VITCONF	Percentual de vitórias na conferência
35	O1	DifPont°	Diferença de pontuação (PontuaçãoTimeCasa – PontuaçãoTimeFora)
36	O2	VitDerr°	Se o time da casa vence ou perde o jogo

*Ac/Ab – Se um time ficou acima ou abaixo da diferença de pontuação esperada.
°Variáveis de saída – DifPont para modelos de regressão e VitDerr para modelos de classificação binária.
I1: Ataque/defesa; I2: resultado do jogo; I3: configuração da equipe; I4: contra a probabilidade; I5: estatísticas da conferência.
ID: Variáveis identificadoras; O1: variável de saída para modelos de regressão; O2: variável de saída para modelos de classificação.

venceu ou perdeu o jogo final, representada por uma designação nominal).

Na formulação do conjunto de dados, cada fileira (também chamada de ênupla, caso, amostra, exemplo, etc.) representava um jogo decisivo, e cada coluna valia por uma variável (do tipo identificadora/entrada ou saída). Para representar as características comparativas das duas equipes adversárias para cada jogo em questão, nas variáveis de entrada foram calculadas e usadas as diferenças entre as medidas do time da casa e o visitante. Todos os valores dessas variáveis foram calculados a partir da perspectiva do time da casa. Por exemplo, a variável PPJ (média de pontos por jogo marcados por uma equipe) representa a diferença entre PPJ do time da casa e PPJ do visitante. As variáveis de saída representam se o time da casa vence ou perde o jogo do campeonato. Ou seja, se a variável DifPont assumir um número inteiro positivo, então espera-se que o time da casa vença o jogo por essa margem, caso contrário (se a variável DifPont assumir um número inteiro negativo) o esperado é que o time da casa perca o jogo por essa margem. No caso de VitóriaDerrota, o valor da variável de saída é uma designação binária, com "Vitória" ou "Derrota" indicando o resultado do jogo para o time da casa.

Resultados e avaliação

Neste estudo, três técnicas populares de previsão foram usadas para construir modelos (e compará-los entre si): redes neurais artificiais, árvores de decisão e máquinas de vetores de suporte. Essas técnicas preditivas foram selecionadas com base na sua capacidade de modelar problemas de previsão tanto ao estilo classificação quanto regressão, e por sua popularidade na literatura publicada recentemente a respeito de mineração de dados. Mais detalhes sobre esses métodos populares de mineração de dados podem ser encontrados no Capítulo 4.

Para comparar a precisão preditiva de todos modelos entre si, os pesquisadores usaram uma metodologia de validação cruzada *k-fold* estratificada. Numa versão estratificada de validação cruzada *k-fold*, as iterações (*folds*) são criadas de modo a conter aproximadamente a mesma proporção de designações previsoras (isto é, classes) quanto o conjunto de dados original. Neste estudo, o valor de *k* foi configurado em 10 (isto é, o conjunto completo de 244 amostras foi dividido em 10 subconjuntos, cada qual com cerca de 25 amostras), o que é uma prática comum em aplicações preditivas de mineração de dados. Uma representação

(Continua)

Caso aplicado 2.4 *(Continuação)*

gráfica das validações cruzadas *10-fold* foi mostrada anteriormente neste capítulo. Para comparar os modelos preditivos que foram desenvolvidos usando-se as técnicas de mineração de dados recém citadas, os pesquisadores optaram por usar três critérios comuns de desempenho: precisão, sensibilidade e especificidade. As fórmulas simples para esses parâmetros também foram explicadas mais cedo neste capítulo.

Os resultados preditivos das três técnicas de modelagem são apresentados na Tabela 2.4 e na Tabela 2.5. Já o Quadro 2.2 apresenta os resultados da validação cruzada 10-*fold* da metodologia de classificação em que as três técnicas de mineração de dados estão formuladas para ter uma variável de saída binária-nominal (isto é, *VitóriaDerrota*). A Tabela 2.5 apresenta os resultados da validação cruzada 10-*fold* da metodologia de classificação baseada em regressão, onde as três técnicas de mineração de dados são formuladas para ter uma variável de saída numérica (isto é, *DifPont*). Na previsão de classificação baseada em regressão, a saída numérica dos modelos é convertida em estilo classificatório designando-se os números de *DerrotaVitória* positivos como "Vitória" e os números de *DerrotaVitória* negativos como "Derrota", e então tabulando-os nas matrizes de confusão. Usando as matrizes de confusão, os índices de precisão, sensibilidade e especificidade geral de cada tipo de modelo são calculados e apresentados nessas duas tabelas.

Como indicam os resultados, os métodos de previsão ao estilo classificação tiveram um desempenho melhor do que a metodologia de previsão ao estilo classificação baseada em regressão. Dentre as três tecnologias de mineração de dados, a classificação e as árvores de regressão produziram o maior nível de precisão em ambas metodologias preditivas. Em geral, os modelos de classificação e classificação por árvore de regressão produziram uma precisão de validação cruzada 10-*fold* de 86,48%, seguidos de máquinas de vetores de suporte (com uma precisão de validação cruzada 10-*fold* de 79,51%) e redes neurais (com uma precisão de validação cruzada 10-*fold* de 75,00%). Usando um teste t, os pesquisadores revelaram que esses valores de precisão eram significativamente diferentes ao nível alfa de 0,05, ou seja, a árvore de decisão é um previsor consideravelmente melhor nessa área do que redes neurais e máquinas de vetores de suporte, e as máquinas de vetores de suporte são um previsor consideravelmente melhor do que as redes neurais.

Os resultados do estudo mostraram que os modelos ao estilo classificação preveem os resultados dos jogos melhor do que os modelos

TABELA 2.4 Resultados das previsões para a metodologia de classificação direta

Método preditivo (classificação*)	Matriz de confusão		Precisão** (em %)	Sensibilidade (em %)	Especificidade (em %)
	Vitória	Derrota			
ANN (MLP) Vitória	92	42	75,00	68,66	82,73
Derrota	19	91			
SVM (RBF) Vitória	105	29	79,51	78,36	80,91
Derrota	21	89			
DT (C&RT) Vitória	113	21	**86,48**	84,33	89,09
Derrota	12	98			

*A variável de saída é de categoria binária (Vitória ou Derrota); diferenças foram sig. (** $p < 0,01$).

TABELA 2.5 Resultados das previsões para a metodologia de classificação baseada em regressão

Método preditivo (baseado em regressão*)	Matriz de confusão		Precisão**	Sensibilidade	Especificidade
	Vitória	Derrota			
ANN (MLP) Vitória	94	40	72,54	70,15	75,45
Derrota	27	83			
SVM (RBF) Vitória	100	34	74,59	74,63	74,55
Derrota	28	82			
DT (C&RT) Vitória	106	28	77,87	76,36	79,10
Derrota	26	84			

A variável de saída é numeral/inteira (dif. de pontos); diferenças foram sig. (** $p < 0,01$).

de classificação baseados em regressão. Ainda que esses resultados sejam específicos do domínio de aplicação e dos dados em questão, e, portanto, não devam ser generalizados além do escopo do estudo, eles são empolgantes, já que as árvores de decisão se revelaram não apenas as melhores previsoras, mas também as mais fáceis de serem compreendidas e aplicadas, se comparadas a outras técnicas de aprendizado por máquina utilizadas nesse estudo. Mais detalhes sobre esse estudo podem ser encontrados em Delen et al. (2012).

Questões para discussão

1. Quais são os desafios vislumbráveis para a previsão de resultados de eventos esportivos (como de jogos universitários de decisão de campeonato)?
2. Como os pesquisadores formularam/projetaram o problema da previsão (isto é, quais foram as entradas e saídas, e qual foi a representação de uma amostra-fileira de dados)?
3. Qual foi o nível de acerto dos resultados preditivos? O que mais eles podem fazer para aumentar a precisão?

Fontes: Delen, D., Cogdell, D., & Kasap, N. (2012). A comparative analysis of data mining methods in predicting NCAA bowl outcomes. *International Journal of Forecasting, 28*, 543–552; Freeman, K. M., & Brewer, R. M. (2016). The politics of American college football. *Journal of Applied Business and Economics, 18*(2), 97–101.

Previsão por série temporal

Às vezes, a variável em que estamos interessados (isto é, a variável de resposta) pode não ter variáveis explanatórias distintamente identificáveis, ou pode haver um excesso delas em uma relação altamente complexa. Em tais casos, se os dados estiverem disponíveis em um formato desejável, um modelo preditivo — a chamada série temporal — pode ser desenvolvido. Uma série temporal é uma sequência de pontos de dados da variável de interesse, medidos e representados em pontos sucessivos separados por intervalos temporais uniformes. Exemplos de séries temporais incluem volumes pluviométricos mensais em determinada região geográfica, o valor de fechamento diário de índices da bolsa de valores e as vendas diárias totais de um mercadinho. Muitas vezes, séries temporais são visualizadas por meio de um gráfico linear. A Figura 2.17 mostra um exemplo de série temporal de volumes de vendas para os anos de 2008 a 2012 por divisão trimestral.

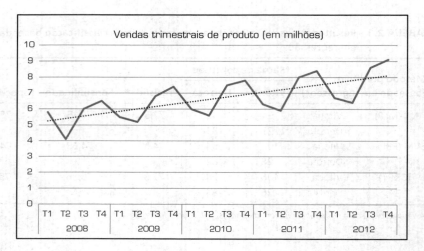

FIGURA 2.17 Uma amostra de série temporal de dados sobre volumes trimestrais de vendas.

A **previsão por série temporal** é o uso de modelagem matemática para prever valores futuros da variável de interesse, com base em valores previamente observados. Os gráficos/plotagens de séries temporais lembram muito a regressão linear simples, já que em séries temporais também temos duas variáveis: a variável de resposta e a variável temporal apresentadas num gráfico de dispersão. Salvo este componente de similaridade, não há praticamente mais nada em comum entre elas. Se por um lado a análise de regressão é empregada com frequência para testar teorias e conferir se os valores atuais de uma ou mais variáveis explanatórias explicam (e, portanto, preveem) a variável de resposta, os modelos de série temporal visam extrapolar seu comportamento ao longo do tempo para estimar os valores futuros.

A previsão por série temporal pressupõe que todas as variáveis explanatórias encontram-se agregadas e consumidas no comportamento da variável de resposta ao longo do tempo. Sendo assim, a captura do comportamento ao longo do tempo é a maneira de prever os valores futuros da variável de resposta. Para isso, o padrão é analisado e decomposto em seus componentes principais: variações aleatórias, tendências temporais e ciclos sazonais. O exemplo de série temporal mostrado na Figura 2.17 ilustra todos esses padrões distintos.

As técnicas usadas para desenvolver previsões por série temporal vão desde as bem simples (as previsões ingênuas que sugerem que a previsão para hoje deve simplesmente repetir o que aconteceu ontem) até as bastante complexas, como a ARIMA (um método que combina padrões autoregressivos e de movimentação da média nos dados). As técnicas mais populares são provavelmente os métodos de extração de médias, que incluem média simples, média variável, média variável ponderada e suavização exponencial. Muitas dessas técnicas também possuem versões avançadas em que sazonalidades e tendências podem ser levadas em consideração para melhorar a precisão das previsões. A precisão de um método costuma ser aferida pela computação de seu erro (desvio calculado entre o que se previu e o que de fato ocorreu nas observações passadas) via erro absoluto médio (EAM), erro quadrático médio (EQM) ou erro percentual absoluto médio (EPAM). Embora todos empreguem a mesma medida básica de erro, esses três métodos de avaliação enfatizam aspectos diferentes do erro, alguns penalizando erros grosseiros mais do que outros.

SEÇÃO 2.6 QUESTÕES DE REVISÃO

1. O que é regressão e qual propósito estatístico ela atende?
2. O que a regressão e a correlação têm em comum e de diferente?
3. O que é MQO? De que forma o MQO determina a linha de regressão linear?
4. Liste e descreva as principais etapas a serem cumpridas no desenvolvimento de um modelo de regressão linear.
5. Quais são os pressupostos geralmente mais destacados da regressão linear?
6. O que é regressão logística? Quais as diferenças entre ela e a regressão linear?
7. O que é uma série temporal? Quais são as principais técnicas de previsão para dados de séries temporais?

2.7 Geração de relatórios empresariais

Os responsáveis por tomar decisões precisam de informações para embasar sua precisão e agilidade. Informações representam essencialmente a contextualização dos dados. Além dos meios estatísticos que foram explicados na seção anterior, informações (análise de dados descritiva) também podem ser obtidas usando-se sistemas de processamento de transações online (OLTP – *online transaction processing*; confira a taxonomia simplificada de análise de dados descritiva na Figura 2.7). As informações costumam ser fornecidas aos responsáveis por tomar decisões na forma de um relatório por escrito (digital ou em papel), mas também na forma oral. *Grosso modo*, um **relatório** é qualquer artefato de comunicação preparado com a intenção específica de transmitir informações "mastigadas" a quem quer que possa precisar delas, quando quer e onde quer que se façam necessárias. Em geral, trata-se de um documento contendo informações (quase sempre embasadas em dados) organizadas de uma forma narrativa, gráfica e/ou tabular, preparado periodicamente (de forma recorrente) ou sob demanda (*ad hoc*), referindo-se a períodos, eventos, ocorrências ou temas específicos. Relatórios empresariais podem cumprir muitas funções diferentes (mas geralmente relacionadas). Eis algumas das funções predominantes dentre elas:

- garantir que todos os departamentos estejam funcionando de modo adequado;
- fornecer informações;
- transmitir os resultados de uma análise;
- persuadir outros a agirem;
- criar uma memória organizacional (como parte de um sistema de gestão de conhecimento).

A extração de relatórios empresariais (também conhecido como OLAP ou BI) é essencial para garantir que decisões gerenciais sejam otimizadas por embasamento em evidências. Tais **relatórios empresariais** tomam por base diversas fontes de dados provenientes de dentro e de fora da organização (sistemas de processamento de transações online [OLTP]). A criação desses relatórios envolve procedimentos ETL (extrair, transformar e carregar [*load*]) em coordenação com um *data warehouse*, seguidos do uso de uma ou mais ferramentas de extração de relatórios (veja o Capítulo 3 para uma descrição detalhada desses conceitos).

Devido à rápida expansão da tecnologia da informação aliada à necessidade de maior competitividade por parte das empresas, tem havido um crescimento no uso de poder computacional para produzir relatórios que agregam em um mesmo lugar visões diferentes sobre a organização. Em geral, esse processo de geração de relatórios envolve a consulta de fontes de dados estruturados, a maior parte das quais foi criada usando-se diferentes modelos lógicos e dicionários de dados, para produzir um relatório que humanos sejam capazes de ler e digerir facilmente. Esses tipos de relatórios empresariais permitem que gestores e colegas de trabalho permaneçam informados e envolvidos, revisem opções e alternativas e tomem decisões bem embasadas. A Figura 2.18 mostra o ciclo contínuo de aquisição de dados → geração de informações → tomada de decisão → gestão de processo empresarial. Nesse processo cíclico, talvez a tarefa mais crítica seja a extração de relatórios (isto é, a geração de informações) – a conversão de dados provenientes de diferentes fontes em informações de caráter prático.

As chaves para o sucesso de qualquer relatório são clareza, concisão, completude e correção. A natureza do relatório e o nível de importância desses fatores de sucesso variam bastante dependendo de para quem o relatório se destina. As atividades mais comuns nesse contexto são dedicadas à geração de relatórios internos para partes interessadas e tomadores de decisões dentro da própria organização. Também há os relatórios externos entre empresas e o governo (como aqueles para fins fiscais ou para o cumprimento regular de obrigações impostas por comissões de valores mobiliários). Embora exista uma ampla variedade de relatórios empresariais, os mais usados para fins gerenciais podem ser agrupados em três categorias principais (Hill, 2016).

RELATÓRIOS DE MÉTRICAS DE GESTÃO Em muitas organizações, o desempenho dos negócios é administrado por meio de métricas orientadas para resultados. Para grupos externos, trata-se dos acordos de nível de serviço. Para gestão interna, trata-se dos **indicadores-chave de desempenho (KPIs** – *key performance indicators*). Tipicamente, existem metas impostas para a empresa como um todo que devem ser comparados com o desempenho real em certo período. Elas podem ser usadas como parte de outras estratégias de gestão, como Seis Sigma ou Gestão de Qualidade Total.

RELATÓRIOS DO TIPO *DASHBOARD* Nos últimos anos, uma ideia popular tem sido apresentar uma gama variada de indicadores de desempenho em uma única página, como no painel de um carro. Tipicamente, fornecedores de *dashboards* oferecem um conjunto pré-definido de relatórios com elementos estáticos e estrutura estanque, mas também permitem a customização de *widgets*, modos de visualização e o estabelecimento de metas para várias métricas no painel. É comum que tenham luzes de trânsito codificadas por cor definindo o desempenho (vermelho, amarelo, verde) para chamar a atenção dos gestores para áreas em particular. Uma descrição mais detalhada dos *dashboards* pode ser encontrada mais adiante neste capítulo.

RELATÓRIOS DO TIPO *BALANCED SCORECARD* Esse é um método desenvolvido por Kaplan e Norton que visa apresentar uma visão integrada do sucesso numa organização. Além do desempenho financeiro, relatórios do tipo *balanced scorecard* também incluem perspectivas sobre clientes, processos comerciais e aprendizado e crescimento. Mais detalhes a respeito de *balanced scorecards* são apresentados mais adiante neste capítulo.

O Caso Aplicado 2.5 é um exemplo para ilustrar o poder e a utilidade da geração automatizada de relatórios para uma grande (e, numa época de crise do meio ambiente, um tanto caótica) organização como a FEMA.

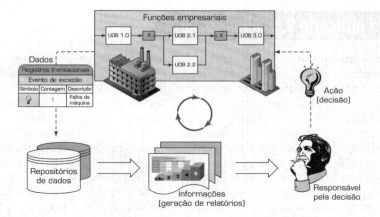

FIGURA 2.18 O papel dos relatórios informativos nos processos decisórios gerenciais.

Caso aplicado 2.5

Fim das inundações de papelada na FEMA

Funcionários da Federal Emergency Management Agency (FEMA), a agência federal norte-americana que coordena operações de socorro quando o presidente declara um desastre nacional, sempre enfrentavam duas inundações de uma só vez. Primeiro, de água encobrindo uma região. Em seguida, uma inundação de papelada, necessária para administrar o National Flood Insurance Program (NFIP), encobria suas mesas – resmas e resmas de relatórios jorravam de uma impressora industrial e se acumulavam pelos escritórios. Um único relatório às vezes chegava a ter 45 centímetros de espessura, com informações preciosas a respeito de pedidos de seguro, prêmios ou pagamentos perdidas dentro dele em algum lugar.

Bill Barton e Mike Miles não prometem melhorar nada em termos da meteorologia, mas o gestor de projetos e o cientista computacional, respectivamente, da Computer Sciences Corporation (CSC) utilizaram o software WebFOCUS, da Information Builders, para drenar a inundação de papéis gerada pelo NFIP. O programa permite que o governo trabalhe em conjunto com as companhias de seguro nacionais para coletar prêmios de seguro contra inundações e pagar por queixas desse tipo em comunidades que adotam medidas de controle de inundações. Como resultado do trabalho da CSC, funcionários da FEMA já não precisam folhear relatórios inteiros para encontrar os dados de que precisam. Agora eles navegam por dados de seguros postados no site BureauNet, via a intranet do NFIP, selecionam apenas as informações que desejam ver e obtêm um relatório na tela ou baixam os dados na forma de uma planilha. E essa é apenas a primeira das melhorias proporcionadas pelo WebFOCUS. A quantidade de vezes que os funcionários do NFIP solicitam relatórios especiais junto ao CSC caiu pela metade, já que agora eles mesmos podem gerar muitos dos relatórios especiais de que precisam sem chamar um programador para desenvolvê-los. E antes de mais nada, há também a economia de custos pela criação do BureauNet. Barton estima que a utilização de um software convencional de base de dados na Web para exportar dados a partir do *mainframe* da FEMA, armazená-los em um novo banco de dados e lincá-los a um servidor Web

(Continua)

Caso aplicado 2.5 *(Continuação)*

teria custado cerca de 100 vezes mais caro – ultrapassando os U$500 mil – e levado cerca de dois anos para ficar pronto, comparado aos poucos meses que Miles levou na solução WebFOCUS.

Quando a tempestade tropical Allison, um turbilhão descomunal de nuvens encharcadas, avançou do Golfo do México para as costas do Texas e da Louisiana em junho de 2001, ela provocou a morte de 34 pessoas, a maioria por afogamento, além de danificar e destruir 16 mil residências e espaços comerciais e deixar mais de 10 mil famílias desabrigadas. O presidente George W. Bush declarou 28 condados do Texas como áreas de desastre, e a FEMA se prontificou a ajudar. Este foi o primeiro teste de fogo para o BureauNet, e ele cumpriu com o prometido. Mesmo em sua primeira atuação abrangente, o BureauNet ajudou os funcionários de campo da Fema a acessarem prontamente os dados de que precisavam e a gerarem muitos tipos de novos relatórios. Felizmente, Miles e o WebFOCUS não fizeram feio. Como conta Barton, em certas ocasiões "a FEMA solicitava um novo tipo de relatório num dia, e Miles o disponibilizava já no dia seguinte via BureauNet, graças à velocidade com a qual ele era capaz de criar novos relatórios no WebFOCUS".

A repentina demanda no sistema teve pouco impacto sobre seu desempenho, observa Barton. "Ele atendeu muito bem a demanda", conta ele. "Não tivemos um problema sequer. E isso fez uma enorme diferença para a Fema e nas tarefas que seus funcionários precisavam cumprir. Eles jamais haviam experimentado tamanho nível de acesso antes, jamais puderam apenas clicar em sua área de trabalho e gerar relatórios tão detalhados e específicos."

Questões para discussão

1. O que é FEMA e o que ela faz?
2. Quais são os principais desafios enfrentados pela FEMA?
3. Como a FEMA conseguiu aprimorar suas práticas ineficientes de geração de relatórios?

Fonte: Information Builders success story. Useful information flows at disaster response agency.informationbuilders.com/applications/fema (acessado em maio de 2016); e fema.gov.

SEÇÃO 2.7 QUESTÕES DE REVISÃO

1. O que é um relatório? Para que servem os relatórios?
2. O que é um relatório empresarial? Quais são as principais características de um bom relatório empresarial?
3. Descreva o processo cíclico de decisões gerenciais, e comente sobre o papel dos relatórios empresariais.
4. Liste e descreva as três principais categorias de relatórios empresariais.
5. Quais são os principais componentes de um sistema de extração de relatórios empresariais?

2.8 Visualização de dados

A **visualização de dados** (ou, mas apropriadamente, visualização de informações) já foi definida como "o uso de representações visuais para explorar, dar sentido e comunicar dados" (Few, 2007). Embora o termo comumente usado seja *visualização de dados*, em geral o que se quer dizer com isso é visualização de informações. Como informação é a agregação, o resumo e a contextualização de dados (fatos brutos), aquilo que é retratado em visualizações são as informações, e não os dados. No entanto, como os dois termos *visualização de dados* e *visualização de informações* são usados como se fossem sinônimos, neste capítulo adotaremos este mesmo critério.

A visualização de dados está intimamente relacionada com infográficos, visualização de informações, visualização científica e gráficos estatísticos. Até recentemente, as principais formas de visualização de dados disponíveis em aplicações de BI incluíam diagramas e gráficos, bem como os outros tipos de elementos visuais usados para criar *scoreboards* e *dashboards*.

Para melhor entender as tendências atuais e futuras no campo da visualização de dados, ajudará se começarmos por algum contexto histórico.

Uma breve história da visualização de dados

Os predecessores da visualização de dados remontam ao séc. II d.C. Porém, a maior parte dos desenvolvimentos ocorreram nos últimos dois séculos e meio, sobretudo durante os últimos 30 anos (Few, 2007). Embora até recentemente a visualização não fosse amplamente reconhecida como uma disciplina em si, as formas visuais mais populares nos dias de hoje têm suas origens alguns séculos atrás. Já desde o séc. XVII, a exploração geográfica, a matemática e a popularização da história acarretaram na criação dos primeiros mapas, gráficos e linhas temporais, mas é William Playfair quem recebe o crédito por ter inventado sua versão moderna, dando origem aos primeiros gráficos de linhas e de barras, amplamente distribuídos em seu *Commercial and Political Atlas*, de 1786, e também àquela que geralmente é considerada a primeira série temporal retratando gráficos de linha, em seu *Statistical Breviary*, publicado em 1801 (veja a Figura 2.19).

Talvez o mais notável inovador dos gráficos informativos durante esse período tenha sido Charles Joseph Minard, que retratou graficamente os prejuízos sofridos pelo exército napoleônico na campanha da Rússia de 1812 (veja a Figura 2.20). Começando na fronteira entre a Polônia e a Rússia, a faixa grossa mostra o tamanho do exército a cada posição. A trajetória do recuo de Napoleão desde Moscou no gélido inverno é retratada pela faixa escura mais abaixo, que está vinculada à temperatura e a escalas de tempo. Edward Tufte, crítico e autor popular especializado em visualização, afirma que esse "pode muito bem ser o melhor gráfico estatístico já desenhado". Nesse gráfico, Minard consegui representar simultaneamente várias escalas (o tamanho do exercito, a direção do movimento, localizações geográficas, temperatura externa, etc.). Muitas outras visualizações excelentes foram criadas no séc. XIX, e a maioria delas está contada no site de Tuffe (edwardtufte.com) e em seus livros sobre visualização.

O séc. XX testemunhou o surgimento de uma atitude mais formal e empírica frente à visualização, cujo foco tendeu para aspectos como cor, escalas de valor e inclusão de legenda. Em meados do século passado, o cartografo e teórico Jacques Bertin publicou seu *Semiologie Graphique*, que, segundo alguns, representa a fundação teórica da moderna visualização de informações. Embora a maioria de seus padrões tenha sido ou superada por pesquisas mais modernas ou se tornado completamente inaplicável para mídias modernas, muitos ainda são bastante relevantes.

Na primeira década do séc. XXI, a Internet emergiu como um novo meio para visualização, e trouxe consigo truques e capacidades completamente novos. Não apenas a distribuição global e digital de dados e visualizações os tornou mais acessíveis para um público mais amplo (elevando, ao mesmo tempo, a fluência visual das pessoas) como também acarretou no desenvolvimento de novas formas que incorporam

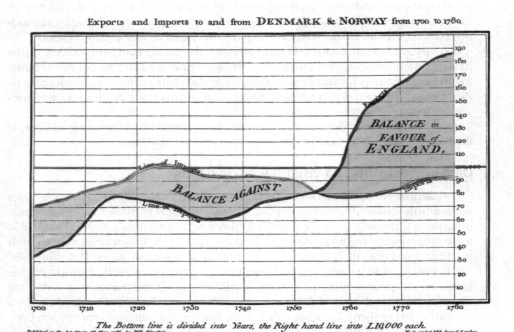

FIGURA 2.19 O primeiro gráfico de linha em série temporal, criado por William Playfair em 1801.

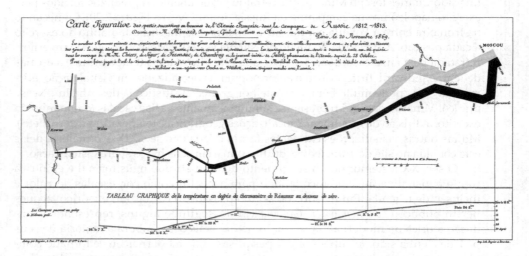

FIGURA 2.20 Aniquilação do exército napoleônico durante a campanha da Rússia de 1812.

interação, animação e tecnologias de produção gráfica exclusivas para telas de aparelhos, além de alimentação de dados em tempo real para criar ambientes imersivos para comunicação e consumo de informações.

Aparentemente de uma hora para a outra, empresas e indivíduos ganharam interesse em dados; tal interesse, por sua vez, desencadeou uma demanda por ferramentas visuais para ajudar a entendê-los. Sensores de hardware mais baratos e esquemas "faça você mesmo" para construir seu próprio sistema estão baixando os custos da coleta e processamento de dados. Inúmeros outros aplicativos, ferramentas de software e bibliotecas de código básico estão emergindo para ajudar as pessoas a coletar, organizar, manipular, visualizar e entender os dados vindos de praticamente qualquer fonte. A Internet também serviu como um fantástico canal de distribuição para visualizações; uma comunidade diversa de designers, programadores, cartógrafos, pensadores e viciados em dados se formou para disseminar um manancial de novas ideias e ferramentas para trabalhar com dados tanto em formas visuais quanto não visuais.

Por si só, o Google Maps também democratizou tanto as convenções de interface (clique para panorama, duplo clique para dar zoom) quanto a tecnologia (mapas com mosaicos quadrados de 256 pixels com arquivos de nomes previsíveis) para exibir geografia interativa online, ao ponto da maioria das pessoas saber o que fazer quando se depara com um mapa online. O Flash serviu bem como plataforma internavegadores para desenhar e desenvolver aplicativos ricos e belos na Internet incorporando visualização de dados e mapas interativos; agora, novas tecnologias nativas de navegadores, como canvas e SVG (às vezes incluídas coletivamente sob o guarda-chuva do HTML5), estão surgindo para desafiar a supremacia do Flash e ampliar o alcance das interfaces de visualização dinâmica para dispositivos móveis.

O futuro da visualização de dados/informações é muito difícil de prever. O que podemos fazer é uma extrapolação daquilo que já foi inventado: mais visualização tridimensional, mais experiência imersiva com dados multidimensionais em ambientes de realidade virtual e mais visualização holográfica de informações. Existe uma grande chance de que acabaremos vendo algo que jamais encontramos antes no âmbito da visualização de informações sendo inventado antes do fim desta década. O Caso Aplicado 2.6 mostra como ferramentas visuais de análise de dados/extração de relatórios como a Tableau podem facilitar a tomada de decisões efetivas e eficientes por meio de criação e compartilhamento de informações/*insights*.

Caso aplicado 2.6

Macfarlan Smith obtém um vislumbre melhor de seu desempenho operacional com Tableau Online

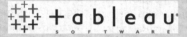

Contexto

A Macfarlan Smith já conquistou seu lugar na história da medicina. A empresa obteve autorização real para fornecer medicamentos para Sua Majestade, a Rainha Vitória, e supriu o revolucionário obstetra Sir James Simpson com clorofórmio para seus experimentos em alívio da dor durante o trabalho de parto. Atualmente,

(Continua)

Caso aplicado 2.6 *(Continuação)*

a Macfarlan Smith é uma subsidiária da divisão de Substâncias Químicas Nobres e Catalisadores da Johnson Matthey plc. A fabricante farmacêutica é a líder mundial na produção de narcóticos opiáceos como codeína e morfina.

Todos os dias, a Macfarlan Smith está tomando decisões baseadas em seus dados. Seu funcionários coletam e analisam dados operacionais de fabricação, por exemplo, para conseguirem cumprir com suas metas de aprimoramento contínuo. Seus departamentos de vendas, marketing e finanças dependem dos dados para identificarem novas oportunidades de negócios farmacêuticos, aumentarem o faturamento e satisfazerem as necessidades dos clientes. Além disso, a fábrica da empresa em Edimburgo precisa monitorar, analisar e reportar dados sobre a qualidade para assegurar a identidade, a qualidade e a pureza de seus ingredientes farmacêuticos para clientes e autoridades regulatórias, como a Food and Drug Administration (FDA), dos Estados Unidos, e outras como parte da Prática de Boa Fabricação.

Desafios: múltiplas fontes de verdade e processos lentos e onerosos de extração de relatórios

O processo, no entanto, de agrupar dados, tomar decisões e extrair de relatórios não era fácil. Os dados se encontravam espalhados pela empresa: na plataforma customizada de planejamento de recursos empresariais (ERP – *enterprise resource planning*) da empresa, dentro de bases de dados legadas de cada departamento, como SQL e Access, e em planilhas isoladas. Quando os dados se faziam necessários para a tomada de decisões, tempo e recursos excessivos eram dedicados a extrair os dados, integrá-los e prepará-los em forma de planilha ou outro veículo de apresentação.

A qualidade dos dados era outra preocupação. Como as equipes dependiam de suas próprias fontes de dados, havia múltiplas versões da verdade e conflitos entre os dados. E às vezes era difícil dizer qual versão dos dados era correta e qual não era.

E não parava por aí. Mesmo depois que os dados eram agrupados e apresentados, realizar alterações improvisadas era algo lento e dificultoso. Na verdade, sempre que um membro da equipe Macfarlan Smith queria identificar tendências ou fazer outro tipo de análise, as alterações nos dados precisavam ser aprovadas. O resultado final era que os dados muitas vezes acabavam desatualizados quando finalmente eram usados para tomar uma decisão.

Liam Mills, diretor do setor de melhoria contínua da Macfarlan Smith destaca um cenário típico de extração de relatórios:

"Um dos nossos principais processos de extração de relatórios é o 'Ação Corretiva e Ação Preventiva' (CAPA – Corrective Action and Preventive Action), que é uma análise dos processos de fabricação da Macfarlan Smith realizada para eliminar causas de não conformidades e outras situações indesejadas. Centenas de horas a cada mês eram dedicadas a reunir dados para o CAPA – e levava dias para produzir cada relatório. A análise de tendências também era complicada, pois os dados eram estáticos. Em outro cenário de geração de relatórios, tínhamos muitas vezes de esperar por análise de tabelas dinâmicas, que eram apresentadas em um gráfico e a afixadas a uma parede para que todos pudessem examinar."

Processos lentos e trabalhosos, diferentes versões da verdade, dados estáticos: tudo isso serviu para catalisar a mudança. "Muitas pessoas ficavam frustradas porque achavam que não conseguiam obter um panorama abrangente do negócio", afirma Mills. "Estávamos tendo cada vez mais discussões sobre problemas que enfrentávamos – quando o que precisávamos era conversar sobre geração de relatórios usando inteligência de negócios."

Solução: visualizações de dados interativas

Uma das equipes da Macfarlan Smith já tinha uma experiência prévia com o Tableau e recomendou que Mills explorasse a solução mais a fundo. Um teste gratuito do Tableau Online convenceu Mills de que a solução hospedada de visualização interativa de dados poderia superar as dificuldades com dados que eles estavam enfrentando.

"Fui convencido quase de imediato", conta ele. "A facilidade de uso, a funcionalidade e o leque de visualizações de dados são bem impressionantes. E, é claro, por ser uma solução do tipo *software-as-a-service* (SaaS), não há investimento algum em infraestrutura tecnológica, além de podermos sair usando quase imediatamente e termos a flexibilidade para adicionar usuários sempre que quisermos."

Uma das questões-chave que precisava ser resolvida envolvia a segurança dos dados online. "Nossa empresa controladora, a Johnson Matthey, tem uma estratégia de priorizar a nuvem, mas com a certeza de que toda e qualquer solução hospedada é completamente segura. Recursos do Tableau Online, como login único e a permissão apenas a usuários autorizados de interagir com os dados, oferecem segurança e confiabilidade inequívocas."

A outra dúvida sobre segurança que a Macfarlan Smith e a Johnson Matthey queriam ver respondida era: onde os dados ficam armazenados fisicamente? Mills novamente: "Ficamos satisfeitos em descobrir que a Tableau Online atende a nossos critérios de segurança e privacidade de dados. Os dados e arquivos de trabalho estão todos hospedados na nova central de dados da Tableau, em Dublin, então nunca saem da Europa."

Após um teste de seis semanas, o diretor de vendas da Tableau trabalhou com Mills e sua equipe para desenvolver um caso de negócios para o Tableau Online. A equipe de gestão o aprovou quase de imediato, e um programa-piloto envolvendo dez usuários teve início. O piloto incluiu uma iniciativa de melhoria da qualidade fabril: a busca por desvios da norma, tal quando, por exemplo, um aparelho de aquecimento usado no processo de fabricação de narcóticos opiáceos excede um patamar de temperatura. A partir daí, um *dashboard* de "operações de qualidade" foi criado para rastrear e medir desvios e implementar ações para aprimorar a qualidade e o desempenho operacionais.

"O *dashboard* passou a sinalizar de imediato onde poderiam haver desvios. Não precisávamos vasculhar fileiras e mais fileiras de dados – as respostas já vinham prontinhas", conta Mills.

Ao longo deste período inicial de teste e programa-piloto, a equipe usou os auxílios de treinamento da Tableau, como os vídeos gratuitos de treinamento, guias passo a passo de produtos e treinamento ao vivo online. Ela também participou de um evento de dois dias de "treinamento em fundamentos" em Londres. Segundo Mills, "o treinamento foi focado, preciso e apresentado no nível certo de especialização. Ele conseguiu demostrar a todos o quanto o Tableau Online é intuitivo. Podemos visualizar o equivalente a dez anos de dados em poucos cliques". Atualmente, a empresa conta com cinco usuários de Tableau Desktop e mais de 200 usuários de Tableau Online.

Mills e sua equipe apreciaram especialmente o recurso Tableau Union, na Version 9.3, com o qual são capazes de encaixar entre si dados que foram divididos em pequenos arquivos. "Às vezes é difícil reunir os dados que usamos para análise. O recurso Union nos permite trabalhar com dados espalhados por múltiplas abas ou arquivos, reduzindo o tempo que passamos preparando os dados", afirma ele.

Resultados: análise de dados em nuvem transforma o processo decisório e a extração de relatórios

Ao empregar o Tableau Online como padrão, a Macfarlan Smith revolucionou a velocidade e a precisão com que toma decisões e gera relatórios empresariais. Isso inclui:

- Novos *dashboards* interativos podem ser produzidos dentro de uma hora. Anteriormente, costumava levar dias para integrar e apresentar dados numa planilha estática.
- O relatório CAPA, sobre o processo de fabricação, que antes absorvia centenas de

> **Caso aplicado 2.6** *(Continuação)*
>
> homens-hora a cada mês e levava dias para ser produzido, agora leva meros minutos – com *insights* compartilhados na nuvem.
> - Relatórios podem ser modificados e extraídos de forma espontânea, rápida e fácil, sem intervenção técnica. A Macfarlan Smith tem a flexibilidade para publicar *dashboards* com o Tableau Desktop e compartilhá-los com colegas, parceiros ou clientes.
> - A empresa dispõe de uma única versão confiável da verdade.
> - A Macfarlan Smith agora está tendo discussões a respeito de seus dados – e não a respeito de problemas envolvendo a integração e a qualidade dos dados.
> - Novos usuários podem ingressar online quase instantaneamente – não há infraestrutura técnica a ser administrada.
>
> Após seu sucesso inicial, a Macfarlan Smith agora está estendendo ao Tableau Online para relatórios financeiros, análise de dados em cadeia de suprimento e previsões de vendas. Mills conclui: "Nossa estratégia de negócios atualmente se baseia em decisões embasadas em dados, não em opiniões. As visualizações interativas nos permitem perceber tendências instantaneamente, identificar melhorias em processos e levar a inteligência de negócios para um novo patamar. Definirei minha carreira pela Tableau".
>
> **Questões para discussão**
> 1. Quais desafios a Macfarlan Smith estava enfrentando em termos de dados e extração de relatórios?
> 2. Qual foi a solução e os resultados/benefícios obtidos?
>
> *Fonte:* Tableau Customer Case Study, "Macfarlan Smith improves operational performance insight with Tableau Online," http://www.tableau.com/stories/customer/macfarlan-smith-improves-operational-performance-insight-tableau--online (acessado em outubro de 2016).

SEÇÃO 2.8 QUESTÕES DE REVISÃO

1. O que é visualização de dados? Por que ela é necessária?
2. Quais sãos as raízes históricas da visualização de dados?
3. Analise cuidadosamente a representação gráfica que Joseph Minard fez da marcha napoleônica. Identifique e comente a respeito de todas as escalas informativas capturadas nesse antigo diagrama.
4. Quem é Edward Tufte? Por que devemos conhecer sua obra?
5. Na sua opinião, qual será o próximo "grande salto à frente" na visualização de dados?

2.9 Diferentes tipos de gráficos e diagramas

Muitas vezes, usuários finais de sistemas de análise de negócios não sabem ao certo que tipo de diagrama ou gráfico usar para um propósito específico. Alguns diagramas e gráficos são melhores para responder certos tipos de perguntas. Alguns apresentam um visual superior aos outros. Alguns são simples; outros são complexos e atulhados. A seguir, temos uma breve descrição dos tipos de diagramas e/ou gráficos mais encontrados em ferramentas de análise de negócios e quais tipos de perguntas eles são mais indicados para responder/analisar. Esse material foi compilado a partir de diversos artigos publicados e em literatura similar (Abela, 2008; Hardin et al., 2012; SAS, 2014).

Diagramas e gráficos básicos

A seguir estão listados os diagramas e gráficos básicos mais usados para visualização de informações.

GRÁFICO DE LINHAS Os gráficos de linha são provavelmente o elemento visual mais usado para dados em série temporal. Eles mostram a relação entre duas variáveis, e no mais das vezes são usados para rastrear mudanças ou tendências ao longo do tempo (com uma das variáveis evoluindo sobre o tempo no eixo x). Os gráficos de linhas conectam sequencialmente pontos de dados para ajudar a inferir tendências emergentes durante certo período. Eles costumam ser usados para mostrar mudanças dependentes do tempo nos valores de alguma medida, como alterações no preço de ações específicas ao longo de 5 anos ou mudanças no número de telefonemas diários para uma central de atendimento de clientes ao longo de um mês.

GRÁFICO DE BARRAS Os gráficos de barras estão entre os elementos visuais mais básicos usados para representação de dados. Eles são indicados quando existem dados nominais ou dados numéricos bem segmentados entre diferentes categorias, deixando claramente perceptíveis os resultados comparativos e tendências nos dados. Os gráficos de barras costumam ser usados para comparar dados entre múltiplas categorias, como percentual de gastos publicitários por departamentos ou por categorias de produtos. Os gráficos de barras podem ser orientados na vertical ou na horizontal. Também podem ser empilhados um sobre o outro para mostrar múltiplas dimensões em um único diagrama.

GRÁFICO DE PIZZA Os **gráficos de pizza** são visualmente atraentes, e, como o nome sugere, parecem-se com uma pizza vista de cima. Por serem tão visualmente atraentes, são muitas vezes usados de forma incorreta. Os gráficos de pizza só devem ser usados para ilustra proporções relativas de uma medida específica. Eles podem ser usados, por exemplo, para mostrar o percentual relativo de um orçamento publicitário gasto em diferentes linhas de produtos, ou podem mostrar proporções relativas de cursos universitários escolhidos por calouros. Se a quantidade de categorias a serem exibidas for maior do que um punhado (digamos, mais do que quatro), deve-se considerar seriamente o uso de um gráfico de barras em vez de um gráfico de pizza.

GRÁFICO DE DISPERSÃO **Gráficos de dispersão** costumam ser usados para explorar a relação entre duas ou três variáveis (em visuais bi ou tridimensionais) Por serem ferramentas de exploração visual, quando há mais do que três variáveis, traduzi-las em mais do que três dimensões não é tarefa fácil. Os gráficos de dispersão são uma maneira eficiente de explorar a existência de tendências, concentrações e valores discrepantes. Num gráfico de duas variáveis (dois eixos), por exemplo, uma representação em dispersão pode ser usada para ilustrar as correlações entre idade e peso de pacientes cardíacos ou pode ilustrar a relação entre a quantidade de atendentes de queixas de clientes e a quantidade de queixas ingressadas em tal serviço. Muitas vezes, uma linha é sobreposta a uma dispersão para ilustrar a tendência apresentada pela relação retratada.

DIAGRAMA DE BOLHAS Os **diagramas de bolhas** são muitas vezes versões avançadas de gráficos de dispersão. Porém, eles não representam um novo tipo de visualização; na verdade, devem ser encarados como uma técnica para enriquecer dados ilustrados em gráficos de dispersão (ou mesmo mapas geográficos). Ao variar o tamanho e/ou a cor dos círculos, pode-se adicionar novas dimensões de dados, oferecendo um significado mais rico a eles. Um diagrama de bolhas pode ser usado, por exemplo, para mostrar uma visão competitiva do comparecimento em aulas por curso universitário ou por turno, ou pode ser usado para mostrar a margem de lucro por tipo de produto e por região geográfica.

Diagramas e gráficos especializados

Os gráficos e diagramas que revisamos nesta seção são ou casos especiais derivados dos gráficos básicos ou são relativamente novos e específicos de um tipo de problema e/ou área de aplicação.

HISTOGRAMA Graficamente falando, um **histograma** parece igual a um gráfico de barras. A diferença entre histogramas e gráficos de barras genéricos é a informação sendo retratada. Os histogramas são usados para mostrar a distribuição frequencial de uma variável ou diversas delas. Num histograma, o eixo x costuma ser usado para mostrar as categorias ou intervalos, e o eixo y é usado para mostrar as medidas/valores/frequências. Histogramas mostram o formato da distribuição dos dados. Dessa forma, é possível examinar visualmente se os dados apresentam uma distribuição normal ou exponencial. Pode-se usar um histograma, por exemplo, para ilustrar o desempenho dos alunos numa prova, onde a distribuição das notas, bem como a análise comparativa dos resultados individuais, pode ser mostrada, ou pode-se usar um histograma para mostrar a distribuição etária da base de clientes.

DIAGRAMA DE GANTT Os diagramas de Gantt são um caso especial dos gráficos de barras horizontais, usados para projetar linhas temporais ou durações de tarefas/atividades em esquemas com sobreposição. Ao exibir as datas/horários de início e fim de tarefas/atividades e ao sobrepor as relações, os diagramas de Gantt oferecem um auxílio inestimável para a gestão e o controle de projetos. Tais diagramas são muito usados, por exemplo, para mostrar linhas temporais de projetos, sobreposições de tarefas, níveis relativos de conclusões de tarefas (ilustrando o percentual de conclusão dentro de barras associadas a duração de tarefas), recursos alocados a cada tarefa, marcos de avanço e resultados finais.

DIAGRAMA DE PERT Diagramas de PERT (também chamados de diagramas de rede) são desenvolvidos sobretudo para simplificar o planejamento e o cronograma de projetos grandes e complexos. Eles exibem relações de precedência entre atividades/tarefas de projetos. Um diagrama de PERT é composto de nós (representados por círculos ou retângulos) e linhas (representadas por setas direcionais). Com base na convenção selecionada para o diagrama de PERT, ou os nós ou as linhas podem ser usadas para representar as atividades/tarefas do projeto (esquemas de representação atividade sobre nó *versus* atividade sobre seta).

MAPA GEOGRÁFICO Quando o conjunto de dados inclui algum tipo de dado de localização (endereços físicos, códigos postais, nomes de ruas ou abreviações, nomes de países, latitude/longitude ou algum tipo de codificação geográfica customizada), é melhor e mais informativo visualizá-los em um mapa. Geralmente os mapas são usados em conjunção com outros diagramas e gráficos, e raramente de forma isolada. Eles podem ser utilizados, por exemplo, para mostrar a distribuição de solicitação de serviço a clientes por tipo de produto (retratado em gráficos de pizza) por localização geográfica. Uma grande variedade de informações (como faixa etária, distribuição de renda, nível educacional, crescimento econômico ou alterações populacionais) pode ser retratada num mapa geográfico como auxílio na tomada de decisão sobre onde abrir um novo restaurante ou posto de gasolina. Esses tipos de sistemas costumam ser chamados de sistemas geográficos informatizados (GIS – *geographic information systems*).

BULLET Os *bullet graphs* costumam ser usados para mostrar o progresso rumo a um objetivo. Essencialmente é uma variação de um gráfico de barras. Muitas vezes são usados no lugar de indicadores, medidores e termômetros num *dashboard* para comunicar mais intuitivamente o significado em um espaço bem menor. Os *bullet graphs* comparam uma medida primária (como o faturamento no ano) com uma ou mais medidas secundárias (como a meta de faturamento anual), e apresentam isso no contexto de parâmetros de desempenho pré-definidos (como as quotas de vendas). Um *bullet graph* é capaz de ilustrar intuitivamente como uma medida primária está se saindo frente a metas gerais (por exemplo, até que ponto os representantes de vendas estão se aproximando de sua quota anual).

MAPA DE CALOR Os mapas de calor são ótimos elementos visuais para ilustrar a comparação de valores contínuos entre duas categorias usando cores. O objetivo é ajudar o usuário a enxergar rapidamente onde a interseção das categorias é mais pronunciada e mais tênue em termos de valores numéricos da medida sendo analisada. Pode-se usar mapas de calor, por exemplo, para exibir análise segmentada de mercados-alvo, onde a medida por gradiente de cor seria a quantidade de compras e as dimensões seriam distribuição etária e de renda.

TABELA REALÇADA As tabelas realçadas (*highlight tables*) buscam levar os mapas de calor um passo adiante. Além de mostrarem como os dados se intersectam usando cores, as tabelas realçadas acrescentam um número no alto para incluir um detalhe adicional. Ou seja, trata-se de tabelas bidimensionais com células povoadas por valores numéricos e gradientes de cores. Com isso, pode-se mostrar, por exemplo, o desempenho de representantes de vendas por tipo de produto e por volume de vendas.

TREE MAP *Tree maps* exibem dados hierárquicos (estruturados em forma de árvore) como um conjunto de retângulos aninhados. Para cada ramo da árvore é atribuído um retângulo, que é então preenchido com retângulos menores representando sub-ramos. Cada retângulo correspondente a um ramo tem uma área proporcional a uma dimensão especificada nos dados. Os ramos são muitas vezes coloridos para mostrar uma dimensão separada dos dados. Quando as dimensões de cor e tamanho são correlacionadas de alguma forma com a estrutura da árvore, pode-se perceber facilmente padrões que de outra forma seriam difíceis de identificar, como, por exemplo, se uma certa cor é especialmente relevante. Uma segunda vantagem dos *tree maps* é que, devido à sua construção, eles aproveitam o espaço com eficiência. Como resultado, são capazes de exibir legivelmente milhares de itens na tela de modo simultâneo.

Qual diagrama ou gráfico devo usar?

Qual dos diagramas ou gráficos explicados na seção anterior é o melhor? A resposta é bem fácil: não existe um único diagrama ou gráfico melhor que os demais, pois se existisse, não encontraríamos tantos tipos assim por aí. Cada um deles apresenta uma certa "habilidade" diferente de representação de dados. Por isso, a pergunta certa seria: "Qual diagrama ou gráfico é o melhor para determinada tarefa?". As capacidades dos diagramas listados na seção anterior podem ajudar na seleção de um deles para uma tarefa específica, mas ainda assim não é fácil escolher. Muitos tipos diferentes de diagramas/gráficos podem ser usados para a mesma tarefa de visualização. Uma regra prática é selecionar e usar aquele mais simples dentre as alternativas para facilitar a compreensão e digestão por parte do público-alvo.

Embora não exista um algoritmo ou uma taxonomia amplamente aceitos para se selecionar dentre todos os tipos diferentes de diagramas e gráficos, a Figura 2.1 apresenta uma organização bastante abrangente e lógica de muitos tipos deles de uma forma quase taxonômica (a versão original foi publicada em Abela 2008). A estrutura taxonômica está organizada em torno da pergunta "O que você deseja mostrar em seu diagrama ou gráfico?". Ou seja, qual será o propósito do diagrama ou gráfico. Nesse nível, a taxonomia divide o propósito em quatro categorias diferentes – relação, comparação, distribuição e composição – e divide ainda mais os ramos em subcategorias baseadas na quantidade de variáveis envolvidas e na dependência temporal da visualização.

Muito embora esses diagramas e gráficos cubram a maior parte daquilo que mais se costuma usar em visualização de dados, eles de forma alguma esgotam o

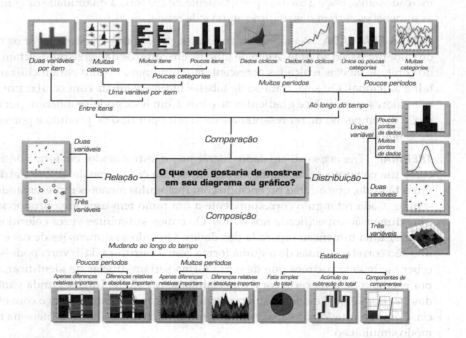

FIGURA 2.21 Taxonomia de diagramas e gráficos. *Fonte:* adaptado de Abela, A. (2008). *Advanced presentations by design: Creating communication that drives action.* New York: Wiley.

assunto. Hoje, pode-se encontrar muitos outros tipos de gráficos e diagramas que atendem a um propósito específico. Além do mais, a tendência atual é combinar/hibridizar e animar esses diagramas para produzir visualizações mais atraentes e intuitivas das fontes de dados complexas e voláteis dos dias de hoje. Os diagramas de bolhas interativos e animados disponíveis no site Gapminder (gapminder.org), por exemplo, oferecem uma maneira intrigante de explorar dados mundiais de saúde, riqueza e população a partir de uma perspectiva multidimensional. A Figura 2.22 retrata os tipos de exibições disponíveis no site. Nesse gráfico, são mostrados o tamanho populacional, a expectativa de vida e a renda *per capita* por continente, bem como uma animação temporal que exibe como essas variáveis mudam com o passar do tempo.

SEÇÃO 2.9 QUESTÕES DE REVISÃO

1. Por que existem tantos tipos diferentes de diagramas e gráficos?
2. Quais são as principais diferenças entre gráficos de linhas, de barras e de pizza? Em que situação você deveria preferir um deles em detrimento dos outros?
3. Em que situação você deveria usar um mapa geográfico? Quais outros tipos de diagramas podem ser combinados com um mapa geográfico?
4. Encontre e explique o papel de dois tipos de diagramas não abordados nesta seção.

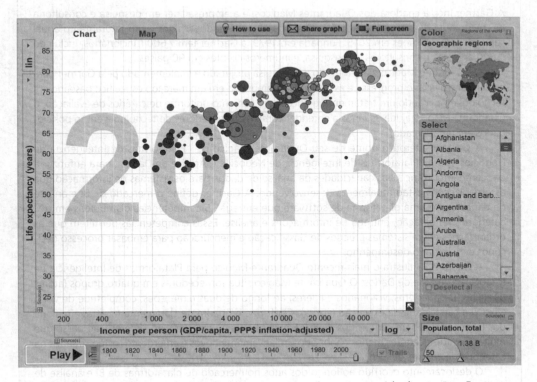

FIGURA 2.22 Um diagrama da Gapminder que mostra a riqueza e a saúde das nações. *Fonte:* gapminder.org.

2.10 O crescimento da análise de dados visual

Como Seth Grimes (2009a,b) observou, existe um "apetite crescente" por técnicas e ferramentas de visualização de dados que permitem que os usuários de análise de negócios e sistemas de BI melhor "comuniquem relações, adicionem contexto histórico, revelem correlações ocultas e contem histórias persuasivas que esclareçam e motivem ações". O mais recente Quadrante Mágico de Plataformas de Inteligência de Negócios e Análise de Dados, lançado pela Gartner em fevereiro de 2016, enfatiza ainda mais a importância da visualização de dados em BI e análise de dados. Como o diagrama mostra, todos os fornecedores de soluções nos quadrantes *Líderes* e *Visionários* são ou empresas de visualização de informações fundadas recentemente (como Tableau Software e QlikTech) ou grandes empresas bem estabelecidas em análise de dados (como Microsoft, SAS, IBM, SAP, MicroStrategy e Alteryx) que cada vez mais voltam seus esforços para a visualização de informações e a análise de dados visual. Mais detalhes sobre o último Quadrante Mágico da Gartner são apresentadas em Dicas Tecnológicas 2.2.

DICAS TECNOLÓGICAS 2.2
Quadrante Mágico para Plataformas de Inteligência de Negócios e Análise de Dados da Gartner

A Gartner Inc., a criadora dos Quadrantes Mágicos, é a empresa líder em pesquisa e consultoria em tecnologia da informação, com capital aberto nos Estados Unidos e um faturamento anual superior a U$ 2 bilhões em 2015. Fundada em 1979, a Gartner tem 7.600 funcionários, incluindo 1.600 analistas e consultores de pesquisa, e inúmeros clientes em 90 países.

O Quadrante Mágico é um método de pesquisa projetado e implementado pela Gartner para monitorar e avaliar o progresso e as posições de empresas em um mercado específico baseado em tecnologia. Aplicando um tratamento gráfico e um conjunto uniforme de critérios de avaliação, o Quadrante Mágico ajuda usuários a entender como os fornecedores de tecnologia então posicionados em um mercado.

A Gartner alterou o nome de seu Quadrante Mágico de "Plataformas de Inteligência de Negócios" para "Plataformas de Inteligência de Negócios e Análise de Dados" para enfatizar a crescente importância das capacidades da análise de dados para os sistemas de informação que as organizações estão atualmente desenvolvendo. A Gartner define o mercado de BI e análise de dados como uma plataforma de software que entrega 15 competências distribuídas em três categorias: integração, entrega de informações e análise. Essas competências permitem que as organizações criem sistemas precisos de classificação e mensuração para embasar processo decisórios e melhorar o desempenho.

A Figura 2.23 ilustra o mais recente Quadrante Mágico para Plataformas de Inteligência de Negócios e Análise de Dados. O Quadrante Mágico situa fornecedores em quatro grupos (atores de nicho, desafiadores, visionários e líderes) ao longo de duas dimensões: completude de visão (eixo *x*) e capacidade de execução (eixo *y*). Conforme o quadrante claramente mostra, a maioria dos fornecedores bem conhecidos de BI/AE está situada na categoria de "líderes", ao passo que muitos dos fornecedores menos conhecidos, relativamente novos e emergentes estão situados na categoria de "atores de nicho".

O deslocamento ocorrido ao longo dos anos no mercado de plataformas de BI e análise de dados, evoluindo de relatórios empresariais capitaneados por TI para o autoatendimento com

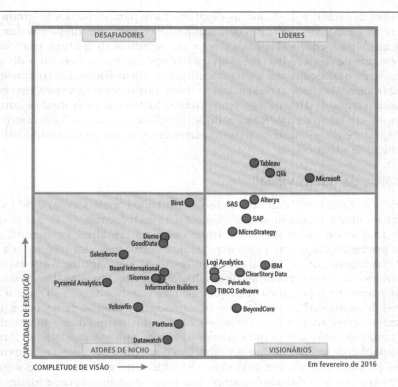

FIGURA 2.23 Quadrante Mágico de Plataformas de Inteligência de Negócios e Análise de Dados. *Fonte:* gartner.com.

análise de negócios, parece ter embalado de vez. A maior parte das novas compras diz respeito a plataformas modernas de análise de dados visual centradas em usuários empresariais, forçando um novo enfoque no mercado e reordenando consideravelmente o panorama para os fornecedores do ramo. A maior parte das atividades no mercado de plataformas de BI e análise de dados provêm de organizações que estão buscando amadurecer suas competências de visualização e migrar da análise de dados descritiva para a preditiva e a prescritiva. Assim, a esmagadora maioria dos fornecedores nesse mercado se concentra em atender essa demanda dos usuários. Se houve um tema de destaque no mercado em 2015, foi a descoberta/visualização de dados ter se tornado a arquitetura dominante. Enquanto fornecedores de plataformas de descoberta/visualização de dados como Tableau, Qlik e Microsoft estão solidificando suas posições no quadrante *Líderes*, outros (fornecedores de soluções/ferramentas tanto emergentes quanto grandes e bem estabelecidos) estão tentando migrar do quadrante *Visionários* para o dos *Líderes*.

Essa ênfase em descoberta/visualização de dados por parte da maioria dos líderes e visionários no mercado – que agora estão promovendo ferramentas de integração fáceis de usar para usuários empresariais, aliadas a armazenamento e camadas computacionais integrados e exploração irrestrita – continua a acelerar a tendência rumo à descentralização e ao empoderamento dos usuários de BI e análise de dados, além de alavancar a capacidade das organizações realizarem análises diagnósticas.

Fonte: Gartner Magic Quadrant, publicado em 4 de Fevereiro de 2016, gartner.com (acessado em agosto de 2016).

Em BI e análise de dados, os desafios-chave para visualização giram em torno da representação intuitiva de conjuntos de dados amplos e complexos com múltiplas dimensões e medidas. No mais das vezes, os típicos diagramas, gráficos e outros elementos visuais usados nessas aplicações costumam envolver duas dimensões, às vezes três, e subconjuntos relativamente pequenos de dados. Em contraste, os dados nesses sistemas residem num *data warehouse*. Tais repositórios envolvem no mínimo todo um leque de dimensões (como produto, localização, estrutura organizacionais, tempo), um leque de medidas e milhões de células de dados. Num esforço de superar esses desafios, inúmeros pesquisadores desenvolveram uma variedade de novas técnicas de visualização.

Análise de dados visual

Análise de dados visual é um termo recém cunhado e muitas vezes usado vagamente para se referir a nada mais que visualização de informações. O que se quer dizer por **análise de dados visual** é a combinação de visualização com análise de dados preditiva. Enquanto a visualização de informações visa responder a pergunta "O que aconteceu?" e "O que está acontecendo?", e está intimamente associada à BI (relatórios de rotina, planilhas de resultados e *dashboards*), a análise de dados visual visa responder a pergunta "Por que isso está acontecendo?" e "O que é mais provável de acontecer?", e geralmente está associada à análise de negócios (previsões, segmentações, análise de correlações). Muitos dos fornecedores de visualização de informações estão acrescentando as capacidades para se considerarem fornecedores de soluções de análise de dados visual. Um dos principais e mais antigos fornecedores de soluções de análise de dados, o SAS Institute, está abordando a questão por outro ângulo. Seus desenvolvedores estão incorporando suas capacidades de análise de dados visual a um ambiente de visualização de dados de alto desempenho, que chamam de análise de dados visual.

Visual ou não visual, automatizado ou manual, online ou em papel, a formulação de relatórios empresariais não é muito diferente de contar uma história. O quadro Dicas Tecnológicas 2.3 oferece um ponto de vista diferente e pouco ortodoxo sobre como produzir melhores relatórios empresariais.

Ambientes de análise de dados visual de alto poder

Devido à crescente demanda por análise de dados visual associada a volumes cada vez maiores de dados, há um movimento exponencial rumo a investimentos em sistemas altamente eficientes de visualização. Com seu recente avanço sobre a análise de dados visual, o SAS Institute, gigante de software estatístico, está entre a vanguarda desta onda. Seu novo produto, o SAS Visual Analytics, é uma solução de **computação de alto desempenho** em memória principal para explorar quantidades descomunais de dados em pouquíssimo tempo (quase instantaneamente). Ela possibilita que os usuários revelem padrões, identifiquem oportunidades de análise mais aprofundada e transmitam resultados visuais via relatórios Web ou por uma plataforma móvel como tablets e smartphones. A Figura 2.25 mostra a arquitetura de alto nível da plataforma SAS Visual Analytics. Numa das extremidades da plataforma, há um construtor universal de dados e capacidades de administrador, levando a módulos de exploração, design de relatórios e BI móvel, proporcionando coletivamente uma solução de análise de dados visual de ponta a ponta.

DICAS TECNOLÓGICAS 2.3
Contando ótimas histórias com dados e visualização

Todo mundo que tem dados para analisar tem histórias para contar, quer seja diagnosticando os motivos para defeitos de fabricação, vendendo uma nova ideia de forma a capturar a imaginação de seu público-alvo ou informando colegas quanto a um determinado programa de melhoria de atendimento aos clientes. E quando se trata de contar a história por trás de uma importante escolha estratégica para que você e sua equipe gerencial possam tomar uma decisão sensata, oferecer uma história embasada em fatos pode ser bastante desafiador. Seja como for, é uma tarefa decisiva. O ideal é que a narrativa seja interessante e memorável; além disso, é preciso manter a simplicidade, pois seus colegas e executivos são bastante atarefados. Ainda assim, é fundamental manter-se factual, detalhista e motivado por dados, sobretudo no mundo atual centrado em métricas.

É tentador apresentar apenas os dados e os fatos, mas como seus colegas e gestores seniores já encontram-se sobrecarregados por dados e fatos, isso não funciona. Todos já passamos por apresentações com grandes pilhas de slides, apenas para descobrir que os espectadores estão tão sobrecarregados por dados que acabam perdidos, ou ficam tão desligados que só conseguem pescar uma fração dos argumentos básicos.

Comece a conquistar sua equipe executiva e a explicar suas estratégias e resultados de forma mais pungente contando-lhes uma história. Você precisará do "o quê" da sua narrativa (os fatos e dados), mas também precisará do "quem?", "como?", "por quê?" e do muitas vezes esquecido "e daí?". São esses elementos narrativos que tornarão seus dados relevantes e tangíveis para o seu público. A criação de uma boa narrativa pode ajudar você e a gestão sênior a se concentrarem naquilo que é importante.

Por que uma narrativa?

Narrativas dão vida a dados e fatos. Elas podem lhe ajudar a dar um sentido e a ordenar uma coleção dispersa de fatos. Com elas, fica mais fácil lembrar os pontos-chave e pintar um retrato vívido de como o futuro deve se parecer. Narrativas também geram interatividade – as pessoas se colocam dentro das histórias e se identificam com a situação.

Há eras as culturas humanas usam **narrativas** para transmitir conhecimento e conteúdo. Em algumas culturas, as narrativas são cruciais para a identidade de seus membros. Na Nova Zelândia, por exemplo, alguns dos povos Maori tatuam seus rostos com *mokus*. Um *moku* é uma tatuagem facial que contém uma história sobre os ancestrais – a tribo familiar. Um homem pode trazer em seu rosto uma tatuagem que exibe traços de um tubarão-martelo para destacar qualidades singulares de sua linhagem. O desenho escolhido por ele denota uma parte de seu "verdadeiro eu" e de seu lar ancestral.

De modo semelhante, quando estamos tentando entender uma história, quem a está contando navega em busca de seu "norte verdadeiro". Quando um gestor sênior está tentando colocar em pauta como irá reagir a uma mudança competitiva, uma boa narrativa pode dar sentido e ordenar grande parte do ruído. Você pode, por exemplo, dispor de fatos e dados provenientes de dois estudos, um incluindo resultados de uma pesquisa publicitária e outro de um estudo de satisfação em relação a certo produto. Se você formular uma narrativa a partir daquilo que encontrou em ambos estudos, ajudará as pessoas a enxergarem o todo onde antes só havia partes díspares. Para mobilizar seus distribuidores em torno de um novo produto, você pode contar uma história pintando um futuro possível. Acima de tudo, narrativas são interativas – tipicamente o apresentador usa palavras e imagens fazendo os espectadores se colocarem dentro da história. Como resultado, eles acabam mais envolvidos e entendem melhor as informações.

(Continua)

DICAS TECNOLÓGICAS 2.3 *(Continuação)*
Contando ótimas histórias com dados e visualização

Então, o que é uma boa narrativa?

A maioria das pessoas é capaz de responder de imediato qual seu filme ou livro favorito. Ou recordar uma história engraçada contada recentemente por um colega. Por que as pessoas recordam essas histórias? Porque elas contém certas características. Para começar, uma boa história tem ótimos personagens. Em certos casos, o leitor ou espectador tem uma experiência vicária, na qual acabam se envolvendo com o personagem. O personagem, então, tem de enfrentar um desafio que seja difícil, mas verossímil. É preciso haver barreiras a serem superadas por ele. E, finalmente, o resultado ou prognóstico é claro quando a história chega ao fim. Talvez a situação não se resolva por completo – mas a narrativa tem um claro ponto final.

Pense na sua análise como se fosse uma história – utilize uma estrutura narrativa

Ao preparar uma história rica em dados, o primeiro objetivo é encontrar a linha narrativa. Quais são os personagens? Qual é o drama ou o desafio? Quais barreiras têm de ser superadas? E ao final da história, o que você deseja que o seu público faça como resultado?

Depois que você já souber qual o núcleo da sua história, elabore seus outros elementos narrativos: defina seus personagens, entenda o desafio, identifique as barreiras e cristalize o

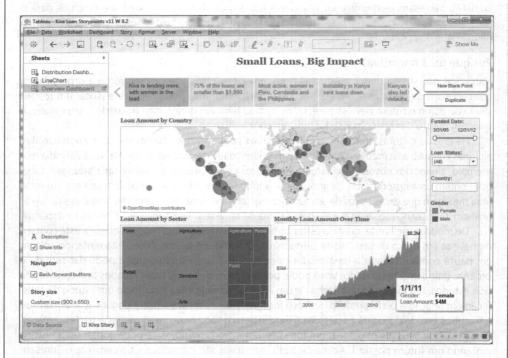

FIGURA 2.24   Visualização de linha narrativa no software Tableau.

desenlace ou a questão decisiva. Certifique-se de saber com clareza o que deseja que as pessoas façam como resultado. Isso determinará o modo como o seu público recordará a sua história. Com os elementos narrativos prontos, escreva o seu roteiro, o qual representa a estrutura e a forma da sua história. Embora seja tentador pular essa etapa, o melhor é entender em primeiro lugar a história que você está contando para só então se concentrar na estrutura e na forma de apresentação. Quando o roteiro estiver pronto, os outros elementos acabarão se encaixando. O roteiro o ajudará a pensar sobre as melhores analogias e metáforas, a estabelecer com clareza o desafio ou oportunidade e, por fim, a enxergar o fluxo e as transições necessárias. O roteiro também o ajudará a se concentrar nos elementos visuais básicos (gráficos, diagramas e imagens) que os executivos deverão ser capazes de recordar. A Figura 2.24 mostra uma linha narrativa para o impacto de pequenos empréstimos em uma visão global dentro do ambiente Tableau de análise de dados visual.

Em resumo, não tenha medo de usar dados para contar ótimas histórias. Manter-se factual, detalhista e embasado em dados é crucial no mundo de hoje centrado em métricas, mas isso não necessariamente significa ser enfadonho e demorado. Na verdade, encontrando histórias reais em seus dados e obedecendo às melhores práticas, você deixará as pessoas focadas na sua mensagem – e, consequentemente, naquilo que realmente importa. Eis as práticas mais recomendadas:

1. Pense na sua análise como se fosse uma história – utilize uma estrutura narrativa.
2. Seja autêntico – sua história fluirá.
3. Seja visual – imagine-se como um diretor de cinema.
4. Facilite as coisas para sua plateia e para si mesmo.
5. Estimule e conduza discussões.

Fonte: Fink, E., & Moore, S. J. (2012). Five best practices for telling great stories with data. White paper by Tableau Software, Inc., www.tableau.com/whitepapers/telling-data-stories (acessado em maio de 2016).

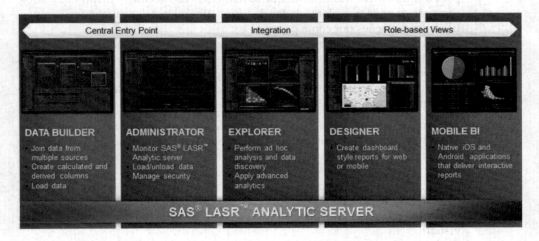

FIGURA 2.25 Uma visão geral da arquitetura do SAS Visual Analytics. *Fonte:* SAS.com.

Alguns dos benefícios-chave propostos pelo SAS Visual Analytics são os seguintes:

- Proporciona a todos os usuários técnicas de exploração de dados e análise de dados acessível para aprimorar processos decisórios. O SAS Visual Analytics permite que diferentes tipos de usuários conduzam explorações rápidas e rigorosas por todos os dados disponíveis. Não é preciso nem recomendável dividir amostras para reduzir os dados.
- Interfaces na Web fáceis de usar e interativas ampliam o público da análise de dados, permitindo que todos colham novos *insights*. Os usuários podem examinar mais opções, tomar decisões mais precisas e alcançar o sucesso mais depressa que antes.
- Responde perguntas complexas mais depressa, aprimorando as contribuições de seus talentos analíticos. O SAS Visual Analytics expande a revelação de dados e o processo exploratório ao proporcionar resultados extremamente rápidos para permitir análises melhores e mais focadas. Usuários com experiência analítica são capazes de identificar áreas de oportunidade ou de preocupação a partir de vastas quantidades de dados para que investigações mais aprofundadas possam ocorrer com maior agilidade.
- Facilita o compartilhamento e a colaboração de informações. Grandes quantidades de usuários, incluindo aqueles com limitadas habilidades analíticas, podem visualizar e interagir rapidamente com relatórios e diagramas via Web, arquivos Adobe PDF e dispositivos móveis como iPad, enquanto a TI mantém o controle dos dados e da segurança subjacentes. O SAS Visual Analytics oferece as informações certas para a pessoa certa na hora certa a fim de aumentar a produtividade e o conhecimento organizacional.
- Libera o pessoal de TI ao oferecer para os usuários uma nova forma de acesso às informações de que precisam. O departamento de TI se libera da constante demanda por parte de usuários que precisam de acesso a diferentes quantidades de dados, relatórios *ad hoc* e solicitações isoladas de informações. Com o SAS Visual Analytics, esse departamento pode abastecer e preparar facilmente dados para múltiplos usuários. Assim que os dados são abastecidos e disponibilizados, os usuários podem explorar dados de forma dinâmica, criar relatórios e compartilhar informações por conta própria.
- Proporciona espaço para crescer a um ritmo autodeterminado. O SAS Visual Analytics oferece a opção de usar hardware do tipo *commodity* ou equipamentos dedicados de base de dados da EMC Greenplum e da Teradata. Ele foi projetado desde o zero para oferecer otimização de desempenho e escalabilidade a fim de atender às necessidades de organizações de qualquer tamanho.

A Figura 2.26 mostra uma captura de tela de uma plataforma SAS Analytics em que são retratadas uma previsão por série temporal e um intervalo de confiança em torno da previsão.

SEÇÃO 2.10 QUESTÕES DE REVISÃO

1. Quais são as principais razões para o recente surgimento da análise de dados visual?
2. Examine o Quadrante Mágico de Plataformas de Inteligência de Negócios e Análise de Dados da Gartner. O que você vê? Discuta e justifique suas observações.
3. Qual é a diferença entre visualização de informações e análise de dados visual?

Capítulo 2 • Análise de dados descritiva I: natureza dos dados, modelagem estatística e visualização **135**

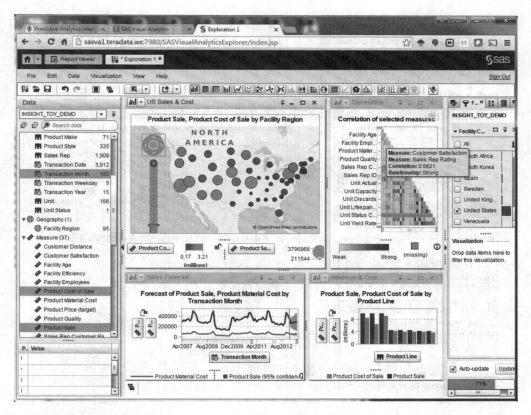

FIGURA 2.26 Captura de tela do SAS Visual Analytics. *Fonte:* SAS.com.

4. Por que é recomendável que suas visualizações de dados e seus relatórios busquem contar uma história?
5. O que é um ambiente de análise de dados visual de alto poder? Por que precisamos disso?

2.11 *Dashboards* informativos

Os *dashboards* informativos são componentes comuns na maioria, senão em todas, das plataformas de análise de negócios, sistemas de gestão de desempenho empresarial e pacotes de software para avaliação de desempenho. Os ***dashboards*** oferecem exibições visuais de importantes informações consolidadas e organizadas numa única tela, para que possam ser digeridas num simples relance e facilmente exploradas e aprofundadas. Um típico *dashboard* é mostrado na Figura 2.27. Esse painel executivo em particular exibe uma variedade de KPIs relativos a uma empresa hipotética de software chamada Sonatica (que vende ferramentas de áudio). Esse painel executivo mostra uma visão de alto nível dos diferentes grupos funcionais envolvendo os produtos, a começar por um apanhado geral dos esforços dos departamentos de marketing, vendas, finanças e suporte. Tudo isso visa oferecer aos responsáveis por decisões executivas uma ideia resumida e precisa do que

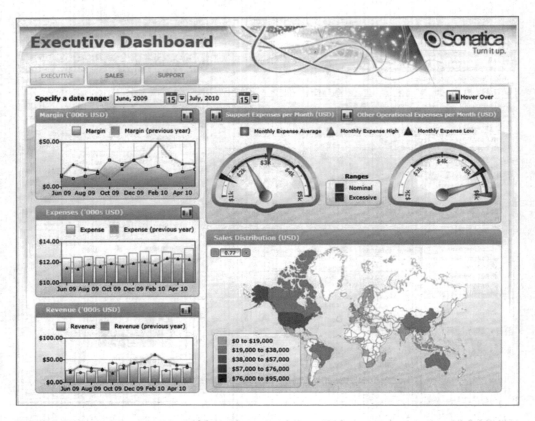

FIGURA 2.27 Uma amostra de *dashboard* executivo. *Fonte:* dundas.com.

anda acontecendo na organização. No lado esquerdo do *dashboard*, você pode ver (na forma de uma série temporal) as alterações trimestrais em receitas, despesas e margens de lucro, bem como a comparação dessas cifras com os valores mensais dos anos anteriores. No canto superior direito, vemos dois mostradores com regiões codificadas por cor exibindo a quantidade de despesas mensais com serviços de suporte (mostrador à esquerda) e a quantidade de outras despesas (mostrados à direita). Como os ponteiros indicam, embora as despesas mensais com suporte se encontrem bem dentro das faixas normais, as outras despesas estão na região à direita, indicando valores excessivos. O mapa geográfico no canto inferior direito mostra a distribuição de vendas por países do mundo inteiro. Por trás desses ícones geográficos, há uma variedade de funções matemáticas que agregam inúmeros pontos de dados, extraindo seu nível máximo de significado. Ao clicar nesses ícones geográficos, o consumidor dessas informações pode se aprofundar em níveis mais granulares de informações e dados.

Dashboards são usados numa variedade de empresas pelas mais diversas razões. No Caso Aplicado 2.7, por exemplo, você encontrará o resumo de uma implementação bem-sucedida de *dashboards* informativos pelo time de futebol americano Dallas Cowboys.

Caso aplicado 2.7

Dallas Cowboys marca pontos com Tableau e Teknion

Fundado em 1960, o time de futebol americano Dallas Cowboys está sediado em Irving, Texas. O time conta com uma enorme torcida espalhada por todo o país, o que fica claro por seu recorde de jogos consecutivos com casa cheia na NFL.

Desafio

Bill Priakos, diretor operacional da divisão de merchandising do Dallas Cowboys, e sua equipe precisavam obter melhor visibilidade de seus dados para extrair deles maior lucratividade. A Microsoft foi escolhida como o plataforma referencial para esse *upgrade*, bem como para inúmeras outras aplicações em vendas, logística e comércio eletrônico (em MW). Os Cowboys esperavam que essa nova arquitetura de informações proporcionaria a análise de dados e os relatórios necessários. Infelizmente, isso acabou não se confirmando, dando início a uma busca por uma ferramenta robusta de *dashboard*, análise de dados e extração de relatórios para preencher essa lacuna.

Soluções e resultados

Juntas, a Tableau e a Teknion proporcionaram capacidades de *dashboard* e extração de relatórios em tempo real que excederam as exigências dos Cowboys. Sistemática e metodicamente, a equipe Teknion trabalhou lado a lado com os proprietários e usuários de dados dentro do Dallas Cowboys para entregar toda a funcionalidade exigida, dentro do prazo e abaixo do orçamento. "Já no início do processo, conseguimos compreender com clareza o que seria necessário para garantir operações mais lucrativas para os Cowboys", afirmou Bill Luisi, vice-presidente da Teknion. "Essa etapa do processo é fundamental para a abordagem da Teknion junto a qualquer cliente, trazendo enormes retornos mais adiante no plano de implementação." Luisi conclui: "Obviamente, a Tableau trabalhou de perto conosco e com os Cowboys durante todo o projeto. Juntas, asseguramos que os Cowboys pudessem cumprir com suas metas analíticas e de extração de relatórios em tempo recorde".

Agora, o Dallas Cowboys está conseguindo pela primeira vez monitorar por completo suas atividades de merchandising, desde a fabricação até o cliente final, podendo não apenas enxergar o que está acontecendo ao longo do ciclo inteiro, mas também se aprofundar em cada detalhe.

Atualmente, essa solução de BI é usada para reportar e analisar atividades comerciais da divisão de *merchandising*, que é responsável por todas as vendas relacionadas à marca Dallas Cowboys. Estimativas do ramo afirmam que os Cowboys geram 20% de todas as vendas de mercadorias na NFL, corroborando a ideia de que são a franquia esportiva mais reconhecida no planeta.

Segundo Eric Lai, repórter da *ComputerWorld*, Tony Romo e os demais jogadores do Dallas Cowboys podem ter ficado apenas na média dentro das quatro linhas nos últimos anos, mas fora de campo, especialmente em se tratando de merchandising, eles seguem sendo o time da América.

Questões para discussão

1. Como o Dallas Cowboys utilizou a visualização de informações?
2. Quais foram o desafio, a solução proposta e os resultados obtidos?

Fontes: Lai, E. (2009, October 8). BI visualization tool helps Dallas Cowboys sell more Tony Romo jerseys. *ComputerWorld*; Tableau case study. tableausoftware.com/learn/stories/tableau-and-teknion-exceed-cowboys-requirements (acessado em julho de 2016).

Design de *dashboards*

Dashboards não são um conceito novo. Suas raízes podem ser traçadas pelo menos até o sistema de informações executivas dos anos 80. Atualmente, os *dashboards* são onipresentes. Alguns anos atrás, por exemplo, a Forrester Research estimou que mais de 40% das 2 mil maiores empresas do mundo usavam a tecnologia (Ante & McGregor, 2006). Desde então, pode-se seguramente supor que este número aumentou consideravelmente. Na verdade, seria um tanto incomum nos dias de hoje encontrar uma grande empresa que usa um sistema de BI mas não emprega alguma espécie de *dashboard* de desempenho. O site Dashboard Spy Web (dashboardspy.com/about) fornece mais indícios dessa onipresença. O site contém descrições e capturas de tela de milhares de *dashboards* de BI, *scorecards* e interfaces de BI usados por empresas de todos os tamanhos e setores, além de organizações sem fins lucrativos e agências governamentais.

Segundo Eckerson (2006), um renomado especialista em BI em geral e em *dashboards* em particular, a característica mais distintiva de um *dashboard* são suas três camadas de informação:

1. *Monitoramento:* Dados gráficos e abstratos para monitorar indicadores-chave de desempenho.
2. *Análise:* Dados dimensionais resumidos para analisar a causa-raiz dos problemas.
3. *Gerenciamento:* Dados operacionais detalhados que identificam quais ações devem ser tomadas para resolver um problema.

Devido a essas camadas, os *dashboards* agrupam muitas informações numa única tela. De acordo com Few (2005): "O desafio fundamental do design de *dashboards* é exibir todas as informações necessárias numa mesma tela, de modo claro e sem distrações, e de tal forma que possam ser assimiladas rapidamente". Para acelerar a assimilação dos números, eles precisam ser apresentados em contexto. Isso pode ser feito comparando-se os números de interesse com alguns patamares-alvo, indicando se os números são favoráveis ou não e se a tendência demonstrada por eles é boa ou ruim, bem como usando-se *widgets* ou componentes especializados de exibição para estabelecer o contexto comparativo ou avaliativo. Dentre as comparações tipicamente incluídas em sistemas de BI estão: comparações com valores passados, valores previstos, valores-alvo, valores de *benchmark* ou médios, múltiplas instâncias da mesma medida e os valores de outras medidas (como receitas *versus* custos).

Mesmo com medidas comparativas, é importante indicar especificamente se um número em particular é bom ou ruim e se sua tendência aponta na direção certa. Sem esses tipos de designações avaliativas, a determinação do *status* de um número ou resultado em particular pode levar tempo demais. Tipicamente, utiliza-se ou objetos visuais especializados (como semáforos, mostradores de ponteiro, indicadores) ou atributos visuais (como codificação cromática) para estabelecer o contexto avaliativo. Uma solução para exploração de dados ao estilo *dashboard* desenvolvida por uma empresa de energia é analisada no Caso Aplicado 2.8.

Caso aplicado 2.8

A análise de dados visual ajuda a fornecedora de energia Make a estabelecer melhores conexões

Por todo o mundo, os mercados de energia estão passando por mudanças e transformações significativas, gerando amplas oportunidades e também desafios consideráveis. Como ocorre em qualquer setor, as oportunidades estão atraindo mais atores para o mercado, o que aumenta a concorrência e reduz a tolerância a decisões empresariais abaixo do ideal. Para se ter sucesso, é preciso criar e disseminar informações precisas e atualizadas para todos e sobre tudo o que for necessário. Se você precisasse, por exemplo, monitorar facilmente orçamentos de marketing, equilibrar as cargas de trabalho dos funcionários e customizar mensagens de marketing para segmentos-alvo de clientes, seriam necessárias três soluções diferentes de geração de relatórios. Pois a Electrabel GDF SUEZ está garantindo tudo isso para sua unidade de marketing e vendas com a plataforma SAS® Visual Analytics.

A abordagem de solução única é ótima para poupar tempo aos profissionais de marketing em um ramo que está passando por imensas mudanças. "É um enorme desafio estabilizar nossa posição de mercado no setor energético. Isso inclui volume, preços e margens tanto para varejo quanto para clientes empresariais", observa Danny Noppe, gerente de arquitetura e desenvolvimento de relatórios no departamento de marketing e vendas da Electrabel. A empresa é a maior fornecedora de eletricidade na Bélgica e a maior produtora de eletricidade na Bélgica e na Holanda. Segundo Noppe, é crucial que a Electrabel melhore a eficiência de suas comunicações com clientes, conforme explora novos canais digitais e desenvolve novos serviços relacionados a energia.

"Quanto melhor conhecermos o cliente, maiores nossas chances de sucesso", afirma ele. "É por isso que combinamos informações vindas de diversas fontes – tráfego telefônico com clientes, perguntas online, mensagens de texto e campanhas pela correio. Conhecendo melhor nossos clientes e nossa base em potencial, teremos uma vantagem adicional em nosso mercado competitivo."

Uma única versão da verdade

A Electrabel estava usando várias plataformas e ferramentas para fins de extração de relatórios. Isso às vezes levava a ambiguidades nas cifras reportadas. A empresa também enfrentava problemas de desempenho ao processar grandes volumes de dados. O SAS Visual Analytics, com tecnologia em memória principal, remove os problemas de ambiguidade e desempenho. "Temos a autonomia e a flexibilidade para buscarmos informações sobre os clientes e visualização de dados internamente", garante Noppe. "Afinal, a geração de relatórios com agilidade é uma exigência essencial de departamentos voltados para ação, como o de vendas e marketing."

Trabalhando com maior eficiência e menor custo

O SAS Visual Analytics automatiza o processo de atualização de informações em relatórios. Em vez de construir um relatório que acaba desatualizado depois de pronto, os dados são renovados para todos os relatórios uma vez por semana e ficam disponíveis em *dashboards*. Ao implantar a solução, a Electrabel optou por uma abordagem em etapas, começando por relatórios simplificados e avançando para aqueles mais complexos. O primeiro relatório levou algumas semanas para ser desenvolvido, e os restantes, bem menos tempo. Eis alguns dos êxitos obtidos com a solução:

(Continua)

- Dados que antes levavam dois dias para serem preparados agora levam apenas 2 horas.
- Vislumbres gráficos claros de cobranças e composição de faturas para clientes B2B.
- Um relatório de gestão de carga de trabalho pelas equipes operacionais. Os gestores podem avaliar as cargas de trabalho das equipes semanalmente ou a longo prazo e fazer os ajustes necessários.

"Aumentamos consideravelmente nossa eficiência e podemos entregar dados e relatórios de qualidade com mais frequência, e a um custo bem mais baixo", afirma Noppe. E se a empresa precisar combinar dados provenientes de múltiplas fontes, o processo é igualmente fácil. "A criação de relatórios visuais, baseados em *data marts*, pode ser obtida em poucos dias, ou mesmo em poucas horas."

Noppe conta que a empresa planeja ampliar ainda mais seu vislumbre sobre o comportamento digital de seus clientes, combinando dados de análise da Web, emails e redes sociais com dados de sistemas *back-end*. "Mais cedo ou mais tarde, queremos substituir toda extração laboriosa de relatórios pelo SAS Visual Analytics", afirma ele, complementando que a flexibilidade da solução é crucial para o seu departamento. "Isso nos dará mais tempo para enfrentarmos outros desafios. Também queremos disponibilizar essa ferramenta em nossos dispositivos móveis. Isso permitirá que nossos gerentes de contas utilizem relatórios atualizados, elucidativos e adaptáveis durante encontros com clientes. Dispomos de uma plataforma de relatórios voltada para o futuro e para tudo que precisamos."

Questões para discussão

1. Na sua opinião, por que empresas de fornecimento de energia estão entre as principais usuárias de ferramentas de visualização de informações?
2. Como a Electrabel utiliza a visualização de informações para obter a única versão da verdade?
3. Quais foram os desafios, a solução proposta e os resultados obtidos?

Fonte: SAS Customer Story, "Visual analytics helps energy supplier make better connections" at http://www.sas.com/en_us/customers/electrabel-be.html (acessado em julho de 2016). Copyright © 2016 SAS Institute Inc., Cary, NC, USA. Reimpresso com permissão. Todos os direitos reservados.

O que procurar em um *dashboard*

Ainda que os *dashboards* de desempenho e outros sistemas de visualização de informações variem entre si, todos eles compartilham de algumas características comuns de design. Em primeiro lugar, todos eles se encaixam no guarda-chuva maior de BI e/ou de sistema de medição de desempenho. Isso significa que sua arquitetura subjacente é a arquitetura de BI ou de gestão de desempenho do sistema mais amplo. Em segundo lugar, um *dashboard* e outras visualizações de informações bem projetados possuem as seguinte características (Novell, 2009):

- Utilizam componentes visuais (como diagramas, barras de desempenho, *sparklines*, indicadores, medidores e semáforos) para destacar, num vislumbre, os dados e exceções que requerem ação.
- São transparentes para o usuário, ou seja, exigem o mínimo de treinamento e são extremamente fáceis de usar.

- Combinam dados provenientes de uma variedade de sistemas em uma mesma visão resumida e unificada dos negócios.
- Possibilitam a navegação aprofundada ou lateral entre fontes de dados e relatórios subjacentes, fornecendo mais detalhes quanto às bases comparativas e o contexto avaliativo.
- Apresentam uma visão dinâmica do mundo real, com renovação ágil de dados, permitindo que o usuário final permaneça atualizado sobre mudanças recentes nos negócios.
- Exigem pouca ou nenhuma codificação customizada para serem implementados, utilizados e mantidos.

Melhores práticas para o design de *dashboards*

A expressão *"location, location, location"* usada no mercado imobiliário deixa óbvio que o atributo mais importante de uma propriedade é o local onde está situada. Para *dashboards*, é "dados, dados, dados". Mesmo às vezes sendo negligenciados, os dados são um dos aspectos mais importantes a serem considerados ao se projetar *dashboards* (Carotenuto, 2007). Eles são confiáveis? Estão atualizados? Há dados faltando? São consistentes em todos os *dashboards*? Eis algumas das melhores práticas baseadas em experiências para o design de *dashboards* (Radha, 2008).

Utilize indicadores-chave de desempenho como *benchmark* para padrões do setor

Muitos clientes, em algum momento, desejam saber se os parâmetros que estão medindo são os certos a serem monitorados. E por vezes eles descobrem que os parâmetros que estão rastreando não são os mais adequados para seus objetivos. Para se alinhar com as melhores práticas do setor, é preciso identificar quais dos *benchmarks* estão faltando.

Envolva os parâmetros do *dashboard* com metadados contextuais

Muitas vezes, quando um relatório ou um *dashboard/scorecard* visual é apresentado para usuários empresariais, algumas questões permanecem sem resposta. Eis alguns exemplos a seguir:

- Quais são as fontes de seus dados?
- Ao popular o *data warehouse*, qual percentual de dados foi rejeitado e/ou apresentou problemas de qualidade?
- O *dashboard* está apresentando informações "frescas" ou informações "caducas"?
- Quando foi a última vez que o *data warehouse* foi reatualizado?
- Quando ocorrerá a próxima atualização?
- No processo de abastecimento, chegou a ser rejeitada alguma transação de alto valor para evitar formação de assimetria nas tendências em geral?

Valide o design do *dashboard* por meio de um especialista em usabilidade

Na maioria dos ambientes de *dashboard*, este é projetado por um especialista em ferramentas sem levar em consideração princípios de usabilidade. Muito embora seja um *data warehouse* bem projetado e de bom desempenho, muitos usuários empresariais não utilizam o *dashboard* por acreditarem que é complicado de usar, levando a uma baixa adoção da infraestrutura e a problemas de gestão de mudanças. Esse risco pode ser mitigado se houver já de início uma validação do design do *dashboard* por um especialista em usabilidade.

Priorize e ranqueie alertas/exceções transmitidos para o *dashboard*

Por haver toneladas de dados brutos, é importante dispor de um mecanismo para notificar proativamente os consumidores de informações sobre importantes exceções/comportamentos. Uma regra de negócios pode ser codificada, para detectar o padrão de alerta de interesse. Isso pode ser codificado em um programa, usando-se procedimentos armazenados em base de dados, para vasculhar tabelas fatos e detectar padrões que exigem atenção imediata. Dessa forma, é a informação que vai ao encontro do usuário empresarial, em vez deste ter de apurar tabelas fatos atrás de ocorrências de padrões críticos.

Enriqueça o *dashboard* com comentários de usuários empresariais

Quando as mesmas informações são apresentadas para diferentes usuários de *dashboard*, uma pequena caixa de texto pode ser providenciada para capturar os comentários a partir da perspectiva de um usuário final. Isso muitas vezes pode ser embutido no *dashboard* para contextualizar as informações, acrescentando perspectiva aos KPIs estruturados sendo retratados.

Apresente as informações em três níveis diferentes

As informações podem ser apresentadas em três camadas dependendo de sua granularidade: o nível do *dashboard* visual, o nível do relatório estático e o nível do cubo de autoatendimento. Quando um usuário navega pelo *dashboard*, um conjunto simples de 8 a 12 KPIs pode ser apresentado, que dariam uma noção do que está indo bem e o que não está.

Escolha o construto visual certo usando princípios de design de *dashboard*

Ao apresentar informações num *dashboard*, algumas delas são mais bem apresentadas com gráficos de barras, outras com gráficos de linhas em séries temporais e ainda outras, quando envolvem correlações, com um gráfico de dispersão. Às vezes, sua representação em tabelas simples já é bastante eficaz. Assim que os princípios de design do *dashboard* são explicitamente documentados, todos os desenvolvedores que trabalham na linha de frente podem aderir aos mesmos princípios em suas representações visuais.

Proporcione análise de dados guiada

Numa organização típica, usuários empresariais podem se encontrar em diversos níveis de maturidade analítica. A capacidade do *dashboard* pode ser usada para guiar o usuário empresarial "médio" no acesso à mesma trajetória navegacional que a usada por um usuário bastante experiente.

SEÇÃO 2.11 QUESTÕES DE REVISÃO

1. O que é um *dashboard* informacional? Por que são tão populares?
2. Quais são os *widgets* gráficos mais usados em *dashboards*? Por quê?
3. Liste e descreva as três camadas de informação retratadas em *dashboards*.
4. Quais são as características comuns dos *dashboards* e de outros meios de visualização de informações?
5. Quais são as melhores práticas no design de *dashboards*?

Destaques do capítulo

- Os dados se tornaram os ativos mais valiosos para as organizações atuais.
- Os dados representam o principal ingrediente de qualquer iniciativa de BI, ciência de dados e análise de negócios.
- Embora sua proposta de valor seja inegável, para fazer jus à sua promessa, os dados precisam obedecer a alguns parâmetros básicos de usabilidade e qualidade.
- O termo *conjunto de dados* diz respeito a uma coleção de fatos geralmente obtida como resultado de experimentos, observações, transações ou experiências.
- No nível mais alto de abstração, os dados podem ser classificados como estruturados ou não estruturados.
- Em sua forma original/bruta, os dados geralmente não estão prontos para serem usados em tarefas de análise de dados.
- O pré-processamento de dados é uma tarefa tediosa e demorada, mas ainda assim crucial para a análise de negócios.
- A estatística é uma coleção de técnicas matemáticas voltadas a caracterizar e interpretar dados.
- Os métodos estatísticos podem ser classificados ou como descritivos ou como inferenciais.
- A estatística em geral, e a estatística descritiva em particular, é uma parte crucial da BI e na análise de negócios.
- Métodos de estatística descritiva podem ser usados para medir tendência central, dispersão ou o formato de um determinado conjunto de dados.
- Regressão, sobretudo a regressão linear, talvez seja a técnica de análise de dados mais conhecida e usada em estatística.
- Regressão linear e regressão logística são os dois principais tipos de regressão em estatística.
- A regressão logística é um algoritmo de classificação baseado em probabilidades.
- Uma série temporal é uma sequência de pontos de dados de uma variável, medidos e registrados em pontos sucessivos separados por intervalos temporais uniformes.
- Um relatório é um artefato comunicativo preparado com a intenção específica de transmitir informações em um formato apresentável.
- Um relatório empresarial é um documento por escrito que contém informações relativas a negócios.
- O segredo para o sucesso de qualquer relatório empresarial são clareza, concisão, completude e correção.

- Visualização de dados é o emprego de representações visuais para explorar, dar sentido e comunicar dados.
- Talvez o mais notável gráfico informativo do passado tenha sido aquele desenvolvido por Charles J. Minard, que retratou visualmente os prejuízos sofridos pelo exército napoleônico na campanha da Rússia de 1812.
- Os tipos básicos de gráficos incluem os de linhas, de barras e de pizza.
- Diagramas especializados são muitas vezes derivados de diagramas básicos na condição de casos excepcionais.
- Técnicas e ferramentas da visualização de dados transformam os usuários de análise de negócios e sistemas de BI em melhores consumidores de informações.
- Análise de dados visual é a combinação de visualização com análise de dados preditiva.
- A crescente demanda por análise de dados visual associada a volumes cada vez maiores de dados levaram a um crescimento exponencial em investimentos em sistemas altamente eficientes de visualização.
- Os *dashboards* oferecem exibições visuais de informações importantes consolidadas e organizadas numa única tela, para que possam ser digeridas num simples relance e facilmente exploradas e aprofundadas.

Termos-chave

amplitude
análise de dados visual
aprendizado
assimetria
centralidade
computação de alto desempenho
conhecimento
correlação
curtose
dados
dados categóricos
dados estruturados
dados não estruturados
dados nominais
dados originais
dados racionais
dashboards
desvio absoluto médio
desvio padrão
diagrama de bolhas
diagrama de caixa
diagrama de caixa e fios de bigode
dispersão
estatística
estatística descritiva
estatística inferencial
formulação de narrativa
gráfico de dispersão
gráfico de pizza
histograma
indicador-chave de desempenho (KPI)
média aritmética
mediana
mínimos quadrados ordinários (MQO)
moda
pré-processamento de dados
previsão por série temporal
processamento analítico online (OLAP)
pronto para análise de dados
qualidade de dados
quartil
redução dimensional
regressão
regressão linear
regressão logística
relatório
relatório empresarial
segurança de dados
seleção de variáveis
taxonomia de dados
variância
visualização de dados

Questões para discussão

1. Como você descreve a importância dos dados na análise de negócios? Podemos pensar em análise de negócios sem dados? Explique.
2. Considerando-se a nova e ampla definição de análise de negócios, quais são os principais elementos de entrada e saída no *continuum* da análise de dados?
3. De onde vêm os dados para análise de negócios? Quais são as fontes e a natureza dos dados recebidos?
4. Quais são os parâmetros mais comuns que tornam um conjunto de dados pronto para análise de dados?
5. Quais são as principais categorias dos dados? Quais tipos de dados podemos usar em BI e análise de dados?
6. Podemos usar a mesma representação de dados para todos os modelos de análise de dados (em outras palavras, diferentes modelos de análise de dados exigem diferentes

esquemas de representação de dados)? Por quê?
7. Por que os dados originais/brutos não estão prontos para serem usados em tarefas de análise de dados?
8. Quais são as principais etapas do pré-processamento de dados? Liste e explique sua importância em análise de dados.
9. O que significa limpar os dados? Quais atividades são desempenhadas nessa fase?
10. A redução de dados pode ser aplicada a linhas (amostragem) e/ou a colunas (seleção de variáveis). Qual das tarefas é mais desafiadora? Explique.
11. Qual é a relação entre estatística e análise de negócios (considere o posicionamento da estatística numa taxonomia da análise de negócios)?
12. Quais são as principais diferenças entre a estatística descritiva e a inferencial?
13. O que é um diagrama de caixa e fios de bigode? Quais tipos de informações estatísticas ele representa?
14. Quais são as duas características de formato mais usadas para descrever uma distribuição de dados?
15. Liste e defina em resumo as medidas de tendência central da estatística descritiva.
16. O que a regressão e a correlação têm em comum e de diferente?
17. Liste e descreva as principais etapas a serem cumpridas no desenvolvimento de um modelo de regressão linear.
18. Quais são os pressupostos geralmente mais destacados da regressão linear? O que é crucial nos modelos de regressão frente a esses pressupostos?
19. O que a regressão linear e a regressão logística têm em comum e de diferente?
20. O que é uma série temporal? Quais são as principais técnicas de previsão para dados de séries temporais?
21. O que é um relatório empresarial? Por que ele é necessário?
22. Quais são as melhores práticas na geração de relatórios empresariais? Como você pode fazer seus relatórios se destacarem?
23. Descreva o processo cíclico de decisões gerenciais e comente sobre o papel dos relatórios empresariais.
24. Liste e descreva as três principais categorias de relatórios empresariais.
25. Por que a visualização de informações se tornou uma peça central em BI e análise de negócios? Existe alguma diferença entre visualização de informações e análise de dados visual?
26. Quais são os principais tipos de diagramas/gráficos? Por que existem tantos tipos diferentes?
27. Como é possível determinar o diagrama certo para cada tarefa? Explique e defenda seu raciocínio.
28. Qual é a diferença entre visualização de informações e análise de dados visual?
29. Por que é recomendável que suas visualizações de dados e seus relatórios busquem contar uma história?
30. O que é um *dashboard* informacional? O que ele apresenta?
31. Quais são as melhores práticas para se projetar *dashboards* altamente informativos?
32. Você acha que os *dashboards* informativos/de desempenho chegaram para ficar? Ou estão prestes a ficar datados? Na sua opinião, qual será a próxima onda em BI e análise de negócios em termos de visualização de dados/informações?

Exercícios

Teradata University Network e outros exercícios práticos

1. Baixe os dados de "Voting Behavior" e a breve descrição de dados no site da TUN. Trata-se de um conjunto de dados compilado junto a condados espalhados pelos Estados Unidos. Os dados esta parcialmente processados, ou seja, algumas variáveis derivadas já foram criadas. Sua tarefa é conduzir um rigoroso pré-processamento dos dados identificando os erros e anomalias e propondo remediações e soluções. Ao final, você deve

dispor de uma versão desses dados pronta para análise de dados. Depois que o pré-processamento estiver completo, jogue esses dados no Tableau (ou em alguma outra ferramenta de software de visualização de dados) a fim de extrair informações visuais úteis deles. Para isso, conceitualize perguntas e hipóteses relevantes (no mínimo três delas) e crie visualizações apropriadas que abordem essas perguntas e "testem" essas hipóteses.

2. Baixe o Tableau (em tableau.com, seguindo as instruções de download acadêmico gratuito em seu site). Utilizando o conjunto de dados Visualization_MFG_Sample (disponível na forma de um arquivo Excel no site que acompanha este livro), responda as seguintes perguntas:
   a. Qual é a relação entre faturamento bruto com bilheteria e outros parâmetros da indústria cinematográfica apresentados no conjunto de dados?
   b. De que forma essa relação varia em diferentes épocas? Prepare um relatório por escrito com visual profissional e acompanhado por capturas de tela de suas descobertas gráficas.

3. Entre em teradatauniversitynetwork.com. Procure por um artigo que detalhe a natureza dos dados, o gerenciamento de dados e/ou a governança de dados no âmbito da BI e da análise de dados, e então analise criticamente o conteúdo do artigo.

4. Vá até o repositório de dados UCI (archive.ics.uci.edu/ml/datasets.html) e identifique um grande conjunto de dados que contenha tanto valores numéricos quanto nominais. Usando o Microsoft Excel, ou qualquer outro software estatístico:
   a. Calcule e interprete medidas de tendência central para toda e cada variável.
   b. Calcule e interprete medidas de dispersão/espalhamento para toda e cada variável.

5. Vá até o repositório de dados UCI (archive.ics.uci.edu/ml/datasets.html) e identifique dois conjuntos de dados, um para estimativa/regressão e outro para classificação. Usando o Microsoft Excel, ou qualquer outro software estatístico:
   a. Desenvolva e interprete um modelo de regressão linear.
   b. Desenvolva e interprete um modelo de regressão logística.

6. Entre em KDnuggest.com e familiarize-se com o leque de recursos de análise de dados disponíveis nesse portal. Em seguida, identifique um artigo acadêmico, um artigo técnico ou o roteiro de uma entrevista que aborde a natureza dos dados, o gerenciamento de dados e/ou a governança de dados no âmbito da BI e da análise de dados, e analise criticamente o conteúdo do artigo.

7. Entre no blog de Stephen Few, "The Perceptual Edge" (perceptualedge.com). Vá até a seção de "Examples". Nessa seção, ele oferece textos críticos sobre vários exemplos de *dashboards*. Leia alguns desses exemplos. Agora entre em dundas.com. Dentro do site, selecione a seção "Gallery". Dentro dela, clique na seleção "Digital Dashboard". Você encontrará uma variedade de *dashboards* de demonstração. Rode algumas dessas demos.
   a. Quais tipos de informações e parâmetros são mostrados nas demos? Quais tipos de ações você pode fazer?
   b. Usando alguns dos conceitos básicos dos textos críticos de Few, descreva alguns dos bons e maus aspectos de design das demos.

8. Baixe uma ferramenta de visualização de informações, como Tableau, QlikView ou Spotfire. Caso sua escola não possua um acordo educacional com essas empresas, então uma versão de teste será suficiente para este exercício. Utilize seus próprios dados (caso você possua alguns) ou recorra a um dos conjuntos de dados que já vêm com a ferramenta (elas costumam contar com um ou mais conjuntos de dados para fins de demonstração). Estude os dados, elabore alguns problemas empresariais e empregue visualização de dados para analisar, visualizar e potencialmente solucionar esses problemas.

9. Entre em teradatauniversitynetwork.com. Encontre o "Tableau Software Project". Leia a descrição, execute as tarefas e responda as perguntas.

10. Entre em teradatauniversitynetwork.com. Encontre as tarefas envolvendo o SAS Visual Analytics. Usando as informações e as

instruções passo a passo fornecidas na tarefa, execute a análise na ferramenta SAS Visual Analytics (que é um sistema baseado na própria Web, não exigindo qualquer instalação local). Responda as perguntas feitas na tarefa.

11. Encontre pelo menos dois artigos (um artigo de publicação acadêmica e um artigo técnico) que fale sobre a formulação de narrativas, sobretudo no contexto da análise de dados (isto é, narrativas envolvendo dados). Leia e analise criticamente o artigo e escreva um relatório que reflita suas opiniões e entendimentos quanto à importância de contar histórias em BI e análise de negócios.

12. Entre em Data.gov – um portal de dados patrocinado pelo governo norte-americano que possui uma grande quantidade de conjuntos de dados sobre os mais diversos assuntos, desde atendimento de saúde até educação, e de clima a segurança pública. Escolha um tópico que mais lhe interesse. Vasculhe as informações e explicações relativas a esse tópico fornecidas no site. Explore as possibilidades de download dos dados e utilize sua ferramenta preferida de visualização de dados para criar e dar significado a suas próprias informações e visualizações.

Exercícios em grupo e projetos de encenação de papéis

1. A análise de dados começa pelos dados. A identificação, aferição, obtenção e processamento de dados relevantes são as tarefas mais essenciais de qualquer estudo em análise de dados. Em grupo, busque encontrar um conjunto de dados grande o bastante no mundo real (seja da sua própria organização, o que é preferível, seja a partir de uma busca na Internet, ou então junto aos links de dados postados em KDnuggets.com) que apresente milhares de linhas e mais do que 20 variáveis, para então conduzir e documentar um rigoroso projeto de pré-processamento de dados. Em seu trabalho de processamento, identifique anomalias e discrepâncias usando métodos e medidas de estatística descritiva, e deixe os dados prontos para análise. Liste e justifique suas etapas e decisões de pré-processamento em um relatório abrangente.

2. Entre num site bem conhecido que ofereça *dashboards* informativos (dundas.com, idashboards.com, enterprise-dashboard.com). Estes sites fornecem inúmeros exemplos de *dashboards* executivos. Em grupo, selecione um ramo de atuação específico (como atendimento de saúde, bancos, companhias aéreas). Localize alguns exemplos de *dashboards* usados em tal ramo. Descreva os tipos de parâmetros encontrados neles. Quais tipos de leiautes são usados para apresentar as informações? Usando seus conhecimentos sobre design de *dashboards*, desenhe num papel um protótipo de *dashboards* para essas informações.

3. Entre em teradatauniversitynetwork.com. A partir daí, acesse as fontes de dados da University of Arkansas. Escolha um dos vastos conjuntos de dados e baixe uma grande quantidade de registros (para isso, talvez seja preciso escrever uma declaração em SQL que crie as variáveis que você deseja incluir no conjunto de dados). Elabore pelo menos dez perguntas que possam ser respondidas por meio de visualização de informações. Usando sua ferramenta preferida de visualização de dados (como Tableau), analise os dados e prepare um relatório detalhado que inclua capturas de tela e outros elementos visuais.

Referências

Abela, A. (2008). *Advanced presentations by design: Creating communication that drives action.* New York: Wiley.

Annas, G. J. (2003). HIPAA regulations—A new era of medical-record privacy? *New England Journal of Medicine, 348*(15), 1486–1490.

Ante, S. E., & McGregor, J. (2006). Giving the boss the big picture: A dashboard pulls up everything the CEO needs to run the show. *Business Week*, 43–51.

Carotenuto, D. (2007). Business intelligence best practices for dashboard design. WebFOCUS white paper. www.datawarehouse.inf.br/papers/

information_builders_dashboard_best_practices.pdf (accessed August 2016).

Dell customer case study. Medical device company ensures product quality while saving hundreds of thousands of dollars. https://software.dell.com/documents/instrumentation-laboratory-medical-device-companyensures-product-quality-while-saving-hundreds-ofthousands-of-dollars-case-study-80048.pdf (accessed August 2016).

Delen, D. (2010). A comparative analysis of machine learning techniques for student retention management. *Decision Support Systems, 49*(4), 498–506.

Delen, D. (2011). Predicting student attrition with data mining methods. *Journal of College Student Retention 13*(1), 17–35.

Delen, D., Cogdell, D., & Kasap, N. (2012). A comparative analysis of data mining methods in predicting NCAA bowl outcomes. *International Journal of Forecasting, 28*, 543–552.

Delen, D. (2015). *Real-world data mining: Applied business analytics and decision making*. Upper Saddle River, NJ: Financial Times Press (A Pearson Company).

Eckerson, W. (2006). *Performance dashboards*. New York: Wiley.

Few, S. (2005, Winter). Dashboard design: Beyond meters, gauges, and traffic lights. *Business Intelligence Journal, 10*(1).

Few, S. (2007). Data visualization: Past, present and future. perceptualedge.com/articles/Whitepapers/Data_Visualization.pdf (accessed July 2016).

Fink, E., & Moore, S. J. (2012). Five best practices for telling great stories with data. White paper by Tableau Software, Inc., www.tableau.com/whitepapers/telling-data-stories (accessed May 2016).

Freeman, K. M., & Brewer, R. M. (2016). The politics of American college football. *Journal of Applied Business and Economics, 18*(2), 97–101.

Gartner Magic Quadrant, released on February 4, 2016, gartner.com (accessed August 2016).

Grimes, S. (2009a, May 2). Seeing connections: Visualizations makes sense of data. *Intelligent Enterprise*. i.cmpnet.com/intelligententerprise/next-era-business-intelligence/Intelligent_Enterprise_Next_Era_BI_Visualization.pdf (accessed January 2010).

Grimes, S. (2009b). Text analytics 2009: User perspectives on solutions and providers. Alta Plana. altaplana.com/TextAnalyticsPerspectives2009.pdf (accessed July, 2016).

Hardin, M., Hom, D., Perez, R., & Williams, L. (2012). Which chart or graph is right for you? Tableau Software: Tell Impactful Stories with Data. Tableau Software. http://www.tableau.com/sites/default/files/media/which_chart_v6_final_0.pdf (accessed August 2016).

Hernández, M. A., & Stolfo, S. J. (1998, January). Real-world data is dirty: Data cleansing and the merge/purge problem. *Data Mining and Knowledge Discovery, 2*(1), 9–37.

Hill, G. (2016). A Guide to enterprise reporting. ghill.customer.netspace.net.au/reporting/definition.html (accessed July 2016).

Kim, W., Choi, B. J., Hong, E. K., Kim, S. K., & Lee, D. (2003). A taxonomy of dirty data. *Data Mining and Knowledge Discovery, 7*(1), 81–99.

Kock, N. F., McQueen, R. J., & Corner, J. L. (1997). The nature of data, information and knowledge exchanges in business processes: Implications for process improvement and organizational learning. *The Learning Organization, 4*(2), 70–80.

Kotsiantis, S. B., Kanellopoulos, D., & Pintelas, P. E. (2006). Data preprocessing for supervised leaning. *International Journal of Computer Science, 1*(2), 111–117.

Lai, E. (2009, October 8). BI visualization tool helps Dallas Cowboys sell more Tony Romo jerseys. *ComputerWorld*.

Quinn, C. (2016). Data-driven marketing at SiriusXM. Teradata Articles & News. at http://bigdata.teradata.com/US/Articles-News/Data-Driven-Marketing-At-SiriusXM/ (accessed August 2016); Teradata customer success story. SiriusXM attracts and engages a new generation of radio consumers. http://assets.teradata.com/resourceCenter/downloads/CaseStudies/EB8597.pdf?processed=1.

Novell. (2009, April). Executive dashboards elements of success. Novell white paper. www.novell.com/docrep/documents/3rkw3etfc3/Executive%20Dashboards_Elements_of_Success_White_Paper_en.pdf (accessed June 2016).

Radha, R. (2008). Eight best practices in dashboard design. *Information Management*. www.information-management.com/news/columns/-10001129-1.html (accessed July 2016).

SAS. (2014). Data visualization techniques: From basics to Big Data. http://www.sas.com/content/dam/SAS/en_us/doc/whitepaper1/data-visualization-techniques-106006.pdf (accessed July 2016).

Thammasiri, D., Delen, D., Meesad, P., & Kasap N. (2014). A critical assessment of imbalanced class distribution problem: The case of predicting freshmen student attrition. *Expert Systems with Applications, 41*(2), 321–330.

CAPÍTULO 3

Análise de dados descritiva II: inteligência de negócios e *data warehouses*

OBJETIVOS DIDÁTICOS

- Entender as definições básicas e conceitos de armazenamento de dados.
- Entender as arquiteturas de armazenamento de dados.
- Descrever os processos usados no desenvolvimento e gerenciamento de *data warehouse*.
- Explicar as operações de armazenamento de dados.
- Explicar o papel dos *data warehouses* no apoio à decisão.
- Explicar os processos de integração e extração, transformação e carga (ETL) de dados.
- Compreender a essência da gestão de desempenho de negócios (BPM).
- Aprender *balanced scorecards* e Seis Sigma como sistemas de medição de desempenho.

O conceito de armazenamento de dados circula desde o fim dos anos 80. Este capítulo examina os fundamentos de um tipo importante de base de dados, denominado *data warehouse*, que é usado primordialmente para embasamento de decisões e para fornecer os alicerces informativos para capacidades analíticas avançadas. Nas próximas seções, analisaremos os conceitos de armazenamento de dados e, nesse contexto, de gestão de desempenho de negócios.

3.1 VINHETA DE ABERTURA: Vasculhando fraudes fiscais com inteligência de negócios e *data warehouse*

Governos precisam trabalhar duro para evitar que as fraudes fiscais acabem abocanhando uma grande parte de suas receitas. Em 2013, a receita federal norte-americana, o Internal Revenue Service (IRS), conseguiu desbaratar tentativas, que se baseavam em roubo de identidades, para burlar o governo federal em U$24,2 bilhões em restituições de imposto. No entanto, no mesmo ano, o IRS desembolsou U$5,8 bilhões em restituições que apenas mais tarde foram identificadas como fraude.

Os estados também acabam perdendo dinheiro quando fraudadores usam números de previdência social roubados, declarações de pagamentos por empregadores e outras informações pessoais para encaminharem falsos pedidos de restituição. Nos últimos anos, esse tipo de crime vem aumentando a taxas alarmantes. "Praticamente todos os norte-americanos já ouviram falar em roubo de identidade, mas pouquíssimos deles estão cientes desse aumento explosivo em declarações de imposto de renda fraudulentas", afirma Peter Franchot, Auditor do Tesouro do estado de Maryland. "Este é um problema alarmante, que afeta todos os estados. Estão literalmente furtando o dinheiro dos contribuintes."

Em Maryland, os funcionários encarregados de extirpar pedidos falsos de reembolso são membros da Equipe de Detecção de Declarações Questionáveis (QRDT, na sigla em inglês). Como seus colegas de outros estados, esses especialistas utilizam software para identificar declarações suspeitas. Depois disso, investigam cada caso mais a fundo para identificar quais são fraudulentos.

Desafio

No passado, Maryland empregava parâmetros que examinavam declarações de imposto de renda uma a uma. Quando uma declaração exibia características específicas – como um certo índice de salários recebidos *versus* descontos retidos na fonte – o software suspendia tal declaração para investigações mais aprofundadas. Membros da QRDT pesquisavam, então, cada declaração suspensa – comparando, por exemplo, suas informações salariais e descontos na fonte com os valores das declarações de pagamentos encaminhadas pelo empregador. O processo era trabalhoso e ineficiente. Dentre as cerca de 2,8 milhões declarações de imposto de renda que Maryland recebe a cada ano, a QRDT suspendeu aproximadamente 110 mil. Porém, a maioria delas acabou se revelando legítima. "Apenas umas 10% foram confirmadas como fraudulentas", afirma Andy Schaufele, diretor do departamento de estimativas arrecadatórias para a Auditoria do Tesouro de Maryland.

Em média, tal processo evitava que Maryland depositasse anualmente entre U$5 e U$10 milhões em restituições fraudulentas. Embora isso possa ser visto como um sucesso, é ainda algo modesto, tendo em vista os recursos incorridos no processo e a inconveniência aos contribuintes honestos cujas declarações caíram na malha fina. "Era indigesto saber que estávamos adiando o recebimento de 90 a 100 mil restituições", conta Schaufele. "Queríamos fazer tais restituições chegarem logo aos contribuintes, já que muita gente conta com esse dinheiro como parte de suas rendas."

Solução

Maryland precisava de um processo mais eficiente. Também precisava de novas estratégias para se manter à frente dos fraudadores. "Todos os estados, além do IRS, estavam usando os mesmos parâmetros que os nossos", Schaufele afirma. "Creio que não era difícil para os criminosos descobrirem quais eram as nossas defesas." Felizmente, Maryland recentemente havia obtido uma nova e poderosa arma contra a fraude fiscal. Em 2010, a Auditoria do Tesouro de Maryland aliou-se à Teradata de Dayton, Ohio, para implementar um *data warehouse* projetado para suportar diversas iniciativas de fiscalização.

Enquanto as autoridades discutiam quais iniciativas deviam ser lançadas, uma ideia se destacou. "Determinamos que a prioridade de nossos esforços seria a prevenção de restituições fraudulentas", conta Sharonne Bonardi, vice-auditora do Tesouro de Maryland. Assim, começamos a trabalhar junto com a Teradata e com a ASR Analytics de Potomac, Maryland, para desenvolver um processo melhor para isolar declarações de imposto de renda fraudulentas (Temple-West, 2013).

"O primeiro passo foi analisar nossos dados e descobrir o que sabíamos sobre fraude", afirma Schaufele. Dentre as descobertas, a análise mostrou que, quando múltiplas declarações de imposto de renda eram suspensas – mesmo que por motivos completamente diferentes – muitas vezes elas tinham características em comum. O estado desenvolveu um banco de dados com aqueles traços que caracterizam as declarações fraudulentas e aqueles que caracterizam as honestas. "Trabalhamos com a ASR para organizar essas informações e desenvolver regressões lineares", conta Schaufele. "Em vez de rastrear parâmetros isolados, começamos a reunir esses parâmetros." Como resultado, foi possível obter um retrato muito mais sutil da típica declaração de renda fraudulenta.

Em vez de sinalizar declarações uma a uma, o novo sistema identifica grupos de declarações que parecem suspeitas por motivos similares. Essa estratégia acelera as investigações. O sistema de análise de dados também atribui uma pontuação a cada declaração, baseado nas probabilidades de se revelar fraudulenta. Em seguida, ele produz uma lista por ordem de prioridade para nortear o fluxo de trabalho da QRDT. "Antes de mais nada, trabalhamos nas declarações com menos probabilidade de serem fraudulentas, para podermos tirá-las da fila", Schaufele afirma. Já aquelas mais suspeitas retornam para exames aprofundados.

Resultados

"Com esses modelos de análise de dados, conseguimos reduzir os falsos positivos, e assim evitamos penalizar erroneamente contribuintes que prestaram informações honestas ao estado", observa Bonardi. Depois que os investigadores retiram suas declarações da fila, esses contribuintes podem obter suas restituições.

Graças à nova tecnologia, a QRDT espera suspender apenas 40 a 50 mil declarações de renda, comparado a 110 mil nos anos anteriores. "Dentre aquelas que examinamos até agora, estamos alcançando uma taxa de precisão de uns 65%", estima Schaufele. Isso é um grande avanço em relação à taxa histórica de sucesso de 10%. "Depois de identificadas as declarações propensas a fraudes, a equipe de examinadores especializados pode examiná-las com cuidado, uma por vez, a fim de eliminar as que se revelam legítimas", afirma Franchot, o auditor do Tesouro de Maryland. "Com o tempo, a operação inteira está ficando melhor e mais forte."

Até o fim do mês de março, a análise de dados avançada havia ajudado a QRDT a recuperar cerca de U$10 milhões no ano fiscal corrente. Schaufele observa: "Sob o sistema antigo, esse valor teria ficado em torno de U$3 milhões até o momento". A nova tecnologia não apenas ajuda a QRDT a trabalhar com maior rapidez e eficiência, como também ajuda a equipe a lidar com uma carga de trabalho mais pesada e complexa. Conforme os criminosos fiscais aprimoram seus esforços, a QRDT precisa desenvolver novas estratégias para apanhá-los. Em 2015, por exemplo, a equipe recebeu cerca de 10 mil notificações de contribuintes cujas identidades tinham sido roubadas. "Por isso, temos um novo fluxo de trabalho: procuramos seus números de Previdência Social e tentamos encontrar qualquer incidência de fraude que possa ter sido perpetrada com eles", conta Schaufele. "Este é um novo nível de esforço que nosso grupo está envidando sem recursos adicionais."

Para permanecer à frente de esquemas fiscais mais sofisticados, os investigadores passaram a não apenas examinar as declarações de pagamentos por parte dos empregadores, mas também a compará-las com declarações dos mesmos contribuintes de anos anteriores, buscando por inconsistências. "As investigações estão ficando mais complexas e levando mais tempo", afirma Schaufele. "Se não tivéssemos enxugado o universo a ser revisado, teríamos sérios problemas para apanhá-los."

QUESTÕES SOBRE A VINHETA DE ABERTURA

1. Por que é importante que o IR e os governos estaduais norte-americanos utilizem ferramentas de armazenamento de dados e inteligência de negócios (BI) para gerir a arrecadação estadual?
2. Quais eram os desafios que o estado de Maryland estava enfrentando em termos de fraudes fiscais?
3. Qual foi a solução adotada? Você concorda com sua abordagem? Por quê?
4. Quais foram os resultados obtidos? O investimento em BI e *data warehouses* valeu a pena?
5. Na sua opinião, dentre outros problemas e desafios que governos estaduais e federal estão enfrentando, quais podem ser beneficiar de BI e *data warehouses*?

O que podemos aprender com essa vinheta

A vinheta de abertura ilustra o valor de BI, sistemas de apoio à decisão e *data warehouses* na gestão da arrecadação governamental. Ao implementar seu *data warehouses*, o estado de Maryland pode tirar proveito de seu patrimônio de dados para tomar decisões mais precisas e mais ágeis na identificação de declarações de imposto de renda fraudulentas. A consolidação e o processamento de uma ampla variedade de fontes de dados em um armazém unificado permitiu que Maryland automatizasse a identificação de sinais/regras/características de fraude fiscal a partir de dados históricos, em vez de meramente confiar em métodos tradicionais que vinham sendo implementados, com regras de filtragem intuitivas. Ao empregar um *data warehouses* e BI, Maryland conseguiu reduzir significativamente a taxa de falsos positivos (o que, por sua vez, diminuiu o fardo sobre parte dos contribuintes) e aumentar o índice de precisão preditiva de 10% para 65% (um aumento maior do que seis vezes na identificação acurada de declarações fraudulentas). A lição-chave dessa história é que um *data warehouses* adequadamente projetado e implementado, combinado com ferramentas e técnicas de BI, pode e deve resultar em melhorias consideráveis (tanto em precisão quanto em agilidade), resultando em benefícios (tanto financeiros quanto não financeiros) para qualquer organização, incluindo governos estaduais como Maryland.

Fontes: Teradata case study. (2016). Targeting tax fraud with advanced analytics. http://assets.teradata.com/resourceCenter/downloads/CaseStudies/EB7183_GT16_CASE_STUDY_Teradata_V.PDF (acessado em junho de 2016); Temple-West, P. (2013, November 7). Tax refund ID theft is growing "epidemic": U.S. IRS watchdog. Reuters. http://www.reuters.com/article/us-usa-tax-refund-idUSBRE9A61HB20131107 (acessado em julho de 2016).

3.2 Inteligência de negócios e armazenamento de dados

Inteligência de negócios (BI), como um termo para descrever decisões gerenciais tomadas com base em evidências e fatos, vem circulando há mais de 20 anos. Com o advento da análise de negócios como a expressão da moda para descrever praticamente o mesmo fenômeno gerencial, a popularidade da BI como um termo acabou despencando. Em vez de ser um termo superabrangente, hoje em dia BI é usado para descrever os estágios iniciais da análise de dados (isto é, a análise de dados descritiva).

A Figura 3.1 (uma versão simplificada de outra já mostrada e descrita no Capítulo 1 para descrever a taxonomia da análise de negócios) ilustra a relação entre BI e análise de negócios a partir de um enfoque conceitual. Como ela mostra, dentro do *continuum* da análise de negócios, BI é a porção referente à análise de dados descritiva, cuja maturidade leva a análise de negócios avançada – uma combinação de análise de negócios preditiva e prescritiva.

A análise de negócios descritiva (isto é, BI) é o nível de entrada na taxonomia de análise de negócios. Ela é muitas vezes chamada de extração de relatórios empresariais, porque a maior parte das atividades de análise de dados nesse nível lida com a criação de relatórios para resumir atividades de negócios a fim de responder perguntas como "O que aconteceu?" e "O que está acontecendo?". O espectro desses relatórios inclui: retratos estáticos de transações comerciais encaminhados regularmente (a cada dia, semana, trimestre, etc.) aos responsáveis por decisões gerenciais; relatórios *ad hoc*, em que o responsável pelas decisões é capaz de criar seus próprios relatórios específicos (usando uma interface de usuário intuitiva e gráfica, do tipo "arrastar e soltar") para encarar uma situação decisória específica ou singular; e visualizações dinâmicas de indicadores-chave de desempenho comercial (geralmente capturados e

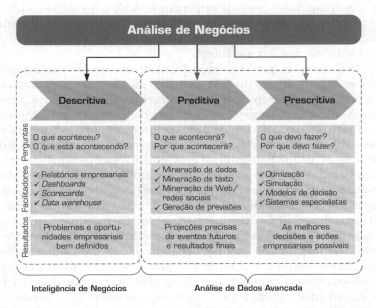

FIGURA 3.1 Relação entre análise de negócios e BI, e BI e armazenamento de dados.

apresentados em um sistema de gestão de desempenho de negócios) encaminhadas a gestores e executivos num formato facilmente digerível (como interfaces gráficas com visual de *dashboard*) e de maneira contínua.

Em termos gerais, e conforme retratado na Figura 3.1, sistemas de BI dependem de um *data warehouse* como sua fonte de informações para criar vislumbres e embasar decisões administrativas. Uma profusão de dados organizacionais e externos são capturados, transformados e guardados em um *data warehouse* para embasar decisões ágeis e precisão por meio de vislumbres empresariais enriquecidos. Este capítulo visa cobrir os conceitos, métodos e ferramentas relacionados a *data warehouses* e gestão de desempenho de negócios.

O que é um *data warehouse*?

Grosso modo, um **data warehouse** (armazém de dados) é uma coleção de dados produzidos para embasar a tomada de decisões; trata-se também de um repositório de dados históricos e correntes de potencial interesse para gestores de toda a organização. Em geral, os dados são estruturados para ficarem disponíveis em um formato pronto para atividades de processamento analítico (isto é, processamento analítico online, mineração de dados, consultas, extração de relatórios e outras aplicações de embasamento de decisões). Um *data warehouse* é uma coleção organizada por tema, integrada, variável no tempo e não volátil de dados em apoio ao processo decisório em âmbito administrativo.

Uma perspectiva histórica dos *data warehouses*

Muito embora *data warehouse* seja um termo relativamente novo em tecnologia da informação (TI), suas raízes podem ser traçadas a um bom tempo atrás, antes mesmo dos computadores serem amplamente usados. No início do séc. XX, as pessoas estavam usando dados (sobretudo por meios manuais) para formular tendências e ajudar empreendimentos e tomar decisões bem embasadas, o que era o propósito predominante dos *data warehouses*.

As motivações que levaram ao desenvolvimento de tecnologias de *data warehouses* remontam à década de 1970, quando o mundo dos computadores era dominado por *mainframes*. Aplicações de processamentos de dados em empreendimentos reais, aquelas rodadas por *mainframes* corporativos, apresentavam complicadas estruturas de arquivos usando bancos de dados primitivos (e não os bancos de dados relacionais e voltados para tabelas, empregados na maioria das aplicações atuais) em que armazenavam dados. Embora essas aplicações fizessem um trabalho passável ao rodar funções rotineiras de processamento de dados transacionais, os dados criados como resultado dessas funções (tais como informações a respeito de clientes, os produtos que eles encomendavam e quanto dinheiro gastavam) ficavam aprisionados nas profundezas dos arquivos e dos bancos de dados. Quando informações agregadas, como tendências de vendas por região ou por produto, faziam-se necessárias, era preciso solicitá-las formalmente junto ao departamento de processamento de dados, onde a consulta era colocada numa lista de espera com algumas centenas de solicitações de relatórios (Hammergren & Simon, 2009). Muito embora já existisse a demanda por informações e dados para gerá-los, a tecnologia de banco de dados não estava disponível para satisfazê-la. A Figura 3.2 exibe uma linha temporal em que são mostrados alguns dos eventos importantes que levaram ao desenvolvimento de *data warehouses*.

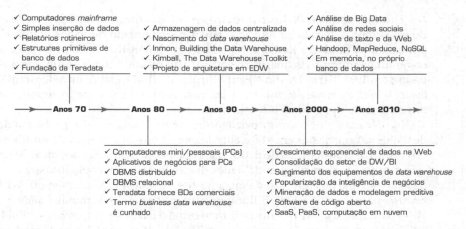

FIGURA 3.2 Lista de eventos que levaram ao desenvolvimento de *data warehouses*.

No fim do século passado, empresas comerciais de hardware e software começaram a emergir com soluções para esse problema. Entre 1976 e 1979, o conceito para uma nova empresa, a Teradata, emergiu a partir de pesquisas conduzidas no California Institute of Technology (Caltech), motivadas por discussões com o grupo avançado de tecnologia do Citibank. Os fundadores trabalharam para projetar um sistema de gerenciamento de banco de dados para processamento paralelo com múltiplos microprocessadores, visando especificamente o suporte a decisões. A Teradata foi fundada em 13 de julho de 1979, e teve início numa garagem em Brentwood, Califórnia. O nome *Teradata* foi escolhido para simbolizar a capacidade de gerir terabytes (trilhões de bytes) de dados.

Os anos 80 representaram a década dos computadores pessoais e dos minicomputadores. Antes que qualquer um percebesse, aplicações reais computadorizadas já não dependiam de *mainframes*; elas estavam por toda parte – para onde quer que se olhasse dentro de uma organização. Isso levou a um problema prodigioso denominado *ilha de dados*. A solução para este problema levou a um novo tipo de software, chamado de *sistema de gerenciamento de banco de dados distribuído*, capaz de magicamente pescar os dados solicitados junto aos bancos de dados por toda a organização, reunindo todos os dados no mesmo lugar para então consolidá-los, triá-los e fazer o que fosse necessário para responder a pergunta do usuário. Embora os conceito parecesse sensato e tivesse apresentado bons resultados iniciais na fase de pesquisas, os resultados finais foram claríssimos: aquilo simplesmente não funcionava com eficiência no mundo real, e o problema das ilhas de dados persistia.

Enquanto isso, a Teradata começou a distribuir produtos comerciais para resolver esse problema. O banco Wells Fargo recebeu a primeiro sistema de teste da Teradata em 1983, um RDBMS (*relational database management system*, ou sistema de gerenciamento de banco de dados relacional) paralelo para embasamento de decisões – o primeiro no mundo. Em 1984, a Teradata lançou uma versão comercial do seu produto, e em 1986 a revista *Fortune* escolheu a Teradata como o "Produto do Ano". A Teradata, ainda atuante nos dias de hoje, construiu o primeiro equipamento (*appliance*) de *data warehouse* – uma combinação de hardware e software para resolver as necessidades de armazenamento de dados de muita gente. Enquanto isso, outras empresas também começaram a formular suas estratégias.

Durante os anos 80, diversos outros eventos ocorreram, coletivamente marcando essa como a década da inovação em armazenamento de dados. Ralph Kimball, por exemplo, fundou a Red Brick Systems em 1986. A Red Brick começou a emergir como uma empresa visionária de software ao discutir como aprimorar o acesso a dados; em 1988, Barry Devlin e Paul Murphy, da IBM Ireland, introduziram o termo *business data warehouse (armazém de dados de negócios)* como um componente-chave dos sistemas empresariais informatizados.

Na década de 1990, uma nova abordagem para solucionar o problema das ilhas de dados surgiu. Se nos anos 80 a abordagem de buscar e acessar dados diretamente dos arquivos e dos bancos de dados não funcionou, a filosofia dos anos 90 envolveu um retorno aos anos 70, quando dados desses locais eram copiados para outra localização – só que fazendo isso da maneira certa dessa vez; e foi assim que os *data warehouses* nasceram. Em 1993, Bill Inmon escreveu um livro seminal: *Building the Data Warehouse*. Muita gente reconhece Inmon como o pai dos *data warehouses*. Publicações adicionais emergiram, incluindo o livro *The Data Warehouse Toolkit*, lançado em 1996 por Ralph Kimball, que discutia técnicas de design dimensional de propósito geral para aprimorar a arquitetura de dados para sistemas de embasamento de decisões centrados em consultas.

Na década de 2000, no mundo do armazenamento de dados, tanto a popularidade quanto a quantidade de dados seguiram aumentando. A comunidade de fornecedores e de opções começou a se consolidar. Em 2006, a Microsoft adquiriu a ProClarity, embarcando no mercado de *data warehouses*. Em 2007, a Oracle comprou a Hyperion, SAP adquiriu a Business Objects e a IBM incorporou a Cognos. Os líderes em *data warehouses* da década de 1990 acabaram sendo engolidos por alguns dos maiores fornecedores de soluções em sistemas informatizados no mundo. Durante essa época, outras inovações surgiram, incluindo equipamentos de armazenamento de dados de fornecedores como Netezza (adquirida pela IBM), Greenplum (adquirida pela EMC), DATAllegro (adquirida pela Microsoft) e equipamentos de gestão de desempenho que permitiam monitoramento de atividades em tempo real. Essas soluções inovadoras proporcionaram economia de custos, pois eram retroativamente compatíveis com soluções legadas de *data warehouse*.

Desde 2010, o assunto do momento tem sido *Big Data*. Muitos creem que o advento do Big Data acabará gerando uma mudança nos *data warehouses* tal qual os conhecemos. Ou eles encontrarão um modo de coexistir (o que parece ser o desfecho mais provável) ou o Big Data (e as tecnologias que que o acompanham) tornará os *data warehouses* obsoletos. As tecnologias que acompanham o Big Data incluem Hadoop, MapReduce, NoSQL e Hive. Ou talvez acabemos vendo um novo termo sendo cunhado no mundo dos dados para combinar as necessidades e capacidades dos *data warehouses* tradicionais com o fenômeno do Big Data.

Características dos *data warehouses*

Uma maneira comum de introduzir os *data warehouses* é indicar suas características fundamentais (ver Inmon, 2005):

- **Orientado por tema.** Os dados são organizados por temas detalhados, como vendas, produtos ou clientes, contendo apenas informações relevantes para o embasamento de decisões. Com a orientação temática, os usuários podem determinar não somente o desempenho de seus negócios, mas também o porquê

disso. A diferença entre um *data warehouse* e um banco de dados operacional é que este último é orientado por produto e sintonizado para lidar com transações que atualizam o banco de dados. Já a orientação temática proporciona uma visão mais abrangente da organização.
- **Integrado.** A integração está intimamente relacionada com a orientação temática. *Data warehouses* devem dar um formato consistente a dados vindos fontes diferentes. Para isso, eles têm de lidar com conflitos entre padrões de nomeação e discrepâncias entre unidades de medida. A ideia é que um *data warehouse* seja totalmente integrado.
- **Variável no tempo (série temporal).** Um *data warehouse* mantém dados históricos. Os dados não necessariamente dizem respeito ao estado atual (exceto nos sistemas em tempo real). Eles detectam tendências, desvios e relações a longo prazo a fim de estabelecer previsões e comparações, levando a decisões bem embasadas. Todo e qualquer *data warehouse* possui uma qualidade temporal. O tempo é uma escala importante que todos os *data warehouses* devem suportar. Dados a serem analisados vindos de múltiplas fontes contêm diversos pontos temporais (visões diárias, semanais, mensais, etc.).
- **Não volátil.** Depois que os dados são inseridos em um *data warehouse*, os usuários não podem mais alterá-los ou atualizá-los. Dados obsoletos são descartados, e alterações são registradas como dados novos.

Tais características permitem que os *data warehouses* sejam sintonizados quase que exclusivamente para o acesso aos dados. Algumas características adicionais podem incluir as seguintes:

- **Baseado na Web.** *Data warehouses* costumam ser projetados para oferecer um ambiente computacional eficiente para aplicações baseadas na Web.
- **Relacional/multidimensional.** Um *data warehouse* emprega ou uma estrutura relacional ou uma estrutura multidimensional. Um levantamento recente sobre estruturas multidimensionais pode ser encontrado em Romero e Abelló (2009).
- **Cliente/servidor.** Um *data warehouse* utiliza uma estrutura de cliente/servidor para fornecer acesso facilitado a seus usuários finais.
- **Tempo real.** Os *data warehouses* mais recentes proporcionam capacidades de acesso e análise em tempo real e ativas (ver Basu, 2003; Bonde & Kuckuk, 2004).
- **Inclusão de metadados.** Um *data warehouse* contém metadados (dados a respeito de dados) referentes a como os dados estão organizados e como utilizá-los de maneira eficiente.

Enquanto um *data warehouse* é um repositório de dados, o armazenamento de dados é literalmente o processo inteiro (ver Watson, 2002). O armazenamento de dados é uma disciplina que resulta em aplicações que proporcionam capacidade de embasamento a decisões, pronto acesso a informações empresariais e vislumbres organizacionais. Os três tipos principais de *data warehouses* são os *data marts*, os depósitos de dados operacionais e os *data warehouses* empresariais. Além de discutir esses três tipos de *data warehouses* a seguir, também discutiremos os metadados.

Data marts

Enquanto um *data warehouse* combina bases de dados espalhadas por toda a empresa, um ***data mart*** (**DM**) geralmente é menor e se concentra em um tema ou departamento em particular. Um DM é um subconjunto de um *data warehouse*, tipicamente abarcando uma única área temática (como marketing ou operações). Um DM pode ser ou dependente ou independente. Um ***data mart* dependente** é um subconjunto criado diretamente a partir de um *data warehouse*. Ele apresenta as vantagens de usar um modelo consistente de dados e de proporcionar dados de qualidade. DMs dependentes suportam o conceito de um único modelo de dados para a empresa inteira, mas para isso o *data warehouse* precisa ser construído antes. Com um DM dependente, garante-se que o usuário final esteja vendo a mesma versão dos dados que é acessada por todos os demais usuários do *data warehouse*. O alto custo dos *data warehouses* limita o seu uso em grandes empresas. Como alternativa, muitas companhias utilizam uma versão de baixo custo e simplificada de um *data warehouse*, chamada de *DM independente*. Um ***data mart* independente** é um pequeno *data warehouse* projetado para uma unidade ou departamento estratégico de negócios, mas sua fonte não é um *data warehouse* empresarial.

Depósitos de dados operacionais

Um **depósito de dados operacionais (ODS** – *operational data store*) oferece uma forma bem recente de arquivamento de informações sobre clientes. Esse tipo de base de dados costuma ser usado como uma área de estágio provisório para um *data warehouse*. Ao contrário dos conteúdos de um *data warehouse*, os conteúdos de um ODS são atualizados durante o andamento das operações comerciais. Um ODS é usado para decisões a curto prazo envolvendo aplicações de missão crítica, e não para decisões a médio e longo prazos associadas a um EDW. Um ODS é similar a uma memória de curto prazo, no sentido de envolver apenas informações bem recentes. Em comparação, um *data warehouse* representa uma memória de longo prazo, já que armazena informações permanentes. Um ODS consolida dados vindos de múltiplos sistemas e oferece uma visão integrada e quase em tempo real dos dados voláteis correntes. Os processos de extração, transformação e carga (ETL, discutidos mais adiante neste capítulo) para um ODS são idênticos àqueles para um *data warehouse*. Por fim, *oper marts* (ver Imhoff, 2001) são criados quando dados operacionais precisam ser analisados em múltiplas dimensões. Os dados para um *oper mart* advêm de um ODS.

Data warehouses empresariais (EDW)

Um ***data warehouse* empresarial (EDW** – *enterprise data warehouse*) é um *data warehouse* em grande escala usado por toda a empresa para embasamento de decisões. A natureza em larga escala de um EDW proporciona integração de dados provenientes de muitas fontes em um formato padronizado para aplicações efetivas de BI e apoio a decisões. EDWs são usados para fornecer dados para muitos tipos de sistemas de apoio a decisões (DSS – *decision support systems*), incluindo gestão de relacionamento com o cliente (CRM) gestão de cadeia de suprimento (SCM), gestão de desempenho de negócios (BPM), monitoramento de atividades comerciais, gestão de ciclo de vida de produtos, gestão de receitas e às vezes até mesmo sistemas de gestão. O Caso Aplicado 3.1 mostra a variedade de benefícios colhidos por empresas de telecomunicações com a implementação de soluções de análise de dados baseadas em *data warehouses*.

Caso aplicado 3.1

Um melhor plano de dados: Telecoms bem estabelecidas tiram proveito de *data warehouses* e análise de dados para permanecer no topo de um setor competitivo

Provedoras de serviços móveis (isto é, Companhias de Telecomunicação, ou Telecoms, para abreviar) que ajudaram a desencadear o crescimento explosivo no ramo em meados e final dos anos 90 colhem há muito tempo os benefícios de serem as desbravadoras do mercado. Para permanecerem competitivas, essas empresas têm de refinar continuamente diversos aspectos, desde serviço ao cliente até planos de preços. Na verdade, operadoras veteranas enfrentam muitos dos mesmos desafios que as operadoras recém chegadas têm de encarar: retenção de clientes, diminuição de custos, sintonia fina de modelos de preços, melhoria da satisfação dos clientes, aquisição de novos clientes e compreensão do papel das mídias sociais na fidelidade dos clientes.

A análise de dados altamente focada cumpre um papel mais crucial do que nunca em ajudar as operadoras a assegurarem ou a melhorarem sua posição em um mercado cada vez mais competitivo. Eis como algumas das operadoras de maior destaque mundial estão criando um futuro auspicioso baseado em negócios sólidos e informações sobre clientes.

Retenção de clientes

Não chega a ser segredo que a velocidade e o sucesso com os quais uma operadora lida com solicitações de serviço afetam diretamente a satisfação dos clientes e, por sua vez, sua propensão a procurarem concorrentes. Mas identificar ao certo quais fatores exercem o maior impacto é um desafio.

"Se pudéssemos rastrear as etapas envolvidas em cada processo, poderíamos descobrir pontos de falha e de aceleração", observa Roxanne Garcia, gerente do centro de operações comerciais da Telefónica de Argentina. "Seríamos capazes de aferir fluxos de trabalho intra e entre funções, antecipar ao invés de reagir a indicadores de desempenho e aprimorar a satisfação em geral de clientes recentes."

A solução da empresa foi seu projeto de rastreabilidade, que começou com 10 *dashboards* em 2009. Desde então, ela realizou U$2,4 milhões em receitas e cortes de custos anualizados, abreviou os tempos de aprovisionamento de clientes e reduziu as evasões (*churn*) de clientes em 30%.

Redução de custos

Para permanecer à frente da manada em qualquer setor é preciso, em grande parte, conter os custos com pulso firme. Para a Bouygues Telecom, da França, a redução de custos se deu na forma de automação. Aladin, o sistema de gestão de operações de marketing baseado na Teradata e adotado pela empresa, automatiza a produção colateral de comunicações/marketing. Em um único ano, ele garantiu à empresa uma economia superior a U$1 milhão, triplicando ao mesmo tempo sua campanha via email e sua produção de conteúdo.

"A meta é sermos mais produtivos e adaptáveis, simplificar o trabalho em equipe [e] padronizar e proteger nossos conhecimentos técnicos", observa Catherine Corrado, a gerente de comunicações em varejo e líder de projetos. "[Com o Aladin] membros da equipe podem se concentrar em tarefas que agregam valor e reduzir aquelas menos agregadoras. O resultado é [uma produção] de mais qualidade e mais criativa."

Um benefício acidental, mas muito bem-vindo, do Aladin é que outros departamentos ficaram motivados a instaurar projetos similares para aspectos que vão desde suporte via *call center* até processos de lançamento de produtos/ofertas.

(Continua)

Caso aplicado 3.1 *(Continuação)*

Aquisição de clientes

Com uma penetração de mercado próximo ou acima dos 100% em muitos países, graças a consumidores que possuem diversos aparelhos, a questão da aquisição de novos clientes é um desafio e tanto. A Mobilink, a maior operadora do Paquistão, também enfrenta a dificuldade de operar em um mercado onde 98% dos usuários possuem planos pré-pagos que exigem a compra regular de minutos adicionais.

"As recargas, em particular, garantem receitas saudáveis e são cruciais para o crescimento de nossa empresa", afirma Umer Afzal, gestor sênior de BI. "Até pouco tempo, não tínhamos a capacidade de alavancar esse aspecto de crescimento incremental. Nosso modelo de informações sobre vendas nos deu essa capacidade, pois ajudou nossa equipe de distribuição a planejar táticas de vendas baseadas em estratégias mais inteligentes e embasadas em dados, mantendo nossos fornecedores [de cartões SIM, cartões raspáveis e de modos de recarga] completamente abastecidos."

Como resultado, a Mobilink não apenas fez as recargas dos assinantes aumentarem em 2%, mas também expandiu a aquisição de novos clientes em 4% e aumentou a lucratividade dessas vendas em 4%.

Redes sociais

O uso crescente das redes sociais está alterando a maneira como muitas organizações lidam com diversos processos, desde serviço ao cliente até vendas e marketing. Mais operadoras estão voltando sua atenção para as redes sociais a fim de melhor compreender e influenciar o comportamento dos clientes.

A Mobilink deu início a um projeto de análise de redes sociais que lhe permitirá explorar o conceito de marketing viral e identificar influenciadores-chave capazes de atuar como embaixadores da marca para venda cruzada de produtos. Já a Velcom, além de influenciadores-chave similares, também está procurando clientes de baixo retorno cujo valor social pode ser alavancado para melhorar relações já existentes. Enquanto isso, ao longo dos próximos meses, a Swisscom está buscando combinar o comportamento dos seus clientes nas redes sociais com o restante de sua análise.

Encarando os desafios

Embora cada mercado apresente seus próprios desafios singulares, a maioria das operadoras de telefonia móvel investe bastante tempo e dinheiro para criar, implementar e refinar planos para enfrentar os desafios recém examinados. A boa notícia é que, assim como o setor e a tecnologia móvel se ampliaram e se aprimoraram ao longo dos anos, o mesmo se deu com as soluções de análise de dados que foram criadas para encarar tais desafios de frente.

Uma boa análise de dados aproveita informações já existentes sobre clientes, negócios e mercado para prever e influenciar comportamentos e resultados futuros. O resultado final é uma abordagem mais astuta, mais ágil e de maior sucesso na conquista de fatia de mercado e aumento da lucratividade.

Questões para discussão

1. Quais são os principais desafios enfrentados pelas Telecoms?
2. Como o armazenamento de dados e a análise de dados ajudam as Telecoms a superar seus desafios?
3. Na sua opinião, por que as Telecoms estão bem posicionadas para tirarem completo proveito da análise de dados?

Fonte: Marble, C. (2013). A better data plan: Well-established TELCOs leverage analytics to stay on top in a competitive industry. Teradata Magazine. http://www.teradatamagazine.com/v13n01/Features/A-Better-Data-Plan (acessado em junho de 2016).

Metadados

Metadados são dados a respeito de dados (ver, por exemplo, Sen, 2004; Zhao, 2005). Metadados descrevem a estrutura e alguns significados dos dados, contribuindo, assim, para seu uso efetivo. Mehra (2005) indicou que poucas organizações compreendem de fato os metadados, e menos ainda sabem como projetar e implementar uma estratégia de metadados. Em termos de uso, costumam ser definidos como técnicos ou de negócios. Seus padrões também são outra forma de distinguir tipos de metadados. De acordo com a abordagem por padrões, podemos distinguir entre metadados sintáticos (isto é, dados que descrevem a sintaxe dos dados), metadados estruturais (isto é, dados que descrevem a estrutura dos dados) e metadados semânticos (isto é, dados que descrevem o significado dos dados em domínios específicos).

SEÇÃO 3.2 QUESTÕES DE REVISÃO

1. O que é um *data warehouse*?
2. Quais as diferenças entre um *data warehouse* e uma base de dados transacional?
3. O que é um ODS?
4. Explique as diferenças entre um DM, um ODE e um EDW.
5. O que são metadados? Explique a importância dos metadados.

3.3 Processo de armazenamento de dados

Organizações, quer sejam privadas um públicas, continuamente coletam dados, informações e conhecimento em um ritmo cada vez mais acelerado, armazenando-os em sistemas computadorizados. A manutenção e o uso desses dados e informações tornaram-se extremamente complexos, sobretudo quando envolvem a questão da escalabilidade. Além disso, a quantidade de usuários que necessitam de acesso a informações segue crescendo como resultado de acesso mais confiável e prático a redes, especialmente à Internet. Trabalhar com múltiplas bases de dados, quer sejam integradas em um *data warehouse* ou não, vem se tornando uma tarefa cada vez mais difícil, exigindo consideráveis conhecimentos técnicos, mas ainda oferecendo imensos benefícios que superam de longe os custos. Como exemplo ilustrativo, a Figura 3.3 mostra os benefícios empresariais do EDW construído pela Teradata para uma importante montadora de automóveis.

Muitas organizações precisam criar *data warehouses* – depósitos imensos de dados em série temporal para embasamento de decisões. Os dados são importados de diversos recursos externos e internos e são limpos e organizados de um modo consistente com as necessidades da organização. Depois que os dados são alimentados no *data warehouse*, DMs podem ser carregados para uma área ou departamento específico. Como alternativa, DMs podem ser criados em primeiro lugar, conforme necessário, e só então serem integrados a um EDW. Muitas vezes, porém, DMs não são desenvolvidos, e os dados são simplesmente carregados em PCs ou deixados em seu estado original para manipulação direta usando-se ferramentas de BI.

Na Figura 3.4, mostramos o conceito de *data warehouse*. A seguir são listados os principais componentes do processo de armazenamento de dados:

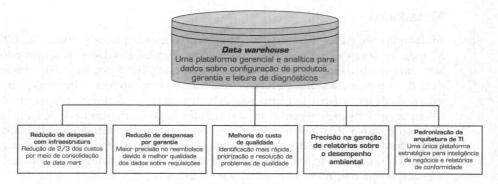

FIGURA 3.3 Tomada de decisões embasada em dados – benefícios empresariais do *data warehouse*. *Fonte:* Teradata Corp.

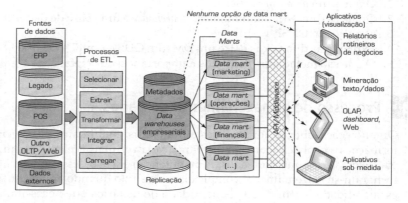

FIGURA 3.4 Quadro referencial e visões de um *data warehouse*.

- **Fontes de dados.** Os dados provêm de múltiplos sistemas operacionais "legados" independentes e possivelmente de fornecedores externos de dados (como o Departamento de Censo norte-americano). Os dados podem vir de um OLTP ou de um sistema de planejamento de recursos empresariais (ERP). Dados da Web na forma de Web *logs* também podem ser alimentados em um *data warehouse*.
- **Extração e transformação de dados.** Os dados são extraídos e apropriadamente transformados usando-se programas de software comerciais ou customizados chamados ETL.
- **Carga de dados.** Os dados são carregados em uma área temporária, onde são transformados e limpos. Os dados ficam então prontos para serem alimentados no *data warehouse* e/ou em DMs.
- **Base de dados abrangente.** Em essência, este é o EDW para apoiar todas as análises decisórias, fornecendo informações relevantes, resumidas e detalhadas provenientes de muitas fontes diferentes.
- **Metadados.** Os metadados são mantidos para que possam ser acessados pelo pessoal de TI e por usuários. Metadados incluem programas de software a respeito de dados e regras para organizar resumos de dados que são fáceis de indexar e buscar, especialmente em ferramentas Web.

- **Ferramentas de middleware.** Ferramentas de *middleware* possibilitam acesso ao *data warehouse*. Usuários avançados, como analistas, podem escrever suas próprias consultas SQL. Outros podem empregar um ambiente de consultas administrado, como Business Objects, para acessar dados. Há muitas aplicações de *front-end* que usuários empresariais podem utilizar para interagir com dados armazenados nos repositórios de dados, incluindo mineração de dados, OLAP, ferramentas de extração de relatórios e ferramentas de visualização de dados.

SEÇÃO 3.3 QUESTÕES DE REVISÃO
1. Descreva o processo de armazenamento de dados.
2. Descreva os principais componentes de um *data warehouse*.
3. Identifique e discuta o papel das ferramentas de *middleware*.

3.4 Arquiteturas de armazenamento de dados

Diversas arquiteturas básicas de sistemas informatizados podem ser usadas para armazenamento de dados. Em termos gerais, essas arquiteturas costuma ser chamadas de cliente/servidor ou n-camadas (*tiers*), dentre as quais as arquiteturas de duas camadas e de três camadas são as mais comuns (veja as Figuras 3.5 e 3.6), mas às vezes há simplesmente uma camada. Esses tipos de arquiteturas multicamadas são famosos por atenderem às necessidades de sistemas informatizados em grande escala e que exigem alto desempenho, como os *data warehouses*. Referindo-se ao uso de arquiteturas de n-camadas para armazenamento de dados, Hoffer, Prescott e McFadden (2007) estabeleceram suas diferentes categorias dividindo o armazenamento de dados em três partes:

1. O *data warehouse* em si, que contém os dados e software associados.
2. A aquisição de dados (*back-end*), que extrai dados de sistemas legados e fontes externas, consolida e resume tais dados para então alimentá-los ao *data warehouse*.
3. Software do cliente (*front-end*), que permite aos usuários acessar a analisar dados a partir do *data warehouse* (um mecanismo de DSS/BI/análise de negócios [BA – *business analytics*]).

Numa arquitetura em três camadas, sistemas operacionais contém os dados e o software para aquisição de dados numa das camadas (isto é, o servidor), o *data warehouse* representa mais uma camada e a terceira camada inclui o mecanismo de DSS/BI/BA (isto é, o servidor de aplicativo) e o cliente (veja a Figura 3.5). Dados

Camada 1: Estação de trabalho do cliente   Camada 2: Servidor de aplicativo   Camada 3: Servidor de base de dados

FIGURA 3.5 Arquitetura de um *data warehouse* de três camadas.

FIGURA 3.6 Arquitetura de um *data warehouse* de duas camadas.

provenientes do *data warehouse* são processados duas vezes e depositados num banco de dados adicional multidimensional, organizado para fácil análise e apresentação multidimensional, ou replicados em DMs. A vantagem da arquitetura em três camadas é que ela separa as funções do *data warehouse*, o que elimina restrições de recursos e facilita a criação de DMs.

Já numa arquitetura em duas camadas, o mecanismo de DSS é rodado fisicamente na mesma plataforma que o *data warehouse* (veja a Figura 3.6). Por isso, ela é mais econômica do que a estrutura em três camadas. A arquitetura em duas camadas pode apresentar problemas de desempenho em grandes *data warehouses* que trabalham com aplicativos de alta exigência de dados para embasamento de decisões.

Muitos especialistas da área assumem uma abordagem absolutista, sustentando que uma solução é melhor que a outra, qualquer que sejam as circunstâncias e necessidades singulares de cada organização. Para complicar ainda mais essas decisões arquiteturais, muitos consultores e fornecedores de software se concentram em uma única porção da arquitetura, limitando, portanto, sua capacidade e motivação em ajudar uma organização a escolher a melhor opção para suas necessidades. Esses aspectos, porém, vêm sendo questionados e analisados. Ball (2005), por exemplo, sugeriu critérios de decisão para organizações que planejam implementar uma aplicação de BI e que já determinaram suas exigências em termos de DMs multidimensionais, mas que precisam de ajuda para escolher a quantidade de camadas em sua arquitetura. Seus critérios tomam por base previsões de exigências de espaço e velocidade de acesso (ver Ball, 2005, para detalhes).

O armazenamento de dados e a Internet são suas tecnologias-chave que oferecem importantes soluções para gerir dados corporativos. A integração dessas duas tecnologias produz o armazenamento de dados baseado na Web. Na Figura 3.7, mostramos a arquitetura do armazenamento de dados baseado na Web. Sua arquitetura é em três camadas e inclui o PC cliente, o servidor Web e o servidor de aplicativo. Do lado do cliente, o usuário precisa ter conexão com a Internet e um navegador Web (de preferência que suporte Java) através da interface gráfica de usuário (GUI – *graphical user interface*) familiar. A Internet/intranet/extranet é o meio de comunicação entre cliente e servidores. Do lado do servidor, um servidor Web é usado para gerir o fluxo de entrada e o fluxo de saída de informações entre cliente e servidor. Por trás disso, encontram-se um *data warehouse* e um servidor de aplicações. O armazenamento de dados baseado na Web oferece diversas vantagens tentadoras, incluindo facilidade de acesso, independência de plataforma e custos mais baixos.

As arquiteturas Web para armazenamento de dados são similares em estrutura a outras arquiteturas de armazenamento de dados, com a opção de se usar um armazenamento de dados Web com o servidor de transações ou como um servidor (ou vários) em separado. A velocidade de carregamento de página é uma consideração

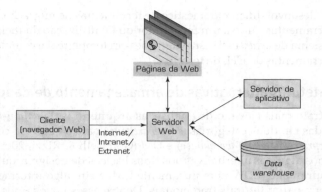

FIGURA 3.7 Arquitetura de armazenamento de dados baseado na Web.

importante ao se projetar aplicativos baseados na Web; por isso, a capacidade do servidor deve ser planejada com cuidado.

Diversas questões devem ser levadas em consideração ao se optar pela arquitetura a ser usada. Dentre elas, estão as seguintes:

- **Qual sistema de gerenciamento de banco de dados (DBMS – database management system) deve ser usado?** A maioria dos *data warehouses* são construídos usando-se RDBMS. Oracle (Oracle Corporation, oracle.com), SQL Server (Microsoft Corporation, microsoft.com/sql) e DB2 (IBM Corporation, http://www-01.ibm.com/software/data/db2) são aqueles mais usados. Cada um desses produtos suporta tanto arquiteturas cliente/servidor quanto baseadas na Web.
- **Será usado processamento paralelo e/ou particionado?** Com processamento paralelo, múltiplas unidades de processamento central (CPUs – *central processing units*) podem processar solicitações de consulta a *data warehouse* simultaneamente, com potencial de escalabilidade. Projetistas de *data warehouse* têm de decidir se as tabelas de base de dados serão particionadas (isto é, repartidas em tabelas menores) para eficiência de acesso e quais serão os critérios para isso. Essa é uma consideração importante em se tratando das grandes quantidades de dados contidas em um típico *data warehouse*. Um levantamento recente sobre *data warehouses* paralelos e distribuídos pode ser encontrado em Furtado (2009). A Teradata (teradata.com) adotou com sucesso e é frequentemente mencionada por sua implementação inovadora nessa área.
- **Serão usadas ferramentas de migração de dados para abastecer o data warehouse?** Transferir dados de um sistema já existente para um *data warehouse* é uma tarefa tediosa e trabalhosa. Dependendo da diversidade e da localização do patrimônio de dados, a migração pode ser um procedimento relativamente simples ou, pelo contrário, um projeto de muitos meses. Os resultados de um levantamento minucioso do patrimônio de dados já existentes devem ser usados para determinar se ferramentas de migração devem ser usadas, e nesse caso, quais capacidades devem ser buscadas nas ferramentas comerciais.
- **Quais ferramentas serão usadas como suporte à recuperação e análise dos dados?** Muitas vezes é preciso usar ferramentas especializadas para periodicamente localizar, acessar, analisar, extrair, transformar e carregar os dados necessários em um armazém de dados. Assim, uma decisão deve ser tomada em relação a

(1) desenvolvimento doméstico de ferramentas de migração, (2) aquisição de tais ferramentas junto a um fornecedor ou (3) utilização daquelas fornecidas com o sistema de *data warehouse*. Migrações em tempo real e complexas demais exigem ferramentas de ETL de terceiros.

Arquiteturas alternativas de armazenamento de dados

No estrato mais elevado de análise, as arquiteturas de *data warehouses* podem ser divididas em duas categorias: *data warehouse* para a empresa como um todo (EDW – *enterprise-wide data warehouse*) e DM (Golfarelli & Rizzi, 2009). Na Figura 3.8a-e, exibimos algumas alternativas aos tipos básicos de design arquitetural que não são nem puramente EDW nem puramente DM, e sim algo intermediário ou além das estruturas arquiteturais tradicionais. Dentre esses novos tipos, destacam-se as arquiteturas estrela e federadas. As cinco arquiteturas mostradas na Figura 3.8a–e são propostas por Ariyachandra e Watson (2005, 2006a,b). Num estudo extensivo anterior, Sen e Sinha (2005) identificaram 15 metodologias diferentes de armazenamento de dados. As fontes dessas metodologias estão classificadas em três categorias amplas: fornecedores de tecnologia básica, fornecedores de infraestrutura e empresas de modelagem de informações.

a. **Data marts *independentes*.** Esta é provavelmente a arquitetura alternativa mais simples e barata. Os DMs são desenvolvidos para operarem de modo independente entre si e atender às necessidades de unidades organizacionais individuais. Devido à sua independência, eles podem apresentar definições inconsistentes de dados, além de dimensões e medidas diferentes, dificultando a análise dos dados entre DMs (ou seja, é difícil, ou mesmo impossível, obter "uma única versão da verdade").

b. ***Arquitetura* data mart bus.** Essa arquitetura é uma alternativa viável às DMs independentes, tendo seus *marts* individuais ligados uns aos outros via algum tipo de *middleware*. Como os dados encontram-se ligados entre *marts* individuais, são maiores as chances de se manter uma consistência de dados por toda a empresa (pelo menos no âmbito dos metadados). Ainda que permitam consultas complexas de dados entre DMs, o desempenho desses tipos de análise podem não alcançar um nível satisfatório.

c. ***Arquitetura estrela*.** Esta talvez seja a arquitetura de armazenamento de dados mais famosa nos dias de hoje. Nela, a atenção se concentra na construção de uma infraestrutura escalável e de fácil manutenção (muitas vezes desenvolvida de maneira iterativa, de área temática a área temática) que inclui um *data warehouse* centralizado e vários DMs dependentes (cada qual para uma unidade organizacional). Tal arquitetura permite fácil customização de interfaces de usuário e de relatórios. Pelo lado negativo, ela carece de uma visão holística da empresa e pode levar a redundância de dados e latência de dados.

d. **Data warehouse *centralizado*.** A arquitetura de *data warehouse* centralizado é similar à arquitetura de estrela, exceto por não contar com DMs dependentes; no seu lugar, há um EDW gigantesco que atende às necessidades de todas unidades organizacionais. Essa abordagem centralizada proporciona aos usuários acesso a todos os dados no *data warehouse*, em vez de limitá-los a DMs. Além disso, ela reduz a quantidade de dados que a equipe técnica tem de transferir ou alterar,

Capítulo 3 • Análise de dados descritiva II: inteligência de negócios e *data warehouses*

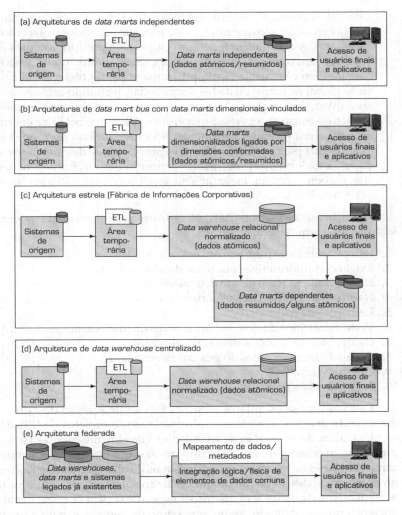

FIGURA 3.8 Arquiteturas alternativas de *data warehouse*. *Fonte:* Adaptado de Ariyachandra, T., & Watson, H. (2006b). Which data warehouse architecture is most successful? *Business Intelligence Journal, 11*(1), 4–6.

simplificando, portanto, o gerenciamento e a administração de dados. Quando projetada e implementada adequadamente, essa arquitetura oferece uma visão ágil e holística da empresa para qualquer usuário, a qualquer momento e onde quer que se encontre dentro da organização.

e. **Data warehouse *federado*.** A abordagem federada é uma concessão às forças naturais que abalam os melhores planos de desenvolver um sistema perfeito. Ela utiliza todos os meios possíveis para integrar recursos analíticos vindos de múltiplas fontes a fim de atender às necessidades ou condições em constante mudança na empresa. Em essência, a abordagem federada envolve a integração de sistemas díspares. Na arquitetura federada, estruturas de embasamento de decisões já existentes são mantidas, e os dados são acessados dessas fontes conforme necessário. A abordagem federada é suportada por fornecedores de *middleware* que propõem consultas distribuídas e capacidades de união. Essas ferramentas baseadas em eXtensible Markup Language (XML) oferecem aos usuários uma visão global de fontes de dados distribuídas, incluindo *data warehouses*, DMs, sites da Web, documentos e sistemas operacionais. Quando os usuários escolhem objetos de consulta a partir dessa visão e apertam o botão de encaminhar, a ferramenta consulta automaticamente as fontes distribuídas, reúne os resultados e os apresenta para o usuário. Devido a problemas de desempenho e qualidade de dados, a maioria dos especialistas concorda que as abordagens federadas funcionam bem para suplementar *data warehouses*, mas não para substitui-los (ver Eckerson, 2005).

Ariyachandra e Watson (2005) identificaram dez fatores que podem afetar a seleção de uma arquitetura:

1. Independência de informações entre unidades organizacionais
2. Exigências informativas por parte da alta gerência
3. Necessidade urgente de um *data warehouse*
4. Natureza das tarefas dos usuários finais
5. Restrições de recursos
6. Visão estratégica do *data warehouse* antes da implementação
7. Compatibilidade com sistemas já existentes
8. Capacidades percebidas do pessoal interno de TI
9. Questões técnicas
10. Fatores sociais/políticos

Esses fatores são similares a muitos fatores de sucesso descritos na literatura envolvendo projetos de sistemas informatizados e projetos de DSS e BI. Questões técnicas, além da instalação de tecnologias viavelmente prontas para usar, são importantes, mas por vezes não tão importantes quanto questões comportamentais, como atender às necessidades informacionais da alta gerência e envolver os usuários no processo de desenvolvimento (um fator social/político). Cada arquitetura de armazenamento de dados tem aplicações específicas para as quais é mais (ou menos) eficiente, proporcionando, assim, o máximo de benefícios para a organização. Em geral, porém, a estrutura de DM parece ser a menos eficiente na prática. Consulte Ariyachandra e Watson (2006a) para alguns detalhes adicionais.

Qual arquitetura é a melhor?

Desde que o armazenamento de dados se tornou uma parte crucial dos empreendimentos modernos, a dúvida sobre qual arquitetura de *data warehouse* é a melhor representa um tópico de discussão regular. Os dois gurus da área de armazenamento de dados, Bill Inmon e Ralph Kimball, estão no cerne dessa discussão. Inmon defende que a arquitetura estrela (como a Fábrica de Informações Corporativas), enquanto Kimball promove a arquitetura de DM *bus* com dimensões conformadas. Outras arquiteturas são possíveis, mas essas duas opções representam abordagens fundamentalmente diferentes, cada qual com seus defensores apaixonados. Para lançar luz nessa questão polêmica, Ariyachandra e Watson (2006b) conduziram um estudo empírico. Para coletarem dados, eles usaram um levantamento baseado na

Web mirando indivíduos envolvidos em implementações de *data warehouses*. O levantamento incluía perguntas sobre o próprio respondente, sobre a empresa do respondente, sobre o *data warehouse* da empresa e sobre o sucesso da arquitetura do *data warehouse*.

No total, 454 respondentes forneceram informações aproveitáveis. As empresas incluídas vão desde pequenas (com menos de US$10 milhões em faturamento) a grandes (excedendo os U$10 bilhões). Em sua maioria, as empresas estavam sediadas nos Estados Unidos (60%) e representam uma variedade de setores, com o ramo de serviços financeiros (15%) fornecendo a maior parte das respostas. A arquitetura predominante foi a estrela (39%), seguida da arquitetura *bus* (26%), da arquitetura centralizada (17%), dos DM independentes (12%) e da arquitetura federada (4%). A plataforma mais comum para hospedar *data warehouse* foi a Oracle (41%), seguida pela Microsoft (19%) e pela IBM (18%). A média (aritmética) de faturamento variou de U$3,7 bilhões para DMs independentes até U$6 bilhões para a arquitetura federada.

Os pesquisadores utilizaram quatro medidas para aferirem o sucesso das arquiteturas: (1) qualidade das informações, (2) qualidade do sistema, (3) impactos individuais e (4) impactos organizacionais. As perguntas podiam ser respondidas numa escala de sete pontos, com a pontuação mais alta indicando uma arquitetura mais bem-sucedida. A Tabela 3.1 mostra as pontuações médias para as medidas em todas as arquiteturas.

Conforme os resultados do estudo mostram, os DMs independentes apresentaram a menor pontuação em todos os quesitos. Isso confirma as opiniões especializadas de que DMs independentes representam uma má solução arquitetural. A segunda pior em todas as medidas foi a arquitetura federada. As empresas por vezes possuem plataformas díspares de embasamento de decisões por causa de fusões e aquisições, e podem optar por uma abordagem federada, pelo menos a curto prazo. Os achados sugerem que a arquitetura federada não é uma solução ideal a longo prazo. O interessante, porém, é a similaridade entre as médias para as arquiteturas em *bus*, estrela e centralizadas. As diferenças são tão pequenas que não chegam a indicar a superioridade de uma arquitetura específica em relação às demais, ao menos baseando-se numa comparação simples entre essas medidas de sucesso.

TABELA 3.1 Pontuações médias de avaliação do sucesso de arquiteturas

	DMs dependentes	Arquitetura bus	Arquitetura estrela	Arquitetura centralizada (sem DMs dependentes)	Arquitetura federada
Qualidade das informações	4,42	5,16	5,35	5,23	4,73
Qualidade do sistema	4,59	5,60	5,56	5,41	4,69
Impactos individuais	5,08	5,80	5,62	5,64	5,15
Impactos organizacionais	4,66	5,34	5,24	5,30	4,77

Os pesquisadores também coletaram dados sobre a abrangência (desde, por exemplo, subunidades até a empresa inteira) e o tamanho (quantidade de dados armazenados) dos repositórios. Eles descobriram que a arquitetura estrela costuma ser mais usada com implementações que abarcam a empresa como um todo e que empregam repositórios de grande porte. Eles também investigaram o custo e o tempo necessários para implementar as diferentes arquiteturas. Em geral, a arquitetura estrela se revelou a mais cara e a mais demorada de implementar.

SEÇÃO 3.4 QUESTÕES DE REVISÃO

1. Quais são as similaridades e as diferenças entre uma arquitetura de duas camadas e uma arquitetura de três camadas?
2. De que forma a Web influenciou o projeto de *data warehouses*?
3. Lista as arquiteturas alternativas de armazenamento de dados examinadas nesta seção?
4. Quais aspectos devem ser levados em consideração ao se optar por uma arquitetura no desenvolvimento de um *data warehouse*? Liste os dez fatores mais importantes.
5. Qual arquitetura de armazenamento de dados é a melhor? Por quê?

3.5 Processos de integração e extração, transformação e carga (ETL) de dados

Pressões da concorrência global, demanda por retorno sobre o investimento (ROI), investigações de gestores e investidores e regulamentações governamentais estão forçando gestores de negócios a repensarem o modo como integram e administram seus empreendimentos. Um tomador de decisões tipicamente precisa ter acesso a múltiplas fontes de dados que devem estar integrados. Antes dos *data warehouses*, DMs e software de BI, o fornecimento de aceso a fontes de dados era um processo primordial e trabalhoso. Mesmo com as modernas ferramentas de gerenciamento de dados baseadas na Web, reconhecer quais dados devem ser acessados e fornecê-los ao tomador de decisões é uma tarefa não trivial que exige especialistas em base de dados. Conforme os *data warehouses* vão aumentando de tamanho, as dificuldades de integração de dados também crescem.

As exigências de análise de negócios continuam a evoluir. Fusões e aquisições, obrigações regulatórias e a introdução de novos canais podem motivar mudanças nas exigências de BI. Além de dados históricos, limpos, consolidados e pontuais no tempo, os usuários empresariais cada vez mais demandam acesso a dados em tempo real, não estruturados e/ou remotos. E tudo deve estar integrado aos conteúdos de um *data warehouse* já existente. Além disso, o acesso via PDAs e por reconhecimento e síntese de voz está se tornando mais comum, complicando ainda mais as questões de integração (Edwards, 2003). Muitos projetos de integração envolvem sistemas que abarcam a empresa como um todo. Orovic (2003) ofereceu uma *checklist* daquilo que funciona e não funciona para quem deseja implementar um tal projeto. Não é fácil integrar adequadamente dados provenientes de vários bancos de dados e de outras fontes díspares. E quando a integração é inadequada, pode levar a desastres em sistemas na empresa como um todo, como CRM, ERP e projetos de cadeia de suprimento (Nash, 2002).

Integração de dados

A **integração de dados** abrange três processos primordiais que, quando corretamente implementados, permitem que os dados sejam acessados por um leque de ferramentas de ETL e análise no ambiente de armazenamento de dados: acesso a dados (isto é, a capacidade de acessar e extrair dados junto a qualquer fonte de dados), federação de dados (isto é, a integração de visões de negócios por múltiplos depósitos de dados) e captura de mudanças (baseada na identificação, coleta e entrega das alterações realizadas nas fontes de dados empresariais). Veja o Caso Aplicado 3.2 para um exemplo de como a BP Lubricant se beneficia da implementação de um *data warehouse* que integra dados de muitas fontes. Alguns fornecedores, como o SAS Institute, Inc., desenvolveram poderosas ferramentas de integração de dados. O servidor de integração de dados empresariais SAS inclui ferramentas de integração de dados de clientes que melhoram a qualidade dos dados no processo de integração. O Oracle Business Intelligence Suite também auxilia na integração de dados.

Caso aplicado 3.2
BIGS é o sucesso da BP Lubricants

A BP Lubricants estabeleceu o programa BIGS após uma recente atividade de fusão a fim de oferecer informações administrativas globalmente consistentes e transparentes. Além de BI ativa, o BIGS proporciona vislumbres detalhados e consistentes de desempenho em diversas funções, como finanças, marketing, vendas e suprimento e logística.

A BP é um dos maiores grupos petrolíferos e petroquímicos do mundo. Parte do grupo BP plc, a BP Lubricants é uma líder estabelecida no mercado global de lubrificantes automotivos. Provavelmente mais conhecida por sua marca de óleo Castrol, a empresa opera em mais de 100 países e emprega 10 mil funcionários. Estrategicamente, a BP Lubricants está concentrada em aumentar ainda mais seu foco no cliente e em alavancar sua efetividade em mercados automotivos. Após uma recente atividade de fusão, a empresa está passando por uma transformação a fim de se tornar mais eficiente e ágil e para aproveitar oportunidades de crescimento acelerado.

Desafio

Depois de tal fusão, a BP Lubricants queria aumentar a consistência, a transparência e a acessibilidade a informações administrativas e BI. Para isso, ela precisou integrar dados mantidos em sistemas de origem separados, mas sem a demora da introdução de um sistema de ERP padronizado.

Solução

A BP Lubricants implementou o projeto-piloto para o seu programa Business Intelligence and Global Standards (BIGS), uma iniciativa estratégica para informação administrativa e BI. No cerne do BIGS encontra-se a Kalido, uma solução adaptativa de EDW para preparar, implementar, operar e gerir *data warehouses*.

A solução de EDW federado da Kalido suportava os requisitos de complexa integração e dados e geração diversas de relatórios do programa-piloto. Para se adaptar às exigências cambiáveis do programa em termos de relatórios, o software também permitia que a arquitetura informativa subjacente fosse fácil e rapidamente modificada preservando todas as informações. O sistema integra e retém informações provenientes de múltiplos sistemas de origem a fim de consolidar panoramas de:

(Continua)

Caso aplicado 3.2 *(Continuação)*

- **Marketing.** Proventos e lucratividade junto a clientes para segmentos de mercado, com detalhes aprofundados até o nível das faturas.
- **Vendas.** Relatórios ampliados de faturas, com custos detalhados de tarifas e pagamentos efetuados.
- **Finanças.** Declarações globalmente padronizadas de lucros e prejuízos, balancete e fluxos de caixa – com capacidade de auditoria; gestão de dívidas de clientes; suprimento e logística; visão consolidada de processamento de encomendas e movimento entre múltiplas plataformas de ERP.

Benefícios

Ao aumentar a visibilidade sobre dados consistentes e atualizados, o BIGS fornece as informações necessárias para ajudar a empresa a identificar inúmeras oportunidades de negócios a fim de maximizar margens de lucro e/ou gerir custos associados. Dentre as reações típicas aos benefícios da consistência de dados proporcionada pelo programa-piloto BIGS estão as seguintes:

- melhoria da consistência e da transparência de dados de negócios;
- a geração de relatórios ficou mais rápida, mais fácil e mais flexível;
- acomodação de padrões globais e locais;
- ciclo de implementação rápido, flexível e de bom custo/benefício;
- perturbação mínima dos processos empresariais já existentes e dos negócios cotidianos;
- identificação de problemas de qualidade nos dados e encorajamento de sua resolução;
- maior capacidade de reagir com inteligência a novas oportunidades de negócios.

Questões para discussão

1. O que é o BIGS?
2. Quais foram o desafio, a solução proposta e os resultados obtidos com o BIGS?

Fontes: Kalido. BP Lubricants. http://kalido.com/download/BP-Lubricants.pdf (acessado em julho de 2016); BP Lubricants, www.bp.com/en/global/corporate/about-bp/bp-at-a-glance.html (acessado em julho de 2016).

Um importante propósito de um *data warehouse* é integrar dados advindos de múltiplos sistemas. Diversas tecnologias de integração possibilitam a integração de dados e metadados:

- integração de aplicativos empresariais (EAI – *enterprise application integration*)
- arquitetura orientada para serviços (SOA – *service-oriented architecture*)
- integração de informações empresariais (EII – *enterprise information integration*)
- extração, transformação e carga (ETL – *extraction, transformation, and load*)

A **integração de aplicativos empresariais** (**EAI** – *enterprise application integration*) oferece um veículo para carregar dados de sistemas de origem para o *data warehouse*. Ela envolve a integração de funcionalidades de aplicativos e se concentra no compartilhamento de funcionalidades (em vez de dados) entre sistemas, possibilitando, assim, flexibilidade e reutilização. Tradicionalmente, o foco das soluções de EAI é permitir a reutilização de aplicativos no nível da interface de programação de aplicativos. Recentemente, a EAI vem sendo implementada usando-se serviços granularizados de SOA (uma coleção de processo ou funções de negócios) que são bem definidos e documentados. Usando-se serviços Web, trata-se de uma maneira especializada de implementar SOA. A EAI pode ser usada para facilitar a aquisição de dados diretamente em um *data warehouse* quase em tempo real ou para entregar decisões para os sistemas de OLTP. Há muitas abordagens e ferramentas diferentes para a implementação de EAI.

A **integração de informações empresariais (EII** – *enterprise information integration*) é um espaço de ferramentas em evolução que promete integração de dados em tempo real a partir de uma variedade de fontes, como bases de dados relacionais, serviços Web e bases de dados multidimensionais. Trata-se de um mecanismo para pescar dados de sistemas de origem a fim de satisfazer uma solicitação de informação. Ferramentas de EII utilizam metadados pré-definidos para povoar visões que fazem dados integrados parecerem relacionais para usuários finais. O XML pode ser o aspecto mais importante da EII, já que o XML permite que os dados sejam rotulados ou no momento da criação ou posteriormente. Esses rótulo podem ser estendidos ou modificados para acomodar praticamente qualquer área de conhecimento (veja Kay, 2005).

A integração física de dados vem sendo convencionalmente o principal mecanismo para criar uma visão integrada com *data warehouses* e DMs. Com o advento de ferramentas de EII (veja Kay, 2005), novos padrões de integração de dados são viáveis. Manglik e Mehra (2005) analisaram os benefícios e limitações de novos padrões de integração de dados que são capazes de ampliar as metodologias físicas tradicionais e apresentar uma visão abrangente para a empresa.

A seguir, abordaremos a carga de dados no *data warehouse*: ETL.

Extração, transformação e carga

No cerne da parte técnica do processo de armazenamento de dados estão a extração, transformação e carga (ETL). Tecnologias de ETL, que já existem há algum tempo, são fundamentais no processo e utilização de *data warehouse*. O processo de ETL é um componente integral de qualquer projeto centrado em dados. Gestores de TI muitas vezes encaram desafios, pois os processos de ETL costumam consumir 70% do tempo em um projeto centrado em dados.

O processo de ETL consiste na extração (isto é, leitura de dados de uma ou mais base de dados), transformação (isto é, conversão dos dados extraídos de seu formato prévio para o formato no qual eles precisam estar para poderem ser inseridos em um *data warehouse* ou simplesmente em outra base de dados) e carga (isto é, a colocação dos dados dentro do *data warehouse*). A transformação ocorre usando-se regras ou tabelas de referência ou combinando-se os dados com outros dados. As três funções de base de dados são integradas numa única ferramenta para pescar dados de uma ou mais base de dados e colocá-los em outra base consolidada ou em um *data warehouse*.

Ferramentas de ETL também transportam dados entre fontes e alvos, documentam como elementos dos dados (como metadados) são modificados durante o transporte desde as fontes até os alvos, trocam metadados com outros aplicativos conforme necessário e administram todos os processos e operações de tempo de execução (como agendamentos, gestão de erros, *logs* de auditoria e estatísticas). O ETL é extremamente importante para a integração de dados, bem como para o armazenamento de dados. O objetivo do processo de ETL é abastecer o *data warehouse* com dados integrados e limpos. Os dados usados em processo de ETL podem vir de qualquer

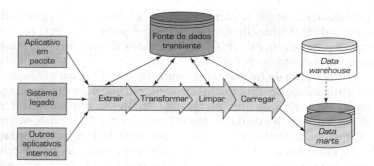

FIGURA 3.9 Os processos de ETL.

fonte: um aplicativo de *mainframe*, um aplicativo de ERP, uma ferramenta de CRM, um arquivo plano, uma planilha do Excel ou até mesmo de uma fila de mensagens. Na Figura 3.9, delineamos o processo de ETL.

O processo de migração de dados para um *data warehouse* envolve a sua extração junto a todas as fontes relevantes. Fontes de dados podem consistir em arquivos extraídos de bases de dados de OLTP, planilhas, bases de dados pessoais (como Microsoft Access) ou arquivos externos. Tipicamente, todos os arquivos de entrada são transcritos em um conjunto de tabelas intermediárias, que são projetadas para facilitar o processo de carga. Um *data warehouse* contém inúmeras regras de negócios que definem aspectos como regras de abreviação, como os dados serão usados, padronização de atributos codificados e regras de cálculos. Qualquer problema de qualidade de dados envolvendo os arquivos de dados precisa ser corrigido antes que os dados sejam carregados no *data warehouse*. Um dos benefícios de um *data warehouse* bem projetado é que essas regras podem ser armazenadas num repositório de metadados e aplicadas centralmente ao *data warehouse*. Isso é diferente da abordagem de OLTP, que tipicamente conta com regras de dados e negócios espalhadas pelo sistema. O processo de carga de dados em um *data warehouse* pode ser realizado ou mediante ferramentas de transformação de dados que oferecem uma GUI para auxiliar no desenvolvimento e manutenção de regras de negócios ou então por métodos mais tradicionais, como o desenvolvimento de programas ou soluções para carregar o *data warehouse* usando linguagens de programação como PL/SQL, C++, Java ou .NET Framework. Essa decisão não é fácil para as organizações. Diversas questões afetam a decisão de uma organização de adquirir ferramentas de transformação de dados ou desenvolver o processo transformacional por conta própria:

- Ferramentas de transformação de dados são caras.
- Ferramentas de transformação de dados podem apresentar uma longa curva de aprendizado.
- É difícil mensurar como a organização de TI está se saindo até que tenha aprendido a usar ferramentas de transformação de dados.

A longo prazo, uma abordagem via ferramentas de transformação tende a simplificar a manutenção de um *data warehouse* de uma organização. Ferramentas de transformação também podem ser eficientes para fins de detecção e limpeza (como para remover anomalias nos dados). O desempenho de ferramentas de OLAP e mineração de dados depende da qualidade do processo de transformação de dados.

Como um exemplo de ETL efetivo, a Motorola, Inc., utiliza ETL para alimentar seus *data warehouses*. A Motorola coleta informações junto a 30 sistemas diferentes de licitação e as envia para seu *data warehouse* SCM global para análise de gastos agregados da empresa (veja Songini, 2004).

Solomon (2005) classificou as tecnologias de ETL em quatro categorias: sofisticada, facilitadora, simples e rudimentar. É geralmente reconhecido que as ferramentas na categoria sofisticada resultarão em um processo de ETL mais bem documentado e gerido com maior precisão à medida que o projeto de *data warehouse* for evoluindo.

Embora seja possível para programadores desenvolver software para ETL, é mais simples utilizar ferramentas de ETL já existentes. Eis a seguir alguns dos critérios importantes na seleção de uma ferramenta de ETL (ver Brown, 2004):

- Capacidade de ler e transcrever entre um número ilimitado de arquiteturas de fontes de dados
- Captura e entrega automática de metadados
- Um histórico de conformidade com padrões abertos
- Uma interface fácil de usar para o desenvolvedor e o usuário funcional

A realização de ETL extensivo pode ser um sinal de dados mal geridos e de uma carência fundamental de uma estratégia coerente de gerenciamento de dados. Karacsony (2006) indicou que há uma correlação direta entre a extensão de dados redundantes e a quantidade de processos de ETL. Quando os dados são geridos corretamente como um patrimônio empresarial, esforços de ETL são reduzidos de forma considerável, e dados redundantes são eliminados por completo. Isso leva a enormes economias em manutenção e a uma maior eficiência em novos desenvolvimentos, melhorando, ao mesmo tempo, a qualidade dos dados. Processos de ETL mal projetados geram altos custos de manutenção, mudança e atualização. Como consequência, é crucial fazer as escolhas certas em termos da tecnologia e das ferramentas a serem usadas para desenvolver e manter os processos de ETL.

Inúmeras ferramentas de ETL prontas para usar estão disponíveis. Atualmente, fornecedores de bases de dados oferecem capacidades de ETL que aprimoram e competem com ferramentas de ETL independentes. A SAS reconhece a importância da qualidade dos dados e oferece a primeira solução completamente integrada do ramo, a qual funde ETL e qualidade de dados para transformar dados em patrimônios estratégicos valiosos. Outros fornecedores de software de ETL incluem Microsoft, Oracle, IBM, Informatica, Embarcadero e Tibco. Para informações adicionais a respeito de ETL, consulte Golfarelli e Rizzi (2009), Karacsony (2006) e Songini (2004).

SEÇÃO 3.5 QUESTÕES DE REVISÃO

1. Descreva integração de dados.
2. Descreva os três passos do processo de ETL.
3. Por que o processo de ETL é tão importante para os esforços de armazenamento de dados?

3.6 Desenvolvimento de *data warehouse*

Um projeto de armazenamento de dados é um empreendimento considerável para qualquer organização e é mais complicado que uma mera seleção de *mainframe* e implementação de projeto, pois abrange e influencia muitos departamentos e muitas interfaces de entrada e saída, além de poder integrar uma estratégia de negócios CRM. Um *data warehouse* gera muitos benefícios que podem ser classificados como diretos e indiretos. Dentre os benefícios diretos estão:

- Os usuários finais podem realizar análises extensivas de diversas formas.
- Uma visão consolidada dos dados corporativos (isto é, uma única versão da verdade) é possível.
- A obtenção de mais dados e com maior agilidade é possível. Um *data warehouse* permite que o processamento de informações não seja um fardo para sistemas operacionais caros, e sim de servidores de baixo custo; sendo assim, uma quantidade muito maior de solicitações de informações por parte de usuários finais pode ser processada mais rapidamente.
- Possível melhoria no desempenho do sistema como resultado. Um *data warehouse* libera parte do processamento de produção, já que algumas exigências de relatoria sobre o sistema operacional são repassadas para DSS.
- O acesso aos dados é simplificado.

Já os benefícios indiretos são resultado dos usuários finais aproveitando esses benefícios diretos. Como um todo, esses benefícios aumentam o autoconhecimento da empresa, apresentam uma vantagem competitiva, melhoram o atendimento dos clientes e sua satisfação, facilitam a tomada de decisões e ajudam a reformar processos de negócios; portanto, são as contribuições mais sólidas à vantagem competitiva (Parzinger & Frolick, 2001). Para uma discussão detalhada de como as organizações podem obter níveis excepcionais de benefícios, veja Watson, Goodhue e Wixom (2002). Considerando-se os benefícios potenciais que um *data warehouse* pode proporcionar e os investimentos substanciais de tempo e dinheiro que tais projetos exigem, é crucial que uma organização estruture seu projeto de *data warehouse* de modo a maximizar suas chances de sucesso. Além disso, é claro, a organização também deve levar os custos em consideração. Kelly (2001) descreveu uma abordagem de ROI que considera os benefícios nas categorias de zeladores (isto é, o dinheiro poupado aprimorando-se funções tradicionais de embasamento de decisões), coletores (isto é, o dinheiro poupado devido à coleta e à disseminação automatizadas de informações) e usuários (isto é, o dinheiro poupado ou ganho a partir de decisões tomadas usando-se o *data warehouse*). Os custos incluem aqueles relativos a hardware, software, banda larga de rede, desenvolvimento interno, suporte interno, treinamento e consultoria externa. O valor presente líquido é calculado ao longo da vida útil do *data warehouse*. Como os benefícios são divididos em aproximadamente 20% para os zeladores, 30% para os coletores e 50% para os usuários, Kelly indicou que os usuários devem ser envolvidos no processo de desenvolvimento, um fator de sucesso tipicamente mencionado como crucial para sistemas que implicam em mudanças numa organização.

O Caso Aplicado 3.3 fornece um exemplo de um *data warehouse* que foi desenvolvido e que proporcionou uma intensa vantagem competitiva para uma empresa holandesa de varejo. A combinação de capacidades de armazenamento e análise de dados da Teradata com uma estrutura de informações empresariais da SAP levou a um sucesso tremendo no mercado.

Caso aplicado 3.3

O Teradata Analytics for SAP Solutions acelera a entrega de Big Data

A empresa examinada neste estudo de caso é uma varejista holandesa de capital privado que detém 2.800 lojas espalhadas por diversos países europeus. Essa varejista possui 15 marcas diferentes que incluem produtos que vão desde brinquedos a utensílios culinários, com cada marca contando com sua própria infraestrutura. Cada entidade comercial é administrada independentemente como uma dentre 15 empresas individuais no modo como desenvolvem seus processos, mantém seus sistemas legados e tomam decisões de negócios em finanças, TI, cadeia de suprimento e operações em geral.

Contexto

Para satisfazer às necessidades de um ambiente competitivo em constante evolução é preciso obter uma visão global dos negócios, o que é um desafio para essa grande varejista com 15 marcas independentes para gerir. Para obter um panorama melhor, elevar a eficiência comercial e reduzir custos, a varejista decidiu desenvolver uma estratégia corporativa para gerir dados em um sistema centralizado usando um único departamento de TI. Centralizar dados implica que todas as marcas serão administradas a partir de um mesmo *data warehouse* e implementadas uma a uma, levando em consideração processos e necessidades de negócios individuais. Um grande desafio para essa grande varejista é que diversos sistemas têm de ser integrados, incluindo seus (15) ERPs SAP, sistemas de gestão de armazém, sistemas de ponto de vendas e dados-mestre de materiais.

Visando manter agilidade empresarial para análise de vendas e margens de lucro, a meta da varejista era oferecer acesso ao nível transacional de dados provenientes de aproximadamente 50 tabelas SAP em cada sistema de ERP. A transição para uma abordagem centralizada era especialmente dificultada pela complexidade e as nuances entre as 15 instâncias de ERP. O trabalho foi estimado em 400 dias de esforço por sistema de origem para levar esses dados para seu *data warehouse* central. Consequentemente, a varejista precisava de uma maneira de justificar seus gastos, desenvolver uma proposição de valor duradoura de sua abordagem de *data warehouse* e desenvolver uma forma de agilizar esse processo.

História da aquisição de produtos

No âmbito dos negócios, o foco é a criação de uma plataforma analítica centralizada com acesso a uma visão global de dados transacionais. Devido ao caráter sazonal do varejo, é importante ser capaz de reunir múltiplos anos de dados, pois isso ajuda a identificar tendências sazonais, criar previsões e desenvolver modelos de preços e promoções. A meta é obter um panorama melhor dos negócios e disponibilizar a análise de dados abarcando sua cadeia de suprimento, materiais, vendas e marketing, melhorando sua eficiência como um todo no mercado. Consequentemente, a varejista escolheu a Teradata Database, por ser capaz de lidar com a análise de dados transacionais e de proporcionar funcionalidades avançadas de análise de dados. Sua meta era apoiar a análise de dados operacionais e a flexibilidade ao abastecer dados sem desenvolver DMs ou outros modelos lógicos antes mesmo dos usuários solicitarem relatórios de negócios. Essa abordagem lhe permite salvar dados centralmente na Teradata Database e ao mesmo tempo oferecer flexibilidade futura para acesso a dados, a relatórios e a análise de dados para todas as suas marcas.

Subestimando as complexidades do ERP da SAP, a empresa passou os seis primeiros meses tentando pegar o jeito com uma integração caseira da SAP. Passados os seis meses e pouco tendo avançado, a varejista reconheceu os riscos e interrompeu o projeto para investigar se não havia abordagens melhores a esse problema. Assim, uma reunião com um importante SI

(Continua)

Caso aplicado 3.3 *(Continuação)*

da SAP foi realizada, o qual ofereceu como estimativa um prazo de 400 dias para integração e transferência de dados apenas do primeiro sistema ERP da SAP. Como isso não proporcionaria valor suficiente, a varejista extrapolou a questão e investigou uma nova solução da Teradata usada para automatizar os processos de aquisição de dados ao utilizar o ERP da SAP. O Teradata Analytics for SAP Solutions foi escolhido porque era especificamente projetado para enfrentar os desafios associados à transferência de dados do ERP da SAP para a Teradata Database. A solução também oferece uma abordagem automatizada para integrar dados do ERP da SAP com o *data warehouse*, e permitiu o carregamento dos dados necessários para a primeira marca em apenas cinco dias, em vez dos 400 estimados. A varejista passou mais 45 dias adicionando 25 tabelas customizadas (Z) e preparando os dados para consumo. Isso acelerou a integração com dados da SAP em 800%, poupando, portanto, 350 dias de trabalho.

Desafios

A combinação de um projeto de consolidação integral de ERP entre diversos sistemas legados cria um programa com muitas complexidades. Embora o Teradata Analytics for SAP Solutions tenha proporcionado automação para a parte de gerenciamento de dados relacionada com a SAP, a varejista ainda encontrou desafios técnicos pelo fato de sua iniciativa de armazenamento de dados estar combinada com um projeto mais amplo de integração. Sua abordagem foi padronizar as ferramentas e desenvolver um quadro referencial com as primeiras marcas a ser aplicado na implantação incremental no restante da organização.

Em primeiro lugar, a varejista precisou padronizar uma ferramenta de ETL e desenvolver uma nova metodologia e maneira de alavancar o processo de ETL. Ela utilizou a ferramenta de ETL para extrair, transformar e carregar a fim de manter a integridade dos dados transacionais granulares. A empresa acabou escolhendo a Informatica® como o padrão de ETL e seu ambiente de ETL ao utilizar a ferramenta meramente como uma transportadora de dados e uma agendadora de tarefas.

Em segundo lugar, além de armazenar os dados transacionais atômicos, a varejista conseguiu aproveitar a plataforma da Teradata para conduzir todas as suas transformações empresariais na própria base de dados ao transferir dados para o ambiente de geração de relatórios. Com essa abordagem, ela foi capaz de manter uma cópia das transações granulares, de tirar proveito das integrações prontas para usar no Analytics for SAP Solutions e adicionar contexto aos dados da SAP e de alavancar o poder da base de dados para aplicar outras transformações e análises de dados.

Em terceiro lugar, a qualidade dos dados era um imperativo para a varejista. Ela queria assegurar que os dados pudessem ser acessados e geridos de um modo consistente. As quantidades de materiais destacam a importância da governança de dados para essa varejista. As quantidades de materiais são estruturadas entre múltiplos sistemas, e até então vinham sendo reconciliadas durante o processo de carga/modelagem. Nessa nova arquitetura, tal desafio foi facilmente superado pela criação de panoramas singulares de material no *data warehouse* a fim de harmonizar as quantidades de materiais para geração de relatórios.

Por fim, a varejista precisava de uma maneira ágil de disponibilizar dados e sua análise para relatórios e acesso analítico *ad hoc*, o que também podia satisfazer as exigências diversas das marcas. Ao aproveitar parcerias da Teradata com fornecedores de soluções, como a MicroStrategy®, a varejista conseguiu acessar os dados granulares situados no *data warehouse* e ao mesmo tempo usar as ferramentas de BI para aplicar os algoritmos relevantes e explorar a flexibilidade projetada na solução de *data warehouse*.

O desenvolvimento do *data warehouse* como um polo centralizado de acesso a dados foi um desafio a princípio, devido à exigência de desenvolver um novo quadro referencial e à curva de aprendizado em geral associada ao uso de um novo projeto de *data warehouse*. Por sorte, depois que esse quadro referencial foi desenvolvido, a integração usando o Teradata Analytics for SAP Solutions foi simples e repetível. De acordo com o arquiteto da varejista europeia: "O Teradata Analytics for SAP é uma solução integrada, rápida e flexível, que oferece risco reduzido de projeto, desenvolvimento mais rápido, um modelo semântico integrado e acesso direto a dados detalhados".

Lições aprendidas

Em geral, a meta da varejista é proporcionar uma estratégia de implementação replicável entre suas marcas para possibilitar melhores decisões comerciais, aumentar a eficiência dos negócios e reduzir custos operacionais mediante centralização de TI. Embora ainda se encontre nas fases iniciais do projeto, ela já aprendeu com a implementação de integração de sua primeira marca no *data warehouse* da Teradata. Por utilizar o Teradata Analytics for SAP Solutions, a varejista conseguiu acelerar o *time to value* e simplificar atividades de integração. Além disso, foi capaz de tirar algumas das seguintes conclusões a serem aplicadas na integração de suas marcas subsequentes e em projetos similares.

- Reserve um tempo para fazer a devida diligência e fique a par das tecnologias/soluções existentes para suportar implementações. Nesse caso, a varejista foi capaz de aproveitar o Teradata Analytics for SAP Solutions, reduzindo o *time to value* e promovendo seu foco em análise de dados, e não em integração.
- Desenvolva um quadro referencial para possibilitar processos repetíveis capazes de enfrentar as complexidades de vastas quantidades de dados e as necessidades singulares do negócio.
- Simplifique ao máximo o projeto do sistema para assegurar a adoção de tecnologia por todo o empreendimento.
- Certifique-se de alinhar decisões técnicas com a meta geral de promover agilidade nos negócios.
- Desenvolva uma abordagem-padrão de governança de dados para garantir a integridade de dados além do processo de implementação, para que unidades e usuários técnicos saibam como podem aplicar dados para relatórios e análise de dados.
- Identifique requisitos de latência para assegurar que as soluções – tanto o *data warehouse* quanto a abordagem de integração – atendam às necessidades. Isso significou garantir que o Teradata SAP Solution também suportasse suas necessidades operacionais.

Essas lições aprendidas se aplicam à implementação e ao uso mais amplos do Teradata Analytics for SAP. A varejista estava comprometida em centralizar sua infraestrutura e em gerir suas marcas de modo mais eficiente. Como consequência, ela foi capaz de aproveitar uma maneira de automatizar o processo e reduzir o *time to value* devido à capacidade de promover uma solução focada para vincular suas soluções de ERP à sua análise de dados.

Questões para discussão

1. Quais foram os desafios enfrentados pela grande varejista holandesa?
2. Qual foi a solução de multifornecedores proposta? Quais foram os desafios à implementação?
3. Quais foram as lições aprendidas?

Fonte: Teradata case study. (2015). 800 percent: Use of Teradata® Analytics for SAP® Solutions accelerates Big Data delivery. assets.teradata.com/resourceCenter/downloads/CaseStudies/EB8559_TAS_Case_Study.pdf?processed=1 (acessado em julho de 2016); Enterprise Management, Teradata-SAP Solution to Big Data analytics. www.enterprise-management.com/research/asset.php/3047/800-Percent:-Use-of-Teradata-Analytics-for-SAP-Solutions-Accelerates--Big-Data-Delivery (acessado em julho de 2016).

Os aspectos cruciais para o sucesso de um projeto de armazenamento de dados incluem a clara definição do objetivo empresarial, a obtenção de apoio junto a usuários finais da alta gestão, o estabelecimento de cronogramas e orçamentos razoáveis e a gestão de expectativas. Uma estratégia de armazenamento de dados representa uma planta estrutural para a introdução bem-sucedida do *data warehouse*. A estratégia deve descrever os rumos que a empresa visa tomar, por que deseja avançar nessa direção e o que fará para chegar lá. É preciso levar em consideração a visão, a estrutura e a cultura da organização. Consulte Matney (2003) para conhecer as etapas que podem ajudar no desenvolvimento de uma estratégia de suporte flexível e eficiente. Uma vez que o plano e o suporte para um *data warehouse* estejam estabelecidos, a organização precisa examinar os fornecedores de *data warehouse*. (Veja o Quadro 3.1 para uma lista de amostra de fornecedores; consulte também The Data Warehousing Institute [twdi.org] e Information Builders [informationbuilders.com].) Muitos fornecedores oferecem demos de software de seus produtos de armazenamento de dados e BI.

Abordagens de desenvolvimento de *data warehouses*

Muitas organizações têm de criar os *data warehouses* usados para apoio a decisões. Duas abordagens rivais são empregadas. A primeira abordagem é aquela de Bill Inmon, que muitas vezes é chamado de "o pai dos *data warehouses*". Inmon apoia uma abordagem de desenvolvimento de cima para baixo que adapta ferramentas tradicionais de base de dados relacional com as necessidades de desenvolvimento de um *data warehouse* para a empresa como um todo, também conhecida como abordagem EDW. A segunda abordagem é aquela de Ralph Kimball, que propõe um desenvolvimento de baixo para cima que empresa modelagem dimensional, também conhecida como abordagem DM.

Conhecer as semelhanças e diferenças entre esses dois modelos nos ajuda a compreender os conceitos básicos de *data warehouse* (vide, por exemplo, Breslin, 2004). O Quadro 3.2 compara essas duas abordagens. A seguir, descreveremos essas abordagens em detalhes.

O MODELO DE INMON: A ABORDAGEM EDW A abordagem de Inmon enfatiza o desenvolvimento de cima para baixo, empregando metodologias e ferramentas estabelecidas de desenvolvimento de base de dados, como diagramas de relacionamento de entidades (ERD – *entity-relationship diagrams*) e um ajuste da abordagem de desenvolvimento espiral. A abordagem EDW não impede a criação de DMs. O EDW é o ideal nessa abordagem porque proporciona uma visão consistente e abrangente da empresa. Murtaza (1998) apresentou um quadro referencial para desenvolver EDW.

O MODELO DE KIMBALL: A ABORDAGEM POR DATA MART A estratégia de DM de Kimball representa uma abordagem "planeje grande, construa pequeno". Um DM é um *data warehouse* orientado por temas ou por departamentos. Trata-se de uma versão enxuta de um *data warehouse*, voltada para solicitações de um departamento específico, como de marketing ou vendas. Esse modelo aplica modelagem dimensional de dados, o que começa pelas tabelas. Kimball defende uma metodologia de desenvolvimento que pressupõe uma abordagem de baixo para cima, o que, no caso de *data warehouses*, significa construir um DM por vez.

QUADRO 3.1 Lista amostral de fornecedores de produtos de armazenamento de dados

Business Objects (businessobjects.com)	Um conjunto abrangente de pacotes de software de BI e de visualização de dados (atualmente pertencente à SAP)
Computer Associates (cai.com)	Conjunto abrangente de ferramentas e produtos de *data warehouse* (DW)
DataMirror (datamirror.com)	Produtos para administração, gestão e desempenho de DW
Data Advantage Group (dataadvantagegroup.com)	Software de metadados
Dell (dell.com)	Servidores de DW
Embarcadero Technologies (embarcadero.com)	Produtos para administração, gestão e desempenho de DW
Greenplum (greenplum.com)	Provedor de soluções para equipamentos (*appliances*) de DW (atualmente pertencente à EMC)
Harte-Hanks (harte-hanks.com)	Produtos e serviços de gestão de relacionamento com o cliente (CRM)
HP (hp.com)	Servidores de DW
Hummingbird Ltd. (hummingbird.com)	Mecanismos de DW e DWs de exploração
Hyperion Solutions (hyperion.com)	Conjunto abrangente de ferramentas, produtos e aplicativos de DW
IBM InfoSphere (www-01.ibm.com/software/data/infosphere)	Produtos de integração de dados, DW, gerenciamento de dados-mestres e Big Data
Informatica (informatica.com)	Produtos para administração, gestão e desempenho de DW
Microsoft (microsoft.com)	Ferramentas e produtos de DW
Netezza	Provedor de software e hardware de DW (equipamentos de DW; atualmente pertencente à IBM)
Oracle (incluindo PeopleSoft e Siebel; oracle.com)	Ferramentas, produtos e aplicativos de DW, ERP e CRM
SAS Institute (sas.com)	Ferramentas, produtos e aplicativos de DW
Siemens (siemens.com)	Servidores de DW
Sybase (sybase.com)	Conjunto abrangente de ferramentas e aplicativos de DW
Teradata (teradata.com)	Ferramentas de DW, equipamentos de DW, consultoria de DW e aplicativos

QUADRO 3.2 Contrastes entre as abordagens de desenvolvimento de DM e de EDW

Esforço	Abordagem de DM	Abordagem de EDW
Escopo	Uma área temática	Diversas áreas temáticas
Tempo de desenvolvimento	Meses	Anos
Custo de desenvolvimento	de U$10 mil a + de U$100 mil	+ de U$1 milhão
Dificuldade de desenvolvimento	Entre baixa e média	Alta
Pré-requisito de dados para compartilhamento	Comum (dentro da área de negócios)	Comum (por toda a empresa)
Fontes	Apenas alguns sistemas operacionais e externos	Muitos sistemas operacionais e externos
Tamanho	De megabytes a muitos gigabytes	De gigabytes a petabytes
Horizonte de tempo	Dados quase atuais e históricos	Dados históricos
Transformações de dados	Pequena a média	Alta
Frequência de atualização	Horária, diária, semanal	Semanal, mensal
Tecnologia		
Hardware	Estações de trabalho ou servidores de base de dados padronizados	Servidores empresariais e computadores *mainframe*
Sistema operacional	Windows e Linux	Unix, Z/OS, OS/390
Bases de dados	Trabalho em grupo ou servidores de base de dados padronizados	Servidores de base de dados empresariais
Utilização		
Número de usuários simultâneos	Dezenas	De centenas a milhares
Tipos de usuários	Analistas e gestores da área de negócios	Analistas empresariais e executivos seniores
Foco de negócio	Otimização de atividades dentro da área de negócios	Otimização interfuncional e tomada de decisões

Fontes: Adapted from Van den Hoven, J. (2003). Data marts: Plan big, build small. In IS *Management Handbook*, 8th ed., Boca Raton, FL: CRC Press; Ariyachandra, T., & Watson, H. (2006b). <per Ref List> Which data warehouse architecture is most successful? *Business Intelligence Journal*, 11(1), 4–6.

QUAL MODELO É O MELHOR? Não existe uma estratégia que seja a ideal para todos os tipos de armazenamento de dados. A estratégia de armazenamento de dados de uma empresa pode evoluir de um simples DM até um *data warehouse* complexo em resposta às demandas de usuários, às exigências de negócios e ao grau de maturidade da empresa em gerir seus recursos de dados. Para muitas empresas, um DM costuma ser um primeiro passo conveniente para adquirir experiência na construção e no gerenciamento de um *data warehouse*, conferindo, ao mesmo tempo, a seus usuários os benefícios de melhor acesso a seus dados; além disso, um DM geralmente indica o valor comercial do armazenamento de dados. Ao fim e ao cabo, engendrar um EDW que consolide DMs e *data warehouses* antigos é a solução ideal (veja o Caso Aplicado 3.4). No entanto, o desenvolvimento de DMs individuais pode muitas vezes gerar vários benefícios durante o desenvolvimento de um EDW, sobretudo se a organização estiver incapaz ou indisposta a investir num projeto em larga escala. DMs também podem demonstrar viabilidade e sucesso em fornecer benefícios. Isso, por sua vez, poderia levar a um investimento em um EDW. O Quadro 3.3 resume as diferenças mais essenciais entre as características dos dois modelos.

QUADRO 3.3 Diferenças essenciais entre as abordagens de Inmon e Kimball

Característica	Inmon	Kimball
Metodologia e arquitetura		
Abordagem geral	De cima para baixo	De baixo para cima
Estrutura da arquitetura	Data warehouses (atômicos) de toda a empresa "alimentam" bases de dados departamentais	DMs modelam um único processo de negócio, e a consistência por toda a empresa é obtida por meio de *data bus* e dimensões conformadas
Complexidade do método	Bastante complexo	Bastante simples
Comparação com metodologias de desenvolvimento estabelecidas	Derivado da metodologia espiral	Processo em quatro etapas; um afastamento dos métodos de RDBMS
Discussão de projeto físico	Bastante rigorosa	Bem vaga
Modelagem de dados		
Orientação de dados	Temática ou orientada a dados	Voltada para processos
Ferramentas	Tradicionais (diagramas de entida-de-relacionamento [ERD], diagramas de fluxo de dados [DFD])	Modelagem dimensional; um afastamento da modelagem relacional
Acessibilidade a usuários finais	Baixa	Alta

(Continua)

QUADRO 3.3 Diferenças essenciais entre as abordagens de Inmon e Kimball *(Continuação)*

Característica	Inmon	Kimball
Filosofia		
Público-alvo	Profissionais de TI	Usuários finais
Lugar na organização	Parte integral da fábrica de informações corporativas	Transformador e mantenedor de dados operacionais
Objetivo	Oferecer uma solução técnica sólida baseada em métodos e tecnologias de base de dados já comprovados	Oferecer uma solução que facilite consultas diretas de dados por parte dos usuários finais e que ainda proporcione tempos de resposta razoáveis

Fontes: Adapted from Breslin, M. (2004, Winter). Data warehousing battle of the giants: Comparing the basics of Kimball and Inmon models. *Business Intelligence Journal*, 9(1), 6–20; Ariyachandra, T., & Watson, H. (2006b). Which data warehouse architecture is most successful? *Business Intelligence Journal*, 11(1).

Considerações adicionais ao desenvolvimento de *data warehouses*

Algumas organizações desejam terceirizar por completo seus esforços de armazenamento de dados. Ela simplesmente não querem se envolver com aquisições de software e hardware, e tampouco querem gerir seus próprios sistemas informatizados. Uma alternativa é usar *data warehouses* hospedados. Neste cenário, outra companhia – idealmente, uma que tenha bastante experiência e conhecimentos técnicos – desenvolve e mantém o *data warehouse*. Restam, contudo, preocupações de segurança e privacidade com essa abordagem. Veja Dicas Tecnológicas 3.1 para alguns detalhes.

Representação de dados em *data warehouse*

Na Figura 3.4, uma típica estrutura de *data warehouse* é mostrada. Muitas variações de arquitetura são possíveis (veja a Figura 3.8). Mas qualquer que seja a arquitetura, o design da representação de dados no *data warehouse* sempre se baseou no conceito de modelagem dimensional. **Modelagem dimensional** é um sistema baseado em recuperação de dados que suporta alto volume de acesso via consultas. A representação e o depósito de dados em um *data warehouse* devem ser projetados de forma a não apenas acomodar, mas também alavancar o processamento de consultas multidimensionais complexas. Muitas vezes, o esquema em estrela e o esquema em floco de neve são os meios pelos quais a modelagem dimensional é implementada em *data warehouses*.

O **esquema em estrela** (às vezes chamado de esquema de união em estrela) é o estilo mais empregado e o mais simples de modelagem dimensional. Um esquema em estrela contém uma tabela fato central cercada e conectada por diversas **tabelas dimensionais** (Adamson, 2009). A tabela fato contém uma grande quantidade de linhas que correspondem a fatos observados e links externos (isto é, chaves estrangeiras). Uma tabela dimensional contém os atributos descritivos necessários para a condução de análise decisória e geração de relatórios por consulta, e chaves estrangeiras são usadas como link para tabelas dimensionais. Os atributos de análise

DICAS TECNOLÓGICAS 3.1
Data warehouses hospedados

Um *data warehouse* hospedado apresenta praticamente as mesmas, ou até mais, funcionalidades que um *data warehouse* interno, mas não consome recursos computacionais nas dependências do cliente. Um *data warehouse* hospedado oferece os benefícios de BI, mas sem os custos de *upgrades* de computador, *upgrades* de rede, licenças de software, desenvolvimento doméstico e suporte e manutenção domésticos.

Um *data warehouse* hospedado oferece os seguintes benefícios:

- exige investimento mínimo em infraestrutura;
- libera capacidade dos sistemas domésticos;
- libera fluxo de caixa;
- torna soluções poderosas acessíveis;
- possibilita que soluções poderosas promovam crescimento;
- oferece equipamentos e software de melhor qualidade;
- proporciona conexões mais rápidas;
- permite que os usuários acessem dados a partir de locais remotos;
- permite que uma empresa se concentre em seus negócios básicos;
- satisfaz as necessidades de armazenamento para grandes volumes de dados.

Apesar de seus benefícios, um *data warehouse* hospedado não necessariamente é adequado para toda e cada organização. Grandes empresas com receitas superiores a U$500 milhões podem perder dinheiro caso já disponham de infraestrutura interna e funcionários de TI sobressalentes. Além do mais, empresas que encaram a quebra de paradigma de terceirizar aplicativos como uma perda de controle de seus dados dificilmente acabará empregando um provedor de serviços de BI. Por fim, o argumento mais significativo e comum contra a implementação de um *data warehouse* hospedado é que pode ser insensato terceirizar aplicativos sensíveis por razões de segurança e privacidade.

Fontes: Compiled from Thornton, M., & Lampa, M. (2002). Hosted data warehouse. *Journal of Data Warehousing,* 7(2), 27–34; Thornton, M. (2002, March 18). What about security? The most common, but unwarranted, objection to hosted data warehouses. *DM Review, 12*(3), 30–43.

decisória consistem em indicadores de desempenho, métricas operacionais, medidas agregadas (como volumes de vendas, taxas de retenção de clientes, margens de lucro, custos de produção, taxa de desperdício) e todos os outros parâmetros necessários para analisar o desempenho da organização. Em outras palavras, a tabela fato envolve primordialmente aquilo que o *data warehouse* suporta para análise decisória.

Ao redor das tabelas fatos centrais (e ligadas via chaves estrangeiras) encontram-se as tabelas dimensionais. As tabelas dimensionais contêm informações de classificação e agregação a respeito das linhas fatos centrais. Tabelas dimensionais contêm atributos que descrevem os dados contidos na tabela fato; elas abordam como os dados serão analisados e resumidos. Tabelas dimensionais apresentam uma relação do tipo "de um para muitos" com as linhas na tabela fato central. Durante consultas, as dimensões são usadas para dividir e segmentar os valores numéricos na tabela fato que dizem respeito às exigências de uma necessidade *ad hoc* de informações. O esquema em estrela é projetado para gerar curto tempo de resposta a consultas, além de simplicidade e facilidade de manutenção para estruturas de banco de dados apenas de leitura. Um esquema em estrela simplificado é mostrado na Figura 3.10a. O esquema em estrela é considerado um caso especial do esquema em floco de neve.

O **esquema em floco de neve** é um arranjo lógico de tabelas em um banco de dados multidimensional de tal forma que o diagrama de relação de entidades se parece com um formato de floco de neve. Intimamente relacionado com o esquema em estrela, o esquema em floco de neve é representado por tabelas fatos centralizadas (geralmente apenas uma), que ficam conectadas a múltiplas dimensões. Contudo, no esquema em floco de neve as dimensões são normalizadas em múltiplas tabelas relacionadas, ao passo que no esquema em estrela as dimensões são desnormalizadas, com cada uma delas sendo representada por uma única tabela. Um esquema em floco de neve simplificado é mostrado na Figura 3.10b.

Análise de dados em *data warehouse*

Depois que os dados são apropriadamente carregados em um *data warehouse*, eles podem ser usados de várias formas para embasar os processos decisórios dentro da organização. Pode-se afirmar que o OLAP é a técnica de análise de dados mais comum em *data warehouses*, e sua popularidade vem crescendo devido ao aumento exponencial nos volumes de dados e ao reconhecimento do valor comercial da análise de negócios baseada em dados. Em termos gerais, o OLAP é uma abordagem para responder rapidamente perguntas *ad hoc* executando consultas analíticas multidimensionais frente a repositórios de dados organizacionais (isto é, *data warehouses*, DMs).

OLAP *versus* OLTP

OLTP (*online transaction processing*, ou processamento de transações online) é um termo usado para um sistema responsável acima de tudo por capturar e armazenar dados relacionados a funções empresariais cotidianas como ERP, CRM, SCM, POS e assim por diante. Um sistema OLTP atende a uma necessidade empresarial crucial,

FIGURA 3.10   a) O esquema em estrela e b) o esquema em floco de neve.

automatizando transações comerciais diárias e rodando relatórios e análise de rotina em tempo real. Mas esses sistemas não são voltados para análise *ad hoc* e a consultas complexas que lidam com inúmeros itens de dados. O OLAP, por outro lado, é projetado para atender a essa necessidade proporcionando análise *ad hoc* de dados organizacionais com muito mais efetividade e eficiência. OLAP e OLTP dependem bastante um do outro: o OLAP utiliza dados capturados por OLTP, e o OLTP automatiza os processos empresariais que são geridos por decisões apoiadas em OLAP. O Quadro 3.4 oferece uma comparação de diversos critérios entre OLTP e OLAP.

Operações OLAP

A principal estrutura operacional no OLAP se baseia em um conceito denominado cubo. No OLAP, um **cubo** é uma estrutura de dados multidimensionais (reais ou virtuais) que permite rápida análise de dados. Ele também pode ser definido como a capacidade de manipular e analisar dados com eficiência a partir de múltiplos enfoques. O arranjo de dados em conformação de cubos visa superar uma limitação das bases de dados relacionais: as bancos de dados relacionais não são adequadas para análise quase instantânea de grandes quantidades de dados. Na verdade, elas são mais adequadas para manipular registros (adicionando, deletando e atualizando dados) que representam uma série de transações. Embora existam muitas ferramentas de geração de relatórios para bancos de dados relacionais, essas ferramentas são lentas quando uma consulta multidimensional que abrangem muitas tabelas de banco de dados precisa ser executada.

Utilizando OLAP, um analista é capaz de navegar pelo banco de dados e filtrar um subconjunto específico dos dados (e sua progressão ao longo do tempo) ao modificar a orientação dos dados e definir cálculos analíticos. Esses tipos de navegação de dados iniciada por usuário mediante a especificação de fatias (via rotações) e aumento/diminuição de foco (*drill down/up*) (via agregação e desagregação) são por

QUADRO 3.4 Uma comparação entre OLTP e OLAP

Critérios	OLTP	OLAP
Propósito	Desempenhar funções empresariais cotidianas	Apoiar a tomada de decisões e oferecer respostas a consultas de negócios e gerenciais
Fonte de dados	Banco de dados transacional (um repositório de dados normalizados voltado sobretudo para eficiência e consistência)	*Data warehouse* ou DM (um repositório de dados não normalizados voltado sobretudo para precisão e completude)
Extração de relatórios	Relatórios rotineiros, periódicos e com foco restrito	Relatórios e consultas *ad hoc*, multidimensionais e de foco amplo
Requisitos de recursos	Banco de dados relacionais ordinários	Bancos de dados especializados de multiprocessadores e grande capacidade
Velocidade de execução	Rápida (registro de transações comerciais e relatórios de rotina)	Lenta (consultas complexas, em larga escala e intensivas de recursos)

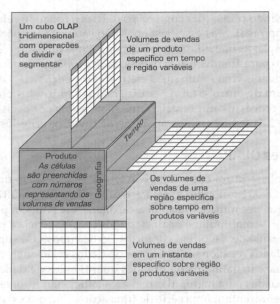

FIGURA 3.11 Operações de fatiamento em um simples cubo de dados tridimensional.

vezes chamados de dividir e segmentar ou, literalmente, "fatiar e picar" (*slice and dice*). Dentre as operações comumente usadas em OLAP estão dividir e segmentar, aumentar o foco (*drill down*), rolar para cima (*roll-up*) e fazer o pivô (*pivot*).

- **Segmentar ou fatiar (slice).** Uma fatia é um subconjunto de um leque multidimensional (geralmente uma representação bidimensional) correspondendo a um único conjunto de valores para uma (ou mais) das dimensões fora do subconjunto. Uma simples operação de fatiamento de um cubo multidimensional é mostrada na Figura 3.11.
- **Dividir ou picar (dice).** A operação de dividir corresponde a fatiar um cubo de dados em mais do que duas dimensões.
- **Aumentar/diminuir o foco (drill down/up).** O aumento ou diminuição de foco é uma técnica específica de OLAP mediante a qual o usuário navega através de níveis de dados, indo desde os mais resumidos (menos foco) até os mais detalhados (mais foco).
- **Rolar para cima (roll-up).** Rolar para cima envolve computar todas das relações de dados para uma ou mais dimensões. Para isso, uma relação ou fórmula computacional pode ser definida.
- **Fazer o pivô (pivot).** Isso é usado para modificar a orientação dimensional de um relatório ou de uma página de exibição de consulta *ad hoc*.

SEÇÃO 3.6 QUESTÕES DE REVISÃO

1. Liste os benefícios dos *data warehouses*.
2. Liste vários critérios para selecionar um fornecedor de *data warehouse* e descreva por que eles são importantes.
3. O que é OLAP, e qual sua diferença em relação a OLTP?

4. O que é um cubo? O que significa aumentar o foco [*drill down*], rolar para cima [*roll-up*], segmentar [*slice*] e dividir [*dice*]?

3.7 Problemas na implementação de *data warehouses*

A implementação de um *data warehouse* costuma representar um esforço massivo que precisa ser planejado e executado de acordo com métodos estabelecidos. No entanto, o ciclo de vida de um projeto tem muitas facetas, e ninguém consegue se especializar em absolutamente todas as áreas. Analisaremos aqui ideias e problemas específicos relacionados com os *data warehouses*.

Muitos profissionais desejam comparar o desempenho de suas iniciativas de armazenamento de dados com aquelas de outras empresas. Ariyachandra e Watson (2006a) propuseram alguns *benchmarks* para o sucesso de BI e de armazenamento de dados. Já Watson, Gerard, Gonzalez, Haywood e Fenton (1999) pesquisaram casos de fracasso envolvendo *data warehouses*. Seus resultados mostraram que os profissionais apresentaram várias definições para "fracasso", e isso foi confirmado por Ariyachandra e Watson (2006a). O The Data Warehousing Institute (tdwi.org) desenvolveu um modelo de maturidade de armazenamento de dados que uma empresa pode aplicar como *benchmark* de sua evolução. O modelo oferece uma maneira rápida de aferir onde a iniciativa de armazenamento de dados da organização se encontra atualmente e onde precisa estar no futuro. O modelo de maturidade compreende seis estágios: pré-natal, recém-nascido, infantil, adolescente, adulto e sábio. O valor comercial vai aumentando à medida que o *data warehouse* progride a cada estágio subsequente. Os estágios são identificados por inúmeras características, incluindo escopo, estrutura analítica, percepções executivas, tipos de análise de dados, manejo, financiamento, plataforma tecnológica, gestão de mudanças e administração. Veja Eckerson, Hackathorn, McGivern, Twogood e Watson (2009) e Eckerson (2003) para mais detalhes.

Projetos de *data warehouses* apresentam muitos riscos. A maioria deles também é encontrada em outros projetos de TI, mas os riscos de armazenamento de dados são mais graves, pois os *data warehouses* são caros, com projetos em larga escala que consomem bastante tempo e recursos. Cada risco deve ser aferido já na concepção do projeto. Ao desenvolver um *data warehouse* bem-sucedido, é importante considerar cuidadosamente vários riscos e evitar os seguintes problemas:

- **Começar pela cadeia errada de patrocínio.** Você precisa de um patrocinador executivo que tenha influência sobre os recursos necessários para apoiar e investir no *data warehouse*. Também precisa de um condutor de projeto executivo, alguém que já tenha conquistado o respeito de outros executivos, nutra um ceticismo saudável em relação a tecnologia e que seja decisivo mas flexível. Além disso, precisa de um gerente de SI/TI para capitanear o projeto.
- **Estabelecer expectativas que você não pode cumprir.** O que você menos deseja é frustrar executivos no momento da verdade. Todo projeto de armazenamento de dados tem duas fases: a Fase 1 é a de venda da ideia, durante a qual você tenta angariar apoio para o projeto mostrando seus benefícios para indivíduos que tenham acesso aos recursos necessários. A Fase 2 diz respeito à batalha para cumprir com as expectativas descritas na Fase 1. Com algo entre U$1 e U$7 milhões é bem provável que você chegue lá.

- **Comportar-se de forma politicamente ingênua.** Não afirme simplesmente que um *data warehouse* ajudará os gestores a tomarem melhores decisões. Isso pode sugerir que, na sua opinião, eles vinham tomando más decisões até agora. Venda a ideia de que eles serão capazes de obter as informações de que precisam para ajudá-los nas decisões.
- **Carregar o data warehouse com informações só porque estão disponíveis.** Não permita que o *data warehouse* se torne um lixão de dados. Isso acabaria deixando o sistema desnecessariamente lento de usar. Existe uma tendência rumo a computação e análise em tempo real. *Data warehouses* devem ser fechados para carregar dados com agilidade.
- **Acreditar que projetar bases de dados com data warehouses é o mesmo que projetar bases de dados transacionais.** Em geral, não é. A meta do armazenamento de dados é acessar agregados, em vez de um ou poucos registros, como nos sistemas de processamento de transações. O conteúdo também é diferente, como fica evidente pelo modo como os dados são organizados. O DBMS tende a ser não redundante, normalizado e relacional, ao passo que os *data warehouses* são redundantes, não normalizados e multidimensionais.
- **Escolher um gestor de data warehouse voltado para a tecnologia, em vez de voltado aos usuários.** Uma chave para o sucesso de um *data warehouse* é compreender que os usuários devem receber aquilo que precisam, e não tecnologias avançadas "para bonito".
- **Concentrar-se em dados tradicionais voltados para registros internos e ignorar o valor de dados externos e de texto, imagens e, quem sabe, áudio e vídeo.** Os dados se apresentam em muitos formatos e devem ser disponibilizados para as pessoas certas, na hora certa e no formato certo. Eles devem ser catalogados adequadamente.
- **Entregar dados com definições sobrepostas ou confusas.** A limpeza dos dados é uma aspecto crucial do armazenamento de dados. Isso inclui reconciliar definições e formatos conflitantes de dados na organização como um todo. Politicamente, isso pode ser difícil, pois envolve mudanças sobretudo no nível executivo.
- **Acreditar em promessas de desempenho, capacidade e escalabilidade.** *Data warehouses* costumam exigir mais capacidade e velocidade do que o orçado originalmente. Planeje-se de antemão para aumentos em escala.
- **Acreditar que seus problemas acabaram depois que o data warehouse está pronto e rodando.** Projetos de DSS/BI tendem a evoluir continuamente. Cada implementação é uma iteração do processo de desenvolvimento de protótipos. Sempre será necessário adicionar mais e diferentes conjuntos de dados no *data warehouse*, além de mais ferramentas analíticas para grupos já existentes e adicionais de tomadores de decisão. Alta energia e orçamentos anuais devem ser planejados com antecedência, pois sucesso gera sucesso. O armazenamento de dados é um processo contínuo.
- **Concentrar-se em mineração de dados ad hoc e extração de relatórios periódicos, em vez de em alertas.** A progressão natural da informação em um *data warehouse* é: (1) extrair os dados junto a sistemas legados, limpá-los e carregá-los no armazém, (2) suportar a extração de relatórios *ad hoc* até você saber o que as pessoas desejam e (3) converter os relatórios *ad hoc* em relatórios regularmente agendados. Esse processo de descobrir o que as pessoas desejam para então fornecer isso a elas parece natural, mas não é ideal nem mesmo prático. Gestores

são atarefados e precisam de tempo para ler relatórios. Sistemas de alerta são melhores do que sistemas de geração periódica de relatórios e podem fazer de um *data warehouse* uma missão crítica. Sistemas de alerta monitoram os dados que fluem para dentro do *data warehouse* e informam todas as pessoas-chave que precisam saber sobre eventos críticos assim que acontecem.

Em muitas organizações, um *data warehouse* só terá sucesso se houver um forte apoio dos gestores seniores para seu desenvolvimento e se houver alguém de alto escalão na organização para capitanear o projeto. Embora isso tenda a se confirmar em qualquer projeto de TI em larga escala, é especialmente importante para a realização de um *data warehouse*. A implementação bem-sucedida de um *data warehouse* resulta do estabelecimento de um referencial arquitetural que possibilite análises decisórias por toda uma organização, e que em alguns casos também proporcione SCM abrangente ao conceder acesso a informações sobre clientes e fornecedores de uma organização. A implementação de *data warehouses* baseados na Web (por vezes chamados de *Webhousing*) vem facilitando o acesso a vastas quantidades de dados, mas é difícil determinar os benefícios palpáveis associados a um *data warehouse*. Benefícios palpáveis são definidos como aqueles benefícios a uma organização que podem ser expressos em termos monetários. Muitas organizações possuem recursos limitados de TI e têm de priorizar projetos. Apoio dos gestores e a presença de alguém forte para capitanear o projeto são fatores que podem ajudar a garantir que um projeto de *data warehouse* venha a receber os recursos necessários para uma implementação bem-sucedida. Recursos para *data warehouses* podem custar bem caro, exigindo em alguns casos processadores de ponta e grandes incrementos em dispositivos de armazenamento de acesso direto. *Data warehouses* baseados na Web também podem envolver exigências especiais de segurança para garantir que apenas usuários autorizados tenham acesso aos dados.

A participação de usuários na modelagem de dados e acesso é um fator determinante no desenvolvimento de um *data warehouse*. Durante a modelagem de dados, conhecimentos técnicos são exigidos para determinar quais dados são necessários, definir regras de negócios associadas aos dados e decidir quais agregações e outros cálculos podem ser pertinentes. A modelagem de acesso é necessária para determinar como os dados serão recuperados junto ao *data warehouse*, o que auxilia na definição física do armazém, definindo quais dados exigem indexação. Isso também pode indicar se DMs independentes serão necessários para facilitar a recuperação de informações. Habilidades em equipe são necessárias para construir e implementar um *data warehouse*, incluindo conhecimentos aprofundados sobre as ferramentas de tecnologia e desenvolvimento de base de dados usadas. Sistemas de origem e tecnologia de desenvolvimento, como já mencionado, referenciam muitas contribuições e os processos usados para abastecer e manter um *data warehouse*.

O Caso Aplicado 3.4 apresenta um exemplo excelente de uma implementação em larga escala de um *data warehouse* integrado por parte de um governo estadual.

Data warehouses massivos e escalabilidade

Além de flexibilidade, um *data warehouse* precisa suportar escalabilidade. As principais questões envolvendo a escalabilidade são a quantidade de dados no *data warehouse*, o ritmo esperado de crescimento, a quantidade de usuários concomitantes e a complexidade de suas consultas. Um *data warehouse* deve ter margem para aumento em escala horizontal e verticalmente. O repositório crescerá como uma

Caso aplicado 3.4

Um EDW ajuda a conectar agências estaduais no Michigan

Por meio de serviço ao cliente, otimização de recursos e uso inovador de informações e tecnologia, o Departamento de Tecnologia, Gestão e Orçamento do Michigan consegue afetar todas as áreas do governo. Quase 10 mil usuários de cinco importantes departamentos, 20 agências e mais de 100 escritórios dependem do EDW para realizar suas tarefas com maior eficiência e para melhor atender os residentes do Michigan. O EDW alcança U$1 milhão por dia útil em benefícios financeiros.

Apenas junto ao Departamento de Saúde Comunitária, o EDW ajudou o estado do Michigan a alcançar U$200 milhões em benefícios financeiros anuais, somando-se a outros U$75 milhões ao ano junto ao Departamento de Serviços Humanos (Department of Human Services – DHS). Essas economias incluem benefícios de integridade de programas, corte de custos devido a resultados acima das expectativas, eficiências operacionais e o reembolso de pagamentos inapropriados no âmbito do programa Medicaid.

O *data warehouse* (DW) do DHS do Michigan oferece informações singulares e inovadoras que são cruciais para a operação eficiente da agência tanto no nível estratégico quanto tático. Nos últimos dez anos, o DW produziu um índice de custo/benefício de 15:1. Hoje, as informações consolidadas do DW contribuem para praticamente todas as funções do DHS, incluindo a prestação e a contabilidade de benefícios a quase 2,5 milhões de clientes de assistência pública do DHS.

O estado do Michigan foi ambicioso em suas tentativas de solucionar problemas da vida real por meio do compartilhamento inovador e análises abrangentes de dados. Seu modo de abordar BI/DW sempre teve um caráter empresarial (estadual), em vez de buscar plataformas separadas de BI/DW para cada área comercial ou agência estadual. Ao remover barreiras ao compartilhamento de dados empresariais entre unidades de negócios, o Michigan tirou proveito de quantidades imensas de dados para criar abordagens inovadoras ao uso de BI/DW, prestando soluções eficientes e confiáveis através de múltiplos canais.

Questões para discussão

1. Por que um estado investiria em uma infraestrutura grande e cara de TI (como um EDW)?
2. Qual é o tamanho e a complexidade do EDW usado pelas agências estaduais do Michigan?
3. Quais foram o desafio, a solução proposta e os resultados obtidos pelo EDW?

Fontes: Compiled from TDWI Best Practices Awards 2012 Winner, Enterprise Data Warehousing, Government and Non-Profit Category. Michigan Departments of Technology, Management & Budget (DTMB), Community Health (DCH), and Human Services (DHS). *TDWI What Works, 34,* 22; michigan.michigan.gov.

função da multiplicação de dados e da necessidade de ampliação para sustentar novas funcionalidades de negócios. A multiplicação de dados pode resultar da inclusão de dados do ciclo atual (como os resultados do mês corrente) e/ou de dados históricos.

Hicks (2001) descreveu bases de dados e *data warehouses* imensos. A Walmart está continuamente aumentando o tamanho de seu massivo *data warehouse*. Acredita-se que o repositório usado pela empresa tenha centenas de terabytes de dados para estudar tendências de vendas, rastrear estoques e desempenhar outras tarefas. A IBM divulgou recentemente seu *benchmark* de repositório de 50 terabytes (IMB, 2009). O Departamento de Defesa dos Estados Unidos está usando um *data warehouse* e repositório de 5 petabytes para manter registros médicos de 9 milhões de militares. Devido ao armazenamento necessário para arquivar suas imagens, a CNN também conta com um *data warehouse* na casa dos petabytes.

Considerando-se que o tamanho dos *data warehouses* está se expandindo a uma taxa exponencial, a escalabilidade é uma questão importante. Possuir boa escalabilidade significa que consultas e outras funções de acesso a dados crescerão linearmente (na melhor das hipóteses) em relação ao tamanho do *data warehouse*. Veja Rosenberg (2006) para abordagens para aprimorar o desempenho de consultas. Na prática, métodos especializados foram desenvolvidos para criar *data warehouses* escaláveis. Garantir escalabilidade é algo difícil quando se está lidando com centenas de terabytes ou mais. Terabytes de dados apresentam uma inércia considerável, ocupam bastante espaço físico e requerem computadores poderosos. Algumas companhias empregam processamento paralelo, e outras utilizam esquemas engenhosos de indexação e busca para gerir seus dados. Algumas espalham seus dados por diferentes depósitos físicos. À medida que mais *data warehouses* se aproximam do patamar de petabytes, mais e melhores soluções para escalabilidade continuam a ser desenvolvidas.

Hall (2002) também abordou questões de escalabilidade. A AT&T é uma líder do setor na implantação e uso de *data warehouses* massivos. Com um *data warehouse* de 26 terabytes, a AT&T é capaz de detectar uso fraudulento de cartões telefônicos e investigar telefonemas relacionados a sequestros e outros crimes. Ela também já utilizou a capacidade de computar milhões de votações por telefone de espectadores de TV escolhendo o próximo American Idol. Para uma amostra de implementações bem-sucedidas de *data warehouses*, veja Edwards (2003). Jukic e Lang (2004) examinaram as tendências e questões específicas relacionadas ao uso de recursos estrangeiros no desenvolvimento e suporte de armazenamento de dados e aplicações de BI. Davison (2003) indicou que a terceirização de funções de TI para o exterior vinha crescendo entre 20 e 25% ao ano. Ao se cogitar projetos de armazenamento de dados no exterior, é preciso considerar com cuidado questões de cultura e segurança (para detalhes, veja Jukic & Lang, 2004).

SEÇÃO 3.7 QUESTÕES DE REVISÃO

1. Quais são as principais tarefas de implementação de DW que podem ser realizadas em paralelo?
2. Liste e discuta as principais diretrizes de implementação de um DW.
3. Ao desenvolver um DW bem-sucedido, quais são os riscos e problemas mais importantes a serem considerados e potencialmente evitados?
4. O que é escalabilidade? Como ela se aplica a um DW?

3.8 Administração, questões de segurança e tendências dos *data warehouses*

Data warehouses promovem uma clara vantagem competitiva para empresas capazes de criá-los e usá-los de modo eficaz. Devido a seu imenso tamanho e a sua natureza intrínseca, um *data warehouse* exige monitoramento especialmente cuidadoso para sustentar uma eficiência e uma produtividade satisfatórias. A administração e gestão bem-sucedida de um *data warehouse* envolve habilidades e proficiências que vão além daquilo que é necessário para um tradicional administrador de base de dados (DBA – *database administrator*). Um **administrador de *data warehouse*** (**DWA** – *data warehouse administrator*) deve estar familiarizado com software, hardware e tecnologias de rede de alto desempenho. Ele também deve possuir um forte traquejo para negócios. Como os *data warehouses* alimentam sistemas de BI e DSS que ajudam os gestores a tomarem suas decisões cotidianas, o DWA deve estar familiarizado com os processos decisórios a fim de projetar e manter adequadamente a estrutura de *data warehouse*. É especialmente importante que um DWA mantenha estáveis as exigências e capacidades do armazém de dados enquanto simultaneamente promove flexibilidade para rápidos aprimoramentos. Por fim, um DWA deve possuir excelentes habilidades de comunicação. Veja Benander, Benander, Fadlalla e James (2000) para uma descrição das diferenças-chave entre um DBA e um DWA.

Segurança e privacidade de informações são as principais preocupações de um profissional de *data warehouse*. O governo norte-americano promulgou regulamentações (como as regras de privacidade e salvaguardas Gramm-Leach-Bliley e a Health Insurance Portability Act [HIPAA, ou Lei da Portabilidade de Plano de Saúde], de 1996), instituindo exigências obrigatórias na gestão de informações de clientes. Sendo assim, empresas precisam criar procedimentos de segurança que sejam efetivos e ainda assim flexíveis para obedecer a inúmeras regulamentações de privacidade. De acordo com Elson e LeClerc (2005), a segurança efetiva em um *data warehouse* deve ter como foco quatro áreas principais:

1. Estabelecimento de políticas e procedimentos corporativos e de segurança efetivos. Uma política de segurança efetiva deve começar pelo alto, com a gestão executiva, e deve ser comunicada para todos os indivíduos dentro da organização.
2. Implementação de procedimentos e técnicas lógicas de segurança para restringir acesso. Isso inclui autenticação de usuários, controles de acesso e tecnologia de criptografia.
3. Limitação do acesso físico ao ambiente de centro de dados.
4. Estabelecimento de um processo de revisão de controle interno efetivo com ênfase em segurança e privacidade.

No futuro próximo, desenvolvimentos de armazenamento de dados serão determinados por fatores perceptíveis (como volume de dados; maior intolerância a latência; a diversidade e complexidade dos tipos de dados) e por fatores menos perceptíveis (como demandas não atendidas de *dashboards* para usuários finais, *balanced scorecards*, gerenciamento de dados mestres, qualidade das informações, etc.). Considerando esses motivadores, Moseley (2009) e Agosta (2006) sugeriram que as tendências de armazenamento de dados penderão para simplicidade, valor e desempenho.

O futuro do armazenamento de dados

Já faz algumas décadas que o setor de armazenamento de dados vem sendo uma área vibrante em TI, e os indícios no mundo de BI/BA e Big Data mostram que o interesse em tal setor só aumentará. A seguir são listados alguns dos conceitos e tecnologias recentemente popularizados que cumprirão um papel considerável na definição do futuro do armazenamento de dados.

Aprovisionamento (mecanismos para aquisição de dados junto a fontes diversas e dispersas):

- **Web, mídias sociais e Big Data.** A recente escalada no uso da Internet para fins pessoais e comerciais, associada ao tremendo interesse em mídias sociais, acaba criando oportunidades para analistas tirarem proveito de fontes riquíssimas de dados. Pelo mero volume, velocidade e variedade dos dados, um novo termo, "Big Data", foi cunhado para batizar o fenômeno. Para tirar proveito de Big Data, é necessário o desenvolvimento de tecnologias novas ou radicalmente aprimoradas de BI/BA, o que resultará numa revolução no mundo do armazenamento de dados.
- **Software de código aberto.** O uso de ferramentas de software de código aberto está aumentando a um nível sem precedentes em *data warehouses*, BI e integração de dados. Há bons motivos para a ascensão de software de código aberto usado em armazenamento de dados (Russom, 2009): (1) a recessão alimentou o interesse em software de código aberto de baixo custo, (2) ferramentas de código aberto estão alcançando um novo nível de maturidade e (3) software de código aberto incrementa os pacotes de software tradicionais das empresas sem substitui-los.
- **SaaS (software as a service),** *"O Modelo ASP Estendido".* SaaS é uma maneira criativa de implantar aplicativos em sistemas informatizados de tal forma que o fornecedor licencia seus aplicativos para os clientes para uso como um serviço sob demanda (geralmente via Internet). Fornecedores de software SaaS podem hospedar o aplicativo em seus próprios servidores ou fazer o upload do aplicativo para o site do consumidor. Em essência, o SaaS é uma versão nova e aprimorada do modelo ASP. Para clientes de *data warehouses*, encontrar aplicativos e recursos de software baseados em SaaS que atendam a necessidades e exigências específicas pode ser um desafio. Conforme essas ofertas de software se tornam mais ágeis, o apelo e o uso propriamente dito de SaaS como a plataforma de armazenamento de dados a ser escolhida também aumentará.
- **Computação em nuvem.** A computação em nuvem talvez seja a alternativa de plataforma mais recente e inovadora a surgir nos últimos anos. Inúmeros recursos de hardware e software são reunidos e virtualizados, para que possam ser livremente alocados para aplicativos e plataformas de software conforme necessários. Isso permite o aumento dinâmico da escala de aplicativos de sistemas informatizados conforme a carga de trabalho vai aumentando. Embora a computação em nuvem e técnicas similares de virtualização já estejam bem estabelecidas nos dias de hoje para aplicações operacionais, elas recém estão começando a ser usadas como opção de plataformas de *data warehouse*. A alocação dinâmica de uma nuvem é especialmente útil quando o volume de dados do *data warehouse* varia de forma imprevisível, dificultando o planejamento de capacidade.
- **Lagos de dados (data lakes).** Com o advento do Big Data, uma nova plataforma de dados surgiu: o lago de dados (*data lake*), que é um grande local de armazenamento capaz de manter vastas quantidades de dados (em sua maioria não estruturados) em seu formato nativo/bruto para consumo potencial/futuro de análise de dados. Tradicionalmente falando, enquanto um *data warehouse* mantém dados estruturados, um lago de dados mantém todos os tipos de dados. Ainda que ambos sejam mecanismos de depósito de dados, um *data warehouse* se resume a dados estruturados/tabulares e um lago de dados está aberto a todos

os tipos de dados. Embora muito já tenha sido dito e escrito a respeito da relação entre os dois (sugerindo, entre outras coisas, que o lago de dados é o nome futuro dos *data warehouses*), em sua forma atual, um lago de dados não é substituto para um *data warehouse*; na verdade, eles são complementares. O quadro Dicas Tecnológicas 3.2 se aprofunda na explicação dos lagos de dados e em seu papel nos mundos do armazenamento de dados e da análise de negócios.

DICAS TECNOLÓGICAS 3.2
Lagos de dados

Com o surgimento do fenômeno Big Data, um novo termo, "lago de dados" (*data lake*) foi cunhado. Muitos acreditam que um lago de dados é uma mera reencarnação do bom e velho *data warehouse*. O pressuposto por trás disso sugere que na era do Big Data, a antiga forma de armazenar dados não é adequada (ou suficiente) e que, portanto, uma nova maneira de armazenar/gerir dados é necessária, o que está desbravando o caminho para os lagos de dados. Ainda que muitos creiam que os lagos de dados são o passaporte para o futuro e estejam dispostos a embarcar de vez, outros aguardam mais cautelosos (e talvez mais céticos quanto a sua viabilidade) por temerem um naufrágio. Afinal então, o que é um lago de dados? *Grosso modo*, um lago de dados é um grande local de depósito capaz de manter imensas quantidades de dados (estruturados, não estruturados ou semiestruturados) em seu formato nativo/bruto para possível uso futuro. Ao passo que um *data warehouse* reúne dados estruturados em tabelas, arquivos ou pastas relacionadas, um lago de dados é uma arquitetura vagamente definida para armazenar todos os tipos de dados. O principal traço em comum entre um lago de dados e um *data warehouse* é que ambos são mecanismos de armazenamento de dados e, consequentemente, a principal diferença é que um deles se resume a dados estruturados/tabulares e o outro está aberto a todos os tipos de dados (isto é, Big Data).

Embora a definição de lago de dados varie entre cientistas de dados, aquela mais usada vem de James Dixon, o fundador e CTO da Pentaho, o qual também recebe o crédito por ter cunhado o termo em si. Eis como ele descreve um lago de dados (Dixon, 2010):

> *Se você imaginar que um data mart é um depósito de garrafas d'água – limpas e embaladas e estruturadas para fácil consumo – então um lago de dados é um repositório d'água em um estado mais natural. O conteúdo do lago de dados flui a partir de uma fonte para encher o lago, e vários usuários do lago podem ir lá examiná-lo, mergulhar nele ou colher amostras.*

Talvez a melhor maneira de caracterizar um lago de dados seja compará-lo a um *data warehouse* em uma tabela multidimensional. O Quadro 3.5 apresenta uma tabela resumida (seguida de breves descrições) das dimensões mais comumente usadas para comparar um lago de dados a um *data warehouse* (Dull, 2016; Campbell, 2015).

Dados. Um *data warehouse* guarda apenas dados que tenham sido modelados/agregados/estruturados, ao passo que um lago de dados reúne todos os tipos de dados – estruturados, semiestruturados e não estruturados – em seu formato nativo/bruto.

Processamento. Antes de carregar dados em um *data warehouse*, primeiro precisamos dar algum formato e estrutura a eles – ou seja, temos de modelá-los em um esquema em estrela ou floco de neve. Já no caso de um lago de dados, basta que joguemos dentro dele os dados brutos, e então, quando estivermos prontos para usarmos os dados, damos a eles algum formato e estrutura, o que se chama de esquematização durante a leitura (*schema-on-read*). Trata-se de duas abordagens de processamento bastante distintas.

QUADRO 3.5 Uma comparação simples entre *data warehouse* e lago de dados

Dimensão	Data warehouse	Lago de dados
A natureza dos dados	Estruturados, processados	Qualquer dado em formato bruto/nativo
Processamento	*Schema-on-write* (SQL)	*Schema-on-read* (NoSQL)
Velocidade de recuperação	Muita rápida	Lenta
Custo	Caro para grandes volumes de dados	Voltado para armazenamento de baixo custo
Agilidade	Menos ágil, configuração fixa	Bastante ágil, configuração flexível
Novidade/inovação	Não novo/maduro	Muito novo/amadurecendo
Segurança	Muito seguro	Ainda não tão seguro
Usuários	Profissionais de negócios	Cientistas de dados

Velocidade de recuperação. Por mais de duas décadas, muitos algoritmos foram desenvolvidos para aumentar a velocidade na qual os dados são recuperados em grandes *data warehouses* ricos em recursos. Tais técnicas incluem gatilhos, representação colunar de dados, processamento na própria base de dados. Ainda hoje, a recuperação de dados (que podem estar em qualquer forma ou aspecto – inclusive texto não estruturado) segue sendo uma atividade que consome tempo.

Armazenamento. Uma das principais características de tecnologias de Big Data como Hadoop é que o custo de armazenamento de dados é relativamente baixo se comparado a um *data warehouse*. Há dois motivos para isso: primeiro, como o Hadoop é um software de código aberto, seu licenciamento e suporte comunitário são gratuitos. E segundo, o Hadoop é projetado para ser instalado em hardware do tipo *commodity*, de baixo custo.

Agilidade. Um *data warehouse*, por definição, é um repositório altamente estruturado. Em termos técnicos, não é difícil modificar a estrutura, mas pode levar bastante tempo, considerando-se todos os processos empresariais que vinculados a ela. Um lago de dados, por sua vez, carece da estrutura de um *data warehouse* – o que proporciona a desenvolvedores e cientistas de dados a capacidade de facilmente configurar e reconfigurar seus modelos, consultas e aplicativos no ato.

Novidade. As tecnologias por trás de um *data warehouse* já existem há algum tempo. A maior parte das inovações ocorreu nos últimos 20 ou 30 anos. Portanto, são bem poucas, ou inexistentes, as inovações vindas da área de *data warehouse* (salvo as tecnologias para aproveitar e usar Big Data no âmbito de um *data warehouse*). Por outro lado, os lagos de dados são novos e estão passando por uma fase de novidades/inovações até se tornar a tecnologia dominante para guardar dados.

Segurança. Como as tecnologias de *data warehouse* já existem a algumas décadas, a garantia de segurança de dados em um *data warehouse* está muito mais madura do que a segurança em um lago de dados. Cabe ressaltar, porém, que consideráveis esforços de segurança estão sendo feitos atualmente no setor de Big Data. Não é uma questão de se, mas de quando, a segurança dos lagos de dados atenderão às necessidades e aos desejos dos profissionais de análise de dados e de outros usuários finais.

Usuários. Durante muito tempo, o lema no mundo analítico foi "Inteligência de negócios e análise de dados para todo mundo!". Assim, construímos o *data warehouse* e convidamos "todo mundo" para vir, mas eles vieram? Em média, somente 20-25% deles adotaram *data warehouses*. O anseio é o mesmo para o lago de dados? Construiremos o lago de dados e convidaremos todo mundo para vir? Talvez no futuro. Por ora, o lago de dados, no estágio atual de sua maturidade, é mais adequado para cientistas de dados.

(Continua)

> **DICAS TECNOLÓGICAS 3.2** *(Continuação)*
> **Lagos de dados**
>
> Em resumo, um lago de dados e um *data warehouse* não são a mesma coisa. Além disso, um lago de dados não é um *Data Warehouse* 2.0 (conforme sugerido por alguns) ou um substituto ao *data warehouse*. Ambos são necessários e, portanto, otimizados para diferentes mídias de dados e diferentes tarefas/propósitos. Ou seja, eles precisam coexistir no mundo analítico (ao menos por enquanto – até que os lagos de dados amadureçam até um nível em que possam cumprir com tudo aquilo em que os *data warehouses* são bons hoje em dia). A meta é projetar e usar de forma apropriada cada um naquilo para que eles foram feitos – usar a melhor opção para a tarefa, o que pode acabar se revelando um híbrido de meios de armazenamento entre *data warehouse* e lago de dados.
>
> *Fontes:* Campbell, C. (2015). Top five differences between data lakes and data warehouses. www.blue-granite.com/blog/bid/402596/Top-Five-Differences-between-Data-Lakes-and-Data-Warehouses (acessado em julho de 2016); Woods, D. (2011, July). Big Data requires a big, new architecture. *Forbes*.www.forbes.com/sites/ciocentral/2011/07/21/big-data-requires-a-big-new-architecture/#598623291d75 (acessado em agosto de 2016); Dixon, J. (2010). Pentaho, Hadoop, and data lakes. James Dixon's Blog.https://jamesdixon.wordpress.com/2010/10/14/pentaho-hadoop-and-data-lakes/ (acessado em agosto de 2016); Dull, T. (2016). Data lake vs data warehouse: Key differences. KDnuggets.com. http://www.kdnuggets.com/2015/09/data-lake-vs-data-warehouse-key-differences.html (acessado em agosto de 2016).

Infraestrutura (avanços arquiteturais – hardware e software):

- **Colunar (uma nova maneira de guardar e acessar dados na base de dados).** Um sistema de gerenciamento de base de dados orientado por colunas (por vezes chamado de *base de dados colunar*) é um sistema que armazena tabelas de dados como seções de colunas de dados, em vez de linhas de dados (que é o modo adotado pela maioria dos RDBMS). Ou seja, essas bases de dados colunares armazenam os dados por colunas, e não por linhas (todos os valores de uma única coluna ficam armazenados consecutivamente no disco de memória). Tal estrutura proporciona um controle com granulação muito mais fina ao RDBMS. Ela só pode acessar as colunas requeridas pela consulta, em oposição a ser forçada a acessar todas as colunas da linha. Ela tem um desempenho consideravelmente melhor para consultas que exigem um pequeno percentual de colunas na tabelas em que se encontram, mas significativamente pior quando a maioria das colunas é necessária, devido ao dispêndio de anexar todas as colunas entre si para formar os conjuntos de resultados. Comparações entre leiautes orientados por linhas e orientados por colunas costumam envolver a eficiência de acesso a disco rígido para uma determinada carga de trabalho (que acaba sendo uma das operações mais demoradas em um computador). Dependendo da tarefa em questão, uma orientação pode ter vantagens consideráveis sobre a outra. Organizações orientadas por colunas são mais eficientes quando (1) um agregado precisa ser computado por muitas linhas, mas apenas para um subconjunto bem menor de todas as colunas de dados, já que a leitura de tal subconjunto inferior de dados pode ser mais rápida do que ler todos os dados; (2) novos valores de uma coluna são supridos para todas as linhas, pois tal coluna pode ser transcrita de forma eficiente e substituir antigos dados da coluna sem tocar qualquer outra coluna para as linhas. Já as organizações orientadas por linhas são mais eficientes quando (1) muitas colunas de uma única linha são necessárias ao mesmo tempo, e quando o tamanho da linha é relativamente pequeno, já que a linha inteira pode ser recuperada com uma única busca em disco; e (2) ao transcrever uma nova linha, se todas os dados da coluna forem supridos ao mesmo tempo, já que a linha inteira pode ser transcrita com uma única busca em disco. Além disso, como os dados armazenados numa coluna são do tipo uniforme, eles se prestam melhor a compressão. Ou seja, uma significativa otimização de tamanho de armazenamento fica disponível em dados orientados por colunas, o que não ocorre com dados orientados por linhas. Tal compressão ideal de dados reduz o tamanho de armazenamento, tornando justificável economicamente a busca por alternativas de armazenamento em memória principal ou em estado sólido.

- **Armazenamento de dados em tempo real.** O armazenamento de dados em tempo real (**RDW** – *real-time data warehousing*) implica que o ciclo de renovação de um *data warehouse* existente para atualizar os dados é mais frequente (quase ao mesmo tempo em que os dados ficam disponíveis em bases de dados operacionais). Esses sistemas de RDW podem alcançar atualizações de dados quase em tempo real, tipicamente levando a latência de dados para algo em torno de minutos ou horas. Conforme a latência vem diminuindo, o custo de atualizações de dados parece estar aumentando exponencialmente. Avanços futuros em muitas frentes tecnológicas (indo desde aquisição automática de dados a agentes de software inteligentes) são necessários para tornar o RDW uma realidade a um preço de tabela acessível.
- **Equipamentos de data warehouse *(soluções de DW "tudo em um")*.** Um equipamento (*appliance*) de *data warehouse* consiste em um conjunto integrado de servidores, memórias, sistemas operacionais, sistemas de gerenciamento de base de dados e software especificamente pré-instalados e pré-otimizados para armazenamento de dados. Na prática, são equipamentos que proporcionam soluções para o mercado de *data warehouses* de médio porte até *data warehouses* de Big Data, garantindo desempenho a custo baixo para volumes de dados na faixa dos terabytes aos petabytes. Para melhorar o desempenho, a maioria dos fornecedores de equipamentos de *data warehouse* utiliza arquiteturas de processamento massivamente paralelas. Ainda que a maioria dos fornecedores de base de dados e *data warehouse* já ofereça equipamentos hoje em dia, muitos acreditam que a Teradata tenha sido a primeira a oferecer equipamento comercial de *data warehouse*. O que mais se observa atualmente é o surgimento de combos, em que os fornecedores combinam seu hardware com software de base de dados na forma de uma plataforma de *data warehouse*. Do ponto de vista dos benefícios, tais equipamentos apresentam custos totais de propriedade significativamente baixos, o que inclui custos iniciais de aquisição, custos duradouros de manutenção e o custo de alterar a capacidade conforme o aumento da quantidade de dados. Os gastos com recursos para monitorar e calibrar o *data warehouse* abarca uma grande parte do custo total de propriedade, chegando muitas vezes a 80%. Equipamentos de DW reduzem a administração de operações cotidianas, instalação e integração. Como eles podem ser adquiridos junto a um mesmo fornecedor, tendem a otimizar melhor o hardware e o software envolvidos no equipamento. Essa integração unificada maximiza as chances de uma integração e uma testagem bem-sucedidas do DBMS, da memória e do sistema operacional, evitando alguns dos problemas de compatibilidade

que surgem em soluções de múltiplos fornecedores. Um equipamento de *data warehouse* também proporciona um único ponto de contato para resolução de problemas e uma trajetória de upgrade muito mais simples tanto para software quanto para hardware.

- **Tecnologias e práticas de gerenciamento de dados.** Algumas das exigências mais prementes a uma próxima geração de plataforma de *data warehouse* envolvem tecnologias e práticas que geralmente não associamos ao funcionamento da plataforma. Em particular, muitos usuários precisam atualizar as ferramentas de gerenciamento de dados que processam os dados para uso pelo armazenamento de dados. O futuro reserva um forte crescimento na área de gerenciamento de dados mestres (MDM – *master data management*). Este é um conceito relativamente novo, mas de extrema importância, que está ganhando popularidade por várias razões, incluindo: (1) integração mais firme com demandas de sistemas operacionais, (2) a maioria dos *data warehouses* ainda carece de MDM e de funções de qualidade de dados e (3) relatórios regulatórios e financeiros devem estar perfeitamente limpos e precisos.

- **Tecnologia de processamento na própria base de dados (colocando o algoritmo onde os dados se encontram).** O processamento na própria base de dados (também chamado de *análise na própria base de dados*) refere-se à integração da extensão algorítmica de análise de dados ao próprio armazenamento de dados. Com isso, os dados e a análise feita em cima deles convivem no mesmo ambiente. Manter os dois próximos aumenta a eficiência dos procedimentos computacionalmente intensivos de análise de dados. Hoje, muitos dos grandes sistemas de apoio a decisões orientados por base de dados, como aqueles usados para detecção de fraudes de cartão de crédito e gestão de risco por bancos de investimento, utilizam essa tecnologia, já que ela proporciona melhorias significativas de desempenho em relação a métodos tradicionais em um ambiente de decisão em que o tempo é escasso. O processamento na própria base de dados é um empreendimento complexo se comparado à maneira tradicional de conduzir a análise de dados, na qual os dados são retirados da base de dados (muitas vezes em formato de arquivo plano que consiste em linhas e colunas) e levados para um ambiente analítico separado (como SAS Enterprise Modeler, Statistica Data Miner ou IBM SPSS Modeler) para processamento. O processamento na própria base de dados faz mais sentido para ambientes de alta produtividade e aplicação em tempo real, incluindo detecção de fraudes, avaliação de crédito, gestão de risco, processamento de transações, precificação e análise de margem de lucro, microssegmentação baseada em uso, publicidade comportamental customizada e mecanismos de recomendação, como aqueles usados por organizações de atendimento ao cliente para determinar a segunda melhor alternativa de ação. O processamento na própria base de dados é realizado e promovido como um recurso extra por parte de muitas das principais fornecedoras de *data warehouse*, incluindo Teradata (integrando capacidades de análise de dados da SAS nos equipamentos de *data warehouse*), IBM Netezza, EMC Greenplum, Sybase, entre outras.

- **Tecnologia de armazenamento em memória (levando os dados para a memória para acelerar o processamento).** Sistemas convencionais de base de dados, como RDBMS, geralmente utilizam discos rígidos físicos para armazenar dados por um período estendido de tempo. Quando um processo relacionado a dados é solicitado por um aplicativo, o sistema de gerenciamento de base de dados carrega os dados (ou partes deles) na memória principal, para então processá-los, respondendo de volta ao aplicativo. Embora os dados (ou parte deles) fiquem em *cache* temporário na memória principal de um sistema de gerenciamento de base de dados, sua localização primária de armazenamento continua situada em um disco rígido magnético. Em contraste, um sistema de base de dados em memória principal mantém os dados permanentemente na memória principal. Quando um processo relacionado a dados é solicitado por um aplicativo, o sistema de gerenciamento de base de dados acessa diretamente os dados, os quais já se encontram na memória principal, para então processá-los, respondendo de volta ao aplicativo. Esse acesso direto aos dados na memória principal deixa o processamento de dados ordens de magnitude mais rápido do que o método tradicional. Assim, o principal (e talvez o único) benefício da tecnologia em memória principal é a incrível velocidade com a qual os dados são acessados. Dentre suas desvantagens, estão o custo de aquisição de uma imensa memória principal (embora isso esteja ficando mais barato, ainda custa bem caro ter uma memória principal vasta o bastante para guardar todos os dados de uma empresa) e a necessidade de estratégias sofisticadas de recuperação de dados (já que a memória principal é volátil e pode ser apagada acidentalmente).

- **Novos sistemas de gerenciamento de base de dados.** Uma plataforma de *data warehouse* é constituída por diversos componentes básicos, dentre os quais o mais crucial é o sistema de gerenciamento de base de dados (DBMS – *database management system*). Isso é absolutamente natural, considerando-se que o DBMS é o componente da plataforma em que mais trabalho é despendido para implementar um modelo de dados e otimizá-lo para o desempenho em consultas. Portanto, é no DBMS que muitas inovações de próxima geração são previstas para ocorrer.

- **Análise de dados avançada.** Existem diferentes métodos analíticos que os usuários podem escolher conforme avançam além dos métodos básicos baseados em OLAP e avançam para análise de dados de ponta. Alguns usuários optam por métodos analíticos avançados baseados em mineração de dados, análise de dados preditiva, inteligência artificial e assim por diante. Contudo, a maioria dos usuários parece estar optando por métodos baseados em SQL. Quer se baseiem ou não em SQL, a análise de dados avançada parece estar entre as promessas mais importantes do armazenamento de dados de próxima geração.

O futuro do armazenamento de dados parece estar repleto de promessas e de desafios consideráveis. À medida que o mundo dos negócios for ficando mais global e complexo, a necessidade de ferramentas de BI e armazenamento de dados se tornará mais proeminente. As ferramentas e técnicas de TI em rápida evolução parecem estar avançando na direção certa para enfrentar as necessidades dos sistemas de BI futuros.

SEÇÃO 3.8 QUESTÕES DE REVISÃO

1. Quais medidas uma organização pode tomar para garantir a segurança e a confidencialidade dos dados dos clientes em seu *data warehouse*?
2. Quais habilidades um DWA deve possuir? Por quê?
3. Quais tecnologias recentes podem moldar o futuro do armazenamento de dados? Por quê?

3.9 Gestão de desempenho de negócios (BPM)

Muitas implementações de *data warehouses* redundam no desenvolvimento de um sistema de BPM. Na literatura de comércio e negócios, a BPM é chamada por muitos outros nomes, incluindo gestão de desempenho corporativo (CPM – *corporate performance management*), gestão de desempenho empresarial (EPM – *enterprise performance management*) e gestão empresarial estratégica (SEM – *strategic enterprise management*). O termo CPM foi cunhado pela empresa analista de mercado Gartner (gartner.com). EPM é um termo associado a produtos da Oracle (oracle.com) que levam esse nome. SEM é o termo que a SAP (sap.com) utiliza. Neste capítulo, BPM é o termo escolhido por ser o mais antigo, o mais amplamente adotado e o único não vinculado intimamente a um fornecedor de soluções. O termo *gestão de desempenho de negócios* (BPM – *business performance management*) refere-se a processos, metodologias, parâmetros e tecnologias de negócios usados por empresas para mensurar, monitorar e gerir desempenho de negócios. Abrange três componentes-chave (Colbert, 2009):

1. Um circuito fechado de processos gerenciais e analíticos integrados (suportados por tecnologia) que lida com atividades financeiras e operacionais.
2. Ferramentas usadas por empresas para definir metas estratégicas e então mensurar e gerir o desempenho frente a tais metas.
3. Um conjunto básico de processos, incluindo planejamento financeiro e operacional, consolidação e geração de relatórios, modelagem, análise e monitoramento de indicadores-chave de desempenho (KPIs – *key performance indicators*), vinculado à estratégia organizacional.

BPM em circuito fechado

Talvez o diferenciador mais significativo da BPM em relação a outras ferramentas e práticas de BI seja o seu foco estratégico. BPM abrange um conjunto de processos em circuito fechado que ligam a estratégia à execução a fim de otimizar o desempenho dos negócios (veja a Figura 3.12). O circuito implica que o desempenho ideal é alcançado estabelecendo-se metas e objetivos (etapa estratégica), promovendo iniciativas e planos para alcançar tais metas (etapa de planejamento), monitorando o desempenho real frente a metas e objetivos (etapa de monitoramento) e aplicando medidas corretivas (etapa de atuação e ajuste). A natureza contínua e repetitiva do ciclo implica que a conclusão de uma volta total no circuito leva a uma volta nova e aprimorada (apoiando esforços de melhoria contínua). Esses quatro processos são descritos a seguir.

1. *Estratégia: para onde queremos ir?* Uma estratégia, em termos gerais, é um plano de ação em alto nível, englobando um longo período (chegando a vários anos, muitas vezes) para alcançar uma meta definida. Isso é especialmente necessário numa situação em que existem inúmeras restrições (impostas por condições de mercado, disponibilidades de recursos e alterações legais/políticas) a serem enfrentadas no caminho rumo ao cumprimento da meta. Num ambiente de negócios, a estratégia é a arte e a ciência de engendrar decisões que ajudem os negócios a cumprirem suas metas. Mais especificamente, trata-se do processo de identificar e estipular a missão, a visão e os objetivos da organização, e de desenvolver planos (em diferentes níveis de granularidade – estratégico, tático e operacional) para alcançar tais objetivos.

Capítulo 3 • Análise de dados descritiva II: inteligência de negócios e *data warehouses*

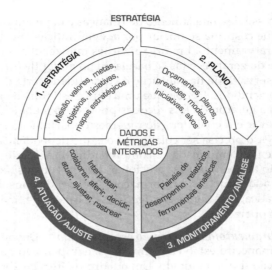

FIGURA 3.12 Ciclo BPM em circuito fechado.

Normalmente, estratégias de negócios são planejadas e criadas por uma equipe de executivos corporativos (muitas vezes liderados pelo CEO), aprovadas e autorizadas pelo conselho diretor e então implementadas pela equipe administrativa da empresa sob a supervisão dos executivos seniores. A estratégia de negócios proporciona um rumo geral para a empresa e é o processo primordial na metodologia de BPM.

2. *Plano: como fazemos para chegar lá?* Quando os gestores operacionais conhecem e compreendem o *"o quê"* (isto é, os objetivos e metas organizacionais), são capazes de elaborar o *"como"* (isto é, planos operacionais e financeiros detalhados). Planos operacionais e financeiros respondem duas perguntas: quais táticas e iniciativas serão buscadas para alcançar os alvos de desempenho estabelecidos pelo plano estratégico? Quais são os resultados financeiros esperados da execução das táticas?

Um **plano operacional** traduz os objetivos e as metas estratégicas de uma organização em um conjunto bem definido de táticas e iniciativas, recursos necessários e resultados esperados durante um certo período futuro, geralmente, mas nem sempre, de um ano. Em essência, um plano operacional é como a descrição de um projeto voltado a garantir que a estratégia de uma organização seja realizada. A maioria dos planos operacionais abrange uma carteira de táticas e iniciativas. A chave para o sucesso de um plano operacional é a integração. A estratégia leva a táticas, e as táticas levam a resultados. Basicamente, as táticas e iniciativas definidas em um plano operacional precisam exibir uma vinculação direta com os objetivos e alvos-chave no plano estratégico. Se não houver um vínculo entre uma tática individual e um ou mais objetivos e metas estratégicos, a administração deve questionar se a tática e suas iniciativas associadas são de fato absolutamente indispensáveis. As metodologias de BPM analisadas mais adiante neste capítulo são voltadas a garantir que tais vínculos existam.

O processo de planejamento de finanças e orçamento apresenta uma estrutura lógica que costuma se iniciar por aquelas táticas que geram alguma forma de receita ou faturamento. Em organizações que vendem mercadorias e serviços, a capacidade de gerar receitas se baseia ou no poder de diretamente produzir mercadorias e serviços ou na aquisição da quantidade certa de mercadorias e serviços para serem vendidos. Depois que uma cifra é estipulada para as receitas, os custos associados à geração de tais receitas pode ser calculado. Para isso, muitas vezes é preciso levar em consideração diversos departamentos e táticas. Isso significa que o processo precisa ser colaborativo e que dependências entre funções devem ser claramente comunicadas e compreendidas. Além dos *inputs* colaborativos, a organização também precisa adicionar diversos custos fixos, bem como os custos do capital adquirido. Tais informações, depois de consolidadas, demonstram o custo por tática, bem como as exigências de caixa e de financiamento para colocar o plano em operação.

3. *Monitoramento/análise: como estamos indo?* Depois que os planos operacional e financeiro estão encaminhados, é imperativo que o desempenho da organização seja monitorado. Um quadro referencial abrangente para monitorar o desempenho deve lidar com duas questões-chave: o que monitorar e como monitorar. Por ser impossível examinar absolutamente tudo, uma organização precisa se concentrar em monitorar aspectos específicos. Depois que uma organização identifica os indicadores ou medidas a serem examinados, ela tem de desenvolver uma estratégia para monitorar tais fatores e reagir de modo efetivo. Essas medidas costumam ser chamadas de indicadores-chave de desempenho (KPIs – *key performance indicators*). Uma visão geral do processo de determinação de KPIs é apresentado mais adiante neste capítulo. Um tópico relacionado à seleção do conjunto ideal de KPIs é o método do *balanced scorecard*, que também é abordado em detalhes mais adiante neste capítulo.

4. *Atuação e ajuste: o que precisamos fazer de diferente?* Quer a empresa esteja interessada em alavancar seus negócios ou simplesmente em aprimorar suas operações, praticamente todas as estratégias dependem de novos projetos – criação de produtos, inserção em novos mercados, conquista de novos clientes ou empreendimentos e racionalização de alguns de seus processos. A maioria das empresas encara esses novos projetos com um espírito de otimismo, e não de objetividade, ignorando o fato de que a maior parte dos novos projetos e empreendimentos acaba fracassando. Qual é a probabilidade de fracasso? Obviamente, isso depende do tipo de projeto (Slywotzky & Weber, 2007). Filmes de Hollywood apresentam uma probabilidade de 60% de fracasso. O mesmo vale para fusões e aquisições. Grandes projetos de TI fracassam a uma taxa de 70%. Para novos produtos alimentícios, a taxa de fracasso é de 80%. No caso de novos produtos farmacêuticos, é ainda mais alto, em torno de 90%. Em geral, a taxa de fracasso para a maioria dos novos projetos e empreendimentos gira em torno de 60 a 80%. Considerando-se esses números, a resposta para a pergunta "O que precisamos fazer de diferente?" se torna uma questão vital.

O Caso Aplicado 3.5 mostra como uma grande organização sem fins lucrativos alcançou resultados extraordinários ao transformar e modernizar sua infraestrutura de BI usando modernos equipamentos de *data warehouse*.

Caso aplicado 3.5

A AARP transforma sua infraestrutura de BI e alcança 347% de ROI em três anos

A AARP, Inc., conhecida antigamente como American Association of Retired Persons (Associação Americana dos Aposentados), é um grupo de interesse e filiação sediado nos Estados Unidos, fundado em 1958 por Ethel Percy Andrus, PhD, um educador aposentado da Califórnia, e por Leonard Davis, fundador do Colonial Penn Group de empresas de seguro. Conforme descrito em seu site (aarp.org), a AARP é uma organização de previdência social sem fins lucrativos e apartidária, com quase 38 milhões de afiliados, que ajuda as pessoas a transformarem suas metas e sonhos em possibilidades reais, fortalece as comunidades e luta pelas questões que mais importam para as famílias – tais como atendimento de saúde, empregos e renda básica, além de proteção contra abusos financeiros.

Uma demanda crescente por BI

Em 2002, a organização lançou pela primeira vez uma iniciativa de BI que iria centralizar informações (a AARP possui filiais em todos os 50 estados e no Distrito de Colúmbia) e garantir a seus funcionários uma análise de dados atualizada, relevante, precisa e flexível para:

- combinar ofertas de serviços e produtos conforme segmentos de filiados e expectativas;
- aumentar a lucratividade, a retenção e a aquisição de filiados;
- proteger a imagem de marca da AARP ao gerir relacionamentos com prestadores de serviços terceirizados.

Tudo isso ajudou a alimentar o sucesso da AARP, o que só fez aumentar a quantidade de dados que chegava até ela e também a demanda por novas análise de dados.

Em 2009, a equipe de BI passou a enfrentar um novo desafio. Seu *data warehouse* – apoiado por uma base de dados SQL relacional da Oracle – já não conseguia mais lidar com a demanda. A equipe passou por mais de 30 falhas de sistemas naquele ano. Aquilo era ao mesmo tempo inaceitável e dispendioso.

O desempenho do sistema também era outra preocupação básica. Conforme os volumes de dados aumentavam, carregamentos diários para o *data warehouse* não terminavam antes das 15h – o que afetava o tempo de espera dos funcionários por relatórios. "Nossos analistas puxavam um relatório e então saíam para um café ou para o almoço e, talvez se tivessem sorte, lá pelas 17h acabavam obtendo a resposta", conta Bruni, diretor de prática e inteligência de negócios da AARP. "Aquilo era inaceitável. O sistema estava tão sobrecarregado transcrevendo os novos dados diários que não dava qualquer importância às operações de leitura realizadas pelos usuários."

Os analistas não conseguiam criar consultas *ad hoc* sem intervenção da TI. Quando a TI recebia uma solicitação de um novo tipo de relatório, a equipe de BI precisava otimizar as consultas e enviar um relatório de amostra de volta para ser revisado pelo solicitador. O processo, do início ao fim, podia levar entre semanas e meses. Por fim, com mais de 36 terabytes de dados no *data warehouse*, era impossível para os funcionários fazerem o *backup* do sistema a cada noite. Os *backups* ficavam limitados a algumas poucas tabelas cruciais, tornando difícil para os funcionários criar um plano efetivo de recuperação de desastres.

De acordo com Bruni, se não fossem solucionados, esses desafios poderiam ter afetado o funcionamento da AARP. "A análise de dados oferece parâmetros básicos que são cruciais para avaliar nosso desempenho frente a metas sociais e de filiações", afirma Bruni. "É essencial promover a melhoria contínua e a tomada de decisões para satisfazer às necessidades de nossos membros."

(Continua)

Caso aplicado 3.5 *(Continuação)*

Criando um ambiente ágil de BI

Quando a equipe de Bruni decidiu modernizar o ambiente de BI, duas opções foram avaliadas: fazer o upgrade do ambiente existente ou migrar para um único equipamento de *data warehouse*. "Descobrimos que o preço de cada opção era similar, mas somente o equipamento nos garantia uma quebra de paradigma em termos do desempenho de que precisávamos", afirma Bruni. "Dentre os diferentes parceiros que pesquisamos, o equipamento de *data warehouse* IBM Netezza era a aposta mais segura, pois não exigia a sintonia fina dos modelos de dados que os outros armazém exigiam. Além disso, também pudemos experimentar a solução antes de comprá-la, para ver se realmente podia fazer tudo aquilo que precisávamos. A maioria dos fornecedores não oferece essa opção de "experimente antes de comprar'."

Ao construir o novo ambiente, a organização adotou um modelo de desenvolvimento "Scrum", geralmente usado por desenvolvedores de software, para estabelecer um quadro referencial que encurta os ciclos de desenvolvimento e o tempo até o mercado para solicitações de BI. "Utilizar Scrum em armazenamento de dados era praticamente inédito", conta Bruni. "Mas a premissa básica que ele oferece é um processo ágil e iterativo que nos permite transformar as necessidades analíticas de nossos usuários em relatórios operacionais que exibem dados repletos de significado."

Nove meses após a aquisição de sua nova plataforma, a equipe já havia convertido todos os roteiros e procedimentos da Oracle Database em equipamento de *data warehouse* IBM® Netezza. Contas básicas e dados sobre filiação (que residem numa base de dados IBM DB2® para z/OS® rodando em um servidor IBM System z®), dados financeiros e de recursos humanos provenientes de bases de dados menores e dados de análise de campanhas e de segmentação provenientes de fontes terceirizadas agora são abastecidos todas as noites no equipamento de *data warehouse* IBM Netezza, ficando acessíveis via ferramentas de BI da organização sem interrupção.

Rodando consultas complexas à velocidade da luz

Em termos de desempenho (que era a preocupação mais premente da equipe de BI), os carregamentos diários de dados agora são completados antes das 8:00 da manhã – uma melhoria de 1.400% – e os relatórios, que antes levavam minutos para rodar, ficam completos em segundos – uma melhoria de 1.700%. A solução também ajudou a comprimir o tamanho dos dados de 36 terabytes para apenas 1,5 terabyte, facilitando o *backup* de dados no armazém por parte dos funcionários em apenas 30 minutos.

Não menos importante, os quase 220 funcionários de recursos humanos, finanças, marketing e campanhas que utilizam o sistema agora podem conduzir aquilo que Bruni chama de "análises sobre ideias espontâneas" – criando relatórios *ad hoc* para testar teorias envolvendo necessidades de filiados. "O equipamento de *data warehouse* IBM Netezza roda como uma Ferrari", observa Bruni. "Descortinamos um novo universo de possibilidades para nossos clientes internos, que conseguem criar relatórios no ato e obter os resultados de volta em questão de segundos. Nos primeiros meses de operação, vimos um pico acentuado no número de relatórios sendo criados – quase três vezes a quantidade que suportávamos anteriormente. Com o aprofundamento que eles passaram a nos proporcionar, vemos um crescimento constante nas renovações, aquisições e engajamento de filiados."

Obtendo um ROI acelerado

A nova plataforma também permitiu que a organização realocasse os funcionários de suporte de TI do grupo de BI para outras áreas. Até então, a equipe precisava contar com um administrador de base de dados em tempo integral juntamente com suporte em meio período por parte de equipes da rede de área de armazenamento e de serviços intermediários. "É incrível", avalia Bruni. "Não precisamos mais do suporte de TI. O equipamento de *data warehouse* IBM Netezza já vem otimizado de fábrica. Basta energia e uma rede e está pronto para rodar. Não precisa de mais nada."

Com esses avanços, a organização conseguiu obter 9% de retorno sobre o investimento no primeiro ano, com uma previsão de 274% de ROI no segundo ano e 347% no terceiro. "Nossa análise inicial projetava um ROI positivo já no primeiro ano – o que é bastante incomum para *upgrades* de infraestrutura, considerando-se os custos incorridos no primeiro ano", Bruni afirma. "Nosso ROI real pós-implementação foi ainda mais alto, por termos completado a transição três meses adiante do cronograma."

Ampliando a influência da BI

Ao modernizar sua infraestrutura, a equipe de Bruni elevou o valor e a percepção da BI na organização. "Depois que passamos para a IBM Netezza, o comentário geral foi de que estávamos no caminho certo e que aproveitar nossos serviços internos era uma decisão inteligente", conta Bruni. "Ingressamos em novas áreas de missão crítica, como na área de impacto social que sustenta as campanhas Drive to End Hunger e Create the Good, por contarmos com uma infraestrutura robusta e termos modificado nossa abordagem aos negócios. Ficamos mais ágeis do ponto de vista dos desenvolvimentos. Já do ponto de vista da gestão de programas, nossos ciclos de lançamentos encolheram de meses, o que é típico em infraestruturas tradicionais de armazém de dados, para meras semanas."

Questões para discussão

1. Quais eram os desafios enfrentados pela AARP?
2. Qual foi a abordagem para uma solução em potencial?
3. Quais foram os resultados obtidos a curto prazo, e quais eram os planos futuros?

Fonte: IBM customer success story. (2011). AARP transforms its business intelligence infrastructure—Achieving a 347% ROI in three years from BI modernization effort. http://www-03.ibm.com/software/businesscasestudies/us/en/corp?synkey=A735189Y23828M82 (acessado em junho de 2016).

SEÇÃO 3.9 QUESTÕES DE REVISÃO

1. O que é gestão de desempenho de negócios? Qual é sua relação com a BI?
2. Quais são os três componentes-chave de um sistema de BPM?
3. Liste e descreva em resumo as quatro fases do ciclo de BPM.
4. Por que a estratégia é a parte mais importante de uma implementação de BPM?

3.10 Medição de desempenho

Subjacente à BPM, encontra-se o sistema de medição de desempenho. De acordo com Simons (2002), **sistemas de medição de desempenho**:

> Ajudam os gestores a rastrear as implementações de estratégia de negócios ao compararem resultados reais com metas e objetivos estratégicos. Um sistema de medição de desempenho costuma abranger métodos sistemáticos para associar metas de negócios com relatórios periódicos de monitoramento que indicam o progresso frente às metas. (p. 108)

Todas as medições se resumem a comparações. Números brutos raramente têm algum valor. Se formos informados de que um vendedor fechou 50% dos negócios em que estava trabalhando durante um mês, isso pouco nos diria. Suponhamos, agora, que a informação é de que este mesmo vendedor teve uma taxa de fechamento de negócios de 30% no ano passado. Obviamente, a tendência é boa. E se fôssemos informados de que a taxa média de fechamento de negócios para todos os vendedores na empresa foi de 80%? Sem dúvida, aquele vendedor precisaria acompanhar esse ritmo. Conforme a definição de Simons sugere, na medição de desempenho, as comparações-chave giram em torno de estratégias, metas e objetivos. Indicadores operacionais que são usados para medir desempenho costumam ser chamados de indicadores-chave de desempenho (KPIs).

Indicador-chave de desempenho (KPI)

Há uma diferença entre uma métrica qualquer e uma métrica "estrategicamente alinhado". O termo **indicador-chave de desempenho (KPI)** costuma ser usado para se referir a este último. Um KPI representa um objetivo estratégico e mede o desempenho com relação a uma meta. Segundo Eckerson (2009), KPIs são multidimensionais. Numa tradução livre, isso significa que KPIs apresentam uma variedade de características únicas, incluindo:

- *Estratégia.* KPIs encarnam um objetivo estratégico.
- *Metas.* KPIs mensuram o desempenho frente a metas específicas. As metas são definidas em sessões de estratégia, planejamento ou orçamento e podem assumir diferentes formas (como metas de realizações, metas de redução, metas absolutas, etc.).
- *Faixas.* Metas possuem faixas ou amplitudes de desempenho (um pouco acima, no exato alvo ou um pouco abaixo).
- *Codificações.* As faixas são codificadas em software, possibilitando a exibição visual do desempenho (p. ex., verde, amarelo e vermelho). Codificações podem se basear em percentuais ou em regras mais complexas.
- *Prazos.* Prazos são atribuídos às metas, delimitando até quando devem ser alcançadas. Um prazo muitas vezes é dividido em intervalos menores a fim de sinalizar marcos no andamento.
- *Benchmarks.* Metas são mensuradas com base em um patamar de referência ou *benchmark*. Os resultados do ano anterior muitas vezes servem como um *benchmark*, mas números arbitrários ou *benchmarks* externos também podem ser usados.

Às vezes, uma distinção é estabelecida entre os KPIs referentes a "resultados finais" e aqueles referentes a "condutores". KPIs de resultados finais – às vezes conhecidos como *indicadores de retardo* – medem a produção de atividade passada (como receitas). Seu caráter geralmente é financeiro, mas nem sempre. Já os KPIs condutores – às vezes chamados de indicadores precursores ou condutores de valor – medem atividades que apresentam um impacto significativo sobre os KPIs de resultados finais (como oportunidades de vendas).

Em certos círculos, os KPIs condutores às vezes são chamados de *KPIs operacionais*, o que chega a ser uma contradição e termos (Hatch, 2008). A maioria das organizações coleta uma ampla gama de indicadores operacionais. Como o nome sugere, tais indicadores lidam com as atividades operacionais e o desempenho de uma empresa. A lista de exemplos a seguir ilustra a variedade de áreas operacionais abrangidas por esses parâmetros:

- **Desempenho junto a clientes.** Parâmetros envolvendo satisfação dos clientes, rapidez e precisão de solução de problemas e retenção de clientes.
- **Desempenho de serviços.** Parâmetros envolvendo taxas de resolução via atendimento por *call-center*, taxas de renovação de serviço, acordos de nível de serviço, desempenho de entregas e taxas de retorno.
- **Operações de vendas.** Novas contas de vendas, reuniões de vendas confirmadas, conversão de consultas em oportunidades de venda e duração média de telefonemas para fechar vendas.
- **Plano/previsão de vendas.** Parâmetros para precisão de preço/compras, índice de encomenda/entrega realizada, quantidade faturada, índice de previsão/plano e total de contratos fechados.

O fato de um indicador operacional ser estratégico ou não depende da empresa e de como ela emprega tal medida. Em muitos casos, esses indicadores representam condutores cruciais de resultados estratégicos finais. Hatch (2008), por exemplo, relembra o caso de um distribuidor de vinhos de porte médio que acabou sendo empurrado cadeia acima pela consolidação de fornecedores e cadeia abaixo pela consolidação de varejistas. Como resposta, ele decidiu se concentrar em quatro indicadores operacionais: disponibilidade de estoque a mão/a tempo, um incrível valor de encomendas "abertas", saldo líquido de novas contas e custos de promoção e retorno sobre investimento em marketing. O resultado líquido de seus esforços foi um aumento de 12% em receitas em 1 ano. Obviamente, esses indicadores eram condutores-chave. No entanto, conforme descrito na seção a seguir, em muitos casos, empresas simplesmente medem aquilo que é conveniente e dão o mínimo de atenção para por que os dados estão sendo coletados. O resultado é um desperdício considerável de tempo, esforço e dinheiro.

Sistema de medição de desempenho

Há uma diferença entre um sistema de medição de desempenho e um sistema de gestão de desempenho. Este último abrange o primeiro. Ou seja, qualquer sistema de gestão de desempenho conta com um sistema de medição de desempenho, mas não o inverso. Se fossem questionadas, a maioria das empresas atuais afirmaria que possui um sistema de medição de desempenho, mas não necessariamente um sistema de gestão de desempenho, muito embora um sistema de medição de desempenho seja pouco, ou em nada, aproveitável sem a estrutura sobrejacente do sistema de gestão de desempenho.

Os sistemas de medição de desempenho mais populares em uso representam alguma variação do *balanced scorecard* (BSC) de Kaplan e Norton. Diversos levantamentos e estudos de *benchmark* indicam que algo em torno de 50 a mais de 90% de todas as empresas já implementaram alguma forma de BSC em um momento ou em outro. Embora pareça haver alguma confusão quanto ao que afinal é "equilibrado" (*balanced*), não resta dúvida sobre os criadores do BSC, Kaplan e Norton (1996): "no cerne da metodologia do BSC encontra-se uma visão holística de um sistema de mensuração ligado à direção estratégica da organização. Ela se baseia em uma perspectiva quádrupla do mundo, com medidas financeiras apoiadas por indicadores de clientes, de processos internos e de aprendizado e crescimento".

SEÇÃO 3.10 QUESTÕES DE REVISÃO

1. O que é um sistema de gestão de desempenho? Por que precisamos de um?
2. Quais são as características peculiares dos KPIs?
3. Liste e brevemente defina as quatro áreas operacionais mais para KPIs.
4. O que é um de sistema de medição de desempenho? Como funciona?

3.11 Balanced scorecards (BSC)

Provavelmente o mais conhecido e o mais amplamente adotado sistema de gestão de desempenho seja o *balanced scorecard* (BSC). Kaplan e Norton articularam pela primeira vez essa metodologia em seu artigo publicado na *Harvard Business Review*, "The Balanced Scorecard: Measures That Drive Performance", de 1992. Poucos anos depois, em 1996, os mesmos autores produziram um livro revolucionário – *The Balanced Scorecard: Translating Strategy into Action* – que documentou como as empresas estavam utilizando o BSC não apenas para suplementar suas medições financeiras com parâmetros não financeiros, mas também para complementar e implementar suas estratégias. Nos últimos anos, o BSC se tornou um termo genérico que é usado para representar praticamente qualquer tipo de aplicação e implementação com cartões de pontuação, independentemente de ser *balanced* ou estratégico. Em resposta a essa deturpação do termo, Kaplan e Norton lançaram um novo livro no ano 2000, *The Strategy-Focused Organization: How Balanced Scorecard Companies Thrive in the New Business Environment*. Essa obra foi escrita para reenfatizar o caráter estratégico da metodologia BSC. Poucos anos depois, em 2004, os autores lançaram mais um livro: *Strategy Maps Converting Intangible Assets into Tangible Outcomes*, que descreve um processo detalhado para atrelar objetivos estratégicos a táticas e iniciativas operacionais. Por fim, sua obra mais recente, The *Execution Premium*, publicado em 2008, tem como foco a lacuna estratégica – vinculando a formulação e o planejamento estratégicos à execução operacional.

As quatro perspectivas

O *balanced scorecard* sugere que encaremos a organização a partir de quatro perspectivas – clientes, finanças, processos internos de negócios e aprendizado e crescimento – e que desenvolvamos objetivos, medidas, alvos e iniciativas relativos a cada uma dessas perspectivas. A Figura 3.13 mostra esses quatro objetivos e suas inter-relações com a visão e a estratégia da organização.

A PERSPECTIVA DO CLIENTE Filosofias recentes de gestão mostram uma conscientização crescente quanto à importância de foco no cliente e na satisfação do cliente em qualquer negócio. Estes são fatores primordiais: se os clientes não estiverem satisfeitos, cedo ou tarde encontrarão outros fornecedores que satisfarão suas necessidades. Portanto, um mau desempenho nessa perspectiva é um indicador claro de declínio futuro, ainda que o panorama financeiro atual possa parecer favorável. Ao se desenvolver parâmetros de satisfação, os clientes devem ser analisados em termos de tipos de clientes e tipos de processos de fornecimento de produtos ou serviços para tais grupos de clientes.

A PERSPECTIVA FINANCEIRA Kaplan e Norton não desconsideraram a necessidade tradicional de dados financeiros. Dados precisos e atualizados a respeito de

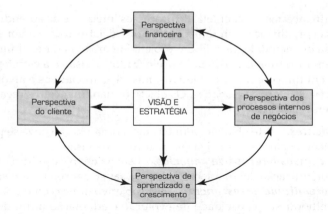

FIGURA 3.13 Quatro perspectivas em metodologia de *balanced scorecard*.

financiamento sempre serão uma prioridade, e os gestores farão tudo que for necessário para fornecê-los. Muitas vezes, porém, o tratamento e o processamento de dados financeiros são mais do que suficientes. Com a implementação de uma base de dados corporativa, espera-se que uma parcela maior do processamento possa ser centralizada e automatizada. A questão, porém, é que a ênfase atual em finanças leva a situação "desequilibrada" com relação a outras perspectivas. Talvez seja preciso incluir dados adicionais relativos a finanças, como dados sobre avaliação de risco e custo/benefício, nesta categoria.

A PERSPECTIVA DE APRENDIZADO E CRESCIMENTO Esta perspectiva responde a pergunta "para colocarmos nossa visão em prática, como sustentaremos nossa capacidade de evoluirmos e nos aprimorarmos?". Isso inclui treinamento de funcionários, gestão de conhecimento e características culturais corporativas relacionadas tanto ao aprimoramento no âmbito individual quanto empresarial. No clima atual de acelerada evolução tecnológica, funcionários que trabalham com conhecimentos estão se vendo obrigados a aprenderem e a crescerem continuamente. Indicadores podem ser instaurados para orientar os gestores na alocação de fundos para treinamento onde sejam mais úteis. Seja como for, aprendizado e crescimento constituem a fundação essencial para o sucesso de qualquer organização cujos funcionários lidam com conhecimentos. Kaplan e Norton enfatizam que "aprendizado" é mais do que "treinamento"; inclui também aspectos como mentores e tutores dentro da organização, bem como facilidade de comunicação entre funcionários para que obtenham ajuda imediata com um problema sempre que necessário.

A PERSPECTIVA DOS PROCESSOS INTERNOS DE NEGÓCIOS O foco desta perspectiva está na importância dos processos de negócios. Indicadores baseados nesta perspectiva permitem que os gestores fiquem a par do desempenho de processos e funções de negócios, sabendo se os resultados de tais processos (isto é, produtos e serviços) atendem e superam as exigências dos clientes (a missão).

O que quer dizer o *"balanced"* em *balanced scorecard*s

De um ponto de vista genérico, o *balanced scorecard* (**BSC**) é tanto uma medida de desempenho quanto uma metodologia gerencial que ajuda a traduzir os objetivos e alvos financeiros, de clientela, de processos internos e de aprendizado e crescimento em uma organização em um conjunto de iniciativas de caráter prático. Como uma medida de metodologia, o BSC é projetado para superar as limitações dos sistemas com um foco financeiro. Para isso, ele traduz a visão e a estratégia de uma organização em um conjunto de objetivos, medidas, iniciativas e alvos financeiros e não financeiros inter-relacionados. Os objetivos não financeiros recaem em uma dentre três perspectivas:

- **Clientes.** Este objetivo define como a organização deve se parecer perante sua clientela para que consiga cumprir com sua visão.
- **Processos internos de negócios.** Este objetivo especifica os processos em que a organização deve se sobressair para satisfazer seus acionistas e clientes.
- **Aprendizado e crescimento.** Este objetivo indica como uma organização pode melhorar sua capacidade de evolução e adaptação a fim de cumprir com sua visão.

Basicamente, os objetivos não financeiros formam uma simples cadeia causal com "aprendizado e crescimento" levando a mudanças em "processos internos de negócios", o que produz resultados junto ao "cliente" que são responsáveis por fazer uma empresa alcançar seus objetivos "financeiros". No BSC, o termo *balanced* (equilibrado) surge porque o conjunto de medidas combinadas deveria abranger indicadores que são:

- financeiros e não financeiros
- precursores e retardados
- internos e externos
- quantitativos e qualitativos
- de curto prazo e de longo prazo

SEÇÃO 3.11 QUESTÕES DE REVISÃO

1. O que é um *balanced scorecard* (BSC)? De onde a ideia surgiu?
2. Quais são as quatro perspectivas que o BSC sugere para examinar o desempenho organizacional?
3. Por que precisamos definir objetivos, medidas, iniciativas e alvos separados para cada uma dessas quatro perspectivas?
4. Qual é o significado e a motivação da palavra *balanced* (equilibrado) em BSC?
5. O que há de diferente e de comum entre *dashboards* e *scorecards*?

3.12 Seis Sigma como um sistema de medição de desempenho

Desde sua origem em meados dos anos 80, o Seis Sigma teve uma ampla adoção por empresas do mundo inteiro. No mais das vezes, o sistema não chegou a ser usado como uma metodologia de medição e gestão de desempenho. A maior parte das empresas, na verdade, empregou-o como uma metodologia de aprimoramento que as permitia escrutinar seus processos, identificar problemas e aplicar medidas corretivas. Nos últimos anos, algumas empresas, como a Motorola, reconheceram o valor de utilizar o Seis Sigma para fins estratégicos. Nessas instâncias, o Seis Sigma oferece um meio para medir e monitorar processos-chave relacionados à lucratividade da empresa e para acelerar melhorias no desempenho de negócios em geral.

Como seu foco recai em processos de negócios, o Seis Sigma também oferece uma maneira objetiva de encarar problemas de desempenho depois que são identificados ou detectados.

Sigma, σ, é uma letra do alfabeto grego utilizada pelos estatísticos para medir a variabilidade em um processo. Na arena da qualidade, *variabilidade* é sinônimo de inúmeros defeitos. Em geral, empresas aceitam bastante variabilidade em seus processos de negócios. Em termos numéricos, a norma é de 6.200 a 67.000 defeitos por milhão de oportunidades (DPMO – *defects per million opportunities*). Se uma seguradora, por exemplo, lida com 1 milhão de avisos de sinistro, então, sob procedimentos operacionais normais, entre 6.200 e 67.000 desses avisos de sinistro apresentariam defeito (ou seja, seriam extraviados, apresentariam erros nos formulários, etc.). Esse grau de variabilidade representa um nível de três a quatro sigma de desempenho. Para alcançar um nível Seis Sigma de desempenho, a empresa precisaria reduzir a quantidade de defeitos para no máximo 3,4 DPMO. Portanto, **Seis Sigma** é uma metodologia de gestão de desempenho que visa aproximar a quantidade de defeitos em um processo de negócios o máximo possível de zero DPMO.

O modelo de desempenho DMAIC

O Seis Sigma se baseia em um simples modelo de melhoria de desempenho conhecido como DMAIC. Como a BPM, o **DMAIC** é um modelo de melhoria de negócios em circuito fechado, e abrange as etapas de definição, medição, análise, aprimoramento e controle de um processo. As etapas podem ser descritas do seguinte modo:

1. ***Definir.*** Defina as metas, os objetivos e as fronteiras da atividade de aprimoramento. No nível superior, as metas são os objetivos estratégicos da empresa. Nos níveis mais baixos – níveis de departamento ou de projeto – as metas são voltadas para processos operacionais específicos.
2. ***Medir.*** Meça o sistema existente. Estabeleça medidas quantitativas capazes de gerar dados estatisticamente válidos. Os dados podem ser usados para monitorar o progresso rumo às metas definidas na etapa anterior.
3. ***Analisar.*** Analise o sistema para identificar maneiras de eliminar a lacuna entre o desempenho atual do sistema ou processo e a meta almejada.
4. ***Aprimorar.*** Dê início a ações para eliminar a lacuna, tentando encontrar formas de fazer as coisas melhor, mais barato ou mais rápido. Utilize gerenciamento de projeto ou outras ferramentas de planejamento para implementar a nova abordagem.
5. ***Controlar.*** Institucionalize o sistema aprimorado ao modificar sistemas de compensações e incentivos, políticas, procedimentos, planejamento de recursos de fabricação, orçamentos, instruções operacionais ou outros sistemas de gestão.

Para novos processos, o modelo usado é denominado *DMADV* (definir, medir, analisar, desenhar e verificar). Tradicionalmente, DMAIC e DMADV vêm sendo usados principalmente para problemas operacionais. Nada impede, no entanto, que tais metodologias sejam aplicadas em problemas estratégicos como a lucratividade da empresa. Nos últimos anos, passou-se também a combinar a metodologia Seis Sigma com outras metodologias bem-sucedidas. A metodologia conhecida como *Lean Manufacturing* (Fabricação Enxuta), *Lean Production* (Produção Enxuta) ou simplesmente *Lean* vem sendo combinada com Seis Sigma para aumentar seu impacto sobre a gestão de desempenho.

Balanced scorecard versus Seis Sigma

Embora muitos tenham combinado Seis Sigma e *balanced scorecards* para uma solução mais holística, alguns se concentraram em favorecer um *versus* o outro. Gupta (2006), em seu livro intitulado *Six Sigma Business Scorecard*, oferece um bom resumo das diferenças entre as metodologias de *balanced scorecard* e Seis Sigma (veja o Quadro 3.6). Essencialmente, a principal diferença é que o BSC se concentra em aprimorar a estratégia em geral, enquanto o Seis Sigma se concentra em aprimorar processos.

Medição efetiva de desempenho

Inúmeros livros oferecem receitas para determinar se uma coleção de medidas de desempenho é boa ou má. Dentre os ingredientes básicos de uma boa coleção estão os seguintes:

QUADRO 3.6 Comparação do *balanced scorecard* com o Seis Sigma

Balanced scorecard	Seis Sigma
Sistema de gestão estratégica	Sistema de medição de desempenho
Relacionado com a visão de longo prazo da empresa	Oferece um retrato instantâneo do desempenho da empresa e identifica indicadores que conduzem o desempenho rumo à lucratividade
Projetado para desenvolver um conjunto equilibrado de indicadores	Projetado para identificar um conjunto de indicadores que afetam a lucratividade
Identifica indicadores relacionados a visão e valores	Estabelece responsabilização dos líderes pelo bem-estar e pela lucratividade
Processos cruciais de gestão devem esclarecer a visão/estratégia, comunicar, planejar, estabelecer alvos, alinhar iniciativas estratégicas e promover *feedback*	Inclui todos os processos empresariais – administrativos e operacionais
Equilibra operações relativas a clientes e internas sem um papel bem definido de liderança	Equilibra papéis de gestores e funcionários; equilibra custos e receitas de processos pesados
Enfatiza metas para cada indicador	Enfatiza uma taxa agressiva de aprimoramento para cada indicador, qualquer que seja a meta
Enfatiza o aprendizado dos executivos baseado em *feedback*	Enfatiza o aprendizado e a inovação em todos os níveis com base em *feedback* sobre os processos; convoca todos os funcionários a participarem
Concentra-se em crescimento	Concentra-se em maximizar a lucratividade
Foco pesado em conteúdo estratégico	Foco pesado em execução para lucratividade
Sistema administrativo consiste em indicadores	Sistema administrativo baseado em gestão de processos

Fonte: Gupta, P. (2006). *Six Sigma business scorecard*, 2nd ed. New York: McGraw-Hill Professional.

- As medidas devem se concentrar em fatores-chave.
- As medidas devem ser um misto de passado presente e futuro.
- As medidas devem equilibrar as necessidades de acionistas, funcionários, parceiros, fornecedores e outras partes interessadas.
- As medidas devem começar pelo alto e ir descendo até a base.
- As medidas precisam ter metas baseadas em pesquisas e realidade, e não arbitrários.

Conforme a seção a respeito de KPIs observa, embora todas essas características sejam importantes, o verdadeiro segredo para um sistema efetivo de medição de desempenho é contar com uma boa estratégia. As medidas precisam ser derivadas a partir das estratégias das unidades corporativa e de negócios e a partir de uma análise dos processos-chave de negócios necessários para cumprir com tais estratégias. Isso, obviamente, é mais fácil em teoria do que na prática. Se fosse simples, a maioria das organizações já contaria com sistemas efetivos de medição de desempenho instaurados, o que não é verdade.

O Caso Aplicado 3.6, que descreve o sistema de *balanced scorecards*/KPIs baseado na Web adotado pela Expedia.com, oferece *insights* sobre as dificuldades de definir KPIs de resultado final e condutores e a importância de alinhar KPIs departamentais com objetivos genéricos da empresa.

Caso aplicado 3.6

O cartão de satisfação de clientes da Expedia.com

A Expedia, Inc., é a empresa matriz de muitas das principais empresas de viagem do mundo, oferecendo produtos e serviços para viajantes a lazer e a trabalho nos Estados Unidos e ao redor do globo. Ela possui e opera uma carteira diversificada de marcas bem conhecidas, incluindo Expedia.com, Hotels.com, Hotwire.com, TripAdvisor, Egencia, Classic Vacations e uma gama de outros empreendimentos domésticos e internacionais. Dentre os produtos de viagem da empresa estão passagens aéreas, estadias em hotéis, aluguel de carros, serviços turísticos, cruzeiros e pacotes de viagem oferecidos por diversas companhias aéreas, redes hoteleiras, locadoras de veículos, agências de serviços turísticos, agências de cruzeiros e outras empresas de produtos e serviços de viagem avulsos ou em pacotes. Ela também facilita a reserva de quartos de hotel, bilhetes de avião, veículos para locação e serviços turísticos a partir de seus fornecedores do ramo. A empresa atua como uma agente na transação, intermediando reservas feitas por seus viajantes com as companhias aéreas, hotéis, locadoras de veículos ou agências de cruzeiro relevantes. Juntas, essas marcas populares e empreendimentos inovadores fazem da Expedia uma das maiores agências de viagem do mundo, a terceira maior companhia de viagens nos Estados Unidos e a quarta maior no mundo. Sua missão é se tornar a maior e mais lucrativa vendedora de viagens no mundo, ajudando a todos, em qualquer lugar, a planejar e comprar tudo envolvendo viagens.

Problema

A satisfação dos clientes é crucial para a missão, a estratégia e o sucesso em geral da Expedia. Como a Expedia.com é um empreendimento online, a experiência de compra dos clientes é fundamental para suas receitas. A experiência de compra online pode impulsionar ou arruinar um empreendimento online.

(Continua)

Caso aplicado 3.6 *(Continuação)*

Também é importante que a experiência de compra do cliente se reflita em uma boa experiência de viagem. Devido ao caráter crucial da experiência dos clientes, todas as suas reclamações e dificuldades têm de ser rastreadas, monitoradas e resolvidas o mais rápido possível. Infelizmente, alguns anos atrás, a Expedia não tinha uma percepção muito clara da "voz do cliente". Ela não dispunha de uma maneira uniforme de mensurar a satisfação, analisar os motivadores de satisfação ou determinar o impacto da satisfação sobre a lucratividade da empresa e sobre seus objetivos de negócios em geral.

Solução

O problema da Expedia não era falta de dados. O grupo de satisfação dos clientes na Expedia sabia que dispunha de uma profusão de dados. Ao todo, havia 20 bancos de dados separados com 20 proprietários diferentes. Originalmente, o grupo encarregou um de seus analistas de negócios com a tarefa de reunir e agregar os dados dessas diversas fontes em inúmeras medidas-chave de satisfação. O analista de negócios levava de duas a três semanas a cada mês reunindo e agregando os dados, praticamente não lhe restando tempo algum para análises. Ao final, o grupo percebeu que agregar dados não era o bastante. Os dados precisavam ser vistos dentro do contexto das metas estratégicas, e os indivíduos deveriam se responsabilizar pelos resultados.

Para enfrentar o problema, o grupo decidiu que precisava de uma visão refinada. Tudo começou por uma análise detalhada dos condutores fundamentais para o desempenho do departamento e um exame do elo entre esse desempenho e as metas gerais da Expedia. Em seguida, o grupo converteu esses condutores e elos em um cartão de pontuação (*scorecard*). Esse processo envolveu três etapas:

1. **Decidir como mensurar a satisfação.** Isso exigiu que o grupo determinasse quais das 20 bases de dados seriam úteis para demonstrar um nível de satisfação dos clientes. Esta se tornou a base para os cartões de pontuação e os KPIs.
2. **Estabelecer os alvos certos de desempenho.** Isso exigiu que o grupo determinasse se os alvos de KPIs dariam frutos a curto ou a longo prazo. Só porque um cliente ficara satisfeito com sua experiência online, não significaria que o cliente ficara satisfeito com o fornecedor que prestara o serviço de viagem.
3. **Colocar os dados em contexto.** O grupo tinha de vincular os dados a projetos duradouros de satisfação dos clientes.

As várias fontes de dados em tempo real são transferidas para uma base de dados principal (chamada de Fábrica de Apoio a Decisões). No caso do grupo de satisfação dos clientes, tais fontes incluíam enquetes com clientes, sistemas de CRM, sistemas interativos de resposta por voz e outros sistemas de serviço ao cliente. Os dados na Fábrica de DSS são abastecidos diariamente em diversos DMs e cubos multidimensionais. Os usuários podem acessar os dados de diversas maneiras que são relevantes a suas necessidades específicas de negócios.

Benefícios

Por fim, o grupo de satisfação dos clientes chegou a 10 a 12 objetivos diretamente vinculados com as iniciativas corporativas da Expedia. Tais objetivos foram, por sua vez, vinculados a mais de 200 KPIs no âmbito do grupo de satisfação dos clientes. Os proprietários de KPIs podem criar, gerir e consumir seus próprios cartões de pontuação, e gestores e executivos dispõem de uma visão transparente do nível alinhamento das ações com a estratégia. O cartão de pontuação também proporciona ao grupo de satisfação dos clientes a capacidade de se aprofundar em dados subjacentes a tendências ou padrões observados. No passado, tudo isso levava semanas ou meses para fazer, se é que era feito. Com o cartão de pontuação, o grupo de Serviço ao Cliente pode avaliar imediatamente seu desempenho com relação aos KPIs, o que, por sua vez, acaba se refletindo nos objetivos do grupo e nos objetivos da empresa.

Como benefício adicional, os dados no sistema suportam não apenas o grupo de satisfação dos clientes, mas também outras unidades de negócios na empresa. Um gestor de linha de frente, por exemplo, pode analisar despesas com companhias aéreas de mercado em mercado para avaliar o desempenho de contratos negociados ou determinar o potencial de economias por consolidar os gastos com uma única companhia aérea. Um gestor de viagens pode tirar proveito da BI para identificar áreas com grandes volumes de bilhetes não vendidos ou reservas offline e elaborar estratégias para ajustar comportamentos e aumentar as economias em geral.

Questões para discussão

1. Quem são os clientes da Expedia.com? Por que a satisfação dos clientes é uma parte tão importante do seu negócio?
2. Como a Expedia.com melhora a satisfação dos clientes por meio de cartões de pontuação?
3. Quais foram os desafios, a solução proposta e os resultados obtidos?

Fontes: Based on Microsoft. (2005). Expedia: Scorecard solution helps online travel company measure the road to greatness. download.microsoft.com/documents/customerevidence/22483_Expedia_Case_Study.doc (acessado em junho de 2016); Editor's note. (2004). Expedia incorporates customer satisfaction feedback and employee input to enhance service and support. Quirk's Marketing Research Media. http://www.quirks.com/articles/a2004/20041001.aspx (acessado em julho de 2016).

SEÇÃO 3.12 QUESTÕES DE REVISÃO

1. O que é Seis Sigma? De que forma ele é usado como um sistema de medição de desempenho?
2. O que é DMAIC? Liste e descreva brevemente as etapas envolvidas em DMAIC.
3. Compare BSC e Seis Sigma como dois sistemas concorrentes de medição de desempenho.
4. Quais são os ingredientes para um sistema efetivo de gestão de desempenho?

Destaques do capítulo

- Um *data warehouse* é um repositório especialmente construído onde os dados são organizados de modo a ficarem facilmente acessíveis para usuários finais nas mais diversas aplicações.
- DMs contêm dados sobre um mesmo tema (como marketing, por exemplo). Um DM pode ser uma replicação de um subconjunto de dados no *data warehouse*. DMs são uma solução mais barata que pode ser substituída ou que pode suplementar um *data warehouse*. DMs podem ser independentes ou dependentes de um armazém de dados.
- Um ODS é um tipo de base de dados com arquivos de informações sobre clientes que muitas vezes é usado como uma área de ensaio para um *data warehouse*.
- A integração de dados abrange três processos principais: acesso a dados, federação de dados e captura de mudanças. Quando esses três processos estão corretamente implementados, os dados podem ser acessados por um

leque de ferramentas de ETL e análise no ambiente de armazenamento de dados.
- Tecnologias de ETL recuperam dados de muitas fontes, limpam-nos e carregam-nos em *data warehouse*. O ETL é um processo integral de qualquer projeto centrado em dados.
- O armazenamento de dados em tempo real ou ativo suplementa e amplia o armazenamento de dados tradicional, passando para a arena de decisões operacionais e táticas ao carregar dados em tempo real e fornecer dados aos usuários para tomada de decisões ativas.
- A segurança e a privacidade de dados e informações são as principais preocupações de um profissional de *data warehouse*.

Termos-chave

administrador de *data warehouse* (DWA)
armazenamento de dados em tempo real (RDW)
aumentar o foco
balanced scorecard (BSC)
cubo
data mart (DM)
data mart dependente
data mart independente

data warehouse (DW)
data warehouse empresariais (EDW)
depósitos de dados operacionais (ODS)
DMAIC
esquema em estrela
esquema em floco de neve
extração, transformação e carga (ETL)

gestão de desempenho de negócios (BPM)
indicador-chave de desempenho (KPI)
integração de aplicativos empresariais (EAI)
integração de dados
integração de informações empresariais (EII)
metadados

modelagem dimensional
OLTP
oper mart
plano operacional
Seis Sigma
sistemas de medição de desempenho
tabela dimensional

Questões para discussão

1. Compare integração de dados e ETL. Qual a relação entre ambos?
2. O que é um *data warehouse*, e quais são seus benefícios? Por que a acessibilidade à Web é importante para um *data warehouse*?
3. Um DM pode substituir um *data warehouse* ou complementá-lo. Compare e discuta essas opiniões.
4. Discuta as principais motivações e benefícios do armazenamento de dados para usuários finais.
5. Liste as diferenças e/ou similaridades entre os papéis de um administrador de base de dados e um administrador de *data warehouse*.
6. Descreva como a integração de dados pode levar a níveis mais altos de qualidade de dados.
7. Compare as abordagens de Kimball e Inmon em relação ao desenvolvimento de *data warehouse*. Identifique quando cada um é mais efetivo.
8. Discuta as preocupações de segurança envolvidas na construção de um *data warehouse*.
9. Investigue o atual desenvolvimento de armazéns de dados por implementação no exterior. Escreva um relatório a respeito. Em aula, debata a questão em termos dos custos e benefícios, bem como os fatores sociais.
10. A SAP utiliza o termo gestão empresarial estratégica (SEM – *strategic enterprise management*), a Cognos utiliza o termo gestão de desempenho corporativo (CPM – *corporate performance management*) e a Hyperion utiliza o termo gestão de desempenho de negócios (BPM – *business performance management*). Elas estão se referindo às mesmas ideias básicas? Apresente indícios que embasem a sua resposta.

11. A BPM abrange cinco processos básicos: estratégia, planejamento, monitoramento, atuação e ajuste. Escolha um desses processos e analise os tipos de ferramentas e aplicativos de software que estão disponíveis para suportá-lo. A Figura 3.10 oferece algumas dicas. Além disso, consulte a lista da Bain & Company de ferramentas de gestão como auxílio (bain.com/management_tools/home.asp).
12. Selecione uma empresa de capital aberto do seu interesse. Usando o relatório anual de 2016 da empresa, crie três objetivos financeiros estratégicos para 2017. Para cada objetivo, especifique uma meta ou alvo estratégico. As metas devem ser consistentes com o desempenho financeiro da empresa em 2016.
13. Estabeleça distinções entre gestão de desempenho e medição de desempenho.
14. Crie uma estratégia para uma empresa hipotética usando quatro perspectivas do BSC. Expresse a estratégia como uma série de objetivos estratégicos. Produza um mapa estratégico retratando os vínculos entre os objetivos.
15. Compare e contraste o modelo DMAIC com os processos em circuito fechado da BPM.
16. Selecione duas empresas que lhe sejam familiares. Quais termos elas utilizam para descrever suas iniciativas e pacotes de software de BPM? Compare e contraste suas ofertas em termos de aplicativos de BPM e funcionalidade.

Exercícios

Teradata University e outros exercícios práticos

1. Considere o caso de desenvolvimento de um *data warehouse* pela Coca-Cola do Japão disponível no site DSS Resources, http://dss-resources.com/cases/coca-colajapan. Leia o caso e responda as nove perguntas para análise e discussão mais aprofundada.
2. Leia o artigo de Ball (2005) e liste os critérios em ordem de importância (idealmente para uma organização real). Num relatório, explique a importância de cada critério e por quê.
3. Para alguém que esteja cogitando desenvolver um *data warehouse*, explique quando se deve implementar uma arquitetura de duas ou de três camadas.
4. Leia o caso da Continental Airlines por completo (uma história de sucesso imensamente popular) em teradatauniversitynetwork.com, e responda as perguntas.
5. Em teradatauniversitynetwork.com, leia e responda as perguntas para o caso "Harrah's High Payoff from Customer Information". Relacione os resultados da Harrah's ao modo como as companhias aéreas e outros casinos utilizam dados sobre seus clientes.
6. Em teradatauniversitynetwork.com, leia e responda as perguntas da tarefa "Data Warehousing Failures". Como oito casos são descritos nessa tarefa, a classe deve ser dividida em oito grupos, com cada grupo ficando responsável por um caso. Além disso, leia Ariyachandra e Watson (2006a), e, para cada caso, identifique como o fracasso ocorreu por falta de foco em um ou mais dos fatores referenciais de sucesso.
7. Em teradatauniversitynetwork.com, leia e responda as perguntas da tarefa "Ad-Vent Technology: Using the MicroStrategy Sales Analytic Model". O software MicroStrategy é acessível a partir do site da TUN. Além disso, talvez você queira usar a apresentação de PowerPoint de Barbara Wixom a respeito do software MicroStrategy ("Demo Slides for MicroStrategy Tutorial Script"), que também está disponível no site da TUN.
8. Em teradatauniversitynetwork.com, assista aos webinários intitulados "Real-Time Data Warehousing: The Next Generation of Decision Support Data Management" e "Building the Real-Time Enterprise". Leia o artigo "Teradata's Real-Time Enterprise Reference Architecture: A Blueprint for the Future of IT", também disponível nesse site. Descreva como funcionam os conceitos e tecnologias de tempo real e como eles podem ser usados para estender o armazenamento de dados e

as arquiteturas de BI já existentes para apoiar os processos decisórios cotidianos. Escreva um relatório de como o RDW está proporcionando especificamente vantagem competitiva para organizações. Descreva em detalhe as dificuldades em tais implementações e operações, e descreva como elas estão sendo enfrentadas na prática.

9. Em teradatauniversitynetwork.com, assista aos webinários "Data Integration Renaissance: New Drivers and Emerging Approaches", "In Search of a Single Version of the Truth: Strategies for Consolidating Analytic Silos" e "Data Integration: Using ETL, EAI, and EII Tools to Create an Integrated Enterprise". Leia também o relatório de pesquisa "Data Integration". Compare e contraste as apresentações. Qual é a questão mais importante descrita nesses seminários? Qual é a melhor maneira de lidar com as estratégias e desafios de consolidar DMs e planilhas em uma arquitetura unificada de armazenamento de dados? Realize uma busca na Internet para identificar os mais recentes desenvolvimentos na área. Compare a apresentação ao material no texto e nos novos materiais que você encontrou.

10. Considere o futuro do armazenamento de dados. Realize uma busca na Internet sobre este tópico. Além disso, leia os seguintes artigos: Agosta, L. (2006, March 31). Data warehousing in a flat world: Trends for 2006. *DM Direct Newsletter*; e Geiger, J. G. (2005, November). CIFe: Evolving with the times. *DM Review*, 38–41. Compare e contraste seus achados.

11. Acesse teradatauniversitynetwork.com. Identifique os mais recentes artigos, relatórios de pesquisa e casos sobre o armazenamento de dados. Descreva os últimos desenvolvimentos na área. Inclua em seu relatório uma análise de como o armazenamento de dados é usado em BI e DSS.

12. Entre em YouTube.com e procure por "Teradata BSI Cases", onde BSI é sigla de "Business Solutions Inc.". Escolha três casos interessantes envolvendo armazenamento de dados, assista a eles e escreva um relatório para analisar o que você descobriu sobre problemas empresariais e soluções investigativas propostas.

13. Entre em teradatauniversitynetwork.com. Selecione o tipo de conteúdo "Articles". Navegue pela lista de artigos e localize aquele intitulado "Business/Corporate Performance Management: Changing Vendor Landscape and New Market Targets". Com base neste artigo, responda as seguintes perguntas:
    a. Qual é o foco básico do artigo?
    b. Quais são as principais "conclusões" do artigo?
    c. No artigo, qual função ou papel organizacional está mais intimamente envolvido com CPM?
    d. Quais aplicações são abrangidas por CPM?
    e. Quais as diferenças e similaridades dessas aplicações em relação àquelas abordadas pela CPM da Gartner?
    f. O que é GRC e qual é sua relação com o desempenho corporativo?
    g. Quais foram algumas das principais aquisições ocorridas no mercado de CPM nos últimos anos?
    h. Escolha duas empresas examinadas no artigo (afora a SAP, a Oracle e a IBM). Quais são as estratégias de CPM de cada uma dessas empresas? Quais são as opiniões dos autores sobre essas estratégias?

14. Entre em teradatauniversitynetwork.com. Selecione o tipo de conteúdo "Case Studies". Navegue pela lista de casos e localize aquela intitulada "Real-Time Dashboards at Western Digital". Com base neste artigo, responda as seguintes perguntas:
    a. O que é VIS?
    b. De que formas a arquitetura de VIS é similar ou diferente da arquitetura de BPM?
    c. Quais são as similaridades e as diferenças entre os processos de BPM em circuito fechado e os processos no ciclo decisório OODA (observar, orientar, decidir, atuar)?
    d. Quais tipos de *dashboards* existem no sistema? Eles são operacionais ou táticos, ou são realmente *scorecards*? Explique.
    e. Quais são os benefícios básicos proporcionados pelo VIS e pelos *dashboards* da Western Digital?
    f. Quais tipos de conselhos você pode oferecer a uma empresa que está se preparando para criar seu próprio VIS e *dashboards*?

Exercícios em grupo e projetos de encenação de papéis

1. Kathryn Avery vem atuando como DBA para uma cadeia de varejo nacional (Big Chain) pelos últimos seis anos. Recentemente, ela foi convidada a liderar o desenvolvimento do primeiro *data warehouse* da Big Chain. O projeto tem o patrocínio da gestão sênior e do CIO. A lógica para desenvolver o *data warehouse* é promover os sistemas de extração de relatórios, sobretudo em vendas e marketing e, a longo prazo, aprimorar a CRM da Big Chain. Kathryn compareceu a uma conferência do Data Warehousing Institute e vem fazendo algumas leituras, mas ela ainda está perplexa com as metodologias de desenvolvimento. Ela sabe que há dois grupos – EDW (Inmon) e DMs arquitetadas (Kimball) – que apresentam funcionalidades igualmente robustas.

    Inicialmente, ela acreditava que as duas metodologias eram bastante dissimilares, mas ao examinar a questão com mais cuidado, já não tem tanta certeza. Kathryn tem inúmeras dúvidas que gostaria de dirimir":
    a. Quais são as verdadeiras diferenças entre as metodologias?
    b. Quais fatores são importantes na seleção de uma metodologia em particular?
    c. Quais deveriam ser seus próximos passos para se decidir por uma metodologia?

    Ajude Kathryn a responder essas perguntas. (Este exercício foi adaptado de Duncan, K., Reeves, L., & Griffin, J. (2003, Fall). BI experts' perspective. *Business Intelligence Journal, 8*(4), 14–19.)

2. Jeet Kumar é o administrador de armazenamento de dados de um grande banco regional. Ele foi indicado cinco anos atrás para implementar um *data warehouse* em apoio à estratégia de negócios de CRM do banco. Usando o *data warehouse*, o banco conseguiu integrar informações sobre clientes, entender a lucratividade de clientes, atrair clientes, melhorar as relações com clientes e reter clientes.

    Ao longo dos anos, o *data warehouse* do banco se aproximou do tempo real, ao efetuar atualizações mais frequentes no *data warehouse*. Agora, o banco deseja implementar aplicativos de autoatendimento e de *call center* que exigem dados ainda mais frescos do que os correntemente disponíveis no *data warehouse*.

    Jeet deseja algum apoio para avaliar as possibilidades de apresentar dados mais frescos. Uma alternativa é se comprometer por inteiro com a implementação de RDW. Seu fornecedor de ETL está preparado para ajudá-lo a fazer essa mudança. Ainda assim, Jeet foi informado a respeito de tecnologias de EAI e EII e está em dúvida sobre como elas se encaixariam em seus planos.

    Em particular, ele tem as seguintes dúvidas:
    a. O que exatamente são as tecnologias de EAI e EII?
    b. Quais as relações entre EAI e EII e o ETL?
    c. Quais as relações entre EAI e EII e o RDW?
    d. EAI e EII são necessárias, complementares ou alternativas ao RDW?

    Ajude Jeet a responder essas perguntas. (Este exercício foi adaptado de Brobst, S., Levy, E., & Muzilla, C. (2005, Spring). Enterprise application integration and enterprise information integration. *Business Intelligence Journal, 10*(2), 27–33.)

3. Entreviste administradores em sua faculdade ou executivos em sua organização para determinar como o armazenamento de dados poderia auxiliá-los em seu trabalho. Escreva uma proposta descrevendo suas descobertas. Inclua estimativas de custos e benefícios em seu relatório.

4. Vasculhe a lista de riscos associados a armazenamento de dados descrita neste capítulo e encontre dois exemplos de cada na prática.

5. Acesse teradata.com e leia os artigos técnicos "Measuring Data Warehouse ROI" and "Realizing ROI: Projecting and Harvesting the Business Value of an Enterprise Data Warehouse". Além disso, assista ao curso baseado na Web "The ROI Factor: How Leading Practitioners Deal with the Tough Issue of Measuring DW ROI". Descreva as questões mais importantes examinadas neles. Compare essas questões com os fatores de sucesso descritos por Ariyachandra e Watson (2006a).

6. Leia o artigo de Liddell Avery, K., & Watson, H. J. (2004, Fall). Training data warehouse end-users. *Business Intelligence Journal, 9*(4), 40–51 (que está disponível em teradatauniversitynetwork.com). Considere as diferentes classes de usuários finais, descreva suas dificuldades e discuta os benefícios de treinamento apropriado para cada grupo. Faça cada membro do grupo assumir um dos papéis, e organize uma discussão sobre como um tipo apropriado de treinamento em armazenamento de dados seria favorável para cada um de vocês.
7. Praticamente todos fornecedores de BPM/CPM oferecem estudos de caso em seus sites. Em grupo, selecione dois desses fornecedores (você pode obter seus nomes em listas da Gartner ou da AMR). Selecione dois estudos de caso de cada um desses sites. Para cada, resuma o problema que o cliente estava tentando resolver, as aplicações ou soluções implementadas e os benefícios que o cliente recebeu do sistema.

Exercícios na Internet

1. Busque na Internet informações a respeito de *data warehouses*. Identifique alguns fóruns de discussão que tenham algum interesse nesse conceito. Explore ABI/INFORM em sua biblioteca, biblioteca digital e no Google para encontrar artigos recentes sobre esse assunto. Comece por tdwi.org, technologyevaluation.com e outros importantes fornecedores: teradata.com, sas.com, oracle.com e ncr.com. Confira também cio.com, dmreview.com, dssre-sources.com e db2mag.com.
2. Pesquise algumas ferramentas e fornecedores de ETL. Comece por fairisaac.com e egain.com. Consulte também dmreview.com (agora chamado informationbuilders.com).
3. Entre em contato com alguns fornecedores de *data warehouse* e obtenha informações a respeito de seus produtos. Dê atenção especial a fornecedores que oferecem ferramentas para múltiplos propósitos, como Cognos, Software A&G, SAS Institute e Oracle. Alguns desses fornecedores oferecem demonstrações gratuitas online. Baixe uma demo ou duas e experimente-as. Escreva um relatório sobre sua experiência.
4. Explore teradata.com para encontrar desenvolvimentos e histórias de sucesso a respeito de *data warehouse*. Escreva um relatório sobre o que você descobriu.
5. Explore teradata.com para encontrar artigos técnicos e cursos na Web sobre armazenamento de dados. Leia os primeiros e assista a estes últimos. (Divida a classe para que todas as fontes sejam abordadas.) Escreva um relatório sobre o que você descobriu.
6. Descubra casos recentes de aplicações bem-sucedidas de *data warehouse*. Entre em sites de fornecedores de *data warehouse* e procure por casos ou histórias de sucesso. Selecione um deles e escreva um breve resumo para apresentar à sua classe.

Referências

Adamson, C. (2009). *The star schema handbook: The complete reference to dimensional data warehouse design*. Hoboken, NJ: Wiley.

Agosta, L. (2006, January). The data strategy adviser: The year ahead—Data warehousing trends 2006. *DM Review, 16*(1).

Ariyachandra, T., & Watson, H. (2005). Key factors in selecting a data warehouse architecture. *Business Intelligence Journal, 10*(3).

Ariyachandra, T., & Watson, H. (2006a, January). Benchmarks for BI and data warehousing success. *DM Review, 16*(1).

Ariyachandra, T., & Watson, H. (2006b). Which data warehouse architecture is most successful? *Business Intelligence Journal, 11*(1).

Ball, S. K. (2005, November 14). Do you need a data warehouse layer in your business intelligence architecture? information-management.com/infodirect/20050916/1036931-1.html (accessed June 2016).

Basu, R. (2003, November). Challenges of real-time data warehousing. *DM Review*. http://www.information-management.com/specialreports/20031111/7684-1.html (accessed September 2016).

Benander, A., Benander, B., Fadlalla, A., & James, G. (2000, Winter). Data warehouse administration and management. *Information Systems Management, 17*(1).

Bonde, A., & Kuckuk, M. (2004, April). Real world business intelligence: The implementation perspective. *DM Review, 14*(4).

Breslin, M. (2004, Winter). Data warehousing battle of the giants: Comparing the basics of Kimball and Inmon models. *Business Intelligence Journal, 9*(1), 6–20.

Brobst, S., Levy, & Muzilla. (2005, Spring). Enterprise application integration and enterprise information integration. *Business Intelligence Journal, 10*(3).

Brown, M. (2004, May 9–12). 8 characteristics of a successful data warehouse. *Proceedings of the 29th Annual SAS Users Group International Conference* (SUGI 29). Montreal, Canada.

Colbert, J. (2009). Performance management in turbulent times. BeyeNETWORK. http://www.b-eye-network.com/view/10717, (accessed September 2016).

Davison, D. (2003, November 14). Top 10 risks of offshore outsourcing. Stamford, CT META Group research report, now Gartner, Inc.

Dull, T. (2015). Data lake vs data warehouse: Key differences. KDnuggets.com. http://www.kdnuggets.com/2015/09/datalake-vs-data-warehouse-key-differences.html (accessed August 2016).

Eckerson, W. (2003, Fall). The evolution of ETL. *Business Intelligence Journal, 8*(4).

Eckerson, W. (2005, April 1). Data warehouse builders advocate for different architectures. *Application Development Trends*. https://adtmag.com/articles/2005/04/01/data-warehouse-builders-advocate-for-different-architectures.aspx (accessed September 2016).

Eckerson, W. (2009, January). Performance management strategies: How to create and deploy effective metrics. *TDWI Best Practices Report* (accessed January 2016). https://tdwi.org/research/2009/01/bpr-1q-performance-management-strategies.aspx (accessed August 2016)

Eckerson, W., Hackathorn, R., McGivern, M., Twogood, C., & Watson, G. (2009). Data warehousing appliances. *Business Intelligence Journal, 14*(1), 40–48.

Edwards, M. (2003, Fall). 2003 Best Practices Awards winners: Innovators in business intelligence and data warehousing. *Business Intelligence Journal, 8*(4).

Elson, R., & LeClerc, R. (2005). Security and privacy concerns in the data warehouse environment. *Business Intelligence Journal, 10*(3).

Furtado, P. (2009). A survey of parallel and distributed data warehouses. *International Journal of Data Warehousing and Mining, 5*(2), 57–78.

Golfarelli, M., & Rizzi, S. (2009). *Data warehouse design: Modern principles and methodologies.* San Francisco: McGraw-Hill Osborne Media.

Gupta, P. (2006). *Six Sigma business scorecard,* 2nd ed. New York: McGraw-Hill Professional.

Hall, M. (2002, April 15). Seeding for data growth. *Computerworld, 36*(16).

Hammergren, T. C., & Simon, A. R. (2009). *Data warehousing for dummies*, 2nd ed. Hoboken, NJ: Wiley.

Hatch, D. (2008, January). Operational BI: Getting "real time" about performance. *Intelligent Enterprise* (accessed March 2016). http://www.intelligententerprise.com/showArticle.jhtml?articleID=205920233 (accessed July 2016)

Hicks, M. (2001, November 26). Getting pricing just right. *eWeek, 18*(46).

Hoffer, J. A., Prescott, M. B., & McFadden, F. R. (2007). *Modern database management,* 8th ed. Upper Saddle River, NJ: Prentice Hall.

IBM. (2009). *50 Tb data warehouse benchmark on IBM System Z.* Armonk, NY: IBM Redbooks.

Imhoff, C. (2001, May). Power up your enterprise portal. *E-Business Advise*.

Inmon, W. H. (2005). *Building the data warehouse,* 4th ed. New York: Wiley.

Jukic, N., & Lang, C. (2004, Summer). Using offshore resources to develop and support data warehousing applications. *Business Intelligence Journal, 9*(3).

Kalido. BP Lubricants achieves BIGS success. kalido.com/collateral/Documents/English-US/CS-BP%20BIGS.pdf (accessed August 2015).

Kalido. BP Lubricants achieves BIGS, key IT solutions. keyitsolutions.com/asp/rptdetails/report/95/cat/1175 (accessed August 2015).

Kaplan, R., & Norton, D. (1996). *The balanced scorecard: Translating strategy into action.* Boston, MA: Harvard University Press.

Kaplan, R. S., & Norton, D. P. (2005). The balanced scorecard: measures that drive performance. Harvard business review, 83(7), 172.

Karacsony, K. (2006, January). ETL is a symptom of the problem, not the solution. *DM Review, 16*(1).

Kay, R. (2005, September 19). EII. *Computerworld, 39*(38).

Kelly, C. (2001, June 14). Calculating data warehousing ROI. SearchSQLServer.com.

Manglik, A., & Mehra, V. (2005, Winter). Extending enterprise BI capabilities: New patterns for data integration." *Business Intelligence Journal, 10*(1).

Matney, D. (2003, Spring). End-user support strategy. *Business Intelligence Journal, 8*(3).

Mehra, V. (2005, Summer). Building a metadata-driven enterprise: A holistic approach. *Business Intelligence Journal, 10*(3).

Moseley, M. (2009). Eliminating data warehouse pressures with master data services and SOA. *Business Intelligence Journal, 14*(2), 33–43.

Murtaza, A. (1998, Fall). A framework for developing enterprise data warehouses. *Information Systems Management, 15*(4).

Nash, K. S. (2002, July). Chemical reaction. *Baseline*. Issue 8, 27–36.

Orovic, V. (2003, June). To do & not to do. *eAI Journal*. pp. 37–43.

Parzinger, M. J., & Frolick, M. N. (2001, July). Creating competitive advantage through data warehousing. *Information Strategy, 17*(4).

Romero, O., & Abelló, A. (2009). A survey of multidimensional modeling methodologies. *International Journal of Data Warehousing and Mining, 5*(2), 1–24.

Rosenberg, A. (2006, Quarter 1). Improving query performance in data warehouses. *Business Intelligence Journal, 11*(1).

Russom, P. (2009). *Next generation data warehouse platforms*. TDWI best practices report. tdwi.org/research/reportseries/reports.aspx?pid=842 (accessed January 2016).

Sen, A. (2004, April). Metadata management: Past, present and future. *Decision Support Systems, 37*(1).

Sen, A., & Sinha, P. (2005). A comparison of data warehousing methodologies. *Communications of the ACM, 48*(3).

Simons, R. (2002). *Performance measurement and control systems for implementing strategy*. Upper Saddle River, NJ: Prentice Hall.

Slywotzky, A. J., & Weber, K. (2007). *The Upside: The 7 strategies for turning big threats into growth breakthroughs*. Crown Business.

Solomon, M. (2005, Winter). Ensuring a successful data warehouse initiative. *Information Systems Management Journal*. 22(1), 26–36.

Songini, M. L. (2004, February 2). ETL quickstudy. *Computerworld, 38*(5).

Thornton, M. (2002, March 18). What about security? The most common, but unwarranted, objection to hosted data warehouses. *DM Review, 12*(3), 30–43.

Thornton, M., & Lampa, M. (2002). Hosted data warehouse. *Journal of Data Warehousing, 7*(2), 27–34.

Van den Hoven, J. (1998). Data marts: Plan big, build small. *Information Systems Management, 15*(1).

Watson, H. J. (2002). Recent developments in data warehousing. *Communications of the ACM, 8*(1).

Watson, H. J., Goodhue, D. L., & Wixom, B. H. (2002). The benefits of data warehousing: Why some organizations realize exceptional payoffs. *Information & Management, 39*.

Watson, H., Gerard, J., Gonzalez, L., Haywood, M., & Fenton, D. (1999). Data warehouse failures: Case studies and findings. *Journal of Data Warehousing, 4*(1).

Zhao, X. (2005, October 7). Meta data management maturity model. *DM Direct Newsletter*.

CAPÍTULO 4

Análise de dados preditiva I: processo, métodos e algoritmos de mineração de dados

OBJETIVOS DIDÁTICOS

- Definir mineração de dados como uma tecnologia facilitadora para análise de negócios.
- Compreender os objetivos e os benefícios da mineração de dados.
- Familiarizar-se com o amplo leque da aplicativos de mineração de dados.
- Aprender os processos padronizados de mineração de dados.
- Aprender os diferentes métodos e algoritmos de mineração de dados.
- Ficar a par das ferramentas existentes de software de mineração de dados.
- Entender as questões, armadilhas e mitos de privacidade envolvendo a mineração de dados.

Em termos gerais, a mineração de dados é uma forma de desenvolver informações ou conhecimentos de caráter prático a partir de dados que uma organização coleta, organiza e armazena. Uma ampla gama de técnicas de mineração de dados vem sendo usada por organizações para obter um diagnóstico melhor sobre seus clientes e suas operações e para resolver problemas organizacionais complexos. Neste capítulo, estudaremos a mineração de dados como uma tecnologia facilitadora para a análise de negócios e a análise de dados preditiva, aprenderemos sobre os processos padronizados de condução de projetos de mineração de dados, compreenderemos e construiremos conhecimentos no uso das principais técnicas de mineração de dados, ficaremos a par das ferramentas existentes e exploraremos questões de privacidade, mitos comuns e armadilhas que frequentemente estão associados à mineração de dados.

4.1 VINHETA DE ABERTURA: O departamento de polícia de Miami-Dade está usando análise de dados preditiva para antever e combater a criminalidade

A análise de dados preditiva e a mineração de dados tornaram-se parte integral de muitas agências de aplicação de leis, incluindo o departamento de polícia do condado de Miami-Dade, cuja missão é não apenas proteger a segurança do maior condado da Flórida, com 2,5 milhões de cidadãos (e o sétimo maior dos Estados Unidos), mas também garantir um clima seguro e convidativo para turistas vindos de todas as partes do mundo para desfrutar das belezas naturais, do calor e das praias deslumbrantes do condado. Com turistas gastando quase U$20 bilhões ao ano e gerando quase um terço dos impostos sobre o consumo na Flórida, a importância do turismo para a economia da região é quase inestimável. Por isso, ainda que os policiais do condado dificilmente listariam o desenvolvimento econômico como uma de suas obrigações profissionais, quase todos compreendem o elo vital entre a segurança nas ruas e a prosperidade gerada pelo turismo na região.

Essa conexão é primordial para o tenente Arnold Palmer, atualmente supervisor da Seção de Investigações de Roubos, e ex-supervisor do Destacamento de Intervenção contra Roubos do departamento. Essa equipe de detetives especializada se concentra em policiar intensivamente as áreas mais afetadas por roubos e os criminosos mais reincidentes. Ele e a equipe ocupam escritórios modestos no segundo andar de um prédio de concreto de visual moderno, localizado numa rua repleta de palmeiras no extremo oeste de Miami. Em seus dez anos na unidade, de um total de 23 anos como policial, Palmer testemunhou muitas mudanças, não apenas nas práticas de policiamento, e bem além do mapa na parede em que sua equipe costumava assinalar com percevejos as ruas mais assoladas por criminalidade.

Policiamento com menos

Palmer e a equipe também testemunharam o impacto do crescimento populacional, de deslocamentos demográficos e de mudanças econômicas sobre sua área de patrulha. Como qualquer boa força policial, eles adaptam métodos e práticas continuamente para enfrentar desafios de policiamento que recrudesceram em escopo e complexidade. Porém, como quase todos os ramos governamentais no condado, maiores restrições orçamentárias acabaram espremendo o departamento entre aumentos de demanda e enxugamentos de recursos.

Palmer, que vê os detetives como combatentes de vanguarda contra uma maré crescente de crimes pelas ruas e restritos por recursos cada vez mais apertados, enxerga a questão da seguinte forma: "Nosso desafio básico era diminuir a criminalidade nas ruas mesmo contando com menos recursos e menos homens em ação". Ao longo dos anos, a equipe se mostrou aberta a experimentar novas ferramentas, dentre as quais a mais notável foi um programa chamado "policiamento embasado em dados", que usava dados históricos de criminalidade para posicionar equipes de detetives. "Desde então, evoluímos bastante em nossa capacidade de prever onde há mais propensão de ocorrência de roubos, tanto por meio de análise como por nossa própria experiência coletiva."

Novas ideias sobre casos arquivados

Um dos desafios mais espinhosos para Palmer e sua equipe de investigadores, e compartilhado por policiais em todas as grandes áreas urbanas, diz respeito ao arquivamento dos casos mais difíceis, nos quais existe uma carência de pistas, testemunhas e vídeo – qualquer fato ou prova que possa ajudar a solucionar um caso. Isso não chega a ser surpresa, explica Palmer, já que "as práticas-padrão que sempre usamos para gerar pistas, como conversar com informantes ou com a comunidade ou com policiais em ronda, não mudaram muito, se é que chegaram a mudar", observa o tenente. "Esse tipo de abordagem funciona até certo ponto, mas depende da experiência de cada um de nossos detetives. Quando os detetives se aposentam ou são transferidos, essa experiência vai embora com eles."

O problema para Palmer era que a rotatividade, devido à aposentadoria de muitos de seus detetives mais experientes, apresentava uma tendência de crescimento. É bem verdade que ele enxergava com bons olhos o ingresso de sangue novo, sobretudo pela desenvoltura dos novatos com novos tipos de informação – como emails, redes sociais e câmeras de trânsito, para mencionar apena alguns – a que sua equipe tinha acesso. Mas como Palmer relembra, o problema surgiu quando alguns dos detetives recém chegados na unidade buscaram encontrar orientação junto aos policiais mais antigos e "simplesmente nada havia a lhes oferecer. A partir dali, nos demos conta de que precisávamos de uma nova forma de preencher a lacuna da experiência no futuro próximo".

Seus esforços empíricos para chegar a uma solução levaram a especulações abstratas. E se os novos detetives no esquadrão pudessem fazer para uma base de dados computadorizada as mesmas perguntas que fariam a um detetive veterano? Essa especulação plantou na mente de Palmer uma semente que acabou perseverando.

O retrato completo começa parcial

O que começou a tomar forma na unidade contra roubos demonstrou como grandes ideias podem começar tímidas. Acima de tudo, porém, demonstrou que para essas grandes ideias renderem frutos, as condições "certas" precisam estar alinhadas no momento propício. No âmbito da liderança, isso significa uma figura norteadora na organização, que saiba o que é preciso para cultivar sustentação de cima para baixo e também angariar apoio de baixo para cima, mantendo, ao mesmo tempo, o pessoal de TI do departamento alinhado com a causa. Essa pessoa era Palmer. No âmbito organizacional, a unidade contra roubos era como um ponto de lançamento especialmente apropriado para servir de modelo, devido à prevalência de reincidência entre os infratores. Ao fim e ao cabo, a capacidade do departamento de desencadear o potencial transformador de servir de modelo dependeria em grande parte da capacidade da equipe em apresentar resultados em uma escala mais restrita.

Quando testes e demonstrações iniciais se revelaram encorajadores – com o modelo gerando resultados precisos quando os detalhes de casos solucionados eram nele abastecidos – a equipe começou a atrair atenções. A iniciativa recebeu um importante empurrão quando o major e o capitão da unidade do escritório antirroubos declararam seu apoio à direção do projeto, dizendo a Palmer que "se você conseguir fazer isso funcionar, pode seguir em frente". Porém, mais importante que o encorajamento, explica Palmer, foi a disposição em defender o projeto junto aos escalões mais altos do departamento. "É impossível fazer algo assim decolar sem que o alto comando compre a ideia", observa Palmer. "Por isso, o suporte dos comandantes foi crucial."

Sucesso traz credibilidade

Tendo sido indicado como a ponte oficial entre o pessoal de TI e a unidade antirroubos, Palmer reuniu uma série de sucessos para vender a ideia da principal ferramenta de modelagem – agora oficialmente chamada de Blue PALMS, abreviação de Predictive Analytics Lead Modeling Software. Seu público-alvo não era apenas o alto comando do departamento, mas também os detetives cujo apoio era crucial para sua adoção bem-sucedida como uma ferramenta de solução de casos de roubo. Em suas tentativas de introduzir o Blue PALMS, a resistência foi presumivelmente mais forte entre os detetives veteranos, que não viam motivo algum para abrir mão de suas práticas de longa data. Palmer sabia que ordens ou coerção não mudariam suas opiniões e sentimentos. Ele precisaria construir uma cabeça-de-ponte de credibilidade.

Palmer encontrou tal oportunidade junto a um de seus melhores e mais experientes detetives. No início de uma investigação sobre roubo, o detetive indicou a Palmer que tinha um forte palpite de quem havia sido o autor, e queria, em essência, testar o sistema Blue PALMS. Assim, mediante solicitação do detetive, o analista do departamento abasteceu o sistema com detalhes-chave do crime, incluindo o *modus operandi*. Os modelos estatísticos do sistema compararam esses detalhes com um banco de dados históricos, procurando por correlações e similaridades importantes na assinatura do crime. O relatório gerado pelo processo incluía uma lista de 20 suspeitos ranqueados em ordem de probabilidade. Quando o analista entregou o relatório ao detetive, o suspeito que era seu "palpite" estava entre os cinco mais prováveis. Pouco após sua prisão, ele confessou o crime, e Palmer conquistou um convertido de peso.

Embora aquele tivesse sido um teste bastante útil, Palmer percebeu que o verdadeiro teste não era confirmar palpites, e sim solucionar casos que tinham dado num beco sem saída. Essa era a situação de um roubo de veículo que, nas palavras de Palmer: "simplesmente não tinha testemunhas, não tinha vídeo, não tinha cena do crime – nada em que se sustentar". Quando, três meses depois, o detetive-sênior no caso em questão saiu em licença, o detetive-júnior que ficou responsável pelo caso solicitou um relatório do Blue PALMS. Ao ser confrontada com fotografias dos principais suspeitos na lista gerada, a vítima fez uma identificação positiva do suspeito, levando a conclusão bem-sucedida do caso. O suspeito era o número um na lista.

Apenas os fatos

O sucesso que o Blue PALMS continua a acumular foi um importante fator para que Palmer tenha conseguido conquistar a concordância de seus detetives. Mas se há uma parte de sua mensagem que cala ainda mais fundo em seus detetives é o fato do que o Blue PALMS é projetado não para modificar as práticas fundamentais do policiamento, e sim para reforçá-las ao oferecer-lhes uma segunda chance de solucionar o caso. "O núcleo do trabalho policial se resume a relações humanas – conversas com testemunhas, com vítimas, com a comunidade – e não queremos de forma alguma mudar isso", afirma Palmer. "Nossa meta é oferecer aos investigadores retratos factuais baseados em informações de que já dispomos para fazer a diferença, de tal modo que se obtivermos uma taxa de sucesso de apenas 5%, isso redundará em muitos criminosos longe das ruas."

A lista crescente de casos arquivados solucionados ajudou Palmer em seus esforços de ressaltar os méritos do Blue PALMS. Contudo, ao deixar claro onde reside sua lealdade, ele encara os detetives que solucionaram esses casos arquivados – e não o programa em si – como os maiores merecedores dos holofotes, e essa abordagem tem rendido frutos. Mediante solicitação de seu comandante, Palmer está começando a usar sua condição de ponte oficial como uma plataforma para outras áreas no departamento de polícia do condado de Miami-Dade.

Ruas mais seguras para uma cidade mais inteligente

Quando fala do impacto sobre o turismo, e encontra ressonância na visão de Cidades Mais Inteligentes de Miami-Dade, Palmer enxerga o Blue PALMS como uma ferramenta importante para proteger um dos maiores patrimônios do condado. "A ameaça ao turismo imposta pela criminalidade nas ruas foi uma grande razão para a unidade ter sido estabelecida", conta Palmer. "O fato de termos conseguido usar análise de dados e inteligência para ajudar a solucionar mais casos e manter mais criminosos longe das ruas é ótima notícia para nossos cidadãos e para o setor do turismo."

QUESTÕES SOBRE A VINHETA DE ABERTURA

1. Por que agências e departamentos de aplicação da lei como o departamento de polícia de Miami-Dade acolheram a análise de dados avançada e a mineração de dados?
2. Quais são os principais desafios para agências e departamentos de aplicação da lei como o departamento de polícia de Miami-Dade? Você consegue lembrar de outros desafios (não mencionados neste caso) que poderiam se beneficiar da mineração de dados?
3. Quais são as fontes de dados que agências e departamentos de aplicação da lei como o departamento de polícia de Miami-Dade utilizam em seus projetos de modelagem preditiva e mineração de dados?
4. Que tipo de análise de dados agências e departamentos de aplicação da lei como o departamento de polícia de Miami-Dade utilizam para combater a criminalidade?
5. O que "o retrato completo começa parcial" significa neste caso? Explique.

O que podemos aprender com essa vinheta

As agências e departamentos de aplicação da lei encontram-se sob tremenda pressão para cumprirem sua missão de garantir a segurança dos cidadãos com recursos limitados. Como o ambiente em que desempenham seus deveres está ficando cada vez mais desafiador, eles precisam se manter alguns passos à frente das tendências para prevenir possíveis desastres. Entender o caráter cambiável da criminalidade e dos infratores é um desafio duradouro. Em meio a esses desafios, o que atua em favor dessas agências é a disponibilidade de dados e de tecnologias de análise para melhor entender ocorrências passadas e antever eventos futuros. Os dados hoje estão mais acessíveis do que estavam no passado. O emprego de ferramentas de análise avançada e mineração (isto é, técnicas de descoberta de conhecimentos) junto a essas amplas e ricas fontes de dados proporciona a elas o retrato de que precisam para melhor preparar e desempenhar seus deveres. Sendo assim, as agências de aplicação da lei estão se tornando uma das principais usuárias da nova face da análise de dados. A mineração de dados é uma candidata de destaque para melhor entender e gerir essas tarefas de missão crítica com um alto nível de precisão e agilidade. O estudo descrito na vinheta de abertura ilustra claramente o poder da análise e da mineração de dados em criar uma visão holística do mundo da criminalidade e dos criminosos para acelerar e aprimorar as reações e a gestão. Neste capítulo, você encontrará uma ampla variedade de aplicações da mineração de dados na resolução de problemas em diversos ramos e ambientes organizacionais, onde os dados são usados para revelar medidas práticas para ajudar no cumprimento da missão e aumentar a eficiência operacional e a vantagem competitiva.

Fontes: Miami-Dade Police Department: Predictive modeling pinpoints likely suspects based on common crime signatures of previous crimes, IBM Customer Case Studies, www-03.ibm.com/software/businesscasestudies/om/en/corp?synkey=C894638H25952N07; Law Enforcement Analytics: Intelligence-Led and Predictive Policing by Information Builder www.informationbuilders.com/solutions/gov-lea.

4.2 Conceitos e aplicações da mineração de dados

A mineração de dados, uma tecnologia nova e empolgante nascida há poucos anos, tornou-se uma prática comum para a vasta maioria das organizações. Numa entrevista para a revista *Computerworld* em janeiro de 1999, o Dr. Arno Penzias (vencedor do prêmio Nobel e ex-cientista chefe dos Laboratórios Bell) identificou a mineração de dados junto a bancos de dados organizacionais como uma aplicação-chave para corporações no futuro próximo. Em resposta à tradicional pergunta postulada pela *Computerworld*: "Quais serão as aplicações decisivas na corporação?", o Dr. Penzias respondeu: "a mineração de dados". Em seguida, ele acrescentou: "A mineração de dados ganhará muito em importância e as empresas deixarão de jogar fora todo e cada dado sobre seus clientes, pois serão muito valiosos. Quem não fizer isso vai desaparecer do mercado". Similarmente, num artigo pela *Harvard Business Review*, Thomas Davenport (2006) argumentou que a mais recente arma estratégica para as empresas era o processo decisório analítico, fornecendo exemplos de empresas como Amazon.com, Capital One, Marriott International e outras que vinham usando a análise de dados para melhor entender seus clientes e otimizar suas cadeias de suprimento estendidas a fim de maximizar seus retornos sobre o investimento e ao mesmo tempo prestar o melhor serviço ao cliente. Para alcançar esse nível de sucesso, é preciso que a empresa compreenda muito bem seus clientes, fornecedores, processos de negócios e sua cadeia de suprimento estendida.

Uma grande parcela de "compreender o cliente" pode vir da análise das vastas quantidades de dados que uma empresa coleta. O custo de armazenamento e processamento de dados despencou no passado recente e, como resultado, a quantidade de dados armazenados em formato eletrônico cresceu a uma taxa explosiva. Com a criação de grandes bancos de dados, a possibilidade de analisar os dados armazenados nelas acabou surgindo. Originalmente, o termo *mineração de dados* era usado para descrever o processo através do qual padrões até então desconhecidos nos dados eram descobertos. Essa definição acabou sendo ampliada além desses limites por alguns fornecedores de software, passando a incluir a maior parte das formas de análise de dados, pois isso aumentaria as vendas devido à popularidade do rótulo mineração de dados. Neste capítulo, acolhemos a definição original de mineração de dados.

Embora o termo *mineração de dados* seja relativamente novo, as ideias por trás dele não o são. Muitas das técnicas usadas em mineração de dados têm suas raízes em análise estatística tradicional e em trabalhos de inteligência artificial realizados desde o inícios dos anos 80. Por que, então, ela atraiu a atenção do mundo dos negócios? Eis a seguir alguns dos motivos mais destacados:

- Concorrência mais intensa em escala global motivada pelas necessidades e desejos sempre cambiáveis dos clientes em um mercado cada vez mais saturado
- Conscientização geral do valor não aproveitado oculto em grandes fontes de dados
- Consolidação e integração de registros de bancos de dados, o que possibilita um retrato único dos clientes, fornecedores, transações e assim por diante
- Consolidação de bancos de dados e outros repositórios de dados em um único local na forma de um *data warehouse*
- O crescimento exponencial em tecnologias de processamento e armazenamento de dados

- Redução significativa no custo de hardware e software para armazenamento e processamento de dados
- Um movimento rumo a desmassificação (conversão de recursos informacionais em formato não físico) de práticas comerciais

Os dados gerados pela Internet estão aumentando rapidamente tanto em volume quanto em complexidade. Grandes quantidades de dados genômicos estão sendo gerados e acumulados ao redor do mundo. Disciplinas como astronomia e física nuclear criam quantidades imensas de dados de maneira regular. Pesquisadores médicos e farmacêuticos geram e armazenam dados constantemente, os quais podem ser usados em aplicações de mineração de dados para identificar melhores maneiras de diagnosticar com precisão e tratar doenças, além de descobrir drogas novas e mais eficientes.

Do lado comercial, talvez o uso mais comum da mineração de dados se dê nos setores de finanças, varejo e atendimento de saúde. A mineração de dados é usada para detectar e reduzir atividades fraudulentas, sobretudo em pagamentos de seguros e uso de cartão de crédito (Chan et al., 1999); para identificar padrões de compras de clientes (Hoffman, 1999); para reconquistar clientes lucrativos (Hoffman, 1998); para identificar regras de transações a partir de dados históricos; e para ajudar a aumentar a lucratividade usando análise de cesta de mercado. A mineração de dados já é amplamente usada para melhor segmentar clientes, e com o amplo desenvolvimento do comércio eletrônico, isso só pode se tornar ainda mais imperativo com o tempo. Veja o Caso Aplicado 4.1 para informações sobre como a Infinity P&C utilizou a análise preditiva e a mineração de dados para aprimorar o serviço ao cliente, combater fraudes e aumentar os lucros.

Caso aplicado 4.1

A análise preditiva e a mineração de dados ajudam a Visa a melhorar a experiência do cliente e ao mesmo tempo reduzir as fraudes

Quando as emissoras de cartões começaram a usar software de regras de negócios automatizadas para combater fraudes de cartão de crédito e débito, os limites dessa tecnologia logo ficaram evidentes: os clientes passaram a relatar frustrantes recusas de pagamento durante suas férias dos sonhos ou em viagens decisivas de negócios. A Visa trabalha em conjunto com seus clientes para aprimorar a experiência de consumo ao oferecer ferramentas de ponta contra risco de fraude e serviços de consultoria que tornam sua estratégia mais efetiva. Por meio dessa abordagem, a Visa melhora a experiência do cliente e minimiza recusas inválidas de transação.

A rede global da empresa conecta milhares de instituições financeiras a milhões de comerciantes e titulares de cartões todos os dias. A empresa é pioneira em pagamentos sem uso de dinheiro há mais de 50 anos. Utilizando o SAS® Analytics, a Visa está ajudando instituições financeiras a reduzir fraudes sem aborrecer os consumidores com rejeições de pagamento desnecessárias. Sempre que processa uma transação, a Visa analisa até 500 variáveis separadas em tempo real para avaliar o risco de tal transação. Empregando vastos conjuntos de dados, incluindo zonas quentes de fraude global e padrões transacionais, a empresa consegue avaliar com maior precisão se é você

(Continua)

Caso aplicado 4.1 *(Continuação)*

mesmo quem está comprando escargot em Paris ou se é alguém que roubou o seu cartão.

"Isso significa que, se é provável que você esteja viajando, nós sabemos disso e informamos sua instituição financeira, para que seu cartão não seja recusado no ponto de venda", afirma Nathan Falkenborg, chefe de soluções de desempenho da Visa na América do Norte. "Também auxiliamos seu banco no desenvolvimento das estratégias certas para usar as ferramentas e os sistemas de pontuação da Visa", acrescenta. A Visa estima que a análise de Big Data funciona; modelos e sistemas de pontuação "estado da arte" têm o potencial de prevenir um volume incremental de U$2 bilhões em pagamentos fraudulentos ao ano.

Com um nome globalmente reconhecido, a Visa facilita a transferência eletrônica de fundos através de produtos com sua identidade de marca que são emitidos por milhares de instituições financeiras parceiras. A empresa processou 64,9 bilhões de transações em 2014, e U$4,7 trilhões em compras foram feitos com um cartão Visa nesse mesmo ano.

Ela tem a capacidade computacional de processar 56 mil mensagens transacionais por segundo, o que é quatro vezes mais do que a real taxa de pico de transações já registrada. E a Visa não se atém a processar e computar — ela está continuamente usando análise de dados para compartilhar observações estratégicas e operacionais com suas instituições financeiras parceiras e ajudá-las a melhorar seu desempenho. Essa meta empresarial é apoiada por um robusto sistema de gerenciamento de dados. A Visa também ajuda seus clientes a melhorar seu desempenho ao desenvolver e proporcionar observações analíticas profundas.

"Identificamos padrões de comportamento ao desempenharmos agrupamento e segmentação em um nível granular, e oferecemos essas observações para nossas instituições financeiras parceiras", afirma Falkenborg. "É um modo eficiente de ajudar nossas parceiras a se comunicarem melhor e a aprofundarem sua compreensão sobre o cliente."

Como um exemplo de suporte de marketing, a Visa auxilia parceiros globalmente ao identificar segmentos de clientes aos quais deveria ser oferecido um produto da Visa diferente. "Compreender o ciclo de vida dos clientes é incrivelmente importante, e a Visa fornece a seus parceiros informações que os ajudam a tomar medidas e oferecer o produto certo para o cliente certo antes que uma proposição de valor fica obsoleta", observa Falkenborg.

Como o uso de análise de dados em memória principal pode fazer a diferença?

Em uma recente comprovação de conceito, a Visa utilizou uma solução de alto desempenho da SAS baseada em computação em memória principal para alavancar algoritmos estatísticos e de aprendizado de máquina e então apresentar as informações visualmente. A análise de dados em memória principal reduz a necessidade de migração de dados e realiza mais iterações de modelo, tornando-a muito mais rápida e precisa.

Segundo a descrição de Falkenborg, essa solução é como ter as informações memorizadas, ao invés de ser preciso levantar e ir até um armário de fichários para buscá-las. "A análise de dados em memória principal é como pegar o seu cérebro e aumentá-lo de tamanho. Tudo fica instantaneamente acessível."

No fim das contas, uma análise de dados sólida ajuda a empresa a fazer mais do que apenas processar pagamentos. "Podemos aprofundar o diálogo com nossos parceiros e atendê-los ainda melhor com nosso incrível conjunto de Big Data e especialização em mineração de dados transacionais", explica Falkenborg. "Empregamos nossas competências em consultoria e análise de dados para ajudar nossos parceiros em desafios comerciais e na proteção do ecossistema de pagamentos."

E é isso o que fazemos com análise de dados de alto desempenho."

"O desafio para nós, assim como para qualquer empresa gerindo e usando vastos conjuntos de dados, é como podemos usar todas as informações necessárias para resolver desafios comerciais – quer seja aprimorando nosso modelos antifraude ou ajudando nossos parceiros a se comunicarem de forma mais eficiente com seus clientes", elabora Falkenborg. "A análise de dados em memória principal nos confere mais agilidade; com um aumento de 100X na velocidade de processamento do sistema analítico, nossos cientistas de dados e de decisões podem realizar iterações bem mais depressa."

Uma análise de dados preditiva com agilidade e precisão permite que a Visa atenda melhor a seus parceiros com serviços de consultoria sob medida, ajudando-os a obterem sucesso no atual setor de pagamentos em rápida evolução.

Questões para discussão
1. Quais desafios a Visa e o restante do setor de cartões de crédito estavam enfrentando?
2. Como a Visa conseguiu melhorar o serviço ao cliente e ao mesmo tempo conter os casos de fraude?
3. O que é análise de dados em memória principal e por que ela é necessária?

Fonte: "Enhancing the customer experience while reducing fraud (SAS® Analytics) – High-performance analytics empowers Visa to enhance customer experience while reducing debit and credit card fraud." Copyright © 2016 SAS Institute Inc., Cary, NC, USA. Reimpresso com permissão. Todos os direitos reservados.

Definições, características e benefícios

Numa definição simples, **mineração de dados** é um termo usado para descrever a descoberta ou a "mineração" de conhecimentos junto a grandes quantidades de dados. Ao se examinar com cuidado a analogia por trás do termo *mineração de dados*, é fácil perceber que existe aí um equívoco; ou seja, quando alguém mina ouro em meio a pedras ou terra, isso se chama mineração de "ouro", e não de "pedras" ou "terra". Portanto, o correto talvez tivesse sido batizar a mineração de dados como "mineração de conhecimentos" ou "descoberta de conhecimentos". Apesar do descompasso entre o termo e seu significado, *mineração de dados* tornou-se o termo consagrado na comunidade. Dentre os diversos outros nomes associados a mineração de dados estão *extração de conhecimentos, análise de padrões, arqueologia de dados, colheita de informações, busca de padrões* e *dragagem de dados*.

Tecnicamente falando, mineração de dados é um processo que emprega técnicas estatísticas, matemáticas e de inteligência artificial para extrair e identificar informações úteis e conhecimentos (ou padrões) subsequentes a partir de vastos conjuntos de dados. Esses padrões podem se apresentar na forma de regras de negócios, afinidades, correlações, tendências ou modelos preditivos (veja Nemati e Barko, 2001). A maior parte da literatura define mineração de dados como "o processo não trivial de identificar padrões válidos, novos, potencialmente úteis e ulteriormente compreensíveis junto a bases de dados estruturados", em que os dados são organizados em registros estruturados por variáveis categóricas, ordinais e contínuas (Fayyad et al., 1996, pp. 40–41). Nessa definição, os significados dos termos-chave são os seguintes:

- *Processo* implica que a mineração de dados compreende muitas etapas iterativas.
- *Não trivial* significa que alguma busca ou inferência do tipo experimental está envolvida; ou seja, não é tão simples quanto uma computação de quantidades pré-definidas.

- *Válido* significa que os padrões revelados devem se manter válidos junto a novos dados com um grau suficiente de certeza.
- *Novo* significa que os padrões não eram do conhecimento prévio do usuário dentro do contexto do sistema sendo analisado.
- *Potencialmente útil* significa que os padrões revelados devem levar a algum benefício ao usuário ou à tarefa.
- *Ulteriormente compreensível* significa que o padrão deve fazer sentido em termos comerciais, levando o usuário a dizer: "Mmm! Faz sentido; por que não pensei nisso antes", senão imediatamente, pelo menos após algum pós-processamento.

A mineração de dados não é uma disciplina nova, e sim uma nova definição para o uso de muitas disciplinas. A mineração de dados está posicionada bem na interseção de muitas disciplinas, incluindo estatística, inteligência artificial, aprendizado de máquina, ciência administrativa, sistemas de informação (SI) e bases de dados (veja a Figura 4.1). Usando avanços em todas essas disciplinas, a mineração de dados busca progredir na extração de informações e conhecimentos úteis junto a grandes bases de dados. Trata-se de um campo emergente que vem atraindo muita atenção em pouquíssimo tempo.

A seguir são listadas as principais características e objetivos da mineração de dados:

- Os dados muitas vezes estão enterrados no fundo de vastas bases de dados, que às vezes contêm dados que remontam a anos no passado. Em muitos casos, os dados são limpos e consolidados em um *data warehouse*. Os dados podem ser apresentados em uma variedade de formatos (veja o Capítulo 2 para uma breve taxonomia dos dados).
- O ambiente de mineração de dados costuma seguir uma arquitetura de cliente/servidor ou de SI baseado na Web.

FIGURA 4.1 Mineração de dados é uma mescla de múltiplas disciplinas.

- Novas ferramentas sofisticadas, incluindo ferramentas avançadas de visualização, ajudam a remover as pepitas de informações soterradas em arquivos corporativos ou em registros de arquivamento público. Para encontrá-las, é preciso peneirar e sincronizar os dados para obter os resultados certos. Mineradores de ponta também estão explorando a utilidade de dados *soft* (isto é, textos não estruturados armazenados em locais como bases de dados Lotus Notes, arquivos de texto na Internet ou intranets que abrangem empresas como um todo).
- O minerador é muitas vezes um usuário final, munido de perfuratrizes de dados e outras poderosas ferramentas de consulta para fazer perguntas *ad hoc* e obter respostas rapidamente, com pouca ou nenhuma habilidade de programação.
- A descoberta de pepitas valiosas muitas vezes envolve o encontro de um resultado inesperado e exige que os usuários finais pensem de forma criativa ao longo do processo, incluindo na interpretação dos achados.
- As ferramentas de mineração de dados são prontamente combinadas com planilhas e com outras ferramentas de desenvolvimento de software. Assim, os dados minerados podem ser analisados e empregados de forma rápida e prática.
- Devido às vastas quantidades de dados e aos esforços massivos de busca, às vezes é necessário usar processamento paralelo para mineração de dados.

Uma empresa que consegue tirar proveitos das ferramentas e tecnologias de mineração de dados é capaz de adquirir e manter uma certa vantagem competitiva estratégica. A mineração de dados oferece às organizações um ambiente indispensável de aprimoramento de decisões para explorar novas oportunidades ao transformar dados em uma arma estratégica. Veja Nemati e Barko (2001) para uma discussão detalhada dos benefícios estratégicos da mineração de dados.

Como funciona a mineração de dados

Ao utilizar dados existentes e relevantes obtidos de dentro ou de fora da organização, a mineração de dados constrói modelos para revelar padrões dentre os atributos apresentados no conjunto de dados. Os modelos são as representações matemáticas (simples relações/afinidades lineares ou relações complexas e altamente não lineares) que identificam os padrões dentre os atributos dos aspectos (tais como clientes, eventos) descritos no conjunto de dados. Alguns desses padrões são exploratórios (explicando as inter-relações e afinidades entre os atributos), enquanto outros são preditivos (antevendo valores futuros de certos atributos). Em geral, a mineração de dados busca identificar quatro tipos principais de padrões:

1. As *associações* encontram os itens que costumam ocorrer em concomitância, como, por exemplo, cerveja e fraldas aparecendo juntas em análises de cesta de mercado.
2. As *previsões* indicam o caráter das ocorrências futuras de certos eventos tomando por base o que aconteceu no passado, como a previsão do ganhador do Super Bowl ou da temperatura absoluta em um dia específico.
3. Os *agrupamentos* identificam aglomerações naturais de coisas com base em suas características conhecidas, como a atribuição de clientes em diferentes segmentos dependendo de seus traços demográficos e comportamentos passados de compra.
4. As *relações sequenciais* revelam eventos temporalmente ordenados, como, por exemplo, a previsão de que um cliente que já possui uma conta corrente abrirá, dentro de um ano, uma conta poupança seguida de uma conta de investimentos.

Caso aplicado 4.2

A Dell permanece ágil e efetiva com análise de dados no séc. XXI

A revolução digital está mudando a maneira como as pessoas compram. Estudos mostram que até mesmo clientes comerciais passam mais tempo em sua jornada de compras pesquisando por soluções online antes de contatarem um fornecedor. Para competir, empresas como a Dell estão transformando modelos de vendas e marketing para dar suporte a essas novas exigências. No entanto, colocar isso em prática exige uma solução de Big Data capaz de analisar bases de dados corporativas juntamente com informações não estruturadas de fontes como *clickstreams* e redes sociais.

A Dell evoluiu para se tornar uma líder tecnológica ao empregar processos eficientes e embasados em dados. Por décadas, seus funcionários foram capazes de obter resultados mensuráveis usando aplicativos empresariais para embasar diagnósticos e facilitar processos como gestão de relacionamento com o cliente, vendas e contabilidade. Quando a Dell reconheceu que os clientes estavam gastando muito mais tempo pesquisando por produtos online antes de contatar um representante de vendas, a empresa decidiu atualizar seus modelos de marketing de acordo, de modo a poder prestar os novos tipos de serviços personalizados e o suporte que os clientes esperavam. Para fazer tais mudanças, porém, seu pessoal de marketing precisava de mais dados a respeito do comportamento dos clientes online. O departamento precisava também de uma maneira mais fácil de condensar vislumbres de inúmeras ferramentas de inteligência de negócios (BI) e fontes de dados. Drew Miller, diretor-executivo de análise de dados e *insights* em marketing da Dell, afirma: "Há petabytes de informações disponíveis a respeito de hábitos de compra de clientes online e offline. Só precisávamos oferecer aos funcionários de marketing uma solução fácil de usar e capaz de assimilar tudo isso, identificando padrões e fazendo recomendações sobre gastos e atividades de marketing".

Formação de uma equipe ágil para alavancar o retorno sobre o investimento (ROI) em BI e análise de dados

Para aprimorar sua estratégia e comunicações globais de BI e análise de dados, a Dell estabeleceu uma força-tarefa de TI. Executivos criaram um modelo flexível de governança para a equipe capaz de reagir rapidamente às exigências cambiáveis dos funcionários em BI e análise de dados e de obter um pronto ROI. Como um exemplo, além de terem a liberdade de colaborar com grupos internos de negócios, a força-tarefa tem autoridade para modificar processos de TI e de negócios usando estratégias ágeis e inovadoras. A equipe deve dedicar mais de 50% de seus esforços na identificação e implementação de projetos de BI e análise de dados com resultados a curto prazo e que sejam tipicamente pequenos demais para encabeçar a lista de prioridades do departamento de TI da Dell. E a equipe também deve reservar pelo menos 30% do seu tempo evangelizando grupos internos e conscientizando-os sobre as capacidades da BI – bem como sobre as oportunidades de colaboração.

Um dos primeiros projetos da força-tarefa foi uma nova solução de BI e análise de dados chamada de Marketing Analytics Workbench. Sua aplicação inicial teve como foco um conjunto seleto de casos de uso envolvendo engajamento online e offline de clientes comerciais. Esse esforço foi instaurado em conjunto com as organizações de TI e marketing da Dell. "Havia um desejo de expandir o uso dessa solução no suporte de muitas outras atividades de vendas e marketing o mais rápido possível. No entanto, sabíamos que podíamos desenvolver uma solução mais efetiva se reduzíssemos sua escala via breves esforços concentrados e iterativos", observa Fadi Taffal, diretor de TI empresarial da Dell.

Um *data mart* gigantesco facilita uma fonte única da verdade

Trabalhando de perto com o marketing, engenheiros da força-tarefa utilizam estratégias enxutas de desenvolvimento de software e inúmeras tecnologias para criar um *data mart* altamente escalável. A solução geral emprega múltiplas tecnologias e ferramentas para possibilitar diferentes tipos de atividades de armazenamento, manipulação e automação de dados. Os engenheiros, por exemplo, armazenam dados não estruturados a partir de fontes de mídias digitais/sociais em servidores rodando Apache Hadoop. Em seguida, utilizam a plataforma Teradata Aster para integrar e explorar quase em tempo real grandes quantidades de dados de clientes provenientes de outras fontes. Para diversas necessidades de transformação e automação de dados, a solução inclui o uso do pacote de software Toad da Dell, especificamente Toad Data Point e Toad Intelligence Central, e Dell Statistica. O Toad Data Point oferece uma interface de manipulação e automação de dados voltada para os negócios, o que é uma lacuna crucial no ecossistema. Para modelos analíticos avançados, o sistema utiliza Dell Statistica, que promove preparação de dados, análise de dados preditiva, mineração de dados e aprendizado de máquina, estatística, análise textual, visualização e extração de relatórios e implementação e monitoramento de modelos. Os engenheiros também podem usar essa solução para desenvolver modelos analíticos capazes de filtrar todos os dados díspares e proporcionar um retrato nítido do comportamento de compra dos clientes. As ferramentas geram sugestões para melhorar serviços, bem como parâmetros de ROI para estratégias multiveículos que incluam marketing via Internet, ligações telefônicas e visitas a sites.

Passados alguns meses, os funcionários estavam usando o Marketing Analytics Workbench inicial. A força-tarefa planeja expandir as capacidades da solução para que seja capaz de analisar dados de mais fontes, fornecer visualizações adicionais e mensurar os retornos de atividades via outros canais, como tuítes, textos, mensagens de email e postagens em mídias sociais.

Economia superior a U$2,5 milhões em custos operacionais

Com sua nova solução, a Dell já eliminou diversos aplicativos de BI terceirizados. "Embora ainda estejamos apenas nas fases iniciais de instauração do nosso Marketing Analytics Workbench, já economizamos cerca de U$2,5 milhões em custos com fornecedores terceirizados", afirma Chaitanya Laxminarayana, gerente de programa de marketing da Dell. "Além do mais, nossos funcionários obtêm insights mais rápidos e mais detalhados." À medida que a Dell for aumentando em escala seu Marketing Analytics Workbench, ela acabará abandonando mais outros aplicativos terceirizados de BI, reduzindo ainda mais seus custos e alavancando a eficiência.

Promoção de U$5,3 milhões em receitas

Agora os funcionários de marketing contam com o diagnóstico de que precisam para identificar tendências emergentes no engajamento com clientes – e para atualizar seus modelos de acordo. "Já obtivemos U$5,3 milhões em receitas adicionais ao iniciarmos programas de marketing mais personalizados e descobrirmos novas oportunidades com a análise de Big Data em nosso Marketing Analytics Workbench", afirma Laxman Srigiri, diretor de análise de dados em marketing da Dell. "Além disso, temos programas a postos para multiplicar a escala desse impacto muitas vezes nos próximos três anos."

Para ilustrar, os funcionários agora podem ver uma linha temporal das interações de clientes online e offline com a Dell, incluindo compras, páginas específicas visitadas no portal da Dell e os arquivos baixados. Ademais, os

(Continua)

Caso aplicado 4.2 *(Continuação)*

funcionários recebem sugestões de base de dados para quando e como entrar em contato com um cliente, além de URLs de páginas específicas que devem ler para aprenderem mais a respeito das tecnologias que um cliente está pesquisando. Srigiri comenta: "Foi imperativo que compreendêssemos essas novas exigências para mantermos nossa agilidade. Agora que temos esse *insight*, podemos desenvolver rapidamente modelos de marketing mais efetivos para oferecer as informações e o suporte que os clientes esperam".

Questões para discussão

1. Qual desafio a Dell estava enfrentando e que a levou para sua jornada pela análise de dados?
2. Qual solução a Dell desenvolveu e implementou? Quais foram os resultados?
3. Sendo ela própria uma empresa de análise de dados, a Dell usou suas ofertas de serviços em seu próprio empreendimento. Você considera mais fácil ou mais difícil para uma empresa provar do seu próprio remédio? Explique.

Fonte: Dell: Staying agile and effective in the 21st century. Dell Case Study, software.dell.com/casestudy/dell-staying-agile-and-effective-in-the-21st-century881389. Usado com permissão da Dell.

Já faz séculos que os humanos vêm extraindo *manualmente* esses tipos de padrões a partir de dados, mas o volume crescente dos dados na era moderna acabou por exigir abordagens mais automáticas. À medida que os conjuntos de dados foram aumentando em tamanho e complexidade, a análise de dados direta e manual foi abrindo espaço para ferramentas indiretas e automáticas de processamento de dados, que empregam metodologias, métodos e algoritmos sofisticados. A manifestação de tal evolução nos meios automatizados e semiautomatizados de processamento de vastos conjuntos de dados é hoje comumente referida como *mineração de dados*.

Em termos gerais, as tarefas de mineração de dados podem ser classificadas em três categorias principais: previsão, associação e agrupamento. Dependendo da forma como os padrões são extraídos dos dados históricos, os algoritmos de aprendizado dos métodos de mineração de dados podem ser classificados como supervisionados ou não supervisionados. No caso dos algoritmos de aprendizado supervisionado, os dados de treinamento incluem tanto os atributos descritivos (isto é, variáveis independentes ou variáveis decisórias) quanto o atributo de classe (isto é, variável de saída ou de resultado). Em contraste, no caso do aprendizado não supervisionado, os dados de treinamento incluem apenas os atributos descritivos. A Figura 4.2 mostra uma taxonomia simples das tarefas de mineração de dados, juntamente com os métodos de aprendizado e os algoritmos populares para cada uma das tarefas de mineração de dados.

PREVISÃO A **previsão** costuma ser referida como o ato de tentar adivinhar o futuro. Ela difere da adivinhação pura e simples por levar em consideração as experiências, opiniões e outras informações relevantes ao tentar antever o futuro. O termo que é comumente associado a previsão é *projeção*. Embora muita gente acredite que esses dois termos são sinônimos, há uma diferença sutil mas crucial entre os dois. Enquanto a previsão se baseia em grande parte na experiência e em opiniões, uma projeção é embasada em dados e modelos. Ou seja, em ordem crescente de confiabilidade, pode-se listar os termos relevantes como *adivinhação*, *previsão* e *projeção*, respectivamente. Na terminologia da mineração de dados, *previsão* e *projeção* são usadas

Capítulo 4 • Análise de dados preditiva I: processo, métodos e algoritmos de mineração de dados

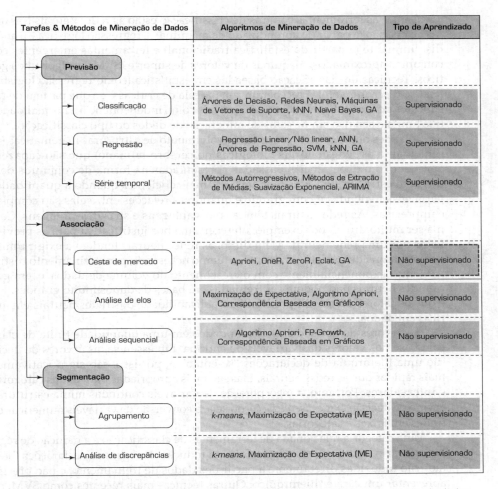

FIGURA 4.2 Taxonomia simples para tarefas, métodos e algoritmos de mineração de dados.

como sinônimos, e o termo *previsão* é usado como a representação comum do ato. Dependendo da natureza daquilo que está sendo previsto, a previsão pode ser chamada mais especificamente de classificação (em que a coisa prevista, como o clima de amanhã, representa uma designação de classe como "chuvoso" ou "ensolarado") ou de regressão (em que a coisa prevista, como a temperatura de amanhã, é um número real, como "18°C").

CLASSIFICAÇÃO A **classificação**, ou indução supervisionada, talvez seja a mais comum dentre todas as tarefas de mineração de dados. O objetivo da classificação é analisar os dados históricos armazenados numa base de dados e automaticamente gerar um modelo capaz de prever comportamentos futuros. Esse modelo indutivo consiste em generalizações baseadas nos registros de um conjunto de dados de treinamento, que ajudam a distinguir classes pré-definidas. A esperança é que o modelo possa ser usado para prever as classes de outros registros não classificados e, acima de tudo, prever com precisão os eventos futuros na prática.

Dentre as ferramentas comuns de classificação estão as redes neurais e as árvores de decisão (a partir de aprendizado de máquina), a regressão logística e a análise discriminante (a partir da estatística tradicional) e ferramentas emergentes como conjuntos aproximados, máquinas de vetores de suporte (SVMs) e algoritmos genéticos. Técnicas de classificação baseadas em estatística (como regressão logística e análise discriminante) já receberam sua parcela de críticas – de que partem de pressupostos pouco realistas sobre os dados, tais como independência e normalidade – o que limita o seu uso em projetos de mineração de dados do tipo classificação.

As redes neurais envolvem o desenvolvimento de estruturas matemáticas (algo semelhante às redes neurais biológicas no cérebro humano) que são capazes de aprender com experiências passadas apresentadas na forma de conjuntos de dados bem estruturados. Elas tendem a ser mais eficientes quando a quantidade de variáveis envolvidas é bem grande e quando as relações entre elas são complexas e imprecisas. As redes neurais têm lá suas vantagens e suas desvantagens. Costuma ser muito difícil, por exemplo, oferecer uma boa justificativa para as previsões feitas por uma rede neural. Além disso, as redes neurais tendem a exigir um treinamento considerável. Infelizmente, o tempo necessário para treinamento costuma aumentar exponencialmente com o crescimento do volume de dados, e, em geral, as redes neurais não podem ser treinadas em bases de dados muito grandes. Estes e outros fatores acabaram por limitar a aplicabilidade das redes neurais em áreas ricas em dados.

As árvores de decisão classificam dados em uma quantidade finita de classes com base nos valores das variáveis de entrada. Em essência, as árvores de decisão são uma hierarquia de declarações "se-então" e, por isso, são significativamente mais rápidas que as redes neurais. Elas são mais apropriadas para **dados categóricos** e **intervalares**. Portanto, a incorporação de variáveis contínuas numa estrutura de árvore de decisão exige *discretização*, ou seja, a conversão de variáveis numéricas contínuas em faixas e categorias.

Uma categoria relacionada de ferramentas de classificação é a indução de regras. Ao contrário de uma árvore de decisão, na indução de regras as declarações "se-então" são induzidas diretamente a partir dos dados de treinamento, e não precisam apresentar um caráter hierárquico. Outras técnicas mais recentes como SVM, conjuntos aproximados e algoritmos genéticos estão gradualmente ganhando terreno no campo dos algoritmos de classificação.

AGRUPAMENTO O **agrupamento** reparte uma coleção de coisas (como objetos, eventos, apresentados num conjunto de dados estruturados) em segmentos (ou aglomerações naturais) cujos membros partilham características similares. Ao contrário do que ocorre na classificação, no agrupamento as designações de classe são desconhecidas. Conforme o algoritmo selecionado avança pelo conjunto de dados, identificando as afinidades das coisas com base em suas características, os agrupamentos são estabelecidos. Como os agrupamentos são determinados usando-se um algoritmo do tipo heurístico, e como algoritmos distintos podem acabar produzindo agrupamentos diferentes para o mesmo conjunto de dados, antes que os resultados das técnicas de agrupamento sejam postas em prática, pode ser necessário que um especialista interprete, e potencialmente modifique, os agrupamentos sugeridos. Uma vez que agrupamentos razoáveis tenham sido identificados, eles podem ser usados para classificar e interpretar novos dados.

O que não chega a surpreender é que as técnicas de agrupamento incluem otimização. O objetivo do agrupamento é criar grupos de tal forma que os membros de cada um deles apresentem a máxima similaridade entre si e a mínima similaridade com membros de outros grupos. Dentre as técnicas mais usadas de agrupamento estão *k-means* (proveniente da estatística) e mapas auto-organizados (a partir do aprendizado de máquina), que é uma arquitetura de rede neural singular desenvolvida por Kohonen (1982).

As empresas costumam empregar sistemas de mineração de dados com eficiência para realizar segmentação de mercado com análise de agrupamentos. A análise de agrupamentos é um meio de identificar classes de itens de tal forma que os itens em um mesmo agrupamento tenham mais em comum entre si do que com itens de outros agrupamentos. Ela pode ser usada na segmentação de clientes e no direcionamento dos produtos de marketing apropriados para os segmentos no momento certo, no formato certo e no preço certo. A análise de agrupamentos também é usada para identificar aglomerações naturais de eventos ou de objetos de tal modo que um conjunto comum de características desses grupos possa ser identificado para descrevê-los.

ASSOCIAÇÕES As **associações**, ou *aprendizado de regras por associação em mineração de dados*, englobam uma técnica popular e bastante pesquisada para descoberta de relações interessantes entre variáveis em grandes bases de dados. Graças às tecnologias de coleta automatizada de dados, como escâneres de códigos de barras, o uso de regras de associação para revelar regularidades entre produtos em transações em larga escala registradas por sistemas de ponto de venda em supermercados tornou-se uma tarefa comum de descoberta de conhecimentos no setor do varejo. No contexto do setor do varejo, a mineração de regras de associação é por vezes chamada de *análise de cesta de mercado*.

Duas derivações da mineração de regras de associação bastante usadas são a **análise de elos** e a **mineração sequencial**. Na análise de elos, os vínculos entre muitos objetos relevantes são revelados automaticamente, como o elo entre páginas da Web e relacionamentos referenciais entre grupos de autores de publicações acadêmicas. Já na mineração sequencial, as relações são examinadas em termos de sua ordem de ocorrência a fim de identificar associações ao longo do tempo. Algoritmos usados na mineração de regras de associação incluem o popular Apriori (em que conjuntos de itens frequentes são identificados), além de FP-Growth, OneR, ZeroR e Eclat.

VISUALIZAÇÃO E PREVISÃO POR SÉRIES TEMPORAIS Duas técnicas geralmente associadas à mineração de dados são a *visualização* e a *previsão por séries temporais*. A visualização pode ser usada em conjunção com outras técnicas de mineração de dados para se obter uma compreensão mais clara dos relacionamentos subjacentes. Com o aumento da visualização nos últimos anos, um novo termo, *análise visual*, acabou surgindo. A ideia é combinar análise de dados e visualização em um mesmo ambiente para facilitar e acelerar a descoberta de conhecimentos. A análise visual é abordada em detalhes no Capítulo 3. Já na previsão por séries temporais, os dados consistem em valores da mesma variável que são capturados e armazenados ao longo do tempo em intervalos regulares. Esses dados são então usados para desenvolver modelos preditivos para extrapolar valores futuros da mesma variável.

Mineração de dados *versus* estatística

A mineração de dados e a estatística têm muito em comum. Ambas buscam encontrar relações dentro dos dados. A maioria das pessoas considera a estatística como o "alicerce da mineração de dados". A principal diferença entre as duas é que a estatística parte de uma proposição e uma hipótese bem definidas, enquanto a mineração de dados parte de uma declaração de revelação vagamente definida. A estatística coleta dados amostrais (isto é, dados primários) para testar uma hipótese, ao passo que a mineração e a análise de dados utilizam todos os dados existentes (isto é, dados secundários e muitas vezes observacionais) para descobrir padrões e relações. Outra diferença vem do tamanho dos dados que elas empregam. A mineração de dados busca conjuntos de dados que sejam tão "amplos" quanto possível, enquanto a estatística procura por dados do tamanho certo (se os dados forem mais amplos que o necessário/exigido para a análise estatística, uma amostra dos dados é usada). O significado de "dados amplos" é um tanto diferente quando usado na estatística ou na mineração de dados. Um conjunto formado por centenas a milhares de pontos de dados é amplo o suficiente para um estatístico, mas precisa conter de vários milhões a alguns bilhões de pontos de dados para que seja considerado amplo para estudos de mineração de dados.

SEÇÃO 4.2 QUESTÕES DE REVISÃO

1. Defina *mineração de dados*. Por que há tantos nomes e definições diferentes para mineração de dados?
2. Quais fatores recentes aumentaram a popularidade da mineração de dados?
3. A mineração de dados é uma disciplina nova? Explique.
4. Quais são alguns dos principais métodos e algoritmos de mineração de dados?
5. Quais são as diferenças-chave entre as principais tarefas da mineração de dados?

4.3 Aplicações da mineração de dados

A mineração de dados se tornou uma ferramenta popular para enfrentar muitos problemas e oportunidades complexos no mundo dos negócios. Ela se revelou bem-sucedida e útil em muitas áreas, algumas das quais são ilustradas pelos exemplos representativos a seguir. A meta de muitas dessas aplicações empresariais da mineração de dados é resolver um problema premente ou explorar uma oportunidade comercial emergente a fim de criar uma vantagem competitiva sustentável.

- **Gestão de relacionamento com o cliente.** A gestão de relacionamento com o cliente (CRM – *customer relationship management*) é uma extensão do marketing tradicional. O objetivo da CRM é criar relacionamentos individualizados com os clientes pelo desenvolvimento de uma íntima compreensão de suas necessidades e desejos. Conforme empresas desenvolvem relacionamentos com seus clientes ao longo do tempo através de uma variedade de interações (como consultas de produtos, vendas, solicitações de serviço, requisições de garantia, revisões de produtos, conexões em redes sociais), elas acumulam quantidades imensas de dados. Quando combinados com atributos demográficos e socioeconômicos, esses dados ricos em informações podem ser usados para (1) identificar os respondentes/compradores mais propensos de novos produtos/

serviços (isto é, formação de perfis de clientes), (2) entender as causas-raiz da evasão (*churn*) de clientes a fim de promover sua retenção (isto é, análise de evasão), (3) descobrir associações variáveis no tempo entre produtos e serviços a fim de maximizar as vendas e o valor dos clientes, (4) identificar os clientes mais lucrativos e suas necessidades preferenciais a fim de reforçar relacionamentos e maximizar vendas.

- **Setor bancário.** A mineração de dados pode ajudar os bancos nos seguintes quesitos: (1) automatização do processo de pedido de empréstimos por meio de previsões precisas dos mais prováveis inadimplentes, (2) detecção de transações fraudulentas de cartão de crédito e no sistema do banco online, (3) identificação de maneiras de maximizar o valor dos clientes ao vender-lhes produtos e serviços mais propensos a serem por eles adquiridos, (4) otimização do retorno monetário ao prever com precisão o fluxo de caixa em entidades bancárias (como caixas eletrônicos, filiais bancárias, etc.).
- **Varejo e logística.** No setor do varejo, a mineração de dados pode ser usada para (1) prever com precisão os volumes de vendas em locais específicos de varejo a fim de determinar os níveis corretos de estoque, (2) identificar relacionamento de vendas entre diferentes produtos (com análise de cesta de mercado) para aprimorar o leiaute das lojas e otimizar as promoções de vendas, (3) prever níveis de consumo de diferentes tipos de produtos (com base em condições sazonais e ambientais) a fim de otimizar a logística e, consequentemente, maximizar as vendas, e (4) descobrir padrões interessantes na movimentação de produtos (sobretudo no caso dos produtos que têm uma vida útil limitada por serem propensos a expirar, perecer ou sofrerem contaminação) numa cadeia de suprimento ao analisar dados sensoriais e de identificação por radiofrequência (RFDI).
- **Fabricação e produção.** Os fabricantes podem usar mineração de dados para (1) prever falhas em maquinário antes que ocorram pelo uso de dados sensoriais (possibilitando aquilo que se denomina *manutenção baseada em condição*), (2) identificar anormalidades e afinidades em sistemas de produção a fim de otimizar a capacidade fabril e (3) descobrir padrões novos para identificar e aprimorar a qualidade dos produtos.
- **Corretagem e transação de títulos mobiliários.** Os corretores e operadores utilizam mineração de dados para (1) prever quando e até que ponto os preços de certos títulos irão variar, (2) prever a amplitude e a direção de flutuações de ações, (3) aferir o efeito de questões e eventos específicos sobre movimentos gerais no mercado e (4) identificar e prevenir atividades fraudulentas em transações mobiliárias.
- **Seguros.** O setor de seguros utiliza técnicas de mineração de dados para (1) prever quantias de custos envolvendo sinistros de propriedades e médicos para planejar melhor os negócios, (2) determinar planos de taxas ideais com base na análise de sinistros e em dados dos clientes, (3) prever quais clientes são mais propensos a comprar novas apólices com itens especiais e (4) identificar e prevenir pagamentos incorretos de sinistros e atividades fraudulentas.
- **Hardware e software de computador.** A mineração de dados pode ser usada para (1) prever falhas de disco rígido bem antes que elas aconteçam de fato, (2) identificar e filtrar conteúdos indesejados da Web e em mensagens de email, (3) detectar e prevenir brechas de segurança em redes de computadores e (4) identificar produtos de software potencialmente inseguros.

- **Governo e defesa.** A mineração de dados apresenta inúmeras aplicações militares. Ela pode ser usada para (1) prever o custo de transportar pessoal e equipamentos militares, (2) prever movimentos de um adversário e, consequentemente, desenvolver estratégias mais bem-sucedidas de engajamento militar, (3) prever o consumo de recursos para aprimorar os planejamentos e os orçamentos, e (4) identificar classes de experiências, estratégias e lições únicas aprendidas a partir de operações militares a fim de compartilhar melhor os conhecimentos por toda a organização.
- **Indústria turística (companhias aéreas, hotéis/*resorts*, locadoras de veículos).** A mineração de dados tem uma variedade de aplicações na indústria do turismo. Ela é usada com sucesso para (1) prever vendas de diferentes serviços (tipos de assentos em aeronaves, tipos de quartos em hotéis/*resorts*, tipos de carros em locadoras de veículos) a fim de encontrar os preços ideais a serem cobrados e maximizar as receitas como uma função de transações variáveis no tempo (o que geralmente é chamado de *gestão de ganhos*); (2) prever a demanda em diferentes locais para melhor alocar recursos organizacionais limitados; (3) identificar os clientes mais lucrativos e fornecer-lhes serviços personalizados para manter sua fidelidade; e (4) reter clientes valiosos ao identificar e dirimir causas-raiz de evasão (*churn*).
- **Atendimento de saúde.** A mineração de dados apresenta inúmeras aplicações na área da saúde. Ela pode ser usada para (1) identificar pessoas que não possuem plano de saúde e os fatores por trás desse fenômeno indesejado, (2) identificar novas relações de custo/benefício entre diferentes tratamentos a fim de desenvolver estratégias mais eficientes, (3) projetar o nível e a época de ocorrência de demanda em diferentes locais de atendimento a fim de alocar recursos organizacionais de forma ideal e (4) entender os motivos por trás da evasão (*churn*) de clientes e funcionários.
- **Medicina.** O uso de mineração de dados na medicina deve ser visto como um complemento inestimável à tradicional pesquisa médica, cujo caráter é sobretudo clínico e biológico. As análises de mineração de dados podem (1) identificar novos padrões para aumentar a sobrevida de pacientes com câncer, (2) prever as taxas de sucesso de pacientes com órgãos transplantados a fim de desenvolver melhores políticas de compatibilidade de doadores, (3) identificar as funções de diferentes genes no cromossomo humano (conhecido como genômica) e (4) descobrir as relações entre sintomas e enfermidades (bem como entre enfermidades e tratamentos de sucesso) a fim de ajudar profissionais da medicina a tomar decisões bem embasadas e corretas com agilidade.
- **Indústria do entretenimento.** A mineração de dados é usada com sucesso pela indústria do entretenimento para (1) analisar dados de espectadores para decidir quais programas passar em horário nobre e como maximizar retornos ao saber onde inserir propagandas, (2) prever o sucesso financeiro de filmes antes mesmo que sejam produzidos para tomar decisões de investimento e otimizar os retornos, (3) projetar a demanda em diferentes locais e diferentes momentos para melhor agendar eventos de entretenimento e para alocar recursos de modo ideal e (4) desenvolver políticas otimizadas de precificação a fim de maximizar receitas.
- **Segurança nacional e manutenção da ordem.** A mineração de dados tem inúmeras aplicações em segurança nacional e manutenção da ordem. A mineração de dados costuma ser usada para (1) identificar padrões de comportamento de terroristas (veja o Caso Aplicado 4.3 para um exemplo do uso da mineração de dados para rastrear atividades de financiamento de terroristas), (2) descobrir

padrões de criminalidade (envolvendo, por exemplo, locais, horários, comportamentos criminais e outros atributos relacionados) para ajudar a solucionar casos criminais com agilidade, (3) prever e eliminar potenciais ataques biológicos e químicos em infraestruturas nacionais críticas ao analisar dados sensoriais de propósito especial e (4) identificar e impedir ataques maliciosos sobre infraestruturas de informação críticas (o que geralmente é chamado de *guerra de informações*).

Caso aplicado 4.3

Análise de dados preditiva e mineração de dados ajudam a interromper financiamento terrorista

O ataque terrorista ao World Trade Center em 11 de setembro de 2001 salientou a importância de fonte aberta na inteligência. A promulgação da USA PATRIOT Act (Lei Patriota dos Estados Unidos) e a criação do Departamento de Segurança Nacional assinalaram a aplicação potencial de tecnologias informativas e técnicas de mineração de dados para detectar lavagem de dinheiro e outras formas de financiamento terrorista. Agências de aplicação da lei já vinham se concentrando em atividades de lavagem de dinheiro por meio de transações normais via bancos e outras organizações de serviços financeiros.

Atualmente, o foco de tais agências recai na precificação de transações internacionais como uma ferramenta de financiamento terrorista. O comércio internacional vem sendo usado por lavadores de dinheiro silenciosamente a partir de países que não atraem atenção governamental. Essas transferências são possibilitadas pela superavaliação de importações e subavaliação de exportações. Um importador doméstico e um exportador estrangeiro, por exemplo, poderiam formar uma parceria e superavaliar importações, transferindo, assim, dinheiro do país comprador, resultando em crimes relacionados a fraudes alfandegárias, evasão fiscal e lavagem de dinheiro. O exportador estrangeiro poderia ser membro de uma organização terrorista.

Técnicas de mineração de dados se concentram na análise de dados sobre transações de importação e exportação disponibilizados pelo Departamento de Comércio dos Estados Unidos e por entidades relacionadas a comércio. Preços de importações que excedem o quartil superior e preços de exportação que são interiores ao quartil inferior acabam sendo rastreados. O foco recai nos preços anormais de transferências entre corporações que podem resultar em deslocamento de renda tachável e fuga de impostos dos Estados Unidos. Um desvio de preço observado pode ser relacionado com evitação/evasão fiscal, lavagem de dinheiro ou financiamento terrorista. O desvio de preço observado também pode se dever a um erro na base de dados transacionais norte-americana.

A mineração de dados resultará em avaliação eficiente de dados, o que, por sua vez, acabará ajudando a combater o terrorismo. A aplicação de tecnologias da informação e técnicas de mineração de dados junto a transações financeiras pode contribuir para uma melhor inteligência informacional.

Questões para discussão

1. Como a mineração de dados pode ser usada para combater o terrorismo? Comente sobre o que mais pode ser feito além daquilo que foi abordado neste breve caso aplicado.
2. Você acha que a mineração de dados, embora essencial para combater células terroristas, também coloca em jogo o direito à privacidade dos indivíduos?

Fontes: Zdanowic, J. S. (2004, May). Detecting money laundering and terrorist financing via data mining. *Communications of the ACM, 47*(5), 53; Bolton, R. J. (2002, January). Statistical fraud detection: A review. *Statistical Science, 17*(3), 235.

- **Esportes.** A mineração de dados foi usada para melhorar o desempenho de equipes da National Basketball Association (NBA) nos Estados Unidos. Equipes da Major League Baseball empregam análise de dados preditiva e mineração de dados para otimizar sua alocação de recursos e conquistar temporadas vitoriosas (veja o artigo sobre Moneyball no Capítulo 1). Na verdade, hoje em dia os esportes profissionais em sua grande maioria, ou mesmo totalidade, empregam analistas de dados e usam mineração de dados para aumentar suas chances de vitória. As aplicações da mineração de dados não se limitam aos esportes profissionais. Em um artigo de 2012, Delen, Cogdell e Kasap (2012) desenvolveram modelos de mineração de dados para prever finais de campeonatos da National Collegiate Athletic Association (NCAA) usando uma ampla gama de variáveis referentes a estatísticas de jogos anteriores dos dois times finalistas (mais detalhes sobre esse estudo de caso são fornecidos no Capítulo 2). Wright (2012) utilizou uma variedade de previsores para examinar a chave do campeonato de basquete masculino da NCAA (conhecida como March Madness).

SEÇÃO 4.3 QUESTÕES DE REVISÃO

1. Quais são as principais áreas de aplicação da mineração de dados?
2. Identifique pelo menos cinco aplicações da mineração de dados e liste cinco características comuns dessas aplicações.
3. Na sua opinião, qual área é a mais proeminente de aplicação da mineração de dados? Por quê?
4. Você consegue lembrar de outras áreas de aplicação da mineração de dados que não tenham sido examinadas nesta seção? Explique.

4.4 Processo de mineração de dados

Para a condução sistemática de projetos de mineração de dados, um processo geral costuma ser observado. Baseados nas melhores práticas, pesquisadores e praticantes de mineração de dados acabaram por propor diversos processos (fluxos de trabalho ou simples abordagens do tipo passo a passo) para maximizar as chances de sucesso na condução de projetos de mineração de dados. Tais esforços levaram a vários processos padronizados, alguns dos quais (dentre os mais populares) são descritos nesta seção.

Um desses processos padronizados, talvez o mais popular dentre eles, o Cross--Industry Standard Process for Data Mining – **CRISP-DM** – foi proposto em meados dos anos 90 por um consórcio de empresas europeias para servir como uma metodologia-padrão sem proprietário para mineração de dados (CRISP-DM, 2013). A Figura 4.3 ilustra esse processo proposto, que inclui uma sequência de seis passos e que começa por uma boa compreensão do negócio e da necessidade do projeto de mineração de dados (isto é, o domínio da aplicação) e encerra-se pela implementação da solução que satisfaz a necessidade específica do negócio. Ainda que esses passos sejam sequenciais em sua natureza, geralmente costuma haver muitas instâncias de recuo. Como a mineração de dados é norteada pela experiência e pela experimentação, dependendo da situação problemática e dos conhecimentos/experiência do analista, o processo inteiro pode ser bastante iterativo (isto é, um movimento repetido para frente e para trás nos passos deve ser esperado) e demorado. Como os passos

Capítulo 4 • Análise de dados preditiva I: processo, métodos e algoritmos de mineração de dados 247

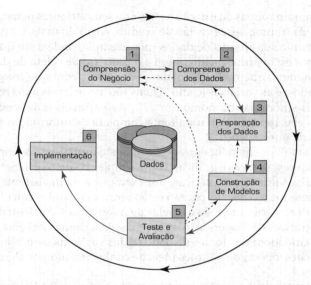

FIGURA 4.3 O processo de mineração de dados em seis passos CRISP-DM.

finais se baseiam nos resultados dos passos iniciais, é preciso dar atenção especial aos passos iniciais para não colocar o estudo inteiro no rumo errado já de saída.

1º passo: compreender os negócios

O elemento-chave de qualquer estudo de mineração de dados é saber para que serve o estudo. A resposta a tal pergunta começa por uma rigorosa compreensão da necessidade administrativa de novos conhecimentos e por uma especificação explícita do objetivo dos negócios envolvidos no estudo a ser conduzido. Metas específicas como "Quais são as características comuns dos clientes que perdemos para nossos concorrentes recentemente?" ou "Quais são os perfis típicos de nossos clientes, e quanto valor cada um deles nos proporciona?" são necessárias. Em seguida, um plano de projeto para encontrar tais conhecimentos é desenvolvido, especificando as pessoas responsáveis pela coleta dos dados, pela análise dos dados e por relatar as descobertas. Nesse estágio inicial, um orçamento para sustentar o estudo também deve ser estabelecido, ao menos em termos gerais e com cifras aproximadas.

2º passo: compreender os dados

Um estudo de mineração de dados deve estar circunscrito a um objetivo de negócio bem definido, e diferentes tarefas de negócios exigem diferentes conjuntos de dados. Após a compreensão dos negócios, a principal atividade do processo de mineração de dados é identificar os dados relevantes junto a muitas bases de dados disponíveis. Alguns pontos-chave devem ser levados em consideração durante a fase de identificação e seleção de dados. Primeiro e acima de tudo, o analista deve ser claro e conciso em sua descrição da tarefa de mineração de dados, para que os dados mais relevantes possam ser identificados. Um projeto de mineração de dados no varejo pode ter como objetivo, por exemplo, identificar comportamentos de gastos de mulheres que compram roupas da estação a partir de seus atributos demográficos, socioeconômicos e de transações de cartão de crédito. Além do mais, o analista deve conhecer intimamente suas fontes de dados (por exemplo, onde e em qual formato os dados relevantes estão armazenados; qual é o processo de coleta de dados – automatizado *versus* manual; quem são os coletores de dados; com que frequência os dados são atualizados) e as variáveis (como "Quais são as variáveis mais relevantes?", "Existem variáveis sinônimas ou homônimas?", "As variáveis independentes são umas das outras – elas representam uma fonte completa de informação sem sobreposição ou conflito de informações?").

Para melhor entender os dados, o analista muitas vezes emprega uma variedade de técnicas estatísticas e gráficas, como simples resumos estatísticos de cada variável (no caso de variáveis numéricas, por exemplo, a média aritmética, o mínimo/máximo, a mediana e o desvio-padrão estão entre as medidas calculadas, enquanto para medidas categóricas a moda e tabelas de frequência são calculadas), análise de correlações, gráficos de dispersão, histogramas e diagramas de caixa. Uma identificação e seleção cuidadosa das fontes de dados e das variáveis mais relevantes pode facilitar a rápida descoberta de padrões úteis de conhecimento por algoritmos de mineração de dados.

As fontes para seleção de dados podem variar. Tradicionalmente, as fontes de dados para aplicações em negócios incluem dados demográficos (tais como renda, nível educacional, número de residências e faixa etária), dados sociográficos (tais como *hobby*, filiação a clubes e entretenimento), dados transacionais (registro de vendas, gastos com cartão de crédito, cheques emitidos) e assim por diante. Nos dias de hoje, as fontes de dados também usam repositórios (abertos ou comerciais) de dados, redes sociais e dados gerados por máquina.

Os dados podem ser categorizados como quantitativos ou qualitativos. Dados quantitativos são mensurados usando-se valores numéricos, os **dados numéricos**. Podem ser discretos (como os inteiros) ou contínuos (como os números reais). Já os dados qualitativos, também conhecidos como dados categóricos, contêm tanto dados nominais quanto ordinais. **Dados nominais** apresentam valores finitos não ordenados (dados sobre gênero, por exemplo, apresentam dois valores: masculino e feminino). Já os **dados ordinais** apresentam valores finitos ordenados. Qualificações de crédito de consumidores, por exemplo, são consideradas dados ordinais, pois as qualificações podem ser excelente, bom ou ruim. Uma taxonomia simples dos dados (isto é, a natureza dos dados) é fornecida no Capítulo 2.

Os dados quantitativos podem ser prontamente representados por algum tipo de distribuição de probabilidade. Uma distribuição de probabilidade descreve como os dados estão dispersos e moldados. Dados com distribuição normal, por exemplo, são simétricos e seu formato geralmente é comparado ao de um sino. Já os dados qualitativos podem ser codificados em números e então descritos por distribuições de frequência. Uma vez que os dados relevantes sejam selecionados de acordo com os objetivos de negócios da mineração de dados, o pré-processamento de dados deve ser buscado.

3º passo: preparação dos dados

O propósito da preparação de dados (mais comumente chamada de *pré-processamento de dados*) é tomar os dados identificados no passo anterior e prepará-los para análise por meio de métodos de mineração de dados. Comparados aos outros passos no

CRISP-DM, o pré-processamento de dados é o que consome mais tempo e esforços; a maioria dos envolvidos calcula que esse passo responde por 80% do tempo total em um projeto de mineração de dados. O motivo para tamanho esforço ser dispendido nesse passo é que no mundo real os dados costumam vir incompletos (carecendo de valores de atributo, carecendo de certos atributos de interesse ou contendo apenas dados agregados), repletos de ruído (contendo erros ou pontos fora da curva) e com inconsistências (contendo discrepâncias em códigos ou nomes). A natureza dos dados e as questões relacionadas ao pré-processamento de dados para análise são explicados em detalhes no Capítulo 2.

4º passo: construção de modelos

Neste passo, diversas técnicas de modelagem são selecionadas e aplicadas sobre um conjunto de dados já preparado a fim de abordar a necessidade específica de negócio. O passo de construção de modelos abrange a avaliação e a análise comparativa dos vários modelos desenvolvidos. Por não haver um único método ou algoritmo considerado universalmente como o melhor para uma tarefa de mineração de dados, deve-se usar uma variedade de tipos de modelos viáveis juntamente com uma estratégia bem definida de experimentação e avaliação para identificar o "melhor" método para um determinado propósito. Mesmo para um único método ou algoritmo, inúmeros parâmetros precisam ser calibrados para se obter os melhores resultados. Alguns métodos apresentam exigências específicas no modo como os dados devem estar formatados; por isso, às vezes é preciso dar um passo atrás antes de completar o passo de preparação de dados. O Caso Aplicado 4.4 apresenta um estudo médico em que diversos tipos de modelo são desenvolvidos e comparados entre si.

Caso aplicado 4.4

A mineração de dados ajuda na pesquisa contra o câncer

De acordo com a American Cancer Society, metade de todos os homens e um terço de todas as mulheres nos Estados Unidos desenvolverão câncer em algum momento em suas vidas; para 2013, o prognóstico era que cerca de 1,5 milhão de novos casos de câncer seriam diagnosticados. O câncer é a segunda causa mais comum de morte nos Estados Unidos e no mundo, superada apenas por doenças cardiovasculares. Neste ano, projeta-se que mais de 500 mil norte-americanos morrerão de câncer – mais de 1.300 pessoas por dia – respondendo por quase uma a cada quatro mortes.

O câncer é um grupo de doenças geralmente caracterizadas pelo crescimento e disseminação de células anormais. Caso o crescimento e/ou a disseminação não sejam controlados, pode resultar em morte. Ainda que os motivos exatos não sejam conhecidos, acredita-se que o câncer seja causado tanto por fatores externos (como tabaco, organismos infecciosos, substâncias químicas e radiação) quanto por fatores internos (como mutações hereditárias, hormônios, problemas imunológicos e mutações que ocorrem no organismo). Essas fatores causais podem atuar em conjunto ou em sequência e iniciar ou promover a carcinogênese. O câncer é tratado com cirurgia, radiação, quimioterapia, terapia hormonal, terapia biológica e terapia localizada. As estatísticas de sobrevivência variam muito dependendo do tipo de câncer e do estágio em que é diagnosticado.

(Continua)

Caso aplicado 4.4 *(Continuação)*

A taxa de sobrevivência relativa de cinco anos para todos os tipos de câncer está aumentando, e o declínio na mortalidade por câncer chegou a 20% em 2013, traduzindo-se em cerca de 1,2 milhão de mortes evitadas por câncer desde 1991. Isso representa mais de 400 vidas salvas por dia! O aumento da sobrevida reflete o progresso no diagnóstico de certos tipos de câncer em um estágio inicial e também melhorias no tratamento. Mais avanços são necessários para prevenir e tratar o câncer.

Muito embora a pesquisa contra o câncer tenha sido tradicionalmente de caráter clinico e biológico, nos últimos anos estudos analíticos embasados por dados se tornaram um complemento comum. Em áreas médicas em que pesquisas embasadas em dados e análise já foram aplicadas com sucesso, novos rumos de pesquisa foram identificados para avançar ainda mais os estudos clínicos e biológicos. Usando vários tipos de dados, incluindo dados moleculares, clínicos, da literatura e de testes clínicos, aliados a ferramentas e técnicas adequadas de mineração de dados, pesquisadores conseguiram identificar novos padrões, abrindo caminho para uma sociedade livre de câncer.

Em um estudo, Delen (2009) utilizou três técnicas populares de mineração de dados (árvores de decisão, redes neurais artificiais e SVMs) em conjunto com regressão logística para desenvolver modelos preditivos para taxas de sobrevivência em câncer de próstata. O conjunto de dados continha cerca de 120 registros e 77 variáveis. Uma metodologia de validação cruzada *k-fold* foi usada para construir, avaliar e comparar modelos. Os resultados mostraram que modelos de vetores de suporte são o previsor mais preciso para esta área (com uma precisão em conjuntos de teste de 92,85%), seguidos por redes neurais artificiais e árvores de decisão. Além disso, usando um método de avaliação de sensibilidade baseado em análise, o estudo também revelou novos padrões relacionados a fatores de prognóstico de câncer de próstata.

Em um estudo relacionado, Delen, Walker e Kadam (2005) usaram dois algoritmos de mineração de dados (redes neurais artificiais e árvores de decisão) e regressão logística para desenvolver modelos preditivos para taxas de sobrevivência a câncer de mama usando um vasto conjunto de dados (mais de 200 mil casos). Empregando um método de validação cruzada em 10 vezes para mensurar a estimativa não tendenciosa dos modelos de previsão para fins de comparação de desempenho, os resultados indicaram que a árvore de decisão (algoritmo C5) foi o melhor previsor, com 93,6% de precisão junto à amostra de reserva (que foi a melhor precisão preditiva relatada na literatura), seguido de redes neurais artificiais, com 91,2% de precisão, e regressão logística, com 89,2% de precisão. Uma análise mais aprofundada dos modelos preditivos revelou a importância prioritária dos fatores de prognóstico, que então podem ser usados como base para mais pesquisas clínicas e biológicas.

No estudo mais recente, Zolbanin, Delen e Zadeh (2015) estudaram o impacto da comorbidade em taxas de sobrevivência a câncer. Embora pesquisas anteriores tenham mostrado que o diagnóstico e as recomendações de tratamento devam ser alterados dependendo da gravidade das comorbidades, doenças crônicas ainda estão sendo investigadas em separado uma das outras na maioria dos casos. Para ilustrar a importância de doenças crônicas concomitantes durante o tratamento, seu estudo usou dados sobre câncer do Programa de Vigilância, Epidemiologia e Resultados Finais (SEER – Surveillance, Epidemiology, and End Results) para criar dois conjuntos de dados de comorbidade: um para cânceres de mama e genital feminino e outro para cânceres de próstata e do trato urinário. Diversas técnicas populares de aprendizado de máquina são então aplicadas aos conjuntos de dados resultantes para construir modelos preditivos (veja a Figura 4.4). A comparação

Capítulo 4 • Análise de dados preditiva I: processo, métodos e algoritmos de mineração de dados 251

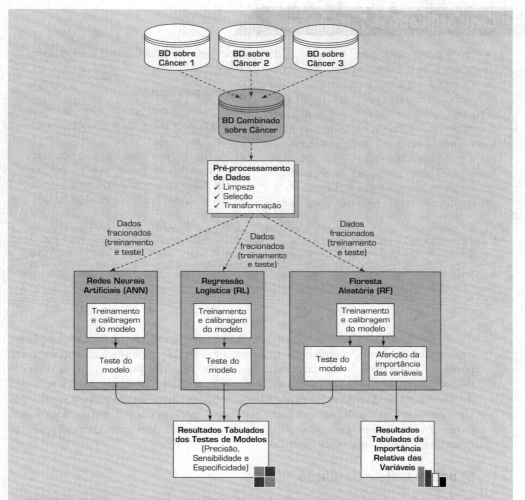

FIGURA 4.4 Uma metodologia de mineração de dados para investigação de comorbidade em sobrevida com câncer.

dos resultados mostrou que mais informações a respeito de condições de comorbidade de pacientes podem aumentar o poder preditivo dos modelos, o que, por sua vez, pode ajudar os médicos a aprimorarem diagnósticos e decisões de tratamento. Portanto, o estudo sugeriu que a identificação, o registro e o uso apropriados dos *status* de comorbidade dos pacientes têm o potencial de reduzir os custos de tratamento e mitigar os desafios econômicos relacionados ao atendimento de saúde.

Esses exemplos (dentre muitos outros na literatura médica) mostram que técnicas avançadas de mineração de dados podem ser usadas para desenvolver modelos que possuem um alto grau de poder preditivo e exploratório. Ainda que os métodos de mineração de dados sejam capazes de extrair padrões e relações ocultas no fundo de vastos e complexos bancos de dados médicos, sem a cooperação e o *feedback* de especialistas em medicina, seus resultados não são

(Continua)

Caso aplicado 4.4 *(Continuação)*

de grande proveito. Os padrões encontrados via métodos de mineração de dados devem ser avaliados por profissionais da medicina que tenham anos de experiência na área do problema, para decidirem se são lógicos, aplicáveis e inovadores o bastante para justificarem novos rumos nas pesquisas. Em resumo, a mineração de dados não visa substituir profissionais e pesquisadores em medicina, e sim complementar seus esforços inestimáveis oferecendo dados para embasar novos rumos de pesquisa e, no final, salvar mais vidas humanas.

Questões para discussão

1. Como a mineração de dados pode ser usada para enfim curar doenças como o câncer?
2. Na sua opinião, quais são as promessas e os principais desafios para os mineradores de dados que contribuem para esforços em pesquisas médicas e biológicas?

Fontes: Zolbanin, H. M., Delen, D., & Zadeh, A. H. (2015). Predicting overall survivability in comorbidity of cancers: A data mining approach. *Decision Support Systems, 74*, 150–161; Delen, D. (2009). Analysis of cancer data: A data mining approach. *Expert Systems, 26*(1), 100–112; Thongkam, J., Xu, G., Zhang, Y., & Huang, F. (2009). Toward breast cancer survivability prediction models through improving training space. *Expert Systems with Applications, 36*(10), 12200–12209; Delen, D., Walker, G., & Kadam, A. (2005). Predicting breast cancer survivability: A comparison of three data mining methods. *Artificial Intelligence in Medicine, 34*(2), 113–127.

Dependendo da necessidade envolvida, a tarefa de mineração de dados pode ter um caráter de previsão (seja classificação ou regressão), de associação ou de agrupamento. Cada uma dessas tarefas de mineração de dados pode empregar uma variedade de métodos e algoritmos de mineração de dados. Alguns desses métodos de mineração de dados foram explicados anteriormente neste capítulo, e alguns dos algoritmos mais populares, incluindo árvores de decisão para classificação, *k-means* para agrupamento e o algoritmo Apriori para mineração de regras de associação, são descritos mais adiante neste capítulo.

5º passo: teste e avaliação

No 5º passo, os modelos desenvolvidos são aferidos e avaliados quanto à sua precisão e generalidade. Este passo afere até que ponto o modelo (ou os modelos) selecionado satisfaz os objetivos de negócios e, neste caso, com que precisão (isto é, "Precisamos que mais modelos sejam desenvolvidos e avaliados?"). Outra opção é testar o(s) modelo(s) desenvolvido(s) em um cenário do mundo real, caso as restrições de tempo e orçamentárias assim permitam. Embora o esperado seja que o resultado final dos modelos desenvolvidos tenha relação com os objetivos originais de negócios, muitas vezes são encontrados outros achados não necessariamente relacionados com tais objetivos originais, mas que possam revelar informações ou dicas adicionais para futuras direções.

O passo referente a testes e avaliação representa uma tarefa crucial e desafiadora. Nenhum valor é agregado pela tarefa de mineração de dados até que o valor comercial obtido da descoberta de padrões seja identificado e reconhecido. A determinação do valor comercial dos padrões de conhecimento descobertos é de certa forma similar à montagem de um quebra-cabeça. Os padrões de conhecimento extraídos são peças do quebra-cabeça que precisam ser encaixadas umas às outras no contexto do propósito específico de negócios. O sucesso dessa operação de identificação depende da interação entre analistas de dados, analistas de negócios e os responsáveis por decisões gerenciais (como os gerentes de negócios). Como os analistas de dados talvez não tenham um entendimento integral dos objetivos da mineração de dados e daquilo que significam para os negócios e para analistas de negócios, e como os tomadores de decisões talvez não contem com os conhecimentos técnicos para interpretar os resultados de soluções matemáticas sofisticadas, a interação entre eles se faz necessária. Para interpretar com propriedade os padrões de conhecimento, muitas vezes é preciso usar uma variedade de técnicas de tabulação e visualização (como tabelas dinâmicas, intertabulação de achados, gráficos de pizza, histogramas, diagramas de caixa e gráficos de dispersão).

6º passo: implementação

O desenvolvimento e a avaliação dos modelos não é o encerramento do projeto de mineração de dados. Mesmo que o propósito do modelos seja fazer uma simples exploração dos dados, o conhecimento obtido a partir de tal exploração ainda precisa ser organizado e apresentado de um modo que o usuário final possa compreender e tirar proveito. Dependendo das exigências, a fase de implementação pode ser tão simples quanto gerar um relatório ou tão complexa quanto instaurar um processo repetível de mineração de dados por todo o empreendimento. Em muitos casos, é o usuário, e não o analista de dados, que conduz o passo de implementação. No entanto, mesmo que não seja o analista a conduzir o esforço de implementação, é importante que o usuário entenda desde o início quais ações precisam ser tomadas para utilizar na prática os modelos criados.

O passo de implementação também pode incluir atividades de manutenção para os modelos implementados. Como tudo que envolve os negócios está em constante evolução, os dados que refletem as atividades de negócios também passam por mudanças. Ao longo do tempo, os modelos (e os padrões incorporados neles) desenvolvidos sobre os dados antigos podem se tornar obsoletos, irrelevantes ou enganosos. Por isso, o monitoramento e a manutenção dos modelos são requisitos importantes para que os resultados da mineração de dados se tornem parte dos negócios cotidianos e de seu ambiente. A preparação cuidadosa de uma estratégia de manutenção ajuda a evitar períodos longos e desnecessários de utilização incorreta dos resultados da mineração de dados. Para monitorar a implementação do(s) resultado(s) da mineração de dados, o projeto precisa de um plano detalhado sobre o processo de monitoramento, o que pode não ser uma tarefa trivial para modelos complexos de mineração de dados.

Outros processos e metodologias padronizados de mineração de dados

Para ser aplicado com sucesso, um estudo de mineração de dados deve ser encarado como um processo que obedece a uma metodologia padronizada, e não como um conjunto de ferramentas de software e técnicas automatizadas. Além do CRISP-DM, há outra metodologia bem conhecida desenvolvida pelo SAS Institute, chamada Semma (2009). A sigla Semma é a abreviação em inglês de "amostrar, explorar, modificar e avaliar" (*sample, explore, modify and assess*).

Começando por uma amostragem estatisticamente significativa dos dados, a Semma facilita a aplicação de técnicas exploratórias em estatística e visualização, a seleção e a transformação das variáveis preditivas mais significativas, a modelagem

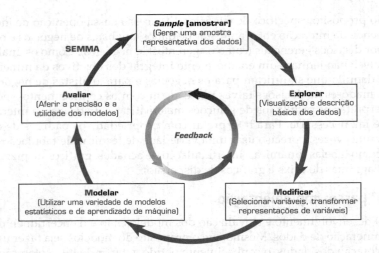

FIGURA 4.5 Processo Semma de mineração de dados.

das variáveis para prever resultados e a confirmação da precisão de um modelo. Uma representação pictográfica da Semma é apresentada na Figura 4.5.

Ao avaliar o resultado a cada estágio no processo Semma, o desenvolvedor do modelo pode determinar como modelar novas questões levantadas pelos resultados anteriores e assim retomar a fase de exploração para refinamento adicional dos dados; ou seja, assim como o CRISP-DM, a Semma é orientada por um ciclo de experimentação altamente iterativo. A principal diferença entre CRISP-DM e Semma é que o CRISP-DM assume uma abordagem mais abrangente – incluindo a compreensão dos negócios e dos dados relevantes – em relação a projetos de mineração de dados, enquanto a Semma implicitamente pressupõe que as metas e os objetivos do projeto de mineração de dados, juntamente com as fontes de dados apropriadas, já foram identificados e compreendidos.

Alguns usuários costumam empregar o termo **descoberta de conhecimento em bases de dados** (**KDD** – *knowledge discovery in databases*) como sinônimo de mineração de dados. Fayyad et al. (1996) define *descoberta de conhecimento em bases de dados* como um processo que utiliza métodos de mineração de dados para encontrar informações e padrões úteis nos dados, em oposição a *mineração de dados*, que envolve a utilização de algoritmos para identificar padrões nos dados derivados por meio do processo de KDD (veja a Figura 4.6). A KDD é um processo que abrange em si a mineração de dados. A entrada para o processo de KDD consiste em dados organizacionais. O *data warehouse* empresarial permite que KDD seja implementada de forma eficiente, pois oferece uma fonte única de dados a serem garimpados. Dunham (2003) resumiu o processo de KDD como consistindo nas seguintes etapas: seleção de dados, pré-processamento de dados, transformação de dados, mineração de dados e interpretação/avaliação de dados.

A Figura 4.7 exibe as respostas apresentadas à enquete "Qual metodologia principal você está usando para mineração de dados?"(conduzida por kdnuggets.com em agosto de 2007).

Capítulo 4 • Análise de dados preditiva I: processo, métodos e algoritmos de mineração de dados **255**

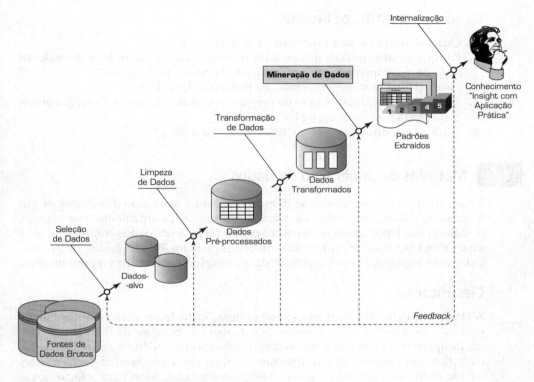

FIGURA 4.6   Processo KDD (*Knowledge Discovery in Databases*).

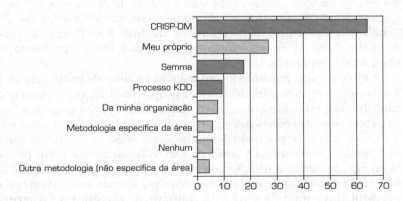

FIGURA 4.7   Ranking de metodologias/processos de mineração de dados.
Fonte: Usado com permissão de KDnuggets.com.

SEÇÃO 4.4 QUESTÕES DE REVISÃO

1. Quais são os principais processos da mineração de dados?
2. Por que as fases iniciais dos projetos de mineração de dados (compreender os negócios e compreender os dados) são as que levam mais tempo?
3. Liste e defina brevemente as fases do processo CRISP-DM.
4. Quais são as principais etapas do pré-processamento de dados? Descreva brevemente cada passo e dê exemplos relevantes.
5. Quais são as diferenças entre CRISP-DM e Semma?

4.5 Métodos de mineração de dados

Uma variedade de métodos estão disponíveis para a realização de estudos de mineração de dados, incluindo classificação, regressão, agrupamento e associação. A maioria das ferramentas de software para mineração de dados emprega mais de uma técnica (ou algoritmo) para cada um desses métodos. Esta seção descreve os métodos mais populares de mineração de dados e explica suas técnicas representativas.

Classificação

A classificação talvez seja o método de mineração de dados mais frequentemente utilizado para problemas do mundo real. Como um membro da família de técnicas de aprendizado de máquina, a classificação aprende padrões a partir de dados passados (um conjunto de informações – traços, variáveis, facetas – sobre características de itens, objetos ou eventos previamente rotulados) para colocar novas instâncias (com rótulos desconhecidos) em seus respectivos grupos ou classes. A classificação pode ser usada, por exemplo, para prever se o clima de um dia específico será "ensolarado", "chuvoso" ou "nublado". Dentre as tarefas populares de classificação estão: aprovação de crédito (isto é, bom ou mau risco de crédito), localização de lojas (boa, moderada ou má, por exemplo), marketing focado (clientes potenciais ou inalcançáveis, por exemplo), detecção de fraudes (isto é, sim/não) e telecomunicações (como propensão a mudar de operadora, sim/não). Se aquilo que está sendo previsto for um rótulo de classe (como "ensolarado", "chuvoso" ou "nublado"), o problema da previsão é chamado de classificação, ao passo que se for um valor numérico (como temperatura, digamos 18°C), o problema de previsão é chamado de **regressão**.

Embora o agrupamento (outro método popular de mineração de dados) também possa ser usado para determinar grupos (ou filiações a classes) de coisas, há uma diferença considerável entre os dois. A classificação aprende a função entre as características das coisas (isto é, as variáveis independentes) e sua filiação (isto é, a variável de saída) por meio de um processo supervisionado de aprendizado em que ambos tipos (entrada e saída) de variáveis são apresentados para o algoritmo; já no agrupamento, a filiação dos objetos é aprendida por meio de um processo não supervisionado de aprendizado em que apenas as variáveis de entrada são apresentadas para o algoritmo. Ao contrário da classificação, o agrupamento não conta com um mecanismo de supervisão (ou controle) que impõe o processo de aprendizado; na verdade, algoritmos de agrupamento utilizam uma ou mais heurísticas (como medição multidimensional de distância) para descobrir agregações naturais de objetos.

A metodologia de dois passos mais comuns em previsão do tipo classificação envolve desenvolvimento/treinamento de modelos e teste/implementação de modelos. Na fase de desenvolvimento de modelos, uma coleção de dados de entrada, incluindo rótulos de classes reais, é usada. Após um modelo ter sido treinado, ele é testado frente à amostra de reserva para sua precisão ser avaliada, podendo então ser aplicado na prática para prever classes de novas instâncias de dados (para os quais o rótulo de classe é desconhecido). Diversos fatores são levados em consideração ao avaliar o modelo, incluindo os seguintes:

- **Precisão preditiva.** A capacidade do modelo de prever corretamente o rótulo de classe de dados novos ou até então desconhecidos. A precisão preditiva é o fator avaliativo mais usado para modelos de classificação. Para computar essa medida, rótulos de classe reais de um conjunto de dados de teste são comparados a rótulos de classe previstos pelo modelo. A previsão pode então ser computada como uma *taxa de precisão*, que é um percentual das amostras do conjunto de dados de teste classificadas pelo modelo (mais a esse respeito é discutido adiante neste capítulo).
- **Velocidade.** Os custos computacionais envolvidos na geração e utilização do modelo, onde mais rápido é considerado melhor.
- **Robustez.** A capacidade do modelo de fazer previsões razoavelmente precisas, considerando-se dados com ruídos ou dados com valores ausentes ou errôneos.
- **Escalabilidade.** A capacidade de construir um modelo preditivo eficientemente, considerando-se a vasta quantidade de dados.
- **Interpretabilidade.** O nível de compreensão e *insight* proporcionado pelo modelo (como e/ou o que o modelo conclui a respeito de certas previsões).

Estimativa da verdadeira previsão de modelos de classificação

Em problemas de classificação, a fonte primordial para estimar a precisão é a *matriz de confusão* (também chamada de *matriz de classificação* ou de *tabela de contingência*). A Figura 4.8 mostra uma matriz de confusão para um problema de classificação em duas classes. Os números ao longo da diagonal entre o canto superior esquerdo e o canto inferior direito representam decisões corretas, e os números fora dessa diagonal representam os erros.

O Quadro 4.1 fornece equações para parâmetros comuns de precisão para modelos de classificação.

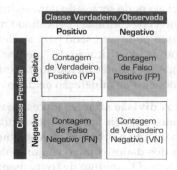

FIGURA 4.8 Uma matriz de confusão simples para tabulação de resultados de classificação em duas classes.

QUADRO 4.1 Métricas comuns de precisão para modelos de classificação	
Métrica	Descrição
Acuracidade = $\dfrac{TP + TN}{TP + TN + FP + FN}$	O índice de instâncias classificadas corretamente (positivas e negativas) dividido pela quantidade total de instâncias
Taxa de Verdadeiros Positivos = $\dfrac{TP}{TP + FN}$	(também chamada de Sensibilidade) O índice de positivos corretamente classificados dividido pela contagem total de positivos (isto é, taxa de acerto ou *recall*)
Taxa de Falsos Positivos = $\dfrac{TN}{TN + FP}$	(também chamada de Especificidade) O índice de negativos corretamente classificados dividido pela contagem total de negativos (isto é, taxa de alarmes falsos)
Precisão = $\dfrac{TP}{TP + FP}$	O índice de positivos corretamente classificados dividido pela soma dos positivos corretamente classificados e dos positivos incorretamente classificados
Recall = $\dfrac{TP}{TP + FN}$	O índice de positivos corretamente classificados dividido pela soma dos positivos corretamente classificados e dos negativos incorretamente classificados

Quando o problema de classificação não é binário, a matriz de confusão aumenta de tamanho (uma matriz quadrada com o tamanho do número único de rótulos de classe), e as métricas de precisão ficam limitadas a *taxas de acuracidade por classe* e à *acuracidade geral do classificador*.

$$(Taxa\ de\ Classificação\ Verdadeira)_i = \dfrac{(Classificação\ Verdadeira)}{\sum_{i=1}^{n}(Classificação\ Falsa)}$$

$$(Acuracidade\ Geral\ do\ Classificador)_i = \dfrac{\sum_{i=1}^{n}(Classificação\ Verdadeira)_i}{Quantidade\ Total\ de\ Casos}$$

Estimar a acuracidade de um modelo de classificação (ou classificador) induzido por um algoritmo de aprendizado supervisionado é importante pelos dois motivos seguintes: primeiro, isso pode ser usado para estimar sua futura precisão preditiva, que pode sugerir o nível de confiança depositado nas previsões geradas pelo classificador; e segundo, isso pode ser usado para a seleção de um classificador para um determinado conjunto (a identificação do "melhor" modelo de classificação dentre os muitos treinados). As seguintes metodologias estimativas estão entre as mais populares no uso em modelos de mineração de dados do tipo classificação.

DIVISÃO SIMPLES A **divisão simples** (ou estimativa com amostra de reserva ou teste) fraciona os dados em dois subconjuntos mutuamente excludentes chamados de conjunto de treinamento e conjunto de teste (ou conjunto de reserva). É comum designar dois terços dos dados como o conjunto de treinamento e o terço restante como o conjunto de teste. O conjunto de treinamento é usado pelo indutor (construtor do modelo), e o classificador construído é então testado no conjunto de teste. Uma exceção a essa regra ocorre quando o classificador é uma rede neural artificial. Neste

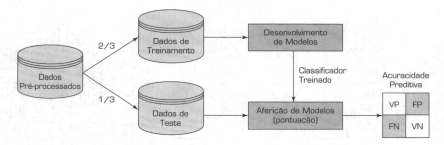

FIGURA 4.9 Divisão aleatória simples de dados.

caso, os dados são fracionados em três subconjuntos mutuamente excludentes: treinamento, validação e teste. O conjunto de validação é usado durante a construção do modelo para evitar sobreajuste (*overfitting*). A Figura 4.9 mostra a metodologia de divisão simples.

A principal crítica a esse método é que ele pressupõe que os dados nos dois subconjuntos são do mesmo tipo (isto é, possuem exatamente as mesmas propriedades). Por se tratar de um simples fracionamento aleatório, na maioria dos conjuntos de dados em que os dados apresentam assimetria na variável de classificação, tal pressuposto pode não se confirmar. Para melhorar essa situação, uma amostragem estratificada é sugerida, em que os estratos se tornam a variável de saída. Mesmo que isso seja um avanço com relação à divisão simples, ainda traz alguma tendenciosidade associada ao fracionamento aleatório único.

VALIDAÇÃO CRUZADA K-FOLD Para minimizar a tendenciosidade associada ao fracionamento aleatório das amostras de dados de treinamento e de reserva ao se comparar a precisão preditiva de dois ou mais métodos, pode-se usar uma metodologia chamada **validação cruzada k-fold**. Na validação cruzada k-fold, também chamada de *estimativa por rotação*, o conjunto completo de dados é dividido de forma aleatória em k subconjuntos mutuamente excludentes de tamanho quase igual. O modelo de classificação é treinado e testado k vezes. A cada vez, ele é treinado em todos exceto um dos subconjuntos e então testado no único subconjunto restante. A estimativa por validação cruzada da acuracidade em geral de um modelo é calculada simplesmente extraindo-se a média das medidas k de precisão individuais, conforme mostrado na seguinte equação:

$$PVC = \frac{1}{k}\sum_{i=1}^{k} A_i$$

onde PVC é a abreviação de precisão por validação cruzada, k é a quantidade de subconjuntos usados e P é a medida de precisão (como taxa de acerto, sensibilidade, especificidade) de cada subconjunto. A Figura 4.10 exibe uma ilustração gráfica de validação cruzada k-fold onde k é estabelecido em 10.

METODOLOGIAS ADICIONAIS DE AVALIAÇÃO DE CLASSIFICAÇÃO Outras metodologias de avaliação incluem:

- **"Deixar um fora".** O método de "deixar um fora" é similar à validação cruzada k-fold quando k assume o valor de 1, ou seja, todos os pontos de dados são usados para testes uma vez em tantos modelos desenvolvidos quanto forem o número

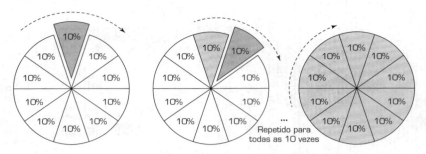

FIGURA 4.10 Representação gráfica de validação cruzada *k-fold*.

de pontos de dados. Trata-se de uma metodologia demorada, mas às vezes é uma opção viável quando o conjunto de dados é pequeno.
- **Bootstrapping.** Com *bootstrapping*, um número fixo de instâncias dos dados originais são amostrados (com substituição) para treinamento, e o restante do conjunto de dados é usado para teste. O processo é repetido quantas vezes for desejado.
- **Jackknifing.** Embora similar à metodologia de "deixar um fora", com *jackknifing* a precisão é calculada deixando-se de fora uma amostra a cada iteração do processo estimativo.
- **Área sob a curva ROC.** A área sob a curva ROC é uma técnica de avaliação gráfica em que a taxa de verdadeiros positivos é plotada no eixo y e a taxa de falsos positivos é plotada no eixo x. A área sob a curva ROC determina a medida de precisão de um classificador: um valor de 1 indica um classificador perfeito, enquanto 0,5 indica uma chance equivalente a aleatória; na realidade, os valores acabariam ficando entre os dois casos extremos. Na Figura 4.11, por exemplo, A tem um desempenho de classificação melhor do que B, enquanto C é tão bom quanto a chance aleatória de tirar cara ou coroa.

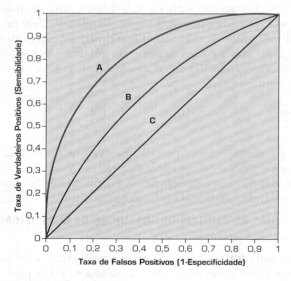

FIGURA 4.11 Uma amostra de curva ROC.

TÉCNICAS DE CLASSIFICAÇÃO Inúmeras técnicas (ou algoritmos) são usadas para a modelagem de classificações, incluindo as seguintes:
- *Análise por árvore de decisão.* A análise por árvore de decisão (uma técnica de aprendizado de máquina) pode ser considerada a técnica de classificação mais popular na arena da mineração de dados. Uma descrição detalhada dessa técnica é apresentada na próxima seção.
- *Análise estatística.* Durante muitos anos, técnicas estatísticas foram o principal algoritmo de classificação, até o surgimento das técnicas de aprendizado de máquina. As técnicas estatísticas de classificação incluem regressão logística e análise discriminante, ambas as quais partem do pressuposto de que as relações entre as variáveis de entrada e saída são de caráter linear, que os dados apresentam uma distribuição normal e que as variáveis não são correlacionadas e são independentes umas das outras. O caráter questionável desses pressupostos levou a uma migração rumo às técnicas de aprendizado de máquina.
- *Redes neurais.* Estão entre as técnicas mais populares de aprendizado de máquina que podem ser usadas para problemas do tipo classificatório.
- *Raciocínio baseado em casos.* Essa abordagem emprega casos históricos para reconhecer afinidades e atribuir um novo caso à categoria mais provável.
- *Classificadores bayesianos.* Essa abordagem utiliza a teoria das probabilidades para desenvolver modelos classificatórios baseados nas ocorrências passadas que são capazes de situar uma nova instância na classe (ou categoria) mais provável.
- *Algoritmos genéticos.* O uso da analogia da evolução natural para desenvolver mecanismos baseados em busca direcionada a fim de classificar amostras de dados.
- *Conjuntos aproximados.* Esse método leva em consideração a filiação parcial de rótulos de classe a categorias pré-definidas ao desenvolver modelos (coleções de regras) para problemas classificatórios.

Uma descrição completa de todas essas técnicas de classificação está além do escopo deste livro; por isso, apenas algumas das mais populares são apresentadas aqui.

MODELOS CONJUNTOS PARA MELHOR ANÁLISE PREDITIVA DE DADOS Em essência, a criação de conjuntos é o processo de combinar com inteligência as informações (projeções ou previsões) criadas e fornecidas por duas ou mais fontes de informações (isto é, modelos preditivos). Embora ainda se debata sobre o nível de sofisticação dos métodos conjuntos a serem empregados, há um consenso de que os modelos conjuntos produzem informações mais robustas e confiáveis para decisões de negócios (Seni & Elder, 2010). Ou seja, a combinação de projeções pode muitas vezes aumentar a precisão e a robustez dos resultados informativos, reduzindo, ao mesmo tempo, a incerteza e a tendenciosidade associadas a modelos individuais.

Como todos sabemos, na mineração de dados e na modelagem preditiva não existe um "melhor modelo" que funcione para qualquer problema. O melhor modelo depende do cenário sendo analisado e dos dados sendo usados, e só pode ser obtido por meio de extensiva experimentação do tipo tentativa e erro (o que só acontece quando há tempo e recursos suficientes). Assim como não existe um modelo universalmente superior, tampouco existe a melhor implementação dos diferentes tipos de modelos – por exemplo, árvores de decisão, redes neurais e máquinas de vetores de suporte possuem diferentes arquiteturas e conjuntos de parâmetros que precisam ser "otimizados" para os melhores resultados possíveis. Cientistas de dados estão desenvolvendo novas formas de aumentar a precisão e a eficiência dos modelos preditivos atuais. Uma forma comprovada de fazer isso é combinar as saídas dos modelos preditivos em uma única pontuação composta, que é um modelo conjunto. Nos últimos anos, os conjuntos têm saído como os vencedores em muitas competições de mineração de dados e modelagem preditiva (ver kaggle.org para uma lista das recentes competições e vencedores de análise de dados preditiva).

Modelos conjuntos podem ser categorizados ou como homogêneos ou como heterogêneos (Abbott 2014, p. 307). Como o nome sugere, um modelo homogêneo conjunto combina os resultados de dois ou mais modelos do mesmo tipo, como, digamos, árvores de decisão. Na verdade, a vasta maioria dos modelos homogêneos conjuntos é desenvolvida usando-se uma combinação de estruturas de árvore de decisão. As duas categorias comuns de conjuntos de árvores de decisão são *bagging* e *boosting*. Um exemplo bem reconhecido e de imenso sucesso de conjuntos de árvores de decisão do tipo *bagging* é a chamada Random Forest (Floresta Aleatória) – em vez de construir uma grande árvore, a Random Forest desenvolve uma floresta com muitos tipos de árvores. E um bom exemplo de conjuntos de árvores de decisão do tipo *boosting* é o chamado AdaBoosting (uma abreviação de "Adaptative Boosting") – um algoritmo que muda o peso ponderado (isto é, a importância ou contribuição) atribuído a uma amostra de dados a cada iteração no processo de aprendizado com base nos resultados com classificação errônea; assim, a precisão do classificador/preditor acaba sendo otimizada para todos os rótulos de classe.

Já os modelos heterogêneos conjuntos, novamente como o nome sugere, combinam os resultados de dois ou mais tipos diferentes de modelos, como árvores de decisão, redes neurais artificiais, regressão logística e máquinas de vetores de suporte. Um dos fatores-chave para o sucesso da modelagem conjunta é o uso de modelos que são fundamentalmente diferentes uns dos outros, cada qual examinando os dados a partir de um ponto de vista distinto. Devido ao modo como combina os resultados de diferentes tipos de modelos, os modelos heterogêneos conjuntos também são chamados de modelos de fusão de informações (Delen & Sharda, 2010). No processo de combinação dos resultados de múltiplos modelos, ou uma votação simples (com cada modelo contribuindo igualmente, com um voto) ou uma combinação ponderada de votação (em que a contribuição de cada modelo se baseia em sua precisão preditiva – modelos mais precisos recebem maior peso ponderado) pode ser usada. Qualquer que seja o método de combinação, os conjuntos se revelaram uma contribuição inestimável a qualquer projeto de mineração de dados e modelagem preditiva. Ainda que a modelagem conjunta aumente a precisão e a robustez, pelo lado negativo, ela também aumenta a complexidade dos modelos, e, assim, a dificuldade de interpretação (isto é, a transparência). A Figura 4.12 ilustra graficamente um processo de modelo heterogêneo conjunto.

ÁRVORES DE DECISÃO Antes de descrevermos os detalhes das **árvores de decisão**, precisamos discutir aspectos de terminologia básica. Em primeiro lugar, as árvores de decisão incluem muitas variáveis de entrada que afetam a classificação de diferentes padrões. Essas variáveis de entrada costumam ser chamadas de *atributos*. Se fôssemos construir, por exemplo, um modelo para classificar riscos de empréstimo

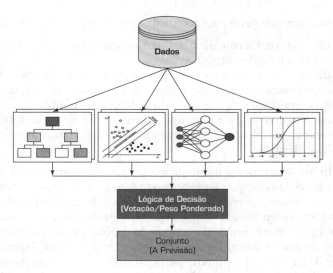

FIGURA 4.12   Ilustração gráfica de um conjunto heterogêneo.

com base em apenas duas características – renda e qualificação de crédito – essas duas características seriam os atributos, e a saída resultante seria a designação de classe (como risco baixo, médio ou alto). Em segundo lugar, uma árvore é constituída de ramos e nós. Um *ramo* representa o resultado de um teste para classificar um padrão (com base em um teste) usando um dos atributos. Um *nó em forma de folha* na extremidade representa a escolha final de classe para um padrão (uma cadeia de ramos desde o nó da raiz até o nó da folha, que pode ser representada como uma declaração "se-então" complexa).

A ideia básica por trás de uma árvore de decisão é que ela divide recursivamente um conjunto de treinamento até que cada divisão consista inteira ou primordialmente em exemplos de uma única classe. Cada nó da árvore não vinculado a uma folha contém um *ponto de divisão*, que é um teste sobre um ou mais atributos e que determina como os dados devem ser divididos ainda mais. Em geral, algoritmos de árvore de decisão constroem uma árvore inicial a partir dos dados de treinamento de tal forma que cada nó em forma de folha seja puro, e então podam a árvore para aumentar sua generalização e, consequentemente, a precisão preditiva relativa aos dados.

Na fase de crescimento, a árvore é construída mediante a divisão recursiva dos dados até que cada divisão esteja pura (isto é, contenha membros da mesma classe) ou relativamente pequena. A ideia básica é fazer perguntas cujas respostas forneçam o máximo de informação, similar a um jogo de adivinhação em que se tem um número limitado de perguntas a fazer.

A divisão usada para fracionar os dados depende do tipo de atributo aplicado na divisão. Para um atributo contínuo A, as divisões se dão na forma valor(A) < x, onde x é um valor "ideal" de divisão de A. A divisão baseada em renda, por exemplo, poderia ser "Renda < 50 mil". Já para o atributo categórico A, as divisões se dão na forma valor(A) pertence a x, onde x é um subconjunto de A. Como exemplo, a divisão de sexos poderia se dar da seguinte forma: "Masculino *versus* Feminino".

Um algoritmo geral para construir uma árvore de decisão é o seguinte:
1. Crie um nó em forma de raiz e atribua todos os dados de treinamento a ele.
2. Selecione o melhor atributo divisor.
3. Adicione um ramo ao nó-raiz para cada valor da divisão. Divida os dados em subconjuntos mutuamente excludentes (não sobrepostos) obedecendo a casa divisão específica e siga avançando ao longo dos ramos.
4. Repita os passos 2 e 3 para todo e cada nó em forma de folha até que o critério terminal seja alcançado (quando, por exemplo, o nó é dominado por um único rótulo de classe).

Muitos algoritmos já foram propostos para criar árvores de decisão. A diferença entre eles se dá principalmente no modo como determinam o atributo divisor (e seus valores divisores), a ordem de divisão dos atributos (dividindo o mesmo atributo uma única vez ou muitas vezes), a quantidade de divisões a cada nó (binário *versus* terciário) o critério terminal e a poda da árvore (pré *versus* pós-poda). Alguns dos algoritmos mais conhecidos são o ID3 (seguido do C4.5 e C5 como versões aprimoradas do ID3) a partir de aprendizado de máquina, árvores de classificação e regressão (Cart – *classification and regression trees*) a partir da estatística e o detector automático de interações qui-quadrado (Chaid – *chi-squared automatic interaction detector*) a partir de reconhecimento de padrões.

Ao se construir uma árvore de decisão, a meta a cada nó é determinar o atributo e o ponto divisório de tal atributo que melhor fraciona os registros de treinamento a fim de purificar a representação de classe em tal nó. Para avaliar a adequação da divisão, alguns índices divisórios foram propostos. Dois dos mais comuns são o índice de Gini e o ganho de informação. O índice de Gini é usado em algoritmos Cart e Sprint (Scalable PaRallelizable INduction of Decision Trees, ou Indução Paralelizável Escalável de Árvores de Decisão). Versões do ganho de informação são usadas em ID3 (e suas versões mais novas, C4.5 e C5).

O **índice de Gini** é usado na economia para mensurar a diversidade de uma população. O mesmo conceito pode ser usado para determinar a pureza de uma classe específica como resultado de uma decisão de bifurcar um ramo ao longo de um atributo ou variável em particular. A melhor divisão é aquela que aumenta a pureza dos conjuntos resultantes de uma divisão proposta. Examinemos brevemente um cálculo simples do índice de Gini.

Se um conjunto de dados S contiver exemplos de n classes, o índice de Gini é definido como:

$$gini(S) = 1 - \sum_{j=1}^{n} p_j^2$$

onde p_j é a frequência relativa da classe j em S. Se o conjunto de dados S for dividido em dois subconjuntos, S_1 e S_2, com tamanhos N_1 e N_2, respectivamente, o índice de Gini dos dados divididos conterá exemplos de n classes, e o índice de Gini será definido como:

$$gini_{split}(S) = \frac{N_1}{N} gini(S_1) + \frac{N_2}{N} gini(S_2)$$

A combinação atributo/divisão que gera o menor $gini_{split}(S)$ é escolhida para dividir o nó. Em tal determinação, deve-se enumerar todos os pontos possíveis de divisão para cada atributo.

O **ganho de informação** é o mecanismo divisório usado em ID3, que talvez seja o algoritmo mais amplamente conhecido para construção de árvores de decisão. Ele foi desenvolvido por Ross Quinlan em 1986, que desde então o aprimorou nos algoritmos C4.5 e C5. A ideia básica por trás do ID3 (e suas variantes) é o uso de um conceito chamado *entropia* no lugar do índice de Gini. A **entropia** mede a quantidade de incerteza ou aleatoriedade em um conjunto de dados. Quando todos os dados em um subconjunto pertencem a uma mesma classe, não há qualquer incerteza ou aleatoriedade em tal conjunto de dados, resultando em entropia zero. O objetivo dessa abordagem é construir subárvores até que a entropia em cada subconjunto final seja zero (ou próxima de zero). Examinemos também o cálculo do ganho de informação.

Assuma que há duas classes, P (positiva) e N (negativa). Agora considere que o conjunto de exemplos S contém p contagens da classe P e n contagens da classe N. A quantidade de informação necessária para decidir se um exemplo arbitrário em S pertence a P ou N é definida como:

$$I(p, n) = -\frac{p}{p+n}\log_2\frac{p}{p+n} - \frac{n}{p+n}\log_2\frac{n}{p+n}$$

Assuma que usando-se o atributo A, o conjunto S será fracionado em conjuntos $\{S_1, S_2, \ldots, S_v\}$. Se S_i contém p_i exemplos de P e n_i exemplos de N, a entropia, ou a informação necessária esperada para classificar objetos em todas as subárvores, S_i, será:

$$E(A) = \sum_{i=1}^{n}\frac{p_i + n_i}{p+n}I(p_i, n_i)$$

Então, a informação que seria obtida pela bifurcação segundo o atributo A seria:

$$Ganho(A) = I(p,n) - E(A)$$

Esses cálculos são repetidos para todo e cada atributo, e aquele com o maior ganho de informação é selecionado como o atributo divisor. As ideias básicas por trás desses índices de divisão são bastante similares umas às outras, mas os detalhes algorítmicos específicos variam. Uma definição detalhada do algoritmo ID3 e de seu mecanismo divisório pode ser encontrada em Quinlan (1986).

O Caso Aplicado 4.5 ilustra como se pode obter ganhos consideráveis se as técnicas certas de mineração de dados forem usadas para um problema de negócios bem definido.

Caso aplicado 4.5

A Influence Health utiliza análise de dados preditiva para se concentrar nos fatores que realmente influenciam nas decisões de saúde das pessoas

A Influence Health oferece a única plataforma digital integrada de engajamento e ativação de clientes do setor de atendimento de saúde. A plataforma da Influence Health permite que prestadores de atendimento, empregadores e pagadores influenciem positivamente as decisões tomadas pelos clientes e seus comportamentos de saúde bem além do ambiente de atendimento físico, por meio de engajamento personalizado e interativo via múltiplos canais. Desde 1996, a empresa sediada em Birmingham, Alabama, ajuda mais de 1.100 organizações de atendimento a influenciar clientes de um modo transformador para resultados financeiros e de qualidade.

(Continua)

Caso aplicado 4.5 *(Continuação)*

O atendimento de saúde é uma questão pessoal. As necessidades de cada paciente são singulares e exigem uma resposta individualizada. Por outro lado – conforme o custo da prestação de atendimento de saúde continua a subir – hospitais e sistemas de saúde precisam cada vez mais explorar economias de escala no cuidado de populações sempre mais amplas. O desafio então torna-se prestar um atendimento personalizado e ao mesmo tempo operar em larga escala. A Influence Health é especializada em ajudar seus clientes do setor de atendimento de saúde a superar esse desafio ao conhecer melhor seus pacientes existentes e potenciais e abordar cada indivíduo com os serviços de saúde certos na hora certa. Tecnologias avançadas de análise de dados preditiva da IBM permitem que a Influence Health ajude seus clientes a descobrirem fatores que mais influenciam nas decisões de saúde dos pacientes. Ao aferir a potencial necessidade de centenas de milhões de pacientes de serviços específicos de atendimento de saúde, a Influence Health é capaz de alavancar receitas e taxas de resposta para campanhas de atendimento de saúde, melhorando os resultados finais para seus clientes e também para seus pacientes.

O consumidor esclarecido como alvo

O atual setor de atendimento de saúde está ficando mais competitivo do que nunca. Quando a utilização dos serviços de uma organização apresenta uma queda, o mesmo ocorre com seus lucros. Em vez de simplesmente procurar o hospital ou clínica mais próxima, os consumidores agora mostram-se mais propensos a fazerem escolhas positivas entre os prestadores de serviços de saúde. Na esteira de esforços comuns em outros setores, organizações de atendimento de saúde têm de se empenhar mais para promover seus serviços a pacientes existentes e potenciais, construindo engajamento e fidelidade a longo prazo.

No atendimento de saúde, as chaves do sucesso no marketing são prontidão e relevância. Quem consegue prever quais tipos de serviços de saúde um paciente em potencial pode precisar é capaz de engajá-los e influenciá-los com muito mais efetividade para atendimento de bem-estar.

Venky Ravirala, diretor de análise de dados da Influence Health, explica: "Organizações de atendimento de saúde arriscam perder a atenção das pessoas quando ficam bombardeando-as com mensagens irrelevantes. Ajudamos nossos clientes a evitar esse risco ao aplicarmos análise de dados para segmentar seus pacientes existentes e potenciais e promovê-los de uma forma muito mais pessoal e relevante."

Análise de dados mais rápida e flexível

Com o aumento de sua base de clientes, o volume total de dados nos sistemas de análise da Influence Health cresceu, passando a incluir mais de 195 milhões de registros de pacientes, com um histórico detalhado de doenças de muitos milhões de pacientes. Ravirala comenta: "Com tantos dados para analisar, nosso método existente de dados de pontuação estava ficando complexo e demorado demais, O que queríamos era poder extrair *insights* com maior rapidez e precisão".

Ao empregar o software da IBM de análise de dados preditiva, a Influence Health agora está apta a desenvolver modelos que calculam as chances de cada paciente precisar de serviços específicos e apta também a expressar essas probabilidades na forma de uma pontuação percentual. A microssegmentação e os inúmeros modelos para doenças específicas tomam por base dados demográficos, socioeconômicos, comportamentais, de histórico de doenças e de censo para examinar diferentes aspectos das necessidades previstas de atendimento de saúde para cada paciente.

"A solução da IBM nos permite combinar todos esses modelos usando uma técnica conjunta, o que ajuda a superar as limitações de modelos individuais e a gerar resultados mais precisos", observa Ravirala. "Ele nos dá flexibilidade para aplicar múltiplas técnicas para resolver um problema e chegar à melhor solução. Também automatiza boa parte do processo de análise de dados, nos permitindo reagir mais depressa às exigências dos clientes, e muitas vezes proporcionando a eles um nível bem mais profundo de *insight* sobre sua população de pacientes."

A Influence Health decidiu, por exemplo, descobrir como a prevalência e o risco de doenças varia entre diferentes grupos na população em geral. Empregando técnicas bastante sofisticadas de análise de agrupamento, a equipe conseguiu descobrir novos padrões de comorbidade que elevam a previsibilidade de risco em mais de 800% para mais de 100 doenças comuns.

Isso ajuda a distinguir com maior confiabilidade pacientes sob risco e sob alto risco – facilitando o desenvolvimento de campanhas sob medida voltadas para pacientes e casos em potencial que mais precisam delas. Com *insights* como esses à disposição, a Influence Health é capaz de usar seus conhecimentos em marketing no atendimento de saúde para aconselhar seus clientes sobre as melhores maneiras de alocar seus recursos de marketing.

"Nossos clientes tomam decisões orçamentárias significativas com base na orientação que lhes fornecemos", declara Ravirala. "Nós os ajudamos a maximizar o impacto de campanhas isoladas – como campanhas no mercado de planos de saúde quando o Obamacare começou – bem como de seus planos estratégicos a longo prazo e comunicações duradouras de marketing."

Alcançando o público certo

Ao permitir que seus clientes mirem suas atividades de marketing com maior efetividade, a Influence Health está ajudando a alavancar receitas e a melhorar a saúde da população. "Ao trabalharem conosco, os clientes têm conseguido alcançar um retorno sobre o investimento de até 12 por 1 por meio de marketing aprimorado e sob medida", comenta Ravirala. "E não são apenas as receitas: ao garantirmos que informações vitais de saúde sejam enviadas às pessoas que delas necessitam, estamos ajudando nossos clientes a melhorar os níveis gerais de saúde nas comunidades que eles atendem."

A Influence Health segue refinando suas técnicas de modelagem, obtendo uma compreensão cada vez mais profunda dos atributos cruciais que influenciam as decisões de atributos. Com um conjunto de ferramentas flexível em suas mãos, a empresa encontra-se bem equipada para continuar melhorando seus serviços aos clientes. Ravirala conclui: "No futuro, queremos levar nossos conhecimentos sobre dados de pacientes existentes e potenciais para um novo patamar, identificando padrões no comportamento e incorporando análise com bibliotecas de aprendizado de máquina. O IBM SPSS já nos proporcionou a capacidade de aplicar e combinar múltiplos modelos sem escrevermos uma linha sequer de código. Estamos ávidos para aproveitar ainda mais essa solução da IBM ao expandirmos nossa análise de dados em atendimento de saúde a fim de embasar resultados clínicos e serviços de gestão de saúde à população."

"Estamos empregando análise de dados numa escala sem precedentes. Hoje, podemos analisar 195 milhões de registros com 35 modelos diferentes em menos de dois dias – uma tarefa que simplesmente não nos era possível no passado", conclui Venky Ravirala, diretor de análise de dados da Influence Health.

Questões para discussão

1. O que a Influence Health fez?
2. Quais foram os desafios, a solução proposta e os resultados obtidos?
3. De que forma a mineração de dados pode ajudar as empresas no ramo de atendimento de saúde (de maneiras além das mencionadas neste caso)?

Fonte: Influence Health: Focusing on the factors that really influence people's healthcare decisions. IBM Case Study, www.presidion.com/case-study-influence-health.

Análise de agrupamento para mineração de dados

A análise de agrupamento é um método essencial de mineração de dados para classificar itens, eventos ou conceitos em aglomerados comuns chamados agrupamentos (*clusters*). O método é bastante empregado em biologia, medicina, genética, análise de redes sociais, antropologia, arqueologia, astronomia, reconhecimento de caracteres e até mesmo no desenvolvimento de sistemas de informação gerenciais. Com o aumento da popularidade da mineração de dados, suas técnicas subjacentes vêm sendo utilizadas no mundo dos negócios, sobretudo no marketing. A análise de agrupamento já foi usada extensivamente para detecção de fraudes (tanto envolvendo cartões de crédito quanto comércio eletrônico) e segmentação de mercado de clientes em sistemas CRM contemporâneos. Mais aplicações nos negócios continuam sendo desenvolvidas conforme o poder da análise de agrupamento é reconhecido e aplicado.

A análise de agrupamento é uma ferramenta de análise de dados para solucionar problemas de classificação. O objetivo é ordenar casos (como pessoas, coisas, eventos) em grupos, para que o grau de associação seja forte entre membros do mesmo agrupamento e fraco entre membros de diferentes agrupamentos. Cada agrupamento descreve a classe a qual seus membros pertencem. Um óbvio exemplo unidimensional de análise de agrupamento é estabelecer faixas de pontuação às quais as notas de uma turma universitária podem ser atribuídas. Isso é similar ao problema de análise de agrupamento que o Tesouro dos Estados Unidos enfrentou quando estabeleceu novas faixas de cobrança de impostos na década de 1980. Um exemplo ficcional de agrupamento ocorre nos livros de *Harry Potter*, de J. K. Rowling. O Chapéu Seletor determina a qual Casa (dormitório) alunos do primeiro ano devem ser designados ao entrarem para a Escola de Hogwarts. Outro exemplo envolve a determinação dos assentos para os convidados a um casamento. No âmbito da mineração de dados, a importância da análise de agrupamento é que ela pode revelar nos dados associações e estruturas que antes não estavam aparentes, mas que se revelam sensatas e úteis depois de encontradas.

Os resultados de uma análise de agrupamento podem ser usados para:

- Identificar um esquema de classificação (como tipos de clientes)
- Sugerir modelos estatísticos para descrever populações
- Indicar regras para designar novos casos a classes para fins de identificação, triagem e diagnósticos
- Oferecer medidas de definição, tamanho e mudança para conceitos previamente amplos e vagos
- Encontrar casos típicos para designar e representar classes
- Diminuir o tamanho e a complexidade do problema de espaço para outros métodos de mineração de dados
- Identificar valores discrepantes em um domínio específico (como da detecção de eventos raros)

DETERMINAÇÃO DA QUANTIDADE IDEAL DE AGRUPAMENTOS Algoritmos de agrupamento exigem que se especifique a quantidade de agrupamentos a serem encontrados. Quando essa quantidade não é conhecida por experiência prévia, ela deve ser escolhida de alguma forma. Infelizmente, não existe uma maneira ideal de calcular qual essa quantidade deve ser. Por isso, diversos métodos heurísticos já foram propostos. Os listados a seguir estão entre os mais adotados:

- Procure pelo percentual de variância explicado como uma função da quantidade de agrupamentos; ou seja, escolha uma quantidade tal de agrupamentos para a qual o acréscimo de mais um agrupamento não acabaria melhorando muito o modelo. Especificamente, caso o percentual de variância explicado pelos agrupamentos seja plotado em um gráfico, haverá um ponto a partir do qual o ganho marginal acabará caindo (e gerando um ângulo no gráfico), indicando a quantidade de agrupamentos a ser selecionada.
- Estabeleça a quantidade de agrupamentos em $(n/2)^{1/2}$, onde n é a quantidade de pontos de dados.
- Utilize o critério de informação Akaike (AIC – Akaike *information criterion*) que é uma medida da adequação (baseada no conceito de entropia) para determinar a quantidade de agrupamentos.
- Utilize o critério de informação bayesiana, que é um critério de seleção de modelo (baseado em estimativa de probabilidade máxima) para determinar a quantidade de agrupamentos.

MÉTODOS DE ANÁLISE A análise de agrupamentos pode se basear em um ou mais dos métodos gerais a seguir:

- Métodos estatísticos (incluindo hierárquicos e não hierárquicos), como *k-means* e *k-modes*
- Redes neurais (com a arquitetura chamada mapa auto-organizável)
- Lógica difusa (*fuzzy logic*) (como o algoritmo *c-means*)
- Algoritmos genéticos

Cada um desses métodos costuma funcionar com uma dentre duas classes gerais de métodos:

- ***Divisiva.*** Com classes divisivas, todos os itens começam em um agrupamento e vão sendo fracionados.
- ***Aglomerativa.*** Com classes aglomerativas, todos os itens começam em agrupamentos individuais, e os agrupamentos vão sendo unidos uns aos outros.

A maioria dos métodos de análise de agrupamento envolve o uso de uma **medição de distância** para calcular a proximidade entre pares de itens. Entre as medições de distância populares estão a distância euclidiana (a distância ordinária entre dois pontos medida com uma régua) e a distância de Manhattan (também chamada de distância retilinear, ou distância de táxi, entre dois pontos). Muitas vezes, elas se baseiam em verdadeiras distâncias que são medidas, mas isso nem sempre vale, como é tipicamente o caso no desenvolvimento de SI. Médias ponderadas podem ser usadas para estabelecer tais distâncias. Num projeto de desenvolvimento de SI, por exemplo, módulos individuais do sistema podem estar relacionados pela similaridade entre suas entradas, saídas, processos e os dados específicos usados. Esses fatores são então agregados, aos pares por item, em uma única medição de distância.

ALGORITMO DE AGRUPAMENTO POR *K-MEANS* O algoritmo *k-means* (onde *k* é a quantidade pré-determinada de agrupamentos) pode ser considerado o algoritmo agregador mais empregado. Suas raízes remontam à análise estatística tradicional. Como o nome sugere, o algoritmo atribui cada ponto de dados (cliente, evento, objeto, etc.) a um agrupamento cujo centro (também chamado de centroide) encontra-se mais próximo. O centro é calculado como a média de todos os pontos no agrupamento, ou seja, suas coordenadas são a média aritmética para cada dimensão

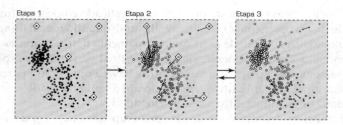

FIGURA 4.13 Ilustração gráfica das etapas no algoritmo *k-means*.

separadamente por todos os pontos no agrupamento. As etapas do algoritmo estão listadas abaixo e exibidas graficamente na Figura 4.13:

Etapa de inicialização: Escolha a quantidade de agrupamentos (isto é, o valor de k).

Etapa 1: Gere aleatoriamente k pontos como os centros iniciais dos agrupamentos.
Etapa 2: Designe cada ponto ao centro de agrupamento mais próximo.
Etapa 3: Recompute os novos centros de agrupamentos.

Etapa de repetição: Repita as etapas 2 e 3 até que algum critério de convergência seja alcançado (geralmente quando a designação de pontos a agrupamentos se estabiliza).

Mineração de regras de associação

A mineração de regras de associação (também conhecida como análise de afinidades ou análise de cesta de mercado) é um popular método de mineração de dados que é comumente usado como um exemplo para explicar para públicos com menos traquejo tecnológico o que é a mineração de dados e o que ela é capaz de fazer. A maioria dos leitores já deve ter ouvido falar da famosa (ou infame, dependendo do seu ponto de vista) relação descoberta entre a venda de cerveja e de fraldas em supermercados. Reza a lenda que uma grande rede de supermercados (talvez a Walmart, talvez não; não há consenso sobre qual rede se tratava) fez uma análise dos hábitos de compras dos clientes e descobriu uma relação estatisticamente significativa entre compras de cerveja e compras de fraldas. Teorizou-se, então, que o motivo disso era que os pais (presumivelmente homens jovens) deviam estar passando por um supermercado para comprar fraldas para seus bebês (sobretudo às quintas-feiras) e, como já não podiam mais ir aos bares assistir esportes com a mesma frequência, acabavam comprando cerveja também. Como resultado dessa descoberta, a tal rede de supermercados supostamente teria colocado as fraldas ao lado das cervejas, resultando em aumento nas vendas de ambos.

Em essência, a mineração de regras de associação visa encontrar relações (afinidades) interessantes entre variáveis (itens) em grandes bases de dados. Devido à sua aplicação bem-sucedida em problemas no ramo do varejo, ela também costuma ser chamada de *análise de cesta de mercado*. A principal ideia na análise de cesta de mercado é identificar fortes relações entre diferentes produtos (ou serviços) que costumem ser adquiridos em conjunto (aparecendo na mesma cesta de compras, seja uma cestinha física de um mercado ou uma cesta virtual em um site de comércio eletrônico). Dentre as pessoas que adquirem seguro automotivo abrangente, por exemplo, 65% delas também adquirem um plano de saúde; 80% daqueles que compram livros online também compram música online; 60% daqueles que têm pressão alta e sobrepeso apresentam colesterol alto; 70% dos consumidores que compram um laptop e software antivírus também compram planos de cobertura estendida.

A entrada na análise de cesta de mercado são os simples dados de transações nos pontos de venda, em que inúmeros produtos e/ou serviços adquiridos em conjunto (como o conteúdo de um recibo de compra) são tabulados sob uma única instância transacional. Como resultado, a análise acaba gerando informações inestimáveis que podem ser usadas para melhor compreender o comportamento de compra dos consumidores a fim de maximizar o lucro a partir de transações comerciais. Um comércio pode tirar proveito de tais conhecimentos ao: (1) colocar itens lado a lado para que fique mais conveniente aos clientes pegá-los em conjunto e não esquecer de comprar um quando está comprando os outros (aumentando o volume de vendas), (2) promover os itens como um combo (não coloque um à venda se o(s) outro(s) estiver(em) à venda) e (3) colocar itens longe uns dos outros para que o cliente precise caminhar pelos corredores à sua procura, o que aumenta o seu potencial de enxergar e comprar outros itens.

Dentre as aplicações de análise de cesta de mercado estão: marketing cruzado, vendas cruzadas, design de lojas, design de catálogos, design de site de comércio eletrônico, otimização de propaganda online, precificação de produtos e configuração de vendas/promoções. Em essência, a análise de cesta de mercado ajuda os estabelecimentos comerciais a inferir necessidades e preferências dos clientes a partir de seus padrões de compras. Fora do mundo dos negócios, regras de associação são usadas com sucesso para revelar relações entre sintomas e doenças, diagnósticos e características de pacientes e tratamentos (o que pode ser usado num sistema médico de apoio a decisões) e genes e suas funções (o que pode ser usado em projetos genômicos), entre outros. Eis algumas áreas e usos comuns de mineração de regras de associação:

- **Transações de vendas:** Combinações de produtos adquiridos em conjunto podem ser usadas para aprimorar a disposição física dos produtos nas gôndolas (aproximando entre si produtos que se combinam) e a precificação promocional de produtos (não colocando em promoção ambos produtos que costumam ser comprados em conjunto).
- **Transações com cartão de crédito:** Compras mediante cartão de crédito proporcionam informações quanto a produtos que os clientes tendem a adquirir em conjunto e quanto a usos fraudulentos de números de cartão de crédito.
- **Serviços bancários:** Os padrões sequenciais de serviços usados pelos clientes (conferir conta corrente e depois a conta poupança) podem ser usados para identificar outros serviços que pode ser interessantes (conta de investimentos).
- **Produtos do setor de seguros:** Pacotes de produtos de seguros adquiridos por clientes (seguro automotivo seguido por seguro domiciliar) podem ser usados para propor produtos adicionais do setor (seguro de vida), ou combinações pouco usuais de solicitações de pagamento podem ser um sinal de fraude.
- **Serviços de telecomunicações:** Grupos de opções comumente adquiridos (como chamada em espera, identificador de chamadas, ligações em três linhas) ajudam a estruturar melhor pacotes de produtos a fim de maximizar receitas; o mesmo é aplicável a operadoras de telecomunicação multicanais, com serviços de telefonia, televisão e Internet.
- **Registros médicos:** Certas combinações de enfermidades podem indicar risco elevado de várias complicações; além disso, certos procedimentos de tratamento em determinadas dependências médicas podem estar vinculados a alguns tipos de infecções.

Uma boa pergunta a se fazer com relação aos padrões/relações que a mineração de regras de associação é capaz de descobrir é "Será que todas as regras de associação são interessantes e úteis?". Para responder essa pergunta, a mineração de regras de associação utiliza dois parâmetros comuns: **suporte**, e **confiança** e **elevação** [*lift*]. Antes de definir esses termos, entraremos brevemente em tecnicalidades ao mostrar como uma regra de associação se parece:

$X \Rightarrow Y$ [*Sup*(%), *Conf*(%)]
{Computador Laptop, Software Antivírus} $\Rightarrow$
{Plano de Cobertura Estendida}[30%, 70%]

Aqui, X (produtos e/ou serviço; chamado de *lado esquerdo*, *LE*, ou o *antecedente*) está associado a Y (produtos e/ou serviço; chamado de *lado direito*, *LD*, ou *consequente*). S é o suporte, e C é a confiança nessa regra em particular. Eis algumas fórmulas para *Supp*, *Conf* e *Lift* [elevação].

$$Suporte = Sup(X \Rightarrow Y) = \frac{quantidade\ de\ cestas\ que\ contêm\ tanto\ X\ quanto\ Y}{quantidade\ total\ de\ cestas}$$

$$Confiança = Conf(X \Rightarrow Y) = \frac{Sup(X \Rightarrow Y)}{Sup(X)}$$

$$Elevação(X \Rightarrow Y) = \frac{Conf(X \Rightarrow Y)}{Conf\ Esperada\ (X \Rightarrow Y)} = \frac{\frac{S(X \Rightarrow Y)}{S(X)}}{\frac{S(X) * S(Y)}{S(X)}} = \frac{S(X \Rightarrow Y)}{S(X) * S(Y)}$$

O suporte (*S*) de uma coleção de produtos é a frequência com que esses produtos e/ou serviços (isto é, LE + LD – Computador Laptop, Software Antivírus e Plano de Cobertura Estendida) aparecem juntos na mesma transação; ou seja, a proporção de transações no conjunto de dados que contém todos os produtos e/ou serviços mencionados em uma regra específica. Neste exemplo, 30% de todas as transações no banco de dados da loja hipotética apresentavam todos os três produtos em um mesmo recibo de compras. A confiança de uma regra é a frequência com que os produtos e/ou serviços no LD (consequente) vão junto com os produtos e/ou serviços no LE (antecedente), ou seja, a proporção de transações que incluem o LE e ao mesmo tempo incluem o LD. Em outras palavras, trata-se da probabilidade condicional de encontrar o LD da regra presente em transações em que o LE da regra já existe. O valor de elevação de uma regra de associação é a razão entre a confiança da regra e a confiança esperada da regra. A confiança esperada da regra é definida como o produto entre os valores de suporte do LE e do LD dividido pelo suporte do LE.

Há diversos algoritmos disponíveis para a descoberta de regras de associação. Dentre os mais conhecidos estão Apriori, Eclat e FP-Growth. Esses algoritmos cumprem apenas metade do trabalho, que é identificar os conjuntos de itens frequentes na base de dados. Depois que os conjuntos de itens são identificados, eles precisam ser convertidos em regras com partes antecedente e consequente. A determinação das regras a partir de conjuntos de itens frequentes se dá por um processo combinatório bastante objetivo, mas o processo pode ser demorado no caso de vastas bases de dados transacionais. Embora possa haver muitos itens em cada seção da regra, na prática a parte consequente costuma conter um único item. Na seção a seguir, um dos algoritmos mais populares para identificação de conjuntos de itens frequentes é explicado.

ALGORITMO APRIORI O algoritmo Apriori é o mais usado para a descoberta de regras de associação. Quando apresentado com um conjunto de itens (como conjuntos de transações no varejo, cada qual listando itens individuais adquiridos), o algoritmo busca encontrar subconjuntos que sejam comuns a pelo menos um número mínimo dos conjuntos de itens (isto é, obedecendo a um suporte mínimo). O Apriori emprega uma abordagem de baixo para cima, em que subconjuntos frequentes são estendidos em um item por vez (um método conhecido como *geração de candidatos*, mediante o qual o tamanho dos subconjuntos frequentes aumenta de subconjuntos de um item para subconjuntos de dois itens, depois subconjuntos de três itens, etc.) e grupos de candidatos a cada nível são testados frente aos dados buscando apresentar um mínimo de suporte. O algoritmo termina quando mais nenhuma extensão bem-sucedida é encontrada.

Como um exemplo ilustrativo, considere o seguinte. Um supermercado rastreia transações de vendas por SKU (*stock keeping unit*, ou unidade de manutenção de estoque) e assim fica a par de quais itens tendem a ser comprados em conjunto. A base de dados de transações, juntamente com os passos subsequentes na identificação dos conjuntos de itens frequentes, é mostrada na Figura 4.14. Cada SKU na base de dados transacional corresponde a um produto, como 1 = manteiga, 2 = pão, 3 = água, e assim por diante. O primeiro passo no Apriori é contar as frequências (isto é, suportes) de cada item (conjuntos de itens de um único item). No caso desse exemplo supersimplificado, vamos estabelecer o suporte mínimo em 3 (ou 50%, o que quer dizer que um conjunto de item é considerado frequente se aparecer em ao menos 3 dentre 6 transações na base de dados). Como todos os conjuntos de itens de um único item apresentam no mínimo 3 na coluna de suporte, todos eles são considerados conjuntos de itens frequentes. No entanto, se qualquer conjunto de itens de um único item não fosse frequente, não teria sido incluído como possível membro de pares de dois itens. Dessa forma, o Apriori poda a árvore de todos os possíveis conjuntos de itens. Conforme mostra a Figura 4.14, usando conjuntos de itens com um único item, todos os possíveis conjuntos de itens com dois itens são gerados e a base de dados transacional é usada para calcular seus valores de suporte. Como o conjunto de item com dois itens {1, 3} apresenta um suporte inferior a 3, ele não deve ser incluído nos conjuntos de itens frequentes que serão usados para gerar os

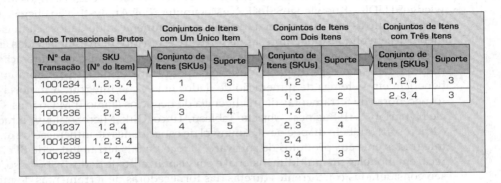

FIGURA 4.14 Identificação de conjuntos de itens frequentes no algoritmo Apriori.

conjuntos de itens de próximo nível (conjuntos de itens com três itens). O algoritmo parece enganosamente simples, mas somente para conjuntos de dados pequenos. No caso de conjuntos de dados maiores, sobretudo aqueles com enorme profusão de itens presentes em baixas quantidades e pequena representação de itens presentes em grandes quantidades, a busca e o cálculo se tornam um processo computacionalmente intensivo.

SEÇÃO 4.5 QUESTÕES DE REVISÃO

1. Identifique ao menos três dos principais métodos de mineração de dados.
2. Dê exemplos de situações em que a classificação seria uma técnica de mineração de dados apropriada. Dê exemplos de situações em que a regressão seria uma técnica de mineração de dados apropriada.
3. Liste e defina brevemente ao menos duas técnicas de classificação.
4. Quais são alguns dos critérios usados para comparar e selecionar a melhor técnica de classificação?
5. Descreva brevemente o algoritmo geral usado em árvores de decisão.
6. Defina *índice de Gini*. O que ele mede?
7. O que é um modelo conjunto em mineração de dados? Quais são os prós e contras de modelos conjuntos?
8. Dê exemplos de situações em que a análise de agrupamento seria uma técnica de mineração de dados apropriada.
9. Qual é a principal diferença entre análise de agrupamento e classificação?
10. Quais são alguns dos métodos para análise de agrupamento?
11. Dê exemplos de situações em que a associação seria uma técnica de mineração de dados apropriada.

4.6 Ferramentas de software de mineração de dados

Muitos fornecedores de software disponibilizam ferramentas poderosas de mineração de dados. Exemplos de tais fornecedores incluem IBM (IBM SPSS Modeler, conhecido anteriormente como SPSS PASW Modeler e Clementine), SAS (Enterprise Miner), Dell (Statistica, conhecido anteriormente como StatSoft Statistica Data Miner), SAP (Infinite Insight, conhecido anteriormente como KXEN Infinite Insight), Salford Systems (CART, MARS, TreeNet, RandomForest), Angoss (KnowledgeSTUDIO, KnowledgeSEEKER) eMegaputer (PolyAnalyst). Não chega a surpreender que as ferramentas mais populares de mineração de dados sejam claramente desenvolvidas por empresas de software estatístico bem estabelecidas (SAS, SPSS e StatSoft) – em grande parte porque a estatística é a base da mineração de dados, e tais empresas dispõem dos meios para transformá-las com bom custo/benefício em sistemas de mineração de dados em escala integral. A maioria das fornecedoras de ferramentas de inteligência de negócios (como IBM Cognos, Oracle Hyperion, SAP Business Objects, Tableau, Tibco, Qlik, MicroStrategy, Teradata e Microsoft) também dispõe de algum nível de capacidades de mineração de dados integradas em seus produtos de software. O foco de tais ferramentas de BI ainda recai em modelagem multidimensional e em visualização de dados, e, por isso, não são consideradas concorrentes diretas das fornecedoras de ferramentas de mineração de dados.

Além dessas ferramentas comerciais, diversas outras ferramentas de software de mineração de dados de código aberto e/ou gratuitas estão disponíveis online. Tradicionalmente, sobretudo em círculos educacionais, a mais popular ferramenta de mineração de dados gratuita e de código aberto é a **Weka**, que foi desenvolvida por inúmeros pesquisadores da University of Waikato, na Nova Zelândia (a ferramenta pode ser baixada em cs.waikato.ac.nz/ml/weka). A Weka inclui uma grande quantidade de algoritmos para diferentes tarefas de mineração de dados e conta com uma interface de usuário intuitiva. Recentemente, diversas ferramentas de mineração de dados de código aberto e de alta capacidade emergiram: liderando a manada estão **KNIME** (knime.org) e **RapidMiner** (rapidminer.com). Suas interfaces de usuário graficamente enriquecidas, seu emprego de um vasto leque de algoritmos e a incorporação de uma variedade de recursos de visualização de dados as destaca das demais ferramentas gratuitas. Essas duas ferramentas de software também são agnósticas em termos de plataforma (isto é, podem rodar nativamente em sistemas Windows ou Mac). Com uma recente mudança em suas funcionalidades, a RapidMiner criou uma versão enxuta de sua ferramenta de análise de dados de graça (isto é, edição comunitária) enquanto ainda oferece o produto comercial integral. Por isso, se antes era listada na categoria de ferramentas gratuitas/de código aberto, agora a RapidMiner costuma ser listada sob ferramentas comerciais. A principal diferença entre ferramentas comerciais, como SAS Enterprise Miner, IBM SPSS Modeler e Statistica, e as ferramentas gratuitas, como Weka, RapidMiner (edição comunitária) e KNIME, é a eficiência computacional. A mesma tarefa de mineração de dados envolvendo um conjunto de dados vasto e rico em detalhes pode levar muito mais tempo para ser concluída com ferramentas de software gratuitas, e pode nem mesmo ser completada no caso de certos algoritmos (isto é, falhando devido ao uso ineficiente de memória computacional). O Quadro 4.2 lista alguns dos principais produtos e seus respectivos sites.

Um pacote de capacidades de inteligência de negócios e análise de dados que se tornou cada vez mais popular para estudos de mineração de dados é o **SQL Server da Microsoft** (ele vem incluindo cada vez mais capacidades de análise de dados, como BI e módulos de modelagem preditiva, a começar pelo SQL Server versão 2012), no qual os dados e os modelos ficam armazenados no mesmo ambiente de base de dados relacional, facilitando em muito a gestão de modelos. O **Microsoft Enterprise Consortium** atua como fonte mundial para acesso ao pacote de software SQL Server da Microsoft para fins acadêmicos – ensino e pesquisa. O consórcio foi estabelecido para permitir que universidades do mundo inteiro acessem tecnologia empresarial sem precisarem manter o hardware e o software necessários em seu próprio *campus*. O consórcio oferece uma ampla gama de ferramentas para desenvolvimento de inteligência de negócios (como mineração de dados, construção de cubos, extração de relatórios de negócios), bem como vários conjuntos de dados vastos e realistas de Sam's Club, Dillard e Tyson Foods. O Microsoft Enterprise Consortium é de uso gratuito e só pode ser usado para fins acadêmicos. O Sam M. Walton College of Business da University of Arkansas hospeda o sistema empresarial e permite que membros do consórcio e seus alunos acessem esses recursos usando uma simples conexão remota em desktop. Os detalhes sobre a participação no consórcio, além de tutoriais e exemplos fáceis de acompanhar, podem ser encontrados em walton.uark.edu/enterprise/.

Em maio de 2016, a KDnuggets.com conduziu sua 13ª Enquete Anual sobre Software, com a seguinte pergunta: "Qual software você utilizou para projetos de Análise de Dados, Mineração de Dados, Ciência de Dados e Aprendizado de Máquina nos últimos 12 meses?". A enquete apresentou uma notável participação junto a

QUADRO 4.2 Software selecionado de mineração de dados

Nome do produto	Site (URL)
IBM SPSS Modeler	www-01.ibm.com/software/analytics/spss/products/modeler/
IBM Watson Analytics	ibm.com/analytics/watson-analytics/
SAS Enterprise Miner	sas.com/en_id/software/analytics/enterprise-miner.html
Dell Statistica	statsoft.com/products/statistica/product-index
PolyAnalyst	megaputer.com/site/polyanalyst.php
CART, RandomForest	salford-systems.com
Insightful Miner	solutionmetrics.com.au/products/iminer/default.html
XLMiner	solver.com/xlminer-data-mining
SAP InfiniteInsight (KXEN)	help.sap.com/ii
GhostMiner	fqs.pl/ghostminer
SQL Server Data Mining	msdn.microsoft.com/en-us/library/bb510516.aspx
Knowledge Miner	knowledgeminer.com
Teradata Warehouse Miner	teradata.com/products-and-services/teradata-warehouse-miner/
Oracle Data Mining (ODM)	oracle.com/technetwork/database/options/odm/
FICO Decision Management	fico.com/en/analytics/decision-management-suite/
Orange Data Mining Tool	orange.biolab.si/
Zementis Predictive Analytics	zementis.com

comunidade e fornecedores de análise e ciência de dados, atraindo 2.895 votantes, que escolheram um número recorde de 102 ferramentas diferentes. Eis algumas das descobertas interessantes reveladas pela enquete:

- O R continua sendo a ferramenta líder, com uma fatia de 49% do total (subindo dos 46,9% em 2015), mas o uso do Python cresceu com mais força e quase alcançou o R, com 45,8% do total (previamente 30,3%).
- O RapidMiner continua sendo a plataforma geral mais popular para mineração/ciência de dados, com uma fatia de 33%. Ferramentas de destaque com o maior crescimento em popularidade incluem Dato, Dataiku, MLlib, H2O, Amazon Machine Learning, scikit-learn e IBM Watson.
- A expansão no leque de ferramentas se reflete em uma adoção mais ampla. O número médio de ferramentas usadas foi de 6,0 (contra 4,8 em maio de 2015).
- O uso de ferramentas de Hadoop/Big Data cresceu de 29% em 2015 (e 17% em 2014) para 39%, puxados por Apache Spark, MLlib (Spark Machine Learning Library) e H2O.
- A participação por região foi: EUA/Canadá (40%), Europa (39%), Ásia (9,4%), América Latina (5,8%), África/Oriente Médio (2,9%) e Austrália/NZ (2,2%).

- Este ano, 86% dos votantes usaram software comercial e 75% usaram software gratuito. Cerca de 25% usaram apenas software comercial e 13% usaram apenas software de código aberto/gratuito. A maioria dos 61% usou tanto software gratuito quanto comercial, similar aos 64% em 2015.
- O uso de ferramentas de Hadoop/Big Data cresceu de 29% em 2015 e de 17% em 2014 para 39%, puxados sobretudo pelo forte crescimento em Apache Spark, MLlib (Spark Machine Learning Library) e H2O, que incluímos entre as ferramentas de Big Data.
- Pelo segundo ano consecutivo, a enquete da KDnuggets.com incluiu ferramentas de Deep Learning. Este ano, 18% dos votantes usaram ferramentas de Deep Learning, dobrando os 9% em 2015 – o Google Tensorflow pulou para o primeiro lugar, ultrapassando o líder do ano passado, o ecossistema Theano/Pylearn2.
- Na categoria de linguagens de programação, Python, Java, ferramentas Unix e Scala cresceram em popularidade, enquanto C/C++, Perl, Julia, F#, Clojure e Lisp apresentaram queda.

Para reduzir distorções por votos repetidos, nessa enquete a KDnuggets.com utilizou verificação de email e, ao fazê-lo, buscou tornar os resultados mais representativos da realidade do mundo da análise de dados. Os resultados das 40 principais ferramentas de software (conforme a quantidade total de votos recebidos) estão mostrados na Figura 4.15. Por meio de diferentes tonalidades, o gráfico de barras horizontais também estabelece distinção entre as ferramentas gratuitas/de código aberto, as comerciais e as de Big Data/Hadoop.

Caso aplicado 4.6

A mineração de dados vai para Hollywood: previsão do sucesso financeiro dos filmes

Este caso aborda um estudo em que inúmeras ferramentas de software e técnicas de mineração de dados são utilizadas para construir modelos de mineração de dados para prever o sucesso financeiro (arrecadação com bilheteria) de filmes de Hollywood enquanto eles ainda não passam de meras ideias.

Prever a arrecadação em bilheteria (isto é, o sucesso financeiro) de um filme em particular é um problema interessante e desafiador. Segundo alguns especialistas na área, a indústria do cinema é a "arena dos chutes e palpites afoitos" devido à dificuldade associada a prever a demanda dos produtos, o que torna os negócios cinematográficos em Hollywood um empreendimento arriscado. Em apoio a tais observações, Jack Valenti (o presidente e CEO de longa data da Motion Picture Association of America), certa vez mencionou que: "... ninguém é capaz de prever o desempenho de um filme no mercado ... não antes que o filme estreie no escurinho do cinema e centelhas voem entre a tela e a plateia". Os jornais e revistas que cobrem a indústria do entretenimento estão repletos de exemplos, declarações e experiências que embasam tal declaração.

Como muitos outros pesquisadores que tentaram lançar luz sobre esta desafiador problema do mundo real, Ramesh Sharda e Dursun Delen vêm explorando o uso da mineração de dados para prever o desempenho financeiro de um filme nas bilheterias antes mesmo que entre em produção (enquanto o filme não passa de uma ideia conceitual). Em seus modelos preditivos que tiveram ampla repercussão, eles convertem o problema de projeção (ou regressão) em um problema de classificação; ou seja, em vez

(Continua)

278 BI e análise de dados para gestão do negócio

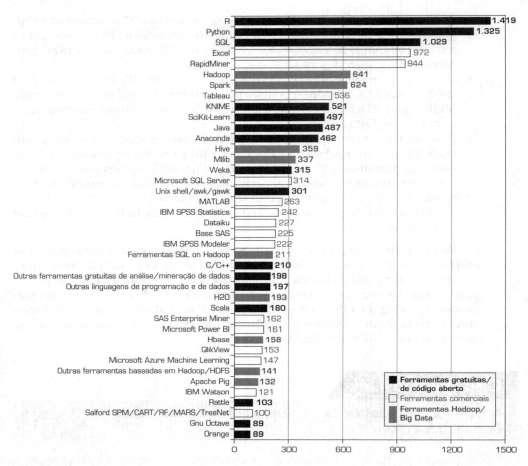

FIGURA 4.15 Ferramentas de software populares para mineração de dados (resultados de enquete). *Fonte:* Usado com permissão de KDnuggets.com.

Caso aplicado 4.6 *(Continuação)*

de preverem a estimativa de faturamento em bilheteria, eles classificam um filme com base em seu faturamento em uma dentre nove categorias, indo desde "fracasso" até *"blockbuster"*, transformando o problema numa tarefa de classificação multinominal. A Tabela 4.1 ilustra a definição das nove classes em termos da faixa de faturamento com bilheteria.

TABELA 4.1 Classificação de filmes com base em faturamento na bilheteria

Classificação	1	2	3	4	5	6	7	8	9
Faixa (em milhões de dólares)	> 1 (*Fracasso*)	> 1 < 6 10	> 10 < 20	> 20 < 6 40	> 40 < 6 65	> 65 < 6 100	> 100 < 6 150	> 150 < 6 200	> 200 (*Blockbuster*)

Dados

Os dados foram coletados em uma variedade de bases de dados relacionadas a cinema (como ShowBiz, IMDb, IMSDb, AllMovie, Boxoffice-Mojo, etc.) e consolidados em um único conjunto de dados. O conjunto de dados para os modelos desenvolvidos mais recentemente continha 2.632 filmes lançados entre 1998 e 2006. Um resumo das variáveis independentes, juntamente com suas especificações, é fornecido no Quadro 4.3. Para detalhes mais descritivos e justificativas para a inclusão dessas variáveis independentes, consulte Sharda e Delen (2006).

Metodologia

Usando uma variedade de métodos de mineração de dados, incluindo redes neurais, árvores de decisão, SVMs e três tipos de conjuntos, Sharda e Delen desenvolveram os modelos preditivos. Os dados de 1998 a 2005 foram usados como dados de treinamento para construção dos modelos preditivos, e os dados de 2006 foram usados como dados de teste para aferir e comparar a precisão preditiva dos modelos. A Figura 4.16 exibe uma captura de tela do IBM SPSS Modeler (anteriormente a ferramenta de mineração de dados Clementine) retratando o

QUADRO 4.3 Resumo das variáveis independentes

Variável independente	Número de valores	Valores possíveis
Avaliação MPAA	5	G, PG, PG-13, R, NR
Competição	3	Alta, Média, Baixa
Valor de estrelas	3	Alto, Médio, Baixo
Gênero	10	Ficção científica, Drama épico histórico, Drama moderno, Politicamente relacionado, *Thriller*, Terror, Comédia, Animação, Ação, Documentário
Efeitos especiais	3	Alto, Médio, Baixo
Sequência	2	Sim, Não
Número de projeções	1	Um número inteiro entre 1 e 3.876

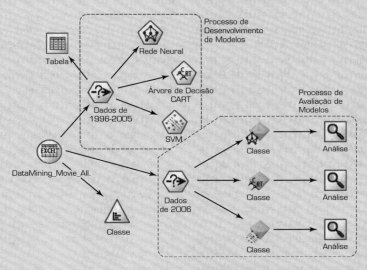

FIGURA 4.16 Captura de tela de fluxo de processos para o sistema de previsão de bilheterias.
Fonte: Usado com permissão da IBM SPSS.

(Continua)

Caso aplicado 4.6 *(Continuação)*

TABELA 4.2 Resultados preditivos tabulados para modelos individuais e conjuntos

	Modelos preditivos					
	Modelos individuais			Modelos conjuntos		
Medidas de desempenho	SVM	ANN	CART	Floresta Aleatória	Floresta *Boosted*	Fusão (Média)
Contagem (Bingo)	192	182	140	189	187	**194**
Contagem (Erro por 1)	104	120	126	121	104	**120**
Precisão (% Bingo)	55,49%	52,60%	40,46%	54,62%	54,05%	**56.07%**
Precisão (% Erro por 1)	85,55%	87,28%	76,88%	89,60%	84,10%	**90.75%**
Desvio-padrão	0,93	0,87	1,05	0,76	0,84	**0,63**

mapa processual empregado para o problema preditivo. O canto superior esquerdo do mapa processual mostra o processo de desenvolvimento de modelos, e o canto inferior direito do mapa processual mostra o processo de aferição (isto é, testagem ou pontuação) de modelos (mais detalhes sobre a ferramenta IBM SPSS Modeler e seu uso podem ser encontrados no site que acompanha este livro).

Resultados

A Tabela 4.2 apresenta os resultados preditivos de todos os três métodos de mineração de dados, bem como os resultados dos três conjuntos diferentes. A primeira medida de desempenho é a taxa percentual de classificação correta, que é chamado de *Bingo*. Também apresentada na tabela está a taxa de classificação correta *Erro por 1* (isto é, a uma categoria de distância). Os resultados indicam que o SVM foi o que se saiu melhor entre os modelos individuais de previsão, seguido pelo ANN; o pior dos três foi o algoritmo de árvore de decisão CART. Em geral, os modelos conjuntos se saíram melhor do que os modelos individuais de previsão, e dentre os modelos conjuntos o algoritmo de fusão foi o de melhor desempenho. O que é provavelmente mais importante para os tomadores de decisões, e que se destaca na tabela de resultados, é o desvio-padrão significativamente baixo obtido pelos conjuntos quando comparados aos modelos individuais.

Conclusões

Os pesquisadores alegam que esses resultados preditivos são superiores a qualquer outro já publicado na literatura nesta área de problema. Além da precisão atraente de seus resultados preditivos para receitas com bilheteria, esses modelos também poderiam ser usados para analisar em maior profundidade (e potencialmente otimizar) as variáveis decisórias a fim de maximizar o retorno financeiro. Especificamente, os parâmetros usados na construção dos modelos poderiam ser alterados usando-se os modelos preditivos já treinados para melhor compreender o impacto dos diferentes parâmetros sobre os resultados finais. Durante esse processo, que costuma ser referido como *análise de sensibilidade*, o tomador de decisões de uma determinada empresa de entretenimento poderia descobrir, com um nível relativamente alto de precisão, quanto valor um ator específico (ou uma data de lançamento específica, ou o acréscimo de mais efeitos especiais, etc.) agrega ao sucesso financeiro de um filme, tornando o sistema subjacente um auxílio inestimável às decisões.

Questões para discussão

1. Por que é importante para muitos profissionais de Hollywood a previsão do sucesso financeiro de filmes?
2. Como a mineração de dados pode ser usada para prever o sucesso financeiro de filmes antes mesmo do início do seu processo de produção?
3. Como você acha que Hollywood desempenhava, e talvez ainda esteja desempenhando, essa tarefa sem a ajuda de ferramentas e técnicas de mineração de dados?

Fontes: Sharda, R., & Delen, D. (2006). Predicting box-office success of motion pictures with neural networks. *Expert Systems with Applications, 30*, 243–254; Delen, D., Sharda, R., & Kumar, P. (2007). Movie forecast Guru: A Web-based DSS for Hollywood managers. *Decision Support Systems, 43*(4), 1151–1170.

SEÇÃO 4.6 QUESTÕES DE REVISÃO

1. Quais são as ferramentas comerciais de mineração de dados mais populares?
2. Na sua opinião, por que as ferramentas mais populares são desenvolvidas por empresas baseadas em estatística?
3. Quais são as ferramentas gratuitas de mineração de dados mais populares? Por que elas estão conquistando uma esmagadora popularidade (especialmente R)?
4. Quais são as principais diferenças entre ferramentas de software de mineração de dados comerciais e gratuitas?
5. Quais seriam os seus cinco critérios principais para escolher uma ferramenta de mineração de dados? Explique.

4.7 Questões, mitos e deslizes de privacidade em mineração de dados

Dados que são coletados, armazenados e analisados em mineração de dados muitas vezes contêm informações a respeito de pessoas reais. Tais informações podem incluir identificação (nome, endereço, número da carteira de identidade, número da carteira de motorista, número da carteira de trabalho, etc.), dados demográficos (como idade, sexo, etnia, estado civil, número de filhos), dados financeiros (como salário, renda familiar bruta, saldo em conta corrente ou poupança, residência própria, detalhes sobre empréstimo ou hipoteca, limites e saldos de cartão de crédito, detalhes de contas de investimento), histórico de compras (isto é, o que foi comprado, onde e quando – seja a partir de registros de transações do fornecedor ou a partir de detalhes de transações via cartão de crédito) e outros dados pessoais (como data de aniversário, gravidez, doença, perdas na família, pedidos de falência). A maior parte desses dados pode ser acessada por meio de fornecedores de dados terceirizados. A principal questão aqui é a privacidade da pessoa a quem os dados pertencem. Para manter a privacidade e a proteção dos direitos individuais, os profissionais de mineração de dados respeitam obrigações éticas (e muitas vezes legais). Uma maneira de garantir isso é o processo de desidentificação dos registros do cliente antes de aplicar mineração de dados, de modo que os registros não possam levar até algum indivíduo. Muitas fontes de dados publicamente disponíveis (como dados do CDC, do SEER, do UNOS) já se encontram desidentificados. Antes de acessarem a esses dados, é comum que os usuários sejam instados a consentirem que, sob circunstância alguma, tentarão identificar os indivíduos por trás das cifras.

No passado recente, houve diversas instâncias de empresas que compartilharam dados de seus clientes com outrem sem procurarem o consentimento explícito de seus clientes. Como a maioria dos leitores deve lembrar, em 2003, por exemplo, a JetBlue Airlines forneceu registros de mais de um milhão de seus passageiros para a Torch Concepts, uma prestadora de serviços ao governo norte-americano. A Torch subsequentemente ampliou os dados sobre os passageiros com informações adicionais, como tamanho das famílias e números da Seguridade Social – informações compradas de uma corretora de dados chamada Acxiom. A intenção era que a base de dados pessoais consolidada fosse usada para um projeto de mineração de dados a fim de desenvolver perfis de terroristas em potencial. Tudo isso foi feito sem notificação nem consentimento dos passageiros. Quando notícias sobre essa atividade acabaram vazando, dezenas de ações judiciais foram impetradas contra a JetBlue, a Torch e a Acxiom, e diversos senadores norte-americanos foram chamados a depor sobre o incidente (Wald, 2004). Notícias similares, mas não tão drásticas, vazaram no passado recente a respeito das empresas mais populares de redes sociais, que supostamente estavam vendendo dados de clientes específicos para outras empresas usarem em marketing com alvo personalizado.

Em 2012, outra notícia peculiar envolvendo preocupações de privacidade ganhou as manchetes. Nessa instância, a empresa nem chegou a usar dados privados e/ou pessoais. Legalmente falando, nenhuma lei foi violada. A empresa envolvida foi a Target, e a história está resumida no Caso Aplicado 4.7.

Caso aplicado 4.7

Prevendo padrões de compra de consumidores – a história da Target

No início de 2012, uma infame notícia surgiu envolvendo a prática de análise de dados preditiva da Target. A notícia envolvia uma adolescente que estava recebendo folhetos e cupons de propaganda da Target para os tipos de mercadorias que uma futura mãe compraria numa loja como essa. A história é a seguinte: um homem enraivecido entrou numa Target perto de Minneapolis exigindo falar com um gerente: "Minha filha recebeu isso pelo correio!", disse ele. "Ela ainda está no ensino médio, e vocês estão enviando a ela cupons para roupinhas de bebê e berços? Estão tentando estimulá-la a ficar grávida?". O gerente não fazia a menor ideia do que o homem estava falando. Ele examinou a mala-direta. De fato, ela estava endereçada à filha do homem e continha propagandas de roupas de maternidade, móveis de berçário e foto de crianças sorridentes. O gerente se desculpou e então telefonou alguns dias depois para se desculpar novamente. Ao telefone, porém, o pai estava um tanto envergonhado. "Tive uma conversa com a minha filha", explicou. "Acontece que houve algumas atividades na minha casa das quais eu não estava ciente. Ela deve dar à luz em agosto. Eu lhe devo desculpas."

No fim das contas, a Target descobriu que uma adolescente estava grávida antes que seu próprio pai descobrisse! E eis como isso foi possível. A Target atribui a cada cliente um número de ID de Convidado (vinculado a seu cartão de crédito, nome ou endereço de email) que se torna um marcador que acompanha o histórico de tudo que é comprado. A empresa amplia esses dados com informações demográficas que tenha coletado junto a eles ou comprado de outras fontes de informação. Usando essas informações, a Target examinou os históricos de compras de todas as mulheres que se inscreveram na seção de bebês da Target no passado. Ela analisou os dados a partir de todas as direções, e logo logo alguns padrões úteis começaram a emergir. Cremes hidratantes e vitaminas especiais, por exemplo, estavam entre os produtos com padrões de compra interessantes. Muita gente compra creme hidratante, mas o sistema percebeu que mulheres no cadastro de bebês estavam comprando quantidades maiores de hidratante sem odor em torno do início de seu segundo trimestre. Outro analista percebeu que a certa altura durante as primeiras 20 semanas, as grávidas passavam a se abastecer com suplementos contendo cálcio, magnésio e zinco. Muitas compradoras adquirem sabonete e algodão, mas quando alguém começa de repente a comprar grandes quantidades de sabonete sem cheiro e frascos extragrandes de algodão, além de álcool-gel e lenços umedecidos, isso é sinal de que estão se aproximando da hora do parto. Ao final, a Target foi capaz de identificar cerca de 25 produtos que, quando analisados em conjunto, lhe permitia atribuir a cada compradora uma pontuação de "previsão de gravidez". Acima de tudo, ela também era capaz de estimar a data do parto da mulher com uma pequena margem de erro, o que a permitia enviar cupons agendados em estágios específicos de sua gravidez.

Se analisarmos essa prática do ponto de vista legal, concluiremos que a Target não usou qualquer informação que violasse a privacidade dos clientes; na verdade, ela usou dados transacionais que praticamente todas as outras cadeias de varejo costumam coletar e armazenar (e talvez analisar) a respeito de seus clientes. O perturbador neste cenário talvez tenha sido o conceito-alvo: gravidez. Há certos eventos ou conceitos que deveriam permanecer intocados ou serem tratados com extrema cautela, tais como doença terminal, divórcio e falência.

Questões para discussão

1. O que você acha da mineração de dados e sua implicação para a privacidade? Qual é o limite entre descoberta de conhecimentos e invasão de privacidade?
2. A Target foi longe demais? Cometeu algo ilegal? O que você acha que a Target deveria ter feito? O que você acha que a Target deveria fazer a seguir (abandonar esses tipos de práticas)?

Fontes: Hill, K. (2012, February 16). How Target figured out a teen girl was pregnant before her father did. *Forbes*; Nolan, R. (2012, February 21). Behind the cover story: How much does Target know? NYTimes.com.

Mitos e deslizes na mineração de dados

A mineração de dados é uma poderosa ferramenta analítica com a qual os executivos podem deixar de apenas descrever o passado (olhando para o retrovisor) e passar a prever o futuro (olhando para frente) e a melhor gerir suas operações de negócios (tomando decisões precisas e ágeis). A mineração de dados ajuda os profissionais de marketing a desvendar os mistérios do comportamento dos consumidores. Os resultados da mineração de dados podem ser usados para aumentar as receitas e reduzir os custos mediante a identificação de fraudes e descoberta de oportunidades de negócios, oferecendo toda uma nova arena de vantagem competitiva. Como uma área em evolução e amadurecimento, a mineração de dados é muitas vezes associada a inúmeros mitos, incluindo aqueles listados no Quadro 4.4 (Delen, 2014; Zaima, 2003).

Os visionários da mineração de dados obtiveram enorme vantagem competitiva ao entenderem que tais mitos não passam disso: mitos.

Embora sua proposição de valor e, portanto, sua necessidade sejam óbvias a todos, aqueles que conduzem projetos de mineração de dados (desde os cientistas de

QUADRO 4.4 Mitos da mineração de dados

Mito	Realidade
A mineração de dados oferece previsões instantâneas ao estilo bola de cristal.	A mineração de dados é um processo em múltiplas etapas que exige um projeto e uma utilização deliberados e proativos.
A mineração de dados ainda não é viável para aplicações empresariais tradicionais.	As aplicações de ponta estão prontas para ser usadas por praticamente qualquer tipo e/ou tamanho de empresa.
A mineração de dados requer uma base de dados dedicada em separado.	Devido aos avanços na tecnologia de banco de dados, um banco de dados dedicado não é necessário.
Somente indivíduos com formação avançada podem realizar mineração de dados.	Ferramentas novas baseadas na Web permitem que gestores de todos os níveis educacionais pratiquem mineração de dados.
A mineração de dados é apenas para empresas de grande porte que dispõem de vastos dados sobre clientes.	Se os dados refletirem com precisão o empreendimento ou seus clientes, a empresa pode usar mineração de dados.

dados novatos até os mais tarimbados) às vezes cometem erros que resultam em projetos com consequências menos do que desejáveis. O 16 erros na mineração de dados (também chamados de deslizes, armadilhas ou gafes) listados a seguir são muitas vezes cometidos na prática (Nesbit et al., 2009; Shultz, 2004; Skalak, 2001), e os cientistas de dados devem estar cientes deles, e, até onde for possível, fazer o máximo para evitá-los:

1. Selecionar o problema errado para mineração de dados. Nem todo problema comercial pode ser solucionado com mineração de dados (ou seja, a síndrome da bala de prata). Quando simplesmente não existem dados representativos (vastos e ricos em detalhes), não é possível haver um projeto praticável de mineração de dados.
2. Ignorar o que seu patrocinador imagina que mineração de dados seja e o que ela realmente é capaz e não é capaz de fazer. A gestão de expectativas é a chave para projetos bem-sucedidos de mineração de dados.
3. Começar sem ter o final em mente. Embora a mineração de dados seja um processo de revelação de conhecimentos, é preciso que se tenha uma meta/objetivo (um problema comercial declarado) em mente para se obter sucesso. Pois, como diz o ditado, "se você não sabe aonde está indo, nunca chegará lá".
4. Definir o projeto sobre um alicerce que seus dados não são capazes de sustentar. A essência da mineração de dados são os dados em si, ou seja, a maior limitação que lhe é imposta em um projeto desse tipo é a riqueza dos dados. Conhecer bem quais são as limitações dos dados o ajuda a elaborar projetos viáveis que geram resultados e satisfazem as expectativas.
5. Reservar tempo insuficiente para preparação de dados. Isso exige mais esforço do que se costuma imaginar. A sabedoria comum sugere que até um terço do tempo total do projeto será despendido em tarefas de aquisição, compreensão e preparação de dados. Para obter sucesso, evite avançar para a etapa de modelos antes de ter seus dados apropriadamente processados (agregados, limpos e transformados).

6. Olhar apenas para os resultados agregados e não para registros individuais. A mineração de dados rende o melhor de si quando os dados estão numa representação granular. Tente evitar agregações desnecessárias e uma simplificação exagerada dos dados para ajudar algoritmos de mineração de dados – a verdade é que eles não precisam da sua ajuda e são mais do que capazes de resolver as coisas por conta própria.
7. Ser desleixado com o acompanhamento do procedimento e dos resultados da mineração de dados. Como se trata de um processo de descobertas que envolve muitas iterações e experimentações, é bem provável perder as descobertas de vista. O sucesso exige planejamento, execução e rastreamento/acompanhamento sistemáticos e organizados de todas as tarefas de mineração de dados.
8. Usar os dados do futuro para prever o futuro. Devido à falta de descrição e compreensão dos dados, por vezes os analistas incluem variáveis que são desconhecidas no momento em que a previsão deve ser feita. Ao fazê-lo, seus modelos preditivos geram resultados inacreditavelmente precisos (um fenômeno muitas vezes chamado de "ouro de tolo"). Se os seus resultados preditivos se mostrarem bons demais para ser verdade, é porque devem ser mesmo; nesse caso, a primeira coisa que você precisa procurar é pelo uso incorreto de uma variável advinda do futuro.
9. Ignorar achados suspeitos e rapidamente seguir em frente. Os achados inesperados são muitas vezes indicadores de verdadeiras novidades em projetos de mineração de dados. Uma investigação apropriada de tais estranhezas pode levar a descobertas surpreendentemente agradáveis.
10. Começar por um projeto complexo e ambicioso que fará de você uma superestrela. Projetos de mineração de dados muitas vezes fracassam quando não são planejados com cuidado do início ao fim. Aqueles bem-sucedidos frequentemente vêm de uma progressão de projetos ordenados, desde os menores/mais simples até os maiores/mais complexos. A meta deve ser a agregação incremental e contínua de valor, em oposição a assumir um grande projeto que consumirá recursos sem produzir qualquer resultado valioso.
11. Ficar rodando algoritmos de mineração de dados repetida e cegamente. Embora as atuais ferramentas de mineração de dados sejam capazes de consumir dados e configurar parâmetros algorítmicos para produzir resultados, o ideal é que você saiba como transformar dados e configurar os valores apropriados nos parâmetros a fim de obter os melhores resultados possíveis. Cada algoritmo tem sua própria maneira singular de processar dados, e conhecê-la é necessário para se tirar o máximo de cada tipo de modelo.
12. Ignorar os especialistas em cada área. Compreender o domínio do problema e os dados relacionados exige uma colaboração íntima entre a mineração de dados e os especialistas em cada área. O trabalho em conjunto ajuda o especialista em mineração de dados a ir além da representação sintática e obter também a natureza semântica (isto é, o verdadeiro significado das variáveis) dos dados.
13. Acreditar em tudo que lhe dizem sobre os dados. Ainda que seja necessário conversar com os especialistas de cada área para melhor compreender os dados e o problema comercial, o cientista de dados deve questionar todo e cada pressuposto. A validação e a verificação por meio de análise crítica são fundamentais para entender a fundo e processar os dados.
14. Assumir que os mantenedores dos dados embarcarão de corpo e alma na cooperação. Muitos projetos de mineração de dados fracassam pelo fato do especialista

na área não conhecer ou não entender a política organizacional. Um dos maiores obstáculos a projetos de mineração de dados podem ser as pessoas que detêm e controlam os dados. Compreender e gerir as políticas é fundamental para identificar, acessar e apropriadamente entender os dados a fim de produzir um projeto de mineração de dados bem-sucedido.

15. Mensurar seus resultados de um modo diferente ao de seu patrocinador. Os resultados devem dizer algo e/ou ter um apelo ao usuário final (gestor/tomador de decisões) que os acabará usando. Portanto, apresentar os resultados em escalas e formatos que digam alguma coisa ao usuário final aumenta enormemente a probabilidade de verdadeira compreensão e uso apropriado das conclusões da mineração de dados.

16. Construa e eles virão: não se importe com a apresentação final. Geralmente, especialistas em mineração de dados acham que seu trabalho está encerrado depois de terem construído modelos e, espera-se, excedido as necessidades/desejos/expectativas do usuário final (isto é, o cliente). Porém, sem uma implementação apropriada, a entrega de valor das conclusões da mineração de dados é bastante limitada. Portanto, a implementação é um último passo necessário no processo de mineração de dados, no qual modelos são integrados à infraestrutura organizacional de apoio para melhores e mais ágeis decisões.

SEÇÃO 4.7 QUESTÕES DE REVISÃO

1. Quais são os problemas de privacidade na mineração de dados?
2. Na sua opinião, como a discussão entre privacidade e mineração de dados acabará progredindo? Por quê?
3. Quais são os mitos mais comuns a respeito de mineração de dados?
4. Quais você acha que são os motivos para esses mitos envolvendo a mineração de dados?
5. Quais são os erros/deslizes mais comuns na mineração de dados? Como eles podem ser mitigados ou completamente eliminados?

Destaques do capítulo

- A mineração de dados é o processo de descoberta de novos conhecimentos a partir de bases de dados.
- A mineração de dados pode usar simples arquivos planos como fontes de dados ou pode ser realizada junto a *data warehouse*.
- Existem muitos nomes e definições diferentes para mineração de dados.
- A mineração de dados encontra-se na intersecção entre muitas disciplinas, incluindo estatística, inteligência artificial e modelagem matemática.

- Empresas usam mineração de dados para melhor entender seus clientes e otimizar suas operações.
- Aplicações da mineração de dados podem ser encontradas em praticamente toda as áreas empresariais e governamentais, incluindo atendimento de saúde, finanças e segurança nacional.
- As três amplas categorias de tarefas de mineração de dados são previsão (classificação ou regressão), agrupamento e associação.

- Similar a outras iniciativas em SI, um projeto de mineração de dados deve obedecer a um processo sistemático de gestão para que tenha sucesso.
- Diversos processos de mineração de dados já foram propostos: CRISP-DM, SEMMA, KDD, e assim por diante.
- CRISP-DM oferece uma maneira sistemática e organizada de conduzir projetos de mineração de dados.
- Os primeiros passos em projetos de mineração de dados (isto é, o domínio e os dados relevantes) consomem a maior parte da duração total do projeto (muitas vezes mais de 80% do tempo total).
- O processamento de dados é essencial para o sucesso de qualquer estudo de mineração de dados. Bons dados levam a boas informações; boas informações levam a boas decisões.
- O processamento de dados inclui quatro passos principais: consolidação de dados, limpeza de dados, transformação de dados e redução de dados.
- Os métodos de classificação aprendem a partir de exemplos prévios contendo entradas e os rótulos de classe resultantes, e, depois de treinados adequadamente, são capazes de classificar casos futuros.
- O agrupamento fraciona registros em segmentos ou agrupamentos naturais. Os membros da cada segmento compartilham características similares.
- Inúmeros algoritmos diferentes costumam ser usados para classificação. Implementações comerciais incluem ID3, C4.5, C5, CART, CHAID e SPRINT.
- Árvores de decisão fracionam dados ao irem bifurcando ramos de diferentes atributos, de modo que cada nó em forma de folha tenha todos os padrões de uma única classe.
- O índice de Gini e o ganho de informação (entropia) são duas formas populares de determinar escolhas de bifurcação em uma árvore de decisão.
- O índice de Gini mede a pureza de uma amostra. Se tudo dentro de uma amostra pertencer a uma mesma classe, o valor do índice de Gini será zero.
- Diversas técnicas de avaliação são capazes de mensurar a precisão preditiva de modelos de classificação, incluindo divisão simples, validação cruzada *k-fold*, *bootstrapping* e área sob a curva ROC.
- Algoritmos de agrupamento são usados quando os registros de dados não possuem identificadores pré-definidos de classe (isto é, quando não se sabe a qual classe um registro em particular pertence).
- Algoritmos de agrupamento computam medidas de similaridade a fim de reunir casos similares em agrupamentos.
- A medida de similaridade mais usada em análise de agrupamento é uma medição de distância.
- Os algoritmos agregadores mais usados são *k-means* e mapas auto-organizáveis.
- A mineração de regras de associação é usada para revelar dois ou mais itens (ou eventos ou conceitos) que vão juntos.
- A mineração de regras de associação também costuma ser chamada de análise de cesta de mercado.
- O algoritmo de associação mais usado é o Apriori, mediante o qual conjuntos de itens frequentes são identificados por meio de uma abordagem de baixo para cima.
- Regras de associação são aferidas com base em suas medidas de suporte e confiança.
- Existem muitas ferramentas comerciais e gratuitas de mineração de dados disponíveis.
- As ferramentas comerciais de mineração de dados mais populares são SPSS PASW e SAS Enterprise Miner.
- As ferramentas gratuitas de mineração de dados mais populares são Weka e RapidMiner.

Termos-chave

agrupamento
algoritmo Apriori

análise de elos
apoio

área sob a curva ROC
árvore decisória

associação
bootstrapping

classificação	dados ordinais	índice de Gini	previsão
confiança	descoberta de conhe-	KNIME	RapidMiner
conjunto	cimento em bases	medição de distância	regressão
CRISP-DM	de dados (KDD)	Microsoft Enterprise	Semma
dados categóricos	divisão simples	Consortium	validação cruzada
dados intervalares	elevação	Microsoft SQL Server	*k-fold*
dados nominais	entropia	mineração de dados	Weka
dados numéricos	ganho de informação	mineração sequencial	

Questões para discussão

1. Defina *mineração de dados*. Por que há tantos nomes e definições diferentes para mineração de dados?
2. Quais são os principais motivos para a recente popularidade da mineração de dados?
3. Discuta o que uma organização deve considerar antes de tomar a decisão de adquirir um software de mineração de dados.
4. Quais são as distinções entre mineração de dados e outras ferramentas e técnicas analíticas?
5. Examine os principais métodos de mineração de dados. Quais são as diferenças fundamentais entre eles?
6. Quais são as principais áreas de aplicação da mineração de dados? Analise as afinidades entre essas áreas que as tornam propensas para estudos de mineração de dados.
7. Por que precisamos de um processo padronizado de mineração de dados? Quais são os processos de mineração de dados mais usados?
8. Discuta as diferenças entre os dois processos mais usados de mineração de dados.
9. Os processos de mineração de dados são meros conjuntos sequenciais de atividades? Explique.
10. Por que precisamos de pré-processamento de dados? Quais são as principais tarefas e as técnicas relevantes usadas em pré-processamento de dados?
11. Discuta o raciocínio por trás da avaliação de modelos de classificação.
12. Qual é a principal diferença entre classificação e agrupamento? Explique usando exemplos concretos.
13. Avançando além das discussões nesse capítulo, onde mais a associação pode ser usada?
14. Quais são os problemas de privacidade na mineração de dados? Você acha que eles têm fundamento?
15. Quais são os mitos e erros mais comuns acerca da mineração de dados?

Exercícios

Teradata University Network (TUN) e outros exercícios práticos

1. Visite teradatauniversitynetwork.com. Identifique estudos de caso e artigos técnicos a respeito de mineração de dados. Descreva desenvolvimentos recentes na área da mineração de dados e da modelagem preditiva.
2. Entre em teradatauniversitynetwork.com. Localize os webinários relacionados a mineração de dados. Em particular, localize um seminário ministrado por C. Imhoff and T. Zouqes. Assista ao seminário na Web. Em seguida, responda as seguintes perguntas:
    a. Quais são algumas das aplicações interessantes de mineração de dados?
    b. Quais são as recompensas e custos que as organizações podem esperar obter de iniciativas de mineração de dados.
3. Para este exercício, sua meta é construir um modelo para identificar entradas e preditores capazes de estabelecer distinções entre clientes de risco e outros (tomando por base padrões envolvendo clientes prévios) e então

usar essas entradas para prever novos clientes de risco. Este caso amostral é típico desse área.

Os dados amostrais a serem usados neste exercício estão em Online File W4.1 no arquivo CreditRisk.xlsx. O conjunto de dados tem 425 casos e 15 variáveis referentes a clientes passados e presentes que contraíram empréstimo bancário por várias razões. O conjunto de dados contém informações relacionadas a clientes como posição financeira, motivo do empréstimo, emprego, informações demográficas e variável de resultado ou dependente para posição financeira, classificando cada caso como bom ou mau, com base na experiência passada da instituição.

Tome 400 dos casos como casos de treinamento e reserve os outros 25 para testes. Construa um modelo de árvore de decisão para aprender as características do problema. Teste seu desempenho junto aos 25 outros casos. Faça um relato sobre o desempenho de aprendizado e de teste do seu modelo. Prepare um relatório que identifique o modelo de árvore de decisão e os parâmetros de treinamento, bem como o desempenho resultante junto ao conjunto de teste. Utilize qualquer software de árvore de decisão. (Este exercício é uma cortesia de StatSoft, Inc., baseado em um conjunto de dados alemão em ftp.ics.uc,i.edu/pub/machine-learning-databases/statlog/german, rebatizada CreditRisk e alterado.)

4. Para este exercício, você irá replicar (em menor escala) a modelagem de previsão de bilheterias explicada no Caso Aplicado 4.6. Baixe o conjunto de dados de treinamento a partir de Online File W4.2, MovieTrain.xlsx, que está em formato Microsoft Excel. Use a descrição de dados apresentada no Caso Aplicado 4.6 para entender a área e o problema que você está tentando resolver. Faça sua seleção das variáveis independentes. Desenvolva ao menos três modelos de classificação (como árvore de decisão, regressão logística, redes neurais). Compare a precisão dos resultados usando validação cruzada em 10 vezes e técnicas de divisão percentual, utilize matrizes de confusão e comente a respeito das conclusões finais. Teste os modelos que você desenvolveu usando o conjunto de teste (veja Online File W4.3, MovieTest.xlsx). Analise os resultados com diferentes modelos e elabore o melhor modelo de classificação, embasando-o com seus resultados.

5. Este exercício visa introduzi-lo à mineração de regras de associação. O conjunto de dados Excel baskets1ntrans.xlsx possui cerca de 2.800 observações/registros de dados transacionais de produtos de supermercado. Cada registro contém as IDs dos clientes e os Produtos que eles compraram. Use esse conjunto de dados para compreender as relações entre produtos (isto é, quais produtos são comprados juntos). Procure por relações interessantes e adicione capturas de tela de padrões de associação sutis que possa encontrar. Mais especificamente, responda as seguintes perguntas:
   - Quais regras de associação você considera como as mais importantes?
   - Com base em algumas regras de associação que você encontrou, faça ao menos três recomendações comerciais que possam ser benéficas para a empresa. Essas recomendações para aumento de vendas podem incluir ideias sobre organização de gôndolas, *upselling* e venda cruzada de produtos. (Pontos extras serão dados para ideias novas/inovadoras.)
   - Quais são os valores de Suporte, Confiança e Elevação para a regra a seguir?

   Vinho, Vegetais Enlatados → Refeição Congelada

6. Nessa tarefa, você utilizará uma ferramenta de mineração de dados gratuita/de código aberto, KNIME (knime.org), para construir modelos preditivos para um conjunto de dados relativamente pequeno de Análise de Evasão (*churn*) de Clientes. Você deverá analisar o conjunto de dados apresentado (referente a comportamento de retenção/evasão de mil clientes) a fim de desenvolver e comparar pelo menos três modelos preditivos (isto é, de classificação). Você pode, por exemplo, incluir árvores de decisão, redes neurais, SVM, *k*-ésimo próximo vizinho e/ou modelos de regressão logística em sua comparação. Eis os detalhes desta tarefa:

- Instale e use a ferramenta de software KNIME em knime.org.
  - Você também pode usar MS Excel para pré-processar os dados (se assim quiser/precisar).
- Baixe o arquivo de dados CustomerChurnData.csv no site que acompanha este livro.
  - Os dados são apresentados em formato CSV (Comma Separated Value, ou Valor Separado por Vírgulas). Esse formato é o mais comum em arquivos planos que muitas ferramentas de software são capazes de abrir/lidar facilmente (incluindo KNIME e MS Excel).
- Apresente seus resultados em um documento profissional bem organizado.
  - Inclua uma página de capa (com informações apropriadas a respeito de si próprio e de sua tarefa).
  - Onde adequado, integre figuras (gráficos, diagramas, tabelas, capturas de tela) em sua descrição textual em formato profissional. O relatório deve ter seis seções principais (seguindo as fases do CRISP-DM).
  - Tente não ultrapassar 15 páginas no total, incluindo a capa (use fonte Times New Roman tamanho 12, com 1,5 de espaçamento).

Exercícios em grupo e projetos de encenação de papéis (RPG)

1. Examine como novos dispositivos de captura de dados, como etiquetas RFID, ajudam as organizações a identificarem com precisão e a segmentarem seus clientes para atividades como marketing sob medida. Muitas dessas aplicações envolvem mineração de dados. Vasculhe a literatura e a Web e então proponha cinco novas aplicações potenciais de mineração de dados que possam utilizar os dados criados com tecnologia RFID. Quais problemas poderiam surgir se as leis de um país exigissem que tais dispositivos fossem carregados junto aos corpos de todos os cidadãos para um sistema de identificação nacional?
2. Entreviste administradores em sua faculdade ou executivos em sua organização para determinar como a mineração de dados, *data warehouse*, OLAP e ferramentas de visualização poderiam auxiliá-los em seu trabalho. Escreva uma proposta descrevendo suas descobertas. Inclua estimativas de custos e benefícios em seu relatório.
3. Um ótimo repositório de dados que já foi usado para testar o desempenho de muitos algoritmos de mineração de dados está disponível em ics.uci.edu/~mlearn/MLRepository.html. Alguns dos conjuntos de dados visam testar os limites de atuais algoritmos de aprendizado de máquina e comparar seu desempenho com novas abordagens de aprendizado. No entanto, alguns dos menores conjuntos de dados podem ser úteis para explorar a funcionalidade de qualquer software de mineração de dados, como RapidMiner ou KNIME. Baixe pelo menos um conjunto de dados a partir desse repositório (como Credit Screening Databases, Housing Database) e aplique métodos de árvore de decisão ou de agrupamento, conforme apropriado. Prepare um relatório baseado em seus resultados. (Alguns desses exercícios, sobretudo aqueles que envolvem dados/problemas grandes/desafiadores podem ser usados como projetos com duração de um semestre.)
4. Conjuntos de dados de grande porte e ricos em detalhes são disponibilizados na Internet pelo governo norte-americano ou por suas subsidiárias. Veja, por exemplo, uma grande coleção de conjuntos de dados governamentais (data.gov), conjuntos de dados dos Centros de Controle e Prevenção de Doenças (www.cdc.gov/DataStatistics), conjuntos de dados de Supervisão, Epidemiologia e Resultados Finais da Cancer.org (http://seer.cancer.gov/data) e o conjuntos de dados do Sistema de Relatórios de Análise de Mortes do Departamento de Transporte (www.nhtsa.gov/FARS). Esses conjuntos de dados não estão pré-processados para mineração de dados, o que faz deles um ótimo recurso para o processo completo de mineração de dados. Outra fonte rica para uma coleção de conjuntos de dados para análise é listada em KDnuggets.com (kdnuggets.com/datasets/index.html).

5. Considere o conjunto de dados a seguir, que inclui três atributos e uma classificação para decisões de admissão em um programa de MBA:

GMAT	GPA	GMAT Quantitativo Pontuação (percentil)	Decisão
650	2,75	35	Não
580	3,50	70	Não
600	3,50	75	Sim
450	2,95	80	Não
700	3,25	90	Sim
590	3,50	80	Sim
400	3,85	45	Não
640	3,50	75	Sim
540	3,00	60	?
690	2,85	80	?
490	4,00	65	?

a. Usando os dados mostrados, desenvolva suas próprias regras especializadas manuais para tomada de decisões.
b. Use o índice de Gini para construir uma árvore de decisão. Você pode usar cálculos manuais ou uma planilha para fazer cálculos básicos.
c. Use um programa automatizado de software de árvore de decisão para construir uma árvore para os mesmos dados.

Exercícios na Internet

1. Visite o AI Exploratorium em cs.ualberta.ca/~aixplore. Clique no link Decision Tree. Leia a narrativa sobre estatísticas de jogos de basquete. Examine os dados, e depois construa uma árvore de decisão. Relate suas impressões sobre a precisão dessa árvore decisória. Além disso, explore os efeitos de diferentes algoritmos.
2. Pesquise algumas ferramentas e fornecedores de mineração de dados. Comece por fico.com e egain.com Consulte dmreview.com, e identifique alguns produtos e prestadores de serviços de mineração de dados que não tenham sido mencionados neste capítulo.
3. Descubra casos recentes de aplicações bem-sucedidas de mineração de dados. Visite os sites de alguns fornecedores de mineração de dados, e procure por casos ou histórias de sucesso. Prepare um relatório resumindo cinco novos estudos de caso.
4. Entre em sites de fornecedores (sobretudo de SAS, SPSS, Cognos, Teradata, StatSoft e Fair Isaac) e examine histórias de sucesso para ferramentas de BI (OLAP e mineração de dados). O que as várias histórias de sucesso têm em comum? No que elas diferem?
5. Visite statsoft.com (atualmente uma empresa da Dell). Baixe pelo menos três artigos técnicos a respeito de aplicativos. Quais desses aplicativos podem ter usado as técnicas de mineração de dados/texto/Web discutidas neste capítulo?
6. Visite sas.com. Baixe pelo menos três artigos técnicos a respeito de aplicativos. Quais desses aplicativos podem ter usado as técnicas de mineração de dados/texto/Web discutidas neste capítulo?
7. Visite spss.com (uma empresa da IBM). Baixe pelo menos três artigos técnicos a respeito de aplicativos. Quais desses aplicativos podem ter usado as técnicas de mineração de dados/texto/Web discutidas neste capítulo?
8. Visite teradata.com. Baixe pelo menos três artigos técnicos a respeito de aplicativos. Quais desses aplicativos podem ter usado as técnicas de mineração de dados/texto/Web discutidas neste capítulo?
9. Visite fico.com. Baixe pelo menos três artigos técnicos a respeito de aplicativos. Quais desses aplicativos podem ter usado as técnicas de mineração de dados/texto/Web discutidas neste capítulo?
10. Visite salfordsystems.com. Baixe pelo menos três artigos técnicos a respeito de aplicativos. Quais desses aplicativos podem ter usado as técnicas de mineração de dados/texto/Web discutidas neste capítulo?
11. Visite rulequest.com. Baixe pelo menos três artigos técnicos a respeito de aplicativos. Quais desses aplicativos podem ter usado as técnicas de mineração de dados/texto/Web discutidas neste capítulo?
12. Visite kdnuggets.com. Explore as seções sobre aplicativos e também sobre software. Encontre nomes de pelo menos três pacotes adicionais para mineração de dados e mineração de texto.

Referências

Abbott, D. (2014). *Applied predictive analytics: Principles and techniques for the professional data analyst.* John Wiley & Sons.

Anthes, G. H. (1999). "The next decade: interview with Arno A. Penzias," *Computerworld, 33*(1), pp. 3–4.

Chan, P. K., Phan, W., Prodromidis, A., & Stolfo, S. (1999). Distributed data mining in credit card fraud detection. *IEEE Intelligent Systems, 14*(6), 67–74.

CRISP-DM. (2013). Cross-Industry Standard Process for Data Mining (CRISP-DM). http://crisp-dm.orgwww.the-modeling-agency.com/crisp-dm.pdf (accessed February 2, 2013).

Davenport, T. H. (2006, January). Competing on analytics. *Harvard Business Review*, 99–107.

Delen, D. (2009). Analysis of cancer data: A data mining approach. *Expert Systems, 26*(1), 100–112.

Delen, D. (2014). *Real-world data mining: Applied business analytics and decision making.* Upper Saddle River, NJ: Pearson.

Delen, D., Cogdell, D., & Kasap, N. (2012). A comparative analysis of data mining methods in predicting NCAA Bowl outcomes. *International Journal of Forecasting, 28*, 543–552.

Delen, D., & Sharda, R. (2010). Predicting the financial success of Hollywood movies using an information fusion approach. *Industrial Engineering Journal, 21*(1), 30–37.

Delen, D., Sharda, R., & Kumar, P. (2007). Movie forecast Guru: A Web-based DSS for Hollywood managers. *Decision Support Systems, 43*(4), 1151–1170.

Delen, D., Walker, G., & Kadam, A. (2005). Predicting breast cancer survivability: A comparison of three data mining methods. *Artificial Intelligence in Medicine, 34*(2), 113–127.

Dunham, M. (2003). *Data mining: Introductory and advanced topics.* Upper Saddle River, NJ: Prentice Hall.

Fayyad, U., Piatetsky-Shapiro, G., & Smyth, P. (1996). From knowledge discovery in databases. *AI Magazine, 17*(3), 37–54.

Hoffman, T. (1998, December 7). Banks turn to IT to reclaim most profitable customers. *Computerworld.*

Hoffman, T. (1999, April 19). Insurers mine for age-appropriate offering. *Computerworld.*

Kohonen, T. (1982). Self-organized formation of topologically correct feature maps. *Biological Cybernetics, 43*(1), 59–69.

Nemati, H. R., & Barko, C. D. (2001). Issues in organizational data mining: A survey of current practices. *Journal of Data Warehousing, 6*(1), 25–36.

Nisbet, R., Miner, G., & Elder IV, J. (2009). "Top 10 Data Mining Mistakes" in the Handbook of statistical analysis and data mining applications. pp. 733–754. Academic Press.

Quinlan, J. R. (1986). Induction of decision trees. *Machine Learning, 1*, 81–106.

SEMMA. (2009). SAS's data mining process: Sample, explore, modify, model, assess. sas.com/offices/europe/uk/technologies/analytics/datamining/miner/semma.html (accessed August 2009).

Seni, G., & Elder, J. F. (2010). Ensemble methods in data mining: Improving accuracy through combining predictions. Synthesis Lectures on Data Mining and Knowledge Discovery, *2*(1), 1–126.

Sharda, R., & Delen, D. (2006). Predicting box-office success of motion pictures with neural networks. *Expert Systems with Applications, 30*, 243–254.

Shultz, R. (2004, December 7). Live from NCDM: Tales of database buffoonery. directmag.com/news/ncdm-12-07-04/index.html (accessed April 2009).

Skalak, D. (2001). Data mining blunders exposed! *DB2 Magazine, 6*(2), 10–13.

Thongkam, J., Xu, G., Zhang, Y., & Huang, F. (2009). Toward breast cancer survivability prediction models through improving training space. *Expert Systems with Applications, 36*(10), 12200–12209.

Wald, M. L. (2004, February 21). U.S. calls release of JetBlue data improper. *The New York Times.*

Wright, C. (2012). *Statistical predictors of March Madness: An examination of the NCAA Men's Basketball Championship.* http://economics-files.pomona.edu/GarySmith/Econ190/Wright%20March%20Madness%20Final%20Paper.pdf (accessed February 2, 2013).

Zaima, A. (2003). The five myths of data mining. *What Works: Best practices in business intelligence and data warehousing,* Vol. 15. Chatsworth, CA: The Data Warehousing Institute, pp. 42–43.

Zolbanin, H. M., Delen, D., & Zadeh, A. H. (2015). Predicting overall survivability in comorbidity of cancers: A data mining approach. *Decision Support Systems, 74*, 150–161.

CAPÍTULO 5

Análise de dados preditiva II: análise de texto, da Web e de mídias sociais

OBJETIVOS DIDÁTICOS

- Descrever a análise de texto e entender a necessidade de mineração de texto.
- Distinguir entre análise de texto, mineração de texto e mineração de dados.
- Compreender as diferentes áreas de aplicação para mineração de texto.
- Conhecer o processo prático de um projeto de mineração de texto.
- Apreciar os diferentes métodos para dar estrutura a dados baseados em texto.
- Descrever a análise de sentimentos.
- Desenvolver familiaridade com aplicações populares da análise de sentimentos.
- Aprender os métodos comuns de análise de sentimentos.
- Familiarizar-se com a análise de fala no que tange a análise de sentimentos.

Este capítulo oferece um apanhado abrangente da análise/mineração de texto e análise/mineração da Web, juntamente com suas áreas populares de aplicação, como mecanismos de busca, análise de sentimentos e análise de redes sociais. Conforme testemunhamos nos últimos anos, os dados não estruturados gerados pela *Internet das Coisas* (Web, redes de sensores, sistemas de cadeia de suprimento possibilitados por identificação por rádio frequência [RFID], redes de vigilância, etc.) estão se multiplicando a um ritmo exponencial, e não há indicação alguma de desaceleração. Essa alteração na natureza dos dados está forçando organizações a tornarem a análise de texto e da Web uma parte crucial de sua infraestrutura de inteligência de negócios/análise de dados.

5.1 VINHETA DE ABERTURA: Máquina *versus* ser humano no *Jeopardy!*: a história do Watson

Será que uma máquina é capaz de vencer o melhor dos humanos naquilo que supostamente mais nos destacamos? Aparentemente sim, e o nome da máquina é Watson. Watson é um sistema computadorizado extraordinário (uma inovadora combinação de hardware e software avançados) projetado para responder perguntas feitas em linguagem humana natural. Ele foi desenvolvido em 2010 por uma equipe da IBM Research como parte do projeto DeepQA e foi batizado em homenagem ao primeiro presidente da empresa, Thomas J. Watson.

Contexto

Cerca de três anos atrás, a IBM Research estava procurando por um importante desafio que rivalizasse com o interesse científico e popular do Deep Blue, o computador campeão de xadrez, e que também tivesse clara relevância para os interesses comerciais da IBM. O objetivo era fazer avanços na ciência da computação ao explorar novas maneiras para a tecnologia computadorizada afetar a ciência, os negócios e a sociedade. Sendo assim, a IBM Research estabeleceu o desafio de construir um sistema computadorizado capaz de competir no nível dos campeões humanos em tempo real no programa norte-americano de TV *Jeopardy!*. O desafio incluía fazer o concorrente automatizado participar do programa em tempo real, ser capaz de escutar, compreender e responder – e não meramente de um exercício em laboratório.

Competindo contra o melhor

Em 2011, como um teste de suas capacidades, o Watson competiu no programa de perguntas e respostas *Jeopardy!*, estabelecendo a primeira disputa de humano *versus* máquina na história do programa. Numa disputa em dois jogos e com soma de pontos (transmitida em três episódios de *Jeopardy!* entre 14 e 16 de fevereiro), Watson venceu de Brad Rutter, o maior ganhador do programa em premiação monetária, e de Ken Jennings, o recordista em tempo de permanência como campeão (75 dias). Nesses episódios, o Watson consistentemente bateu seus oponentes humanos em se tratando de disparar o sinal de quem responde primeiro, mas teve dificuldades em responder algumas categorias, sobretudo aquelas envolvendo dicas curtas que continham poucas palavras. O Watson tinha acesso a 200 milhões de páginas de conteúdo estruturado e não estruturado, consumindo 4 terabytes de armazenamento em disco. Durante o jogo, ele não estava conectado à Internet.

Para superar o Desafio *Jeopardy!* foram necessários avanços e a incorporação de uma variedade de tecnologias de Perguntas e Respostas (mineração de texto e processamento de linguagem natural), incluindo análise de segmentação, classificação de perguntas, decomposição de perguntas, aquisição e avaliação automáticas de fontes, detecção de entidades e relações, geração de formas lógicas e representação de conhecimentos e raciocínio. Para ganhar no *Jeopardy!*, é preciso computar respostas com precisão e confiança. As perguntas e os conteúdos são ambíguos e repletos de ruídos, e nenhum dos algoritmos individuais é perfeito. Portanto, cada componente deve produzir certa confiança em suas respostas geradas, e as confianças dos componentes individuais devem ser combinadas para computar a confiança geral na resposta final. A confiança final é usada para determinar se o sistema computadorizado deve sequer se arriscar a responder. No vocabulário do *Jeopardy!*, essa confiança é usada para determinar se o computador irá "disparar a sineta" para uma pergunta. A confiança deve ser computada durante a leitura da pergunta e antes da oportunidade em si de disparar a sineta. Isso leva em torno de 1 a 6 segundos, com uma média de cerca de 3 segundos.

Como o Watson consegue fazer isso?

O sistema por trás do Watson, que se chama DeepQA, é uma arquitetura computacional massivamente paralela, centrada em mineração de texto e baseada em evidências probabilísticas. Para o Desafio *Jeopardy!*, o Watson utilizou mais de 100 técnicas diferentes para analisar linguagem natural, identificar fontes, encontrar e gerar hipóteses, localizar e pontuar evidências e fundir e ranquear hipóteses. Bem mais importante do que qualquer técnica isolada empregada foi a maneira como elas foram combinadas no DeepQA de modo que abordagens sobrepostas pudessem aliar seus pontos fortes e garantir melhorias em precisão, confiança e velocidade.

O DeepQA é uma arquitetura com uma metodologia de acompanhamento, que não é específica para o Desafio *Jeopardy!*. Os princípios globais no DeepQA são paralelismo massivo, muitos especialistas, estimativa disseminada de confiança e integração do que há de mais recente e melhor em análise de texto.

- **Paralelismo massivo:** Explora o paralelismo massivo na consideração de múltiplas interpretações e hipóteses.
- **Muitos especialistas:** Facilita a integração, aplicação e avaliação contextual de uma ampla gama de análises probabilísticas vagamente conjugadas de perguntas e conteúdos.
- **Estimativa disseminada de confiança:** Nenhum componente se compromete com uma resposta; todos os componentes geram elementos e confianças associadas, pontuando diferentes interpretações de perguntas e conteúdos. Um substrato subjacente de processamento de confiança aprende a somar e combinar as pontuações.
- **Integração de conhecimentos superficiais e profundos:** Equilibra o uso de semântica estrita e semântica superficial, tirando proveito de muitas ontologias vagamente formadas.

A Figura 5.1 ilustra a arquitetura DeepQA em alto nível. Mais detalhes técnicos sobre os diversos componentes arquiteturais e seus papéis e capacidades específicos podem ser encontrados em Ferrucci et al. (2010).

Conclusões

O Desafio *Jeopardy!* ajudou a IBM a encarar as exigências que levaram ao projeto de arquitetura DeepQA e a implementação do Watson. Após três anos de intensa

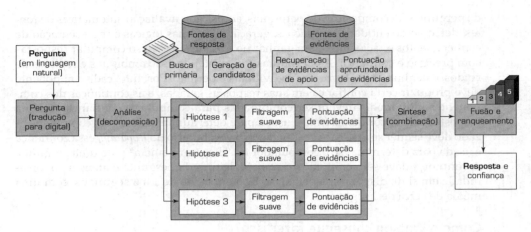

FIGURA 5.1 Representação de alto nível da arquitetura DeepQA.

pesquisa e desenvolvimento por uma equipe principal de cerca de 20 pesquisadores, o desempenho do Watson encontra-se no mesmo nível que especialistas humanos em termos de precisão, confiança e velocidade no programa de perguntas *Jeopardy!*.

A IBM afirma ter desenvolvido muitos algoritmos computacionais e linguísticos para abordar diferentes tipos de questões e exigências em Perguntas e Respostas. Muito embora os aspectos internos desses algoritmos não sejam conhecidos, é imperativo que eles tirem o máximo da análise de texto e mineração de texto. Agora a IBM está trabalhando numa versão do Watson para encarar problemas intransponíveis em atendimento de saúde e medicina (Feldman et al., 2012).

QUESTÕES SOBRE A VINHETA DE ABERTURA

1. O que é Watson? O que há de especial nele?
2. Quais tecnologias foram usadas na construção do Watson (tanto hardware quanto software)?
3. Quais foram as características inovadoras da arquitetura DeepQA que tornaram o Watson superior?
4. Por que a IBM investiu todo esse tempo e dinheiro para construir o Watson? Onde está o retorno sobre o investimento?

O que podemos aprender com essa vinheta

Não resta dúvida de que, nos últimos 50 e tantos anos, a tecnologia dos computadores, tanto no âmbito de hardware quanto no de software, vem avançando mais depressa do que qualquer outra coisa. Questões que eram grandes demais, complexas demais e impossíveis de serem solucionadas encontram-se atualmente bem ao alcance da tecnologia da informação. E uma das tecnologias catalizadoras talvez seja a análise/mineração de texto. Criamos bases de dados para estruturar dados para que possam ser processados por computadores. Os elementos textuais, por outro lado, sempre tiveram de ser processados pelos humanos. Será que as máquinas são capazes de fazer coisas que exigem criatividade e inteligência humanas, e que não tenham sido originalmente projetadas para elas? Aparentemente, sim! O Watson é um ótimo exemplo da distância que percorremos ao tentar o impossível. Hoje em dia, os computadores são inteligentes o suficiente para enfrentar nós humanos naquilo que nos consideramos imbatíveis. Compreender a pergunta que foi enunciada em linguagem humana falada, processá-la e digeri-la, procurar por uma resposta e responder dentro de poucos segundos eram tarefas inimagináveis antes que o Watson se mostrasse capaz de cumpri-las. Neste capítulo, você aprenderá sobre as ferramentas e técnicas incutidas no Watson e muitas outras máquinas inteligentes para criar milagres na superação de problemas que antes pareciam impossíveis de serem resolvidas.

Fontes: Ferrucci, D., Brown, E., Chu-Carroll, J., Fan, J., Gondek, D., Kalyanpur, A. A., . . . Welty, C. (2010). Building Watson: An overview of the DeepQA Project. *AI Magazine, 31*(3); DeepQA. DeepQA Project: FAQ, IBM Corporation (2011). research.ibm.com/deepqa/faq.shtml (acessado em janeiro de 2013); Feldman, S., Hanover, J., Burghard, C., & Schubmehl, D. (2012). Unlocking the power of unstructured data. IBM white paper. www-01.ibm.com/software/ebusiness/jstart/downloads/unlockingUnstructuredData.pdf (acessado em janeiro de 2013).

5.2 Visão geral da análise de texto e mineração de texto

A era da informação em que estamos vivendo é caracterizada pelo acelerado crescimento na quantidade de dados e informações coletadas, armazenadas e disponibilizadas em formato eletrônico. A vasta maioria dos dados empresariais fica armazenada em documentos textuais e é praticamente não estruturada. De acordo com um estudo da Merrill Lynch e da Gartner, 85% de todos os dados corporativos são capturados e armazenados em alguma espécie de formato não estruturado (McKnight, 2005). O mesmo estudo também identificou que esses dados não estruturados estão dobrando de tamanho a cada 18 meses. Como conhecimento é poder no atual mundo dos negócios, e conhecimento deriva de dados e informações, empreendimentos que aproveitarem de forma efetiva e eficiente seu patrimônio de dados textuais acabarão obtendo os conhecimentos necessários para tomar melhores decisões, levando a uma vantagem competitiva sobre aqueles empreendimentos que ficarem para trás. É daí que vem a necessidade de análise de texto e mineração de texto no âmbito geral dos negócios atuais.

Embora a meta global da análise de texto e da mineração de texto seja transformar dados textuais não estruturados em informações de caráter prático pela aplicação de processamento de linguagem natural (PLN) e análise de texto, suas definições são ligeiramente distintas, ao menos para alguns especialistas da área. Segundo eles, a análise de texto é um conceito mais abrangente, que inclui recuperação de informações (como a busca e identificação de documentos relevantes para um determinado conjunto de termos-chave), bem como extração de informações, mineração de dados e mineração da Web, ao passo que a mineração de texto tem como foco primordial a descoberta de conhecimentos novos e úteis a partir de fontes de dados textuais. A Figura 5.2 ilustra a relação entre análise de texto e mineração de texto, juntamente com outras áreas de aplicação relacionadas. A parte de baixo da Figura 5.2 lista as principais disciplinas (o alicerce da casa) que cumprem um papel crucial no desenvolvimento dessas áreas de aplicação cada vez mais

FIGURA 5.2 Análise de texto, áreas de aplicação relacionadas e disciplinas facilitadoras.

populares. Com base nessa definição de análise de texto e mineração de texto, pode-se simplesmente formular a diferença entre as duas como:

Análise de Texto = Recuperação de Informações + Extração de Informações + Mineração de Dados + Mineração da Web,

ou simplesmente

Análise de Texto = Recuperação de Informações + Mineração de Texto

Comparada à mineração de texto, *análise de texto* é um termo relativamente novo. Com a ênfase recente em *análise de dados*, como vem sendo o caso em muitas outras áreas técnicas relacionadas (como análise de dados de consumidores, análise completiva, análise visual, análise social), os especialistas em texto também queriam embarcar na onda da análise de dados. Ainda que o termo *análise de texto* seja usado com maior frequência em um contexto de aplicação empresarial, mineração de texto costuma ser usado em círculos de pesquisa acadêmica. Embora possam ser definidos em momentos ligeiramente distintos, análise de texto e mineração de texto costumam ser empregados como sinônimos, e nós (autores deste livro) concordamos com isso.

Mineração de texto (também conhecida como *mineração de dados textuais* ou *descoberta de conhecimento em bases de dados textuais*) é o processo semiautomatizado de extração de padrões (informações e conhecimentos úteis) junto a vastas quantidades de fontes de dados não estruturados. Lembre-se que mineração de dados é o processo de identificação de padrões válidos, novos, potencialmente úteis e definitivamente compreensíveis em dados armazenados em bases de dados estruturados, onde os dados encontram-se organizados em registros estruturados por variáveis categóricas, ordinais ou contínuas. Mineração de texto é o mesmo que mineração de dados no sentido de ter o mesmo propósito e usar os mesmos processos, mas no caso da mineração de texto a entrada ao processo é uma coleção de arquivos de dados não estruturados (ou menos estruturados), como documentos em Word, arquivos em PDF, trechos de textos, arquivos XML, e assim por diante. Em essência, a mineração de texto pode ser encarada como um processo (em duas etapas principais) que começa pela imposição da estrutura a fontes de dados baseados em texto e é seguido pela extração de informações e conhecimentos relevantes desses dados baseados em texto usando-se técnicas e ferramentas de mineração de dados.

Os benefícios da mineração de texto ficam óbvios em áreas em que vastas quantidades de dados textuais estão sendo geradas, como no direito (decisões judiciais), em pesquisas acadêmicas (artigos científicos), finanças (relatórios trimestrais), medicina (prontuários de alta), biologia (interações moleculares), tecnologia (pedidos de patente) e marketing (comentários de clientes). As interações com os clientes em formato livre e baseadas em texto na forma de queixas (ou elogios) e pedidos de garantia, por exemplo, podem ser usadas para identificar objetivamente características de produtos e serviços consideradas menos do que perfeitas e que podem ser usadas como entrada para desenvolvimento de melhores produtos e alocações de serviços. De modo similar, programas de alcance de mercado e grupos focais geram grandes quantidades de dados. Ao não restringir queixas e sugestões a um formato codificado, os clientes podem apresentar, em suas próprias palavras, o que acham a respeito de produtos e serviços de uma empresa. Outra área em que o processamento automatizado de texto não estruturado vem exercendo um forte impacto é nas comunicações eletrônicas e emails. A mineração de texto pode ser usada não apenas para classificar e filtrar mensagens de *spam* como também para priorizar automaticamente mensagens de email com base no nível de importância, além de poder gerar respostas automáticas (Weng & Liu, 2004). A seguir são listadas as áreas mais populares de aplicação de mineração de texto:

- **Extração de informações.** Identificação de expressões e relações-chave no texto ao procurar por objetos e sequências pré-definidos no texto por meio de correspondência de padrões.
- **Rastreamento de tópicos.** Baseando-se num perfil de usuário e nos documentos que um usuário visualiza, é capaz de prever outros documentos do interesse do usuário.
- **Sumarização.** Resumo de um documento para poupar tempo ao leitor.
- **Categorização.** Identificação dos principais temas de um documento e a subsequente inserção do documento em um conjunto pré-definido de categorias com base em tais temas.
- **Agrupamento.** Agregação de documentos similares sem contar com um conjunto pré-definidos de categorias.
- **Vinculação de conceitos.** Conecta documentos relacionados ao identificar seus conceitos compartilhados e, ao fazê-lo, ajuda os usuários a encontrarem informações que eles talvez não fossem encontrar usando métodos tradicionais de busca.
- **Resposta a perguntas.** O encontro da melhor resposta para uma determinada pergunta por meio de correspondência de padrões embasada em conhecimentos.

Veja Dicas Tecnológicas 5.1 para explicações de alguns dos termos e conceitos usados em mineração de texto. O Caso Aplicado 5.1 descreve o uso de mineração de texto no setor de seguros.

DICAS TECNOLÓGICAS 5.1
Terminologia de mineração de texto

A lista a seguir descreve alguns termos comumente usados em mineração de texto:

- **Dados não estruturados (versus dados estruturados).** Dados estruturados apresentam um formato pré-determinado. Eles costumam estar organizados em registros com valores simples de dados (variáveis categóricas, ordinais e contínuas) e armazenados em bases de dados. Em contraste, **dados não estruturados** carecem de um formato pré-determinado e são armazenados na forma de documentos textuais. Em essência, os dados estruturados são propícios para processamento por computador, ao passo que os dados não estruturados devem ser processados e compreendidos por humanos.
- **Corpus.** Em linguística, um **corpus** (plural *corpora*) é um conjunto vasto e estruturado de textos (agora geralmente armazenados e processados eletronicamente) preparado com o propósito de conduzir descoberta de conhecimento.
- **Termos.** Um *termo* é uma palavra solta ou uma expressão de multipalavras extraída do *corpus* de um campo de estudos específico por meio de métodos de PLN.
- **Conceitos.** Conceitos são elementos gerados a partir de uma coleção de documentos por meio de metodologia de categorização manual, estatística, baseada em regras ou híbrida. Comparados aos termos, os conceitos são resultado de uma abstração de nível superior.
- **Extração do radical das palavras.** A extração do radical é o processo de reduzir palavras flexionadas em sua forma radical (ou base ou raiz). Por exemplo: *radicais*, *radicalizar* e *radicalismo* são todos baseados na raiz *radical*.
- **Palavras de parada.** Palavras de parada (*stop words*) são palavras já filtradas para ou antes do processamento de dados de linguagem natural (isto é, texto). Muito embora não exista uma lista universalmente aceita de palavras de parada, a maioria das ferramentas de PLN utiliza uma lista que inclui artigos (*um, uma, o, a*, etc.), verbos auxiliares (*ter, haver*, etc.) e palavras específicas de certos contextos que são consideradas sem valor diferenciador.
- **Sinônimos e polissemas.** Sinônimos são palavras sintaticamente diferentes (isto é, de grafias distintas) com significados idênticos ou pelo menos similares (como *TV, televisor, televisão*). Em contraste, **polissemas**, que também são chamados de *homônimos*, são palavras sintaticamente idênticas (isto é, grafadas exatamente iguais) com diferentes significados (*pia*, por exemplo, pode significar "tipo de bacia", "conjugação do verbo piar" ou "pessoa devota").
- **Análise léxica.** Trata-se da separação de blocos de texto de uma frase. Cada bloco de texto é categorizado segundo as funções que cumpre na frase. Essa atribuição de significado a blocos de texto é conhecida como **análise léxica**. Cada bloco pode ter o seu próprio aspecto; ele só precisa ser uma parte útil do texto estruturado.
- **Dicionário terminológico.** Uma coleção de termos específicos de uma área de estudos restrita que pode ser usada para restringir os termos extraídos em um *corpus*.
- **Frequência de palavras.** A quantidade de vezes que uma palavra é encontrada em um documento específico.
- **Marcação de classes gramaticais.** O processo de marcar as palavras em um texto como correspondentes a um determinado tipo de classe gramatical (como substantivos, verbos, adjetivos, advérbios, etc.) dependendo da definição da palavra e do contexto em que ela é usada.
- **Morfologia.** Um ramo do campo da linguística e uma parte do PLN que estuda a estrutura interna das palavras (padrões de formação de palavras em uma língua ou entre diferentes línguas).

- **Matriz termos-documentos (matriz de ocorrência).** Um esquema comum de representação da relação baseada em frequência entre os termos e os documentos em formato tabular, onde termos são listados em colunas, documentos são listados em linhas e a frequência entre os termos e os documentos é listada em células como valores inteiros.
- **Decomposição em valores singulares (indexação semântica latente).** Um método de redução de dimensionalidade usado para transformar a matriz termos-documentos em um tamanho administrável pela geração de uma representação intermediária das frequências usando um método de manipulação de matriz similar à análise de componentes principais.

Caso aplicado 5.1

Grupo de seguradoras reforça a gestão de riscos com solução de mineração de texto

Quando questionado sobre qual o maior desafio enfrentado pelo setor de seguro automotivo na República Checa, Peter Jedlička não hesita. "Os sinistros envolvendo lesões corporais estão crescendo desproporcionalmente comparados aos sinistros de danos veiculares", afirma Jedlička, líder da equipe de serviços atuariais da Czech Insurers' Bureau (CIB). A CIB é uma organização profissional de empresas seguradoras na República Checa que lida com sinistros não segurados, internacionais e não rastreados, para o que se conhece como responsabilidade de dano automotivo a terceiros. "Atualmente, os danos corporais representam cerca de 45% das queixas encaminhadas contra nossos membros, e essa proporção seguirá crescendo devido a recentes mudanças legislativas."

Uma das dificuldades que as queixas de danos corporais impõem para as seguradoras é que a extensão de uma lesão nem sempre é previsível logo após um acidente automotivo. Lesões que a princípio não ficam óbvias podem se revelar graves mais tarde, e lesões aparentemente leves podem se tornar problemas crônicos. Quanto antes as empresas seguradoras conseguem estimar sua responsabilização com relação a custos médicos, mais precisamente podem gerir seu risco e consolidar seus recursos. No entanto, como as informações necessárias estão contidas em documentos não estruturados, como boletins de ocorrência e declarações de testemunhas, funcionários individuais levam um tempo enorme para realizar a análise exigida.

A fim de expandir e automatizar a análise de dados não estruturados que constam de boletins de ocorrência, declarações de testemunhas e narrativas de requisições de pagamento, a CIB empregou uma solução de análise de dados baseada no Dell Statistica Data Miner e na extensão Statistica Text Miner. O Statistica Data Miner oferece um conjunto de ferramentas intuitivas e fáceis de usar que são acessíveis até mesmo para não analistas.

A solução lê e redige dados a partir de praticamente qualquer formato padronizado de arquivo e oferece ferramentas sofisticadas de limpeza de dados. Ela também suporta até mesmo usuários novatos com *query wizards*, chamados Data Mining Recipes, que os ajudam a chegar às repostas de que precisam com maior agilidade.

Com a extensão Statistica Text Miner, usuários têm acesso a ferramentas de extração e seleção que podem ser usadas para indexar, classificar e agrupar informações a partir de vastas coleções de dados não estruturados, como as narrativas de requisições de seguro. Além de usar a solução Statistica para fazer previsões sobre requisições futuras de cobertura médica, a CIB também pode usá-la para

(Continua)

Caso aplicado 5.1 *(Continuação)*

encontrar padrões que indicam tentativas de fraudes ou para identificar melhorias necessárias na segurança das estradas.

Aumento da precisão na estimativa de responsabilizações

Jedlička espera que a solução Statistica melhore em muito a capacidade da CIB de prever os custos médicos totais que podem surgir a partir de um determinado acidente. "As capacidades de mineração de dados e mineração de texto da solução Statistica já estão nos ajudando a expor características de riscos adicionais, possibilitando, assim, prever altos custos médicos em estágios iniciais da investigação", afirma ele. "Com a solução Statistica, podemos fazer estimativas bem mais precisas de danos totais para nos planejarmos de acordo."

Expansão do leque de serviços aos membros

Jedlička também está satisfeito com o fato da solução Statistica ajudar a CIB a oferecer serviços adicionais a suas empresas-membro. "Nosso ramo de atuação é embasado em dados", afirma ele. "Com o Statistica, podemos fornecer a nossos membros análises detalhadas de sinistros e de tendências de mercado. O Statistica também nos ajuda a fazer recomendações ainda mais veementes envolvendo reservas para sinistros."

Intuitivo para usuários corporativos

As ferramentas intuitivas do Statistica são acessíveis até mesmo para usuários não técnicos. "As saídas de nossas análises com o Statistica são fáceis de entender para nossos usuários corporativos", afirma Jedlička. "Nossos usuários corporativos também descobrem que os resultados das análises revelam-se alinhados com suas próprias experiências e recomendações, fazendo com que percebam de imediato o valor da solução Statistica."

Questões para discussão

1. Como a análise e a mineração de texto podem ser usadas para se manter a par das necessidades de negócios das empresas seguradoras?
2. Quais foram os desafios, a solução proposta e os resultados obtidos?
3. Você consegue imaginar outras aplicações da análise de dados e da análise de texto para empresas seguradoras?

Fontes: Dell Statistica Case Study. Insurance group strengthens risk management with text mining solution. https://software.dell.com/casestudy/czech-insurers-bureau-insurance-group-strengthens-risk-management-with875134/ (acessado em junho de 2016). Usado com permissão da Dell.

SEÇÃO 5.2 QUESTÕES DE REVISÃO

1. O que é análise de texto? O que a distingue da mineração de texto?
2. O que é mineração de texto? O que a distingue da mineração de dados?
3. Por que está crescendo a popularidade da mineração de texto como uma ferramenta de análise de dados?
4. Quais são algumas das áreas mais populares de aplicação da mineração de texto?

5.3 Processamento de linguagem natural (PLN)

Algumas das primeiras aplicações da mineração de texto usavam uma representação simplificada chamada *saco de palavras* (*bag-of-words*) ao dar estrutura a uma coleção de documentos baseados em texto, a fim de classificá-los em duas ou mais classes ou agrupamentos pré-determinados em segmentações naturais. No modelo do saco de palavras, textos, como uma frase, um parágrafo ou um documento completo, eram representados como uma coleção de palavras, ignorando a gramática ou a ordem em que as palavras apareciam. O modelos do saco de palavras ainda é usado em algumas ferramentas simples de classificação de documentos. Na filtragem de mensagens do tipo *spam*, por exemplo, uma mensagem de email pode ser modelada como uma coleção desordenada de palavras (um saco de palavras) que é comparada a dois sacos diferentes pré-determinados. Um saco está repleto de palavras encontradas em mensagens de *spam* e outro está repleto de palavras encontradas em emails legítimos. Embora algumas palavras possam ser encontradas em ambos os sacos, o saco de *"spam"* conterá palavras relacionadas a mensagens indesejadas, como *investimentos, Viagra* e *comprar*, com muito mais frequência do que o saco legítimo, o qual conterá mais palavras relacionadas aos amigos ou ao espaço de trabalho do usuário. O nível de correspondência entre um saco de palavras de um email específico e os dos sacos contendo os descritores acaba determinando a filiação do tal email ou como *spam* ou como legítimo.

Naturalmente, nós humanos não usamos palavras sem alguma ordem ou estrutura. Empregamos palavras em frases, que apresentam estrutura semântica e também sintática. Sendo assim, técnicas automatizadas (como mineração de texto) precisam buscar maneiras de ir além da interpretação do saco de palavras e incorporar cada vez mais estrutura semântica em suas operações. A tendência atual na mineração de texto é rumo à inclusão dos elementos avançados que podem ser obtidos usando-se PLN.

Já ficou demonstrado que o método do saco de palavras pode não produzir um conteúdo informativo bom o suficiente para tarefas de mineração de texto (como classificação, agrupamento e associação). Um bom exemplo disso pode ser encontrado na medicina baseada em evidências. Um componente crucial da medicina baseada em evidências é a incorporação dos melhores achados científicos disponíveis ao processo de tomada de decisões clínicas, o que envolve uma apreciação das informações coletadas junto à mídia impressa em termos de validade e relevância. Diversos pesquisadores da University of Maryland desenvolveram modelos de avaliação de evidências usando um método de saco de palavras (Lin & Demner-Fushman, 2005). Eles empregaram métodos populares de aprendizado de máquina juntamente com mais de meio milhão de artigos científicos coletados no MEDLINE (Medical Literature Analysis and Retrieval System Online). Em seus modelos, eles representaram cada resumo de artigo como um saco de palavras, em que o radical de cada termo representava um elemento. Apesar de usarem métodos populares de classificação com metodologias de projeto experimental comprovadas, seus resultados preditivos não se mostraram muito melhores do que a simples adivinhação, o que pode indicar que o saco de palavras não está gerando uma representação boa o bastante dos artigos científicos nessa área; por isso, técnicas mais avançadas, como PLN, são necessárias.

O **processamento de linguagem natural (PLN)** é um componente importante da mineração de texto e é um subdomínio da inteligência artificial e da linguística computacional. Ele estuda o problema da "compreensão" da linguagem humana natural, com a visão de converter retratos da linguagem humana (como documentos textuais) em representações mais formais (na forma de dados numéricos e simbólicos) que sejam mais fáceis de manipular em programas de computador. A meta do PLN é ir além da manipulação textual embasada em sintaxe (que muitas vezes é chamada de "contagem de palavras") e alcançar uma verdadeira compreensão e processamento da linguagem natural que leve em consideração restrições gramaticais e semânticas, bem como o contexto.

A definição e o escopo da palavra *compreensão* é um dos principais tópicos de discussão em PLN. Considerando-se que a linguagem natural humana é vaga e que uma verdadeira compreensão de sentido exige conhecimentos extensivos sobre um tópico (além do que está nas palavras frases e parágrafos), será que os computadores um dia serão capazes de compreender linguagem natural da mesma forma e com a mesma precisão que nós humanos o fazemos? Provavelmente não! O PLN já avançou bastante desde a época da simples contagem de palavras, mas tem pela frente um caminho ainda mais longo para verdadeiramente compreender a linguagem natural humana. A seguir estão listados alguns dos desafios comumente associados à implementação de PLN:

- **Marcação de classes gramaticais.** É difícil identificar a quais classes gramaticais pertencem os diversos termos de um texto (como substantivos, verbos, adjetivos ou advérbios), já que essa determinação depende não apenas da definição de cada termo, mas também do contexto em que ele é usado.
- **Segmentação textual.** Algumas línguas escritas, como chinês, japonês e tailandês, não apresentam fronteiras entre cada palavra. Nesses casos, a tarefa de segmentação textual exige a identificação de limites entre palavras, o que costuma ser uma tarefa difícil. Desafios similares em segmentação de discurso emergem quando se analisa a linguagem falada, já que os sons que representam letras e palavras sucessivas se fundem entre si.
- **Desambiguação dos sentidos das palavras.** Muitas palavras possuem mais de um significado. A seleção do significado que mais faz sentido só pode ser realizada ao se levar em consideração o contexto em que a palavra é usada.
- **Ambiguidade sintática.** A gramática das línguas naturais é ambígua, ou seja, muitas vezes múltiplas estruturas frasais possíveis precisam ser consideradas. A escolha da estrutura mais apropriada geralmente exige a fusão de informações semânticas e contextuais.
- **Entrada imperfeita ou irregular.** Sotaques estrangeiros ou regionais e problemas vocais na fala, além de erros tipográficos ou gramaticais em textos, dificultam ainda mais a tarefa de processamento de uma língua.
- **Atos de fala.** Uma frase muitas vezes pode ser considerada pelo falante como uma ação. Por si só, a estrutura frasal pode não conter informação suficiente para definir essa ação. Por exemplo: "Você pode ir hoje à noite?" exige uma simples resposta sim/não, enquanto "Você pode abrir a janela?" é a solicitação da realização de uma ação física.

É um sonho antigo da comunidade da inteligência artificial dispor de algoritmos capazes de ler automaticamente e obter conhecimentos a partir de textos. Ao aplicarem um algoritmo de aprendizado junto a um texto já segmentado, pesquisadores do laboratório de PLN da Stanford University desenvolveram métodos capazes de identificar automaticamente os conceitos e as relações entre esses conceitos no texto. Aplicando um procedimento único junto a grandes porções de texto, seus algoritmos automaticamente adquirem milhares de itens de conhecimento mundano e os empregam para produzir repositórios consideravelmente aprimorados para o WordNet. O **WordNet** é uma base de dados de palavras em inglês laboriosamente codificada à mão, com suas definições, conjuntos de sinônimos e diversas relações semânticas entre conjuntos de sinônimos. Trata-se de um importante recurso de aplicativos de PLN, mas revelou-se bastante dispendioso de construir e manter manualmente. Incutindo-se conhecimentos automaticamente no WordNet, existe potencial para tornar a base de dados um recurso ainda maior e mais abrangente para PLN por uma fração do custo. Uma área proeminente em que os benefícios do PLN e do WordNet já estão sendo colhidos é a gestão de relacionamento com o cliente (CRM – *customer relationship management*). *Grosso modo*, a meta da CRM é maximizar o valor dos clientes ao melhor compreender e efetivamente responder a suas necessidades reais e percebidas. Uma área importante do CRM, em que o PLN está exercendo um impacto considerável, é a análise de sentimentos. A **análise de sentimentos** é uma técnica usada para detectar opiniões favoráveis e desfavoráveis em relação a produtos e serviços específicos usando uma grande quantidade de fontes de dados textuais (*feedback* de clientes na forma de postagens na Internet). Um exame detalhado da análise de sentimentos e do WordNet é apresentada na Seção 5.6.

A análise de dados em geral e a análise de texto e a mineração de texto em especial podem ser usadas no setor das telecomunicações. O Caso Aplicado 5.2 oferece um exemplo em que uma ampla gama de recursos da análise de dados é usada para conquistar novos espectadores, prever índices de audiência e agregar valor comercial a uma empresa de telecomunicação.

Caso aplicado 5.2

A AMC Networks está usando análise de dados para capturar novos espectadores, prever índices de audiência e agregar valor para patrocinadores em um mundo multicanais

Nos últimos dez anos, o setor de televisão a cabo nos Estados Unidos testemunhou um período de crescimento que viabilizou uma criatividade sem precedentes na produção de conteúdo de alta qualidade. A AMC Networks esteve na vanguarda dessa era de ouro da televisão, produzindo uma sequência de seriados de grande sucesso e aclamados pela crítica, como *Breaking Bad*, *Mad Men* e *The Walking Dead*.

Dedicada a produzir programação de qualidade e conteúdo cinematográfico há mais de 30 anos, a AMC Networks Inc. atualmente opera diversas das marcas mais populares e premiadas na televisão a cabo, produzindo e transmitindo conteúdo único, atraente e culturalmente relevante que conquista plateias em múltiplas plataformas.

Mantendo-se à frente

Apesar de seu sucesso, a empresa não faz planos de dormir sob os louros alcançados. Como Vitaly Tsivin, vice-presidente sênior de inteligência de negócios, explica: "Não temos interesse algum em permanecermos imóveis. Embora um grande percentual de nossos negócios ainda esteja na TV a cabo, precisamos atrair uma nova geração de *millennials* que consumem conteúdo de maneiras bem diferentes.

"A TV evoluiu para se tornar um negócio multicanais, multifluxos, e as redes a cabo precisam refletir melhor sobre como elas se vendem e se conectam com públicos espalhados por todos esses canais. Continuar dependendo de dados tradicionais envolvendo índices de audiência será uma estratégia fadada ao fracasso; você precisa assumir a responsabilidade

(Continua)

Caso aplicado 5.2 *(Continuação)*

sobre seus dados, e usá-los para obter um retrato mais nítido de quem são seus espectadores, o que eles desejam e como manter a sua atenção em um mercado do entretenimento cada vez mais concorrido."

Circunscrevendo o espectador

O desafio é que há uma quantidade limitada de informações disponíveis – centenas de bilhões de linhas de dados vindos do setor de provedores de dados, como Nielsen e comScore, de canais como o de *streaming* TV Everywhere da AMC e serviços de vídeo sob demanda, de parceiros de varejo como iTunes e Amazon e de serviços terceirizados de vídeo online, como Netflix e Hulu.

"Não podemos ficar dependendo de resumos de âmbito geral; precisamos ter a capacidade de analisar dados estruturados e não estruturados, minuto a minuto e espectador por espectador", afirma Vitaly Tsivin. "Temos de saber quem está nos assistindo e por que – e precisamos dessas informações rapidamente, para que possamos decidir, por exemplo, se devemos rodar uma propaganda ou uma promo numa faixa horária específica no episódio de *Mad Men* de amanhã à noite."

A AMC decidiu que precisava desenvolver domesticamente uma capacidade de análise de dados de ponta no ramo – e concentrou-se em produzir essa capacidade o mais rápido possível. Em vez de conduzir um processo prolongado e caro de seleção de fornecedor e produto, a AMC decidiu tirar proveito de seu relacionamento já existente com a IBM como sua parceira tecnológica estratégica de confiança. O tempo e o dinheiro tradicionalmente gastos em aquisição foram em vez disso investidos na implementação de tal solução – acelerando o progresso da AMC em pelo menos seis meses rumo ao cumprimento de suas metas analíticas.

Conferindo poder ao departamento de pesquisa

No passado, a equipe de pesquisa da AMC passava grande parte do tempo processando dados. Hoje, graças a suas novas ferramentas de análise de dados, ela consegue concentrar a maior parte de sua energia em *insights* voltados à prática.

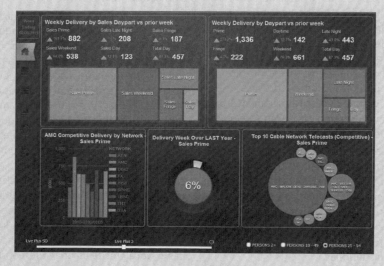

Um *dashboard* baseado na Web usado pela AMC Networks.   Fonte: AMC Networks.

Ao investir em tecnologia de análise de Big Data da IBM, fomos capazes de acelerar o ritmo e detalhar nossas pesquisas em uma ordem de magnitude", relata Vitaly Tsivin. "Análises que demoravam dias ou semanas agora são possíveis em minutos, ou mesmo segundos.

"Trazer a análise de dados para nossas próprias instalações acabará gerando uma economia importante e duradoura. Em vez de pagarmos centenas de milhares de dólares para fornecedores externos quando precisamos de alguma análise específica, podemos fazer isso por conta própria – mais depressa, com maior precisão e com muito melhor custo/benefício. Esperamos ver um rápido retorno sobre o investimento.

"Conforme mais fontes de *insight* potencial ficam disponíveis e a análise de dados se torna mais estratégica para os negócios, uma abordagem doméstica é simplesmente a única saída viável para qualquer rede que deseje obter de verdade uma vantagem competitiva a partir de seus dados."

Embasando decisões com dados

Muitos dos resultados proporcionados por essa nova capacidade de análise de dados demostram uma verdadeira transformação no *modus operandi* da AMC. O departamento de inteligência de negócios da empresa, por exemplo, conseguiu criar modelos estatísticos sofisticados que ajudam a empresa a refinar suas estratégias de marketing e a tomar decisões mais astutas quanto à intensidade com que deve promover cada programa.

Instrumentada

A AMC combina dados de índices de audiência com informações sobre espectadores a partir de uma ampla gama de canais digitais: de seus próprios serviços de vídeo sob demanda e *streaming* ao vivo, de retransmissoras e de serviços de TV online.

Interconectada

Um mecanismo poderoso e abrangente de análise de Big Data centraliza os dados e os disponibiliza para um leque de ferramentas de análise de dados descritiva e preditiva para aceleração de modelos, extração de relatórios e análise.

Inteligente

A AMC pode prever quais programas terão sucesso, qual deve ser seu cronograma de transmissão, quais promos devem ser criados e qual deve ser seu público-alvo – ajudando-a a ganhar novos espectadores num mercado cada vez mais competitivo.

Com um retrato mais nítido de seus espectadores, as campanhas de marketing direto da AMC também são muito mais eficientes. Em um exemplo recente, segmentação inteligente e

(Continua)

Caso aplicado 5.2 *(Continuação)*

modelagem *lookalike* ajudaram a empresa a mirar espectadores novos e existentes com tamanha eficiência que as transações de vídeo sob demanda da AMC ficaram mais altas do que seria de se esperar sem tais métodos.

A capacidade recém descoberta de chegar a novos espectadores com base em suas necessidades e preferências individuais não é valiosa apenas para a AMC – tem também um valor potencial imenso para os parceiros patrocinadores da empresa. Atualmente, a AMC está trabalhando para fornecer acesso a seus ricos conjuntos de dados e ferramentas de análise de dados para patrocinadores, ajudando-os na sintonia fina de suas campanhas a fim de atrair públicos cada vez maiores espalhados por canais lineares e digitais.

Vitaly Tsivin conclui: "Agora que podemos domar todo o poder do Big Data, podemos desenvolver uma proposição muito mais atrativa tanto para os consumidores quanto para os patrocinadores – criando conteúdo ainda melhor, vendendo-o com maior eficiência e fazendo com que chegue a uma plateia mais ampla e tire o máximo proveito de nossas capacidades multicanais".

Questões para discussão

1. Quais são os desafios comuns que as empresas de teledifusão estão enfrentando nos dias de hoje? Como a análise de dados pode ajudá-las a superar tais desafios?
2. Como a AMC tirou proveito da análise de dados para melhorar seu desempenho comercial?
3. Quais foram os tipos de análise de texto e mineração de texto desenvolvidos pela rede AMC? Você consegue imaginar outras aplicações de mineração de texto na indústria da teledifusão?

Fontes: IBM Customer Case Study. Using analytics to capture new viewers, predict ratings and add value for advertisers in a multichannel world. http://www-03.ibm.com/software/businesscasestudies/us/en/corp?synkey=A023603A76220M60 (acessado em julho de 2016); www.ibm.com; www.amcnetworks.com.

O PLN vem sendo aplicado com sucesso nas mais diversas áreas e em uma ampla gama de tarefas via programas de computador que automaticamente processam linguagem natural humana de uma forma que antes só era possível aos humanos. A seguir, estão listadas as mais populares dentre essas tarefas:

- **Resposta a perguntas.** A tarefa de responder automaticamente uma pergunta elaborada em linguagem natural, ou seja, produzir uma resposta em linguagem humana ao ser questionado com uma pergunta em linguagem humana. Para encontrar a resposta a uma pergunta, o programa de computador pode usar ou uma base de dados pré-estruturada ou uma coleção de documentos em linguagem natural (um *corpus* textual como a World Wide Web).
- **Sumarização automática.** A criação de uma versão abreviada de um documento textual por um programa de computador que contenha os pontos mais importantes do documento original.
- **Geração de linguagem natural.** Sistemas convertem informações provenientes de bases de dados computacionais em linguagem humana legível.
- **Compreensão de linguagem natural.** Sistemas convertem amostras de linguagem humana em representações mais formais que sejam mais fáceis para um computador manipular.
- **Tradução por máquina.** A tradução automática de uma língua humana para outra.

- **Leitura em língua estrangeira.** Um programa de computador que auxilia um falante não nativo de uma língua a ler em tal língua com a pronúncia e o sotaque corretos em diferentes partes do mundo.
- **Escrita em língua estrangeira.** Um programa de computador que auxilia um falante não nativo a escrever numa língua estrangeira.
- **Reconhecimento de fala.** Converte palavras faladas em entrada legível por máquina. Ao receber um trecho sonoro de uma pessoa falando, o sistema produz um ditado textual.
- **Conversão de texto em fala.** Também chamado de *síntese de fala*, um programa de computador automaticamente converte texto em linguagem normal em fala humana.
- **Revisão textual.** Um programa de computador lê o rascunho de um texto para detectar e corrigir erros.
- **Reconhecimento óptico de caracteres.** A tradução automática de imagens em texto cursivo, digitado ou impresso (geralmente capturado por um escâner) em documentos textuais editáveis por máquina.

O sucesso e a popularidade da mineração de texto depende bastante de avanços em PLN tanto na geração quanto na compreensão de linguagens humanas. O PLN permite a extração de elementos junto a texto não estruturado para que uma ampla variedade de técnicas de mineração de dados possa ser usada para dele extrair conhecimento (padrões e relações novos e úteis). Nesse sentido, para simplificar, a mineração de texto é uma combinação de PLN e mineração de texto.

SEÇÃO 5.3 QUESTÕES DE REVISÃO

1. O que é PLN?
2. Qual a relação entre PLN e mineração de texto?
3. Quais são alguns dos benefícios e desafios do PLN?
4. Quais são as tarefas mais abordadas por PLN?

5.4 Aplicações da mineração de texto

Conforme vai aumentando a quantidade de dados coletados pelas organizações, o mesmo se dá com a proposição de valor e com a popularidade das ferramentas de mineração de texto. Muitas organizações estão passando a perceber a importância de se extrair conhecimentos junto a seus repositórios de dados baseados em documentos por meio de ferramentas de mineração de texto. A seguir é apresentado um pequeno subconjunto de categorias exemplares na aplicação de mineração de texto.

Aplicações em marketing

A mineração de texto pode ser usada para aumentar a venda cruzada e *up-selling* por meio da análise de dados não estruturados gerados por *call centers*. Textos gerados por *call centers*, tanto em anotações quanto em transcrições de conversas faladas com clientes, podem ser analisados por algoritmos de mineração de texto para se extrair informações novas e de caráter prático a respeito das percepções dos clientes quanto a produtos e serviços da empresa. Além disso, *blogs*, resenhas de usuários sobre produtos publicadas em sites independentes e postagens em fóruns de discussão representam uma mina de ouro em termos de sentimentos dos clientes. Essa rica coleção de informações, quando apropriadamente analisada, pode ser usada para aumentar a satisfação e o valor duradouro em geral dos clientes (Coussement & Van den Poel, 2008).

A mineração de texto se tornou inestimável para CRM. Empresas podem usar mineração de texto para analisar conjuntos ricos de dados textuais não estruturados, combinados com os dados estruturados relevantes extraídos de bases de dados organizacionais, a fim de prever as percepções dos clientes e seu comportamento subsequente de compras. Coussement e Van den Poel (2009) aplicaram com sucesso a mineração de texto para aumentar consideravelmente a capacidade de um modelo de prever a evasão de clientes, para que aqueles clientes identificados como mais propensos a abandonar uma empresa pudessem ser identificados com precisão para receber táticas de retenção.

Ghani et al. (2006) utilizaram mineração de texto para desenvolver um sistema capaz de inferir atributos implícitos e explícitos de produtos a fim de aumentar a capacidade dos varejistas de analisar bases de dados de produtos. O tratamento de produtos como conjuntos de pares de atributo-valor, e não como entidades atômicas, tem o potencial de alavancar a eficiência de muitas aplicações comerciais, incluindo previsão de demanda, otimização de sortimento, recomendações de produtos, comparação de sortimento entre varejistas e fabricantes e seleção de fornecedores de produtos. O sistema proposto permite que uma empresa represente seus produtos em termos de atributos, designando valores sem muito esforço manual. O sistema aprende esses atributos ao aplicar técnicas de aprendizado supervisionadas em semisupervisionadas para produzir descrições encontradas nos sites de varejistas.

Aplicações de segurança

Uma das aplicações de mineração de texto mais abrangentes e proeminentes na área da segurança talvez seja o sistema de vigilância altamente sigiloso Echelon. Segundo rumores, o Echelon é supostamente capaz de identificar o conteúdo de ligações telefônicas, emails e outros tipos de dados, interceptando informações enviadas via satélites, redes telefônicas com comutadores públicos e links de micro-ondas.

Em 2007, a Europol desenvolveu um sistema integrado capaz de acessar, armazenar e analisar vastas quantidades de fontes de dados estruturados e não estruturados a fim de rastrear transações do crime organizado. Chamado de Overall Analysis System for Intelligence Support (Oasis), esse sistema visa integrar as tecnologias mais avançadas de mineração de dados e de texto disponíveis atualmente no mercado. O sistema possibilitou que o Europol fizesse um progresso significativo no apoio de objetivos de fiscalização legal no âmbito internacional (Europol, 2007).

Nos Estados Unidos, o Federal Bureau of Investigation (FBI) e a Central Intelligence Agency (CIA), sob a direção do Departamento de Segurança Nacional, estão desenvolvendo em conjunto um supercomputador para mineração de dados e de texto. A expectativa é que o sistema crie um *data warehouse* gigantesco, juntamente com uma variedade de módulos de mineração de dados e de texto, para satisfazer às necessidades de descoberta de conhecimentos de agências federais, estaduais e locais de aplicação de leis. Antes desse projeto, o FBI e a CIA possuíam cada qual sua base de dados separada, com pouca ou nenhuma interconexão.

Outra aplicação da mineração de texto relacionada à segurança se dá na área de **detecção de mentiras**. Aplicando mineração de texto a um grande conjunto de testemunhos criminais do mundo real (arrolados), Fuller, Biros e Delen (2008) desenvolveram modelos preditivos para distinguir testemunhos mentirosos daqueles verdadeiros. Usando um rico conjunto de sinais extraídos de testemunhos textuais, o modelo previu as amostras de reserva com precisão de 70%, o que é considerado um sucesso significativo, tendo em vista que os sinais foram extraídos apenas de testemunhos textuais (sem sinais verbais ou visuais presentes). Além do mais, comparado a outras técnicas de detecção de mentiras, como o polígrafo, este método é não invasivo e amplamente aplicável não apenas a dados textuais, mas também (potencialmente) a transcrições de gravações de voz. Uma descrição mais detalhada da detecção de mentiras baseada em texto é apresentada no Caso Aplicado 5.3.

Caso aplicado 5.3

Mineração de mentiras

Motivada por avanços em tecnologias da informação baseadas na Web e na crescente globalização, a comunicação mediada por computador continua a permear na vida cotidiana, trazendo consigo novos ensejos de embuste. O volume de bate-papo via texto, mensagens instantâneas, mensagens de texto e texto gerado online por comunidades de prática está aumentando rapidamente. Até o uso de email segue crescendo. Com o aumento massivo na comunicação baseada em texto, cresce também o potencial para que as pessoas enganem umas às outras via comunicação mediada por computador, e tais embustes podem ter resultados desastrosos.

Infelizmente, em geral, humanos tendem a se sair muito mal em tarefas de detecção de embustes. Esse fenômeno é exacerbado em comunicações baseadas em texto. Grande parte das pesquisas sobre detecção de embustes (também conhecidas como *aferição de credibilidade*) envolve encontros e entrevistas frente a frente. Ainda assim, com o crescimento das comunicações baseadas em texto, técnicas de detecção de embustes são essenciais.

Técnicas para detecção bem-sucedida de embustes – ou seja, mentiras – apresentam alta aplicabilidade. A fiscalização oficial pode usar ferramentas e técnicas de embasamento de decisões a fim de investigar crimes, conduzir triagens de segurança em aeroportos e monitorar comunicações entre terroristas suspeitos.

Profissionais de recursos humanos podem utilizar ferramentas de detecção de embustes para fazer a triagem de candidatos a emprego. Essas ferramentas e técnicas também têm o potencial de filtrar emails para descobrir fraudes ou infrações cometidas por autoridades corporativas. Embora muita gente acredite que é capaz de prontamente identificar quem não está sendo honesto, um resumo das pesquisas sobre embustes mostrou que, em média, as pessoas apresentam apenas 54% de precisão na determinação de sua veracidade (Bond & DePaulo, 2006). Esse número pode ser ainda pior quando humanos tentam detectar embustes em textos.

Usando uma combinação de técnicas de mineração de texto e mineração de dados, Fuller et al. (2008) analisaram declarações de arrolados envolvidos em crimes em bases militares. Nessas declarações, suspeitos e testemunhas são instados a escreverem suas recordações sobre o evento em suas próprias palavras. Funcionários responsáveis pela fiscalização de leis militares pesquisaram arquivos para encontrar declarações arquivadas que podiam ser conclusivamente identificadas como verídicas ou enganosas. Essa identificação foi feita com base em provas corroboradoras e na resolução de cada caso. Depois de sinalizadas como verídicas ou enganosas, os fiscais removeram informações identificadoras e repassaram as declarações para a equipe de pesquisa. No total,

(Continua)

Caso aplicado 5.3 *(Continuação)*

371 declarações aproveitáveis foram recebidas para análise. O método de detecção de embustes baseados em texto usado por Fuller et al. (2008) embasou-se num processo conhecido como *mineração de características de mensagem*, que avalia elementos de dados por meio de técnicas de mineração de texto. Um ilustração simplificada do processo é apresentada na Figura 5.3.

Primeiro, os pesquisadores prepararam os dados para processamento. As declarações originais redigidas a mão tiveram de ser transcritas para um arquivo de processamento de texto. Em seguida, características (isto é, sinais) foram identificados. Os pesquisadores identificaram 31 características representando categorias ou tipos de linguagem que são relativamente independentes do conteúdo textual e que podem ser prontamente analisadas por meios automatizados. Pronomes em primeira pessoa como, por exemplo, *eu* e *mim* podem ser identificados sem análise do texto ao seu redor. O Quadro 5.1 lista as categorias e uma lista de exemplos de características usadas neste estudo.

As características foram extraídas das declarações textuais e alimentadas em um arquivo plano para processamento subsequente. Usando diversos métodos de seleção de características juntamente com validação cruzada em 10 vezes, os pesquisadores compararam a precisão preditiva de três métodos populares de mineração de texto. Seus resultados indicaram que os modelos de redes neurais se saíram melhor, com 73,46% de precisão preditiva junto às amostras de dados de teste; árvores de decisão vieram em segundo lugar, com 71,60% de precisão; e a regressão logística ficou em último, com 65,28% de precisão.

Os resultados indicam que a detecção automatizada de embustes baseados em texto tem o potencial de ajudar aqueles que precisam detectar mentiras em textos, podendo ser aplicada com sucesso em dados do mundo real. A precisão dessas técnicas superou a precisão da maioria das demais técnicas de

FIGURA 5.3 Processo de detecção de embustes baseado em texto. *Fonte:* Fuller, C. M., Biros, D., & Delen, D. (2008, January). Exploration of feature selection and advanced classification models for high-stakes deception detection. *Proceedings of the 41st Annual Hawaii International Conference on System Sciences (HICSS), Big Island, HI:* IEEE Press, 80–99.

QUADRO 5.1 Categorias e exemplos de características linguísticas usadas na detecção de embustes

Número	Construto (categoria)	Exemplos de sinais
1	Quantidade	Contagem de verbos, contagem de sintagmas nominais, etc.
2	Complexidade	Número médio de orações, comprimento médio das frases, etc.
3	Incerteza	Modificadores, verbos modais, etc.
4	Não proximidade	Voz passiva, reificação, etc.
5	Expressividade	Emotividade
6	Diversidade	Diversidade léxica, redundância, etc.
7	Informalidade	Índice de erros tipográficos
8	Especificidade	Informações espaço-temporais, informações perceptivas, etc.
9	Afeto	Afeto positivo, afeto negativo, etc.

detecção de embustes, muito embora tenham se limitado a sinais textuais.

Questões para discussão

1. Por que é difícil detectar embustes?
2. Como a mineração de texto/dados pode ser usada para detectar embustes em texto?
3. Na sua opinião, quais são os principais desafios para tais sistemas automatizados?

Fontes: Fuller, C. M., Biros, D., & Delen, D. (2008). Exploration of feature selection and advanced classification models for high-stakes deception detection. *Proceedings of the 41st Annual Hawaii International Conference on System Sciences (HICSS)*, Big Island, HI: IEEE Press, 80–99; Bond C. F., & DePaulo, B. M. (2006). Accuracy of deception judgments. *Personality and Social Psychology Reports, 10*(3), 214–234.

Aplicações biomédicas

A mineração de texto reserva grande potencial para a área médica em geral e para a biomedicina em particular, por diversas razões. Primeiro, a literatura publicada e os veículos de publicação (sobretudo com o advento dos periódicos de fonte aberta) nessa área estão se expandindo a um ritmo exponencial. Segundo, comparada à maioria das outras áreas, a literatura médica é mais padronizada e organizada, tornando-a uma fonte de informações mais "minerável". Por fim, a terminologia usada nessa literatura é relativamente constante, apresentando uma ontologia bastante padronizada. A seguir são apresentados alguns estudos exemplares em que técnicas de mineração de texto foram aplicadas com sucesso na extração de novos padrões junto à literatura biomédica.

Técnicas experimentais, como análise de microarranjo de DNA, análise serial de expressão genética (Sage – *serial analysis of gene expression*) e proteômica por espectrometria em massa, dentre outras, estão gerando grandes quantidades de dados relacionados a genes e proteínas. Como em qualquer outra abordagem experimental, é preciso analisar essa vasta quantidade de dados no contexto de informações já conhecidas a respeito das entidades biológicas em estudo. A literatura é uma fonte especialmente valiosa de informações para validação e interpretação de experimentos. Por isso, o desenvolvimento de ferramentas automatizadas de mineração de texto para auxiliar em tal interpretação representa um dos principais desafios na atual pesquisa em bioinformática.

Conhecer a localização de uma proteína em uma célula pode ajudar a elucidar seu papel em processos biológicos e a elucidar seu potencial como um alvo de medicamentos. Inúmeros sistemas de previsão de localização são descritos na literatura; alguns se concentram em organismos específicos, enquanto outros buscam analisar um amplo leque de organismos. Shatkay et al. (2007) propuseram um sistema abrangente que utiliza diversos tipos de características baseadas em sequências e texto para prever a localização de proteínas. A principal novidade de seu sistema está no modo como ele seleciona suas fontes e características textuais e as integra com características baseadas em sequências. Eles testaram o sistema junto a conjuntos de dados já utilizados e a conjuntos de dados novos elaborados especificamente para testar seu poder preditivo. Os resultados mostraram que seu sistema consistentemente se saiu melhor do que resultados anteriormente relatados.

Chun et al. (2006) descreveram um sistema que extrai relações doença-gene da literatura acessada via MEDLINE. Eles construíram um dicionário para nomes de doenças e genes a partir de seis bases de dados públicas e extraíram candidatos a relações por correspondências no dicionário. Como as correspondências em dicionário produzem uma grande quantidade de falsos positivos, eles desenvolveram um método de reconhecimento de entidades mencionadas (NER – *named entity recognition*) baseado em aprendizado de máquina para filtrar falsos reconhecimentos de nomes de doença/gene. Eles descobriram que o sucesso na extração de relações depende fortemente do desempenho da filtragem por NER e que tal filtragem elevou a extração de relações em 26,7%, ao custo de uma pequena redução em *recall*.

A Figura 5.4 exibe uma representação simplificada de um processo de análise de texto em múltiplos níveis para a descoberta de relações gene-proteína (ou interações proteína-proteína) na literatura biomédica (Nakov et al., 2005). Como se pode ver

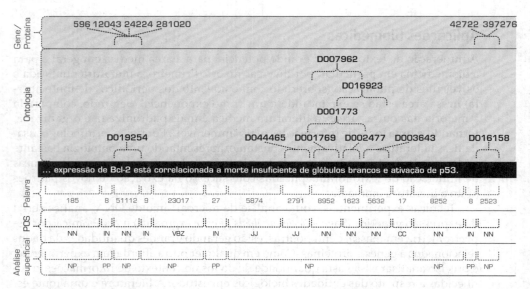

FIGURA 5.4 Análise multinível de identificação de interações gene/proteína. *Fonte:* Baseado em Nakov, P., Schwartz, A., Wolf, B., & Hearst, M. A. (2005). Supporting annotation layers for natural language processing. *Proceedings of the Association for Computational Linguistics (ACL),* Interactive Poster and Demonstration Sessions, Ann Arbor, MI. Association for Computational Linguistics, 65–68.

nesse exemplo simplificado que utiliza uma frase simples de texto biomédico (nos três níveis inferiores), o texto passa por análise léxica usando-se **marcação de classes gramaticais** e análise superficial. Em seguida, realiza-se uma correspondência entre os termos analisados lexicalmente (palavras) e a representação hierárquica da ontologia da área médica a fim de derivar relações gene-proteína. A aplicação desse método (e/ou alguma variação dele) na literatura biomédica oferece grande potencial de decodificar as complexidades no Projeto Genoma Humano.

Aplicações acadêmicas

A questão da mineração de texto é de grande importância para editores que dispõem de vastos bancos de dados com informações que exigem indexação para facilitar consultas. Isso vale sobretudo para as disciplinas científicas, em que informações altamente específicas costumam estar contidas em texto por escrito. Dentre as iniciativas já lançadas estão a proposta da *Nature* de uma Interface Aberta para Mineração de Texto e a proposta do National Institutes of Health de uma definição de tipo comum de documento para publicação em periódicos, que forneceriam sinais semânticos para máquinas a fim de responder a consultas específicas contidas em texto sem remover barreiras editoriais a acesso público.

Instituições acadêmicas também já lançaram iniciativas envolvendo mineração de texto. O National Centre of Text Mining, por exemplo, um esforço colaborativo entre as Universidades de Manchester e de Liverpool, fornece ferramentas customizadas, instalações de pesquisa e conselhos sobre mineração de texto para a comunidade acadêmica. Com um foco inicial em mineração de texto nas ciências biológicas e biomédicas, desde então as pesquisas se estenderam às ciências sociais. Nos Estados Unidos, a School of Information da University of California, Berkeley, está desenvolvendo um programa chamado BioText, para auxiliar pesquisadores em biociências na mineração e análise de texto.

Conforme descrito nesta seção, a mineração de texto apresenta uma variedade de aplicações em inúmeras disciplinas diferentes. Confira o Caso Aplicado 5.4 para ver um exemplo de como um importante fabricante de produtos para computador utiliza mineração de texto para melhor compreender as necessidades e desejos de seus clientes atuais e potenciais em termos de qualidade e design de produtos.

Caso aplicado 5.4

Incluindo o cliente na equação de qualidade: a Lenovo emprega análise de dados para repensar seu redesign

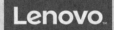

A Lenovo estava prestes a finalizar o design de uma atualização no leiaute do teclado de um de seus PCs mais populares quando percebeu que uma pequena mas significativa comunidade de *gamers* apoiava apaixonadamente o design do teclado atual. A alteração do design poderia levar a uma revolta em massa de um grande segmento da base de clientes da Lenovo – desenvolvedores *freelance* e *gamers*.

A unidade de Análise de Dados Corporativos estava usando SAS como parte de seu projeto de qualidade perceptual. Rastreando a Internet, filtrando dados textuais com menções à Lenovo, a análise descobriu um fórum

(Continua)

Caso aplicado 5.4 *(Continuação)*

até então desconhecido, em que um cliente da empresa havia escrito uma resenha de seis páginas rasgando elogios ao design atual, especialmente o teclado. A resenha atraiu 2 mil comentários! "Não era algo que encontraríamos em resenhas tradicionais de pré-produção de design", afirma Mohammed Chaara, diretor de *insight* de clientes e análise de VOC.

Era o tipo de descoberta que solidificava o compromisso da Lenovo com o sistema Lenovo Early Detection (LED, ou Detecção Prévia da Lenovo), e o trabalho de Chaara e sua equipe de análise de dados corporativos.

A Lenovo, a maior fabricante global de PCs e tablets, não se dispôs desde o início a aferir os sentimentos de blogueiros obscuros ou a descobrir novos fóruns. A empresa queria embasar qualidade, desenvolvimento de produtos e inovação de produtos ao estudar dados – seus próprios e de fora de suas quatro paredes. "Nosso foco principal era a otimização de cadeia de suprimento, as oportunidades de venda cruzada/*up-sell* e precificação e agrupamento de serviços. Todo aprimoramento que fazemos nessas áreas se baseia naquilo que ouvimos de nossos clientes", observa Chaara. A SAS fornece o quadro referencial para "administrar a quantidade louca de dados" que são gerados.

O sucesso do projeto se alastrou como um incêndio pela organização. Inicialmente, o planejamento da Lenovo envolvia cerca de 15 usuários, mas o boca a boca levou 300 usuários a se inscreverem para se logarem no *dashboard* da Lenovo para uma apresentação visual de análise de sentimentos dos clientes, de garantias e de *call center*.

O resultados foram impressionantes

- Redução superior a 50% no tempo de detecção de problemas.
- Redução de 10 a 15% em custos com garantias por defeitos fora de norma.
- Redução de 30 a 50% em telefonemas para informações gerais à central de contatos.

Olhando o quadro geral

Métodos tradicionais de aferir os sentimentos e entender a qualidade percebida trazem consigo pontos fracos e retardos temporais:

- Enquetes só conseguem colher informações daqueles clientes que estão dispostos a preenchê-las.
- Informações sobre custos com garantia muitas vezes levam meses após o lançamento de um novo produto.
- Pode ser difícil decifrar a profusão de causas para descontentamento de clientes e defeitos em produtos.

Além disso, a Lenovo vende seus produtos instalados com software que ela não produz, e os clientes usam uma variedade de acessórios (*docking stations* e mouses) que podem ou não ser produzidos pela Lenovo. Para piorar o problema, a empresa opera em 165 países e suporta mais de 30 línguas, fazendo com que os métodos manuais de avaliar os comentários sejam inconsistentes, demorados demais e aquém dos volumes de *feedback* que a empresa encontra em redes sociais. A análise de sentimentos precisava ser capaz de perceber nuances nas línguas nativas. (Os australianos, por exemplo, têm maneiras diferentes de expressar opiniões do que os norte-americanos.)

A descoberta baseada em dados de um problema com *docking stations* representou a segunda grande vitória para a iniciativa LED da Lenovo. Os clientes estavam telefonando para o suporte técnico dizendo que tinham problemas em suas telas, ou que a máquina se desligara abruptamente ou que a bateria não estava carregando. Relatos similares estavam pipocando em postagens nas redes sociais. Às vezes, mas nem sempre, o cliente mencionava *docking stations*. Somente quando a Lenovo usou SAS para analisar a combinação de reclamações em *call center* e postagens em redes sociais foi que a expressão *docking station* foi vinculada ao problema, ajudando os engenheiros de qualidade a chegarem à raiz do problema e lançarem uma atualização de software.

"Levamos algumas semanas para chegarmos a essa conclusão. Antigamente, isso levava de 60 a 90 dias, pois tínhamos de esperar até que os relatórios voltassem do campo de pesquisa", relata Chaara. Agora, isso leva de 15 a 30 dias. Essa abreviação no tempo de detecção levou a uma redução de 10 a 15% nos custos com garantias para esses defeitos. Como a empresa gasta cerca de US$1,2 bilhão para cobrir custos de garantia a cada ano, isso representa uma economia considerável.

Embora as informações de *call center* tenham sido cruciais, o componente das redes sociais foi o que matou a charada. "No Twitter e no Facebook, as pessoas descreviam o que estavam fazendo naquele exato segundo, 'Liguei a máquina na *docking station* e X aconteceu'. É cru, sem distorções e bastante objetivo", afirma Chaara.

Um diagnóstico imprevisto foi encontrado ao se analisar o que os clientes estavam falando quando botavam seus PCs para rodar. A Lenovo percebeu que sua documentação para explicar seus produtos, garantias e afins não era muito clara. "Há um custo embutido em cada telefonema para o *call center*. Com a documentação aprimorada, testemunhamos uma redução de 30 a 50% em ligações para obtenção de informações gerais", conta Chaara.

Ganhando elogios além da linha de frente

O projeto alcançou tamanho sucesso que Chaara o demonstrou para o CEO. A meta é configurar uma visão em *dashboard* para o primeiro escalão. "Esse é o nível de pensamento de nossos executivos seniores. Eles acreditam nisso", afirma Chaara. Ademais, o grupo de Chaara irá mensurar formalmente o sucesso do esforço e expandi-lo para avaliar questões como a experiência dos clientes ao comprarem um produto Lenovo.

"A aplicação de análise de dados acabou nos levando a uma compreensão mais holística do conceito de qualidade. Qualidade não é apenas um PC funcionar corretamente. É as pessoas saberem como usá-lo, obterem ajuda pronta e precisa junto à empresa, fazerem componentes não Lenovo funcionarem bem com o hardware e compreendermos o que os clientes apreciam no produto existente – em vez de meramente redesenhá-lo porque os designers de produtos acham que é a coisa certa a fazer. Com a SAS, conseguimos obter uma definição de qualidade a partir da visão do cliente", conclui Chaara.

Questões para discussão

1. Como a Lenovo usou análise de texto e mineração de texto para aprimorar a qualidade e o design de seus produtos e no final aumentar a satisfação dos clientes?
2. Quais foram os desafios, a solução proposta e os resultados obtidos?

Fonte: "Bringing the customer into the quality equation (SAS® Visual Analytics, SAS® Contextual Analysis, SAS® Sentiment Analysis, SAS® Text Miner) – Sentiment analysis and advanced analytics help Lenovo better identify quality issues and customer desires." Copyright © 2016 SAS Institute Inc., Cary, NC, USA. Reimpresso com permissão. Todos os direitos reservados.

SEÇÃO 5.4 QUESTÕES DE REVISÃO

1. Liste e discorra brevemente sobre as aplicações de mineração de texto no marketing.
2. Como a mineração de texto pode ser usada em segurança e contraterrorismo?
3. Quais são algumas das aplicações promissoras da mineração de texto na biomedicina?

5.5 Processo de mineração de texto

Para obterem sucesso, estudos de mineração de texto devem obedecer a uma metodologia sensata baseada em melhores práticas. É preciso que haja um modelo processual padronizado similar ao Cross-Industry Standard Process for Data Mining (CRISP-DM), que é o padrão da indústria para projetos de mineração de dados (veja o Capítulo 4). Muito embora a maioria das partes do CRISP-DM também seja aplicável a projetos de mineração de texto, um modelo processual específico para mineração de texto acabaria incluindo atividades de pré-processamento de dados muito mais elaboradas. A Figura 5.5 ilustra um diagrama contextual em âmbito geral de um típico processo de mineração de texto (Delen & Crossland, 2008). Esse diagrama contextual apresenta o escopo do processo, enfatizando suas interfaces com o ambiente mais amplo. Em essência, ele estipula limites em torno de processos específicos a fim de identificar de modo explícito o que é incluído (e excluído) no processo de mineração de texto.

Conforme o diagrama contextual indica, a entrada (as setas apontando para dentro da caixa a partir da esquerda) ao processo de descoberta de conhecimentos baseado em texto são os dados não estruturados e estruturados coletados, armazenados e disponibilizados para o processo. A saída (a seta apontando para fora e à direita da caixa) do processo são os conhecimentos específicos do contexto que podem ser usados para a tomada de decisões. Os controles, também chamados de *restrições* (setas apontando para dentro da caixa de cima para baixo), do processo incluem limitações de software e hardware, questões de privacidade e as dificuldades envolvidas no processamento de textos que se apresentam na forma de linguagem natural. Os mecanismos (setas apontando para dentro da caixa de baixo para cima) do processo incluem as técnicas apropriadas, as ferramentas de software e o conhecimento especializado na área. O objetivo primordial da mineração de texto (no contexto da descoberta de conhecimentos) é processar dados não estruturados (textuais, juntamente com dados estruturados, se relevantes e disponíveis para o problema sendo enfrentado) a fim de extrair padrões significativos e de caráter prático para embasar melhores decisões.

Num nível bastante superior, o processo de mineração de texto pode ser subdividido em três tarefas consecutivas, cada uma das quais conta com entradas

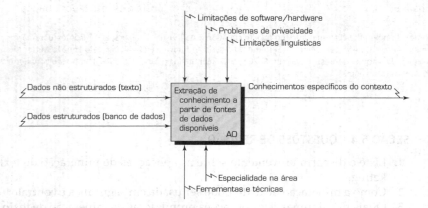

FIGURA 5.5 Diagrama contextual para o processo de mineração de texto.

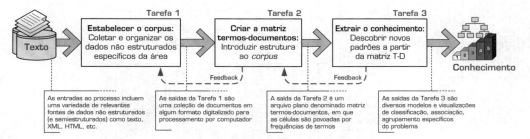

FIGURA 5.6   O processo em três passos/tarefas para mineração de texto.

específicas para gerar certas saídas (veja a Figura 5.6). Se, por algum motivo, a saída de uma tarefa não for a esperada, um redirecionamento regressivo para a execução da tarefa anterior se faz necessário.

Tarefa 1: estabelecer o *corpus*

O principal objetivo da primeira tarefa é coletar todos os documentos relacionados ao contexto (área de interesse) sendo estudado. Essa coleção pode incluir documentos textuais, arquivos XML, emails, páginas da Internet e breves anotações. Além dos dados textuais prontamente disponíveis, gravações de voz também podem ser transcritas usando-se algoritmos de reconhecimento de fala, tornando-se parte da coleção textual.

Depois de coletados, os documentos são transformados e organizados de modo a apresentarem todos o mesmo formato representacional (tais como arquivos de texto ASCII) para processamento em computador. A organização dos documentos pode ser tão simples quanto uma coleção de fragmentos de texto digitalizados e armazenados em uma pasta de arquivos ou pode ser uma lista de links vinculados a uma coleção de páginas da Internet em um domínio específico. Muitas ferramentas de software de mineração de texto comercialmente disponíveis seriam capazes de aceitar tudo isso como entrada e converter em um arquivo plano para processamento. Como alternativa, um arquivo plano pode ser preparado fora do software de mineração de texto e então ser apresentado como a entrada para o aplicativo de mineração de texto.

Tarefa 2: criar a matriz termos-documentos

Nesta tarefa, os documentos digitalizados e organizados (o *corpus*) são usados para criar a **matriz termos-documentos** (**TDM** – *term-document matrix*). Na TDM, as linhas representam os documentos e as colunas representam os termos. As relações entre termos e documentos são caracterizadas por índices (isto é, uma medida relacional que pode ser tão simples quanto o número de ocorrências do termo em respectivos documentos). A Figura 5.7 é um exemplo típico de uma TDM.

A meta é converter a lista de documentos organizados (o *corpus*) em uma TDM em que as células fiquem preenchidas pelos índices mais apropriados. A expectativa é que a essência de um documento possa ser representada por uma lista e uma frequência dos termos usados em tal documento. No entanto, será que todos os termos são importantes ao se caracterizar documentos? Obviamente, a resposta é "não". Certos termos, como artigos, verbos auxiliares e termos usados em quase todos os

Termos Documentos	Risco de investimento	Gestão de projeto	Engenharia de software	Desenvolvimento	SAP	...
Documento 1	1			1		
Documento 2		1				
Documento 3			3		1	
Documento 4		1				
Documento 5				2	1	
Documento 6	1			1		
...						

FIGURA 5.7 Uma simples matriz termos-documentos.

documentos no *corpus*, não apresentam poder diferenciador algum e, portanto, devem ser excluídos do processo de indexação. Essa lista de termos, geralmente chamadas de *termos de parada* ou *palavras de parada* (*stop terms/words*), é específica da área de estudo e deve ser identificada pelos especialistas no ramo. Por outro lado, pode-se escolher um conjunto de termos pré-determinados sob os quais os documentos devem estar indexados (convenciona-se chamar essa lista de *termos de inclusão* [*include terms*] ou *dicionário*). Além disso, sinônimos (pares de termos que devem ser tratados de forma idêntica) e expressões específicas (como "Torre Eiffel") também podem ser providos para que os verbetes do índice sejam mais precisos.

Outra filtragem que deve ser realizada para criar os índices com precisão é a *extração de radicais*, que diz respeito à redução das palavras a suas raízes, para que, por exemplo, diferentes formas gramaticais ou conjugações de um verbo sejam identificadas e indexadas como sendo a mesma palavra. Ao extrairmos apenas o radical, por exemplo, asseguramos que *modelar* e *modelos* sejam reconhecidos como a palavra *modelo*.

A primeira geração de TDM inclui todos os termos singulares identificados no *corpus* (como suas colunas), excluindo-se aqueles na lista de termos de parada; todos os documentos (como suas linhas); e a contagem de ocorrências de cada termo para cada documento (como os valores das células). Se, como muitas vezes é o caso, o *corpus* incluir uma quantidade bem grande de documentos, haverá então altíssima probabilidade de que a TDM acabe tendo uma enorme quantidade de termos. O processamento de uma tamanha matriz pode ser demorado e, acima de tudo, pode levar à extração de padrões imprecisos. A essa altura, é preciso decidir então: (1) qual é a melhor representação dos índices?; e (2) como podemos reduzir a dimensionalidade dessa matriz para um tamanho manipulável?

REPRESENTANDO OS ÍNDICES Depois que os documentos estão indexados e as frequências iniciais de palavras (por documento) estão computadas, inúmeras transformações adicionais podem ser realizadas para resumir e agregar as informações extraídas. As frequências brutas de termos geralmente refletem o quanto uma palavra é saliente ou importante em cada documento. Especificamente, palavras que ocorrem com uma frequência maior em determinado documento são melhores descritores dos conteúdos de tal documento. No entanto, é razoável supor que as contagens de palavras em si são proporcionais à sua importância como descritores dos documentos. Se uma palavra, por exemplo, ocorre uma única vez no documento *A*, mas três vezes no documento *B*, então não é necessariamente razoável concluir que tal palavra é um descritor três vezes mais importante do documento *B* do que do documento *A*. Para se ter uma TDM mais consistente para análise mais aprofundada, esses índices brutos precisam ser normalizados. Ao contrário de exibir as contagens frequenciais propriamente ditas, a representação numérica entre termos e documentos pode ser normalizada usando-se diversos métodos alternativos, como frequências logarítmicas, frequências binárias e frequências documentais inversas, entre outras.

REDUZINDO A DIMENSIONALIDADE DA MATRIZ Como a TDM costuma ser bastante grande e um tanto esparsa (a maioria das células preenchidas por zeros), outra questão importante é: "como podemos reduzir a dimensionalidade da matriz para um tamanho manuseável?". Há diversas opções disponíveis para lidar com o tamanho da matriz.

- Pedir para que um especialista na área repasse a lista de termos e elimine aqueles que não fazem muito sentido para o contexto do estudo (trata-se de um processo manual e bastante trabalhoso).
- Eliminar termos com pouquíssimas ocorrências em documentos esporádicos.
- Transformar a matriz usando SVD.

A **decomposição em valores singulares** (**SVD** – *singular value decomposition*), que está intimamente relacionada com a análise de componentes principais, reduz a dimensionalidade em geral da matriz de entrada (número de documentos de entrada pelo número de termos extraídos) para um espaço dimensional inferior, em que cada dimensão consecutiva representa o maior grau de variabilidade (entre palavras e documentos) possível (Manning & Schutze, 1999). Idealmente, o analista deve identificar as duas ou três dimensões mais salientes que respondem pela maior parte da variabilidade (diferenças) entre as palavras e os documentos, identificando assim o espaço semântico latente que organiza as palavras e documentos na análise. Assim que as dimensões forem identificadas, o "significado" subjacente do que está contido (discutido ou descrito) nos documentos terá sido extraído.

Tarefa 3: extrair o conhecimento

Usando-se a TDM bem estruturada, e potencialmente ampliada por outros elementos de dados estruturados, novos padrões são extraídos no contexto do problema específico sendo abordado. As principais categorias de métodos de extração de conhecimentos são classificação, agrupamento, associação e análise de tendências. A seguir é apresentada uma breve descrição de cada um desses métodos.

CLASSIFICAÇÃO Provavelmente o tópico mais comum em descoberta de conhecimentos na análise de fontes de dados complexos seja a **classificação** (ou categorização) de certos objetos. A tarefa se resume a classificar uma certa instância de dados em um conjunto pré-determinado de categorias (ou classes). Em sua aplicação na área de mineração de texto, a tarefa é conhecida como *categorização de texto*, em que, para um determinado conjunto de categorias (temas, tópicos e conceitos) e uma coleção de documentos textuais, a meta é encontrar o tópico (tema ou conceito) correto para cada documento usando modelos desenvolvidos com um conjunto de dados de treinamento que inclui tanto os documentos quanto as categorias de documentos propriamente ditas. Atualmente, a classificação automatizada de textos é aplicada a uma variedade de contextos, incluindo indexação automática e semiautomática (interativa) de texto, filtragem de *spam*, categorização de páginas da Internet sob catálogos hierárquicos, geração automática de metadados, detecção de gêneros e muitos outros.

As duas abordagens principais na classificação de textos são engenharia de conhecimentos e aprendizado de máquina (Feldman & Sanger, 2007). Com a abordagem de engenharia de conhecimentos, os conhecimentos de um especialista a respeito das categorias são codificados no sistema ou de modo declarativo ou na forma de regras de classificação procedural. Já no caso da abordagem de aprendizado de máquina, um processo indutivo geral desenvolve um classificador aprendendo a partir de um conjunto de exemplos reclassificados. Conforme a quantidade de documentos vai aumentando em ritmo exponencial e especialistas em cada área vão ficando mais difíceis de encontrar, a tendência de popularidade entre as duas abordagens começa a pender para o aprendizado de máquina.

AGRUPAMENTO É um processo não supervisionado mediante o qual objetos são classificados em aglomerações "naturais" chamadas **agrupamentos**. Comparado à categorização, em que uma coleção de exemplos de treinamento pré-classificados é usada para desenvolver um modelo baseado nas características descritivas das classes a fim de classificar um novo exemplo não rotulado, no agrupamento o problema é reunir uma coleção não rotulada de objetos (como documentos, comentários de clientes, páginas da Internet) em agrupamentos construtivos sem qualquer conhecimento prévio.

O agrupamento é útil numa ampla gama de aplicações, desde recuperação de documentos a facilitação de melhores buscas de conteúdo na Internet. Na verdade, uma das aplicações proeminentes do agrupamento é a análise e navegação por coleções textuais muito vastas, como páginas da Internet. O pressuposto básico é que documentos relevantes tendem a ser mais similares uns aos outros do que aqueles irrelevantes. Caso o pressuposto se confirme, o agrupamento de documentos com base na similaridade de seu conteúdo melhora a eficiência das buscas (Feldman & Sanger, 2007):

- **Retorno de busca aprimorado.** O agrupamento, por se basear na similaridade em geral, e não na presença de um único termo, pode aprimorar o retorno de uma busca baseada em consulta de tal forma que, quando um consulta corresponde a um documento, todo seu agrupamento é retornado na busca.
- **Maior precisão nas buscas.** O agrupamento também pode aumentar a precisão das buscas. Conforme a quantidade de documentos em uma coleção vai aumentando, torna-se mais difícil navegar pela lista de documentos atrás de correspondências. O agrupamento pode ajudar ao reunir os documentos em diversos grupos menores de documentos relacionados, ordenando-os por relevância e retornando apenas aqueles documentos de grupo(s) mais relevante(s).

Nesse âmbito, os dois métodos mais populares são agrupamento por *scatter/gather* e agrupamento segundo cada consulta específica.

- ***Scatter/gather* (difundir/reunir).** Este método de navegação por documentos utiliza o agrupamento para aumentar a eficiência da navegação humana por documentos quando uma consulta específica não pode ser formulada. Em certo sentido, o método gera dinamicamente um sumário da coleção, adaptando-o e modificando-o em resposta à seleção do usuário.

- **Agrupamento segundo cada consulta específica.** Este método emprega uma abordagem de agrupamento hierárquico em que os documentos mais relevantes para a consulta realizada aparecem em agrupamentos pequenos e coesos que se encontram aninhados sob agrupamentos mais amplos contendo documentos menos similares, criando assim um espectro de níveis de relevância entre os documentos. Este método apresenta um desempenho bom e consistente para coleções de documentos de tamanhos realisticamente grandes.

ASSOCIAÇÃO Uma definição formal e uma descrição detalhada de **associação** foi fornecida no capítulo sobre mineração de dados (Capítulo 4). Associações ou aprendizado de regras associativas em mineração de dados é uma técnica popular e bastante pesquisada para a descoberta de relações interessantes entre variáveis em grandes bancos de dados. A ideia primordial na geração de regras associativas (ou na solução de problemas de cesta de mercado) é identificar os conjuntos frequentes que andam juntos.

Na mineração de texto, associações especificamente se referem às relações diretas entre dois conceitos (termos) ou conjuntos de conceitos. A regra de associação de conjuntos de conceitos $A + C$, que relaciona dois conjuntos de conceitos frequentes A e C, pode ser quantificada pelas duas medidas básicas de suporte e confiança. Nesse caso, a confiança é o percentual de documentos que incluem todos os conceitos em C dentro do mesmo subconjunto daqueles que incluem todos os conceitos em A. Suporte é o percentual (ou a quantidade) de documentos que incluem todos os conceitos em A e C. Em certa coleção de documentos, por exemplo, o conceito "Falha de Interpretação de Software" pode aparecer com maior frequência em associação com "Planejamento de Recursos Empresariais" e "Gestão de Relacionamento com o Cliente" com consideráveis suporte (4%) e confiança (55%), o que quer dizer que 4% dos documentos possuíam todos os três conceitos, e dentre os documentos que incluíam "Falha de Interpretação de Software", 55% deles também incluíam "Planejamento de Recursos Empresariais" e "Gestão de Relacionamento com o Cliente".

A mineração de texto com regras associativas foi usada para analisar literatura publicada (notícias e artigos acadêmicos postados na Internet) a fim de traçar o surto e o progresso da gripe aviária (Mahgoub et al., 2008). A intenção foi identificar automaticamente a associação entre as áreas geográficas, a transmissão de uma espécie para outra e as contramedidas (tratamentos).

ANÁLISE DE TENDÊNCIAS Métodos recentes de análise de tendências em mineração de texto baseiam-se na noção de que os diversos tipos de distribuições de conceitos são funções de coleções de documentos; ou seja, coleções diferentes levam a diferentes distribuições de conceitos para o mesmo conjunto de conceitos. Seria, portanto, possível comparar duas distribuições idênticas exceto pelo fato de serem provenientes de diferentes subcoleções. Uma aplicação de destaque nesse tipo de análise é estudar duas coleções provenientes da mesma fonte (por exemplo, do mesmo conjunto de periódicos acadêmicos), mas de instantes diferentes no tempo. Delen e Crossland (2008) aplicaram **análise de tendências** junto a uma grande quantidade de artigos acadêmicos (publicados nos três periódicos acadêmicos mais conceituados) a fim de identificar a evolução de conceitos-chave na área de sistemas de informação.

Conforme descrito nesta seção, há inúmeros métodos disponíveis para mineração de texto. O Caso Aplicado 5.5 descreve o uso de diversas técnicas diferentes na análise de um grande *corpus* de literatura.

Caso aplicado 5.5
Levantamento de literatura científica com mineração de texto

Pesquisadores que conduzem buscas e revisões em literatura relevante enfrentam uma tarefa cada vez mais complexa e volumosa. Ao ampliar o *corpus* de conhecimentos relevantes, sempre foi importante trabalhar duro para reunir, organizar, analisar e assimilar informações existentes junto à literatura, sobretudo dentro da própria disciplina de especialização. Com a crescente abundância de pesquisas potencialmente significativas sendo relatadas em campos relacionados, e mesmo naqueles campos de estudo tradicionalmente considerados não relacionados, a tarefa do pesquisador está mais intimidadora do que nunca, caso se deseje um trabalho rigoroso.

Em novas linhas de pesquisa, a tarefa do pesquisador pode ficar ainda mais tediosa e complexa. Tentar trazer à tona trabalhos relevantes que outros relataram pode se difícil, na melhor das hipóteses, e quiçá quase impossível quando é preciso revisar manualmente uma vasta literatura já publicada. Mesmo com uma legião de pós-graduandos dedicados ou colegas de grande ajuda, tentar abranger todas as obras publicadas potencialmente relevantes é problemático.

Muitas conferências acadêmicas são realizadas a cada ano. Além de ampliarem o *corpus* de conhecimento sobre o tema central de uma conferência, organizadores muitas vezes decidem oferecer simpósios e *workshops* adicionais. Em muitos casos, esses eventos adicionais visam introduzir os participantes a linhas importantes de pesquisa em tópicos de estudo relacionados e buscam identificar a próxima "febre" em termos de interesses e foco de pesquisa. A identificação de tópicos razoáveis candidatos a tais simpósios e *workshops* é derivada da forma subjetiva, em vez de objetiva, a partir de pesquisas existentes e emergentes.

Num recente estudo, Delen e Crossland (2008) propuseram um método para ajudar em muito e redobrar os esforços de pesquisadores ao viabilizar uma análise semiautomatizada de grandes volumes de literatura publicada por meio da aplicação de mineração de texto. Usando bibliotecas digitais padronizadas e mecanismos de busca de publicações online, os autores baixaram e coletaram todos os artigos disponíveis nos três principais periódicos da área de sistemas de informação de gestão: *MIS Quarterly* (MISQ), *Information Systems Research* (ISR) e *Journal of Management Information Systems* (JMIS). Para manter a mesma fatia de tempo para os três periódicos (para potenciais estudos longitudinais comparativos), o periódico com a data de início mais recente para sua disponibilidade de publicações foi usado como referência para o período inicial para o estudo (isto é, artigos do JMIS estão disponíveis em formato digital desde 1994). Para cada artigo, eles extraíram o título, o resumo, a lista de autores, palavras-chave publicadas, volume, número da edição e ano de publicação. Eles então incluíram todos os dados dos artigos em um simples arquivo de banco de dados. Também incluído no conjunto de dados combinado estava um campo que designava o tipo de periódico de cada artigo para uma provável análise discriminatória. Observações editoriais, observações de pesquisa e panoramas gerais executivos foram omitidos da coleção. O Quadro 5.2 mostra como os dados foram apresentados em um formato tabular.

Na fase de análise, eles optaram por usar apenas o resumo de um artigo como a fonte de extração de informações. Optaram por não incluir as palavras-chave listadas com as publicações por dois motivos principais: (1) sob condições normais, o resumo já costumava incluir as palavras-chave listadas e, portanto, a inclusão das palavras-chave listadas para a análise significaria repetir as mesmas informações e potencialmente conferir a elas um peso não merecido; e (2) as palavras-chave listadas podem ser termos aos quais os autores desejam ver seu artigo associado (em oposição ao que está realmente contido no artigo), introduzindo assim uma tendenciosidade em potencial e inquantificável para a análise de conteúdo.

O primeiro estudo exploratório envolveu um exame de perspectiva longitudinal dos três periódicos (isto é, evolução dos tópicos de estudo ao longo do tempo). A fim de conduzir um

QUADRO 5.2 Representação tabular dos campos incluídos no conjunto de dados combinados

ID	YEAR	JOURNAL	ABSTRACT
PID001	2005	MISQ	The need for continual value innovation is driving supply chains to evolve from
PID002	1999	ISR	Although much contemporary thought considers advanced information techno
PID003	2001	JMIS	When producers of goods (or services) are confronted by a situation in which
PID004	1995	ISR	Preservation of organizational memory becomes increasingly important to org
PID005	1994	ISR	The research reported here is an adaptation of a model developed to measure
PID006	1995	MISQ	This study evaluates the extent to which the added value to customers from a
PID007	2003	MISQ	This paper reports the results(-) of a field-study of six medical project teams t
PID008	1999	JMIS	Researchers and managers are beginning to realize that the full advantages o
PID009	2000	JMIS	The Internet commerce technologies have significantly reduced sellers' costs
PID010	1997	ISR	Adaptive Structuration Theory (AST) is rapidly becoming an influential theoret
PID011	1995	JMIS	Research shows that group support systems (GSS) have dramatically increa
PID012	2000	MISQ	Increasingly, business leaders are demanding that IT play the role of a busine
PID013	2001	ISR	Alignment between business strategy and IS strategy is widely believed to in
PID014	1999	JMIS	A framework is outlined that includes the planning of and setting goals for IT,
PID015	1999	JMIS	The continuously growing importance of information technology (IT) requires c
PID016	1994	MISQ	Identifying the best way to organize the IS functions within an interprise has b
PID017	1996	ISR	Reasons for the mixed reactions to todays electronic off-exchange trading sy
PID018	1996	JMIS	The performance impacts of information technology investments in organizati
PID019	1997	JMIS	Anonymity is a fundamental concept in group support systems (GSS) resear
PID020	2002	ISR	Although electronic commerce (EC) has created new opportunities for busine
PID021	2005	JMIS	Understanding the successful adoption of information technology is largely ba
PID022	2005	MISQ	Enterprise resource planning (ERP) systems and other complex information s
PID023	1994	JMIS	Model management systems support modelers in various phases of the mod
PID024	1995	ISR	While computer training is widely recognized as an essential contributor to th

estudo longitudinal, eles dividiram o período de 12 anos (de 1994 a 2005) em segmentos de 3 anos para cada um dos três periódicos. Esse esquema levou a 12 experimentos de mineração de texto com 12 conjuntos de dados mutuamente excludentes. A partir daí, para cada um dos 12 conjuntos de dados eles usaram mineração de texto para extrair os termos mais descritivos dessas coleções de artigos representados por seu resumos. Os resultados foram tabulados e examinados quanto a variações temporais nos termos publicados nesses três periódicos.

Como uma segunda exploração, usando o conjunto de dados completo (incluído os três periódicos e todos os quatro períodos), os pesquisadores conduziram uma análise de agrupamento. Tal tipo de análise é provavelmente a técnica mais usada em mineração de texto. O agrupamento foi usado nesse estudo para identificar as aglomerações naturais dos artigos (ao colocá-los em agrupamentos separados) e então para listar os termos mais descritivos que caracterizaram esses agrupamentos. Eles usaram SVD para reduzir a dimensionalidade da matriz termos-documentos e, em seguida, um algoritmo de maximização de expectativas para criar os agrupamentos. A partir disso, conduziram diversos experimentos a fim de identificar a quantidade *ideal* de agrupamentos, que acabou sendo nove. Após a construção dos nove agrupamentos, eles analisaram o conteúdo desses agrupamentos a partir de duas perspectivas: (1) representação do tipo de periódico (veja a Figura 5.8a) e (2) representação do tempo (Fig. 5.8b). A ideia era explorar as diferenças e/ou afinidades potenciais entre os três periódicos e as mudanças potenciais na ênfase de tais agrupamentos; ou seja, responder perguntas como "Existem agrupamentos que representam diferentes temas específicos de pesquisa de um único periódico" e "Existe uma caracterização temporalmente variável desses agrupamentos?". Eles descobriram e examinarem diversos padrões interessantes usando representação tabular e gráfica de seus achados (para mais informações, consulte Delen & Crossland, 2008).

Questões para discussão

1. Como a mineração de texto pode ser usada para facilitar a monumental tarefa de revisão de literatura?
2. Quais são os resultados comuns de um projeto de mineração de texto junto a uma coleção específica de artigos científicos? Você consegue lembrar de outros resultados potenciais não mencionados neste caso?

(Continua)

Caso aplicado 5.5 *(Continuação)*

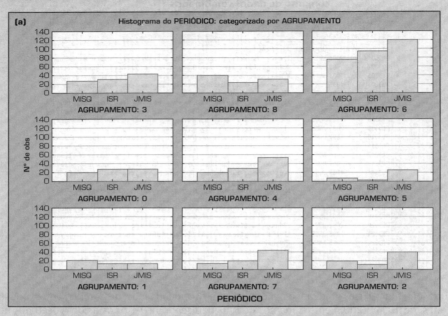

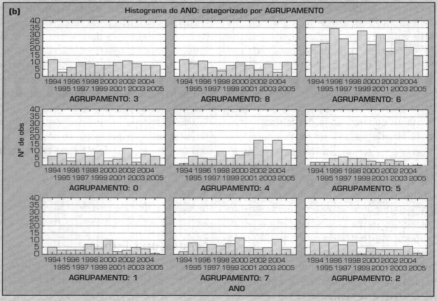

FIGURA 5.8 (a) Distribuição da quantidade de artigos para os três periódicos ao longo dos nove agrupamentos; (b) desenvolvimento dos nove agrupamentos ao longo dos anos. *Fonte:* Delen, D., & Crossland, M. (2008). Seeding the survey and analysis of research literature with text mining. *Expert Systems with Applications, 34*(3), 1707–1720.

SEÇÃO 5.5 QUESTÕES DE REVISÃO

1. Quais são as principais etapas no processo da mineração de texto?
2. Para que serve a normalização de frequências de palavras? Quais são os métodos comuns para normalização de frequências de palavras?
3. O que é SVD? Como ela é usada em mineração de texto?
4. Quais são os principais métodos de extração de conhecimento de um *corpus*?

5.6 Análise de sentimentos

Nós humanos somos seres sociais. Somos adeptos de utilizar uma variedade de meios de comunicação. Frequentemente consultamos fóruns de discussão financeira antes de tomarmos decisões de investimento; pedimos as opiniões de nossos amigos sobre um restaurante recém aberto ou um filme recém lançado; e fazemos buscas na Internet e lemos resenhas de clientes e relatórios de especialistas antes de fazermos grandes compras, como uma casa, um carro ou um eletrodoméstico. Confiamos nas opiniões dos outros para tomarmos melhores decisões, sobretudo numa área em que não temos muito conhecimento ou experiência. Graças à crescente disponibilidade e popularidade de recursos na Internet ricos em opiniões, como veículos de redes sociais (Twitter, Facebook, etc.), sites de resenhas online e *blogs* pessoais, atualmente é mais fácil do que nunca encontrar opiniões dos outros (milhares delas, a bem da verdade) a respeito de tudo, desde os aparelhos eletrônicos mais recentes até figuras políticas e públicas. Ainda que nem todo mundo expresse sua opinião pela Internet, a quantidade de gente que o faz está crescendo exponencialmente, devido sobretudo ao rápido crescimento na diversidade e nas capacidades de canais de comunicação social.

Sentimento é uma palavra difícil de definir. Ela muitas vezes é vinculada ou confundida com outros termos como *crença*, *visão*, *opinião* e *convicção*. Sentimento sugere uma opinião arraigada que reflete as impressões de alguém (Mejova, 2009). O conceito de sentimento possui algumas propriedades singulares que o diferencia de outros conceitos que talvez queiramos identificar em textos. Muitas vezes, desejamos categorizar textos por tópicos, o que pode envolver a abordagem de taxonomias inteiras de tópicos. A classificação de sentimentos, por outro lado, costuma incluir apenas duas classes (positiva *versus* negativa), uma gama de polaridade (como a avaliação de filmes por quantidade de estrelas) ou mesmo uma gama de veemência de opiniões (Pang & Lee, 2008). Essas classes abrangem muitos tópicos, usuários e documentos. Embora lidar com apenas algumas classes possa parecer uma tarefa mais fácil do que a análise textual-padrão, isso está longe de ser verdade.

Como uma área de pesquisa, a análise de sentimentos está intimamente relacionada com linguística computacional, PLN e mineração de texto. A análise de sentimentos recebe muitos outros nomes. Ela é muitas vezes referida como mineração de opiniões, análise de subjetividade e extração de apreciações, com algumas conexões com computação afetiva (reconhecimento e expressão computacional de emoções). O repentino salto de interesse e de atividades na área de análise de sentimentos (isto é, mineração de opiniões), que lida com a extração automática de opiniões, impressões e subjetividade em textos, está criando oportunidades e ameaças para empresas e também para indivíduos. Aqueles que a acolherem e a aproveitarem colherão grandes benefícios dela. Toda e cada opinião postada na Internet por um indivíduo ou uma empresa será atribuída ao seu originador (boa ou má) e será colhida e garimpada por outros (muitas vezes automaticamente por programas de computador).

A análise de sentimentos está tentando responder a pergunta "O que as pessoas acham de certo tópico?", ao escavar opiniões de muitas pessoas usando uma variedade de ferramentas automatizadas. Reunindo entre si pesquisadores e praticantes de negócios, ciência da computação, linguística computacional, mineração de dados, mineração de texto, psicologia e até mesmo sociologia, a análise de sentimentos visa expandir a tradicional análise textual baseada em fatos e instaurar sistemas de informação orientados por opiniões. Num ambiente de negócios, sobretudo em marketing e CRM, a análise de sentimentos busca detectar opiniões favoráveis e desfavoráveis em relação a produtos e serviços específicos usando uma grande quantidade de fontes de dados textuais (*feedback* de clientes na forma de postagens na Internet, tuítes, *blogs*, etc.).

Os sentimentos que aparecem em textos vêm em dois tipos: explícitos, em que a frase subjetiva expressa diretamente uma opinião ("Que dia lindo"), e implícitos, em que o texto sugere uma opinião ("A alça quebra com muita facilidade"). A maior parte dos trabalhos já realizados a respeito de análise de sentimentos se concentrou no primeiro tipo de sentimento, pois é o mais fácil de ser analisado. Já as tendências atuais são de implementar métodos analíticos para levar em consideração sentimentos tanto implícitos quanto explícitos. A polaridade dos sentimentos é um elemento textual específico sobre o qual a análise de sentimentos está especialmente focada. Ela costuma ser dicotomizada em duas – positiva e negativa – mas a polaridade também pode ser encarada como um *continuum*. Um documento que contém declarações de diversas opiniões acabará apresentando uma polaridade geral mesclada, o que é diferente de não apresentar polaridade alguma (sendo objetivo; Mejova, 2009). Hoje em dia, a agilidade na coleta e análise de dados textuais, os quais podem ser provenientes de uma variedade de fontes – indo desde transcrições de telefonemas de *call center* até postagens em redes sociais – é uma parte crucial das capacidades de empresas proativas e voltadas aos clientes. Essas análises em tempo real de dados textuais são muitas vezes visualizadas em *dashboards* fáceis de entender. O Caso Aplicado 5.6 apresenta uma história de sucesso, em que uma coleção de soluções de análise de dados é usada em conjunto para aprimorar a experiência dos espectadores no torneio de tênis de Wimbledon.

Caso aplicado 5.6

Criação de uma experiência digital singular para capturar os momentos mais importantes em Wimbledon

Conhecido por milhões de torcedores simplesmente como "Wimbledon", The Championships é o mais antigo torneio de tênis dentre os quatro Grand Slams, e um dos eventos de maior destaque em todos os esportes. Organizado pelo All England Lawn Tennis Club (AELTC), ele representa uma instituição global esportiva e cultural desde 1877.

O campeão entre os campeonatos

Os organizadores do The Championships, Wimbledon, o AELTC, têm um simples objetivo: todos os anos, eles desejam organizar o melhor torneio de tênis do mundo – em todos os sentidos, em todas as escalas.

A motivação por trás desse comprometimento não é o orgulho puro e simples; ela tem uma base comercial. A marca Wimbledon

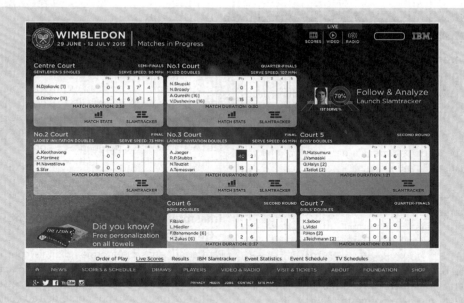

baseia-se em seu *status* de excelência: é isso que atrai os torcedores e os parceiros. As melhores organizações de mídia e as maiores corporações de todo o mundo – IBM incluída – querem estar associadas a Wimbledon precisamente devido à sua reputação de excelência.

Por isso, manter o prestígio do The Championships é uma das principais prioridades do AELTC, mas existem apenas duas formas para a organização conseguir controlar diretamente o modo como o The Championships é percebido pelo resto do mundo.

A primeira, e mais importante, é proporcionar uma experiência fora de série para os jogadores, jornalistas e espectadores que têm a sorte de visitar e assistir às partidas de tênis no complexo. O AELTC conta com ampla experiência nessa área. Desde 1877, eles organizam duas semanas de competição memorável e empolgante em um cenário idílico: tênis em um jardim de campo inglês.

A segunda é a presença online do The Championships, que é oferecida via o site wimbledon.com, aplicativos móveis e canais de redes sociais. A evolução constante dessas plataformas digitais é resultado de uma parceria de 26 anos entre a AELTC e a IBM.

Mick Desmond, diretor comercial e de mídia do AELTC, explica: "Quando você assiste ao torneio Wimbledon pela TV, você o está vendo através das lentes da rede transmissora. Fazemos tudo que podemos para ajudar nossos parceiros de mídia a apresentarem o melhor espetáculo possível, mas no fim das contas, o que eles transmitem é sua própria apresentação do The Championships.

"Já o canal digital é diferente: é uma plataforma nossa, onde podemos conversar diretamente com nossos fãs – então é vital que lhes proporcionemos a melhor experiência possível. Nenhum evento esportivo ou canal de mídia tem o direito de exigir a atenção de um espectador, então, se quisermos reforçar nossa marca, precisamos que as pessoas encarem nossa experiência digital como o principal local para acompanhar o The Championships online."

Com isso em mente, o AELTC estabeleceu uma meta de atrair 70 milhões de visitas, 20 milhões de dispositivos únicos e 8 milhões de seguidores em redes sociais durante as duas semanas do The Championships 2015. Cabia à IBM e ao AELTC encontrar uma maneira de chegar lá.

(Continua)

Caso aplicado 5.6 *(Continuação)*

Garantia de uma experiência digital única

A IBM e o AELTC embarcaram em um redesenho completo de sua plataforma digital, usando seu conhecimento íntimo do público do The Championships a fim de desenvolver uma experiência sob medida para atrair e reter fãs de tênis do mundo inteiro.

"Reconhecemos que, embora tecnologias móveis sejam importantes, 80% de nossos visitantes estão usando computadores de mesa para acessar nosso site", afirma Alexandra Willis, diretora de canal digital e conteúdo do AELTC. "Nosso desafio para 2015 foi decidir como atualizar nossas propriedades digitais para se adaptarem a um mundo primordialmente móvel, e ao mesmo tempo oferecer a melhor experiência possível para computadores de mesa. Queríamos que nosso site aproveitasse ao máximo a amplitude da tela e proporcionasse aos usuários de computadores de mesa a experiência mais rica possível em termos de gráficos de alta definição e conteúdo em vídeo – mas que ao mesmo tempo reagisse e se adaptasse suavemente a formatos menores em tablet ou celular.

"Em segundo lugar, demos forte ênfase à contextualização dos conteúdos – a integração de artigos com fotos, vídeos, estatísticas e informações relevantes, e a simplificação da navegação para que usuários pudessem navegar suavemente pelos conteúdos que mais lhes interessavam."

Do lado móvel, a equipe reconheceu que a disponibilidade mais abrangente de conexões 4G de ampla banda larga significava que o site se tornaria mais popular do que nunca – e assegurava que ofereceria fácil acesso a todos os conteúdos ricos de mídia. Ao mesmo tempo, os aplicativos móveis do The Championships foram alavancados por notificações em tempo real sobre placares de jogos e eventos – e podia até mesmo recepcionar visitantes quando eles passavam por estações a caminho das quadras.

A equipe também desenvolveu um conjunto especial de sites para os mais importantes fãs de tênis que existem: os próprios jogadores. Usando a tecnologia IBM® Bluemix, ela construiu um aplicativo Web seguro que oferecia aos jogadores uma visão personalizada de seus agendamentos de quadras e horários de treinamento, além de ajudá-los a revisar seu desempenho com acesso a estatísticas sobre cada partida disputada.

Transformação de dados em diagnósticos – e diagnósticos em narrativa

Para suprir suas plataformas digitais com o conteúdo mais atraente possível, a equipe aproveitou uma vantagem única: seu acesso em tempo real, ponto por ponto de cada partida disputada durante o The Championships. Durante a quinzena de disputa de Wimbledon, 48 especialistas próximos às quadras capturam cerca de 3,4 milhões de pontos de dados, rastreando o tipo de lance, as estratégias e o resultado de cada ponto.

Os dados são coletados e analisados em tempo real para produzir estatísticas para comentaristas de TV e jornalistas – e também para a própria equipe editorial da plataforma digital.

"Este ano, a IBM nos proporcionou uma vantagem que jamais tivemos antes – utilizar tecnologia de *streaming* de dados para abastecer nossa equipe editorial com diagnóstico em tempo real de marcos importantes e notícias urgentes", conta Alexandra Willis.

"O sistema automaticamente assistia aos fluxos de dados vindos de todas as 19 quadras, e sempre que algo significativo acontecia – como Sam Groth servindo o segundo saque mais rápido na história do Championships – ele nos repassava essa informação instantaneamente. Em segundos, conseguíamos levar essa notícia para nosso público digital e compartilhá-la em redes sociais para direcionar ainda mais tráfego para o nosso site.

"A capacidade de capturar os momentos que importavam e descobrir as narrativas envolventes junto aos dados, mais rápido do que qualquer um, foi fundamental. Para quem queria experimentar as emoções do The Championships ao vivo, a segunda melhor opção a estar presente no local era acompanhar as ações em wimbledon.com."

Domando o poderio da linguagem natural

Outra nova capacidade testada naquele ano foi o uso das tecnologias de PLN da IBM para ajudar a garimpar a imensa biblioteca de história do tênis do AELTC para obtenção de informações contextuais interessantes. A equipe treinou o IBM Watson™ Engagement Advisor para digerir esse rico conjunto de dados não estruturados e usá-lo para responder consultas do centro de imprensa.

A mesma equipe *front end* de PLN também estava conectada com um abrangente conjunto de dados estruturados de estatísticas sobre partidas, remontando ao primeiro Championships em 1877 – proporcionando uma central única para responder tanto perguntas básicas quanto consultas mais complexas.

"O teste com o Watson demonstrou um enorme potencial. No ano que vem, como parte de nosso processo anual de planejamento de inovação, examinaremos como podemos usá-lo mais amplamente – visando sempre dar aos fãs mais acesso a essa fonte incrivelmente rica de conhecimento sobre o tênis", afirma Mick Desmond.

Voando para a nuvem

O ambiente digital inteiro foi hospedado pela IBM em sua Hybrid Cloud. A IBM utilizou técnicas sofisticadas de modelagem para prever picos na demanda com base no cronograma, na popularidade de cada jogador, no horário e em muitos outros fatores – permitindo que alocasse dinamicamente recursos em nuvem a cada conteúdo digital e que assegurasse uma experiência sem sobressaltos para milhões de visitantes do mundo inteiro.

Além da poderosa plataforma privada em nuvem que vem suportando o The Championships há vários anos, a IBM também utilizou uma nuvem SoftLayer® em separado para hospedar a Central de Comando Social de Wimbledon e também para fornecer capacidade adicional incremental para suplementar o principal ambiente em nuvem durante períodos de pico de demanda.

A elasticidade do ambiente em nuvem é fundamental, já que as plataformas digitais do The Championships precisam ser capazes de aumentar mais de 100 vezes em escala em poucos dias conforme o interesse vai crescendo com a aproximação da primeira partida na Quadra Principal.

Mantendo a segurança de Wimbledon

Nos dias de hoje, a segurança online é uma preocupação básica para todas as organizações. Para grandes eventos esportivos em particular, a reputação de marca é tudo – e enquanto o mundo está assistindo, é especialmente importante evitar chamar a atenção sendo uma vítima de crimes cibernéticos. Por esses motivos, a segurança tem um importante papel a cumprir na parceria da IBM com o AELTC.

Durante os primeiros meses de 2015, os sistemas de segurança da IBM detectaram um aumento de 94% em eventos de segurança na infraestrutura do wimbledon.com, comparado ao mesmo período de 2014.

Conforme as ameaças à segurança – e, em particular, ataques do tipo *distributed denial of service* (DDoS) – tornam-se cada vez mais prevalentes, a IBM reforça continuamente seu foco em oferecer os níveis mais altos do ramo em segurança para toda a plataforma digital do AELTC.

O pacote completo de produtos de segurança da IBM, incluindo IBM QRadar® SIEM e IBM Preventia Intrusion Prevention, possibilitou que o Championships desse ano se desenrolasse com suavidade e segurança e que a plataforma digital oferecesse uma experiência de alta qualidade aos usuários em todos os momentos.

Capturando corações e mentes

O sucesso da nova plataforma digital para 2015 – suportada pelas tecnologias de nuvem,

(Continua)

Caso aplicado 5.6 *(Continuação)*

análise de dados, móveis, sociais e de segurança da IBM – foi imediato e completo. As metas para visitantes totais e visitantes únicos não apenas foram cumpridas como superadas. O alcance de 71 milhões de visitas e 542 milhões de visualizações de página a partir de 21,1 milhões de dispositivos únicos demonstra o sucesso da plataforma em atrair um público mais amplo do que nunca e em manter esses espectadores envolvidos durante todo o The Championships.

"Em geral, tivemos 13% mais visitas a partir de 23% mais dispositivos do que em 2014, e o crescimento no uso do wimbledon.com em dispositivos móveis foi ainda mais impressionante", observa Alexandra Willis. "Vimos um crescimento de 125% em dispositivos únicos na parte móvel, 98% de aumento em visitas totais e 79% de crescimento no total de visualizações de páginas."

Mick Desmond conclui: "Os resultados mostram que, em 2015, ganhamos a batalha pelos corações e mentes dos fãs. As pessoas podem ter jornais e sites esportivos favoritos que elas visitam durante 50 semanas do ano – mas durante duas semanas, elas vêm até nós em vez disso.

"Isso é um claro testamento da qualidade da experiência que podemos oferecer – tirando proveito de nossas vantagens singulares para levar nossos espectadores mais perto das ações do que qualquer outro canal de mídia. A capacidade de capturar e comunicar conteúdos relevantes em tempo real ajudou nossos fãs a vivenciarem o The Championships mais intensamente do que nunca."

Questões para discussão

1. Como Wimbledon utilizou capacidades de análise de dados para aprimorar a experiência dos espectadores?
2. Quais foram os desafios, a solução proposta e os resultados obtidos?

Fonte: IBM Case Study. Creating a unique digital experience to capture the moments that matter. http://www-03.ibm.com/software/businesscasestudies/us/en/corp?synkey=D140192K15783Q68 (acessado em maio de 2016).

Aplicações da análise de sentimentos

Comparada aos métodos tradicionais de análise de sentimentos, que eram caros, demorados e baseados em enquetes ou centrados em grupos focais (e, portanto, orientados por uma pequena amostra de participantes), a nova face da análise de sentimentos baseada em análise de texto está derrubando barreiras. Soluções atuais automatizam métodos de coleta, filtragem, classificação e agrupamento de vastíssimas coleções de dados via tecnologias de PLN e mineração de dados que lidam tanto com informações factuais quanto subjetivas. A análise de sentimentos talvez seja a aplicação mais popular de análise de texto, tirando proveito de fontes de dados como postagens no Twitter, no Facebook, comunidades online, fóruns de discussão, *blogs*, resenhas de produtos, transcrições e gravações de *call center*, sites de avaliação de produtos, salas de bate-papo, portais de comparações de preço, registros de mecanismo de busca e grupos de notícias. As aplicações a seguir da análise de sentimentos servem para ilustrar o poder e a vasta abrangência dessa tecnologia.

VOZ DO CONSUMIDOR (VOC) A **voz do consumidor** (**VOC** – *voice of the customer*) é uma parte integral da CRM analítica e de sistemas de gestão de experiência do cliente. Como a facilitadora de VOC, a análise de sentimentos é capaz de acessar resenhas de produtos e serviços de uma empresa (quer contínua ou periodicamente) para melhor entender e administrar queixas e elogios de consumidores. Uma empresa de publicidade/marketing de filmes, por exemplo, pode detectar sentimentos negativos em relação a um determinado filme que esteja prestes a estrear nos cinemas (baseados em seus *trailers*) e então rapidamente alterar a composição dos *trailers* e a estratégia publicitária (em todos os veículos de mídia) a fim de mitigar o impacto negativo. De modo similar, uma empresa de software pode detectar um boca a boca negativo a respeito de *bugs* encontrados em um produto recém lançado, mas ainda a tempo de lançar *patches* e correções rápidas para atenuar a situação.

Muitas vezes, o foco da VOC são consumidores individuais, suas necessidades, desejos e problemas relacionados a serviços e suporte. A VOC colhe dados junto a um leque integral de contatos com consumidores, incluindo emails, enquetes, transcrições/gravações de *call center* e postagens em redes sociais, e estabelece a correspondência entre opiniões dos consumidores quanto a transações (consultas, aquisições, trocas) e perfis de consumidores individuais capturados em sistemas transacionais empresariais. A VOC, orientada sobretudo por análise de sentimentos, é um elemento-chave de iniciativas de gestão de experiência de clientes, em que a meta é criar um relacionamento íntimo com o consumidor.

VOZ DO MERCADO (VOM) A voz do mercado (VOM – *voice of the market*) diz respeito a compreender como um todo opiniões e tendências agregadas. Resume-se a saber o que as partes interessadas – clientes, clientes em potencial, influenciadores, etc. – estão dizendo a respeito dos seus produtos e serviços (bem como daqueles dos seus concorrentes). Uma análise de VOM bem feita abastece empresas com inteligência competitiva e desenvolvimento e posicionamento de produtos.

VOZ DOS FUNCIONÁRIOS (VOE) Tradicionalmente, a voz dos funcionários (VOE – *voice of the employee*) se limitava a enquetes de satisfação dos funcionários. A análise de texto em geral (e a análise de sentimentos em particular) são grandes facilitadores de avaliação de VOE. A utilização de dados textuais ricos e repletos de opiniões é uma maneira efetiva e eficiente de dar ouvidos àquilo que os funcionários estão falando. Como todos sabemos, funcionários felizes garantem esforços de boas experiências aos clientes, aumentando sua satisfação.

GESTÃO DE MARCA A gestão de marca se concentra em dar ouvido às redes sociais, onde todo mundo (clientes passados/atuais/potenciais, especialistas do setor, outras autoridades) pode postar opiniões capazes de manchar ou alavancar a sua reputação. Diversas empresas *start-ups* relativamente novas oferecem serviços de gestão de marca orientados por análise de dados para outros. O foco da gestão de marca recai nos produtos e na empresa, e não nos consumidores. Seu objetivo é moldar as percepções, e não gerir experiências, usando técnicas de análise de sentimentos.

MERCADOS FINANCEIROS Prever os valores futuros de ações individuais ou grupos de ações na bolsa de valores sempre foi um problema interessante e aparentemente insolúvel. O que faz uma ação (ou um grupo de ações) subir ou descer é tudo menos uma ciência exata. Muitos acreditam que o mercado acionário é norteado acima de tudo por sentimentos, fazendo com que seja tudo menos racional (sobretudo para movimentos acionários a curto prazo). Por isso, o uso de análise de sentimentos em mercados financeiros acabou ganhando popularidade considerável. Análises automatizadas dos sentimentos do mercado por meio de redes sociais, notícias, *blogs* e grupos de discussão parecem ser uma maneira adequada de computar os movimentos do mercado. Caso praticada da forma correta, a análise de sentimentos é capaz de identificar movimentos acionários a curto prazo baseada nos comentários em torno do mercado, afetando potencialmente a liquidez e as transações.

POLÍTICA Como todos sabemos, as opiniões têm grande peso em se tratando de política. Como as discussões políticas são dominadas por citações, sarcasmo e referências complexas a pessoas, organizações e ideias, a política é uma das arenas onde é mais difícil, e potencialmente mais produtiva, a aplicação de análise de sentimentos. Ao analisar os sentimentos a respeito de fóruns eleitorais, é possível prever quem tem mais chances de ganhar ou perder. A análise de sentimentos pode ajudar a entender o que os eleitores estão pensando e pode esclarecer a posição dos candidatos acerca de certas questões. A análise de sentimentos pode ajudar organizações políticas, campanhas eleitorais e analistas políticos a melhor entender quais questões e posições mais importam para a maioria dos eleitores. Essa tecnologia foi aplicada com sucesso por ambos partidos nas campanhas eleitorais a presidente dos Estados Unidos em 2008 e 2012.

INTELIGÊNCIA GOVERNAMENTAL A inteligência governamental é outra área de aplicação para a análise de sentimentos. Já foi sugerido, por exemplo, que seria possível monitorar fontes e identificar recrudescimentos em comunicações hostis ou negativas. A análise de sentimentos pode permitir a análise automática de opiniões que as pessoas emitem a respeito de medidas ou regulamentações governamentais propostas. Além disso, o monitoramento de picos de sentimentos negativos nas comunicações pode ser útil para entidades como o Departamento de Segurança Nacional.

OUTRAS ÁREAS INTERESSANTES Os sentimentos de consumidores podem ser usados para melhor projetar sites de comércio eletrônico (sugestões de produtos, publicidade de venda cruzada/*up-sell*), para melhor situar propagandas (como situar propagandas de produtos e serviços levando em consideração os sentimentos na página que o usuário está visualizando) e para administrar mecanismos de busca orientados por opiniões ou por resenhas (isto é, um site de agregação de opiniões, uma alternativa a sites como Epinions, resumindo resenhas de usuários). A análise de sentimentos pode ajudar na filtragem de emails ao categorizar e priorizar emails recebidos (podendo, por exemplo, detectar mensagens fortemente negativas ou inflamadas e encaminhá-las para a pasta apropriada), bem como na análise de citações, em que é capaz de determinar se um autor está citando uma obra como evidência apoiadora ou como uma pesquisa que ele descarta.

O processo da análise de sentimentos

Devido à complexidade do problema (conceitos subjacentes, expressões no texto, contexto em que o texto está expresso, etc.), não existe qualquer processo padronizado disponível para conduzir uma análise de sentimentos. No entanto, com base nas obras até aqui publicadas na área de análise de sensibilidade (tanto a respeito dos métodos de pesquisa quanto a gama de aplicações), um processo lógico simples em múltiplas etapas, conforme apresentado na Figura 5.9, parece ser uma metodologia apropriada para análise de sentimentos. Essas etapas lógicas são de caráter iterativo (isto é, *feedback*, correções e iterações fazem parte do processo de descoberta) e experimental, e depois de concluídas e combinadas são capazes de produzir o *insight* almejado quanto às opiniões na coleção de textos.

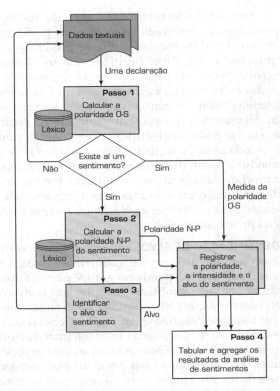

FIGURA 5.9 Um processo em múltiplas etapas para análise de sentimentos.

ETAPA 1: DETECÇÃO DE SENTIMENTOS Após a recuperação e preparação dos documentos textuais, a primeira tarefa principal na análise de sensibilidade é a detecção de objetividade. Nela, a meta é distinguir entre fatos e opiniões, o que pode ser visto como uma classificação do texto como objetivo ou subjetivo. Isso também pode ser caracterizado como um cálculo de Polaridade O-S (Polaridade Objetividade-Subjetividade, o que pode ser representado por um valor numérico indo de 0 a 1). Quando o valor de objetividade encontra-se próximo a 1, então não há opinião a ser minerada (ou seja, trata-se de um fato); sendo assim, o processo retorna ao início e pega os próximos dados textuais a serem analisados. A detecção de opiniões geralmente se baseia no exame de adjetivos no texto. A polaridade de "que obra maravilhosa", por exemplo, pode ser determinada com relativa facilidade examinando-se o adjetivo.

ETAPA 2: CLASSIFICAÇÃO DE POLARIDADE N-P A segunda tarefa principal é aquela da classificação de polaridade. Considerando-se um texto opiniático, a meta é classificar a opinião em uma dentre duas polaridades opostas de sentimento, ou localizar sua posição no espectro entre essas duas polaridades (Pang & Lee, 2008). Quando encarada como uma característica binária, a classificação de polaridade se resume a determinar se a opinião emitida em um documento é, em termos gerais, positiva ou negativa (dedão para cima ou dedão para baixo, por exemplo). Além da identificação de polaridade N-P, é interessante também identificar a intensidade do sentimento (além de apenas positivo, ele pode ser expresso como ligeira, moderada ou fortemente positivo). A maior parte dessas pesquisas foi conduzida junto a resenhas de produtos ou filmes, em que os conceitos de "positivo" e "negativo" ficam bem claros. Outras tarefas, como classificar notícias como "boas" ou "más" apresenta alguma dificuldade. Um artigo, por exemplo, pode conter notícias negativas sem usar de forma explícita palavras ou termos subjetivos. Além do mais, essas classes costumam aparecer entremeadas quando um documento expressa sentimentos tanto positivos quanto negativos. Nesse caso, a tarefa pode ser identificar o sentimento principal (ou dominante) do documento. Ainda assim, para textos longos, as tarefas de classificação talvez precisem ser conduzidas em diversos níveis: dos termos, das expressões, das frases e talvez no nível do documento como um todo. Em tais instâncias, é comum usar as saídas de um nível como entradas para a próxima camada superior. Diversos métodos usados para identificar a polaridade e as intensidades da polaridade são explicados na próxima seção.

ETAPA 3: IDENTIFICAÇÃO DE ALVOS O objetivo desta etapa é identificar com precisão o alvo do sentimento expresso (como uma pessoa, um produto, um evento). A dificuldade dessa tarefa depende em grande parte da área sendo analisada. Ainda que costume ser fácil identificar com precisão o alvo no caso de resenhas de produtos ou filmes, já que cada resenha está diretamente conectada com o alvo, isso pode ser bastante desafiador em outras áreas. Textos longos e de propósito geral, por exemplo, como páginas da Internet, matérias jornalísticas ou *blogs* nem sempre apresentam um tópico pré-definido ao qual se prestam, e geralmente mencionam muitos objetos, qualquer um dos quais pode ser deduzido como o alvo. Às vezes há mais de um alvo numa frase que expressa sentimento, o que é o caso em textos comparativos. Uma frase comparativa e subjetiva menciona objetos em ordem de preferência – como, por exemplo, "Este computador laptop é melhor do que meu PC de mesa". Frases como essa podem ser identificadas usando-se adjetivos e advérbios comparativos (mais, menos, melhor, superior) e outras palavras (como igual, distinto, vence, preferir). Depois que as frases são recuperadas, os objetos podem ser colocados numa ordem que seja a mais representativa de seus méritos, conforme descrito no texto.

ETAPA 4: COLEÇÃO E COMPACTAÇÃO Assim que os sentimentos de todos os pontos de dados textuais em um documento estiverem identificados e calculados, nesta etapa eles serão compactados e convertidos numa única medida de sentimento para o documento inteiro. Essa compactação pode ser tão simples quanto resumir as polaridades e intensidades de todos os sentimentos, ou tão complexa quanto usar técnicas de compactação semântica de PLN para chegar ao sentimento definitivo.

Métodos de identificação de polaridade

Conforme mencionado na seção anterior, a **identificação de polaridade** pode ser realizada no nível das palavras, dos termos, das frases ou do documento. O nível mais granular de identificação de polaridade é o das palavras. Assim que a identificação de polaridade é realizada no nível das palavras, ela pode ser compactada para o próximo nível, e depois para o seguinte, até que o nível de compactação almejado pela análise de sentimentos seja alcançado. Parecem haver duas técnicas dominantes usadas para identificação de polaridade no nível de palavras/termos, cada qual apresentando suas vantagens e desvantagens:

1. Usar um léxico como uma biblioteca de referência (desenvolvida manual ou automaticamente, por um indivíduo para uma tarefa específica ou desenvolvida por uma instituição para uso geral).
2. Usar uma coleção de documentos de treinamento como a fonte de conhecimento sobre a polaridade de termos dentro de uma área específica (isto é, induzindo modelos preditivos a partir de documentos textuais opiniáticos).

Usando um léxico

Em essência, um léxico é um catálogo de palavras, seus sinônimos e seus significados para uma determinada língua. Além de léxicos para muitas outras línguas, há diversos léxicos de propósito geral criados para o inglês. Muitas vezes, léxicos de propósito geral são usados para criar uma variedade de léxicos de propósito especial para uso em projetos de análise de sentimentos. O léxico de propósito geral mais popular é provavelmente o WordNet, criado na Universidade de Princeton, que já foi ampliado e usado por muitos pesquisadores e praticantes para fins de análise de sentimentos. Conforme descrito no site do WordNet (wordnet.princeton.edu), trata-se de uma vasta base de dados da língua inglesa, incluindo substantivos, verbos, adjetivos e advérbios agrupados em conjuntos de sinônimos cognitivos (isto é, *synsets*), cada qual expressando um conceito distinto. Os *synsets* são interligados por meio de relações conceituais semânticas e léxicas.

Uma extensão interessante do WordNet foi criado por Esuli e Sebastiani (2006), na qual eles incluíram rótulos de polaridade (Positivo-Negativo; P-N) e objetividade (Subjetivo-Objetivo; S-O) para cada termo no léxico. Para rotular cada termo, eles classificam o *synset* (um grupo de sinônimos) ao qual o termo pertence usando um conjunto de classificadores ternários (uma medida que vincula a cada objeto exatamente um dentre três rótulos), cada um deles capaz de decidir se um *synset* é Positivo, Negativo ou Objetivo. As pontuações resultantes vão de 0,0 a 1,0, conferindo uma avaliação graduada de propriedades relacionadas a opinião para os termos. Elas podem ser resumidas visualmente como na Figura 5.10. Os vértices do triângulo representam uma dentre três classificações (positivo, negativo e objetivo). Um termo pode ser situado nesse espaço como um ponto, representando seu grau de pertencimento a cada uma das classificações.

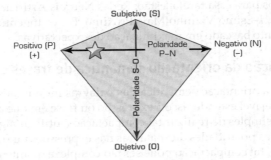

FIGURA 5.10 Representação gráfica da polaridade P-N e da relação de polaridade S-O.

Uma metodologia de extensão similar é usada para criar o SentiWordNet, um léxico disponível ao público em geral desenvolvido especificamente para fins de mineração de opiniões (análise de sentimentos). O **SentiWordNet** atribui a cada *synset* do WordNet três pontuações de sentimento: positividade, negatividade, objetividade. Mais a respeito do SentiWordNet pode ser encontrado em sentiwordnet.isti.cnr.it.

Outra extensão do WordNet é o WordNet-Affect, desenvolvido por Strapparava e Valitutti (2004). Eles rotulam *synsets* do WordNet usando rótulos afetivos que representam diferentes categorias de afeto, como emoção, estado cognitivo e impressão. O WordNet também já foi diretamente usado em análise de sentimentos. Kim e Hovy (2004) e Liu, Hu, e Cheng (2005), por exemplo, geram léxicos de termos positivos e negativos começando por uma pequena lista de termos "semente" com polaridades conhecidas (como amor, gostar, favorável) para em seguida usar as propriedades de antonímia e sinonímia de termos para agrupá-los em uma das categorias de polaridade.

Usando uma coleção de documentos de treinamento

É possível realizar uma classificação de sentimentos usando análise estatística e ferramentas de aprendizado de máquina que tiram proveito dos vastos recursos de documentos rotulados (manualmente por anotadores ou usando-se um sistema de estrelas/pontuação) disponíveis. Sites de resenhas de produtos, como Amazon, C-NET, eBay, RottenTomatoes e Internet Movie Database, já foram todos extensivamente usados como fontes de dados anotados. O sistema de estrelas (ou tomates, dependendo do caso) proporciona um rótulo explícito à polaridade geral da resenha, e isso é muitas vezes assumido como o padrão-ouro na avaliação de algoritmos.

Uma variedade de dados textuais rotulados manualmente está disponível por meio de esforços como a Text REtrieval Conference, a NII Test Collection para IR Systems e o Cross Language Evaluation Forum. Os conjuntos de dados que esses esforços produzem servem muitas vezes como um padrão na comunidade de mineração de texto, incluindo pesquisadores de análise de sentimentos. Pesquisadores individuais e grupos de pesquisa também já produziram muitos conjuntos de dados interessantes. O quadro Dicas Tecnológicas 5.2 lista alguns dos mais populares deles. Depois que um conjunto de dados textuais rotulados é obtido, uma variedade de modelagens preditivas e outros algoritmos de aprendizado de máquina podem ser usados para treinar classificadores de sentimentos. Dentre os algoritmos mais populares usados para essa tarefa, estão: Redes Neurais Artificiais, Máquinas de Vetores de Suporte, k-Ésimo Vizinho Mais Próximo, Bayes Ingênuo, Árvores de Decisão e Agrupamento baseado em maximização de expectativas.

Identificação da orientação semântica de frases e expressões

Assim que a orientação semântica das palavras individuais é determinada, muitas vezes é desejável estender isso à expressão ou frase em que a palavra aparece. A maneira mais simples de realizar tal compactação é utilizar algum método de extração da média das polaridades das palavras nas expressões ou frases. Embora raramente empregada, tal compactação pode ser tão complexa quanto usar uma ou mais técnicas de aprendizado de máquina para criar uma relação preditiva entre as palavras (e seus valores de polaridade) e as expressões ou frases.

DICAS TECNOLÓGICAS 5.2
Grandes conjuntos de dados textuais para mineração de texto preditiva e análise de sentimentos

Transcrições de debate aberto no Congresso: Publicadas por Thomas, Pang e Lee (2006); contêm discursos políticos que são sinalizados para indicar se o falante apoiava ou se opunha à legislação discutida.

Economining: Publicado pela Stern School da New York University; consiste em postagens de *feedback* para comerciantes em Amazon.com.

Conjuntos de dados de Cornell para resenhas de filmes: Introduzidos por Pang e Lee (2008); contêm 1.000 rótulos positivos e 1.000 negativos automaticamente derivados de documentos e 5.331 frases/trechos positivos e 5.331 negativos.

Stanford – vasto conjunto de dados de resenhas de filmes: Um conjunto de 25 mil resenhas de filmes altamente polares para treinamento e 25 mil para testes. Também conta com dados adicionais não rotulados para uso. Texto bruto e formatos já processados do tipo saco de palavras são fornecidos. (Veja http://ai.stanford.edu/~amaas/data/sentiment.)

MPQA Corpus: Corpus e Sistema de Reconhecimento de Opiniões; contém 535 matérias jornalísticas manualmente anotadas provenientes de diversas fontes de notícias contendo rótulos para opiniões e estados privados (crenças, emoções, especulações, etc.).

Resenhas de restaurantes em múltiplos aspectos: Introduzidas por Snyder e Barzilay (2007); contêm 4.488 resenhas com uma qualificação explícita de 1 a 5 para cinco aspectos diferentes: comida, ambiente, serviço, valor e experiência geral.

Identificação da orientação semântica de documentos

Muito embora a vasta maioria dos trabalhos nessa área seja realizada determinando-se a orientação semântica das palavras e das expressões/frases, algumas tarefas como sumarização e recuperação de informações podem exigir a rotulação semântica do documento como um todo (Ramage et al., 2009). Similar ao caso da compactação da polaridade de sentimentos do nível das palavras para o nível das expressões ou frases, a compactação para o nível do documento também é realizada por algum tipo de extração da média. A orientação de sentimentos do documento pode não fazer muito sentido para documentos muito longos; por isso, ela costuma ser usada junto a documentos de tamanho pequeno ou médio postados na Internet.

SEÇÃO 5.6 QUESTÕES DE REVISÃO

1. O que é análise de sentimentos? Qual sua relação com a mineração de texto?
2. Quais são as áreas de aplicação mais populares para análise de sentimentos? Por quê?
3. Quais seriam os benefícios e os beneficiários esperados da análise de sentimentos na política?
4. Quais são as principais etapas na condução de projetos de análise de sentimentos?
5. Quais são os dois métodos comuns para identificação de polaridade? Explique.

5.7 Visão geral da mineração da Web

A Internet alterou para sempre o modo como negócios são conduzidos. Devido ao mundo altamente conectado e à ampliação da paisagem competitiva, as empresas atuais encontram cada vez mais e maiores oportunidades (sendo capazes de alcançar consumidores e mercados que jamais consideraram possíveis) e mais árduos desafios (um mercado globalizado e em constante evolução). Aquelas com a visão e as competências para lidar com um ambiente tão volátil estão se beneficiando em muito, enquanto outras que resistem à adaptação estão enfrentando dificuldades para sobreviver. Ter uma presença engajada na Internet deixou de ser uma opção; trata-se de um imperativo de negócios. Os consumidores esperam que as empresas ofereçam seus produtos e/ou serviços pela Internet. Eles não apenas estão comprando produtos e serviços, como também estão falando sobre empresas e compartilhando suas experiências transacionais e de uso com outros via Internet.

O crescimento da Internet e de suas tecnologias potencializadoras facilitou em muito a criação de dados, a coleção de dados e a troca de dados/informações/opiniões. Atrasos em serviços, fabricação, frete, entrega e atendimento a clientes deixaram de ser incidentes privados e são aceitos como males necessários. Agora, graças a ferramentas e tecnologias de redes sociais na Internet, todo mundo fica sabendo de tudo. Empresas de sucesso são aquelas que acolhem essas tecnologias da Internet e as empregam para o aprimoramento de seus processos empresariais a fim de melhor se comunicar com seus clientes, perceber suas necessidades e desejos e atendê-los com rigor e agilidade. Nunca antes o conceito de ter o foco voltado para os clientes e sua satisfação foi tão importante para empresas quanto agora, nesta era da Internet e das redes sociais.

A World Wide Web (ou, para abreviar, a Web) serve como um enorme repositório de dados e informações sobre praticamente tudo que se pode conceber; questões empresariais, pessoais ou o que quer que seja, uma quantidade abundante encontra-se lá. A Web é provavelmente o maior repositório de dados e textos no mundo, e a quantidade de informações na Web cresce de modo acelerado. Uma infinidade de informações interessantes pode ser encontrada online: quais páginas principais estão lincadas a quais outras páginas, quantas pessoas possuem links a uma página específica da Web e como um site em particular está organizado. Além disso, cada visitante a uma página da Web, cada procura em um mecanismo de busca, cada clique em um link e cada transação em um site de comércio eletrônico criam dados adicionais. Embora dados textuais não estruturados na forma de páginas da Web codificadas em HTML ou XML representem o conteúdo dominante da Web, a infraestrutura da Web também contém informações em *hyperlink* (conexões para outras páginas da Web) e informações de uso (registros de interações de visitantes com sites da Web), e tudo isso proporciona riqueza de dados para descoberta de conhecimento. A análise dessas informações pode nos ajudar a fazer melhor uso de sites da Internet e também nos auxiliar a aumentar as relações e o valor dos visitantes em nossos sites.

Por seu mero tamanho e complexidade, a mineração da Web não é tarefa fácil, qualquer que seja o meio. A Web também impõe árduos desafios para a eficiência e efetividade da descoberta de conhecimentos (Han & Kamber, 2006):

- **A Web é grande demais para mineração de dados efetiva.** A Web é tão grande e cresce tão rapidamente que é difícil até mesmo quantificar seu tamanho. Pelo mero tamanho da Web, não é viável instaurar um *data warehouse* para

replicar, armazenar e integrar todos os dados contidos nela, tornando a coleta e integração de dados um desafio.
- **A Web é complexa demais.** A complexidade de uma página da Internet é bem maior do que a de uma página de uma coleção tradicional de documentos textuais. Páginas da Internet carecem de uma estrutura unificada. Elas contêm muito mais estilos autorais e variação de conteúdo do que um conjunto de livros, artigos ou outro documento tradicional baseado em texto.
- **A Web é dinâmica demais.** A Web é uma fonte de informações altamente dinâmica. Não apenas ela cresce rapidamente como seu conteúdo está constantemente sendo atualizado. Blogs, matérias jornalísticas, resultados de bolsas de valores, placares esportivos, preços, propagandas de empresas e inúmeros outros tipos de informação são atualizados com regularidade na Web.
- **A Web não é específica de uma área de estudos.** A Web serve a uma ampla diversidade de comunidades e conecta bilhões de estações de trabalho. Usuários da Web apresentam as mais diversas formações, interesses e propósitos de uso. A maioria dos usuários pode não conhecer muito bem a estrutura da rede de informações e pode não estar ciente do fardo pesado envolvido numa busca específica realizada.
- **A Web possui de tudo.** Apenas uma pequena parcela das informações na Web é verdadeiramente relevante ou útil para alguém (ou para alguma tarefa). Costuma-se afirmar que 99% das informações na Web são inúteis para 99% dos usuários da Web. Embora isso talvez não pareça óbvio, é verdade que uma pessoa específica está geralmente interessada em apenas uma pequena porção da Web, enquanto o restante da Web contém informações que não são interessantes ao usuário e que podem obscurecer seus resultados desejados. Encontrar aquela porção da Web que é verdadeiramente relevante para uma pessoa e para a tarefa sendo realizada é uma questão proeminente em pesquisas relacionadas com a Web.

Esses desafios estimularam muitos esforços de pesquisas para aumentar a efetividade e a eficiência da descoberta e uso do patrimônio de dados na Web. Inúmeros mecanismos de busca na Web baseados em índices vasculham constantemente a Web e indexam páginas sob certas palavras-chave. Usando esses mecanismos de busca, um usuário experiente pode ser capaz de localizar documentos ao inserir um conjunto altamente restrito de palavras-chave ou expressões. No entanto, um mecanismo de busca simples baseado em palavras-chave sofre de diversas deficiências. Em primeiro lugar, um tópico de qualquer fôlego pode conter facilmente centenas ou milhares de documentos. Isso pode levar a uma vasta quantidade de verbetes retornados pelo mecanismo de busca, muitos dos quais são marginalmente relevantes para o tópico. Em segundo lugar, muitos documentos que são altamente relevantes para um certo tópico podem não conter as exatas palavras-chave que o definem. Conforme abordaremos em maior profundidade mais adiante neste capítulo, comparada com a busca na Web baseada em palavras-chave, a mineração da Web é uma abordagem proeminente (e mais desafiadora) que pode ser usada para aumentar de forma substancial o poderio de mecanismos de busca na Web, pois é capaz de identificar páginas da Web com autoridade de conteúdo, classificar documentos na Web e solucionar muitas ambiguidades e sutilezas suscitadas por mecanismos de busca na Web baseados em palavras-chave.

A **mineração da Web** (ou mineração de dados na Web) é o processo de descoberta de relações intrínsecas (isto é, informações interessantes e úteis) a partir de dados da Web, que são expressos da forma de informação textual, de interligações ou de uso. O termo *mineração da Web* foi cunhado por Etzioni (1996); atualmente, muitas conferências, periódicos e livros têm como foco a mineração de dados na Web. Trata-se de uma área de tecnologia e práticas de negócios em constante evolução. A mineração da Web é essencialmente o mesmo que mineração de dados usando dados gerados via Web. A meta é transformar vastos repositórios de dados de transações comerciais, interações com clientes e páginas da Web em informações de caráter prático (isto é, conhecimentos) a fim de promover melhores decisões tomadas por toda a empresa.

Devido à crescente popularidade do termo *análise de dados*, muita gente passou a chamar a mineração da Web de *análise de dados da Web*. No entanto, esses dois termos não são idênticos. A análise de dados da Web tem como foco primordial os dados sobre o uso de sites da Web; já a mineração da Web abrange todos os dados gerados via Internet, incluindo dados transacionais, sociais e de uso. Ao passo que a análise de dados da Web visa descrever o que aconteceu no site da Web (empregando uma metodologia de análise de dados descritiva, pré-definida e embasada em parâmetros), a mineração da Web visa descobrir padrões e relações até então desconhecidos (empregando uma metodologia inovadora de análise de dados preditiva e prescritiva). De um ponto de vista genérico, a análise de dados da Web pode ser considerada uma parte da mineração da Web. A Figura 5.11 apresenta uma taxonomia simples da mineração da Web, em que ela é dividida em três áreas principais: mineração de conteúdos da Web, mineração de estruturas da Web e mineração de usos da Web. Na figura, as fontes de dados usadas nessas três áreas principais também estão especificadas. Embora essas três áreas sejam mostradas em separado, conforme você verá na seção a seguir, elas são muitas vezes usadas de forma coletiva e em sinergia a fim de abordar problemas e oportunidades comerciais.

Como a Figura 5.11 indica, a mineração da Web depende fortemente de mineração de dados e de mineração de texto, bem como de suas ferramentas e técnicas facilitadoras, as quais já examinamos em detalhes no início deste capítulo e no capítulo anterior (Capítulo 4). A figura também indica que essas três áreas genéricas ampliam-se ainda mais, avançando para diversas áreas de aplicação bastante conhecidas. Algumas dessas áreas foram explicados nos capítulo anteriores, e algumas das demais serão examinadas em detalhes neste capítulo.

Mineração de conteúdos e estruturas da Web

A **mineração de conteúdos da Web** diz respeito à extração de informações úteis junto a páginas da Web. Os documentos podem ser extraídos em algum formato legível por máquina para que técnicas automatizadas possam extrair alguma informação dessas páginas da Web. **Rastreadores da Web** (*Web crawlers*, também chamados de *spiders*) são usados para fazer a leitura de um site da Web automaticamente. As informações colhidas podem incluir características documentais similares às que são usadas em mineração de texto, mas também podem incluir conceitos adicionais, como a hierarquia dos documentos. Tal processo automatizado (ou semiautomatizado) de coleta e mineração de conteúdos da Web pode ser usado para inteligência competitiva (a coleta de informações a respeito de produtos, serviços e clientes dos concorrentes). Também pode ser usado para coleta e resumo de informações/notícias/opiniões, análise de sentimentos e coleta automatizada de dados e estruturação para desenvolvimento de modelos preditivos.

Capítulo 5 • Análise de dados preditiva II: análise de texto, da Web e de mídias sociais **343**

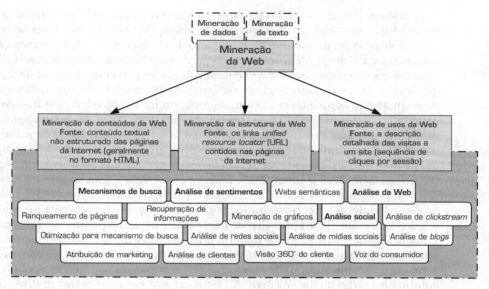

FIGURA 5.11 Uma simples taxonomia da mineração da Web.

Como um exemplo ilustrativo do uso de mineração de conteúdos da Web como uma ferramenta automatizada de coleta de dados, considere o seguinte. Por mais de dez anos, dois dos três autores desse livro (os Drs. Sharda e Delen) vêm desenvolvendo modelos para prever o sucesso financeiro de filmes de Hollywood antes de sua estreia nos cinemas. Os dados que eles usaram para treinamento dos modelos são provenientes de diversos sites da Internet, cada qual apresentando uma diferente estrutura hierárquica e páginas. A coleta de um vasto conjunto de variáveis sobre milhares de filmes (lançados já há um bom tempo) junto a esses sites é um processo demorado e propenso a erros. Por isso, eles usaram mineração de conteúdos da Web e *spiders* como uma tecnologia facilitadora para automaticamente coletar, verificar, validar (caso os itens específicos de dados estejam disponíveis em mais de um site, então os valores são validados uns em relação aos outros e anomalias são capturadas e registradas) e armazenar essas valores num banco de dados relacional. Dessa forma, eles asseguram a qualidade dos dados e ao mesmo tempo já poupam um tempo valioso (dias ou semanas) no processo.

Além de texto, páginas da Internet também contêm *hyperlinks* que apontam de uma página para outra. *Hyperlinks* contêm uma quantidade considerável de anotações humanas ocultas que podem ajudar a inferir automaticamente a noção de centralidade ou *autoridade*. Quando o desenvolvedor de uma página da Internet inclui um link apontando para outra página da Internet, isso pode ser encarado como o endosso do desenvolvedor em relação à outra página. O endosso coletivo de uma determinada página por parte de diferentes desenvolvedores na Web pode indicar a importância de tal página e pode naturalmente levar à descoberta de páginas da Web com conteúdo de autoridade (Miller, 2005). Sendo assim, a vasta quantidade de informações interligadas na Web proporciona uma rica coleção de informações a respeito da relevância, qualidade e estrutura dos seus conteúdos, representando dessa forma uma rica fonte de mineração da Web.

A mineração de conteúdos da Web também pode ser usada para aprimorar os resultados produzidos por mecanismos de busca. Na verdade, as buscas talvez sejam a aplicação predominante da mineração de conteúdos da Web e mineração de estruturas da Web. Uma busca na Web para obter informações a respeito de um tópico específico (apresentado como uma coleção de palavras-chave ou uma frase) geralmente retorna poucas páginas relevantes de alta qualidade e um número maior de páginas não aproveitáveis. O emprego de um índice de relevância baseado em palavras-chave e em páginas com autoridade (ou alguma medida disso) aprimora os resultados de busca e o ranqueamento das páginas relevantes. A ideia de autoridade (ou **páginas com autoridade**) parte de trabalhos anteriores envolvendo a recuperação de informações usando citações em matérias jornalísticas para avaliar o impacto de artigos científicos (Miller, 2005). Embora essa tenha sido a origem da ideia, há diferenças significativas entre as citações em artigos científicos e os *hyperlinks* em páginas da Internet. Em primeiro lugar, nem todo *hyperlink* representa um endosso (alguns links são criados para fins de navegação e alguns para propagandas pagas). Embora isso seja verdade, se a maioria dos *hyperlinks* for do tipo endosso, então a opinião coletiva ainda prevalecerá. Em segundo lugar, para interesses comerciais e competitivos, uma autoridade raramente fará sua página na Internet apontar para autoridades rivais na mesma área. A Microsoft, por exemplo, talvez prefira não incluir links em suas próprias páginas apontando para sites da Apple, já que isso pode ser visto como um endosso da autoridade de sua concorrente. Em terceiro lugar, é raro que páginas com autoridade sejam especialmente descritivas. A página principal da Yahoo! na Web, por exemplo, pode não conter a autodescrição explícita de que ela se trata na verdade de um mecanismo de busca na Web.

A estrutura de *hyperlinks* da Web levou a outra importante categoria de páginas da Internet denominada **hub**. Um *hub* é uma ou mais páginas da Internet que fornece uma coleção de links para páginas de autoridade. Páginas do tipo *hub* podem não ser proeminentes, e às vezes poucos links apontam para elas; contudo, elas oferecem links para uma coleção de sites proeminentes de um tópico específico de interesse. Um *hub* pode ser uma lista de links recomendados em uma página inicial individual, sites referenciais recomendados na página de um curso via Web ou uma lista de recursos profissionalmente agrupados sobre um tópico específico. Páginas *hub* cumprem o papel de conferir autoridade implicitamente em um campo de conhecimento restrito. Em essência, existe uma relação simbiótica íntima entre bons *hubs* e páginas de autoridade; um *hub* é bom quando aponta para várias boas autoridades, e uma autoridade é boa quando está sendo indicada por vários *hubs* bons. Tais relações entre *hubs* e autoridades possibilitam a recuperação automatizada de conteúdo de alta qualidade na Web.

O algoritmo mais conhecido publicamente e mais citado usado para calcular *hubs* e autoridades é o **hyperlink-induced topic search** (**HITS**, ou busca de tópicos induzida por *hyperlink*). Ele foi originalmente desenvolvido por Kleinberg (1999) e desde então vem sendo aprimorado por muitos pesquisadores. O HITS é um algoritmo de análise de links que qualifica páginas da Internet usando informações de *hyperlink* contidas nelas. No contexto de uma busca na Web, o algoritmo HITS coleta um conjunto básico de documentos para uma consulta específica. Em seguida, ele calcula recursivamente os valores de *hub* e de autoridade para cada documento. Para reunir a conjunto básico de documentos, um conjunto-raiz que corresponde à consulta é colhido a partir de um mecanismo de busca. Para cada documento recuperado, um conjunto de documentos que aponta para o documento original e outro conjunto de documentos que é indicado pelo documento original são adicionados ao conjunto como sendo a vizinhança do documento original. Um processo recursivo de identificação de documentos e análise de links continua até que os valores de *hub* e de autoridade convirjam entre si. Esses valores são então usados para indexar e priorizar a coleção de documentos gerada para uma consulta específica.

A **mineração de estruturas da Web** é o processo de extrair informações úteis a partir dos links incorporados em documentos da Web. Ela é usada para identificar páginas de autoridade e *hubs*, que são os pilares dos algoritmos contemporâneos de ranqueamento de páginas, os quais, por sua vez, são centrais para mecanismos de busca populares como Google e Yahoo!. Assim como links para uma página da Internet podem indicar a popularidade (ou autoridade) de um site específico, links dentro de uma página (ou de um site completo) podem indicar a profundidade de cobertura de um tópico específico. A análise de links é muito importante para entender as inter-relações entre grandes quantidades de páginas da Internet, levando a uma melhor compreensão de uma comunidade, clã ou panelinha na Web.

SEÇÃO 5.7 QUESTÕES DE REVISÃO

1. Quais são alguns dos principais desafios que a Internet impõe para a descoberta de conhecimentos?
2. O que é mineração da Web? O que a distingue da mineração de dados ou da mineração de texto regulares?
3. Quais são as três áreas principais da mineração da Web?
4. O que é mineração de conteúdos da Web? Como ela pode ser usada para se obter vantagem competitiva?
5. O que é mineração de estruturas da Web? O que a distingue da mineração de conteúdos da Web?

5.8 Mecanismos de busca

Nos dias atuais, não há como negar a importância dos mecanismos de busca na Internet. Conforme aumentam o tamanho e a complexidade da World Wide Web, encontrar algo que você deseja se torna um processo cada vez mais complexo e trabalhoso. As pessoas utilizam mecanismos de busca por diversas razões: para saber mais a respeito de um produto ou serviço antes de comprá-lo (incluindo quem mais o está vendendo, quais são seus preços em diferentes locais/vendedores, problemas comuns que as pessoas estão vinculando a ele, o nível de satisfação de quem já o comprou, quais outros produtos ou serviços podem ser melhores, etc.) e para pesquisar lugares aonde ir, pessoas para conhecer e coisas para fazer. Em certo sentido, os mecanismos de busca se tornaram a peça central da maioria das transações e outras atividades baseadas na Internet. O incrível sucesso e popularidade da Google, a mais célebre empresa de mecanismo de busca, é um bom testamento dessa observação. O que chega ser um mistério para muita gente é como um mecanismo de busca consegue de fato fazer aquilo a que se propõe. Em miúdos, um **mecanismo de busca** é um programa de software que procura por documentos (sites e arquivos na Internet) tomando por base palavras-chave (palavras soltas, termos formados por várias palavras ou uma frase completa) inseridas por usuários e que têm a ver com o tema de sua pesquisa. Os mecanismos de busca são os burros de carga da Internet, respondendo bilhões de consultas em centenas de línguas diferentes a cada dia.

Tecnicamente falando, "mecanismo de busca" é um termo popular para sistemas de recuperação de informações. Embora os mecanismos de busca na Web sejam os mais populares, mecanismos de busca muitas vezes são usados em contextos alheios à Web, como os mecanismos de busca em computadores de mesa e os mecanismos de busca de documentos. Conforme veremos nesta seção, muitos dos conceitos e técnicas que já examinamos em análise de texto e mineração de texto anteriormente neste capítulo também se aplicam aqui. O objetivo geral de um mecanismo de busca é retornar um ou mais documentos/páginas (caso mais de um documento/página se aplique, então uma lista por ordem de ranqueamento costuma ser oferecida) que melhor correspondam à consulta do usuário. Os dois parâmetros que costumam ser usados para avaliar mecanismos de busca são *efetividade* (ou qualidade – a localização dos documentos/páginas certos) e *eficiência* (ou velocidade – o retorno de uma resposta com rapidez). Esses dois parâmetros tendem a funcionar em direções opostas; a melhoria de um tende a piorar o outro. Muitas vezes, dependendo da expectativa do usuário, os mecanismos de busca se concentram em um em detrimento do outro. Os melhores mecanismos de busca são aqueles que se destacam em ambos ao mesmo tempo. Como os mecanismos de busca não apenas procuram, mas também localizam e retornam documentos/páginas, talvez o nome mais apropriado para eles seria *mecanismos de localização*.

Anatomia de um mecanismo de busca

Agora vamos dissecar um mecanismo de busca e examinar o que há dentro dele. Na camada mais de fora, um sistema de mecanismo de busca é composto por dois ciclos principais: um ciclo de desenvolvimento e um ciclo de resposta (veja a estrutura de um típico mecanismo de busca da Internet na Figura 5.12). Enquanto um estabelece uma interface com a World Wide Web, o outro estabelece uma interface com o usuário. O ciclo de desenvolvimento pode ser encarado como um processo produtivo (fabricação e estocagem de documentos/páginas); já o ciclo de resposta, como um processo de varejo (fornecendo a clientes/usuários aquilo que eles desejam). Na seção a seguir, esses dois ciclos são explicados em mais detalhes.

1. Ciclo de desenvolvimento

Os dois componentes principais do ciclo de desenvolvimento são o rastreador da Web (*Web crawler*) e o indexador de documentos. O propósito deste ciclo é criar um imenso banco de dados de documentos/páginas organizados e indexados com base em seu conteúdo e seu valor informacional. O motivo para o desenvolvimento de tal repositório de documentos/páginas é bastante óbvio: devido ao mero tamanho e complexidade da Web, vasculhá-la atrás de páginas em resposta à consulta de um usuário não é prático (nem viável, dentro de um prazo razoável); por isso, mecanismos de busca armazenam um "*cache* da Web" em seus bancos de dados e usam a versão em *cache* da Web para buscas e localizações. Depois de criado, esse banco de dados permite que mecanismos de busca respondam de modo rápido e preciso a consultas de usuários.

RASTREADOR DA WEB Um rastreador da Web (também chamado de *spider*) é um software que sistematicamente navega (rastreia) a World Wide Web com o objetivo de encontrar e recuperar páginas da Internet. Muitas vezes, eles copiam todas as páginas que visitam para posterior processamento pelas outras funções de um mecanismo de busca.

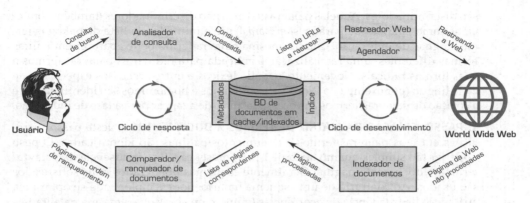

FIGURA 5.12 Estrutura de um típico mecanismo de busca na Internet.

Um rastreador da Web parte de uma lista de URLs a serem visitados, que são listados no agendador e costumam ser chamados de *sementes*. Esses URLs podem provir de inscrições feitas por Webmasters ou, mais frequentemente, provêm dos *hyperlinks* internos de documentos/páginas já rastreados. À medida que o rastreador vai visitando esses URLs, ele identifica todos os *hyperlinks* na página e os adiciona à lista de URLs a serem visitados (isto é, ao agendador). URLs no agendador são visitados recursivamente de acordo com um conjunto de políticas determinadas pelo mecanismo de busca específico. Devido aos vastos volumes de páginas da Internet, o rastreador só é capaz de baixar uma quantidade limitada deles em certo período; portanto, seus downloads às vezes precisam ser priorizados.

INDEXADOR DE DOCUMENTOS Conforme os documentos são encontrados e colhidos pelo rastreador, eles vão sendo armazenados numa área de ensaio para serem apanhados e processados pelo indexador de documentos. O indexador de documentos é responsável por processar os documentos (páginas da Internet ou arquivos de documentos) e colocá-los na base de dados de documentos. A fim de converter os documentos/páginas no formato desejável e facilmente buscável, o indexador de documentos realiza as tarefas a seguir.

1º PASSO: PRÉ-PROCESSAMENTO DOS DOCUMENTOS Como os documentos recuperados pelo rastreador podem estar em formatos diferentes, para facilitar o processamento subsequente, neste passo todos eles são convertidos em algum tipo de representação-padrão. Diferentes tipos de conteúdo (texto, *hyperlink*, imagem, etc.), por exemplo, podem ser separados uns dos outros, formatados (caso necessário) e armazenados em um local para processamento subsequente.

2º PASSO: SEGMENTAÇÃO DOS DOCUMENTOS Este passo refere-se essencialmente à aplicação de ferramentas e técnicas de mineração de texto (isto é, linguística computacional, PLN) junto a uma coleção de documentos/páginas. Neste passo, os documentos padronizados são antes de mais nada segmentados em componentes a fim de identificar palavras/termos dignos de indexação. Em seguida, obedecendo a um conjunto de regras, as palavras/termos são indexadas. Mais especificamente, observando regras de análise léxica, as palavras/termos/entidades são extraídas das frases nesses documentos. Utilizando os léxicos apropriados, os erros de grafia e outras anormalidades nessas palavras/termos são corrigidos. Nem todos os termos são discriminadores. Aquelas palavras/termos não discriminadores (também conhecidas como palavras de parada [*stop words*]) são eliminadas da lista de palavras/termos dignas de indexação. Como a mesma palavra/termo pode aparecer em muitas formas diferentes, uma radicalização é aplicada para reduzir as palavras/termos a suas formas radicais. Novamente, usando léxicos e outros recursos específicos de cada língua (por exemplo, o WordNet), sinônimos e homônimos são identificados, e a coleção de palavras/termos é processada antes de avançar para a fase de indexação.

3º PASSO: CRIAÇÃO DA MATRIZ DE TERMOS X DOCUMENTOS Neste passo, as relações entre as palavras/termos e documentos/páginas são identificadas. O peso pode ser tão simples quanto atribuir 1 para presença e 0 para ausência da palavra/termo no documento/página. Geralmente esquemas ponderados mais sofisticados são usados. Ao contrário de um esquema binário, por exemplo, pode-se optar pela atribuição de frequência de ocorrências (número de vezes que a mesma palavra/termo é encontrada em um documento) como o peso. Como vimos anteriormente neste capítulo, as pesquisas e práticas de mineração de texto indicam claramente que o melhor esquema de ponderação pode vir do uso da *frequência do termo* dividida pelo inverso da frequência do documento (FT/IFD). Esse algoritmo mede a frequência de ocorrência de cada palavra/termo em determinado documento e então compara essa frequência à frequência de ocorrência na coleção de documentos. Como todos sabemos, nem todas as palavras/termos de alta frequência são bons discriminadores, e um bom discriminador de documentos em determinada área de conhecimento pode não ser bom em outra área. Assim que o esquema de ponderação é determinado, os pesos são calculados e o arquivo de índices de termo por documento é criado.

2. Ciclo de resposta

Os dois principais componentes do ciclo de resposta são o analisador de consultas e o comparador/ranqueador de documentos.

ANALISADOR DE CONSULTAS O analisador de consultas é responsável por receber uma solicitação de busca do usuário (por meio da interface de servidor Web do mecanismo de busca) e convertê-la numa estrutura padronizada de dados, para que possa ser facilmente consultada/correspondida frente aos verbetes na base de dados de documentos. O modo como o analisador de consultas cumpre com o que se propõe a fazer é bastante similar ao que o indexador de documentos faz (conforme acabamos de explicar). O analisador de consultas segmenta a cadeia de consulta em palavras/termos individuais usando uma série de tarefas que incluem análise léxica, remoção de palavras de parada e desambiguação de palavras/termos (identificação de erros de grafia, sinônimos e homônimos). A forte similaridade entre o analisador de consultas e o indexador de documentos não é coincidência. Na verdade, ela é bastante lógica, já que ambos trabalham debruçados no banco de dados de documentos; um inserindo documentos/páginas mediante uma estrutura específica de indexação e outro convertendo uma cadeia de consulta na mesma estrutura para que possa ser usada para rapidamente localizar os documentos/páginas mais relevantes.

COMPARADOR/RANQUEADOR DE DOCUMENTOS É aqui que os dados estruturados de consulta são comparados com o banco de dados de documentos para encontrar os documentos/páginas mais relevantes e também ranqueá-los na ordem de relevância/importância. A proficiência desse passo talvez seja o componente mais importante quando diferentes mecanismos de busca são comparados entre si. Cada mecanismo de busca conta com seu próprio algoritmo (muitas vezes proprietário) que usa para desempenhar esse passo importante.

Os primeiros mecanismos de busca usavam uma simples comparação de palavras-chave frente à base de dados de documentos e retornavam uma lista ordenada de documentos/páginas, em que o determinante da ordem era uma função que utilizava a quantidade de correspondências entre palavras/termos da consulta e do documento, juntamente com os pesos dessas palavras/termos. A qualidade e a utilidade dos resultados de busca não era das melhores. Então, em 1997, os criadores do Google inventaram um novo algoritmo, chamado PageRank. Como o nome sugere, o PageRank é uma maneira algorítmica de ordenar documentos/páginas com base em sua relevância e seu valor/importância. Embora o PageRank seja uma maneira inovadora de ranquear documentos/páginas, ele representa uma expansão do processo de recuperar documentos relevantes junto à base de dados e ranqueá-los com base nos pesos das palavras/termos. O Google realiza tudo isso e ainda mais de modo coletivo a fim de apresentar a lista mais relevante de documentos/páginas para uma determinada solicitação. Assim que uma lista ordenada de documentos/páginas é criada, ela é entregue ao usuário em um formato de fácil digestão. Nesse ponto, os usuários podem optar por clicar em qualquer dos documentos na lista, o qual talvez não seja aquele no topo. Se eles clicarem no link de um documento/página que não se encontra no topo da lista, será que então podemos assumir que o mecanismo de busca não fez um bom trabalho ao ranqueá-los? Talvez sim. Mecanismos de busca de destaque, como o Google, monitoram o desempenho de seus resultados de busca capturando, registrando e analisando as ações e experiências dos usuários após a apresentação de cada lista. Essas análises muitas vezes levam a uma quantidade cada vez maior de regras para refinar ainda mais o ranqueamento dos documentos/páginas para que os links no topo sejam mais preferíveis para os usuários finais.

Otimização para mecanismos de busca

A otimização para mecanismos de busca (SEO – *search engine optimization*) é a atividade intencional de afetar a visibilidade de um site de comércio eletrônico ou uma página da Web nos resultados naturais (não pagos ou orgânicos) gerados por um mecanismo de busca. Em geral, quanto melhor o ranqueamento na página de resultados de busca, e quanto mais frequentemente um site aparece na lista de resultados de busca, mais visitantes ele receberá a partir dos usuários do mecanismo de busca. Como uma estratégia de marketing na Internet, a SEO leva em consideração o funcionamento dos mecanismos de busca, o que as pessoas estão buscando, os termos ou palavras-chave em si digitados em mecanismos de busca e quais mecanismos de busca são preferidos pelo seu público-alvo. A otimização de um site pode envolver a edição de seu conteúdo, de sua HTML e de sua codificação associada tanto para aumentar sua relevância para palavras-chave específicas quanto para remover barreiras às atividades de indexação por parte de mecanismos de busca. A promoção de um site para aumentar a quantidade de *backlinks*, ou links de entrada, é outra tática de SEO.

Nos primórdios, para que fosse indexada, tudo que os Webmasters precisavam fazer era submeter o endereço de uma página, ou URL, aos vários mecanismos, que então enviavam uma "aranha" para "rastejar" ou rastrear uma página, extrair links para outras páginas a partir dela e retornar informações encontradas na página para o servidor para indexação. O processo, conforme explicado anteriormente, envolve o rastreador de um mecanismo de busca baixando uma página e a armazenando no servidor do próprio mecanismo, onde um segundo programa, conhecido como indexador, extrai várias informações sobre a página, tais como palavras que ela contém e onde estão localizadas, bem como qualquer peso para palavras específicas, e todos os links que a página contém, que são então colocados em um agendador para serem rastreados posteriormente. Hoje em dia, os mecanismos de busca já não dependem mais de Webmasters submetendo URLs (embora ainda possam fazê-lo); em vez disso, eles ficam rastreando de modo proativo e contínuo a Web e encontrando, colhendo e indexando tudo a seu respeito.

Porém, ser indexada por mecanismos de busca como Google, Bing e Yahoo! não é o suficiente para uma empresa. Entrar nos rankings dos mecanismos de busca mais usados (veja o quadro Dicas Tecnológicas 5.3 para uma lista de quais são eles) e numa posição superior a de seus concorrentes é o que faz a diferença. São diversos os métodos capazes de melhorar o ranking de uma página da Internet entre os resultados de busca. A inclusão de links cruzados entre páginas do mesmo site a fim de prover mais links para as páginas mais importantes pode aumentar sua visibilidade. Escrever conteúdo que inclua expressões com palavras-chave frequentemente buscadas, de modo a garantir a relevância para uma variedade de consultas de busca,

DICAS TECNOLÓGICAS 5.3
Os 15 mecanismos de busca mais populares (agosto de 2015)

Eis os 15 mecanismos de busca mais populares conforme derivados pelo eBizMBA Rank (ebizmba.com/articles/search-engines), que representa uma média constantemente atualizada da posição de cada site no *Alexa* Global Traffic Rank e no U.S. Traffic Rank desenvolvidos por Compete e Quantcast.

Posição	Nome	Estimativa de visitantes únicos mensais
1	Google	1.600.000.000
2	Bing	400.000.000
3	Yahoo! Search	300.000.000
4	Ask	245.000.000
5	AOL Search	125.000.000
6	Wow	100.000.000
7	WebCrawler	65.000.000
8	MyWebSearch	60.000.000
9	Infospace	24.000.000
10	Info	13.500.000
11	DuckDuckGo	11.000.000
12	Contenko	10.500.000
13	Dogpile	7.500.000
14	Alhea	4.000.000
15	ixQuick	1.000.000

tem a tendência de aumentar o tráfego. Atualizar conteúdos a fim de fazer os mecanismos de busca retornarem com frequência para rastreamento pode dar peso adicional a um site. Adicionar palavras-chave relevantes nos metadados de uma página da Internet, incluindo a *tag* de título e a metadescrição, tende a aumentar a relevância de um site nas listagens, aumentando, assim, o tráfego. A normalização de URL de páginas da Internet para que fiquem acessíveis via múltiplos URLs e o uso de elementos canônicos de links e de redirecionamentos ajudam a garantir que todos os links para diferentes versões do URL contem para a pontuação de popularidade de links da página.

Métodos de otimização para mecanismos de busca

Em geral, técnicas de SEO podem ser classificadas em duas amplas categorias: técnicas que os mecanismos de busca recomendam como parte de um bom design de site, e aquelas técnicas não aprovadas pelos mecanismos de busca. Os mecanismo de busca visam minimizar o efeito destas últimas, que geralmente são chamadas de *spamdexing* (também conhecidas como *search spam, spam de mecanismo de busca* ou *envenenamento de mecanismo de busca*). Analistas do ramo classificam tais métodos, e os praticantes que os empregam, como SEO ou do tipo chapéu branco ou do tipo chapéu preto (*white hat/black hat*; Goodman, 2005). Os chapéus brancos tendem a produzir resultados que duram bastante tempo, ao passo que os chapéus pretos anteveem que seus sites podem acabar sendo banidos seja de forma temporária ou permanente assim que os mecanismos de busca descobrirem o que eles estão fazendo.

Uma técnica de SEO é considerada do tipo chapéu branco quando obedece às diretrizes do mecanismo de busca sem envolver qualquer embuste. Como as diretrizes de mecanismo de busca não são redigidas como uma série de regras e proibições, essa é uma distinção importante de observar. SEO de chapéu branco não é meramente seguir as diretrizes, mas também assegurar que o conteúdo que um mecanismo de busca indexa e subsequentemente ranqueia seja o mesmo conteúdo a ser visualizado por um usuário. Os conselhos do tipo chapéu branco pode ser resumidos como: crie conteúdo para os usuários, e não para os mecanismos de busca, e então torne tal conteúdo facilmente acessível para os rastreadores, em vez de tentar trapacear e fazer o algoritmo fugir de seu propósito original. A SEO do tipo chapéu branco é em muitos sentidos similar ao desenvolvimentos Web que promovem acessibilidade, embora não sejam idênticos.

A SEO do tipo chapéu preto visa melhorar os ranqueamentos via modos que não são aprovados pelos mecanismos de busca, ou que envolvem embustes. Uma técnica de chapéu preto utiliza textos que ficam ocultos, seja como texto disfarçado na cor de fundo, em uma *tag div* invisível ou posicionado fora da tela. Outro método apresenta versões diferentes da mesma página dependendo se ela está sendo requisitada por um visitante humano ou por um mecanismo de busca, uma técnica conhecida como *cloaking*. Mecanismos de busca podem penalizar sites em que o uso de métodos de chapéu preto é descoberto, seja rebaixando seu ranking ou eliminando de uma vez por todas sua listagem em suas bases de dados. Tais penalidades podem ser aplicadas ou automaticamente pelos algoritmos dos mecanismos de busca ou por uma revisão manual do site. Um exemplo foi a remoção promovida pelo Google em fevereiro 2006 da BMW da Alemanha e da Ricoh da Alemanha pelo uso de práticas desaprovadas (Cutts, 2006). Ambas empresas, porém, logo se desculparam, consertaram suas práticas e foram recolocadas na lista do Google.

Para alguns empreendimentos, a SEO pode gerar um retorno significativo sobre o investimento. No entanto, é preciso ter em mente que os mecanismos de busca não são pagos por tráfego de buscas orgânicas, seus algoritmos mudam a toda hora e não há garantia alguma de encaminhamentos duradouros. Devido a essa falta de certeza e estabilidade, uma empresa que depende fortemente de tráfego gerado por mecanismo de busca pode sofrer graves prejuízos se o mecanismo de busca decidir alterar seus algoritmos e parar de encaminhar visitantes. Segundo o CEO da Google, Eric Schmidt, apenas no ano de 2010 a empresa fez mais de 500 mudanças de algoritmo – quase 1,5 por dia. Devido à dificuldade em acompanhar as mudanças nas regras de mecanismos de busca, empresas que dependem de tráfego gerado por buscas praticam um ou mais dos seguintes métodos: (1) contratar uma empresa especializada em SEO (parece haver uma abundância delas nos dias de hoje) a fim de aprimorar continuamente o apelo do site em relação a práticas cambiáveis dos mecanismos de busca; (2) pagar diretamente aos mecanismos de busca para ser listada nas seções de patrocinadores pagos; e (3) cogitar se libertar da dependência de tráfico vindo de mecanismos de busca.

Seja originando-se a partir de um mecanismo de busca (organicamente ou não) ou vindo de outros sites e locais, o mais importante para um site de comércio eletrônico é maximizar a probabilidade de transações com consumidores. Receber muitos visitantes mas não realizar vendas não é o objetivo típico de um site de comércio eletrônico. O Caso Aplicado 5.7 fala sobre um grande shopping center baseado na Internet em que uma análise detalhada do comportamento dos consumidores (usando *clickstreams* e outras fontes de dados) é usada para a elevar consideravelmente a taxa de conversão.

Caso aplicado 5.7

Saber por que os consumidores abandonam seus carrinhos de compras resulta num aumento de US$10 milhões em vendas

O Lotte.com, um dos principais shopping centers da Internet na Coreia, com 13 milhões de clientes, desenvolveu um sistema de análise de tráfego via Web usando o SAS for Customer Experience Analytics. Como resultado, o Lotte.com conseguiu aprimorar a experiência online de seus clientes, além de gerar melhores retornos a partir de suas campanhas de marketing. Agora, os executivos do Lotte.com podem confirmar resultados a qualquer hora, em qualquer lugar, bem como fazer mudanças imediatas.

Com quase 1 milhão de visitantes ao seu site a cada dia, o Lotte.com precisava saber quantos visitantes estavam fazendo compras e quais canais estavam gerando o tráfego de maior valor. Depois de pesquisar diversas soluções e abordagens, o Lotte.com introduziu seu sistema integrado de análise de tráfego via Web usando a solução SAS for Customer Experience Analytics. Este é o primeiro sistema de análise comportamental aplicado na Coreia.

Com esse sistema, o Lotte.com é capaz de mensurar e analisar com precisão o número de visitantes ao seu site, o *status* de visualização de página de visitantes e compradores no site, a popularidade de cada categoria de produto e cada produto individual, as preferências de cliques em cada página, a eficiência das campanhas e muito mais. Com essas informações, o Lotte.com pode entender melhor os consumidores e seu comportamento online, e conduzir campanhas de marketing sofisticadas, de bom custo/benefício e sob medida.

Ao comentar sobre o sistema, o gerente geral assistente Jung Hyo-hoon, da equipe de planejamento de marketing do Lotte.com, afirmou: "Como resultado da introdução do sistema de análise SAS, muitas 'novas verdades' foram descobertas em termos de comportamento do consumidor, e algumas delas se revelaram 'verdades inconvenientes'". Ele adicionou: "Algumas atividades de planejamento do site que haviam sido instauradas com a expectativa de certos resultados acabaram gerando pouca reação por parte dos consumidores, e os planejadores do site tiveram dificuldade em aceitar esses resultados".

Benefícios

A introdução da solução SAS for Customer Experience Analytics transformou por completo o site Lotte.com. Como resultado, o Lotte.com conseguiu aprimorar a experiência online de seus clientes, além de gerar melhores retornos a partir de suas campanhas de marketing.

Desde a implementação do SAS for Customer Experience Analytics, o Lotte.com testemunhou muitos benefícios.

Um salto na fidelidade dos clientes

Uma grande quantidade de informações sofisticadas sobre atividades podem ser coletadas junto ao ambiente dos visitantes, incluindo qualidade de tráfego. Jung, o gerente geral assistente, afirmou que "ao analisarmos tráfego válido na prática e ao olharmos para apenas uma ou duas páginas, podemos desenvolver campanhas para elevar o nível de fidelidade, e determinar uma certa gama de efeito de acordo com isso". E acrescentou: "Além disso, é possível classificar e confirmar a taxa de finalização de compras em cada canal e ver quais canais têm mais visitantes".

Análise otimizada de eficiência de marketing

Em vez de simplesmente analisar o número de visitantes, o sistema é capaz de analisar a taxa de conversão (carrinho de compras, compra imediata, lista de desejos, conclusão de compra) comparada aos visitantes reais para cada tipo de campanha (afiliação ou email, *banner*, palavras-chave e outros), para que a análise detalhada da efetividade do canal seja possível. Além disso, ele é capaz de confirmar as palavras mais buscadas pelos visitantes para cada tipo de campanha, localização e produtos adquiridos. A função de sobreposição de páginas consegue medir o número de cliques e o número de visitantes para cada item numa página para mensurar o valor de cada localização em seu leiaute. Essa capacidade permite que o Lotte.com substitua prontamente ou renove itens vinculados a pouco tráfego.

Maior satisfação e melhor experiência dos clientes levam a mais vendas

O Lotte.com construiu um banco de dados sobre o comportamento dos consumidores que mede cada visitante, quais páginas são visitadas, como os visitantes navegam pelo site e quais atividades são realizadas, a fim de promover uma análise diversa e aprimorar a eficiência do site. Além disso, a base de dados captura informações demográficas dos consumidores, tamanho do carrinho de compras e taxa de conversão, número de encomendas e quantidade de tentativas.

Analisando-se qual estágio do processo de compra dissuade a maioria dos consumidores e consertando-se este estágio, as taxas de conversão podem ser elevadas. Anteriormente, a análise era feita somente junto às encomendas concluídas. Analisando-se o padrão de movimento dos visitantes antes de concluírem suas compras e o momento em que a quebra ocorre, o comportamento do consumidor pode ser previsto, e atividades sofisticadas de marketing podem ser promovidas. Por meio de uma análise de padrões dos visitantes, as compras podem ser influenciadas com maior eficiência e a demanda dos consumidores pode se refletir em tempo real para assegurar respostas mais rápidas. A satisfação dos clientes também aumentou com o melhor diagnóstico que o Lotte.com obteve dos comportamentos, necessidades e interesses de cada consumidor.

(Continua)

Caso aplicado 5.7 *(Continuação)*

Avaliando o sistema, Jung comentou: "Ao descobrir, com base nos dados, como cada grupo de consumidores se movimenta, é possível determinar melhorias no serviço ao cliente e promover um marketing sob medida, e isso ajudou no sucesso de inúmeras campanhas".

No entanto, o benefício mais significativo do sistema é a obtenção de um retrato mais nítido dos consumidores individuais e de grupos de consumidores. Sabendo-se quando os consumidores farão compras e maneira como eles navegam pela página na Internet, agora ficou possível promover marketing por canais segmentados e melhorar experiência do cliente.

Ademais, quando o SAS for Customer Experience Analytics foi implementado pelo maior distribuidor estrangeiro do Lotte.com, isso resultou num aumento de 8 milhões de euros (US$10 milhões) em vendas no primeiro ano, pela identificação das causas de abandono de carrinhos de compra.

Questões para discussão

1. Como o Lotte.com utilizou análise de dados para aumentar suas vendas?
2. Quais foram os desafios, a solução proposta e os resultados obtidos?
3. Você acha que as empresas de comércio eletrônico estão em melhor posição para aproveitarem os benefícios da análise de dados? Por quê? De que forma?

Fontes: From Heightening customer loyalty and optimizing channels, SAS, Customer Success Stories.sas.com/success/lotte.html (accessed March 2013). Copyright © 2016 SAS Institute Inc., Cary, NC, USA. Reimpresso com permissão. Todos os direitos reservados.

SEÇÃO 5.8 QUESTÕES DE REVISÃO

1. O que são mecanismos de busca? Por que eles são importantes para as empresas nos dias de hoje?
2. O que é um rastreador da Web? Para o que ele é usado? Como funciona?
3. O que é "otimização para mecanismos de busca"? Quem se beneficia disso?
4. O que pode ajudar a melhorar o ranking de páginas da Internet nos resultados de mecanismos de busca?

5.9 Mineração de uso da Web (análise da Web)

Mineração de uso da Web (também chamada de **análise de dados da Web**) é a extração de informações úteis de dados gerados por meio de visitas e transações em páginas da Internet. A análise das informações coletadas por servidores da Web podem nos ajudar a melhor compreender o comportamento dos usuários. A análise desses dados muitas vezes é chamada de **análise de** *clickstream*. Utilizando as técnicas de mineração de dados e texto, uma empresa pode ser capaz de discernir padrões interessantes a partir de tais *clickstreams*. Ela pode descobrir, por exemplo, que 60% dos visitantes para "hotéis de Maui" fizeram buscas anteriores por "passagens para Maui". Tais informações podem ser úteis para determinar onde colocar propagandas online. A análise de *clickstream* também pode ser útil para saber *quando* os visitantes acessam um site. Se uma empresa souber, por exemplo, que 70% dos downloads de software em seu site ocorrem entre 19h e 23h, ela pode se planejar para oferecer um melhor suporte ao cliente e maior largura de banda nessa faixa de horário. A Figura 5.13 exibe o

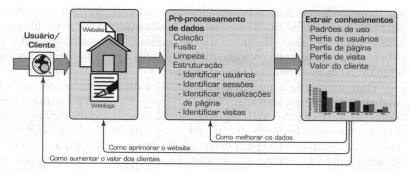

FIGURA 5.13 Extração de conhecimento a partir de dados sobre uso da Web.

processo de extração de conhecimento a partir de dados de *clickstream* e como o conhecimento gerado é usado para aprimorar o processo, melhorar o site e, acima de tudo, aumentar o valor dos clientes.

Tecnologias de análise de dados da Web

Existem no mercado inúmeras ferramentas e tecnologias para análise de dados da Web. Devido à sua capacidade de medir, coletar e analisar dados da Internet para melhor compreender e otimizar a utilização da Web, a popularidade das ferramentas de análise de dados da Web está crescendo. A análise de dados da Web traz em si a promessa de revolucionar a maneira como negócios são realizados na Internet. A análise de dados da Web não é apenas uma ferramenta para medir tráfego pela Internet; ela também pode ser usada para pesquisas de mercado e de *e-business* e para aferir e aumentar a efetividade de sites de comércio eletrônico. Aplicativos de análise de dados da Web também podem ajudar empresas a medir os resultados de campanhas publicitárias impressas ou transmitidas. Isso pode ajudar a estimar como o tráfego para um site varia depois do lançamento de uma nova campanha publicitária. A análise de dados da Web proporciona informações sobre a quantidade de visitantes a um site e a quantidade de visualizações de página. Também ajuda a aferir tendências de tráfego e popularidade, o que pode ser usado para pesquisas de mercado.

Existem duas categorias principais de análise de dados da Web: off-site e on-site. A análise de dados da Web off-site diz respeito à mensuração e análise de dados de você e seus produtos que ocorrem fora do seu site. Isso inclui a mensuração do público potencial de um site (ativa ou passivamente conquistado), parcela de voz (visibilidade e boca a boca) e repercussão (comentários e opiniões) que está ocorrendo na Internet.

Contudo, a tendência dominante tem sido a análise da Web on-site. Historicamente, a análise de dados da Web costumava envolver a mensuração de visitantes on-site. No entanto, nos últimos anos isso ficou mais indefinido, sobretudo porque os fornecedores estão produzindo ferramentas que abrangem ambas categorias. A análise de dados da Web on-site mede o comportamento dos visitantes depois que eles se encontram no seu site. Isso inclui seus motivadores e conversões – por exemplo, até que ponto diferentes páginas de destinação estão associadas a compras online. A análise de dados da Web on-site mede o desempenho do seu site em um contexto comercial. Os dados coletados no site são então comparados com indicadores-chave de desempenho e usados para melhorar a resposta do público a um determinado site ou a uma campanha de marketing. Ainda que o Google Analytics seja o serviço mais usado de análise de dados da Web on-site, outros são oferecidos por Yahoo! e Microsoft, e ferramentas novas e melhores estão constantemente surgindo e proporcionando novas camadas de informação.

Para análise de dados da Web on-site, há duas maneiras técnicas de coletar os dados. O primeiro e mais tradicional método é a análise do arquivo de *log* do servidor, em que o servidor Web registra solicitações de arquivo feitas por navegadores. O segundo método é o *tagging* de páginas, que utiliza JavaScript incorporado no código da página do site para fazer solicitações de imagem para um servidor terceirizado dedicado a análise de dados sempre que a página é exibida por um navegador Web (ou quando um clique do mouse ocorre). Ambos coletam dados que podem ser processados para produzir relatórios de tráfego na Web. Além dessas duas vias principais, outras fontes de dados também podem ser adicionadas para ampliar os dados sobre comportamentos em sites. Essas outras fontes podem incluir email, dados de campanha de correspondência direta, histórico de vendas e vendas em potencial ou dados originados em redes sociais.

Métricas de análise da Web

Usando uma variedade de fontes de dados, programas de análise da Web fornecem acesso a muitos dados úteis de marketing, que podem ser aproveitados para impulsionar o crescimento de sua empresa e melhor documentar seu retorno sobre o investimento (ROI). A perspectiva e os conhecimentos estratégicos obtidos a partir da análise da Web podem ser usados para gerir com eficiência os esforços de marketing de uma organização e seus vários produtos e serviços. Programas de análise da Web geram dados praticamente em tempo real, o que pode documentar o nível de sucesso de suas campanhas de marketing ou permitir que você prontamente afine suas atuais estratégias de marketing.

Enquanto a análise da Web fornece uma ampla gama de métricas, há quatro categorias de métricas que costumam ter impacto prático e potencial de ajudar nos seus objetivos de negócios (The Westover Group, 2013). São elas:

- Usabilidade do site: como os visitantes usaram meu site?
- Fontes de tráfego: de onde eles vieram?
- Perfis dos visitantes: quais são as características dos meus visitantes?
- Estatística de conversão: o que tudo isso significa para os negócios?

Usabilidade do site

Começando pelo seu website, vejamos como ele atende os seus visitantes. É neste ponto que você pode descobrir o quanto ele realmente é "fácil de usar" e se você está ou não oferecendo o conteúdo certo.

1. *Visualizações de página.* A mais básica das medidas, esse parâmetro geralmente á apresentado como a "média de visualizações de página por visitante". Se as pessoas chegam até o seu website e não visualizam muitas páginas, então seu website deve ter problemas de design ou de estrutura. Outra explicação para um baixo índice de visualizações de página é um descompasso entre as mensagens de marketing que levaram os visitantes até o site e o conteúdo que está de fato disponível.

2. ***Tempo no site.*** Similar a visualizações de página, trata-se de uma medida fundamental da interação de um visitante com o seu website. Em geral, quanto mais tempo uma pessoa passa no seu site, melhor ele é. Isso pode significar que o visitante está revisando cuidadosamente o seu conteúdo, utilizando componentes interativos que você disponibilizou ou se aproximando de uma decisão bem embasada de comprar, reagir ou dar o próximo passo que você preparou. Por outro lado, o tempo no site também precisa ser examinado em relação ao número de páginas visualizadas, para conferir se o visitante não está passando seu tempo tentando localizar conteúdos que deveriam estar mais prontamente acessíveis.
3. ***Downloads.*** Isso inclui PDFs, vídeos e outros recursos que você disponibiliza a seus visitantes. Isso lhe dá uma ideia da facilidade de acesso a esses itens e da qualidade de sua promoção. Se, por exemplo, sua estatística da Web revelar que 60% dos indivíduos que assistem a um vídeo de demonstração também fazem uma compra, então o ideal é que você desenvolva estratégias para aumentar a visualização de tal vídeo.
4. ***Mapa de cliques.*** A maioria dos programas de análise de dados é capaz de mostrar o percentual de cliques recebidos por cada item na sua página da Internet. Isso inclui fotos clicáveis, links para texto na sua cópia, downloads e, é claro, qualquer navegação que você possa ter na página. Os visitantes estão clicando nos itens mais importantes?
5. ***Caminhos de cliques.*** Embora uma avaliação dos caminhos de cliques seja algo mais aprofundado, ela é capaz de revelar rapidamente onde você pode estar perdendo visitantes em determinado processo. Um site bem projetado emprega uma combinação de elementos gráficos com arquitetura informacional a fim de estimular os visitantes a traçarem caminhos "pré-definidos" pelo seu site. Não se trata de percursos rígidos, e sim de passos intuitivos que se alinham com os diversos processos que você incluiu no website. Um processo pode ser o de "educar" um visitante que possui uma compreensão mínima de seu produto ou serviço. Outro pode ser o processo de "motivar" alguém que já visitou o site outras vezes a cogitar um *upgrade* ou uma recompra. Um terceiro processo pode ser estruturado em torno de itens que você divulga de forma virtual. Você terá tantos percursos processuais no seu website quanto forem os seus públicos-alvo, seus produtos e serviços. Cada qual pode ser mensurado por meio de análise da Web a fim de determinar sua eficácia.

Fontes de tráfego

Seu programa de análise da Web é uma ferramenta incrível para identificar de onde seu tráfego da Web se origina. Categorias básicas como mecanismos de busca, sites de encaminhamento e visitas provenientes de páginas favoritas (isto é, diretas) são compiladas com pequeno envolvimento por parte de quem promove a página. Com um pouco de esforço, porém, você também pode identificar tráfego gerado por suas diversas campanhas publicitárias offline e online.

1. ***Sites de encaminhamento.*** Outros sites contendo links que enviam visitantes diretamente para o seu website são considerados sites de encaminhamento. Seu programa de análise de dados identificará cada site de encaminhamento de onde seu tráfego provém, e uma análise mais aprofundada lhe ajudará a determinar quais encaminhamentos produzem o maior volume, as taxas mais altas de conversão, a maior taxa de novos visitantes e assim por diante.

2. *Mecanismos de busca.* Os dados na categoria de mecanismo de busca são divididos entre busca paga e busca orgânica (ou natural). Você pode revisar as principais palavras-chave que geraram tráfego para o seu site e conferir se elas são representativas de seus produtos e serviços. Dependendo da sua linha de negócios, talvez o ideal seja ter centenas (ou milhares) de palavras-chave que atraiam consumidores em potencial. Até mesmo a busca mais simples por um produto pode apresentar múltiplas variações de como um indivíduo redige sua consulta de busca.
3. *Direto.* Buscas diretas são atribuídas a duas fontes. Um indivíduo que marca uma de suas páginas como "favorita" na Internet e, mais tarde, clica nesse link será registrado como uma busca direta. Outra fonte ocorre quando alguém digita seu URL diretamente em seu navegador. Isso acontece quando alguém consulta seu URL em um cartão de visita, em um folheto, em propaganda impressa, propaganda de rádio e assim por diante. Por isso, é uma boa estratégia usar URLs codificados.
4. *Campanhas offline.* Se você utiliza opções publicitárias além de campanhas virtuais, seu programa de análise da Web será capaz de capturar dados de desempenho se você incluir um mecanismo para enviá-los para o seu site. Tipicamente, trata-se de um URL dedicado que você inclui em sua propaganda (como "www.minhaempresa.com/oferece50") e que conduz tais visitantes a uma página específica. Assim, você disporá dos dados de quantos responderam a tal propaganda visitando seu site.
5. *Campanhas online.* Se você está praticando uma campanha publicitária por meio de *banners*, uma campanha publicitária em mecanismos de busca ou mesmo uma campanha via email, poderá mensurar a efetividade de campanhas individuais ao simplesmente usar um URL dedicado, similar à estratégia de campanhas offline.

Perfis dos visitantes

Uma das maneiras de transformar sua análise da Web numa ferramenta de marketing realmente poderosa é por meio de segmentação. Ao mesclar dados de diferentes relatórios de análise de dados, você começará a ver uma variedade de perfis de usuários emergir.

1. *Palavras-chave.* Em seu relatório de análise de dados, você pode ver quais palavras-chave os visitantes usaram em mecanismos de busca para localizar o seu site. Se você agregar suas palavras-chave por atributos similares, começará a perceber grupos distintos de visitantes que estão usando seu site. Cada expressão específica que foi usada como busca pode ser usada para indicar até que ponto eles entendem seu produto ou seus benefícios. Se eles utilizam palavras que refletem as reais descrições de seus produtos ou serviços, eles provavelmente já estão cientes daquilo que você está oferecendo com eficiência via propagandas, brochuras e assim por diante. Caso os termos tenham um caráter mais genérico, então seus visitantes estão buscando por uma solução para um problema e acabaram caindo no seu site. Se esse segundo grupo de buscadores for considerável, então o ideal é você garantir que seu site traga um forte componente educativo para convencê-los de que encontraram a resposta que estavam procurando e para conduzi-los por seus canais de vendas.

2. *Agrupamentos de conteúdo.* Dependendo de como você agrupa o seu conteúdo, talvez consiga analisar seções do seu website que correspondem de modo específico a certos produtos, serviços, campanhas ou outras táticas de marketing. Se você participa de bastantes feiras comerciais e atrai tráfego para o seu website mediante literatura específica de produtos, então a sua análise da Web destacará a atividade nessa seção.
3. *Geografia.* A análise de dados permite que você veja de onde o seu tráfego se origina geograficamente, incluindo país, estado e cidade. Isso pode ser especialmente útil se você usar campanhas geolocalizacas ou quiser medir sua visibilidade por uma certa região.
4. *Horário do dia.* O tráfego na Web geralmente atinge um pico no início do expediente, durante o almoço e mais para o fim do expediente. Não é incomum, porém, encontrar tráfego intenso entrando em seu site até o início da noite. Você pode analisar esses dados para determinar quando as pessoas navegam e quando fazem compras, e também pode tomar decisões sobre em quais horários deve oferecer serviço ao cliente.
5. *Perfis de página de destinação.* Se você estruturar adequadamente suas várias campanhas publicitárias, poderá direcionar cada um dos seus grupos-alvo para uma página de destinação diferente, o que sua análise de dados da Web acabará capturando e mensurando. Ao combinar esses números com os dados demográficos de sua mídia publicitária, você pode descobrir qual percentual de seus visitantes se enquadra em qual perfil demográfico.

Estatística de conversão

Cada organização acaba definindo uma "conversão" de acordo com seus objetivos específicos de marketing. Alguns programas de análise de dados da Web empregam o termo *meta* como *benchmark* de certos objetivos do site, quer isso envolva o número de visitantes em certa página, o preenchimento de formulários ou uma compra online.

1. *Novos visitantes.* Se você está trabalhando para aumentar sua visibilidade, o ideal é estudar as tendências nos dados de seus novos visitantes. A análise de dados identifica todos os visitantes ou como novos ou de retorno.
2. *Visitantes de retorno.* Caso você esteja envolvido em programas de fidelidade ou ofereça produtos vinculados a um longo ciclo de aquisição, então os dados de seus clientes de retorno o ajudarão a mensurar o progresso nessa área.
3. *Clientes potenciais.* Assim que um formulário é preenchido e uma página de agradecimento é gerada, você criou um cliente em potencial. A análise de dados da Web permitirá que você calcule a taxa de concretização (ou a taxa de abandono) dividindo o número de formulários preenchidos pelo número de visitantes que entram na sua página. Um percentual baixo de concretização indica que uma página precisa de atenção.
4. *Vendas/conversões.* Dependendo da intenção do seu site, você pode definir uma "venda" como uma compra online, um processo de registro concluído, uma inscrição online ou todo um leque de atividades na Web. O monitoramento dessas cifras acabará lhe alertando sobre qualquer mudança (ou sucesso!) que ocorrer mais à montante.
5. *Taxas de abandono/saída.* Tão importante quanto aqueles visitantes que passam por seu site são aqueles que iniciam um processo e o abandonam, ou que

entram no seu site e vão embora após visualizarem uma ou duas páginas. No primeiro caso, o recomendável é que você analise onde o visitante encerrou o processo e se outros tantos visitantes largaram tudo no mesmo ponto. Em seguida, investigue a situação para encontrar uma resolução. No segundo caso, uma alta taxa de abandono de um site ou de uma página específica geralmente indica um problema com as expectativas. Os visitantes clicam para entrar no seu site devido a alguma mensagem contida numa propaganda, numa apresentação e assim por diante, e esperam alguma continuidade nessa mensagem. Certifique-se de divulgar uma mensagem que o seu website seja capaz de reforçar ou confirmar.

Para cada um desses itens, há parâmetros que podem ser estabelecidos para a sua organização específica. Você pode criar um *dashboard* semanal que inclua números ou percentuais específicos que indicarão onde você está tendo sucesso – ou destacarão um desafio de marketing que deve ser enfrentado. Quando esses parâmetros são avaliados de modo consistente e usados em conjunção com outros dados de marketing disponíveis, eles podem levar a um programa de marketing altamente quantificado. A Figura 5.14 mostra um *dashboard* para análise da Web criado com ferramentas gratuitas disponibilizadas pelo Google Analytics.

SEÇÃO 5.9   QUESTÕES DE REVISÃO

1. Quais são os três tipos de dados gerados por visitas a páginas da Internet?
2. O que é análise de *clickstream*? Para o que ela é usada?
3. Quais são as principais áreas de aplicação da mineração de dados da Web?
4. Quais são os parâmetros comumente usados em análise da Web? Qual a importância de tais parâmetros?

FIGURA 5.14   Amostra de *dashboard* para análise da Web.

5.10 Análise social

A análise social pode significar coisas distintas para pessoas diferentes, dependendo de sua visão de mundo e campo de estudo. A definição do dicionário, por exemplo, para análise social refere-se a uma perspectiva filosófica desenvolvida pelo historiador e filósofo dinamarquês Lars-Henrik Schmidt nos anos 80. O objeto teórico da perspectiva é *socius*, uma espécie da "comunalidade" que não é nem um consideração universal nem uma comunhão compartilhada por cada membro de um corpo (Schmidt, 1996). Sendo assim, análise social difere da filosofia tradicional, bem como da sociologia. Ela pode ser vista como uma perspectiva que busca articular os conflitos entre filosofia e sociologia.

Nossa definição de análise social é um tanto diferente; em vez de nos concentrarmos na parte "social" (como é feito em sua definição filosófica), estamos mais interessados na parte de "análise" do termo. A Gartner (uma empresa bastante conhecida de consultoria global em TI) definiu análise social como "monitoramento, análise, medição e interpretação de interações e relacionamentos digitais entre pessoas, tópicos, ideias e conteúdos" (gartner.com/it-glossary/social-analytics/). A análise social inclui a mineração de conteúdo textual criado em mídias sociais (como análise de sentimentos, PLN) e o exame de redes socialmente estabelecidas (como identificação de influenciadores, identificação de perfis, previsões) com o objetivo de obter um retrato dos comportamentos atuais e futuros de clientes já existentes e potenciais, bem como das predileções e aversões relativas a produtos e serviços de uma empresa. Com base nessa definição e nas práticas atuais, a análise social pode ser classificada em dois ramos diferentes, mas nem sempre mutuamente excludentes: análise de redes sociais (SNA – *social network analysis*) e análise de mídias sociais.

Análise de redes sociais

Uma **rede social** é uma estrutura composta por indivíduos/pessoas (ou grupos de indivíduos ou organizações) vinculados entre si por algum tipo de conexão/relacionamento. A perspectiva das redes sociais oferece uma abordagem holística à análise da estrutura e das dinâmicas de entidades sociais. O estudo dessas estruturas utiliza SNA para identificar padrões locais e globais, localizar entidades influentes e examinar dinâmicas de rede. As redes sociais e sua análise representam um campo interdisciplinar que emergiu da psicologia social, sociologia, estatística e teoria dos grafos. O desenvolvimento e a formalização da extensão matemática da SNA remonta à década de 1950; já o desenvolvimento de teorias e métodos embasadores de redes sociais remonta à década de 1980 (Scott & Davis, 2003). A SNA é atualmente um dos principais paradigmas na análise de negócios, informações estratégicas sobre consumidores e sociologia contemporânea, sendo também empregada em diversas outras ciências sociais e exatas.

Uma rede social é um construto teórico útil nas ciências sociais para estudar relações entre indivíduos, grupos, organizações e até mesmo sociedades inteiras (unidades sociais). O termo é usado para descrever uma estrutura social determinada por tais interações. Os vínculos através dos quais qualquer unidade social se mantém conectada representa a convergência de vários contatos sociais de tal unidade. Em geral, as redes sociais são auto-organizadas, emergentes e complexas, de tal modo que um padrão globalmente coerente acaba aparecendo a partir das interações locais entre os elementos (indivíduos e grupos de indivíduos) que compõem o sistema.

A seguir são apresentados alguns tipos de redes sociais que são relevantes para as atividades comerciais.

REDES DE COMUNICAÇÃO Estudos sobre comunicação muitas vezes são considerados parte tanto das ciências sociais quanto das ciências humanas, embasando-se fortemente em áreas como sociologia, psicologia, antropologia, ciência da informação, biologia, ciências políticas e economia. Muitos conceitos de comunicação descrevem as transferências de informação de uma fonte para outra e, assim, podem ser representadas como uma rede social. Empresas de telecomunicação estão tirando proveito dessa riqueza de informação para otimizarem suas práticas comerciais e melhorarem seus relacionamentos com os clientes.

REDES COMUNITÁRIAS Tradicionalmente, uma comunidade estava relacionada a uma localização geográfica específica, e os estudos sobre laços comunitários tratavam sobre quem conversou, se associou, fez negócios e participou de atividades sociais com quem. Hoje, porém, existem comunidades "online" estendidas, desenvolvidas por meios de ferramentas de redes sociais e aparelhos de telecomunicações. Tais ferramentas e aparelhos geram continuamente vastas quantidades de dados, que podem ser usados por empresas para encontrar informações de caráter prático inestimáveis.

REDES CRIMINOSAS Na criminologia e na sociologia urbana, muita atenção é dedicada a redes sociais entre agentes criminosos. O estudo, por exemplo, de assassinatos entre gangues e outras atividades ilegais como uma série de interações entre grupos rivais pode levar a uma melhor compreensão e prevenção de tais atividades criminosas. Agora que vivemos num mundo altamente conectado (graças à Internet), boa parte das formações de redes criminosas e de suas atividades estão sendo assistidas/perseguidas por agências de segurança que usam as mais avançadas ferramentas e táticas na Internet. Ainda que a Internet tenha alterado o cenário para as redes criminosas e agências de segurança, as tradicionais teorias sociais e filosóficas ainda se aplicam.

REDES DE INOVAÇÃO Estudos empresariais a respeito da difusão de ideias e inovações em um ambiente interligado concentram-se na difusão e no uso de ideias entre membros de uma rede social. A intenção é entender por que algumas redes são mais inovadoras e por que algumas comunidades adotam ideias e inovações antes que as demais (ou seja, examinar a influência da estrutura da rede social na difusão de uma inovação e de um comportamento inovador).

Métricas de análise de redes sociais

SNA é o exame sistemático das redes sociais. A SNA encara as relações sociais em termos de teoria das redes, consistindo em nós (que representam indivíduos ou organizações na rede) e em ligações/conexões (que representam as relações entre os indivíduos ou organizações, como amizade, afinidade ou posição organizacional). Essas redes muitas vezes são representadas por diagramas, em que os nós são representados como pontos e as ligações são representadas como linhas.

O Caso Aplicado 5.8 oferece um exemplo interessante de análise social multicanais.

Ao longo dos anos, diversas métricas (ou medidas) foram desenvolvidas para analisar estruturas de redes sociais a partir de diferentes perspectivas. Essas métricas muitas vezes são agrupadas em três categorias: conexões, distribuições e segmentação.

Caso aplicado 5.8

A Tito's Vodka estabelece fidelidade de marca com uma estratégia social autêntica

Se a Tito's Handmade Vodka tivesse de identificar um único parâmetro de rede social que mais precisamente reflete sua missão, seria o engajamento. Conectar-se com os amantes da vodca de uma maneira inclusiva e autêntica é algo que a Tito's leva muito a sério, e a estratégia social da marca reflete essa visão.

Fundada quase duas décadas atrás, a marca atribui ao advento das redes sociais um papel integral no engajamento de fãs e uma maior divulgação de marca. Numa entrevista para a *Entrepreneur*, o fundador Bert "Tito" Beveridge deu crédito às redes sociais por possibilitar que a Tito's compita por espaço nas prateleiras com marcas de bebida mais estabelecidas. "As redes sociais representam uma ótima plataforma para o boca a boca de uma marca, porque não se resume a quem possui o maior megafone", disse Beveridge à *Entrepreneur*.

Conforme a Tito's amadureceu, sua equipe social seguiu honrando os valores fundadores da marca, utilizando ativamente Twitter e Instagram para estabelecer conversas *tête-à-tête* e se conectar com os entusiastas da marca. "Jamais encaramos as redes sociais como apenas mais um canal de publicidade", afirmou Katy Gelhausen, coordenadora da Web & Mídias Sociais. "Estamos nessas redes para que nossos clientes possam conversar conosco."

Com isso em mente, a Tito's utiliza o Sprout Social para entender a atmosfera do setor, desenvolver uma marca social consistente e estabelecer diálogos com seu público. Recentemente e como resultado, a Tito's aumentou de forma orgânica suas comunidades no Twitter e no Instagram em 43,2% e 12,6%, respectivamente, em apenas quatro meses.

Embasando uma estratégia sazonal e integrada de marketing

O programa trimestral de coquetéis da Tito's é uma parte-chave da estratégia integrada de marketing da marca. A cada trimestre, uma receita de coquetel é desenvolvida e distribuída através das iniciativas de marketing online e offline da Tito's.

É importante que a Tito's assegure que a receita está alinhada com o foco da marca, bem como com a direção do setor como um todo. Portanto, Gelhausen utiliza Brand

(Continua)

Caso aplicado 5.8 *(Continuação)*

Keywords (Palavras-Chave de Marca) do Sprout para monitorar tendências do setor e perfis de sabores de coquetéis. "O Sprout vem sendo uma ferramenta realmente importante para monitoramento social. O Inbox é uma ótima maneira de se manter no alto das *hashtags* e enxergar tendências gerais em um único fluxo", afirmou Gelhausen.

Essas revelações são repassadas à equipe interna de mixologia da Tito's e usadas para garantir que a mesma receita trimestral seja comunicada à equipe de vendas da marca e pelos canais de marketing. "Quer você esteja bebendo a Tito's em um bar, comprando-a numa loja de bebidas ou nos seguindo nas redes sociais, você obtém o mesmo coquetel trimestral", contou Gelhausen.

O programa garante que, em cada ponto de contato com o consumidor, uma pessoa esteja recebendo uma experiência de marca consistente – e essa consistência é vital. Na verdade, de acordo com um estudo da Infosys sobre a experiência de compras por todos os canais, 34% dos consumidores indicam a consistência multicanais como a razão para gastarem mais com uma marca. Enquanto isso, 39% citam a inconsistência como um motivo suficiente para gastar menos.

Na Tito's, a composição de um panorama do setor começa por um monitoramento social no Twitter e no Instagram por meio do Sprout. Mas a estratégia social da marca não para por aí. Mantendo-se fiel a suas raízes, a Tito's utiliza a plataforma de forma cotidiana para se conectar autenticamente com os consumidores.

O Smart Inbox do Sprout exibe as contas da Tito's no Twitter e no Instagram em um *feed* único e coeso. Isso ajuda Gelhausen a gerir as mensagens recebidas e a rapidamente identificar quais delas exigem uma resposta.

"O Sprout nos permite ficar completamente a par das conversas que estamos tendo com nossos seguidores. Adoro saber que podemos interagir facilmente com conteúdo de múltiplas contas em um único lugar", afirmou Gelhausen.

Boca a boca pelo Twitter

A abordagem da Tito's em relação ao Twitter é simples: engajar-se em conversas pessoais e individualizadas com os fãs. O diálogo é uma força motriz para a marca, e ao longo de quatro meses, 88% dos tuítes enviados foram respostas a mensagens recebidas.

O uso do Twitter como uma linha aberta entre a Tito's e seus fãs resultou num aumento de 162,2% em engajamento e em 43,5% de crescimento no número de seguidores. Ainda mais impressionante, a Tito's encerrou o trimestre com 538.306 impressões orgânicas – uma aumento de 81%. Uma estratégia similar é aplicada ao Instagram, que a Tito's utiliza para reforçar e promover um relacionamento com os fãs por meio da publicação de fotos e vídeos com ideias de novas receitas, eventos de marca e iniciativas.

Capturando a festa no Instagram

No Instagram, a Tito's publica principalmente conteúdo de estilo de vida e encoraja seus seguidores a incorporarem a marca em ocasiões cotidianas. A Tito's também aproveita a plataforma para promover seus esforços de marketing de causa e contar a história de sua marca. A equipe também encontra valor no Instagram Profiles Report do Sprout, que a ajuda a identificar quais mídias estão recebendo o maior engajamento, a analisar estratos demográficos e crescimento, a se aprofundar em padrões de publicação e a quantificar o desempenho de *hashtags* geradas. "Considerando-se o novo *feed* personalizado do Instagram, é importante prestar atenção naquilo que realmente repercute", afirmou Gelhausen.

Usando o Instagram Profiles Report, a Tito's consegue mensurar o impacto de sua estratégia de marketing no Instagram e revisar sua abordagem de acordo com isso. Aproveitando a rede como mais uma maneira de se engajar com os fãs, a marca vem fazendo seu público crescer de modo contínuo e orgânico. Em quatro meses, @TitosVodka teve um

crescimento de 12,6% em seguidores e um aumento de 37,1% em engajamento. Em média, cada conteúdo publicado gerou 534 interações, e as menções à *hashtag* da marca, #titoshandmadevodka, cresceram em 33%.

Qual o caminho pela frente?

O aspecto social é um investimento duradouro em termos de tempo e atenção. A Tito's dará continuidade ao embalo ganho pela marca ao segmentar cada trimestre em sua própria campanha. "Estamos sempre ganhando em astúcia com nossas estratégias sociais e assegurando a postagem de conteúdo relevante e de grande repercussão", observou Gelhausen. A utilização da parte social para se conectar com fãs de uma forma consistente, genuína e memorável continuará sendo um pilar dos esforços de marketing digital da marca. Empregando o pacote de ferramentas de gestão de mídias sociais Sprout, a Tito's seguirá promovendo uma comunidade de fãs ardorosos.

Destaques:

- um crescimento de **162%** em engajamento no Twitter;
- um aumento de **81%** em impressões orgânicas no Twitter;
- uma elevação de **37%** em engajamento no Instagram.

Questões para discussão

1. De que forma a análise de mídias sociais pode ser usada no setor de bens de consumo?
2. Na sua opinião, quais são os desafios básicos, as soluções potenciais e os resultados prováveis da aplicação de análise de mídias sociais junto a empresas de bens de consumo e serviços?

Fonte: SproutSocial case study, "Tito's Vodka Establishes Brand Loyalty with an Authentic Social Strategy. http://sproutsocial.com/insights/case-studies/titos/ (acessado em julho de 2016).

Conexões

Homofilia: Até que ponto os agentes formam vínculos com agentes similares *versus* dissimilares. A similaridade pode ser definida por gênero, raça, idade, ocupação, nível educacional, *status*, valores ou qualquer outra característica saliente.

Multiplexidade: O número de formas de conteúdo contido numa ligação. Por exemplo: duas pessoas que são amigas e que também trabalham juntas teriam uma multiplexidade de dois. A multiplexidade já foi associada à intensidade de relacionamento.

Mutualidade/reciprocidade: Até que ponto a amizade ou algum outro tipo de interação entre dois agentes é recíproca.

Fechamento da rede: Uma medida da completude das tríades relacionais. A pressuposição de um indivíduo sobre o fechamento da rede (isto é, de que seus amigos também são amigos entre si) é chamada de *transitividade*. A transitividade é um resultado do traço de necessidade individual ou situacional de fechamento cognitivo.

Propinquidade: A tendência dos atores de apresentarem mais ligações com outros geograficamente mais próximos.

Distribuições

Ponte: Um indivíduo cujas ligações fracas preenchem uma lacuna estrutural, proporcionando o único elo entre dois indivíduos ou agrupamentos. Também inclui a rota mais curta quando uma mais longa é inviável devido a um alto risco de distorção de mensagem ou falha de entrega.

Centralidade: Diz respeito a um grupo de métricas que visam quantificar a importância ou influência (em diversos sentidos) de um nó específico (ou grupo) em uma rede. Exemplos de métodos comuns para medir a centralidade incluem centralidade de entremeio, centralidade de proximidade, centralidade de autovetor, centralidade alfa e centralidade de grau.

Densidade: A proporção de ligações diretas em uma rede com relação à quantidade total possível.

Distância: A quantidade mínima de ligações necessárias para conectar dois agentes em particular.

Lacunas estruturais: A ausência de ligações entre duas partes de uma rede. A identificação e a exploração de uma lacuna estrutural pode conferir uma vantagem competitiva a um empreendedor. Esse conceito foi desenvolvido pelo sociólogo Ronald Burt e é às vezes referido como uma concepção alternativa de capital social.

Intensidade da ligação: Definida como a combinação linear de tempo, intensidade emocional, intimidade e reciprocidade (isto é, mutualidade). Ligações intensas estão associadas a homofilia, propinquidade e transitividade, ao passo que ligações fracas estão associadas a pontes.

Segmentação

Cliques e círculos sociais: Grupos são identificados como *cliques* quando cada indivíduo está diretamente ligado a todos os outros indivíduos, e são identificados como *círculos sociais* quando há menor rigor de contato direto, o que é impreciso, ou como blocos estruturalmente coesos caso mais precisão seja necessária.

Coeficiente de agrupamento: Uma medida da probabilidade de que dois membros de um nó estejam associados entre si. Um alto coeficiente de agrupamento indica um maior índice de formação de *cliques*.

Coesão: Até que ponto os agentes encontram-se conectados diretamente uns aos outros por laços coesos. A coesão estrutural diz respeito à quantidade mínima de agentes que, se removidos do grupo, acabariam por desconectar o grupo em si.

Análise de mídias sociais

Mídias sociais se referem a tecnologias facilitadoras de interações sociais entre pessoas, mediante as quais elas criam, compartilham e trocam informações, ideias e opiniões em comunidades e redes sociais. Trata-se de um grupo de aplicativos baseados na Internet e nos alicerces ideológicos e tecnológicos da Web 2.0 e que permitem a criação e o intercâmbio de conteúdos gerados por usuários (Kaplan & Haenlein, 2010). As mídias sociais dependem de tecnologias móveis e outras baseadas na Web para criar plataformas altamente interativas para que indivíduos e comunidades compartilhem, cocriem, discutam e modifiquem conteúdos gerado por usuários. Elas introduzem modificações substanciais na comunicação entre organizações, comunidades e indivíduos.

Desde seu surgimento no início dos anos 90, tecnologias de mídias sociais baseadas na Web vêm testemunhando avanços consideráveis tanto em qualidade como em quantidade. Essas tecnologias assumem muitas formas diferentes, incluindo revistas online, fóruns na Internet, *blogs*, *blogs* sociais, *microblogs*, wikis, redes sociais, *podcasts*, imagens, vídeos e avaliações/resenhas de produtos/serviços. Ao aplicarem um conjunto de teorias no campo das pesquisas de mídia (presença social, riqueza de mídia) e processos sociais (autoapresentação, autodivulgação), Kaplan e Haenlein (2010) criaram um esquema de classificação com seis tipos diferentes de mídias sociais: projetos colaborativos (como a Wikipédia), *blogs* e *microblogs* (como Twitter), comunidades de conteúdo (como YouTube), sites de redes sociais (como Facebook), universos de jogos virtuais (como World of Warcraft) e mundos sociais virtuais (como Second Life).

Mídias sociais baseadas na Web são diferentes de veículos tradicionais/industriais, como jornais, televisão e cinema, já que são comparativamente baratas e acessíveis para que qualquer um (até mesmo indivíduos privados) publique ou acesse/consuma informação. As mídias industriais geralmente exigem recursos consideráveis para publicar informações, já que na maioria dos casos os artigos (ou livros) passam por muitas revisões antes de serem publicados (como foi o caso da publicação deste próprio livro). Eis algumas das características predominantes que ajudam a distinguir entre mídias sociais e mídias industriais (Morgan, Jones, & Hodges, 2010):

Qualidade: Em publicações industriais – mediadas por uma editora – o leque típico de qualidade é substancialmente mais estrito do que em mercados de nicho e não mediados. O principal desafio imposto por mídias em sites de mídias sociais é o fato de a distribuição de qualidade apresentar alta variância: desde itens de altíssima qualidade até conteúdo de baixa qualidade e às vezes abusivo.

Alcance: Tanto as tecnologias industriais quanto as de mídias sociais oferecem escala e são capazes de alcançar uma audiência global. As mídias industriais, porém, tipicamente usam uma estrutura centralizada para organização, produção e disseminação, enquanto as mídias sociais são por sua própria natureza mais descentralizadas, menos hierárquicas e mais destacadas por múltiplos pontos de produção e utilidade.

Frequência: Comparado às mídias industriais, a atualização e repostagem em plataformas de mídias sociais é mais fácil, rápida e barata, e, portanto, praticada com maior frequência, resultando em conteúdos mais frescos.

Acessibilidade: Os meios de produção para mídias industriais geralmente são governamentais e corporativos (propriedades privadas) e são dispendiosos, enquanto as ferramentas de mídias sociais costumam estar disponíveis para o público a um custo baixo ou inexistente.

Usabilidade: A produção de mídias industriais tipicamente exige habilidades e treinamento especializado. Já a produção de mídias sociais, em sua maioria, exige apenas uma reinterpretação modesta de habilidades existentes: em teoria, qualquer um com acesso pode operar os meios de produção de mídias sociais.

Imediatismo: O tempo decorrido entre comunicações produzidas por mídias industriais pode ser longo (semanas, meses ou até mesmo anos) se comparado às mídias sociais (que podem ser capazes de respostas praticamente instantâneas).

Facilidade de atualização: Mídias industriais, depois de criadas, não podem ser alteradas (depois que um artigo de revista é impresso e distribuído, modificações não podem mais ser aplicadas ao mesmo artigo), ao passo que as mídias sociais podem ser alteradas quase que de imediato por comentários ou edições.

Como as pessoas usam as mídias sociais?

Não apenas a quantidade de pessoas em sites de redes sociais está aumentando como a participação delas em tais canais vem se intensificando. Brogan e Bastone (2011) apresentaram resultados de pesquisas que estratificam usuários de acordo com seu nível de atividade em mídias sociais e rastrearam a evolução desses segmentos de usuários ao longo do tempo. Eles listaram seis níveis diferentes de engajamento (Figura 5.15).

Segundo os resultados da pesquisa, a comunidade de usuários online vem continuamente migrando para patamares mais elevados nessa hierarquia de engajamento. A alteração mais notável se dá entre os Inativos. Dê início, 44% da população online caiu nessa categoria. Dois anos mais tarde, mais da metade desses Inativos haviam embarcado nas mídias sociais de uma forma ou de outra. "Agora, cerca de 82% da população adulta online encontra-se numa das categorias superiores", afirma Bastone. "As mídias sociais alcançaram um verdadeiro estado de adoção em massa."

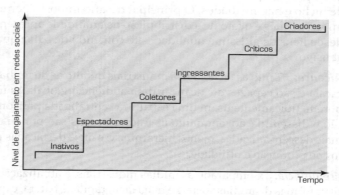

FIGURA 5.15 Evolução de engajamento de usuários de mídias sociais.

A **análise de mídias sociais** diz respeito às formas sistemáticas e científicas de consumir vastas quantidades de conteúdo criada por veículos, ferramentas e técnicas de mídias sociais para o aumento da competitividade de uma organização. A análise de mídias sociais está se tornando rapidamente uma nova força em organizações do mundo inteiro, permitindo-as alcançar e entender consumidores como nunca antes. Em muitas empresas, ela está se tornando a ferramenta para marketing integrado e estratégias de comunicações.

O crescimento exponencial de veículos de mídias sociais, desde blogs, Facebook e Twitter até LinkedIn e YouTube, e de ferramentas de análise de dados que tiram proveito dessas ricas fontes de dados oferece às organizações a chance de entrarem na conversa com milhões de consumidores ao redor do mundo todos os dias. Devido a essa capacidade, quase dois terços das 2.100 empresas que participaram de um levantamento recente pela Harvard Business Review Analytic Services afirmaram que estão atualmente usando canais de mídias sociais ou têm planos para mídias sociais em andamento (Harvard Business Review, 2010). Porém, muitas delas ainda enxergam as mídias sociais como um experimento, à medida que tentam descobrir a melhor maneira de usar os diferentes canais, calibrar sua eficiência e integrar mídias sociais à sua estratégia.

Mensurando o impacto das mídias sociais

Para organizações de pequeno ou grande porte, existe um *insight* valioso oculto em todos os conteúdos gerados por usuários em sites de mídias sociais. Mas como fazer para desencavá-los de dezenas de sites de avaliações, milhares de *blogs*, milhões de postagens no Facebook e bilhões de tuítes? E depois disso, como fazer para mensurar o impacto de seus esforços? Essas perguntas podem ser respondidas pela extensão analítica das tecnologias de mídias sociais. Depois de estabelecida sua meta em relação às mídias sociais (o que afinal você deseja conquistar), existem inúmeras ferramentas para ajudá-lo a cumpri-la. Essas ferramentas de análise geralmente recaem em três amplas categorias:

- *Análise de dados descritiva:* Utiliza estatística simples para identificar características e tendências nas atividades, como quantos seguidores você tem, quantas resenhas foram geradas no Facebook, e quais canais estão sendo usados com maior frequência.
- *Análise de redes sociais:* Acompanha os vínculos entre amigos, fãs e seguidores a fim de identificar conexões de influência, bem como as grandes fontes de influência.
- *Análise de dados avançada:* Inclui análise de dados preditiva e análise de texto para examinar o *conteúdo* em conversas online a fim de identificar temas, sentimentos e conexões que permaneceriam ocultos mediante vigilância casual.

Ferramentas e soluções sofisticadas para análise de mídias sociais empregam todas as três categorias de análise de dados (isto é, descritiva, preditiva e prescritiva) de um modo um tanto progressivo.

Melhores práticas em análise de mídias sociais

Como uma ferramenta emergente, a análise de mídias sociais é praticada por empresas de uma maneira um tanto desordenada. Por ainda não existirem metodologias bem estabelecidas, todo mundo está tentando criar a sua própria por tentativa e erro.

A seguir são listadas algumas das melhores práticas testadas em análise de mídias sociais propostas por Paine e Chaves (2012).

ENCARE AS MENSURAÇÕES COMO UM SISTEMA NORTEADOR, E NÃO COMO UM SISTEMA CLASSIFICATÓRIO As mensurações são muitas vezes usadas para punições ou recompensas, o que não é recomendável. Elas devem servir para identificar quais são as ferramentas e práticas mais eficazes, o que precisa ser abandonado porque simplesmente não funciona e o que precisa ser intensificado porque funciona muito bem. Um bom sistema de análise de dados deve servir de indicação para onde concentrar seu foco. Talvez toda aquela ênfase no Facebook não seja de grande serventia, pois não é lá que o seu público se encontra. Talvez ele esteja no Twitter, ou vice-versa. Segundo Paine e Chaves, a preferência por canais não necessariamente precisa ser intuitiva: "Acabamos de prestar consultoria para um hotel que praticamente não possuía atividade no Twitter para uma de suas marcas, mas bastante atividade para uma de suas marcas mais importantes". Sem uma ferramenta precisa de mensuração, isso passaria despercebido.

RASTREIE OS SENTIMENTOS ELUSIVOS Os consumidores desejam pegar o que andam ouvindo e descobrindo a partir de conversas online e colocar isso em prática. O segredo é ser bastante preciso na extração e rotulação de suas intenções ao mensurar seus sentimentos. Como vimos anteriormente neste capítulo, ferramentas de análise de texto são capazes de dividir conteúdos online em categorias, descobrir conteúdos semelhantes e revelar o sentimento em uma conversa como "positivo", "negativo" ou "neutro", dependendo das palavras usadas pelas pessoas. O ideal é que você seja capaz de atribuir sentimentos a um produto, um serviço ou uma unidade de negócios específico. Quanto mais precisamente você conseguir entender o tom e a percepção expressos pelas pessoas, maior será o impacto prático das informações, já que você estará mitigando preocupações quanto a polaridade ambígua. Uma expressão de polaridade ambígua, como "hotel em ótima localização, mas o banheiro era fedorento", não deve ser rotulada como "neutra" por positivos e negativos supostamente estarem se cancelando. Para ter um impacto na prática, esses tipos de expressões devem ser tratados separadamente; "o banheiro era fedorento" é uma opinião que você pode digerir e fazer algo a respeito. Assim, é possível classificar e categorizar esses sentimentos, examinar tendências ao longo do tempo e perceber diferenças no modo como as pessoas falam positiva ou negativamente sobre você. Além disso, você pode comparar os sentimentos gerados pela sua marca com aqueles gerados por seus concorrentes.

AUMENTE CONTINUAMENTE A PRECISÃO DA ANÁLISE DE TEXTO Um pacote de análise de texto específico de um setor já conhecerá o vocabulário do seu ramo. O sistema terá regras linguísticas pré-instaladas, mas aprenderá com o passar do tempo e ficará ainda melhor. Assim como você afinaria um modelo estatístico ao obter mais dados e melhores parâmetros, ou novas técnicas para gerar melhores resultados, um processo similar deve ocorrer com o PLN empregado em análise de sentimentos. Você estabelece regras, taxonomias, categorização e significado das palavras; observe quais serão os resultados gerados; então, volte ao começo e faça tudo de novo.

EXAMINE O EFEITO CASCATA Nada mal obter um estupendo sucesso em um site de grande destaque, mas isso é só o começo. Há uma grande diferença entre uma ação de sucesso que surge e depois vai embora e uma ação de sucesso que é tuitada, retuitada e repercutida por blogueiros influentes. Sua análise deve lhe mostrar quais atividades de mídias sociais "viralizam" e quais caem no esquecimento rapidamente – e por quê.

OLHE ALÉM DA MARCA   Um dos maiores equívocos que as pessoas cometem é se preocupar apenas com sua marca. Para conseguir de fato analisar e atuar em mídias sociais, você precisa entender não apenas o que está sendo dito a respeito de sua marca, mas também o diálogo mais amplo sobre o espectro de questões envolvendo seu produto ou serviço. Os consumidores geralmente não se importam com a mensagem ou com a marca de uma empresa; eles se importam consigo mesmos. Por isso, sua atenção deve estar voltada para os assuntos sobre os quais eles estão conversando, onde essas conversas estão ocorrendo e para onde seus interesses estão apontando.

IDENTIFIQUE SEUS INFLUENCIADORES MAIS PODEROSOS   Organizações têm dificuldade em identificar quem possui mais poder em moldar a opinião pública. Acontece que seus influenciadores mais importantes não são necessariamente aqueles que saem em defesa de sua marca específica; na verdade, são aqueles que influenciam todo o universo de conversas sobre o seu tópico. Você precisa saber se eles estão dizendo coisas favoráveis, expressando apoio ou simplesmente fazendo observações ou criticando. Qual é a natureza de suas conversas? Como a minha marca está sendo posicionada com relação à concorrência nesse espaço?

EXAMINE DE PERTO A PRECISÃO DE SUA FERRAMENTA ANALÍTICA   Até recentemente, ferramentas automatizadas baseadas em computador não eram tão precisas quanto humanos na triagem de conteúdo online. Mesmo nos dias de hoje, a precisão varia dependendo da mídia. Para sites de resenhas de produtos, sites de avaliação de hotéis e o Twitter, a precisão pode ficar entre 80 e 90%, já que o contexto revela-se mais restrito. Quando começamos a examinar *blogs* e fóruns de discussão, onde o diálogo abrange um universo mais amplo, o software pode apresentar de 60 a 70% de precisão (Paine & Chaves, 2012). Essas cifras acabam aumentando com o passar do tempo, já que as ferramentas de análise de dados passam por upgrade contínuo com novas regras e algoritmos aprimorados para refletir experiência de campo, novos produtos, condições variáveis de mercado e padrões emergentes de fala.

INCORPORE ANÁLISE DE MÍDIAS SOCIAIS NO PLANEJAMENTO   Assim que você obtiver uma perspectiva global e um retrato detalhado, pode começar a incorporar essa transformação no seu ciclo de planejamento. Mas a teoria na prática é diferente. Um breve levantamento junto ao público revelou que poucas pessoas incorporam atualmente análise de conversas online em seus ciclos de planejamento (Paine & Chaves, 2012). Uma maneira de conseguir isso é encontrar associações temporais entre métricas de mídias sociais e outras atividades comerciais ou eventos de mercado. As mídias sociais costumam ser ou organicamente invocadas ou invocadas por algo que a sua organização faz; portanto, caso você perceba um pico de atividade em algum momento no tempo, o ideal é que você identifique o que há por trás disso.

SEÇÃO 5.10   QUESTÕES DE REVISÃO

1. O que se quer dizer por análise social? Por que ela representa um tema comercial importante?
2. O que é uma rede social? Qual é a necessidade de se usar SNA?
3. O que são mídias sociais? Como elas se relacionam com a Web 2.0?
4. O que é análise de mídias sociais? Quais são os motivos por trás de sua crescente popularidade?
5. Como pode ser medido o impacto da análise de mídias sociais?

Destaques do capítulo

- Mineração de texto é a descoberta de conhecimentos junto a fontes de dados não estruturados (em sua maioria baseados em texto). Considerando-se que muitas informações se dão na forma de texto, a mineração de texto é um dos ramos que mais crescem no campo da inteligência de negócios.
- Aplicações da mineração de dados podem ser encontradas em praticamente toda as áreas empresariais e governamentais, incluindo marketing, finanças, atendimento de saúde, e segurança nacional.
- A mineração de texto emprega PLN para incutir estrutura na coleção de textos e então emprega algoritmos de mineração de dados como classificação, agrupamento, associação e revelação de sequências para extrair conhecimentos a partir dela.
- Sentimento pode ser definido como uma opinião arraigada que reflete as impressões de alguém.
- A análise de sentimentos lida com a distinção entre duas classes, positiva e negativa.
- Como uma área de pesquisa, a análise de sentimentos está intimamente relacionada com linguística computacional, PLN e mineração de texto.
- A análise de sentimentos está tentando responder a pergunta "O que as pessoas acham de certo tópico?", ao escavar opiniões de muitas pessoas usando uma variedade de ferramentas automatizadas.
- A VOC é uma parte integral de uma CRM analítica e de sistemas de gestão de experiência do cliente, e costuma ser alavancada por análise de sentimentos.
- A VOM visa compreender como um todo opiniões e tendências agregadas no âmbito do mercado.
- Na análise de sentimentos, a identificação de polaridade é garantida ou usando-se um léxico como uma biblioteca de referência ou usando-se uma coleção de documentos de treinamento.
- WordNet é um léxico popular de uso geral criado pela Universidade de Princeton.
- SentiWordNet é uma extensão do WordNet a ser usada para identificação de sentimentos.
- A análise de fala é um campo científico em crescimento que permite a usuários analisar e extrair informações junto a conversas ao vivo e gravadas.
- A mineração da Web pode ser definida como a descoberta e análise de informações interessantes e úteis junto à Web, a respeito da Web e geralmente usando-se ferramentas baseadas na Web.
- A mineração da Web pode ser vista como consistindo em três áreas: mineração de conteúdos da Web, mineração de estruturas da Web e mineração de usos da Web.
- A mineração de conteúdos da Web diz respeito à extração automática de informações úteis junto a páginas da Web. Pode ser usada para aprimorar resultados de busca produzidos por mecanismos de busca.
- A mineração de estruturas da Web diz respeito à geração de informações interessantes a partir de links incluídos em páginas da Internet.
- A mineração de estruturas da Web também pode ser usada para identificar os membros de uma comunidade específica e talvez até os papéis dos membros na comunidade.
- A mineração de usos da Web diz respeito ao desenvolvimento de informações úteis por meio da análise de registros de servidor Web, perfis de usuários e informações transacionais.
- A mineração de texto e a mineração da Web estão emergindo como componentes críticos da próxima geração de ferramentas de inteligência de negócios que habilitam as organizações a competirem com sucesso.
- Um mecanismo de busca é um programa de software que procura por documentos (sites ou arquivos da Internet), tomando por base palavras-chave (palavras soltas, termos multipalavras ou uma frase completa) inseridas por usuários e que têm a ver com o assunto de sua pesquisa.
- A SEO é a atividade intencional de afetar a visibilidade de um site de comércio eletrônico ou uma página da Web nos resultados

- naturais (não pagos ou orgânicos) gerados por um mecanismo de busca.
- VOC é um termo geralmente usado para descrever o processo analítico de capturar as expectativas, preferências e aversões de um cliente.
- A análise social é o monitoramento, exame, mensuração e interpretação de interações digitais e relações entre pessoas, tópicos, ideias e conteúdo.
- Uma rede social é uma estrutura composta por indivíduos/pessoas (ou grupos de indivíduos ou organizações) vinculados entre si por algum tipo de conexão/relacionamento.
- A análise de mídias sociais diz respeito às formas sistemáticas e científicas de consumir vastas quantidades de conteúdo criada por veículos, ferramentas e técnicas de mídias sociais baseadas na Web para o aumento da competitividade de uma organização.

Termos-chave

agrupamento
análise da Web
análise de *clickstream*
análise de mídas sociais
análise de sentimentos
análise de tendências
análise léxica
associação
busca de tópicos induzida por *hyperlink* (HITS)
classificação
corpus
dados não estruturados
decomposição em valores singulares (SVD)
detecção de embustes
hubs
identificação de polaridade
marcação de classes gramaticais
matriz termos-documentos (TDM)
mecanismo de busca
mineração da Web
mineração de conteúdos da Web
mineração de estruturas da Web
mineração de texto
mineração de usos da Web
páginas de autoridade
palavras de parada
polissemia
processamento de linguagem natural (PLN)
radical das palavras
rastreador da Web
redes sociais
SentiWordNet
spider
voz do consumidor (VOC)
WordNet

Questões para discussão

1. Explique a relação entre mineração de dados, mineração de texto e análise de sentimentos.
2. Em suas próprias palavras, defina mineração de texto, e discuta suas aplicações mais populares.
3. O que significa incutir estrutura nos dados baseados em texto? Examine as maneiras alternativas de incutir estrutura em dados baseados em texto.
4. Qual é o papel do PLN na mineração de texto? Discuta as capacidades e limitações do PLN no contexto de mineração de texto.
5. Liste e discuta três áreas proeminentes de aplicação de mineração de texto. Qual é o tema comum entre as três áreas de aplicação que você escolheu?
6. O que é análise de sentimentos? Qual sua relação com a mineração de texto?
7. Quais são os desafios comuns que a análise de sentimentos precisa superar?
8. Quais são as áreas de aplicação mais populares para análise de sentimentos? Por quê?
9. Quais são as principais etapas na condução de projetos de análise de sentimentos?
10. Quais são os dois métodos comuns para identificação de polaridade? Explique.
11. Discorra sobre as diferenças e afinidades entre mineração de texto e mineração da Web.
12. Em suas próprias palavras, defina mineração da Web e discuta sua importância.
13. Quais são as três áreas principais da mineração da Web? Examine as diferenças e afinidades entre essas três áreas.
14. O que são mecanismos de busca? Por que eles são importantes para empresas?

15. O que é SEO? Quem se beneficia dela? De que forma?
16. O que é análise da Web? Quais são as métricas usadas em análise da Web?
17. Defina *análise social*, *redes sociais* e *análise de redes sociais*. Quais são as relações entre elas?
18. O que é análise de mídias sociais? Como ela é feita? Quem a pratica? Que proveito se tira dela?

Exercícios

Teradata University Network (TUN) e outros exercícios práticos

1. Visite teradatauniversitynetwork.com. Identifique casos envolvendo mineração de texto. Descreva os últimos desenvolvimentos na área. Se você não conseguir encontrar casos suficientes no site da Teradata University Network, amplie sua busca para outros recursos baseados na Web.
2. Visite teradatauniversitynetwork.com e localize artigos técnicos, webinários e outros materiais relacionados a mineração de texto. Sintetize suas descobertas num breve relatório por escrito.
3. Visite teradatauniversitynetwork.com e encontre o estudo de caso intitulado "eBay Analytics". Leia o caso atentamente, amplie sua compreensão do caso pesquisando informações adicionais na Internet e responda as perguntas do caso.
4. Visite teradatauniversitynetwork.com e encontre o estudo de caso de análise de sentimentos intitulado "How Do We Fix an App Like That?". Leia a descrição e siga as instruções para baixar os dados e a ferramenta para prosseguir com o exercício.
5. Visite teradatauniversitynetwork.com. Identifique casos envolvendo mineração da Web. Descreva os últimos desenvolvimentos na área. Se você não conseguir encontrar casos suficientes no site da Teradata University Network, amplie sua busca para outros recursos baseados na Web.
6. Pesquise a Internet e as bases de dados digitais de sua biblioteca para identificar artigos que estabelecem a ligação entre mineração de texto/Web e sistemas contemporâneos de inteligência de negócios.

Exercícios em grupo e projetos de encenação de papéis

1. Examine como dados textuais podem ser capturados automaticamente usando-se tecnologias baseadas na Web. Depois de capturados, quais são os padrões potenciais que você é capaz de extrair dessas fontes de dados não estruturados?
2. Entreviste administradores em sua faculdade ou executivos em sua organização para determinar como a mineração de texto e a mineração da Web poderiam auxiliá-los em seu trabalho. Escreva uma proposta descrevendo suas descobertas. Inclua uma análise preliminar de custo/benefício em seu relatório.
3. Consulte os recursos de sua biblioteca online. Aprenda a baixar atributos de uma coleção de literatura (artigos de periódicos) em um tópico específico. Baixe e processe os dados usando uma metodologia similar àquela explicada no Caso Aplicado 5.5.
4. Encontre um conjunto prontamente disponível de dados envolvendo sentimentos (veja o quadro Dicas Tecnológicas 5.3 para uma lista de conjuntos de dados populares) e baixe-o para o seu computador. Caso você disponha de uma ferramenta de análise de dados apta a mineração de texto, use-a. Caso contrário, baixe RapidMiner (http://rapid-i.com) e instale-o. Instale também o *add-on* Text Analytics para RapidMiner. Processe os dados baixados usando sua ferramenta de mineração de texto (isto é, converta os dados em um formato estruturado). Construa modelos e avalie a precisão da detecção de sentimentos de diversos modelos de classificação (como máquinas de vetores de suporte, árvores de decisão, redes neurais, regressão logística).

Escreva um relatório detalhado no qual você explica seus achados e suas experiências.
5. Examine como dados baseados na Web podem ser capturados automaticamente usando-se as mais recentes tecnologias. Depois de capturados, quais são os padrões potenciais que você é capaz de extrair dessas ricas fontes de dados, em sua maior parte não estruturados?

Exercícios na Internet

1. Descubra casos recentes de aplicações bem-sucedidas de mineração de texto e mineração da Web. Procure por casos ou histórias de sucesso de fornecedores e empresas de consultoria em mineração de texto e da Web. Prepare um relatório resumindo cinco novos estudos de caso.
2. Visite statsoft.com. Selecione Downloads e baixe pelo menos três artigos técnicos sobre aplicativos. Quais desses aplicativos podem ter usado as técnicas de mineração de dados/texto/Web discutidas neste capítulo?
3. Visite sas.com. Baixe pelo menos três artigos técnicos a respeito de aplicativos. Quais desses aplicativos podem ter usado as técnicas de mineração de dados/texto/Web discutidas neste capítulo?
4. Visite ibm.com. Baixe pelo menos três artigos técnicos a respeito de aplicativos. Quais desses aplicativos podem ter usado as técnicas de mineração de dados/texto/Web discutidas neste capítulo?
5. Visite teradata.com. Baixe pelo menos três artigos técnicos a respeito de aplicativos. Quais desses aplicativos podem ter usado as técnicas de mineração de dados/texto/Web discutidas neste capítulo?
6. Visite clarabridge.com. Baixe pelo menos três artigos técnicos a respeito de aplicativos. Quais desses aplicativos podem ter usado mineração de texto de uma forma criativa?
7. Visite kdnuggets.com. Explore as seções sobre aplicativos e também sobre software. Encontre nomes de pelo menos três pacotes adicionais para mineração de dados e mineração de texto.
8. Pesquise algumas ferramentas e fornecedores de mineração da Web. Identifique alguns produtos e prestadores de serviços de mineração da Web que não tenham sido mencionados neste capítulo.
9. Visite attensity.com. Baixe pelo menos três artigos técnicos a respeito de aplicativos de análise da Web. Quais dessas aplicativos podem ter usado uma combinação de técnicas de mineração de dados/texto/Web?

Referências

Bond C. F., & DePaulo, B. M. (2006). Accuracy of deception judgments. *Personality and Social Psychology Reports, 10*(3), 214–234.

Brogan, C., & Bastone, J. (2011). Acting on customer intelligence from social media: The new edge for building customer loyalty and your brand. SAS white paper.

Chun, H. W., Tsuruoka, Y., Kim, J. D., Shiba, R., Nagata, N., & Hishiki, T. (2006). Extraction of gene-disease relations from MEDLINE using domain dictionaries and machine learning. *Proceedings of the 11th Pacific Symposium on Biocomputing*, 4–15.

Coussement, K., & Van Den Poel, D. (2008). Improving customer complaint management by automatic email classification using linguistic style features as predictors. *Decision Support Systems, 44*(4), 870–882.

Coussement, K., & Van Den Poel, D. (2009). Improving customer attrition prediction by integrating emotions from client/company interaction emails and evaluating multiple classifiers. *Expert Systems with Applications, 36*(3), 6127–6134.

Cutts, M. (2006, February 4). Ramping Up on International Webspam. mattcutts.com/blog. mattcutts.com/blog/ramping-up-on-international-webspam (accessed March 2013).

Delen, D., & Crossland, M. (2008). Seeding the survey and analysis of research literature with text mining. *Expert Systems with Applications, 34*(3), 1707–1720.

Esuli, A., & Sebastiani, F. (2006, May). SentiWordNet: A publicly available lexical resource for opinion mining. In *Proceedings of LREC, 6*, 417–422.

Etzioni, O. (1996). The World Wide Web: Quagmire or gold mine? *Communications of the ACM, 39*(11), 65–68.

EUROPOL. (2007). EUROPOL Work Program 2005. statewatch.org/news/2006/apr/europol-work-programme-2005.pdf (accessed October 2008).

Feldman, R., & Sanger, J. (2007). *The text mining handbook: Advanced approaches in analyzing unstructured data*. Boston: ABS Ventures.

Fuller, C. M., Biros, D., & Delen, D. (2008). Exploration of feature selection and advanced classification models for high-stakes deception detection. *Proceedings of the 41st Annual Hawaii International Conference on System Sciences (HICSS)*, Big Island, HI: IEEE Press, 80–99.

Ghani, R., Probst, K., Liu, Y., Krema, M., & Fano, A. (2006). Text mining for product attribute extraction. *SIGKDD Explorations, 8*(1), 41–48.

Goodman, A. (2005). Search engine showdown: Black hats versus white hats at SES. SearchEngineWatch. searchenginewatch.com/article/2066090/Search-Engine-Showdown-Black-Hats-vs.-White-Hats-at-SES (accessed February 2013).

Han, J., & Kamber, M. (2006). *Data mining: Concepts and techniques*, 2nd ed. San Francisco: Morgan Kaufmann.

Harvard Business Review. (2010). The new conversation: Taking social media from talk to action. A SAS-Sponsored Research Report by Harvard Business Review Analytic Services. sas.com/resources/whitepaper/wp_23348.pdf (accessed March 2013).

Kaplan, A. M., & Haenlein, M. (2010). Users of the world, unite! The challenges and opportunities of social media. *Business Horizons, 53*(1), 59–68.

Kim, S. M., & Hovy, E. (2004, August). Determining the sentiment of opinions. In *Proceedings of the 20th International Conference on Computational Linguistics* (p. 1367). Association for Computational Linguistics.

Kleinberg, J. (1999). Authoritative sources in a hyperlinked environment. *Journal of the ACM, 46*(5), 604–632.

Lin, J., & Demner-Fushman, D. (2005). "Bag of words" is not enough for strength of evidence classification.
AMIA Annual Symposium Proceedings, 1031–1032. pubmedcentral.nih.gov/articlerender.fcgi?artid=1560897.

Liu, B., Hu, M., & Cheng, J. (2005, May). Opinion observer: Analyzing and comparing opinions on the Web. In *Proceedings of the 14th International Conference on World Wide Web* (pp. 342–351). ACM.

Mahgoub, H., Rösner, D., Ismail, N., & Torkey, F. (2008). A text mining technique using association rules extraction. *International Journal of Computational Intelligence, 4*(1), 21–28.

Manning, C. D., & Schutze, H. (1999). *Foundations of statistical natural language processing*. Cambridge, MA: MIT Press.

McKnight, W. (2005, January 1). Text data mining in business intelligence. *Information Management Magazine*. information-management.com/issues/20050101/1016487-1.html (accessed May 22, 2009).

Mejova, Y. (2009). Sentiment analysis: An overview. Comprehensive exam paper. http://www.cs.uiowa.edu/~ymejova/publications/CompsYelenaMejova.pdf (accessed February 2013).

Miller, T. W. (2005). *Data and text mining: A business applications approach*. Upper Saddle River, NJ: Prentice Hall.

Morgan, N., Jones, G., & Hodges, A. (2010). The complete guide to social media from the social media guys. thesocialmediaguys.co.uk/wp-content/uploads/downloads/2011/03/CompleteGuidetoSocialMedia.pdf (accessed February 2013).

Nakov, P., Schwartz, A., Wolf, B., & Hearst, M. A. (2005). Supporting annotation layers for natural language processing. *Proceedings of the ACL*, Interactive Poster and Demonstration Sessions, Ann Arbor, MI. Association for Computational Linguistics, 65–68.

Paine, K. D., & Chaves, M. (2012). Social media metrics. SAS white paper. sas.com/resources/whitepaper/wp_19861.pdf (accessed February 2013).

Pang, B., & Lee, L. (2008). *Opinion mining and sentiment analysis*. Hanover, MA: Now Publishers, available at http://books.google.com.

Ramage, D., Hall, D., Nallapati, R., & Manning, C. D. (2009, August). Labeled LDA: A supervised topic model for credit attribution in multi-labeled corpora. In *Proceedings of the 2009 Conference on Empirical Methods in Natural Language Processing: Volume 1* (pp. 248–256). Association for Computational Linguistics.

Schmidt, L.-H. (1996). Commonness across cultures. In A. N. Balslev (Ed.), *Cross-cultural conversation: Initiation* (pp. 119–132). New York: Oxford University Press.

Scott, W. R., &. Davis, G. F. (2003). Networks in and around organizations. In *Organizations and Organizing*. Upper Saddle River: NJ: Pearson Prentice Hall.

Shatkay, H., Höglund, A., Brady, S., Blum, T., Dönnes, P., & Kohlbacher, O. (2007). SherLoc: High-accuracy prediction of protein subcellular localization by integrating text and protein sequence data. *Bioinformatics, 23*(11), 1410–1415.

Snyder, B., & Barzilay, R. (2007, April). Multiple aspect ranking using the good grief algorithm. In *HLT-NAACL* (pp. 300–307).

Strapparava, C., & Valitutti, A. (2004, May). WordNet affect: An affective extension of WordNet. In *LREC* (Vol. 4, pp. 1083–1086).

The Westover Group. (2013). 20 key Web analytics metrics and how to use them. http://www.thewestovergroup.com (accessed February 2013).

Thomas, M., Pang, B., & Lee, L. (2006, July). Get out the vote: Determining support or opposition from Congressional floor-debate transcripts. In *Proceedings of the 2006 Conference on Empirical Methods in Natural Language Processing* (pp. 327–335). Association for Computational Linguistics.

Weng, S. S., & Liu, C. K. (2004). Using text classification and multiple concepts to answer e-mails. *Expert Systems with Applications, 26*(4), 529–543.

CAPÍTULO 6

Análise de dados prescritiva: otimização e simulação

OBJETIVOS DIDÁTICOS

- Compreender as aplicações de técnicas de análise de dados prescritiva em combinação com extração de relatórios e análise de dados preditiva.
- Entender os conceitos básicos dos modelos de decisão analítica.
- Entender os conceitos dos modelos analíticos para problemas de decisão selecionados, incluindo modelos de programação linear e de simulação para embasamento de decisões.
- Descrever como planilhas podem ser usadas para modelagem e soluções analíticas.
- Explicar os conceitos básicos da otimização e quando usá-la.
- Descrever como estruturar um modelo de programação linear.
- Explicar o que se quer dizer por análise de sensibilidade, análise "e se" e atingimento de metas.
- Entender os conceitos e aplicações de diferentes tipos de simulação.
- Compreender as aplicações potenciais de simulação de eventos discretos.

Este capítulo estende as aplicações de análise de dados além da geração de relatórios e análise preditiva. Ele abarca técnicas selecionadas que podem ser empregadas em combinação com modelos preditivos para ajudar a apoiar processos decisórios. O foco aqui são as técnicas que podem ser implementadas com relativa facilidade usando-se ou ferramentas de planilhas ou ferramentas de software isoladas. Obviamente, há muitos outros detalhes adicionais a serem aprendidos a respeito de modelos de ciência administrativa, mas o objetivo deste capítulo é simplesmente ilustrar o que é possível e como isso vem sendo implementado em ambientes reais.

Apresentamos esse material com um aviso de cautela: o desenvolvimento de modelos pode ser um tópico difícil, representando tanto uma arte quanto uma ciência. Este capítulo não tem necessariamente como objetivo fazer você *dominar os tópicos* de modelagem e análise. O material, na verdade, é voltado a *dar familiaridade* em relação a importantes conceitos relativos à análise de dados prescritiva e seu uso na tomada de decisões. É importante reconhecer que a modelagem que examinamos aqui está apenas tangencialmente relacionada aos conceitos de modelagem de dados. Você não deve confundir as duas. Começaremos explorando alguns conceitos e definições básicos de modelagem de decisões. Em seguida, introduziremos a ideia de modelagem diretamente em planilhas. Por fim, discutiremos a estrutura e a aplicação de dois modelos e metodologias comprovados por anos de uso: programação linear e simulação de eventos discretos. Como referido antes, por si só, esses dois tópicos renderiam muitos cursos, mas nosso objetivo é dar uma noção do que é possível.

6.1 VINHETA DE ABERTURA: O Distrito Escolar da Filadélfia utiliza análise de dados prescritiva para encontrar a solução ideal para licitar rotas de ônibus

Contexto

A seleção dos melhores prestadores de serviços é uma tarefa laboriosa mas importante para empresas e organizações governamentais. Depois que a licitante encaminha uma proposta para uma tarefa específica através de um processo de licitação, a empresa ou organização avalia a proposta e toma a decisão sobre qual licitante se adequa melhor a suas necessidades. Tipicamente, governos são obrigados a usar licitações para selecionar um ou mais prestadores de serviço. O Distrito Escolar da Filadélfia estava em busca de um serviço viário privado para terceirizar algumas de suas rotas de ônibus. O distrito possuía alguns ônibus escolares, mas precisava de uma quantidade maior para atender a sua população estudantil. A intenção era usar seus próprios ônibus em 30 a 40% das rotas, e terceirizar o restante delas para essas prestadoras de serviço privadas. Charles Lowitz, o coordenador fiscal do escritório de transporte, ficou encarregado de determinar como maximizar o retorno sobre o investimento e refinar a maneira como as rotas são concedidas a várias empresas terceirizadas.

Historicamente, o processo de seleção de empresas viárias, tendo em vista as restrições orçamentárias e temporais, era trabalhoso e feito todo a mão. Além disso, os diferentes fatores e variáveis que tinham de ser levados em consideração aumentavam ainda mais a complexidade. As licitantes eram avaliadas com base em cinco variáveis: custo, capacidades, confiabilidade, estabilidade financeira e tino empresarial. Cada licitante submeteu uma proposta com um preço diferente e para rotas diferentes. Algumas licitantes especificaram um número mínimo de rotas, e se tal mínimo não fosse alcançado, seu custo iria aumentar. Lowitz precisava descobrir como combinar as informações de cada proposta a fim de determinar qual rota de ônibus destinar a cada licitante para preencher todas as exigências de rotas ao menor custo para o distrito.

Solução

Lowitz inicialmente procurou algum pacote de software que pudesse usar em conjunção com seu modelo contratual no Excel. Ele começou usando a Premium Solver Platform da Frontline Systems, Inc., que lhe permitia encontrar os licitantes mais favoráveis para o distrito de um ponto de vista financeiro e operacional. Em seguida, criou um modelo de otimização que levava em consideração as variáveis recém citadas associadas a cada licitante. O modelo incluía variáveis binárias inteiras (sim/não) para cada uma das rotas a serem concedidas às licitantes que propuseram atender uma rota específica a um custo específico. Isso totalizou cerca de 1.600 variáveis sim/não. O modelo incluía também restrições indicando que cada rota seria concedida a uma única licitante, e, é claro, que cada rota deveria ser contemplada. Outras restrições especificavam a quantidade de rotas que uma licitante poderia aceitar e mais alguns detalhes. Todas essas restrições podem ser escritas como equações e inseridas num modelo de programação linear de inteiros. Tais modelos podem ser formulados e resolvidos por meio de muitas ferramentas de software, mas usando o Microsoft Excel fica mais fácil entender o modelo. O software Frontline Systems' Solver é embutido no Microsoft Excel para solucionar problemas menores de graça. Uma versão mais ampla pode ser comprada para solucionar problemas maiores e modelos mais complexos. Foi isso que Lowitz usou.

Benefícios

Além de determinar quantas licitantes deveriam receber concessões contratuais, o modelo ajudou a desenvolver a dimensão de cada um dos contratos. A dimensão dos contratos variou entre uma licitante recebendo quatro rotas e outra recebendo 97 rotas. Por fim, o Distrito Escolar da Filadélfia conseguiu criar um plano com uma quantidade otimizada de empresas viárias privadas usando Excel, em vez de um processo por escrito. Usando as ferramentas analíticas da Premium Solver Platform para criar um modelo de otimização com as diferentes variáveis, o distrito poupou tempo e dinheiro.

QUESTÕES SOBRE A VINHETA DE ABERTURA

1. Qual decisão estava sendo tomada nessa vinheta?
2. Quais dados (descritivos e/ou preditivos) podem ser necessários para fazer as melhores alocações neste cenário?
3. Quais outros custos ou restrições talvez precisem ser levados em consideração ao se conceder contratos para tais rotas?
4. Quais outras situações podem ser apropriadas para aplicações de tais modelos?

O que podemos aprender com essa vinheta?

A maioria das organizações enfrenta o problema de tomar decisões quanto à seleção de uma opção dentre muitas. Cada opção tem um custo e um retorno associado a si. A meta de tais modelos é selecionar a combinação de opções que satisfazem todas as exigências e ainda assim otimizam os custos. A análise de dados prescritiva em particular se aplica ao problema de tais decisões. E ferramentas como as integradas ou Premium Solver para Excel facilitam a aplicação de tais técnicas.

Fonte: Adaptado com permissão de "Optimizing Vendor Contract Awards Gets an A+", http://www.solver.com/news/optimizing-vendor-contract-awards-gets, 2016 (acessado em julho de 2016).

6.2 Tomada de decisões baseada em modelos

Conforme indica a vinheta, tomar decisões usando algum tipo de modelo analítico é o que chamamos de análise de dados prescritiva. Nos capítulos anteriores, aprendemos o valor e o processo envolvido em entender o que vem acontecendo e em usar essas informações para também prever o que deve acontecer no futuro. No entanto, praticamos tudo isso a fim de determinar o que fazer a seguir. Isso talvez envolva identificar quais consumidores estão mais propensos a comprar conosco e fazer uma oferta ou estipular um preço capaz de maximizar a probabilidade de que acabem comprando de fato e que nosso lucro seja otimizado. Por outra, pode envolver a capacidade de prever qual cliente está propenso a procurar a concorrência, para então fazer a ele uma oferta promocional para retê-lo como cliente e otimizar seu valor. Ou talvez precisemos tomar decisões quanto a concessões de contratos a licitantes para assegurar que todas as nossas necessidades sejam satisfeitas e que os custos sejam minimizados. Podemos deparar com a situação de decidir quais clientes potenciais devem receber qual material de campanha promocional para que nosso custo de promoção não extrapole, e para maximizarmos a taxa de resposta trabalhando dentro do orçamento. Talvez tenhamos que decidir quanto pagar por diferentes termos de busca pagos a fim de maximizar o retorno sobre o investimento de nosso orçamento publicitário. Num contexto diferente, pode ser preciso estudar o histórico de padrões de visitas de nossos clientes e usar essas informações para prever futuras taxas de visitas, e aplicar isso para agendar a quantidade de funcionários na loja para maximizar as respostas dos clientes e otimizar nossos custos laborais. Podemos ter de decidir onde situar nossos armazéns dependendo de nossa análise e da previsão de demanda por nossos produtos e os custos de cadeia de suprimento. Podemos estar estabelecendo rotas de entrega diárias com base nos volumes de produtos a serem entregues em diversos locais e nos custos de entrega e disponibilidade de veículos.

Podemos encontrar centenas de exemplos de situações em que decisões embasadas em dados são valiosas. De fato, a maior oportunidade para a florescente profissão de analista de dados é a capacidade de usar *insights* descritivos e preditivos para ajudar alguém a tomar decisões melhores. Embora haja situações em que se possa usar apenas a experiência e a intuição para tomar decisões, é mais provável que uma decisão embasada num modelo acabe ajudando um decisor a tomar melhores decisões. Além disso, isso também proporciona aos decisores uma justificativa para o que eles estão recomendando. Sendo assim a análise de dados prescritiva acabou emergindo como a próxima fronteira da análise de dados. Em essência, ela envolve o uso de um modelo analítico para ajudar a guiar alguém na tomada de uma decisão, ou a automatização do processo decisório para que o modelo faça recomendações ou tome decisões. Como o foco da análise de dados prescritiva é fazer recomendações ou tomar decisões, alguns chamam essa categoria de análise de dados de análise de dados decisória.

Publicações do INFORMS como *Interfaces, ORMS Today* e a revista *Analytics* todas incluem histórias que ilustram aplicações bem-sucedidas de modelos decisórios em ambientes reais. Este capítulo traz muitos exemplos de tais aplicações de análise prescritiva. A aplicação de modelos em situações do mundo real pode poupar milhões de dólares e gerar milhões de dólares em faturamento. Christiansen et. al. (2009) descrevem aplicações de tais modelos em operações de empresas de transporte de encomendas usando o TurboRouter, um sistema de apoio a decisões (DSS – *decision support system*) para estabelecimento de rotas e agendamentos. Eles afirmam que durante o período de três semanas, a empresa empregou o modelo para melhor utilizar sua frota, gerando lucros adicionais de U$ 1 a 2 milhões somente neste breve espaço de tempo. Fornecemos outro exemplo de uma aplicação de modelo no Caso Aplicado 6.1.

Caso aplicado 6.1

Transporte otimizado a jusante para a ExxonMobil por meio de DSS

A ExxonMobil, uma empresa de petróleo e gás natural, opera em diversos países espalhados pelo mundo. Ela trabalha com todo um leque de produtos petrolíferos, incluindo biocombustíveis, lubrificantes e produtos e insumos de alto valor para inúmeros clientes. Isso é garantido por uma cadeia de suprimento complexa entre suas refinarias e os clientes. Um dos principais produtos que a ExxonMobil transporta é o gasóleo de vácuo (VGO – *vacum gas oil*). A ExxonMobil transporta por navio diversos carregamentos de VGO da Europa para os Estados Unidos. Em um ano, estima-se que a ExxonMobil transporta cerca de 60 a 70 carregamentos de VGO através do Oceano Atlântico. Até aqui, cargueiros próprios da ExxonMobil e de terceiros eram usados para transportar VGO através do Atlântico por meio de um processo manual desajeitado. O processo inteiro exigia a colaboração de vários indivíduos ao longo da organização da cadeia de suprimento. Diversas planilhas customizadas com restrições especiais, exigências e compensações econômicas eram usadas para determinar o cronograma de transporte dos cargueiros. Dentre as restrições, estavam as seguintes:

1. Variação constante das projeções de produção e demanda.
2. Restrições de máximo e mínimo de estoque.
3. Um conjunto heterogêneo de cargueiros (embarcações com diferentes velocidades e capacidades de carga).
4. Cargueiros abastecidos e descarregados em múltiplos portos.
5. Suprimentos e portos geridos pela própria ExxonMobil e por terceiros.
6. Custos complexos de transporte que incluem excedentes e sobre-estadia.
7. Limites de tamanho e calado para as embarcações em diferentes portos.

O processo manual não era capaz de determinar as rotas reais dos cargueiros, seu cronograma temporal e a quantidade de VGO carregada e descarregada. Além disso, considerações quanto a dados de produção e consumo em diversos locais tornava o processo manual custoso e ineficiente.

Metodologia/solução

Foi desenvolvida uma ferramenta de apoio a decisões para auxiliar os planejadores a otimizar o cronograma de embarcações a fim de abastecer, transportar e descarregar VGO de e para múltiplos locais. O problema foi formulado como sendo uma programação linear de inteiros mistos. A solução tinha de satisfazer exigências de rotas, transporte, agendamento e gestão de estoque tendo em vista perfis variáveis de produção e demanda. Uma linguagem de programação matemática, GAMS, foi usada para a formulação do problema, e o Microsoft Excel foi empregado como a interface de usuário. Quando o solucionador (ILOG CPLEX) é rodado, uma solução otimizada é alcançada a partir do momento em que o valor objetivo da solução incumbente para de melhorar. Esse critério de parada é determinado pelo usuário durante cada rodagem do programa.

Resultados/benefícios

Espera-se que o uso do modelo otimizador acabe redundando em menores custos de transporte e em menos despesas com sobre-estadia. Isso seria possível pela capacidade da ferramenta de suportar uma maior utilização de embarcações e de auxiliar na sua seleção (como Panamax *versus* Aframax), bem como de projetar cronogramas otimizados de rotas. Os pesquisadores visam aprofundar a pesquisa ao explorarem métodos matemáticos alternativos para solucionar o problema de agendamento. Também visam dar à ferramenta de DSS a capacidade de considerar múltiplos produtos para uma frota de cargueiros.

(Continua)

Caso aplicado 6.1 *(Continuação)*

Questões para discussão

1. Liste três formas como o agendamento manual de embarcações poderia resultar em custos operacionais mais altos em comparação com a ferramenta desenvolvida.
2. De que outras maneiras a ExxonMobil pode tirar proveito da ferramenta de apoio a decisões desenvolvida para expandir e otimizar suas outras operações de negócios?
3. Quais são algumas das decisões estratégicas que poderiam ser tomadas por decisores usando a ferramenta desenvolvida?

Fonte: Adapted from Furman, K. C., Song, J. H., Kocis, G. R., McDonald, M. K., & Warrick, P. H. (2011). Feedstock routing in the ExxonMobil downstream sector. *Interfaces, 41*(2), 149–163.

Exemplos de modelo de análise de dados prescritiva

O desenvolvimento de modelos é um elemento-chave da análise de dados prescritiva. Nos exemplos recém mencionados na introdução e em casos aplicados, é preciso empregar um modelo matemático para que se possa recomendar uma decisão para um problema realista. Decidir, por exemplo, quais consumidores (dentre potencialmente milhões) receberão qual oferta de modo a maximizar o valor geral de resposta, mas sem estourar o orçamento, não é algo que se possa fazer manualmente. O desenvolvimento de um modelo de maximização de resposta baseado em probabilidades, com o orçamento como uma restrição, acabaria nos dando as informações que estamos buscando. Dependendo do problema abordado, há muitas classes de modelos, e frequentemente existem muitas técnicas especializadas para resolver cada um deles. Aprenderemos sobre dois métodos diferentes de modelagem neste capítulo. A maioria das universidades ministra diversas disciplinas que cobrem esses tópicos, levando nomes como Pesquisa Operacional, Ciência Administrativa, Sistemas de Apoio a Decisões e Simulação, e que podem ajudá-lo a obter conhecimentos especializados a respeito. Como a análise de dados prescritiva costuma envolver a aplicação de modelos matemáticos, às vezes o termo *ciência de dados* está mais comumente associado à aplicação de tais modelos matemáticos. Antes de aprendermos sobre o suporte de modelagem matemática na análise de dados prescritiva, comecemos antes de mais nada por compreender certas questões envolvendo modelagem.

Identificação do problema e análise ambiental

Nenhuma decisão é tomada no vácuo. É importante analisar o escopo da área de estudo e as forças e dinâmicas do ambiente. Um tomador de decisões precisa identificar a cultura organizacional e os processos decisórios corporativos (como quem toma as decisões, o grau de centralização, etc.). É inteiramente possível que fatores ambientais tenham criado o problema em questão. Isso pode ser formalmente chamado de **varredura e análise ambiental**, que nada mais é do que o monitoramento, a varredura e a interpretação das informações coletadas. Ferramentas de inteligência de negócios/análise de negócios (BI/BA) podem ajudar a identificar problemas por meio de sua varredura. O problema deve ser compreendido, e todos os envolvidos devem compartilhar o mesmo referencial de entendimento, já que o problema acabará sendo representado pelo modelo de uma forma ou de outra. Caso contrário, o modelo não ajudará o tomador de decisões.

IDENTIFICAÇÃO DE VARIÁVEIS A identificação das variáveis de um modelo (como de decisão, de resultado, incontroláveis) é crucial, valendo o mesmo para a relação entre as variáveis. Diagramas de influência, que são modelos gráficos de modelos matemáticos, podem facilitar o processo de identificação. Uma forma mais geral de um diagrama de influência, um mapa cognitivo, pode ajudar um decisor a compreender melhor um problema, e especialmente suas variáveis e interações.

ESTIPULAÇÃO DE PREVISÕES (ANÁLISE DE DADOS PREDITIVA) Como observado anteriormente, um pré-requisito importante da análise de dados prescritiva é saber o que já aconteceu e o que é provável de vir a acontecer. Essa forma de análise de dados preditiva é essencial para construir e manipular modelos, pois quando uma decisão é implementada, os resultados geralmente ocorrem no futuro. Não faz sentido rodar uma análise "e se" (de sensibilidade) no passado, pois as decisões então tomadas não têm impacto algum sobre o futuro. O comércio e a comunicação online criaram uma demanda imensa por **previsões** e uma abundância informações disponíveis para praticá-las. Essas atividades online ocorrem rapidamente, mas informações sobre tais transações são coletadas e devem ser analisadas para se produzir previsões. Parte da análise envolve simplesmente prever a demanda; porém, modelos preditivos podem usar exigências do ciclo de vida de produtos e informações a respeito do mercado e dos consumidores a fim de analisar a situação inteira, levando idealmente a aumento nas vendas de produtos e serviços.

No Caso Aplicado 6.2, descrevemos um exemplo efetivo de previsões desse tipo e seu uso em tomadas de decisão na Ingram Micro.

Caso aplicado 6.2

A Ingram Micro utiliza aplicações de inteligência de negócios para tomar decisões de precificação

A Ingram Micro é a maior distribuidora de produtos tecnológicos de duas camadas em todo o mundo. Num sistema de distribuição de duas camadas, uma empresa adquire produtos junto a fabricantes e os vende para varejistas, que por sua vez vendem tais produtos para os usuários finais. É possível comprar, por exemplo, o pacote Microsoft Office 365 da Ingram em vez de comprá-lo da Microsoft. A Ingram tem parceiras com Best Buy, Buffalo, Google, Honeywell, Libratone e Sharper Image. A empresa entrega seus produtos a 200 mil provedores de soluções por todo o mundo e, assim, conta com um vasto volume de dados transacionais. Ela queria tirar proveito desses dados para identificar oportunidades de vendas cruzadas e para determinar preços de combos de produtos para oferecer a clientes específicos. Isso exigia a preparação de uma central de inteligência de negócios (BIC – *business intelligence center*) para compilar e analisar os dados. Para implantar a BIC, a Ingram enfrentou inúmeros desafios.

1. A Ingram enfrentou diversos problemas em seu processo de captura de dados, tais como carência de dados perdidos, garantia da precisão de informações sobre usuários finais e vinculação de orçamentos a encomendas.

(Continua)

Caso aplicado 6.2 *(Continuação)*

2. A Ingram enfrentou problemas técnicos para implementar um sistema de gestão de relacionamento com o cliente com capacidade suficiente para lidar com operações o mundo inteiro.
3. A empresa enfrentou resistência à ideia de precificação por demanda (a determinação do preço com base na demanda pelo produto).

Metodologia/solução

A Ingram explorou a comunicação direta com seus clientes (revendedores) usando email e passou a oferecer-lhes descontos na compra de tecnologias de suporte relacionadas aos produtos que eram encomendados. Assim, foram identificadas oportunidades por meio de análise de cesta de mercado segmentada, com o desenvolvimento das seguintes aplicações de inteligência de negócios para ajudar a determinar preços otimizados. A Ingram desenvolveu uma nova ferramenta de otimização de preços conhecida como IMPRIME, que era capaz de estabelecer preços com base em dados e de oferecer diretrizes para negociações embasadas em dados. O IMPRIME fixa um preço otimizado para cada nível da hierarquia de produtos (isto é, nível consumidor, nível fornecedor-consumidor, nível segmento de consumidor e nível de segmento de fornecedor-consumidor). Isso é feito levando-se em consideração a balança entre o sinal de demanda e a precificação a cada nível.

A empresa também desenvolveu uma plataforma de marketing digital conhecida como Intelligence INGRAM. Essa plataforma utiliza pontuação preditiva de *lead* (PLS – *predictive lead scoring*), que seleciona usuários finais com programas de marketing específicos. A PLS é seu sistema para atribuir pontos preditivos de *leads* para empresas que não tem qualquer relação direta com usuários finais. O Intelligence INGRAM é usado para rodar programas de *whitespace*, que encorajam um revendedor a comprar produtos relacionados ao oferecer-lhe descontos. Se um revendedor adquirir um servidor junto à Ingram, por exemplo, o Intelligence INGRAM lhe oferece um desconto em unidades de armazenamento em disco, já que ambos produtos funcionam em conjunto. De modo similar, o Intelligence INGRAM é usado para rodar campanhas de incentivo ao crescimento (oferecendo recompensas em dinheiro a revendedores que ultrapassam metas trimestrais de gastos) e campanhas de vendas cruzadas (enviando emails a usuários finais a respeito de produtos relacionados com suas compras recentes).

Resultados/benefícios

Os lucros gerados usando-se o IMPRIME são calculados por meio de uma metodologia de mensuração de elevação [*lift*]. Essa metodologia compara períodos anteriores e posteriores à alteração de preços e compara grupos de teste *versus* grupos de controle. A mensuração de elevação se baseia em média de vendas diárias, margem de lucro bruta e margem de máquina [*machine margin*]. A utilização do IMPRIME levou a um crescimento de US$757 milhões em faturamento e a um aumento de US$18,8 milhões em lucros brutos.

Questões para discussão

1. Quais foram os principais desafios enfrentados pela Ingram Micro ao desenvolver uma BIC?
2. Liste todas as soluções de inteligência de negócios desenvolvidas pela Ingram para otimizar os preços de seus produtos e estabelecer os perfis de seus clientes. Quais benefícios a Ingram obteve depois de usar as aplicações de BI recém desenvolvidas?

O que podemos aprender com este caso aplicado?

Ao partir da construção de uma BIC, uma empresa começa a entender melhor suas linhas de produtos, seus clientes e seus padrões de aquisições. Esse diagnóstico é derivado daquilo que chamamos de análise de dados descritiva e preditiva. Um valor ainda maior é derivado disso por meio da otimização de preços, uma alçada da análise de dados prescritiva.

Fontes: Mookherjee, R., Martineau, J., Xu, L., Gullo, M., Zhou, K., Hazlewood, A., Zhang, X., Griarte, F., & Li, N. (2016). End-to-end predictive analytics and optimization in Ingram Micro's two-tier distribution business. *Interfaces, 46*(1), 49–73; ingrammicrocommerce.com, "CUSTOMERS," https://www.ingrammicrocommerce.com/customers/ (acessado em julho de 2016).

Categorias de modelo

O Quadro 6.1 classifica alguns modelos decisórios em sete grupos e lista diversas técnicas representativas de cada categoria. Cada técnica pode ser aplicada em um **modelo estático** ou **dinâmico**, o qual pode ser construído de acordo com ambientes supostos de certeza, incerteza ou risco. Para agilizar a construção do modelo, podemos usar sistemas especiais de análise decisória que já trazem em si linguagens e capacidades de desenvolvimento de modelos. Esses sistemas incluem planilhas, mineração de dados, processamento analítico online (OLAP – *online analytical processing*) e linguagens que ajudam um analista a construir um modelo. Introduziremos um desses sistemas mais adiante neste capítulo.

GESTÃO DE MODELOS Modelos, assim como os dados, devem ser geridos para manter sua integridade, e, assim, sua aplicabilidade. Tal gestão é feita com o auxílio

QUADRO 6.1 Categorias de modelos

Categoria	Processo e objetivo	Técnicas representativas
Otimização de problemas com poucas alternativas	Encontrar a melhor solução a partir de uma pequena quantidade de alternativas	Tabelas de decisão, árvores de decisão, processo analítico hierárquico
Otimização via algoritmo	Encontrar a melhor solução a partir de uma grande quantidade de alternativas, usando um processo de aprimoramento passo a passo	Modelos lineares e outros de programação matemática, modelos de rede
Otimização via uma fórmula analítica	Encontrar a melhor solução numa única etapa, usando uma fórmula	Alguns modelos de estoque
Simulação	Encontrar uma solução boa o suficiente ou a melhor entra as alternativas checadas, usando experimentação	Diversos tipos de simulação
Heurística	Encontrar uma solução boa o suficiente, usando regras	Programação de heurísticas, sistemas especialistas
Modelos preditivos	Prever o futuro para um determinado cenário	Modelos preditivos, análise de Markov
Outros modelos	Solucionar um caso "e se", usando uma fórmula	Modelagem financeira, filas de espera

de sistemas de gestão baseada em modelos, que são análogos aos sistemas de gerenciamento de base de dados (DBMS).

MODELAGEM BASEADA EM CONHECIMENTOS   Em sua maior parte, um DSS utiliza modelos quantitativos, ao passo que sistemas especialistas empregam modelos qualitativos baseados em conhecimentos em suas aplicações. Alguns conhecimentos se fazem necessários para construir modelos solucionáveis (e, portanto, usáveis). Muitas das técnicas de análise de dados preditiva, como de classificação e agrupamento, podem ser usadas na construção de modelos baseados em conhecimentos.

TENDÊNCIAS ATUAIS NO DESENVOLVIMENTO DE MODELOS   Uma tendência recente em modelagem é o desenvolvimento de bibliotecas de modelos e bibliotecas de técnicas de solução. Alguns desses códigos podem ser rodados direta e gratuitamente no servidor Web do proprietário, e outros podem ser baixados e rodados em um computador local. A disponibilidade desses códigos significa que poderosos pacotes de otimização e simulação estão disponíveis para tomadores de decisões que só tenham experimentado essas ferramentas da perspectiva de problemas teóricos de sala de aula. A Divisão de Matemática e Ciência Computacional do Argonne National Laboratory (Argonne, Illinois), por exemplo, mantém o NEOS Server para Otimização em https://neos-server.org/neos/index.html. Você pode encontrar links para outros sites clicando no link Research em informs.org, o site do Institute for Operations Research and the Management Sciences (INFORMS). Uma profusão de informações sobre modelagem e soluções é disponibilizada pelo INFORMS. O site de uma das publicações do INFORMS, *OR/MS Today*, em http://www.orms-today.org/ormsmain.shtml, inclui links para muitas categorias de software de modelagem. Aprenderemos sobre algumas delas dentro em breve.

Há uma clara tendência rumo ao desenvolvimento e utilização de ferramentas e software baseados em nuvem para acessar e até mesmo rodar software para praticar modelagem, otimização, simulação, e assim por diante. Isso acabou, de muitas maneiras, simplificando a aplicação de muitos modelos para problemas do mundo real. No entanto, para usar modelos e técnicas de solução de modo eficaz, é preciso ganhar experiência real desenvolvendo e solucionando aqueles mais simples. Esse aspecto muitas vezes passa despercebido. Organizações que possuem analistas-chave que sabem de fato como aplicar modelos os aplicam com grande eficácia. Uma área importante em que isso vem ocorrendo é a gestão de receitas, que deixou de se ater a companhias aéreas, hotéis e locadoras de veículos e passou a ser adotada em varejo, seguros, entretenimento e muitas outras áreas. A CRM também emprega modelos, mas eles são muitas vezes transparentes ao usuário. Com modelos de gestão, a quantidade de dados e o tamanho dos modelos são bastante grandes, exigindo o uso de *data warehouses* para suprir os dados e o hardware de computação paralela a fim de se obter soluções dentro de um prazo razoável.

Existe uma tendência continuada em tornar os modelos de análise de dados completamente transparentes para o tomador de decisões. A **análise (modelagem) multidimensional**, por exemplo, envolve análise de dados em diversas dimensões. Na análise (modelagem) multidimensional, os dados costumam ser mostrados num formato de planilha, com o qual a maioria dos tomadores de decisões já está familiarizada. Muitos tomadores de decisões acostumados a dividir e segmentar cubos de dados estão agora usando sistemas OLAP que acessam *data warehouses*. Embora esses métodos possam tornar palatável o desenvolvimento de modelos, eles também tiram de consideração muitas classes de modelos importantes e aplicáveis, e eliminam alguns aspectos importantes e sutis de interpretação de soluções. O desenvolvimento de modelos envolve bem mais do que análise de dados com linhas de tendências e estabelecimento de relações com métodos estatísticos.

Há também uma tendência de construir um modelo de um modelo para ajudar na sua análise. Um **diagrama de influências** é uma representação gráfica de um modelo, ou seja, é um modelo de um modelo. Alguns pacotes de software de diagrama de influências são capazes de gerar e solucionar o modelo resultante.

SEÇÃO 6.2 QUESTÕES DE REVISÃO

1. Liste três lições aprendidas a partir do desenvolvimento de modelos.
2. Liste e descreva as principais questões envolvendo modelagem.
3. Quais são os principais tipos de modelos usados em DSS?
4. Por que os modelos não são usados na indústria com a frequência que deveriam?
5. Quais são as tendências atuais no desenvolvimento de modelos?

6.3 Estrutura dos modelos matemáticos para apoio a decisões

Nas seções a seguir, apresentamos os tópicos de modelos matemáticos analíticos (como matemática, finanças e engenharia). Eles formam os componentes e a estrutura dos modelos.

Os componentes dos modelos matemáticos de apoio a decisões

Todos os **modelos quantitativos** são tipicamente formados por quatro componentes básicos (veja a Figura 6.1): variáveis de resultado, variáveis decisórias, variáveis (e/ou parâmetros) incontroláveis e variáveis de resultados intermediários. Relações matemáticas ligam esses componentes entre si. Em modelos não quantitativos, as relações são simbólicas ou qualitativas. Os resultados de decisões são determinados com base na decisão tomada (isto é, nos valores das variáveis decisórias), nos fatores que não podem ser controlados pelo tomador de decisão (no ambiente) e nas relações entre as variáveis. O processo de modelagem envolve a identificação das variáveis e relações entre elas. A solução de um modelo determina os valores delas e da(s) variável(eis) de resultado.

VARIÁVEIS DE RESULTADO As **variáveis de resultado** refletem o nível de eficiência do sistema; ou seja, elas indicam o nível de desempenho do sistema ou até que ponto

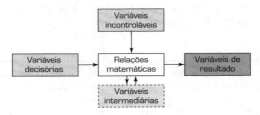

FIGURA 6.1 A estrutura geral de um modelo quantitativo.

ele atinge sua(s) meta(s). Essas variáveis são saídas. Exemplos de variáveis de resultado são mostrados no Quadro 6.2. As variáveis de resultado são consideradas *variáveis dependentes*. Variáveis de resultados intermediários às vezes são usadas em modelagem para identificar resultados intermediários. No caso de uma variável dependente, outro evento deve ocorrer primeiro antes que o evento descrito pela variável possa ocorrer. As variáveis de resultado dependem da ocorrência das variáveis decisórias e das variáveis incontroláveis.

VARIÁVEIS DECISÓRIAS As **variáveis decisórias** descrevem cursos de ação alternativos. O tomador de decisão controla as variáveis decisórias. No caso de um problema de investimento, por exemplo, a quantidade a ser investida em títulos de dívida é uma variável decisória. Num problema de agendamento, as variáveis decisórias são pessoas, tempos e cronogramas. Outros exemplos são listados no Quadro 6.2.

VARIÁVEIS INCONTROLÁVEIS Em qualquer situação de tomada de decisão, existem fatores que afetam as variáveis incontroláveis mas que não estão sob o controle do tomador de decisão. Esses fatores podem ser ou fixados, e nesse caso eles são chamados de **variáveis** (ou **parâmetros**) **incontroláveis**, ou eles podem variar, e nesse caso são chamados de *variáveis*. Exemplos de fatores são a taxa de juros básica, o plano-diretor da cidade, regulações fiscais e custos com água, luz e telefone. A maioria desses fatores é incontrolável, já que se encontram e são determinados por elementos do sistema ambiental em que o tomador de decisão está operando. Algumas dessas

QUADRO 6.2 Exemplos de componentes de modelos

Área	Variáveis decisórias	Variáveis de resultado	Variáveis e parâmetros incontroláveis
Investimento financeiro	Alternativas e quantias de investimento	Lucro total, risco Taxa de retorno sobre o investimento (ROI) Ganhos por ação Nível de liquidez	Taxa de inflação Taxa de juros Concorrência
Marketing	Orçamento de consultoria Onde anunciar	Fatia de mercado Satisfação dos clientes	Renda dos clientes Ações dos concorrentes
Fabricação	O que e quanto produzir Níveis de estoque Programas de compensação	Custo total Nível de qualidade Satisfação dos funcionários	Capacidade de maquinário Tecnologia Preços dos materiais
Contabilidade	Uso de computadores Cronograma de auditorias	Custo de processamento de dados Taxa de erros	Tecnologia computadorizada Taxas de impostos Exigências legais
Transporte	Cronograma de fretes Uso de cartões inteligentes	Custo total de transporte Tempo de flutuação de pagamento	Distância de entrega Regulamentações
Serviços	Níveis de pessoal	Satisfação dos clientes	Demanda por serviços

variáveis limitam o tomador de decisão e, portanto, formam as chamadas restrições do problema.

VARIÁVEIS DE RESULTADOS INTERMEDIÁRIOS As **variáveis de resultados intermediários** refletem consequências intercalares em modelos matemáticos. Na determinação de agendamento de máquinas, por exemplo, o desperdício é uma variável de resultado intermediário, e o lucro total é a variável de resultado (isto é, o desperdício é um determinante do lucro total). Outro exemplo é a folha salarial dos funcionários. Ela constitui uma variável decisória para a gestão: isso determina a satisfação dos funcionários (isto é, resultado intermediário), o que, por sua vez, determina o nível de produção (isto é, o resultado final).

A estrutura dos modelos matemáticos

Os componentes de um modelo quantitativo estão ligados por expressões matemáticas (algébricas) – equações ou inequações.

Um exemplo bem simples é:

$$L = R - C$$

onde L = lucro, R = receitas e C = custo. Essa equação descreve a relação entre as variáveis. Outro modelo financeiro bem conhecido é o simples modelo do fluxo de caixa de valor presente, em que P = valor presente, F = um único pagamento futuro em dinheiro, j = taxa de juros (percentual) e n = número de anos. Com esse modelo, é possível determinar o valor presente de um pagamento de US$100 mil a ser realizado daqui a cinco anos, a uma taxa de juros de 10% (0,1), da seguinte forma:

$$P = 100.000 / (1 + 0,1)^5 = 62.092$$

Apresentamos modelos matemáticos mais interessantes e complexos nas próximas seções.

SEÇÃO 6.3 QUESTÕES DE REVISÃO

1. O que é uma variável decisória?
2. Liste e discorra brevemente sobre os principais componentes de um modelo quantitativo.
3. Explique o papel das variáveis de resultados intermediários.

6.4 Certeza, incerteza e risco[1]

O processo de tomada de decisão envolve a avaliação e a comparação de alternativas. Durante esse processo, é preciso prever o resultado futuro de cada alternativa proposta. Situações de decisão são muitas vezes classificadas com base naquilo que o tomador de decisão conhece (ou acredita) sobre os resultados previstos. Costumamos classificar esse conhecimento em três categorias (veja a Figura 6.2), indo desde o conhecimento integral até a completa ignorância:

---
[1] Algumas partes das versões originais dessas seções foram adaptadas de Turban e Meredith (1994).

FIGURA 6.2 As zonas de tomada de decisão.

- Certeza
- Incerteza
- Risco

Quando desenvolvemos modelos, quaisquer dessas situações podem ocorrer, e diferentes tipos de modelos são apropriados para cada. A seguir, examinaremos as definições básicas desses termos e algumas importantes questões do desenvolvimento de modelos para cada condição.

Tomada de decisão mediante certeza

Na tomada de decisão mediante **certeza**, *pressupõe-se* que um conhecimento completo está disponível para que o tomador de decisão saiba exatamente qual será o resultado de cada *curso de ação* (como num ambiente determinístico). Pode não ser verdade que os resultados sejam 100% conhecidos, tampouco é necessário realmente avaliar *todos* os resultados, mas muitas vezes esse pressuposto simplifica o modelo e o torna tratável. O tomador de decisões é visto como um oráculo perfeito do futuro, pois se pressupõe que há apenas um resultado para cada alternativa. A alternativa de se investir em letras do Tesouro norte-americano, por exemplo, traz consigo uma disponibilidade completa de informações quanto o retorno futuro sobre o investimento, caso sejam mantidas até seu vencimento. Uma situação envolvendo certeza na tomada de decisão ocorre com maior frequência com problemas estruturados e breves horizontes de tempo (de até um ano). Modelos envolvendo certeza são relativamente fáceis de desenvolver e solucionar, e podem gerar soluções otimizadas. Muitos modelos financeiros são construídos sob a presunção de certeza, muito embora o mercado seja tudo menos 100% certo.

Tomada de decisão com incerteza

Na tomada de decisão com **incerteza**, o decisor pondera sobre situações em que diversos resultados são possíveis para cada curso de ação. Nesse caso, em contraste com a situação arriscada, o responsável pela decisão não sabe, nem é capaz de estimar, a probabilidade de ocorrência dos resultados possíveis. A tomada de decisão com incerteza é mais difícil do que a tomada de decisão mediante certeza, porque há informações insuficientes disponíveis. Em tais situações, a modelagem envolve a avaliação da atitude do tomador de decisão (ou da organização) quanto a riscos.

Gestores buscam evitar incertezas tanto quanto possível, ao ponto de pressuporem sua inexistência. Em vez de lidarem com a incerteza, eles tentam obter mais informações para que o problema possa ser tratado mediante certeza (por ser "quase" certo) ou sob risco calculado (isto é, assumido). Caso não haja mais informações disponíveis, o problema deve ser tratado sob uma condição de incerteza, que é menos definitiva que as outras categorias.

Tomada de decisão sob risco (análise de riscos)

Uma decisão tomada sob **risco**[2] (também conhecida como uma situação de tomada de decisão *probabilística* ou *estocástica*) é aquela em que o responsável pela decisão deve considerar diversos resultados possíveis para cada alternativa, cada qual com uma determinada possibilidade de ocorrência. As probabilidades a longo prazo de que os resultados venham a se materializar são pressupostas como conhecidas ou podendo ser estimadas. Sob tais pressupostos, o tomador de decisão pode aferir o grau de risco associado a cada alternativa (o chamado risco *calculado*). Importantes decisões empresariais são tomadas assumindo-se riscos. A **análise de riscos** (isto é, riscos calculados) é um método de tomada de decisão que analisa os riscos (com base em probabilidades assumidas como conhecidas) associados a diferentes alternativas. A análise de riscos pode ser realizada calculando-se o valor esperado de cada alternativa e selecionando-se aquela com o melhor valor esperado. O Caso Aplicado 6.3 ilustra uma aplicação para reduzir a incerteza.

SEÇÃO 6.4 QUESTÕES DE REVISÃO

1. Defina o que significa tomar uma decisão assumindo-se certeza, risco e incerteza.
2. Como se pode lidar com problemas de tomada de decisão mediante pressuposição de certeza?
3. Como se pode lidar com problemas de tomada de decisão mediante pressuposição de incerteza?
4. Como se pode lidar com problemas de tomada de decisão mediante pressuposição de riscos?

6.5 Modelagem de decisões com planilhas

Modelos podem ser desenvolvidos e implementados em uma variedade de linguagens e sistemas de programação. Aqui, vamos nos concentrar sobretudo em *planilhas* (com seus *add-ins*), linguagens de desenvolvimento de modelos e ferramentas transparentes de análise de dados. Com seu poder e flexibilidade, pacotes de planilhas foram rapidamente reconhecidos como software de implementação fácil de usar para o desenvolvimento de uma ampla gama de aplicativos para negócios, engenharia, matemática e ciência. Planilhas incluem capacidades extensivas de estatísticas, previsões e outras funções e rotinas de modelagem e gerenciamento de banco de dados. Com a evolução dos pacotes de planilhas, *add-ins* foram desenvolvidos para estruturar e resolver classes específicas de modelos. Dentre os pacotes de *add-ins*, muitos foram criados para o desenvolvimento de DSS (Sistemas de Apoio à Decisão). Esses *add-ins* relacionados a DSS incluem Solver (Frontline Systems Inc., solver.com) e What's*Best!* (uma versão do Lindo, da Lindo Systems, In., lindo.com) para realização de otimização linear e não linear; Braincel (Jurik Research Software, jurikres.com) e NeuralTools (Palisade Corp., palisade.com) para redes neurais artificiais); Evolver

---

[2]Nossas definições para os termos *risco* e *incerteza* foram formuladas por F. H. Knight, da University of Chicago, em 1933. Outras definições comparáveis também estão em uso.

Caso aplicado 6.3

A American Airlines utiliza modelagem de custo almejado para aferir a incerteza de lances para rotas de frete

A Airlines, Inc. (AA) é uma das maiores companhias aéreas do mundo. Seu modelo básico de negócios é o transporte de passageiros, mas ela conta com outras funções acessórias que incluem frete em caminhão repleto (FTL – *full-truckload*) de equipamento de manutenção e frete aéreo de itens de serviço a passageiros que totalizam mais de US$1 bilhão em estoque a qualquer momento. A AA recebe inúmeros lances de fornecedores em resposta a licitações (RFQs – *requests for quotes*) de estoques. Em certos anos, a AA chega a promover mais de 500 RFQs. Os lances apresentados variam bastante, devido à grande quantidade de participantes e ao processo complexo de licitação resultante. Às vezes, os lances para um único contrato chegam a variar em cerca de 200%. Como resultado do processo complexo, é comum o pagamento superestimado ou subestimado de fornecedores por seus serviços. Para impedir isso, a AA queria contar com um modelo de "custo almejado" para organizar e aferir lances de fornecedores a fim de escolher as propostas mais justas para si mesma e seus fornecedores.

Metodologia/solução

Para determinar o custo justo para produtos e serviços de fornecedores, três medidas foram tomadas:

1. Fontes primárias (como entrevistas) e secundárias (como a Internet) foram pesquisadas e usadas como referência para embasar variáveis básicas de custo que afetam uma proposta de FTL.
2. Variáveis de custo foram selecionadas de modo a serem mutuamente excludentes e coletivamente exaustivas.
3. O software de análise decisória por DPL foi usado para modelar a incerteza.

Além disso, uma aproximação do tipo Swanson-Megill Estendida foi usada para modelar a distribuição de probabilidade das variáveis de custo mais sensíveis empregadas. Isso foi feito para levar em consideração a alta variabilidade dos lances no modelo inicial.

Resultados/benefícios

Um teste-piloto foi realizado em uma RFQ que atraiu propostas de seis transportadoras de FTL. Dos seis lances apresentados, cinco encontravam-se a três desvios-padrão da média, enquanto um foi considerado um valor discrepante. Subsequentemente, a AA utilizou um modelo de custo almejado de FTL junto a mais de 20 RFQs a fim de determinar qual deveria ser o custo justo e preciso dos bens e serviços. Espera-se que esse modelo acabe ajudando a reduzir o risco de superestimar ou subestimar os pagamentos aos seus fornecedores.

Questões para discussão

1. Além de reduzir o risco de superestimar ou subestimar os pagamentos aos fornecedores, quais são alguns outros benefícios que a AA deve obter de seu modelo de "custo almejado"?
2. Você consegue lembrar de outros setores além do transporte aéreo em que tal modelo poderia ser usado?
3. Discuta outros métodos possíveis mediante os quais a AA poderia ter solucionado seu problema de superestimar ou subestimar pagamentos.

Fonte: Adapted from Bailey, M. J., Snapp, J., Yetur, S., Stonebraker, J. S., Edwards, S. A., Davis, A., & Cox, R. (2011). Practice summaries: American Airlines uses should-cost modeling to assess the uncertainty of bids for its full-truckload shipment routes. *Interfaces, 41*(2), 194–196.

(Palisade Corp.) para algoritmos genéricos; e RISK (Palisade Corp.) para a condução de estudos de simulação. *Add-ins* comparáveis estão disponível gratuitamente ou a um custo bem baixo. (Faça uma busca na Internet para encontrá-los; novos *add-ins* são adicionados ao mercado regularmente.)

A planilha é sem dúvida a *ferramenta de modelagem para usuário final* mais popular que há, pois incorpora diversas e poderosas funções financeiras, estatísticas, matemáticas, entre outras. Planilhas podem desempenhar tarefas de solução de modelos como programação linear e análise de regressão. A evolução da planilha a tornou uma importante ferramenta de análise, planejamento e modelagem (veja Farasyn, Perkoz, & Van de Velde, 2008; Hurley & Balez, 2008; Ovchinnikov & Milner, 2008). Os Casos Aplicados 6.4 e 6.5 descrevem aplicações interessantes de modelos baseados em planilhas em um ambiente sem fins lucrativos.

Caso aplicado 6.4

A Pennsylvania Adoption Exchange utiliza um modelo de planilhas para aprimorar a combinação entre crianças e famílias

A Pennsylvania Adoption Exchange (PAE) foi fundada em 1979 pelo estado norte-americano da Pensilvânia para ajudar agências de condados e ONGs a encontrarem famílias potenciais para crianças órfãs ainda não adotadas devido a idade ou cuidados especiais. A PAE mantém registros detalhados de crianças e preferências de famílias que podem adotá-las. A instituição procura por famílias potenciais em todos os 67 condados da Pensilvânia.

A Rede Estadual de Adoção e Permanência da Pensilvânia é responsável por encontrar lares permanentes para os órfãos. Se, após algumas tentativas, a rede se vê incapaz de incluir uma criança numa família, ela passa a receber ajuda da PAE. A PAE utiliza uma ferramenta automatizada de avaliação para estabelecer a correspondência entre crianças e famílias. Essa ferramenta oferece combinações recomendadas ao calcular uma pontuação entre 0 e 100% para uma criança com base em 78 pares de valores de atributos e de preferências familiares. Já faz alguns anos, porém, que a PAE vem encontrando dificuldade em fazer recomendações de combinações para assistentes sociais que cuidam das crianças. A dificuldade advém do gerenciamento de um vasto banco de dados de crianças coletado ao longo do tempo junto aos 67 condados. O algoritmo básico de busca produzia recomendações de combinação que estavam se revelando infrutíferas para os assistentes sociais. Como resultado, a quantidade de crianças por serem adotadas teve um aumento considerável, e há uma urgência crescente para se encontrar famílias para esses órfãos.

Metodologia/solução

A PAE começou a coletar informações a respeito dos órfãos e das famílias por meio de enquetes online que incluíam um novo conjunto de perguntas. Essas perguntas coletam informações sobre *hobbies* da criança, preferências da criança e do assistente social por famílias e preferência de faixa etária de crianças por parte das famílias. A PAE e seus consultores criaram uma ferramenta de correspondência via planilhas que incluía características adicionais comparada com a ferramenta automatizada adotada anteriormente. Nesse modelo, os assistentes sociais podem especificar o peso dos atributos para a seleção de uma família para uma criança. Quando uma família, por exemplo, apresenta um conjunto estrito de preferências quanto a gênero, idade e raça, então esses fatores podem receber um peso maior. Ademais, assistentes sociais podem atribuir preferência quanto

(Continua)

Caso aplicado 6.4 *(Continuação)*

ao condado de residência da família, já que a relação comunitária é um fator importante para uma criança. Usando essa ferramenta, o comitê de combinações pode comparar uma criança e uma família com base em cada atributo, tornando assim mais precisa a decisão de combinação entre uma família e uma criança.

Resultados/benefícios

Desde que a PAE começou a usar o novo modelo de planilha para estabelecer correspondências entre uma família e uma criança, melhores decisões de combinação passaram a ser tomadas. Como resultado, o percentual de crianças encontrando um lar permanente acabou aumentando.

Este breve caso é um dos muitos exemplos de uso de planilhas como uma ferramenta de embasamento de decisões. Ao criar um simples sistema de pontuação para atributos desejáveis em famílias e crianças, um melhor sistema de combinações é produzido para que menos rejeições sejam relatadas do outro lado.

Questões para discussão

1. Quais foram os desafios enfrentados pela PAE ao tomar decisões sobre combinações para adoção?
2. Quais elementos da nova ferramenta de planilhas ajudaram a PAE a resolver problemas de combinação de uma família com uma criança?

Fonte: Adapted from Slaugh, V. W., Akan, M., Kesten, O., & Unver, M. U. (2016). The Pennsylvania Adoption Exchange improves its matching process. *Interfaces, 46*(2), 133–154.

Caso aplicado 6.5

A Metro Meals on Wheels Treasure Valley utiliza o Excel para encontrar rotas de entrega otimizadas

A Meals on Wheels Association of America (atualmente Meals on Wheels Association) é uma organização sem fins lucrativos que entrega cerca de um milhão de refeições para lares de idosos em situação de necessidade por todo o Estados Unidos. A Metro Meals on Wheels Treasure Valley é um ramo local da Meals on Wheels America que opera no estado de Idaho. Esse ramo conta com uma equipe de motoristas voluntários que dirigem seus veículos particulares todos os dias para entregar refeições a 800 clientes ao longo de 21 rotas, cobrindo uma área de 2.745 km².

Contudo, a organização Meals on Wheels Treasure Valley estava enfrentando muitos problemas. Primeiro, estava buscando minimizar seus tempos de entrega, já que a comida preparada era sensível à temperatura e podia perecer facilmente. A meta era de entregar a comida preparada em até 90 minutos após um motorista partir para uma entrega. Em segundo lugar, o processo de agendamento era demorado demais. Dois funcionários passavam boa parte do seu tempo desenvolvendo cronogramas de rotas de entrega. Um coordenador de rotas determinava as paradas de acordo com a quantidade de destinatários que deveriam receber refeições a cada dia. Depois de determinar as paradas, o coordenador fazia uma sequência de paradas que minimizava o tempo de viagem para os voluntários. Esse cronograma de rotas era então inserido numa ferramenta online para determinar os trajetos passo a passo para os motoristas. O processo inteiro de decisão manual das rotas estava consumindo muito tempo extra. A Metro Meals on

Wheels estava precisando de uma ferramenta de planejamento de rotas capaz de aprimorar seu sistema de entrega e gerar soluções de rotas para viagens de ida e volta e só de ida para entrega de refeições. Aqueles que dirigem com regularidade poderiam entregar as marmitas no dia seguinte. Já outros que dirigem apenas ocasionalmente precisariam retornar à cozinha para retornar as marmitas.

Metodologia/solução

Para solucionar o problema de planejamento de rotas, uma ferramenta baseada em planilhas foi desenvolvida. Essa ferramenta apresentava uma interface para a fácil inserção de informações de entrada sobre o destinatário, como seu nome, exigências alimentares e endereço de entrega. Essas informações precisavam ser preenchidas na planilha para cada parada na rota. Em seguida, a funcionalidade Visual Basic for Applications do Excel era usada para acessar a interface de programação de aplicativo (API) de redes de mapas chamada MapQuest. Essa API era usada para criar uma matriz de viagens capaz de calcular o tempo e a distância necessários para entregar uma refeição. Essa ferramenta apresentava informações de tempo e distância para 5 mil pares de localização ao dia sem custo algum.

Quando o programa é aberto, a API MapQuest primeiro valida os endereços inseridos dos destinatários de refeições. Em seguida, o programa utiliza a API para confirmar a distância de deslocamento, o tempo estimado de direção e instruções passo a passo para o trajeto entre todas as paradas na rota. A ferramenta pode então encontrar a rota otimizada para até 30 paradas dentro de um limite de tempo viável.

Resultados/benefícios

Como resultado da adoção dessa ferramenta, a distância total percorrida para entregas diminuiu em 16 mil km, enquanto o tempo de viagem total foi reduzido em 530 horas. A Metro Meals on Wheels Treasure Valley economizou US$5.800 em 2015, com base na taxa de economia estimada de US$0,36 por quilômetro (para um sedã médio). Essa ferramenta também reduziu o tempo gasto no planejamento de rotas para entrega de refeições. Outros benefícios incluíram uma maior satisfação e uma maior retenção dos voluntários.

Questões para discussão

1. Quais eram os desafios enfrentados pela Metro Meals on Wheels Treasure Valley relatados para entrega de refeições antes da adoção da ferramenta baseada em planilhas?
2. Explique o projeto do modelo baseado em planilhas.
3. Quais são os benefícios intangíveis de se usar o modelo baseado no Excel para a Metro Meals on Wheels?

Fonte: Adapted from Manikas, A. S., Kroes, J. R., & Gattiker, T. F. (2016). Metro Meals on Wheels Treasure Valley employs a low-cost routing tool to improve deliveries. *Interfaces, 46*(2), 154–167.

Outras características importantes das planilhas incluem análise "e se", atingimento de metas, gerenciamento de dados e programabilidade (isto é, macros). Com uma planilha, é fácil alterar o valor de uma célula e conferir o resultado de imediato. O atingimento de metas é realizado indicando-se uma célula-alvo, o seu valor desejado e uma célula a ser alterada. Recursos extensivos de gerenciamento de banco de dados podem ser realizados com pequenos conjuntos de dados, ou partes de uma base de dados podem ser importadas para análise (que é essencialmente como o OLAP funciona com cubos de dados multidimensionais; na verdade, a maioria dos sistemas OLAP tem o visual e a usabilidade de um software de planilha avançado depois que os dados são abastecidos). *Templates, macros* e outras ferramentas alavancam a produtividade de desenvolvimento de DSS.

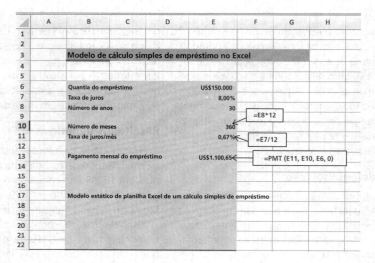

FIGURA 6.3 Exemplo de modelo estático de planilha Excel de um cálculo simples de empréstimo de pagamentos mensais.

Em sua maioria, os pacotes de planilha oferecem uma integração suave, já que leem e gravam estruturas de arquivo comum e estabelecem facilmente uma interface com bases de dados e outras ferramentas. O Microsoft Excel é o mais popular pacote de planilha. Na Figura 6.3, mostramos um modelo simples de cálculo de empréstimo em que as caixas na planilha descrevem os conteúdos das células, que contêm fórmulas. Uma alteração na taxa de juros na célula E7 se reflete de imediato no pagamento mensal na célula E3. Os resultados podem ser observados e analisados imediatamente. Se exigirmos um pagamento mensal específico, podemos usar atingimento de metas para determinar uma taxa de juros adequada ou a quantia a ser empresada.

Modelos estáticos ou dinâmicos podem ser construídos em uma planilha. A planilha mostrada na Figura 6.3, por exemplo, para cálculo de empréstimo mensal, é estática. Embora o problema afete o devedor ao longo do tempo, o modelo indica o desempenho em um único mês, que é replicado. Um modelo dinâmico, em contraste, representa comportamento ao longo do tempo. Os cálculos de empréstimo na planilha exibida na Figura 6.4 indicam o efeito de pré-pagamento sobre o principal com o passar do tempo. A análise de riscos pode ser incorporada a uma planilha usando-se geradores pré-instalados de números aleatórios a fim de desenvolver modelos de simulação (veja o próximo capítulo).

Aplicações de planilha para modelos são relatadas regularmente. Aprenderemos a usar um modelo de otimização baseado em planilhas na próxima seção.

SEÇÃO 6.5 QUESTÕES DE REVISÃO

1. O que é uma planilha?
2. O que é um *add-in* de planilha? De que forma os *add-ins* podem ajudar na criação e uso de DSS?
3. Explique por que uma planilha é tão prática para o desenvolvimento de DSS.

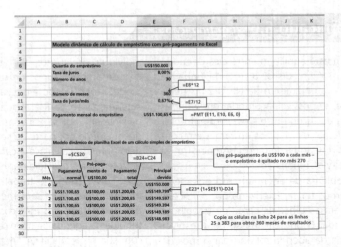

FIGURA 6.4 Exemplo de modelo dinâmico de planilha Excel de um cálculo simples de empréstimo de pagamentos mensais e dos efeitos de pré-pagamento.

6.6 Otimização de programação matemática

Programação matemática é uma família de ferramentas projetadas para ajudar a resolver problemas administrativos em que o tomador de decisão deve alocar recursos escassos entre atividades concorrentes a fim de otimizar uma meta mensurável. A distribuição de tempo (o recurso) de máquina, por exemplo, dentre vários produtos (as atividades) é um típico problema de alocação. A **programação linear (PL)** é a técnica mais conhecida de uma família de ferramentas de otimização chamada *programação matemática*; em PL, todas as relações entre as variáveis são lineares. Ela é usada extensivamente em DSS (veja o Caso Aplicado 6.6). Modelos de PL têm muitas aplicações importantes. Elas incluem gerenciamento da cadeia de suprimento, decisões de mix de produtos, planejamento de rotas e assim por diante. Formas especiais dos modelos podem ser usadas para aplicações específicas. O Caso Aplicado 6.6, por exemplo, descreve um modelo de planilhas que foi usado para criar uma agenda para médicos.

Caso aplicado 6.6

Um modelo de programação por inteiros mistos ajuda no agendamento de médicos no Centro Médico da University of Tennessee

O Regional Neonatal Associates é um grupo de nove médicos que trabalham na Unidade de Tratamento Intensivo Neonatal (NICU, na sigla em inglês) no Centro Médico da University of Tennessee, em Knoxville, Tennessee. O grupo também atende a dois hospitais locais na região de Knoxville para casos de emergência. Por muitos anos, um membro do grupo preparava a agenda dos médicos manualmente. No entanto, com sua aposentadoria se aproximando, um sistema mais automatizado se fazia necessário para o agendamento dos médicos. Os médicos queriam que esse sistema equilibrasse suas cargas de trabalho, já que as agendas anteriores

(Continua)

Caso aplicado 6.6 *(Continuação)*

não faziam este equilíbrio entre eles de modo apropriado. Além disso, a agenda tinha de assegurar o atendimento da NICU 24/7 pelos médicos, e, se possível, acomodar preferências individuais de turno entre eles. Para enfrentar esse problema, os médicos entraram em contato com professores de Ciência Administrativa da University of Tennessee.

O problema de agendamento dos médicos em turnos foi caracterizado por restrições baseadas em escolhas de carga de trabalho e estilo de vida. O primeiro passo para resolver o problema da agenda foi agrupar turnos de acordo com seus tipos (dia e noite). O próximo passo foi determinar restrições para o problema. O modelo precisava cobrir um período de nove semanas com nove médicos, com dois deles trabalhando em dias úteis e um deles de um dia para o outro e aos fins de semana. Além disso, um médico tinha de ser designado exclusivamente para cobertura 24/7 dos dois hospitais locais. Outras restrições óbvias também precisavam ser levadas em consideração. Um turno diário, por exemplo, não podia ser designado a um médico que recém tivesse cumprido um turno da noite.

Metodologia/solução

O problema foi formulado pela criação de um modelo binário de otimização por inteiros mistos. O primeiro modelo dividia a carga de trabalho igualmente entre os nove médicos. Mas não podia atribuir um número igual de turnos diários e noturnos entre eles. Isso criou uma questão de distribuição equânime. Além disso, os médicos tinham opiniões divergentes quanto a carga de trabalho designada. Seis dos médicos almejavam uma agenda em que uma quantidade igual de turnos diários e noturnos seriam atribuídos a cada médico no período de nove semanas, ao passo que os demais queriam uma agenda baseada em preferência individual por turnos. Para satisfazer exigências de ambos grupos de médicos, um novo modelo foi formado e batizado de Modelo de Agendamento de Preferência Híbrida (HPSM, na sigla em inglês). Para satisfazer a exigência de igualdade por parte de seis médicos, o modelo primeiro calculava a carga de trabalho de uma semana e a dividia por nove semanas para eles. Dessa forma, o trabalho ficava dividido irmãmente entre os seus médicos. A carga de trabalho para os três médicos restantes era distribuída na agenda de nove semanas de acordo com sua preferência. A agenda resultante foi revisada pelos médicos e eles a consideraram mais aceitável.

Resultados/benefícios

O método de HPSM acomodou tanto as exigências de igualdade quanto de preferência individual dos médicos. Além disso, as agendas geradas por esse modelo produziram melhores tempos de descanso para os médicos se comparados às agendas manuais anteriores, e as solicitações de férias também puderam ser acomodadas nas agendas. O modelo de HPSM é capaz de resolver problemas similares de agendamento que exigem preferências relativas entre tipos de turno.

Técnicas como modelos de programação de inteiros mistos podem construir agendas otimizadas e ajudar nas operações. Essas técnicas vêm sendo usadas há bastante tempo por organizações de grande porte. Agora é possível implementar tais modelos analíticos prescritivos em planilhas e outros pacotes de software facilmente disponíveis.

Questões para discussão

1. Qual foi o problema enfrentado pelo grupo Regional Neonatal Associates?
2. De que forma o modelo de HPSM solucionou todas as exigências dos médicos?

Fonte: Adapted from Bowers, M. R., Noon, C. E., Wu, W., & Bass, J. K. (2016). Neonatal physician scheduling at the University of Tennessee Medical Center. *Interfaces, 46*(2), 168–182.

Problemas de alocação de PL geralmente exibem as seguintes características:

- Uma quantidade limitada de recursos econômicos está disponível para alocação.
- Os recursos são usados na produção de produtos e serviços.
- Há duas ou mais maneiras pelas quais os recursos podem ser usados. Cada uma é chamada de uma *solução* ou um *programa*.
- Cada atividade (produto ou serviço) em que os recursos são usados acaba gerando um retorno em termos da meta declarada.
- A alocação costuma ficar restrita por diversas limitações e exigências, denominadas *restrições*.

O modelo de alocação de PL se baseia nos seguintes pressupostos racionais econômicos:

- Retornos gerados por diferentes alocações podem ser comparados, ou seja, podem ser mensurados por uma unidade comum (como dólares, utilidade).
- O retorno gerado por qualquer alocação é independente de outras alocações.
- O retorno total é a soma dos retornos gerados pelas diferentes atividades.
- Todos os dados são conhecidos com certeza.
- Os recursos devem ser usados da maneira mais econômica possível.

Problemas de alocação costumam apresentar uma grande quantidade de soluções possíveis. Dependendo dos pressupostos subjacentes, a quantidade de soluções pode ser ou infinita ou finita. Geralmente, soluções diferentes geram recompensas diferentes. Dentre as soluções disponíveis, pelo menos uma é a melhor, no sentido de que o grau de cumprimento da meta a ela associado é o mais alto (isto é, a recompensa total é maximizada). Isso se chama uma **solução otimizadora**, e ela pode ser encontrada usando-se um algoritmo especial.

Modelo de programação linear

Cada modelo de PL é composto por *variáveis decisórias* (cujos valores são desconhecidos e buscados), uma *função objetiva* (uma função matemática que relaciona as variáveis decisórias com a meta, mede o cumprimento da meta e de deve ser otimizada), coeficientes de função linear (coeficientes unitários de lucros ou custos indicando a contribuição ao objetivo de uma unidade por parte de uma variável decisória) *restrições* (expressas na forma de inequações ou equações lineares que limitam recursos e/ou exigências; relacionam-se com as variáveis por meio de relações lineares), *capacidades* (que descrevem os limites superiores e por vezes inferiores das restrições e das variáveis) e *coeficientes de entrada/saída* (ou *tecnologia*, que indicam a utilização de recursos para uma variável decisória).

Vejamos um exemplo. A MBI Corporation, que fabrica computadores de uso especial, precisa tomar uma decisão: quantos computadores deve produzir no próximo mês em sua fábrica de Boston? A MBI está considerando dois tipos de computadores: o CC-7, que requer 300 dias de trabalho e US$ 10 mil em materiais, e o CC-8, que requer 500 dias de trabalho e US$15 em materiais. A contribuição ao lucro de cada CC-7 é de US$ 8 mil, enquanto a do CC-8 é de US$ 12 mil. A fábrica tem uma capacidade de 200 mil dias de trabalho por mês, e o orçamento para materiais é de US$ 8 milhões por mês. O marketing exige que pelo menos 100 unidades do CC-7 e 200 do CC-8 sejam produzidas a cada mês. O problema é maximizar os lucros da empresa determinando quantas unidades do CC-7 e quantas do CC-8 devem ser produzidas ao mês. Observe que em um ambiente do mundo real, poderia levar meses para se obter os dados do enunciado do problema, e ao reunir os dados, o tomador de decisão acabaria sem dúvida descobrindo fatos a respeito da estrutura do modelo a ser solucionado. Ferramentas baseadas na Web para coleta de dados podem ajudar.

Modelagem em PL: um exemplo

Um modelo-padrão de PL pode ser desenvolvido para o problema da MBI Corporation recém descrito. Conforme discutido em Dicas Tecnológicas 6.1, o modelo PL tem três componentes: variáveis decisórias, variáveis de resultado e variáveis incontroláveis (restrições).

As variáveis decisórias são as seguintes:

X_1 = unidades de CC-7 a serem produzidas
X_2 = unidades de CC-8 a serem produzidas

A variável de resultado é a seguinte:

Lucro total = Z

O objetivo é maximizar o lucro total:

$$Z = 8.000X_1 + 12.000X_2$$

As variáveis incontroláveis (restrições) são as seguintes:

Restrição de mão-de-obra: $300X_1 + 500X_2 \leq 200.000$ (em dias)
Restrição orçamentária: $10.000X_1 + 15.000X_2 \leq 8.000.000$ (em dólares)
Exigência de marketing para CC-7: $X_1 \geq 100$ (em unidades)
Exigência de marketing para CC-8: $X_2 \geq 200$ (em unidades)

Essas informações estão resumidas na Figura 6.5.

DICAS TECNOLÓGICAS 6.1
Programação linear

A PL talvez seja o mais conhecido modelo de otimização. Ela lida com a alocação otimizada de recursos entre atividades concorrentes. O problema da alocação é representado pelo modelo descrito aqui.

O problema é encontrar os valores das variáveis decisórias X_1, X_2, e assim por diante, de tal modo que o valor da variável de resultado Z seja maximizado, tudo isso sujeito a um conjunto de restrições lineares que expressam a tecnologia, condições de mercado e outras variáveis incontroláveis. As relações matemáticas são todas equações e inequações lineares. Em teoria, qualquer problema de alocação desse tipo possui uma quantidade infinita de soluções possíveis. Usando procedimentos matemáticos especiais, a abordagem de PL aplica um procedimento singular de busca computadorizada que encontra a(s) melhor(es) solução(ões) em questão de segundos. Além do mais, a abordagem para a solução proporciona análise de sensibilidade automática.

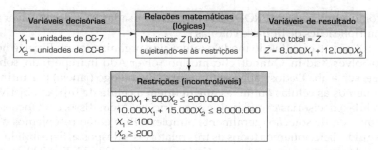

FIGURA 6.5 Modelo matemático de um exemplo de mix de produtos.

O modelo também possui um quarto componente oculto. Todos os modelos de PL possuem algumas variáveis internas intermediárias que não estão explicitamente declaradas. As restrições de mão-de-obra e de orçamento podem apresentar, cada uma, alguma folga quando o lado esquerdo da equação é bem menor do que o lado direito. Essa folga é representada internamente por variáveis de folga que indicam excedente de recursos disponíveis. Já as restrições de exigência de marketing podem apresentar algum excedente quando o lado esquerdo da equação é bem maior do que o lado direito. Esse excedente é representado internamente por variáveis de excedente indicando que há alguma margem de ajuste nos lados direitos dessas restrições. Essas variáveis de folga e de excedente são intermediárias. Elas podem ser de grande valia para um tomador de decisão, pois os métodos de solução de PL utilizam-nas ao estabelecer parâmetros de sensibilidade para análises econômicas do tipo "e se".

O modelo de mix de produtos apresenta um número infinito de soluções possíveis. Assumindo-se que um plano de produção não está restrito a números inteiros – o que é um pressuposto razoável em um plano de produção mensal – queremos uma solução que maximize o lucro total: uma solução otimizadora. Felizmente, o Excel já vem com o *add-in* Solver, que pode prontamente obter uma solução otimizada (a melhor) para este problema. Ainda que o *add-in* Solver mude de lugar dependendo da versão do Excel, ele ainda está disponível como um *add-in* gratuito. Procure por ele na aba Dados e na guia Análise. Se não estiver lá, você deve ser capaz de habilitá-lo entrando no Menu de Opções do Excel e selecionando Add-ins.

Inserimos esses dados diretamente numa planilha do Excel, ativamos o Solver e identificamos a meta (ao configurar Target Cell igual a Max), as variáveis decisórias (configurando By Changing Cells) e as restrições (assegurando que os elementos em Total Consumed sejam iguais ou menores que o Limit para as duas primeiras linhas e sejam maiores ou iguais ao Limit para a terceira e quarta linhas). As células C7 e D7 constituem as células de variáveis decisórias. Os resultados nessas células serão preenchidos depois de se rodar o Solver Add-in. A Target Cell é a Célula E7, que também é a variável de resultado, representando um produto das células de variáveis decisórias e seus coeficientes de lucro por unidade (nas Células C8 e D8). Repare que todos os números foram divididos por 1.000 para facilitar a digitação (exceto as variáveis decisórias). As linhas 9-12 descrevem as restrições do problema: as restrições de capacidade de mão-de-obra, orçamento e a produção mínima desejada para os produtos X_1 e X_2. As colunas C e D definem os coeficientes dessas restrições. A coluna E inclui as fórmulas que multiplicam as variáveis decisórias (Células C7 e D7) com seus respectivos coeficientes em cada linha. A coluna F define o valor do lado direito dessas restrições. As capacidades de multiplicação de matrizes do Excel (como a função SUMPRODUCT) podem ser usadas para desenvolver facilmente tais multiplicações de linhas e colunas.

Após os cálculos do modelo terem sido organizados no Excel, é hora de recorrer ao Solver Add-in. Quando clicamos no Solver Add-in (repetindo, sob o grupo Análise, sob a aba Dados), abre-se uma caixa de diálogo (janela) permitindo que especifiquemos as células ou faixas que definem a célula de função objetiva, as variáveis (células) decisórias/cambiáveis e as restrições. Além disso, em Opções, selecionamos o método de solução (geralmente Simplex LP), e então resolvemos o problema. Em seguida, selecionamos todos os três relatórios – Resposta, Sensibilidade e Limites – a fim de obtermos uma solução otimizada de X_1 = 333,333, X_2 = 200, Lucro = \$5.066.667, conforme mostrado na Figura 6.6. Experimente. Agora, o Solver também inclui a capacidade de solucionar problemas de programação não lineares e problemas de programação com inteiros usando outros métodos de solução disponíveis nele.

O exemplo a seguir foi criado pelo professor Rick Wilson, da Oklahoma State University, para melhor ilustrar o poder da modelagem via planilhas para embasamento de decisões.

A tabela na Figura 6.7 descreve alguns dados e atributos hipotéticos de nove estados em que o resultado das urnas poderia decidir a eleição presidencial de 2016 nos Estados Unidos. Dentre os atributos dos nove estados estão suas respectivas quantidades de votos no colégio eleitoral, dois descritores regionais (repare que três estados não estão classificados nem como Norte nem como Sul) e uma "função de influência" estimada, que diz respeito ao aumento de apoio a um candidato por unidade de investimento financeiro para campanha naquele estado.

A função de influência F1, por exemplo, mostra que, para cada unidade de investimento financeiro naquele estado, haverá um aumento total de 10 unidades em apoio dos eleitores (unidades em geral aqui), composto de um aumento de 3 unidades junto a eleitores jovens do sexo masculino, 1 unidade junto a eleitores idosos do sexo masculino e 3 unidades junto a eleitoras jovens e idosas.

A campanha apresenta 1.050 unidades financeiras a serem investidas nos nove estados. Desse total, pelo menos 5% devem ser investidos em cada estado, mas no máximo 25% do total podem ser investidos num único estado. Nem todas

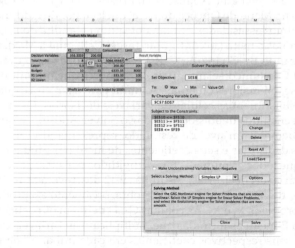

FIGURA 6.6 Solução Excel Solver para o exemplo de mix de produtos.

Capítulo 6 • Análise de dados prescritiva: otimização e simulação

	A	B	C	D	E	F	G	H
1								
2				Electoral			Influence	
3			State	Votes	W/E	N/S	Function	
4			NV	6	West		F1	
5			CO	9	West		F2	
6			IA	6	West	North	F3	
7			WI	10	West	North	F1	
8			OH	18	East	North	F2	
9			VA	13	East	South	F2	
10			NC	15	East	South	F1	
11			FL	29	East	South	F3	
12			NH	4	East		F3	
13								
14		F1	Young	Old				
15		Men	3	1	4			
16		Women	3	3	6			
17			6	4	10	Total		
18								
19		F2	Young	Old				
20		Men	1.5	2.5	4			
21		Women	2.5	1	3.5			
22			4	3.5	7.5	Total		
23								
24		F3	Young	Old				
25		Men	2.5	2.5	5			
26		Women	1	2	3			
27			3.5	4.5	8	Total		
28								

FIGURA 6.7 Dados para o exemplo de alocação de recursos eleitorais.

as 1.050 unidades precisam ser investidas (seu modelo deve lidar corretamente com esse detalhe).

A campanha ainda apresenta mais algumas restrições. Do ponto de vista do investimento financeiro, os estados do Oeste (como um todo) devem apresentar investimentos de campanha totalizando ao menos 60% do total investido nos estados do Leste. Em termos de pessoas influenciadas, a decisão de alocar investimentos financeiros para os estados deve acarretar num total de pelo menos 9.200 pessoas influenciadas. Em geral, a quantidade total de mulheres influenciadas deve ser maior ou igual à quantidade total de homens influenciados. Além disso, pelo menos 46% de todas as pessoas influenciadas devem ser "idosas".

Nossa tarefa é criar um modelo aproximado de programação com inteiros capaz de determinar a alocação inteira (isto é, um número inteiro) otimizadora de unidades financeiras para estados que maximize a soma dos produtos de votos no colégio eleitoral vezes unidades investidas, sujeitas às outras restrições recém mencionadas. (Sendo assim, indiretamente, esse modelo está dando preferência a estados com maiores quantidades de votos no colégio eleitoral.) Observe que, para facilitar a implementação por parte do pessoal de campanha, todas as decisões de alocação no modelo devem levar a valores inteiros.

Os três aspectos dos modelos podem ser categorizados com base nas seguintes perguntas que eles respondem:

1. **O que está sob o nosso controle?** A quantidade investida em publicidade por noves estados, Nevada, Colorado, Iowa, Wisconsin, Ohio, Virgínia, Carolina do Norte, Flórida e New Hampshire, que são representados por nove variáveis decisórias, NV, CO, IA, WI OH, VA, NC, FL e NH.
2. **O que queremos alcançar?** Queremos maximizar a quantidade total de votos ganhos no colégio eleitoral. Conhecemos a quantidade de votos eleitorais (*electoral votes* – EV) em cada estado, então isso equivale a EV X Investimentos agregados pelos nove estados, ou seja:

$$\text{Max } (6NV + 9CO + 6IA + 10WI + 18OH + 13VA + 15NC + 29FL + 4NH)$$

3. **O que nos restringe?**

   Eis as restrições, conforme explicadas no enunciado do problema:

   a. No máximo 1.050 unidades financeiras a serem investidas, isto é, NV + CO + IA + WI + OH + VA + NC + FL + NH < = 1.050.

   b. Investir pelo menos 5% do total em cada estado, isto é:

   NV > = 0,05 (NV + CO + IA + WI + OH + VA + NC + FL + NH)
   CO > = 0,05 (NV + CO + IA + WI + OH + VA + NC + FL + NH)
   IA > = 0,05 (NV + CO + IA + WI + OH + VA + NC + FL + NH)
   WI > = 0,05 (NV + CO + IA + WI + OH + VA + NC + FL + NH)
   OH > = 0,05 (NV + CO + IA + WI + OH + VA + NC + FL + NH)
   VA > = 0,05 (NV + CO + IA + WI + OH + VA + NC + FL + NH)
   NC > = 0,05 (NV + CO + IA + WI + OH + VA + NC + FL + NH)
   FL > = 0,05 (NV + CO + IA + WI + OH + VA + NC + FL + NH)
   NH > = 0,05 (NV + CO + IA + WI + OH + VA + NC + FL + NH)

   Podemos implementar essas nove restrições de diversas maneiras usando Excel.

   c. Investir no máximo 25% do total em cada estado.

   Assim como em (b), precisamos de nove restrições individuais, pois não sabemos quanto das 1.050 unidades iremos investir. Devemos escrever as restrições em termos "gerais".

   NV < = 0,25 (NV + CO + IA + WI + OH + VA + NC + FL + NH)
   CO < = 0,25 (NV + CO + IA + WI + OH + VA + NC + FL + NH)
   IA < = 0,25 (NV + CO + IA + WI + OH + VA + NC + FL + NH)
   WI < = 0,25 (NV + CO + IA + WI + OH + VA + NC + FL + NH)
   OH < = 0,25 (NV + CO + IA + WI + OH + VA + NC + FL + NH)
   VA < = 0,25 (NV + CO + IA + WI + OH + VA + NC + FL + NH)
   NC < = 0,25 (NV + CO + IA + WI + OH + VA + NC + FL + NH)
   FL < = 0,25 (NV + CO + IA + WI + OH + VA + NC + FL + NH)
   NH < = 0,25 (NV + CO + IA + WI + OH + VA + NC + FL + NH)

   d. Os estados do Oeste devem ter níveis de investimento que totalizem ao menos 60% do investido nos estados do Leste.

   Estados do Oeste = NV + CO + IA + WI
   Estados do Leste = OH + VA + NC + FL + NH

   Então, (NV + CO + IA + WI) > = 0,60 (OH + VA + NC + FL + NH). Novamente, podemos implementar essa restrição de diversas maneiras usando Excel.

   e. Influenciar ao menos 9.200 pessoas no total, ou seja:

   (10NV + 7,5CO + 8IA + 10WI + 7,5OH + 7,5VA + 10 NC + 8FL + 8 NH) > = 9.200

   f. Influenciar no mínimo a mesma quantidade de mulheres que de homens. Isso requer uma transição de funções de influência.

   F1 = 6 mulheres influenciadas, F2 = 3,5 mulheres
   F3 = 3 mulheres influenciadas
   F1 = 4 homens influenciados, F2 = 4 homens
   F3 = 5 homens influenciados

Assim, implementando mulheres ≥ homens, obtemos:

(6NV + 3,5CO + 3IA + 6WI + 3,5OH + 3,5VA + 6NC + 3FL + 3NH) ≥
(4NV + 4CO + 5IA + 4WI + 4OH + 4VA + 4NC + 5FL + 5NH)

Como antes, podemos implementar isso no Excel de algumas maneiras diferentes.

g. Pelo menos 46% de todas as pessoas influenciadas devem ser "idosas".

Todas as pessoas influenciadas estavam no lado esquerdo da restrição (e). Assim, pessoas idosas influenciadas seriam:

(4NV + 3,5CO + 4,5IA + 4WI + 3,5OH + 3,5VA + 4NC + 4,5FL + 4,5NH)
Isso seria estabelecido como ≥0,46* no lado esquerdo da restrição (e). (10NV + 7,5CO + 8IA + 10WI + 7,5OH + 7,5VA +10NC + 8FL + 8NH), o que equivaleria a um lado direito de:
(0,46NV + 3,45CO + 3,68IA + 4,6WI + 3,45OH + 3,45VA + 4,6NC + 3,68FL + 3,68NH)

Essa é a última restrição, afora forçar todas as variáveis a serem inteiros.

No cômputo geral, em termos algébricos, este modelo de programação por inteiros teria 9 variáveis decisórias e 24 restrições (uma restrição para a exigência de números inteiros).

Implementação

Uma abordagem seria implementar o modelo em "forma padrão" estrita, ou num formato de linhas e colunas, em que todas as restrições são escritas com variáveis decisórias do lado esquerdo e um número do lado direito. A Figura 6.8 mostra tal implementação e exibe o modelo solucionado.

Alternativamente, poderíamos usar a planilha para calcular diferentes partes do modelo de um jeito menos rígido, bem como para implementar uma a uma as restrições repetitivas (b) e (c), e ter uma planilha muito mais concisa (mas não tão transparente). Isso é mostrado na Figura 6.9.

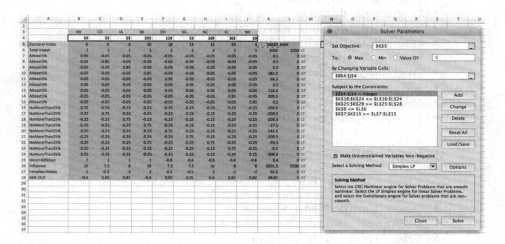

FIGURA 6.8 Modelo para alocação de recursos eleitorais – versão-padrão.

FIGURA 6.9 Formulação compacta para alocação de recursos eleitorais.

Modelos de PL (e suas especializações e generalizações) também podem ser especificados diretamente em diversos outros sistemas de modelagem fáceis de usar. Dois dos mais conhecidos são o Lindo e o Lingo (Lindo Systems, Inc., lindo.com; demos estão disponíveis). O Lindo é um sistema de PL e de programação por inteiros. Em essência, os modelos são especificados do mesmo modo como são definidos em termos algébricos. Com base no sucesso do Lindo, a empresa desenvolveu o Lingo, uma linguagem de desenvolvimento de modelos que inclui o poderoso otimizador Lindo e extensões para solucionar problemas não lineares. Muitas outras linguagens de desenvolvimento de modelos, como AMPL, AIMMS, MPL, XPRESS etc., estão disponíveis.

Os modelos mais comuns de otimização podem ser solucionados por uma variedade de métodos de programação matemática, incluindo os seguintes:

- Atribuição (melhor combinação de objetos)
- Programação dinâmica
- Programação de metas
- Investimento (maximização da taxa de retorno)
- Programação linear e por inteiros
- Modelos de rede para planejamento e agendamento
- Programação não linear
- Substituição (orçamento de capital)
- Modelos simples de estoques (como quantidade econômica de encomendas)
- Transporte (minimização de gastos com frete)

SEÇÃO 6.6   QUESTÕES DE REVISÃO

1. Liste e explique os pressupostos envolvidos em PL.
2. Liste e explique as características de PL.
3. Descreva um problema de alocação.
4. Defina o problema de mix de produtos.
5. Defina o problema de mesclagem.
6. Liste diversos modelos comuns de otimização.

6.7 Metas múltiplas, análise de sensibilidade, análise "e se" e atingimento de metas

Muitas, senão a totalidade, das situações decisivas envolvem sopesar metas e alternativas conflitantes. Além disso, os pressupostos e previsões usados no desenvolvimento de um modelo da análise de dados prescritiva envolvem consideráveis incertezas. Os parágrafos a seguir simplesmente reconhecem que eles também são levados em consideração em software e técnicas de análise de dados prescritiva. O estudo de tais técnicas é comum em disciplinas de análise de dados prescritiva ou pesquisa de operações/ciência administrativa.

Múltiplas metas

A análise de decisões administrativas visa avaliar, até onde for possível, o grau de cumprimento de metas de cada alternativa à disposição dos gestores. Infelizmente, problemas administrativos raramente são avaliados por uma única meta simples, como maximização de lucro. Os sistemas administrativos atuais são muito mais complexos, e um com uma única meta é raro. Na verdade, os gestores almejam alcançar *metas simultâneas*, algumas das quais podem entrar em conflito. Diferentes partes interessadas têm diferentes metas. Portanto, muitas vezes é necessário analisar cada alternativa à luz de sua determinação de cada uma dentre diversas metas (veja Koksalan & Zionts, 2001).

Consideremos, por exemplo, uma empresa com fins lucrativos. Além de ganhar dinheiro, ela almeja crescer, desenvolver seus produtos e funcionários, garantir segurança empregatícia para seus trabalhadores e servir à comunidade. Os gestores desejam satisfazer os acionistas e ao mesmo tempo desfrutar de altos salários, e os funcionários desejam elevar seus ganhos líquidos e seus benefícios. Quando uma decisão está para ser tomada – a respeito de um projeto de investimento, digamos – algumas dessas metas se complementam entre si, enquanto outras entram em conflito. Kearns (2004) descreve como o processo de hierarquia analítica (AHP – *analytic hierarchy process*), combinado com programação por inteiros, engloba diversas metas ao avaliar investimentos em tecnologia da informação (TI).

Muitos modelos quantitativos de teoria da decisão se baseiam na comparação de um único parâmetro de efetividade, geralmente alguma forma de utilidade para o tomador de decisão. Portanto, muitas vezes é necessário transformar um problema de múltiplas metas em um problema de parâmetro único de efetividade antes de se comparar os efeitos das soluções. Esse é um método comum de lidar com múltiplas metas em um modelo de PL.

Algumas dificuldades podem surgir ao se analisar múltiplas metas:

- Geralmente é difícil obter uma declaração explícita das metas da organização.
- O tomador de decisão pode modificar a importância atribuída a metas específicas com o passar do tempo ou para diferentes cenários decisórios.
- Metas e submetas são encaradas de modos distintos nos vários escalões da organização ou em diferentes departamentos.
- As metas se alteram em reação a mudanças na organização e no seu ambiente.
- A relação entre alternativas e seu papel na determinação de metas pode ser difícil de quantificar.
- Problemas complexos são solucionados por grupos de tomadores de decisões, cada um dos quais tem uma agenda pessoal.

- Os participantes aferem cada qual a seu modo a importância (prioridades) das várias metas.

Diversos métodos para lidar com múltiplas metas podem ser usados em tais situações. Os mais comuns deles são:

- teoria da utilidade;
- programação de metas;
- expressão de metas como restrições, usando-se PL;
- um sistema de pontuação.

Análise de sensibilidade

Quem está desenvolvendo um modelo faz previsões e suposições quanto aos dados de entrada, muitas das quais envolvem a avaliação de futuros incertos. Quando o modelo é solucionado, os resultados dependem desses dados. A **análise de sensibilidade** visa aferir o impacto de uma mudança nos dados ou parâmetros de saída sobre a solução proposta (isto é, a variável de resultado).

A análise de sensibilidade é extremamente importante na análise de dados prescritiva, porque promove flexibilidade e adaptação a condições cambiáveis e às exigências de diferentes situações de tomada de decisão, oferece uma melhor compreensão do modelo e da situação decisória que visa descrever e permite que o gestor inclua dados para aumentar a confiabilidade do modelo. A análise de sensibilidade testa relações como as seguintes:

- o impacto de alterações em variáveis e parâmetros externos (incontroláveis) sobre a(s) variável(eis) de resultado;
- o impacto de alterações em variáveis decisórias sobre a(s) variável(eis) de resultado;
- o efeito da incerteza na estimativa de variáveis externas;
- os efeitos de diferentes interações dependentes entre variáveis;
- a solidez de decisões sobre condições cambiáveis.

As análises de sensibilidade são usadas para:

- revisão de modelos a fim de eliminar sensibilidades fortes demais;
- adicionar detalhes a respeito de variáveis sensitivas ou cenários;
- obter melhores estimativas de variáveis externas sensitivas;
- alterar um sistema do mundo real a fim de reduzir sensibilidades na prática;
- aceitar e utilizar o mundo real sensível (e, portanto, vulnerável), levando ao monitoramento contínuo e próximo dos resultados práticos.

Os dois tipos de análise de sensibilidade são: automático e por tentativa e erro.

ANÁLISE DE SENSIBILIDADE AUTOMÁTICA A análise de sensibilidade automática é praticada em implementações de modelo quantitativo padrão como PL. Ela relata, por exemplo, a faixa dentro da qual uma certa variável de entrada ou o valor de um parâmetro (como um custo unitário) pode variar sem exercer um impacto significativo sobre a solução proposta. A análise de sensibilidade automática costuma ficar limitada a uma alteração por vez, e apenas para certas variáveis. No entanto, ela é bastante poderosa, devido à sua capacidade de estabelecer faixas e limites com grande rapidez (e com pouco ou nenhum esforço computacional adicional). A análise de sensibilidade é oferecida pelo Solver e por quase todos os outros pacotes de software como o Lindo. Lembre-se do exemplo da MBI Corporation introduzido anteriormente. A análise de sensibilidade poderia ser usada para determinar que, se o lado direito da restrição de marketing do CC-8 pudesse ser diminuído em uma unidade, então o lucro líquido acabaria aumentando em US$ 1.333,33. Isso é válido para o lado direito diminuindo para zero. Análises adicionais consideráveis são possíveis nessa mesma linha.

ANÁLISE DE SENSIBILIDADE POR TENTATIVA E ERRO O impacto de alterações em qualquer variável, ou em diversas variáveis, pode ser determinado por meio de uma simples abordagem de tentativa e erro. Basta alterarmos alguns dados de entrada e resolvermos o problema de novo. Quando as alterações são repetidas várias vezes, soluções cada vez melhores podem ser descobertas. Tal experimentação, que é fácil de praticar usando-se o software de modelagem apropriado, como o Excel, apresenta duas abordagens: análise "e se" e atingimento de metas.

Análise "e se"

A **análise "e se"** é estruturada como *O que acontecerá com a solução se uma variável de entrada, um pressuposto ou o valor de um parâmetro for alterado?* Eis alguns exemplos:

- O que acontecerá com o custo total de estoque se o custo de manutenção de estoque aumentar em 10%?
- Qual será a fatia de mercado se o orçamento em publicidade aumentar em 5%?

Com a interface de usuário apropriada, fica fácil para os gestores fazerem essas perguntas a um modelo computadorizado e receberem respostas imediatas. Além do mais, eles podem testar múltiplo casos e, assim, alterar o percentual, ou qualquer outro dado na pergunta, como bem entenderem. O tomador de decisão faz tudo isso diretamente, sem um programador de computador.

A Figura 6.10 mostra o exemplo de uma planilha de uma consulta "e se" para um problema de fluxo de caixa. Quando o usuário altera a célula contendo as vendas iniciais (de 100 para 120) e a taxa de crescimento das vendas (de 3% para 4% por trimestre), o programa recomputa de imediato o valor da célula de lucro líquido anual (de US$ 127 para US$ 182). A princípio, as vendas iniciais estavam em 100, crescendo a 3% ao trimestre, gerando um lucro líquido anual de US$ 127. A alteração das vendas iniciais para 120 e a taxa de crescimento das vendas para 4% levou o lucro líquido

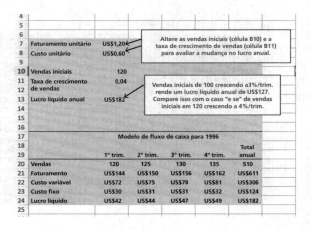

FIGURA 6.10 Exemplo de uma análise "e se" preparada numa planilha do Excel.

anual a subir para US$ 182. A análise "e se" é comum em muitos sistemas decisórios. Usuários recebem a oportunidade de alterar suas respostas a algumas das perguntas do sistema, e uma recomendação revisada é encontrada.

Atingimento de metas

O **atingimento de metas** calcula os valores das entradas necessários para se alcançar um nível almejado de uma saída (meta). Isso representa uma abordagem de resolução de trás para diante. A seguir estão listados alguns exemplos:

- Qual orçamento anual de P&D é necessário para uma taxa de crescimento anual de 15% até 2018?
- Quantas enfermeiras são necessárias para se reduzir o tempo médio de espera na sala de emergência para menos de dez minutos?

Um exemplo de atingimento de metas é mostrado na Figura 6.11. Num modelo de planejamento financeiro no Excel, por exemplo, a taxa interna de retorno (IRR – *internal rate of return*) é a taxa de juros que produz um valor presente líquido (NPV – *net presente value*) de zero. Considerando-se um influxo de retornos anuais na Coluna E, podemos computar o NPV de investimentos planejados. Aplicando atingimento de metas, podemos determinar a taxa interna de retorno em que o NPV é zero. A meta a ser alcançada é um NPV igual a zero, que determina a taxa interna de retorno desse fluxo de caixa, incluindo o investimento. Estabelecemos a célula de NPV com o valor 0 ao alterarmos a célula da taxa de juros. A resposta é 38,77059%.

COMPUTAÇÃO DO EQUILÍBRIO FINANCEIRO USANDO ATINGIMENTO DE METAS
Alguns pacotes de software são capazes de computar diretamente o ponto de equilíbrio financeiro, o que é uma importante aplicação do atingimento de metas. Isso envolve a determinação do valor das variáveis decisórias (como quantidade a ser produzida) que gera lucro zero.

Em muitos programas de aplicações gerais, pode ser difícil conduzir análise de sensibilidade, já que as rotinas pré-instaladas costumam apresentar uma oportunidade limitada de se fazer perguntas "e se". Num DSS, as opções de "e se" e de atingimento de metas devem ser fáceis de serem praticadas.

7	Problema de investimento		Investimento anual:	US$ 1.000,00
8	Exemplo de atingimento de metas		Taxa de juros:	10%
10	Encontrar a taxa de juros		Retornos	Cálculos
11	(a taxa interna de	Ano	anuais	de NPV
12	juros) que rende	1	US$120,00	US$109,09
13	um NPV de	2	US$130,00	US$118,18
14	US$0	3	US$140,00	US$127,27
15		4	US$150,00	US$136,36
16		5	US$160,00	US$145,45
17		6	US$152,00	US$138,18
18		7	US$144,40	US$131,27
19		8	US$137,18	US$124,71
20		9	US$130,32	US$118,47
21		10	US$123,80	US$112,55
23			As soluções de NPV:	US$261,55

FIGURA 6.11 Análise de atingimento de metas.

SEÇÃO 6.7 QUESTÕES DE REVISÃO

1. Liste algumas dificuldades que podem surgir ao se analisar múltiplas metas.
2. Liste os motivos para a realização de análise de sensibilidade.
3. Explique por que um gestor deve conduzir análise "e se".
4. Explique por que um gestor pode usar atingimento de metas.

6.8 Análise decisória com tabelas de decisão e árvores de decisão

Situações decisivas que envolvem uma quantidade finita e geralmente não muito vasta de alternativas são modeladas via uma abordagem chamada **análise decisória** (veja Arsham, 2006a,b; Decision Analysis Society, decision-analysis.society.informs.org). Usando-se essa abordagem, as alternativas são listadas numa tabela ou gráfico, com suas previsões de contribuições para a(s) meta(s) e a probabilidade de obtenção de tal contribuição. Elas, então, podem ser avaliadas para que a melhor alternativa seja selecionada.

Situações de meta única podem ser modeladas com *tabelas de decisão* ou *árvores de decisão*. Metas (critérios) múltiplas podem ser modeladas com diversas técnicas, descritas mais adiante neste capítulo.

Tabelas de decisão

Tabelas de decisão organizam informações e conhecimentos de modo conveniente, sistemático e tabular a fim de prepará-los para análise. Digamos, por exemplo, que uma firma de investimento está cogitando investir em uma dentre três alternativas: títulos financeiros, ações ou certificados de depósito (CDs). A empresa está interessada em uma única meta: maximizar o rendimento sobre o investimento após 1 ano. Se estivesse interessada em outras metas, como segurança ou liquidez, o problema seria classificado como uma *análise de decisão multicritérios* (veja Koksalan & Zionts, 2001).

O rendimento depende do estado da economia mais adiante no futuro (às vezes chamado de *estado da natureza*), que pode estar em franco crescimento, estagnação ou inflação. Especialistas estimaram os seguintes rendimentos anuais:

- Se houver um crescimento sólido na economia, títulos financeiros renderão 12%, ações 15% e certificados de depósito 6,5%.
- Se a estagnação prevalecer, os títulos renderão 6%, as ações 3% e os certificados de depósito 6,5%.
- Se a inflação prevalecer, os títulos renderão 3%, as ações darão um prejuízo de 2% e os certificados de depósito renderão 6,5%.

O problema é selecionar a melhor alternativa de investimento dentre as três. Pressupomos aqui que elas seja alternativas discretas. Combinações como investir 50% em títulos e 50% em ações devem ser tratadas como novas alternativas.

O problema da decisão de investimento pode ser visto como um *jogo entre duas pessoas* (veja Kelly, 2002). O investidor faz uma escolha (isto é, um movimento) e então o estado da natureza acontece (isto é, faz um movimento). A Tabela 6.1 mostra as compensações geradas por um modelo matemático. A tabela inclui *variáveis decisórias* (as alternativas), *variáveis incontroláveis* (os estados da economia; p. ex., o ambiente) e as *variáveis de resultado* (o rendimento projetado; p. ex, resultados). Todos os modelos nessa seção são estruturados em um referencial de planilha.

TABELA 6.1 Modelo de tabela de decisão para problema de investimento

	Estado da natureza (variáveis incontroláveis)		
Alternativa	Crescimento sólido (%)	Estagnação (%)	Inflação (%)
Títulos	12,0	6,0	3,0
Ações	15,0	3,0	–2,0
CDs	6,5	6,5	6,5

Se esse fosse um problema de tomada de decisão sob certeza, conheceríamos o estado futuro da economia e poderíamos selecionar com facilidade o melhor investimento. Mas como esse não é o caso, devemos cogitar as duas situações de incerteza e risco. Pelo lado da incerteza, não conhecemos as probabilidades de cada estado da natureza. Pelo lado do risco, assumimos que conhecemos as probabilidades de que cada estado da natureza venha a ocorrer.

LIDANDO COM A INCERTEZA Diversos métodos estão disponíveis para lidar com a incerteza. A *abordagem otimista*, por exemplo, pressupõe que o melhor resultado possível de cada alternativa ocorrerá e então seleciona o melhor entre os melhores (neste caso, ações). Já a *abordagem pessimista* pressupõe que o pior resultado possível de cada alternativa ocorrerá e então seleciona o melhor entre eles (neste caso, CDs). Outra abordagem pressupõe que todos os estados da natureza são igualmente possíveis (veja Clemen & Reilly, 2000; Goodwin & Wright, 2000; Kontoghiorghes, Rustem, & Siokos, 2002). Cada abordagem para lidar com a incerteza tem seu sérios problemas. Sempre que possível, o analista deve se esforçar para reunir informações suficientes a fim de que o problema possa ser tratado sob certeza ou risco presumido.

LIDANDO COM O RISCO O método mais comum para solucionar esse problema de análise de risco é selecionar a alternativa com o maior valor esperado. Vamos supor que os especialistas estimam em 50% a probabilidade de um forte crescimento, em 30% a chance de estagnação e em 20% a probabilidade de inflação. A tabela de decisão é então redigida com as probabilidades conhecidas (veja a Tabela 6.1). Um valor esperado é computado multiplicando-se os resultados finais por suas respectivas probabilidades e somando-se os produtos entre si. O investimento em títulos financeiros, por exemplo, gera um retorno esperado de 12(0,5) + 6(0,3) + 3(0,2) = 8,4%.

Essa abordagem às vezes pode ser uma estratégia perigosa, já que a utilidade de cada resultado potencial pode ser diferente do valor. Mesmo que haja uma chance infinitesimal de uma perda catastrófica, o valor esperado parece razoável, mas o investidor pode não estar disposto a cobrir o prejuízo. Suponhamos, por exemplo, que um consultor financeiro lhe apresente um investimento "quase certo" de US$1.000 que pode dobrar o seu dinheiro em um único dia, e então ele diz: "Bem, há uma probabilidade de 99,9999% de que você acabará dobrando o seu dinheiro, mas, infelizmente, há uma chance de 0,0001% de que você tenha de desembolsar um prejuízo de US$500.000. O valor esperado para esse investimento é o seguinte:

0,9999(US$2.000 – US$1.000) + 0,0001(-US$500.000 – US$1.000) = US$999,90 – US$50,10
= US$949,80

O prejuízo potencial poderia ser catastrófico para qualquer investidor que não é bilionário. Um mesmo investimento apresenta diferentes utilidades esperadas, dependendo da capacidade do investidor de cobrir as perdas. Lembre-se que o investidor toma a decisão apenas *uma vez*.

Árvores de decisão

Um representação alternativa da tabela de decisão é a árvore de decisão (para exemplos, veja Mind Tools Ltd., mindtools.com). Uma **árvore de decisão** exibe as relações do problema geograficamente e é capaz de lidar com situações complexas de uma forma compacta. Contudo, uma árvore de decisão pode ficar meio desajeitada se houver muitas alternativas ou estados da natureza. A TreeAge Pro (TreeAge Software Inc., treeage.com) e a PrecisionTree (Palisade Corp., palisade.com) incluem sistemas analíticos poderosos, intuitivos e sofisticados de árvore de decisão. Esses fornecedores também oferecem excelentes exemplos de árvores de decisão usadas na prática. Vale ressaltar que a expressão *árvore de decisão* vem sendo usada para descrever dois tipos diferentes de modelos e algoritmos. No contexto atual, árvores de decisão dizem respeito a análise de cenários. Por outro lado, alguns algoritmos de classificação em análise preditiva (veja os Capítulos 4 e 5) também são chamados de algoritmos de árvore de decisão.

Um caso simplificado de investimento com **múltiplas metas** (uma situação de decisão em que alternativas são avaliadas de acordo com metas diversas e por vezes conflitantes) é mostrado na Tabela 6.2. As três metas (critérios) são rendimento, segurança e liquidez. Essa situação encontra-se sob certeza presumida, ou seja, apenas uma consequência possível é projetada para cada alternativa; os casos mais complexos envolvendo risco ou incerteza poderiam ser considerados. Alguns dos resultados são qualitativos (como alto ou baixo) em vez de numéricos.

Veja Clemen e Reilly (2000), Goodwin e Wright (2000) e a Decision Analysis Society (informs.org/Community/DAS) para mais informações sobre análise de decisões. Embora possa ser bastante complexo, é possível aplicar programação matemática diretamente em situações de tomada de decisão sob risco. Examinaremos diversos outros métodos para lidar com o risco mais adiante no livro. Dentre eles estão: simulação, fatores de certeza e lógica difusa (*fuzzy logic*).

SEÇÃO 6.8 QUESTÕES DE REVISÃO

1. O que é uma tabela de decisão?
2. O que é uma árvore de decisão?
3. Como uma árvore de decisão pode ser usada para se tomar uma decisão?
4. Descreva o que significa ter múltiplas metas.

TABELA 6.2 Múltiplas metas

Alternativa	Rendimento (%)	Segurança	Liquidez
Títulos	8,4	Alta	Alta
Ações	8,0	Baixa	Alta
CDs	6,5	Muito alta	Alta

6.9 Introdução à simulação

Nesta seção e na próxima, introduziremos uma categoria de técnicas que são usadas para embasar a tomada de decisões. Em termos gerais, esses métodos situam-se sob o guarda-chuva da simulação. **Simulação** é a aparência de realidade. Em sistemas de decisão, simulação é uma técnica de condução de experimentos (como análises "e se") com um computador sobre um modelo de um sistema gerencial. Em termos estritos, simulação é um método *descritivo*, ao invés de *prescritivo*. Nele, não há uma busca automática por uma solução ideal. Na verdade, um modelo de simulação descreve ou prevê as características de um determinado sistema sob diferentes condições. Quando os valores das características são computados, a melhor dentre várias alternativas pode ser selecionada. O processo de simulação costuma repetir um experimento muitas vezes a fim de obter uma estimativa (e uma variância) do efeito geral de certas ações. Na maioria das situações, uma simulação computadorizada é apropriada, mas existem algumas simulações manuais bem conhecidas (um departamento municipal de polícia, por exemplo, simulou a rota de sua viatura de patrulha com uma roda da fortuna).

Tipicamente, situações decisivas reais envolvem alguma aleatoriedade. Como muitas situações decisivas lidam com problemas semiestruturados ou não estruturados, a realidade é complexa, e pode não ser facilmente representada por otimização ou outros modelos, mas muitas vezes pode ser tratada por simulações. A simulação é um dos métodos mais utilizados de embasamento de decisões. Veja o Caso Aplicado 6.6 para um exemplo disso. Já o Caso Aplicado 6.7 ilustra o valor da simulação num ambiente em que não há tempo hábil para se conduzir testes clínicos.

Caso aplicado 6.7

Simulação dos efeitos de intervenções contra a hepatite B

Embora os Estados Unidos tenham feito investimentos significativos em atendimento de saúde, alguns problemas parecem desafiar soluções. Uma proporção considerável da população asiática nos Estados Unidos, por exemplo, está mais propensa do que outras a contrair hepatite B viral. Além dos problemas sociais associados à doença (como isolamento), um em cada quatro indivíduos infectados cronicamente corre o risco de sofrer câncer de fígado ou cirrose se a doença não for efetivamente tratada. Os cuidados com essa doença podem ser bastante dispendiosos. Existem inúmeras medidas de controle, incluindo triagem, vacinação e procedimentos de tratamento. O governo reluta em gastar dinheiro em qualquer método de controle que não apresente um bom custo/benefício e que não tenha comprovação de melhorar a saúde das pessoas acometidas pela doença. Embora nem todas as medidas de controle sejam ideais para todas as situações, o melhor método ou combinação de métodos para combater a doença ainda são desconhecidos.

Metodologia/solução

Uma equipe multidisciplinar formada por indivíduos com formações em medicina, ciência administrativa e engenharia desenvolveu um modelo matemático usando métodos de PO (pesquisa operacional) que determinaram a combinação ideal de medidas de controle a ser usada para combater a hepatite B em populações asiáticas e de ilhas do Pacífico.

Normalmente, testes clínicos são usados na área médica para determinar o melhor curso de ação no tratamento e prevenção de doenças. Para complicar essa situação, a hepatite B leva um tempo incomumente longo para progredir. Devido ao alto custo que testes clínicos gerariam nessa situação, modelos e métodos de PO foram usados. Uma combinação de modelo de Markov com modelo decisório ofereceu uma saída de melhor custo/benefício para determinar a combinação de medidas de controle a ser usada em cada instante. O modelo decisório ajuda a medir os benefícios em termos econômicos e de saúde das várias possibilidades de triagem, tratamento e vacinação. O modelo de Markov foi usado para modelar a progressão da hepatite B. O novo modelo foi criado com base na literatura passada e em conhecimentos especializados de um dos pesquisadores, aproveitando dados reais e atualizados sobre infecção e tratamento. Os responsáveis por tal política desenvolveram o novo modelo usando Microsoft Excel por ser fácil de usar.

Resultados/benefícios

O modelo resultante foi analisado em comparação com programas de controle já existentes tanto nos Estados Unidos quanto na China. Nos Estados Unidos, quatro estratégias foram desenvolvidas e comparadas à estratégia existente. As quatro estratégias são:

a. Todos os indivíduos são vacinados.
b. Os indivíduos passam primeiramente por uma triagem para determinar se apresentam uma infecção crônica. Caso apresentem, então passam a ser tratados.
c. Os indivíduos passam primeiramente por uma triagem para determinar se apresentam uma infecção crônica. Caso apresentem, então passam a ser tratados. Além disso, pessoas próximas a indivíduos infectados também passam por triagem e são vacinadas, caso necessário.
d. Os indivíduos passam primeiramente por uma triagem para determinar se apresentam uma infecção crônica ou se precisam de vacinação. Caso estejam infectados, passam a receber tratamento. Se precisarem de vacinação, são vacinados.

Os resultados das simulações indicam que a realização de exames de sangue para determinar infecção crônica e a vacinação de pessoas próximas aos infectados é um procedimento de bom custo/benefício.

Na China, o modelo ajudou no projeto de uma política de recuperação no atraso de vacinação para crianças e adolescentes. Essa política de recuperação de atraso foi comparada com os níveis correntes de cobertura de vacinação contra a hepatite B. Concluiu-se que, quando indivíduos de até 19 anos de idade são vacinados, seus níveis de saúde melhoram a longo prazo. Na verdade, essa política apresentou um melhor custo/benefício financeiro do que a política de controle de doenças então vigente na época da avaliação.

Questões para discussão

1. Explique a vantagem dos métodos de OR, como a simulação, em comparação com métodos de testes clínicos para a determinação da melhor medida de controle para hepatite B.
2. De que maneiras os modelos decisório e de Markov oferecem um bom custo/benefício no combate a doenças?
3. Discorra sobre como a formação multidisciplinar é vantajosa para se encontrar uma solução para o problema descrito no caso.
4. Além da área da saúde, em qual outro setor tal abordagem de modelagem poderia ajudar a reduzir custos?

Fonte: Adapted from Hutton, D. W., Brandeau, M. L., & So, S. K. (2011). Doing good with good OR: Supporting cost-effective Hepatitis B interventions. *Interfaces, 41*(3), 289–300.

Principais características das simulações

A simulação geralmente envolve o desenvolvimento de um modelo da realidade até onde for praticável. Modelos de simulação podem envolver menos pressupostos sobre a situação decisiva do que outros modelos analíticos prescritivos. Além disso, a simulação é uma técnica para a *condução de experimentos*. Portanto, ela envolve a testagem de valores específicos da decisão ou variáveis incontroláveis no modelo e a observação do seu impacto sobre as variáveis de saída.

Por fim, a simulação só costuma ser usada quando um problema é complexo demais para ser tratado por técnicas numéricas de otimização. Nessa situação, complexidade significa que o problema não pode ser formulado para otimização (pois seus pressupostos não se confirmam, por exemplo), que a formulação é grande demais, que há interações demais entre as variáveis ou que o problema é de caráter estocástico (isto é, exibe risco ou incerteza).

Vantagens da simulação

A simulação é usada no desenvolvimento de modelos para embasamento de decisões pelos seguintes motivos:

- A teoria é bastante objetiva.
- Uma grande dose de *compressão temporal* pode ser obtida, oferecendo rapidamente alguma noção ao gestor quanto aos efeitos a longo prazo (de 1 a 10 anos) de muitas políticas.
- A simulação é descritiva, em vez de normativa. Isso permite que o gestor faça perguntas "e se". Os gestores podem empregar uma abordagem de tentativa e erro para solucionar problemas, e isso com maior rapidez, menos despesas, maior precisão e menos risco.
- Um gestor pode fazer experimentos para determinar quais variáveis decisórias e quais partes do ambiente são realmente importantes, e com diferentes alternativas.
- Um modelo preciso de simulação requer um conhecimento íntimo do problema, o que força o construtor do modelo a interagir de forma constante com o gestor. Isso é desejável para o desenvolvimento de DSS, pois assim tanto o desenvolvedor quanto o gestor obtêm uma melhor compreensão do problema e das decisões potenciais disponíveis.
- O modelo é construído a partir da perspectiva do gestor.
- O modelo de simulação é construído para um problema em particular e tipicamente não é capaz de solucionar outro problema. Sendo assim, nenhuma compreensão generalizada é exigida do gestor; todos os componentes do modelo correspondem a parte do sistema real.
- A simulação é capaz de lidar com uma vastíssima variedade de tipos de problema, como estocagem e formação de pessoal, bem como funções gerenciais mais elevadas, como planejamento de longo prazo.
- Geralmente a simulação é capaz de incluir as complexidades reais dos problemas; simplificações não são necessárias. Uma simulação pode usar, por exemplo, distribuições de probabilidade reais, em vez de distribuições teóricas aproximadas.
- A simulação automaticamente produz muitos parâmetros de desempenho importantes.
- A simulação é muitas vezes o único método de modelagem de DSS capaz de lidar de imediato com problemas relativamente não estruturados.

- Alguns pacotes de simulação relativamente fáceis de usar (como simulação Monte Carlo) estão disponíveis. Eles incluem pacotes de *add-in* de planilhas (como @RISK), software de diagrama de influência, pacotes baseados em Java (e outros desenvolvimentos na Web) e sistemas interativos de simulação visual, a serem examinados dentro em breve.

Desvantagens da simulação

As principais desvantagens da simulação são as seguintes:

- Um solução ideal não pode ser garantida, mas algumas relativamente boas costumam ser encontradas.
- A construção de modelos de simulação pode ser lenta e dispendiosa, embora sistemas recentes de modelagem estejam mais fáceis de usar do que nunca.
- Soluções e interferências provenientes de um estudo de simulação não costumam ser transferíveis a outros problemas, já que o modelo incorpora fatores idiossincráticos do problema em questão.
- A simulação às vezes é tão fácil de ser explicada aos gestores que os métodos analíticos muitas vezes são desconsiderados.
- Software de simulação às vezes requer habilidades especiais, devido à complexidade do método de solução formal.

A metodologia da simulação

A simulação envolve a preparação do modelo de um sistema real e a condução de repetidos experimentos sobre ele. A metodologia consiste nos passos a seguir, conforme mostrados na Figura 6.12:

1. *Defina o problema.* Examinamos e classificamos o problema do mundo real, especificando por que uma abordagem por simulação é apropriada. As fronteiras do sistema, o ambiente e outros aspectos de esclarecimento do problema são tratados aqui.
2. *Construa o modelo de simulação.* Esta etapa envolve a determinação das variáveis e sua inter-relação, bem como a reunião de dados. Muitas vezes o processo é descrito usando-se um diagrama de fluxo, e então um programa de computador é escrito.

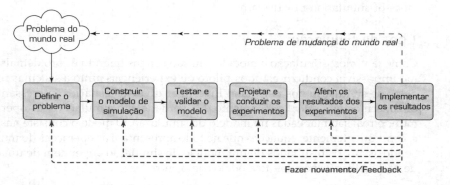

FIGURA 6.12 O processo de uma simulação.

3. **Teste e valide o modelo.** O modelo de simulação deve representar de modo apropriado o sistema sendo estudado. A testagem e a validação garantem isso.
4. **Projete o experimento.** Depois que o modelo se comprova válido, um experimento é projetado. O período de duração da simulação é determinado nesta etapa. Existem dois objetivos importantes e conflitantes: precisão e custo. Também é prudente identificar os cenários típicos (como os casos de média e mediana para variáveis aleatórias), a melhor das hipóteses (como baixo custo, alto faturamento) e a pior das hipóteses (como alto custo, baixo faturamento). Esses cenários ajudam a estabelecer faixas de pesquisa para as variáveis decisórias e para o ambiente e também facilitam a identificação de *bugs* no modelo de simulação.
5. **Conduza o experimento.** A condução do experimento envolve desde a geração de números aleatórios até a apresentação dos resultados.
6. **Avalie os resultados.** Os resultados têm de ser interpretados. Além de ferramentas estatísticas padronizadas, análises de sensibilidade também podem ser usadas.
7. **Implemente os resultados.** A implementação dos resultados de uma simulação envolve as mesmas questões que qualquer outra implementação. Porém, as chances de sucesso são maiores, já que o gestor costuma estar mais envolvido com o processo de simulação do que com outros modelos. Níveis mais altos de envolvimento gerencial tipicamente levam a níveis mais altos de sucesso na implementação.

Banks e Gibson (2009) apresentaram alguns conselhos bastante úteis a respeito de práticas de simulação. Eles listam, por exemplo, os sete aspectos a seguir como equívocos cometidos por modeladores de simulação. Embora não seja exaustiva, a lista oferece direções gerais para profissionais que trabalham em projetos de simulação.

- Concentrar-se mais no modelo do que no problema.
- Oferecer estimativas estritas demais.
- Não saber quando parar.
- Relatar o que o cliente deseja ouvir, e não o que afirmam os resultados do modelo.
- Carecer de conhecimentos em estatística.
- Confundir causa e efeito.
- Deixar de replicar a realidade.

Num artigo complementar, eles fornecem diretrizes adicionais. Para consultar esse artigo, visite analytics-magazine.org/spring-2009/205-software-solutions-the--abcs-of-simulation-practice.html.

Tipos de simulação

Como já vimos, simulação e modelagem são usadas quando é caro demais ou mesmo impossível conduzir estudos-piloto ou experiências junto a sistemas reais. Modelos de simulação nos permitem investigar diversos cenários interessantes antes de fazermos qualquer investimento. Na verdade, em simulações, as operações do mundo real são mapeadas no modelo de simulação. O modelo consiste nas relações e, consequentemente, equações que no todo apresentam as operações do mundo real. Sendo assim, os resultados de um modelo de simulação dependem de um conjunto de parâmetros fornecidos ao modelo como entradas.

Existem diversos paradigmas de simulação, como simulação de Monte Carlo, de eventos discretos, baseada em agente ou dinâmica de sistema. Um dos fatores que determinam o tipo de técnica de simulação é o nível de abstração do problema. Modelos de eventos discretos e baseados em agente costumam ser usados para abstração de níveis médio ou baixo. Eles geralmente levam em consideração elementos individuais como pessoas, partes e produtos nos modelos de simulação, ao passo que a dinâmica de sistemas é mais apropriada para análise agregada.

Na seção a seguir, introduziremos os principais tipos de simulação: simulação probabilística, simulação dependente do tempo e independente do tempo e simulação visual. Há muitas outras técnicas de simulação, como modelagem por dinâmica de sistema e modelagem baseada em agente. Como mencionado anteriormente, a meta aqui é que você fique a par do potencial de algumas dessas técnicas, e não que se torne um especialista em seu uso.

SIMULAÇÃO PROBABILÍSTICA Na simulação probabilística, uma ou mais variáveis independentes (como a demanda num problema de estoque) são probabilísticas. Elas obedecem a certas distribuições de probabilidade, que podem ser ou distribuições discretas ou contínuas:

- *Distribuições discretas* envolvem uma situação com uma quantidade limitada de eventos (ou variáveis) que só podem assumir um número finito de valores.
- *Distribuições contínuas* são situações com quantidades ilimitadas de eventos possíveis que obedecem a funções de densidade, como, por exemplo, a distribuição normal.

Os dois tipos de distribuição são mostrados na Tabela 6.3.

SIMULAÇÃO DEPENDENTE DO TEMPO *VERSUS* INDEPENDENTE DO TEMPO *Independente do tempo* diz respeito a uma situação em que não é importante saber exatamente quando um evento ocorreu. Podemos saber, por exemplo, que a demanda por certos produtos é de três unidades por dia, mas não nos importamos com *quando*, durante o dia, o item é demandado. Em algumas situações, o tempo pode de fato não ser um fator na simulação, como no projeto de controle de uma fábrica em estado estacionário. No entanto, em problemas de fila de espera aplicáveis a comércio eletrônico, é importante conhecer o tempo preciso de chegada (para saber se o consumidor terá ou não de esperar). Essa é uma situação *dependente do tempo*.

TABELA 6.3 Distribuições de probabilidade discreta *versus* contínua

Demanda diária	Probabilidade discreta	Probabilidade contínua
5	0,10	A demanda diária normalmente está distribuída com uma média de 7 e um desvio-padrão de 1,2
6	0,15	
7	0,30	
8	0,25	
9	0,20	

Simulação de Monte Carlo

Na maioria dos problemas de decisão empresarial, costumamos empregar um dos dois tipos de simulações probabilísticas a seguir. O método de simulação mais comum para problemas de decisões empresariais é a **simulação de Monte Carlo**. Esse método geralmente começa pela construção de um modelo do problema decisório sem ser preciso considerar a incerteza nas variáveis. Em seguida, reconhecemos que certos parâmetros ou variáveis são incertos ou obedecem a uma distribuição probabilística pressuposta ou estimada. Essa estimativa baseia-se na análise de dados do passado. A seguir, começamos a conduzir experimentos de amostragem. A condução de experimentos de amostragem consiste em gerar valores aleatórios de certos parâmetros e então computar os valores das variáveis que são afetadas por tais parâmetros ou variáveis. Em essência, esses experimentos de amostragem equivalem a solucionar o mesmo modelo centenas ou milhares de vezes. Podemos, então, analisar o comportamento dessas variáveis dependentes ou de desempenho ao examinarmos suas distribuições estatísticas.

Esse método vem sendo usado em simulações físicas e também em sistemas empresariais. Um bom tutorial público sobre o método de simulação de Monte Carlo está disponível em Palisade.com (http://www.palisade.com/risk/monte_carlo_simulation.asp). A Palisade oferece no mercado uma ferramenta chamada @RISK, que é um software bastante popular de simulação de Monte Carlo baseado em planilhas. Outro software popular nessa categoria é o Crystal Ball, agora comercializado pela Oracle como Oracle Crystal Ball. Também é possível, obviamente, construir e conduzir experimentos de Monte Carlo em uma planilha Excel sem utilizar software *add-on* como os dois recém mencionados. Mas com essas ferramentas fica mais conveniente rodar tais experimentos em modelos baseados em Excel. Modelos de simulação de Monte Carlo vêm sendo usados em muitas aplicações comerciais. Exemplos incluem a Procter & Gamble usando esses modelos para determinar estratégias de *hedge* de risco por flutuações cambiais; a Lilly usando o modelo para identificar capacidades fabris otimizadoras; a Abu Dhabi Water and Electricity Company usando a @RISK para prever a demanda por água em Abu Dhabi; e literalmente milhares de outros estudos de caso. Cada um dos sites das empresas de software de simulação inclui muitas outras histórias de sucesso.

Simulação de eventos discretos

A **simulação de eventos discretos** diz respeito à construção de um modelo de sistema em que é estudada a interação entre diferentes entidades. O exemplo mais simples disso é uma loja que consiste em um atendente e vários consumidores. Ao modelarmos o fluxo de consumidores a diferentes taxas e o atendimento do funcionário a diferentes taxas, podemos estimar o desempenho médio do sistema, o tempo de espera médio, o número de consumidores aguardando atendimento e assim por diante. Tais sistemas são encarados como coleções de consumidores, filas e atendentes. Há milhares de aplicações documentadas de modelos de simulação de eventos discretos em engenharia, negócios e assim por diante. Ferramentas para construir modelos de simulação de eventos discretos já existem há um bom tempo, mas elas evoluíram e passaram a aproveitar desenvolvimentos em capacidades gráficas para construir e entender os resultados de tais modelos de simulação. Discutiremos esses métodos de modelagem em mais detalhes na próxima seção. O Caso Aplicado 6.8 apresenta um exemplo do uso de tal simulação na análise das complexidades de uma cadeia de suprimento que emprega simulação visual, a ser descrita na próxima seção.

Caso aplicado 6.8

A Cosan aprimora sua cadeia de suprimento de energia renovável usando simulação

Introdução

A Cosan é um conglomerado sediado no Brasil que opera globalmente. Uma de suas principais atividades é o cultivo e processamento de cana-de-açúcar. Além de ser uma importante fonte de açúcar, a cana é atualmente uma importante fonte de etanol, um ingrediente básico em energia renovável. Devido à demanda crescente por energia renovável, a produção de etanol se tornou uma atividade tão importante para a Cosan que agora ela opera duas refinarias além de 18 fábricas de produção, e, é claro, milhões de hectares de fazendas de cana-de-açúcar. Segundo dados recentes, ela processou mais de 44 milhões de toneladas de cana, produziu mais de 1,3 bilhão de litros de etanol e produziu 3,3 milhões de toneladas de açúcar. Como se pode imaginar, operações nessa escala levam a cadeias de suprimento complexas. Por isso, sua equipe de logística foi instada a fazer recomendações para a gestão sênior a fim de:

- Determinar o número ideal de veículos necessários numa frota usada para transportar cana-de-açúcar para usinas de processamento visando preservar capital.
- Propor um modo de aumentar a capacidade real de cana-de-açúcar recebida nas usinas de refino de açúcar.
- Identificar os gargalos de produção a serem solucionados a fim de aumentar o fluxo de cana-de-açúcar.

Metodologia/solução

A equipe logística trabalhou com o software Simio e construiu um modelo complexo de simulação da cadeia de suprimento da Cosan colocando em pauta essas questões. De acordo com um relatório da Simio: "Ao longo de três meses, engenheiros recém contratados coletaram dados em campo e receberam treinamento prático e assistência em modelagem por parte da Paragon Consulting de São Paulo".

A fim de modelar as operações agrícolas e analisar a jornada pós-colheita da cana-de-açúcar até as usinas de produção, os objetivos do modelo incluíam detalhes da frota de transporte viário da safra de cana-de-açúcar até a Unidade Costa Pinto, a capacidade real de recepção nas usinas de açúcar de cana, gargalos e pontos de melhoria no fluxo de CCT (corte-carregamento-transporte) de açúcar de cana, e assim por diante.

Os parâmetros do modelo são os seguintes:

Variáveis de entrada: 32
Variáveis de saída: 39
Variáveis auxiliares: 92
Entidades variáveis: 8
Tabelas de entrada: 19
Dias simulados: 240 (1ª estação)
Número de entidades: 12 (10 tipos composicionais de transporte da cana-de-açúcar colhida)

Resultados/benefícios

Análises produzidas por esses modelos da Simio oferecerem um bom panorama do risco de operação durante o período de 240 dias devido a várias incertezas. Analisando-se os diversos gargalos e modos de mitigar esses cenários, a empresa foi capaz de tomar melhores decisões e de economizar mais de US$500 mil a partir desse esforço de modelagem isolado.

Questões para discussão

1. Que tipos de disrupções de cadeia de suprimento podem ocorrer ao se transportar a cana-de-açúcar do campo para as usinas de produção a fim de desenvolver açúcar e etanol?
2. Quais tipos de planejamento e previsão avançados podem ser úteis na mitigação de tais disrupções?

(Continua)

Caso aplicado 6.8 *(Continuação)*

O que podemos aprender com este caso aplicado?

Esta breve história de aplicação mostra como é útil aplicar simulação em um problema no qual pode ser difícil construir um modelo de otimização. Ao incorporar um modelo de simulação de eventos discretos e uma simulação visual interativa, fica possível visualizar o impacto de interrupções na cadeia de suprimento devido a falhas na frota, tempo ocioso inesperado na fábrica e assim por diante, e planejar correções.

Fontes: Compiled from Wikipedia contributors, Cosan, *Wikipedia, The Free Encyclopedia*, https://en.wikipedia.org/w/index.php?title=Cosan&oldid=713298536 (acessado em julho de 10, 2016); Agricultural Operations Simulation Case Study: Cosan, http://www.simio.com/case-studies/Cosan-agricultural-logistics-simulation-software-case-study/agricultural-simulation-software-case-study-video-cosan.php, (acessado em julho de 2016); Cosan Case Study: Optimizing agricultural logistics operations, http://www.simio.com/case-studies/Cosan-agricultural-logistics-simulation-software-case-study/index.php, (acessado em julho de 2016).

SEÇÃO 6.9 QUESTÕES DE REVISÃO

1. Liste as características da simulação.
2. Liste as vantagens e desvantagens da simulação.
3. Liste e descreva os passos na metodologia de simulação.
4. Liste e descreva os tipos de simulação.

6.10 Simulação visual interativa

A partir daqui, examinaremos métodos que mostram a um tomador de decisão uma representação da situação decisória em ação, conforme ela avança por cenários com várias alternativas. Esses métodos poderosos superam algumas das inadequações dos métodos convencionais e ajudam a aumentar a confiabilidade da solução obtida, já que podem ser visualizadas diretamente.

Inadequações da simulação convencional

A simulação é um método bem estabelecido, útil, descritivo e baseado em matemática para se obter um vislumbre de situações decisórias complexas. No entanto, a simulação não costuma permitir que os tomadores de decisões enxerguem como uma solução para um problema complexo evolui ao longo do tempo (comprimido), e tampouco permite que os tomadores de decisões interajam com a simulação (o que seria útil para fins de treinamento e ensino). Uma simulação costuma apresentar resultados estatísticos ao final de um conjunto de experimentos. Sendo assim, os tomadores de decisão não são uma parte integral do desenvolvimento e da experimentação da simulação, e sua experiência e discernimento não podem ser aproveitados diretamente. Quando os resultados da simulação não batem com a intuição ou discernimento de um tomador de decisão, uma *lacuna de confiabilidade* nos resultados pode ocorrer.

Simulação visual interativa

Uma **simulação visual interativa** (**VIS** – *visual interactive simulation*), também conhecida como **modelagem visual interativa** (**VIM** – *visual interactive modeling*) e *resolução* *visual interativa de problemas*, é um método de simulação que permite a tomadores de decisões enxergar o que o modelo está fazendo e como ele interage com as decisões que vão sendo tomadas. Essa técnica vem sendo usada com grande sucesso em análise de operações em muitas áreas, como cadeia de suprimento em atendimento médico. O usuário pode empregar seus conhecimentos a fim de determinar e experimentar diferentes estratégias decisórias enquanto interage com o modelo. Assim, um aprendizado mais aprofundado, tanto sobre o problema como a respeito das alternativas testadas, pode ocorrer. Os tomadores de decisões também contribuem na validação do modelo. Para isso, eles utilizam VIS para embasar e confirmar seus resultados.

A VIS utiliza imagens gráficas computadorizadas para apresentar o impacto de diferentes decisões gerenciais. Elas se distinguem das imagens gráficas comuns no modo como o usuário pode ajustar o processo decisório e enxergar os resultados da intervenção. Um modelo visual é um sistema gráfico usado como uma parte integral da tomada de decisões ou da solução de problemas, e não apenas um dispositivo de comunicação. Algumas pessoas reagem melhor do que outras a imagens gráficas, e esse tipo de interação pode ajudar os gestores a aprenderem sobre a situação de tomada de decisão.

A VIS é capaz de representar sistemas estáticos ou dinâmicos. Modelos estáticos exibem uma imagem visual de cada vez do resultado de uma alternativa decisória. Modelos dinâmicos exibem sistemas que evoluem com o tempo, e a evolução é representada via animação. A mais recente tecnologia de simulação visual foi aliada ao conceito de realidade virtual, em que um mundo artificial é criado para inúmeros propósitos, desde treinamento e entretenimento até visualização de dados numa paisagem artificial. Os militares norte-americanos, por exemplo, utilizam sistemas de VIS para que seus homens em terra se familiarizem com o terreno ou com uma cidade a fim de se orientarem com rapidez. Pilotos também utilizam VIS para se familiarizarem com alvos ao simularem turnos de ataque. Pacotes de software de VIS também podem incluir coordenadas de sistemas de geoposicionamento.

Modelos visuais interativos e DSS

VIM e DSS são usados em diversas decisões de gestão operacional. O método consiste em pré-abastecer (como se deve pré-abastecer de água um chuveiro elétrico antes de ligá-lo) um modelo visual interativo de uma fábrica (ou de uma empresa) com seu *status* atual. Em seguida, o modelo é rodado rapidamente em um computador, permitindo que gestores observem a provável operação de uma fábrica no futuro.

A gestão de filas de espera é um bom exemplo de VIM. Tal DSS geralmente computa vários parâmetros de desempenho para diversas alternativas decisórias (como tempo de espera no sistema). Problemas complexos de fila de espera exigem simulação. Um VIM é capaz de exibir o tamanho da fila de espera conforme ela se altera durante as rodagens de simulação, e também é capaz de apresentar graficamente as respostas para perguntas "e se" envolvendo mudanças nas variáveis de entrada. O Caso Aplicado 6.9 apresenta um exemplo de uma simulação visual que foi usada para explorar as aplicações tecnológicas de identificação por radiofrequência (RFID) no desenvolvimento de novas regras de agendamento em um ambiente fabril.

A abordagem VIM também pode ser usada em conjunção com inteligência artificial. A integração das duas técnicas acrescenta inúmeras capacidades, desde a construção de sistemas graficamente até o aprendizado das dinâmicas do sistema. Esses sistemas, sobretudo aqueles desenvolvidos para a indústria militar e dos videogames, contam com personagens "que pensam" e que podem se comportar com um nível relativamente alto de inteligência em suas interações com usuários.

Caso aplicado 6.9

Aprimoramento de decisões de cronograma para o setor de produção por meio de RFID: uma avaliação baseada em simulação

Um prestador de serviços de fabricação de componentes ópticos e eletromecânicos complexos busca ganhar eficiência em sua elaboração de cronogramas para o setor de produção porque as operações vigentes no setor de vendas sofrem de alguns problemas:

- Não existe um sistema para registrar quando itens em processo de produção (WIP – *work-in-process*) de fato chegam ou deixam as estações de trabalho operacionais e quanto tempo permanecem em cada estação de trabalho.
- O sistema atual não é capaz de monitorar ou fazer o acompanhamento de cada WIP na linha de produção em tempo real.

Como resultado, a empresa está enfrentando dois problemas principais em sua linha de produção: alto acúmulo de trabalho e altos custos por horas-extras para atender a demanda. Além disso, o fluxo a montante não é capaz de reagir com agilidade suficiente a incidentes inesperados, como alterações na demanda ou escassez de material, nem de revisar cronogramas de maneira eficiente. A empresa está cogitando implementar RFID em uma linha de produção. No entanto, a empresa não sabe ao certo se os custos incorridos para adicionar chips de RFID em caixas de produção, instalar leitores de RFID ao longo da linha de produção e, é claro, os sistemas para processar essas informações acabarão resultando em ganhos reais. Uma questão, então, é explorar qualquer nova alteração no cronograma de produção que possam resultar do investimento em infraestrutura RFID.

Metodologia

Como explorar a introdução de qualquer novo sistema no esquema físico de produção pode ser extremamente caro ou mesmo disruptivo, foi desenvolvido um modelo de simulação de eventos discretos para examinar como o acompanhamento e a rastreabilidade por meio de RFID podem facilitar a elaboração de cronogramas para o setor de produção. Sendo assim, foi proposta uma regra de cronograma baseado em visibilidade (VBS – *visibility-based scheduling*) que utiliza sistemas de rastreabilidade em tempo real para acompanhar seus WIPs, partes e componentes e matérias-primas em operações do setor de produção. Uma abordagem por simulação foi aplicada a fim de examinar o benefício da regra de VBS em comparação com regras clássicas de cronograma: as regras de "primeiro a entrar, primeiro a sair" e de despacho de itens por ordem de prazo de entrega. O modelo de simulação foi desenvolvido usando-se o Simio. O Simio é um pacote de software de simulação 3-D que emprega uma abordagem orientada a objetos para o desenvolvimento de modelos e que recentemente vem sendo usado em muitas áreas, como em fábricas, cadeias de suprimento, atendimento de saúde, aeroportos e sistemas de serviços.

A Figura 6.13 apresenta uma captura de tela do painel de interface do Simio para essa linha de produção. As estimativas de parâmetros usadas para o estado inicial no modelo de simulação incluem demanda e previsão semanal, fluxo de processos, quantidade de estações de trabalho, quantidade de operadores no setor de produção e tempo operacional em cada estação de trabalho. Além disso, os parâmetros de alguns dados de entrada como tempo de etiquetação de RFID, tempo de recuperação de informações ou tempo de atualização de sistema são estimados a partir de um estudo-piloto e a partir de especialistas na área. A Figura 6.14 apresenta a visão processual do modelo de simulação em que comandos específicos de simulação são implementados e codificados. As Figuras 6.15 e 6.16 apresentam a

Capítulo 6 • Análise de dados prescritiva: otimização e simulação **427**

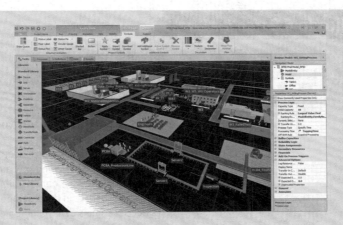

FIGURA 6.13 Visão da interface Simio do sistema de simulação.

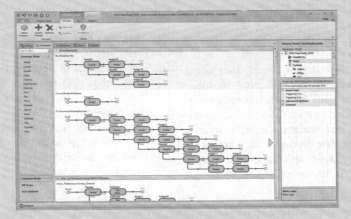

FIGURA 6.14 Visão processual do modelo de simulação.

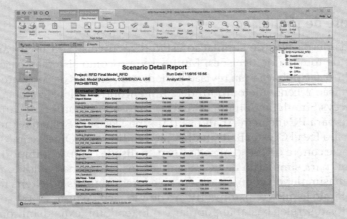

FIGURA 6.15 Visão-padrão de relatório.

(Continua)

Caso aplicado 6.9 (Continuação)

FIGURA 6.16 Relatório Pivot Grid de uma rodagem do Simio.

visão-padrão de relatório e o relatório de tabela dinâmica do modelo de simulação. O relatório-padrão e o formato de tabela dinâmica oferecem um método bastante rápido para se encontrar resultados estatísticos específicos como valores médios, percentuais, totais, máximos ou mínimos de variáveis designadas e capturadas como uma saída do modelo de simulação.

Resultados

Os resultados da simulação sugerem que uma regra de cronograma baseada em RFID acaba gerando melhor desempenho, se comparada a regras tradicionais de cronograma com relação a tempo de processamento, tempo de produção, utilização de recursos, acúmulo de trabalho e produtividade. A empresa pode aproveitar essas análises de ganhos de produtividade e de custo/benefício de desempenho ao tomar as decisões finais de investimento.

Questões para discussão

1. Em situações como as retratadas por este caso, quais outras abordagens podem ser adotadas para se analisar decisões de investimento?
2. De que forma se pode poupar tempo se um chip de RFID for capaz de informar a localização exata de um produto em processamento?
3. Faça uma pesquisa para aprender mais a respeito de aplicações de sensores RFID em outros ambientes. Qual delas lhe parece mais interessante?

Fonte: Based on Chongwatpol, J., & Sharda, R. (2013). RFID-enabled track and traceability in job-shop scheduling environment. *European Journal of Operational Research, 227*(3), 453–463, http://dx.doi.org/10.1016/j.ejor.2013.01.009.

Software de simulação

Centenas de pacotes de simulação estão disponíveis para uma variedade de situações de tomada de decisões. Muitos rodam como sistemas baseados na Web. A *ORMS Today* publica uma revisão periódica de pacotes de software de simulação. Uma revisão recente (de outubro de 2015) encontra-se localizada em orms-today.org/surveys/Simulation/Simulation.html (acessado em julho de 2016). Pacotes de software para PC incluem Analytica (Lumina Decision Systems, lumina.com) e os *add-ins* para Excel Crystal Ball (atualmente vendido pela Oracle como Oracle Crystal Ball, oracle.com) e @RISK (Palisade Corp., palisade.com). Um importante software comercial para simulação de eventos discretos é o Arena (vendido pela Rockwell Intl., arenasimulation.com). Os desenvolvedores originais do Arena desenvolveram agora o Simio (simio.com), um software de VIS fácil de usar. Outro software de VIS de eventos discretos bastante popular é o ExtendSim (extendsim.com). A SAS tem um pacote de software de análise gráfica de dados chamado JMP, que também inclui em si um componente de simulação.

Para informações sobre software de simulação, consulte a Society for Modeling and Simulation International (scs.org) e os levantamentos anuais de software da *ORMS Today* (orms-today.com).

SEÇÃO 6.10 QUESTÕES DE REVISÃO

1. Defina *simulação visual* e compare-a com a simulação convencional.
2. Descreva as características de VIS (isto é, VIM) que a tornam atraentes para tomadores de decisão.
3. Como a VIS pode ser usada na gestão de operações?
4. Em que um filme animado lembra uma aplicação de VIS?

Destaques do capítulo

- Modelos cumprem um importante papel em DSS, pois são usados para descrever situações reais de tomada de decisão. Existem diversos tipos diferentes de modelos.
- Modelos podem ser estáticos (isto é, um retrato isolado de uma situação) ou dinâmicos (isto é, multiperíodos).
- A análise é conduzida sob presunção de certeza (o que é o mais desejável), risco ou incerteza (o que é o menos desejável).
- Diagramas de influência mostram graficamente as inter-relações de um modelo. Eles podem ser usados para aprimorar o uso de tecnologia de planilhas.
- As planilhas apresentam muitas capacidades, incluindo análise "e se", atingimento de metas, programação, gerenciamento de base de dados, otimização e simulação.
- Tabelas de decisão e árvores de decisão são capazes de modelar e solucionar problemas simples de tomada de decisão.
- A programação matemática é um método importante de otimização.
- PL é o método mais comum de programação matemática. Ele visa encontrar a alocação otimizadora de recursos limitados sob certas restrições organizacionais.

- As principais partes de um modelo de PL são a função objetiva, as variáveis decisórias e as restrições.
- Problemas decisórios de múltiplos critérios são difíceis, mas não impossíveis, de resolver.
- "E se" e atingimento de metas são dois dos métodos mais comuns de análise de sensibilidade.
- Muitas ferramentas de desenvolvimento de DSS já trazem em si modelos quantitativos (como financeiros, estatísticos, etc.) ou podem estabelecer facilmente uma interface com tais modelos.
- A simulação é uma abordagem de DSS amplamente adotada que envolve a experimentação com um modelo que representa a situação de tomada de decisão real.
- A simulação pode lidar com situações mais complexas do que a otimização, mas não garante uma solução otimizada.
- Existem muitos métodos diferentes de simulação. Dentre aqueles importantes para a tomada decisões estão a simulação de Monte Carlo e a simulação de eventos discretos.
- VIS/VIM permite que um tomador de decisão interaja diretamente com um modelo e mostra resultados de uma maneira fácil de entender.

Termos-chave

- análise decisória
- análise de risco
- análise de sensibilidade
- análise "e se"
- análise (modelagem) multidimensional
- árvore de decisão
- atingimento de metas
- certeza
- diagrama de influência
- incerteza
- modelagem visual interativa (VIM)
- modelo quantitativo
- modelos dinâmicos
- modelos estáticos
- múltiplas metas
- parâmetro
- previsão
- programação linear (PL)
- programação matemática
- risco
- simulação
- simulação de eventos discretos
- simulação de Monte Carlo
- simulação visual interativa (VIS)
- solução otimizadora
- tabela de decisão
- variável decisória
- variável de resultado
- variável de resultado intermediário
- variável incontrolável
- varredura e análise ambiental

Questões para discussão

1. Qual a relação da análise de dados prescritiva com a análise de dados descritiva e preditiva?
2. Explique as diferenças entre modelos estáticos e dinâmicos. Como um pode evoluir e transformar-se no outro?
3. Qual é a diferença entre uma abordagem otimista e uma abordagem pessimista quanto à tomada de decisão sob incerteza presumida?
4. Explique por que a solução de problemas sob incerteza às vezes envolve a presunção de que o problema pode ser resolvido sob condições de risco.
5. O Excel é provavelmente o software de planilhas mais popular para PCs. Por quê? O que podemos fazer usando esse pacote que o torna tão atraente para esforços de modelagem?
6. Explique como funcionam as árvores de decisão. Como um problema complexo pode ser solucionado usando-se uma árvore de decisão?
7. Explique como a PL é capaz de resolver problemas de alocação.
8. Quais são as vantagens de se usar um pacote de planilhas para criar e solucionar modelos de PL? Quais são as desvantagens?
9. Quais são as vantagens de se usar um pacote de PL para criar e solucionar modelos de PL? Quais são as desvantagens?
10. Qual é a diferença entre análise decisória com uma única meta e análise decisória com múltiplas metas (isto é, critérios)? Explique as dificuldades que podem surgir ao se analisar múltiplas metas.
11. Explique como múltiplas metas podem surgir na prática.
12. Compare e contraste a análise "e se" e atingimento de metas.
13. Descreva o processo geral da simulação.
14. Liste as principais vantagens da simulação sobre a otimização e vice-versa.
15. Muitos jogos de computador podem ser considerados simulação visual. Explique por quê.
16. Explique por que a VIS é especialmente útil na implementação de recomendações derivadas por computadores.

Exercícios

Teradata University Network (TUN) e outros exercícios práticos

1. Explore teradatauniversitynetwork.com e determine como modelos são usados em casos e artigos sobre BI.
2. Crie os modelos de planilha mostrados nas Figuras 6.3 e 6.4.
    a. Qual é o efeito de uma mudança de 8% para 10% na taxa de juros sobre o modelo de planilha mostrado na Figura 6.3?

b. Para o modelo original na Figura 6.3, qual taxa de juros é necessária para diminuir os pagamentos mensais em 20%? Qual alteração na quantia emprestada teria o mesmo efeito?

c. Na planilha mostrada na Figura 6.4, qual é o efeito de um pré-pagamento de US$200 por mês? Qual pré-pagamento seria necessário para quitar o empréstimos dentro de 25 anos, em vez de 30 anos?

3. Resolva o problema do mix de produtos da MBI descrito neste capítulo, usando ou o Solver do Excel ou uma versão estudantil de um solucionador de PL, como o Lindo. O Lindo é comercializado pela Lindo Systems, Inc., em lindo.com; outros também estão disponíveis – procure na Internet. Examine os relatórios de solução (saída) para conferir as respostas e o relatório de sensibilidade. Você obteve os mesmos resultados que os relatados neste capítulo? Experimente a análise de sensibilidade delineada neste capítulo; ou seja, rebaixe em uma unidade o lado direito da restrição de marketing do CC-8, de 200 para 199. O que acontece com a solução quando você soluciona esse problema modificado? Elimine por completo a restrição inferior do CC-8 (isso pode ser facilmente obtido ou deletando-a no Solver ou configurando o limite inferior em zero) e resolva o problema? O que acontece? Usando a formulação original, experimente modificar os coeficientes objetivos de função para ver o que acontece.

4. Por meio de uma busca na Internet, investigue como modelos e suas soluções são usados pelo Departamento de Segurança Nacional dos Estados Unidos na "guerra contra o terrorismo". Investigue também como outros governos e agências governamentais estão usando modelos em suas missões.

5. Este problema é uma contribuição do Dr. Rick Wilson, da Oklahoma State University.

Uma seca recente prejudicou em muito os agricultores. As vacas chegam ao ponto de comer pipoca doce!

Você está interessado em criar um plano alimentar para a próxima semana para o seu rebanho usando os seguintes sete produtos alimentares não tradicionais: cereal Chocolate Lucky Charms, barras da Butterfinger, Milk Duds, sorvete de baunilha, cereal Cap'n Crunch, pipoca doce (porque todo o milho *in natura* morreu com a seca) e biscoitos Chips Ahoy.

Seu custo por libra de peso é mostrado, bem como suas respectivas unidades de proteína por libra, seus respectivos nutrientes totais digeríveis (NTD) por libra e suas unidades de cálcio por libra.

Você estima que o total de produtos alimentares não tradicionais contribua com a seguinte quantidade de nutrientes: pelo menos 20 mil unidades de proteína, pelo menos 4.025 unidades de NTD, pelo menos 1.000 e no máximo 1.200 unidades de cálcio.

Há ainda outras exigências diversas a serem consideradas:

- O chocolate no seu plano alimentar em geral (em libras) não pode exceder a quantidade de peso total dos demais produtos. A existência de chocolate em cada produto está informada na tabela (SIM = com chocolate, NÃO = sem chocolate).

- Nenhum dos produtos alimentares pode responder por mais de 25% do peso total necessário para criar uma mistura alimentar aceitável.

	Choc Lucky Charms	Butterfinger	Milk Duds	Sorvete de baunilha	Cap'n Crunch	Pipoca doce	Chips Ahoy
$$/libra	2,15	7	4,25	6,35	5,25	4	6,75
Chocolate	SIM	SIM	SIM	NÃO	NÃO	NÃO	SIM
Proteína	75	80	45	65	72	26	62
NTD	12	20	18	6	11	8	12
Cálcio	3	4	4,5	12	2	1	5

- Há dois tipos de cereal (Chocolate Lucky Charms e Cap'n Crunch). Combinados, eles não podem responder por mais de 40% (em libras) da mistura total necessária para satisfazer as exigências alimentares.

    Determine os níveis otimizados dos sete produtos a fim de criar o seu plano alimentar semanal minimizando os custos. Observe que as quantidades de produtos *não* devem apresentar valores fracionais (somente números inteiros de libras).

6. Este exercício é uma contribuição do Dr. Rick Wilson, da Oklahoma State University, para ilustrar as capacidades de modelagem do Excel Solver.

    Você está trabalhando com um vasto grupo de trabalhadores temporários (estagiários, aposentados, etc.) para criar um plano de contratação para o turno da noite no *call center* (para o futuro próximo). Você também conta com alguns funcionários em tempo integral que são seus "âncoras" – mas você já os alocou no cronograma, e isso levou a suas exigências de pessoal. Eles (os funcionários em tempo integral) não têm importância alguma para o seu modelo.

    Eis as exigências diárias de pessoal: você precisa de 15, 20, 19, 22, 7, 32 e 35 funcionários para Seg, Ter, Qua, Qui, Sex, Sáb, Dom, respectivamente.

    Você tem entre 8 e 10 funcionários do total que não podem trabalhar aos fins de semana (Sáb e Dom).

    Para esse pessoal que "só pode em dias úteis", há três grupos possíveis: eles trabalharão 4 dos 5 dias úteis, um grupo terá folga às terças, um grupo terá folga às quartas e um grupo terá folga às quintas-feiras.

    Você precisa contar com no mínimo oito pessoas no total para esses grupos de "apenas dias úteis".

    Para todos os outros grupos (e você não tem restrições de alocação para eles a partir do quadro total), uma pessoa trabalha 4 dos 7 dias a cada semana. Os funcionários trabalharão em dois dias úteis e nos dois dias do fim de semana (cronograma "2/2"). Todas as combinações de 2 dias possíveis representam grupo relevantes – exceto combinações em que os funcionários tenham três dias consecutivos de folga; isso não é permitido, e não deve constar do modelo.

    Partiremos de um modelo bem simples – sem custos. O objetivo do nosso modelo é encontrar o menor número de funcionários que satisfaçam às exigências mínimas de pessoal para o *call center* e não ter mais do que quatro trabalhadores extras (acima das exigências mínimas) alocados a qualquer dia isolado.

    Além disso, todos os grupos ("apenas dias úteis" ou "2/2") podem ter no máximo seis pessoas alocados a eles.

    Crie um modelo básico que satisfaça essas restrições e minimize o número total de pessoas necessárias para atender às exigências mínimas. E, sim, só vale usar pessoas inteiras no modelo.

7. Este exercício também é uma contribuição do Dr. Rick Wilson, da Oklahoma State University. O cenário simples a seguir replica o "Livro Negro" descrito num artigo da *Business Week* (http://www.businessweek.com/articles/2013-01-31/coke-engineers-its-orange--juice-with-an-algorithm, acessado em fevereiro de 2013) a respeito da produção de suco de laranja pela Coca-Cola. Crie em modelo de PL apropriado para esse cenário.

    Para o próximo período de produção, há cinco lotes diferentes de suco de laranja bruto que podem ser misturados entre si para fazer produtos de suco de laranja: SunnyQ, GlowMorn e OrenthalJames. Na criação da mistura ideal dos três produtos a partir dos cinco lotes diferentes, um modelo de PL deve buscar maximizar o saldo de preço de venda por galão dos produtos menos o custo aferido por galão de suco bruto.

    Os cinco lotes brutos de suco de laranja são descritos a seguir. Os parâmetros são autoexplicativos: doçura, polpa e custo:

Lote 1 – Laranja Charmute A, doçura = 16, polpa = 1,2, 250 galões, US$2,01/galão
Lote 2 – Laranja Charmute B, doçura = 17, polpa = 0,9, 200 galões, US$2,32/galão
Lote 3 – Laranja Meio Doce B, doçura = 20, polpa = 0,8, 175 galões, US$3,14/galão
Lote 4 – Valência, doçura = 18, polpa = 2,1, 300 galões, US$2,41/galão
Lote 5 – Laranja Temple, doçura = 14, polpa = 1,6, 265 galões, US$2,55/galão

Observe que, para assegurar que o suco bruto não fique "velho" demais com o passar do tempo, um dos requisitos de produção é que ao menos 50% de cada lote disponível seja usado na mistura dos três produtos de suco de laranja (obviamente, mais do que há disponível não pode ser usado).

Do ponto de vista dos produtos, deve haver pelo menos 100 galões de SunnyQ produzidos e pelo menos 125 galões de GlowMorn e OrenthalJames produzidos. De modo similar, a demanda futura projetada dos produtos indica que nesse período deve haver um máximo de 400 galões de SunnyQ, um máximo de 375 galões de GlowMorn e um máximo de 300 galões de OrenthalJames produzidos. Ademais, ao preparar os produtos a partir dos cinco lotes, cada lote individual não deve responder por mais que 40% da quantidade total de um determinado produto. Isso deve ser obedecido individualmente para cada produto.

Atributos dos três produtos incluem preço de venda, a média de doçura máxima do produto mesclado final, a média de doçura mínima do produto mesclado final e a média de conteúdo máximo de polpa. Nas três exigências de "média", isso implica que o peso médio de todo o suco já mesclado para cada produto deve satisfazer tal especificação.

SunnyQ – Vendas = US$3,92/galão, Doç Máx. = 19, Doç Mín. = 18,5, Polpa Máx. = 1,6.
GlowMorn – Vendas = US$4,13/galão, Doç Máx. = 17, Doç Mín. = 16,75, Polpa Máx. = 1,8.
OrenthalJames – Vendas = US$3,77/galão, Doç Máx. = 17,75, Doç Mín. = 17,55, Polpa Máx. = 1,1.

Referências

Arsham, H. (2006a). Modeling and simulation resources. home.ubalt.edu/ntsbarsh/Business-stat/RefSim.htm (accessed July 2016).

Arsham, H. (2006b). Decision science resources. home.ubalt.edu/ntsbarsh/Business-stat/Refop.htm (accessed July 2016).

Bailey, M. J., Snapp, J., Yetur, S., Stonebraker, J. S., Edwards, S. A., Davis, A., & Cox, R. (2011). Practice summaries: American Airlines uses should-cost modeling to assess the uncertainty of bids for its full-truckload shipment routes. *Interfaces, 41*(2), 194–196.

Banks, J., & Gibson, R. R. (2009). Seven sins of simulation practice. *INFORMS Analytics*, 24–27. www.analytics-magazine.org/summer-2009/193-strategic-problems-modeling-the-market-space (accessed July 2016).

Bowers, M. R., Noon, C. E., Wu, W., & Bass, J. K. (2016). Neonatal physician scheduling at the University of Tennessee Medical Center. *Interfaces, 46*(2), 168–182.

Businessweek.com. Coke engineers its orange juice—Withan algorithm. www.businessweek.com/articles/2013-01-31/coke-engineers-its-orange-juice-with-an-algorithm (accessed July 2016).

Chongwatpol, J., & Sharda, R. (2013). RFID-enabled track and traceability in job-shop scheduling environment. *European Journal of Operational Research, 227*(3), 453–463, http://dx.doi.org/10.1016/j.ejor.2013.01.009.

Christiansen, M., Fagerholt, K., Hasle, G., Minsaas, A., & Nygreen, B. (2009, April). Maritime transport optimization: An ocean of opportunities. *OR/MS Today, 36*(2), 26–31.

Clemen, R. T., & Reilly, T. (2000). *Making hard decisions with Decision Tools Suite*. Belmont, MA: Duxbury Press.

Farasyn, I., Perkoz, K., & Van de Velde, W. (2008, July/August). Spreadsheet models for inventory target setting at Procter & Gamble. *Interfaces, 38*(4), 241–250.

Furman, K. C., Song, J. H., Kocis, G. R., McDonald, M. K., & Warrick, P. H. (2011). Feedstock routing in the ExxonMobil downstream sector. *Interfaces, 41*(2), 149–163.

Goodwin, P., & Wright, G. (2000). *Decision analysis for management judgment*, 2nd ed. New York: Wiley.

Hurley, W. J., & Balez, M. (2008, July/August). A spreadsheet implementation of an ammunition requirements planning model for the Canadian Army. *Interfaces, 38*(4), 271–280.

Hutton, D. W., Brandeau, M. L., & So, S. K. (2011). Doing good with good OR: Supporting cost-effective Hepatitis B interventions. *Interfaces, 41*(3), 289–300.

Kearns, G. S. (2004, January–March). A multi-objective, multi-criteria approach for evaluating IT investments: Results from two case studies. *Information Resources Management Journal, 17*(1), 37–62.

Kelly, A. (2002). *Decision making using game theory: An introduction for managers*. Cambridge, UK: Cambridge University Press.

Knight, F. H. (1933). *Risk, uncertainty and profit: with an additional introductory essay hither to unpublished*. London school of economics and political science.

Koksalan, M., & Zionts, S. (Eds.). (2001). *Multiple criteria decision making in the new millennium*. Berlin: Springer-Verlag.

Kontoghiorghes, E. J., Rustem, B., & Siokos, S. (2002). *Computational methods in decision making, economics, and finance*. Boston: Kluwer.

Manikas, A. S., Kroes, J. R., & Gattiker, T. F. (2016). Metro Meals on Wheels Treasure Valley employs a low-cost routing tool to improve deliveries. *Interfaces, 46*(2), 154–167.

Mookherjee, R., Martineau, J., Xu, L., Gullo, M., Zhou, K., Hazlewood, A., Zhang, X., Griarte, F., & Li, N. (2016). End-to-end predictive analytics and optimization in Ingram Micro's two-tier distribution business. *Interfaces, 46*(1), 49–73; ingrammicrocommerce.com, "CUSTOMERS," https://www.ingrammicrocommerce.com/customers/ (accessed July 2016).

Ovchinnikov, A., & Milner, J. (2008, July/August). Spreadsheet model helps to assign medical residents at the University of Vermont's College of Medicine. *Interfaces, 38*(4), 311–323.

Simio.com. Agricultural operations simulation case study: Cosan. http://www.simio.com/case-studies/Cosan-agricultural-logistics-simulation-software-case-study/agricultural-simulation-software-case-study-video-cosan.php (accessed July 2016).

Simio.com. Cosan case study—Optimizing agricultural logistics operations. http://www.simio.com/case-studies/Cosan-agricultural-logistics-simulation-software-case-study/index.php (accessed July 2016).

Slaugh, V. W., Akan, M., Kesten, O., & Unver, M. U. (2016). The Pennsylvania Adoption Exchange improves its matching process. *Interfaces*, 462, 133–154.

Solver.com. Optimizing vendor contract awards gets an A+. solver.com/news/optimizing-vendor-contract-awards-gets (accessed July 2016).

Turban E., & Meredith, J. (1994). *Fundamentals of management science*, 6th ed. Richard D. Irwin, Inc.

Wikipedia.com. Cosan. https://en.wikipedia.org/w/index.php?title=Cosan&oldid=713298536 (accessed July 2016).

CAPÍTULO 7

Conceitos e ferramentas de Big Data

OBJETIVOS DIDÁTICOS

- Aprender o que é Big Data e como isso está revolucionando o mundo da análise de dados.
- Entender a motivação empresarial por trás da análise de Big Data.
- Familiarizar-se com a ampla gama de tecnologias facilitadoras de análise de Big Data.
- Aprender sobre Hadoop, MapReduce e NoSQL e sua relação com análise de Big Data.
- Comparar e contrastar as utilizações complementares de *data warehouses* e tecnologias de Big Data.
- Familiarizar-se com plataformas e serviços selecionados de Big Data.
- Compreender a necessidade e apreciar as capacidades da análise de fluxos.
- Aprender a respeito das aplicações de análise de fluxos.

Big Data, um termo que significa muitas coisas para diferentes pessoas, não é um novo modismo tecnológico. Ele se tornou uma prioridade nos negócios, com o potencial de alterar profundamente o cenário competitivo na atual economia globalmente integrada. Além de proporcionar soluções inovadoras para problemas empresariais duradouros, Big Data e análise de dados investigam novas maneiras de transformar processos, organizações, setores inteiros e até mesmo a sociedade como um todo. Porém, a ampla cobertura da mídia torna difícil distinguir modismo de realidade. Este capítulo visa oferecer uma cobertura abrangente do tema de Big Data, suas tecnologias facilitadoras e conceitos analíticos relacionados para ajudar na compreensão das capacidades e limitações dessa tecnologia emergente. O capítulo começa por uma definição e análise de conceitos relacionados a Big Data, seguidas dos detalhes técnicos sobre as tecnologias facilitadoras, incluindo Hadoop, MapReduce e NoSQL. Apresentamos também uma análise comparativa entre armazenamento de dados e análise. A parte final do capítulo é dedicada à análise de fluxos, que é uma das proposições de valor mais promissoras da análise de Big Data.

7.1 VINHETA DE ABERTURA: Análise da evasão de clientes numa empresa telecom usando métodos de Big Data

Contexto

Uma empresa telecom chamada Access Telecom (nome fictício) queria deter a vazão de clientes abandonando seus serviços de telecomunicações. A evasão de clientes nesse setor é algo comum. No entanto, a Access Telecom estava perdendo clientes a um ritmo alarmante. Diversas razões e soluções potenciais foram atribuídas a esse fenômeno. A gestão da empresa percebeu que muitos cancelamentos envolviam comunicações entre o departamento de atendimento a clientes e os próprios clientes. Tendo isso em vista, uma força-tarefa formada por membros do setor de relações com o cliente e do departamento de TI foi organizada para explorar o problema mais a fundo. Sua tarefa era explorar como o problema da evasão de clientes podia ser mitigado com base numa análise dos padrões de comunicações com os clientes (Asamoah et al. 2016).

Obstáculos de Big Data

Sempre que os clientes enfrentavam problemas com sua conta, com seu plano ou com a qualidade das ligações, eles entravam em contato com a empresa via diversos canais. Esses canais incluíam um *call center*, o site da empresa (links de contato) e a central de serviços física de atendimento pessoal. Os clientes podiam cancelar uma conta por meio de um desses canais. A Access Telecom (AT) queria conferir se a análise dessas interações com clientes poderia gerar algum *insight* sobre as perguntas feitas pelos clientes ou o(s) canal(is) de contato usado(s) por eles para cancelarem suas contas. Os dados gerados por essas interações estavam na forma de texto e áudio. Dessa forma, a AT teria de combinar todos os dados em um único local. A empresa explorou o uso de plataformas tradicionais para gerenciamento de dados, mas logo descobriu que elas não eram versáteis o suficiente para lidar com análise avançada de dados no cenário em que havia múltiplos formatos de dados provenientes de múltiplas fontes (Thusoo, Shao, & Anthony, 2010).

Dois eram os desafios principais na análise desses dados: múltiplas fontes de dados levando a uma variedade de formatos e também um grande volume de dados.

1. **Dados de múltiplas fontes:** os clientes podiam contatar a empresa acessando suas contas no site institucional, permitindo que a AT gerasse um registro de informações de atividades de clientes na Web. O catálogo de registros permitiu que a empresa identificasse se e quando um cliente revisava seu plano vigente, formalizava uma queixa ou conferia sua cobrança online. Na central de atendimento, os clientes também podiam encaminhar uma reclamação de serviço, solicitar uma mudança de plano ou cancelar o serviço. Essas atividades ficavam registradas no sistema transacional da empresa e, em seguida, no seu *data warehouse*. Por fim, um cliente podia ligar para a central de atendimento via telefone e negociar seu plano da mesma forma que o faria pessoalmente numa central de atendimento física. Tais transações podiam envolver uma consulta de saldo ou a iniciação do cancelamento do plano. Históricos de telefonemas estavam disponíveis em um sistema com um registro dos motivos pelos quais um cliente estava telefonando. Para que uma análise substancial fosse realizada, os conjuntos de dados individuais precisavam ser convertidos em formatos estruturados similares.

2. **Volume de dados:** o segundo desafio era a mera quantidade de dados provenientes das três fontes, que tinham de ser extraídos, limpos, reestruturados e analisados. Embora projetos anteriores de análise de dados utilizassem acima de tudo um pequeno conjunto de amostragem de dados para análise, a AT decidiu aproveitar a múltipla variedade e fontes de dados, bem como o volume de dados registrados, para gerar o máximo possível de *insights*.

Uma abordagem analítica que fosse capaz de utilizar todos os canais e fontes de dados, embora vastos, teria o potencial de gerar *insights* ricos e aprofundados a partir dos dados para ajudar a diminuir a evasão de clientes.

Solução

A arquitetura unificada de Big Data da Teradata Aster foi utilizada para gerir e analisar a profusão de dados multiestruturados. Introduziremos a Teradata Aster na Seção 7.6. Um esquema de quais dados foram combinados é mostrado na Figura 7.1. Com base em cada fonte de dados, três tabelas foram criadas, com cada tabela contendo as seguintes variáveis: ID do cliente, canal de comunicação, data/horário e medida tomada. Antes do cancelamento final de um serviço, a variável de medida tomada podia ser uma ou mais das seguintes 11 opções (simplificadas para este caso): apresentar uma contestação de cobrança, solicitar um *upgrade* de plano, solicitar um *downgrade* de plano, realizar uma atualização de perfil, visualizar resumo da conta, acessar suporte ao cliente, visualizar cobrança, revisar contrato, acessar função de localizador de repositório no site, acessar seção de perguntas frequentes no site ou procurar dispositivos. O foco da análise era encontrar o trajeto mais comum que resultava num cancelamento final do serviço. Os dados foram agrupados em sessões, sequenciando os eventos envolvendo um cliente em particular em um período definido de tempo (cinco dias por todos os canais de comunicação) como uma única sessão. Ao final, a função de sequenciamento temporal nPath da Aster

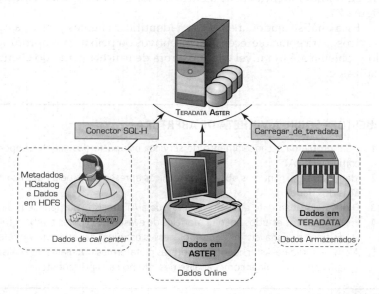

FIGURA 7.1 Múltiplas fontes de dados integradas em Teradata Aster. *Fonte:* Teradata Corp.

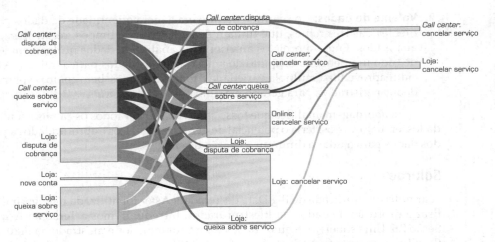

FIGURA 7.2 Visualização das 20 principais trajetórias. *Fonte:* Teradata Corp.

(operacionalizada dentro de uma estrutura SQL-MapReduce) foi usada para analisar tendências comuns que acabavam levando a um cancelamento.

Resultados

Os resultados iniciais identificaram diversas rotas que podiam levar a uma solicitação de cancelamento de serviço. A empresa determinou milhares de rotas que um cliente pode percorrer para cancelar o serviço. Um análise adicional foi conduzida para identificar as rotas mais frequentes para solicitações de cancelamento. Isso foi chamado de Rota de Ouro. As 20 rotas mais prevalentes que levavam a cancelamento foram identificadas a curto e a longo prazos. Uma amostra é exibida na Figura 7.2.

Essa análise ajudou a empresa a identificar clientes prestes a cancelarem seus serviços, para então oferecer-lhes incentivos ou pelo menos aprofundar a resolução do problema até um nível em que a rota de cancelamento do cliente não se materializasse.

QUESTÕES SOBRE A VINHETA DE ABERTURA

1. Qual problema o cancelamento de serviços por parte dos clientes impõe à sobrevivência comercial da AT?
2. Identifique e explique os obstáculos técnicos apresentados pela natureza e pelas características dos dados da AT.
3. O que é agrupamento em sessões? Por que a AT precisou agrupar seus dados em sessões?
4. Pesquise outros estudos em que modelos de evasão de clientes também foram empregados. Quais tipos de variáveis foram usados nesses estudos? No que esta vinheta difere deles?
5. Além da Teradata Aster, identifique outras plataformas populares de análise de Big Data que seriam capazes de lidar com a análise descrita no caso precedente.

O que podemos aprender com essa vinheta?

Nem todos os problemas comerciais são dignos do uso de uma plataforma de análise de Big Data. Essa situação apresenta um caso empresarial que justificava o uso de tal plataforma. O principal desafio girava em torno das características dos dados sob consideração. Os três tipos diferentes de conjuntos de dados sobre interações com clientes apresentavam um desafio de análise. Os formatos e campos de dados gerados em cada um desses sistemas eram bastante vastos. E seu volume também era grande. Isso tornou imperativo o uso de uma plataforma que contasse com tecnologias para permitir a análise de grandes volumes de dados provenientes em uma variedade de formatos.

Também vale ressaltar que a AT alinhou as perguntas feitas aos dados com a estratégia de negócios da organização. As perguntas também embasaram o tipo de análise que acabou sendo realizado. É importante entender que, para qualquer aplicação de uma arquitetura de Big Data, a estratégia de negócios da organização e a geração de perguntas relevantes são aspectos fundamentais para identificar o tipo de análise a ser realizada.

Fontes: Asamoah, D., Sharda, R., Zadeh, A., & Kalgotra, P. (2016). Preparing a Big Data analytics professional: A pedagogic experience. In *DSI 2016 Conference*, Austin, TX. Thusoo, A., Shao, Z., & Anthony, S. (2010). Data warehousing and analytics infrastructure at Facebook. In *Proceedings of the 2010 ACM SIGMOD International Conference on Management of Data* (p. 1013). doi: 10.1145/1807167.1807278.

7.2 Definição de Big Data

O uso de dados para entender consumidores/clientes e operações comerciais para sustentar (e promover) o crescimento e a lucratividade representa uma tarefa cada vez mais desafiadora para as empresas atuais. À medida que mais dados ficam disponíveis em diversas formas e formatos, o processamento ágil dos dados com meios tradicionais se torna impraticável. Nos dias de hoje, esse fenômeno passou a ser chamado de Big Data, e está recebendo uma substancial cobertura da imprensa e atraindo crescente interesse tanto de usuários empresariais quanto de profissionais de TI. O resultado é que Big Data está se tornando um chavão exageradamente badalado e utilizado no marketing.

Big Data significa coisas distintas para pessoas com formações e interesses diferentes. Tradicionalmente, o termo *Big Data* era usado para descrever os imensos volumes de dados analisados por enormes organizações como Google ou projetos de pesquisa científica na Nasa. Mas para a maioria dos empreendimentos, trata-se de um termo relativo: "Big" depende do tamanho de cada organização. A questão aqui é encontrar um valor renovado dentro e fora das fontes de dados convencionais. Quando os limites da análise de dados são ampliados, novos *insights* e oportunidades são descobertos, e *"big"* depende do seu ponto de partida e de como você avança nesse sentido. Vejamos uma descrição popular do conceito: Big Data excede o alcance de ambientes de hardware e/ou capacidades de ferramentas de software comumente usados, não podendo ser capturado, gerido e processado por eles dentro de um espaço de tempo tolerável por sua população de usuários. **Big Data** tornou-se um termo popular para descrever o crescimento, a disponibilidade e o uso exponencial de informações, tanto estruturadas quanto não estruturadas. Muito já se escreveu a respeito da tendência de Big Data e como ela pode servir como uma base para inovação, diferenciação e crescimento. Para superar os desafios tecnológicos no gerenciamento do grande volume de dados provenientes de múltiplas fontes, às vezes em ritmo acelerado, novas tecnologia adicionais acabaram sendo desenvolvidas. O uso do termo *Big Data* está geralmente associado a tais tecnologias. Como uma das principais aplicações desses dados armazenados é a geração de *insights* por meio de análise de dados, às vezes o termo Big Data é ampliado como análise de Big Data. Mas o termo está perdendo seu conteúdo estrito e passando a significar coisas diferentes para pessoas diferentes. Como nosso objetivo é introduzi-lo aos grandes conjuntos de dados e a seu potencial em gerar *insights*, empregaremos o termo original neste capítulo.

De onde vem Big Data? Uma resposta simples é "de toda parte". As fontes que costumavam ser ignoradas devido a limitações técnicas agora são tratadas como minas de ouro. Big Data pode vir de *logs* na Web, identificação por radiofrequência (RFID), sistemas de posicionamento global (GPS), redes de sensores, redes sociais, documentos textuais baseados na Internet, índices de buscas na Internet, registros detalhados de telefonemas, astronomia, ciência atmosférica, biologia, genômica, física nuclear, experimentos bioquímicos, registros médicos, pesquisas científicas, monitoramento militar, arquivos fotográficos, arquivos de vídeo e práticas de comércio eletrônico em larga escala.

A Big Data não é nova. O que é novo é que a definição e a estrutura de Big Data estão em constante evolução. Empresas vêm armazenando e analisando grandes volumes de dados desde o advento dos *data warehouses* no início dos anos 90. Se antes terabytes eram sinônimo de *data warehouses* de Big Data, atualmente são exabytes, e o ritmo de crescimento no volume de dados continua a aumentar, conforme as organizações buscam armazenar e analisar níveis maiores de detalhes transacionais, bem como dados gerados na Web e por máquinas, a fim de compreenderem melhor o comportamento do consumidor e os fatores de bom desempenho.

Muitos (acadêmicos e analistas/líderes industriais afins) consideram que "Big Data" é um nome incorreto. O que ele afirma e o que de fato significa não necessariamente são a mesma coisa. Ou seja, Big Data não é apenas "grande". O mero volume de dados é apenas uma das características que costumam estar associadas a Big Data, incluindo variedade, velocidade, veracidade, variabilidade e valor proposto, entre outras.

Os Vs que definem Big Data

Big Data é tipicamente definida por três Vs: volume, variedade, velocidade. Além desses três, percebemos alguns líderes no fornecimento de soluções de Big Data adicionando outros Vs, como veracidade (IBM), variabilidade (SAS) e valor proposto.

VOLUME Volume é obviamente o traço mais comum de Big Data. Muitos fatores contribuíram para o aumento exponencial no volume de dados, como os dados baseados em transações armazenados ao longo dos anos, os dados textuais fluindo constantemente das redes sociais, as quantidades crescentes de dados de sensores sendo coletados, os dados automaticamente gerados por RFID e GPS, e assim por diante. No passado, um volume excessivo de dados gerava problemas de armazenamento, tanto técnicos quanto financeiros. Porém, com as tecnologias avançadas atuais, em conjunto com a diminuição dos custos de armazenamento, esses problemas deixaram de ser graves; na verdade, outros problemas emergiram, incluindo como determinar relevância entre os vastos volumes de dados e como gerar valor a partir de dados considerados relevantes.

Como já mencionado, *big* é um termo relativo. Ele muda com o passar do tempo e é percebido de modo distinto por diferentes organizações. Com o aumento impressionante no volume de dados, até mesmo encontrar um nome para o próximo patamar de Big Data se tornou um desafio. As maiores massas de dados, que eram chamadas de petabytes (PB), abriram espaço para os zettabytes (ZB), que representam um trilhão de gigabytes (GB), ou um bilhão de terabytes (TB). O quadro Dicas Tecnológicas 7.1 oferece um apanhado geral do tamanho e dos nomes dos volumes de Big Data.

DICAS TECNOLÓGICAS 7.1
A dimensão dos dados está ficando cada vez maior, maior, maior

Está cada vez mais difícil acompanhar os novos nomes usados para descrever grandes quantidades de dados. Todos conhecemos kilobyte (KB, que equivale a 1.000 bytes), megabyte (MB, que equivale a 1.000.000 bytes), gigabyte (GB, que equivale a 1.000.000.000 bytes) e terabyte (TB, que equivale a 1.000.000.000.000 bytes). A partir daí, os nomes associados a dimensões de dados são relativamente novos para a maioria de nós. A tabela a seguir mostra o que vem depois de terabyte e além.

Nome	Símbolo	Valor
Kilobyte	kB	10^3
Megabyte	MB	10^6
Gigabyte	GB	10^9
Terabyte	TB	10^{12}
Petabyte	PB	10^{15}
Exabyte	EB	10^{18}
Zettabyte	ZB	10^{21}
Yottabyte	YB	10^{24}
Brontobyte*	BB	10^{27}
Gegobyte*	GeB	10^{30}

*Ainda não se trata de um nome/símbolo oficial dos SI (Sistema Internacional de Unidades).

Vale ressaltar que um exabyte de dados é criado na Internet a cada dia, o que equivale a 250 milhões de DVDs de informação. E a noção de quantidades ainda maiores de dados – um zettabyte – não está tão distante assim em se tratando do montante de informação que atravessa a Web a cada ano. Na verdade, especialistas do setor já estão estimando que veremos 1,3 zettabyte de tráfego anualmente pela Internet em 2016 – e que isso pode pular para 2,3 zettabytes em 2020. Neste mesmo ano, projeta-se que o tráfego na Internet alcançará 300 GB *per capita* ao ano. Ao se referirem a yottabytes, alguns cientistas de Big Data muitas vezes estão considerando o montante de dados que a NSA ou o FBI possuem no total a respeito das pessoas. Em termos de DVDs, um yottabyte ocuparia 250 trilhões deles. Um brontobyte, que não é um prefixo oficial do SI, mas aparentemente é reconhecido por algumas pessoas na comunidade de mensuração, corresponde ao número 1 seguido por 27 zeros. A dimensão de tamanho magnitude pode ser usada para descrever a quantidade de dados de sensores que obteremos junto à Internet na próxima década, senão antes.

(Continua)

> **DICAS TECNOLÓGICAS 7.1** *(Continuação)*
> **A dimensão dos dados está ficando cada vez maior, maior, maior**
>
> Já um gegobyte corresponde ao número 10 na potência 30. Com relação à proveniência de Big Data, considere o seguinte:
> - O Grande Colisor de Hádrons do CERN gera 1 petabyte por segundo.
> - Sensores localizados em turbinas de um jato Boeing criam 20 terabytes de dados a cada hora.
> - Todos os dias, 600 terabytes de novos dados são ingeridos por bases de dados do Facebook.
> - No YouTube, 300 horas de vídeos são postados por minuto, traduzindo-se em 1 terabyte a cada minuto.
> - O telescópio Square Kilometer Array (o maior telescópio proposto do mundo) irá gerar um exabyte de dados por dia.
>
> *Fontes:* Higginbotham, S. (2012). As data gets bigger, what comes after a yottabyte? gigaom.com/2012/10/30/as--data-gets-bigger-what-comes-after-a-yottabyte (acessado em agosto de 2016).
>
> Cisco. (2016). The zettabyte era: Trends and analysis. cisco.com/c/en/us/solutions/collateral/service-provider/visual--networking-index-vni/vni-hyperconnectivity-wp.pdf (acessado em agosto de 2016).

A partir de uma breve perspectiva histórica, em 2009 o mundo tinha cerca de 0,8 ZB de dados; em 2010, eles excederam a marca de 1 ZB; ao final de 2011, o número estava em 1,8 ZB. Estima-se que cheguemos a 44 ZB em 2020 (Adshead, 2014). Com a difusão dos sensores e da Internet das Coisas (IoT – Internet of Things, a ser introduzida no próximo capítulo), essas projeções podem se revelar todas equivocadas. Embora esses números impressionem por seu tamanho, o mesmo vale para os desafios e oportunidades que os acompanham.

VARIEDADE Atualmente, a variedade de dados se dá em todos os tipos de formatos – desde as bases de dados tradicionais até depositários de dados hierárquicos criados pelos usuários finais, sistemas OLAP para documentos textuais, email, XML, dados coletados por medidores e capturados por sensores e dados em formato de vídeo, áudio e códigos de bolsas de valores. Segundo certas estimativas, entre 80 e 85% de todos os dados organizacionais encontram-se em algum formato não estruturado ou semiestruturado (um formato que não é adequado para esquemas tradicionais de base de dados). Contudo, não há como negar o seu valor, e, por isso, eles devem ser incluídos nas análises para embasar tomadas de decisão.

VELOCIDADE De acordo com a Gartner, velocidade significa tanto o ritmo com que os dados estão sendo produzidos quanto o ritmo com que devem ser processados (ou seja, capturados, armazenados e analisados) para satisfazer à necessidade ou à demanda. Etiquetas de RFID, sensores automatizados, aparelhos de GPS e medidores inteligentes estão levando a uma necessidade crescente de lidar com enxurradas de dados quase em tempo real. A velocidade talvez seja a característica mais desprezada de Big Data. Reagir com agilidade suficiente para lidar com a velocidade é um desafio para a maioria das organizações. Em ambientes que correm contra o tempo, o relógio do custo de oportunidade dos dados dispara no momento em que os dados são criados. Com o passar do tempo, a proposição de valor dos dados se degrada até se perder por completo. Quer o tópico em questão seja a saúde de um paciente, o bem-estar de um sistema de tráfego ou a saúde de uma carteira de investimento, a avaliação dos dados e a reação mais rápida às circunstâncias sempre criarão resultados mais vantajosos.

Na tempestade de Big Data que estamos testemunhando atualmente, quase todos estão fixados em análise de dados estanque, usando sistemas otimizados de software e hardware para minerar vastas quantidades de fontes de dados variantes. Embora isso seja de importância crucial e bastante valioso, existe uma outra classe de análise de dados, motivada pela velocidade de Big Data, denominada "análise de fluxo de dados" ou "análise de dados em movimento", que está evoluindo bem depressa. Se praticada corretamente, a análise de fluxo de dados pode ser tão valiosa, e em certos ambientes de negócios ainda mais valiosa, do que a análise de dados estática. Mais adiante neste capítulo abordaremos esse tópico em mais detalhes.

VERACIDADE   *Veracidade* é um termo cunhado pela IBM e que está sendo usado como o quarto V para descrever Big Data. Ele lida com a conformidade dos fatos: precisão, qualidade, confiança e confiabilidade. Ferramentas e técnicas são muitas vezes usadas para lidar com a veracidade de Big Data ao se transformar os dados em *insights* de qualidade e de confiabilidade.

VARIABILIDADE   Além de aumentar as velocidades e as variedades dos dados, os fluxos de dados podem ser altamente inconsistentes, com picos periódicos. Algo importante está repercutindo nas redes sociais? Talvez uma importante IPO de ações esteja se aproximando. Talvez nadar com porcos nas Bahamas tenha se tornado a próxima moda para as férias. Picos diários, sazonais e desencadeados por eventos nos fluxos de dados podem ser altamente variáveis e, assim, difíceis de administrar – sobretudo quando as redes sociais estão envolvidas.

VALOR PROPOSTO   A empolgação em torno de Big Data advém de sua proposição de valor. Uma noção preconcebida a respeito de "Big" Data é que ela contém (ou apresenta um maior potencial para conter) mais padrões e anomalias interessantes do que "Small" Data. Desse modo, analisando-se vastos conjuntos de dados ricos em elementos, organizações podem colher mais valor comercial do que o fariam de outra forma. Embora os usuários sejam capazes de detectar os padrões em pequenos conjuntos de dados usando simples métodos estatísticos e de aprendizado de máquina ou ferramentas de consultas e relatórios *ad hoc*, Big Data significa "*big*" análise de dados. Isso quer dizer uma análise de dados com maiores *insights* e melhores decisões, algo que toda e qualquer organização precisa.

Como a definição exata de Big Data (ou de seus termos sucessores) continua sendo uma discussão duradoura em círculos acadêmicos e industriais, é provável que mais características (talvez mais Vs) acabem sendo adicionadas a essa lista. O que quer que aconteça, a importância e a proposição de valor da Big Data veio para ficar. A Figura 7.3 exibe uma arquitetura conceitual em que Big Data (do lado esquerdo da figura) é convertida em *insight* de negócios pelo emprego de uma combinação de análise de dados avançada, sendo entregue a uma variedade de usuários/funções para a tomada de decisões mais rápidas/melhores.

Outro termo que está sendo acrescentado ao palavrório envolvendo Big Data é "dados alternativos". O Caso Aplicado 7.1 mostra exemplos de múltiplos tipos de dados em inúmeros cenários diferentes.

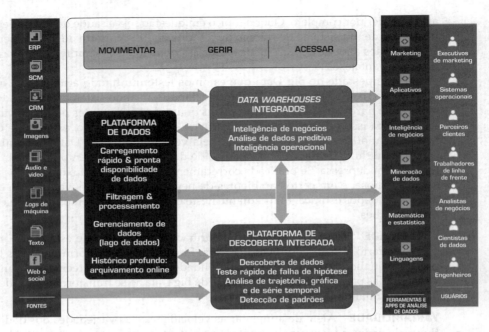

FIGURA 7.3 Arquitetura conceitual de âmbito geral para soluções de Big Data. *Fonte:* AsterData – A Teradata Company.

Caso aplicado 7.1

Dados alternativos para análise ou projeções de mercado

Obter uma boa projeção e compreensão da situação é crucial em qualquer cenário, mas é especialmente importante para quem atua no setor de investimentos. Um investidor que consegue obter uma indicação prévia do desempenho de vendas de varejistas específicos se encontra em vantagem na hora de decidir por comprar ou vender ações da empresa antes que relatórios de faturamento sejam divulgados. O problema de projetar atividade econômica ou microclimas com base numa variedade de dados além dos dados usuais sobre varejo é um fenômeno recente que levou a mais outro termo da moda: "dados alternativos". Uma fonte importante nessa categoria de dados alternativos são as imagens de satélite, mas também incluem dados de redes sociais, papelada governamental, anúncios de emprego, padrões de tráfego, alterações em estacionamentos ou espaços abertos detectados por imagens de satélite, padrões de uso de telefone celular em qualquer região em determinado horário, padrões de procura em mecanismos de busca e assim por diante. O Facebook e outras empresas já investiram em satélites para tentar retratar o globo inteiro a cada dia, para que alterações diárias possam ser rastreadas em qualquer região e informações possam ser usadas em projeções. Nos últimos 6 a 12 meses, muitos exemplos interessantes de projeções mais confiáveis e avançadas vêm sendo divulgados. Em sua maioria, essas atividades vêm sendo capitaneadas por empresas *start-ups*. Eis alguns dos exemplos:

- O Facebook utilizou seu mecanismo de reconhecimento de imagens para analisar mais de 14,6 bilhões de imagens de cada canto do mundo a fim de identificar áreas de baixa conectividade.
- A RS Metrics monitorou estacionamentos nos Estados Unidos para vários fundos de *hedge*. Em 2015, com base numa análise dos estacionamentos, a RS Metrics previu um forte segundo trimestre de 2015 para a JC Penney. Seus clientes (em sua maioria fundos de *hedge*) lucraram com essa projeção antecipada. Segundo um relato similar, a Walmart utilizou contagens de carros em seus estacionamentos para projetar volumes de vendas.
- A Orbital Insights emprega dados de imagens de satélite para fornecer indicadores macroeconômicos para vários setores da indústria. Ao analisar, por exemplo, as sombras de tanques de estocagem de petróleo ao redor do mundo, ela alega ter produzido uma melhor estimativa diária do estoque mundial de petróleo do que aquela disponibilizada pela International Energy Agency (IEA).
- A Spaceknow faz um acompanhamento das alterações nas cercanias de fábricas em mais de 6 mil locais de produção na China. Usando esses dados, a empresa vem sendo capaz de gerar uma noção da atividade econômica industrial da China mais precisa do que aquela divulgada pelo próprio governo do país.
- A Descartes Labs emprega dados de satélite para prever as safras de milho nos Estados Unidos com maior precisão do que o próprio Departamento de Agricultura do país. Projeções mais precisas podem ter enormes impactos sobre transações de contratos futuros. Um exemplo mais antigo disso foi uma empresa chamada Lanworth, que também projetava estimativas para safras de milho. A Lanworth foi adquirida pela Thomson Reuters e está integrada em seu serviço Eikon.
- A DigitalGlobe é capaz de analisar o tamanho de uma floresta com maior precisão devido a seu software, que consegue contar cada árvore nela. Isso resulta numa estimativa mais precisa, pois não há necessidade de se usar uma amostra representativa.
- Relata-se que a Kensho, uma empresa sustentada pela Goldman Sachs, está analisando dados de múltiplas fontes (mencionadas anteriormente) para construir um mecanismo de transações.

Esses exemplos ilustram apenas uma amostra dos modos como os dados podem ser combinados para gerar novos *insights*. Em certos casos, é claro, há preocupações relacionadas à privacidade. Uma matéria publicada em 2015 no *Wall Street Journal*, por exemplo, relatava que a Yodlee, uma empresa que fornece ferramentas de finanças pessoais para muitos bancos de grande porte e que, assim, tem acesso a milhões de transações de cartão de crédito de seus correntistas, vende tais dados para outras firmas de análise de dados, as quais podem utilizar as informações para desenvolver com antecedência previsões de tendência de vendas para determinados varejistas. Tais informações são altamente valorizadas por operadores de bolsas de valores. A matéria levou a uma indignação quanto a informações de clientes sendo usadas de formas não autorizadas. Em certos círculos, também há uma preocupação quanto à legalidade de se desenvolver tais previsões com antecedência a respeito de uma *commodity* ou empresa em particular. Ainda que tais preocupações venham a ser aplacadas por novas regulamentações, fica claro que maneiras novas e interessantes de combinar dados de satélite com muitas outras fontes de dados estão gerando uma nova safra de empresas de análise de dados. Todas essas organizações estão trabalhando com dados que satisfazem os três Vs – caracterizações de variedade, volume e velocidade. Algumas dessas empresas também atuam em

(Continua)

Caso aplicado 7.1 *(Continuação)*

outra categoria de dados – a de sensores. Elas serão examinadas no próximo capítulo, quando revisaremos as tendências emergentes na análise de dados. Mas esse grupo de empresas também recai certamente sob um conjunto de aplicações inovadoras e emergentes.

Questões para discussão

1. O que há em comum entre os exemplos examinados nesse caso aplicado?
2. Você consegue pensar em outras fontes de dados que podem ajudar a dar uma indicação prévia do volume de vendas de um varejista?
3. Consegue lembrar de outras aplicações assemelhadas às apresentadas nesse caso aplicado?

Fontes: Dillow, C. (2016). What happens when you combine artificial intelligence and satellite imagery. fortune.com/2016/03/30/facebook-ai-satellite-imagery/ (acessado em julho de 2016).

Ekster, G. (2015). Driving investment performance with alternative data. integrity-research.com/wp-content/uploads/2015/11/Driving-Investment-Performance-With-Alternative-Data.pdf (acessado em julho de 2016).

Hope, B. (2015). Provider of personal finance tools tracks bank cards, sells data to investors. wsj.com/articles/provider-of-personal-finance-tools-tracks-bank-cards-sells-data-to-investors-1438914620 (acessado em julho de 2016).

Orbital Insight. World Oil Storage Index. orbitalinsight.com/solutions/world-oil-storage-index/ (acessado em julho de 2016).

Shaw, C. (2016). Satellite companies moving markets. quandl.com/blog/alternative-data-satellite-companies (acessado em julho de 2016).

Steiner, C. (2009). Sky high tips for crop traders. http://www.forbes.com/forbes/2009/0907/technology-software-satellites-sky-high-tips-for-crop-traders.html (acessado em julho de 2016).

Turner, M. (2015). This is the future of investing, and you probably can't afford it. businessinsider.com/hedge-funds-are-analysing-data-to-get-an-edge-2015-8 (acessado em julho de 2016).

SEÇÃO 7.2 QUESTÕES DE REVISÃO

1. Qual é a importância de Big Data? O que mudou para que tal conceito fosse colocado no centro do mundo da análise de dados?
2. Como você definiria Big Data? Por que é um termo difícil de definir?
3. Dos Vs que são usados para definir Big Data, na sua opinião, qual é o mais importante? Por quê?
4. Qual você acha que será o futuro do Big Data? Sua popularidade será transferida para outra coisa? Nesse caso, que coisa será essa?

7.3 Fundamentos da análise de Big Data

Big Data em si, independentemente de tamanho, tipo ou velocidade, só pode ser útil quando usuários empresariais a aproveitam de alguma forma que agregue valor a suas organizações. É aí que a *"big"* análise de dados entra em cena. Ainda que as organizações sempre tenham rodado relatórios e *dashboards* sobre *data warehouses*, a maioria delas jamais abriu esses repositórios para uma exploração aprofundada sob demanda. Isso em parte se deve à excessiva complexidade das ferramentas de análise para o usuário médio, mas também ocorre porque os repositórios muitas vezes não contêm todos os dados exigidos pelo usuário avançado. Isso, porém, está prestes a mudar (e já vem mudando, para alguns) de forma radical, graças ao novo paradigma de análise de Big Data.

Junto com sua proposição de valor, a Big Data também trouxe consigo grandes desafios para as organizações. Os meios tradicionais de captura, armazenamento e análise de dados não são capazes de lidar com Big Data de modo efetivo e eficaz. Por isso, novas variedades de tecnologias precisam ser desenvolvidas (ou adquiridas/contratadas/terceirizadas) para enfrentar o desafio da Big Data. Antes de fazerem um investimento desse tipo, as organizações devem justificar os meios. Eis algumas questões que podem ajudar a lançar luz sobre essa situação. Se alguma das declarações a seguir for verdadeira, então você deve pensar seriamente em embarcar numa jornada de Big Data.

- Você não tem capacidade de processar a quantidade de dados que deseja devido às limitações importas por sua plataforma ou ambiente atual.
- Você deseja envolver fontes de dados novas/contemporâneas (como redes sociais, RFID, sensores, Web, GPS, dados textuais) em sua plataforma de análise de dados, mas não pode, já que ela só consegue obedecer ao esquema de armazenamento de dados em linhas e colunas se sacrificar a fidelidade ou a riqueza dos novos dados.
- Você precisa (ou deseja) integrar dados o mais rápido possível para se atualizar em sua análise.
- Você deseja trabalhar com um paradigma de armazenamento de dados em esquema sob demanda (em oposição ao esquema pré-determinado usado em sistemas de gerenciamento de banco de dados relacionais [RDBMSs]), já que a natureza dos novos dados pode não ser conhecida, ou pode não haver tempo suficiente para determiná-la e desenvolver um esquema para ela.
- Os dados estão chegando tão depressa às portas de sua organização que a sua plataforma de análise de dados tradicional não é capaz de lidar com eles.

Como no caso de qualquer outro grande investimento em TI, o sucesso da análise de Big Data depende de inúmeros fatores. A Figura 7.4 exibe uma representação gráfica dos fatores de sucesso mais cruciais (Watson, 2012).

A seguir estão listados os fatores mais cruciais para o sucesso de **análise de Big Data** (Watson, Sharda, & Schrader, 2012).

1. *Um necessidade clara de negócios (alinhamento com a visão e a estratégia).* Investimentos em negócios devem ser feitos pelo bem dos negócios, e não por meros motivos de avanços tecnológicos. Portanto, as principais motivadoras da análise de Big Data devem ser as necessidades em termos de negócios, a qualquer nível – estratégico, tático e operacional.
2. *Um apadrinhamento forte e comprometido (um patrono executivo).* É um fato bem conhecido que, quando não contamos com um padrinho executivo forte e comprometido, é difícil (ou mesmo impossível) termos sucesso. Se o escopo for uma única ou algumas poucas aplicações analíticas, o apadrinhamento pode se dar no âmbito departamental. No entanto, se o alvo for uma transformação organizacional como um todo, o que é muitas vezes o caso em iniciativas de Big Data, o apadrinhamento precisa se dar nos escalões mais elevados e pela organização inteira.
3. *Alinhamento entre a estratégia de negócios e a de TI.* É essencial garantir que o trabalho analítico esteja sempre apoiando a estratégia de negócios, e não o inverso. A análise de dados devem cumprir um papel facilitador na execução bem-sucedida da estratégia de negócios.

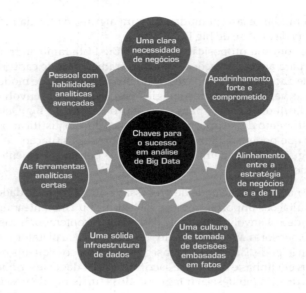

FIGURA 7.4 Fatores cruciais de sucesso para análise de Big Data.

4. **Uma cultura de tomada de decisões embasadas em fatos.** Numa cultura de tomada de decisões embasadas em fatos, são os números, e não a intuição, o coração ou suposições, que embasam as decisões a serem tomadas. Também deve haver uma cultura de experimentação para ver o que funciona e o que não funciona. Para criar uma cultura de decisões embasadas em fatos, a gestão sênior precisa:

   - reconhecer que algumas pessoas não podem ou não conseguem se ajustar;
   - dar um apoio vocal;
   - ressaltar que métodos ultrapassados devem ser abandonados;
   - pedir para ver que tipo de análise de dados influiu nas decisões;
   - vincular incentivos e compensações com comportamentos desejáveis.

5. **Uma sólida infraestrutura de dados.** *Data warehouses* proporcionam a infraestrutura para a análise de dados. Essa infraestrutura está passando por mudanças e sendo aprimorada na era da Big Data e por novas tecnologias. O sucesso requer o casamento do velho com o novo para uma infraestrutura holística que funcione sinergicamente.

   Conforme o tamanho e a complexidade aumentam, a necessidade de sistemas analíticos mais eficientes também se torna mais premente. Para acompanhar o ritmo das exigências computacionais de Big Data, a quantidade de novas técnicas e plataformas computacionais inovadoras vem se ampliando. Em seu conjunto, essas técnicas são denominadas *computação de alto desempenho*, o que inclui o seguinte:

   - **Análise de dados em memória principal:** Soluciona problemas complexos quase em tempo real com *insights* precisos ao possibilitar computações de analíticas e processamento de Big Data em memória principal ao longo de um conjunto dedicado de nós.

- **Análise de dados em banco de dados principal:** Agiliza a obtenção de *insights* e facilita a governança de dados ao realizar integração de dados e funções analíticas dentro do banco de dados, para que você não precise movimentar ou converter dados repetidamente.
- **Computação em grade:** Promove eficiência, custos mais baixos e melhor desempenho ao processar tarefas num conjunto compartilhado e centralmente gerido de recursos de TI.
- **Equipamentos (appliances):** Reúne hardware e software em uma unidade física que é não apenas rápida como também é escalável sob demanda.

As exigências computacionais representam apenas uma pequena parte da lista de desafios que a Big Data impõe às empresas atuais. A seguir estão listados os desafios encontrados por executivos de negócios e que exercem um impacto significativo sobre o sucesso da implementação de análise de Big Data. Ao cogitar projetos e arquitetura de Big Data, tenha em mente que a superação desses desafios tornará a jornada rumo a competência menos estressante.

- **Volume de dados:** A capacidade de capturar, armazenar e processar vastíssimos volumes de dados a uma velocidade aceitável, para que as informações mais recentes fiquem disponíveis aos tomadores de decisões assim que precisarem delas.
- **Integração de dados:** O potencial de combinar dados que não sejam similares em estrutura ou fonte e fazê-lo rapidamente e a um custo razoável.
- **Capacidades de processamento:** O poder de processar dados com agilidade, assim que são capturados. A maneira tradicional de coletar e processar dados pode não funcionar. Em muitas situações, os dados precisam ser analisados assim que são capturados a fim de aproveitar ao máximo o seu valor. (Isso é chamado de *análise de fluxos*, e será abordado mais adiante neste capítulo.)
- **Governança de dados:** A capacidade acompanhar o ritmo dos aspectos de segurança, privacidade, propriedade e qualidade de Big Data. Conforme o volume, a variedade (formato e fonte) e velocidade dos dados vão mudando, o mesmo deve ocorrer com as práticas de governança.
- **Disponibilidade de habilidades:** A Big Data está sendo explorada por novas ferramentas e encarada de diferentes maneiras. Há uma escassez de pessoas (muitas vezes chamadas de *cientistas de dados*) com habilidades para fazerem o trabalho.
- **Custo de solução:** Como a Big Data descortinou um mundo de aprimoramentos possíveis para as empresas, muitas experimentações e descobertas estão ocorrendo a fim de determinar os padrões que importam e os *insights* que agregam valor. Sendo assim, para se assegurar um retorno positivo sobre o investimento num projeto de Big Data, é crucial reduzir o custo das soluções usadas para encontrar esse valor.

Embora os desafios sejam reais, o mesmo vale para a proposição de valor da análise de Big Data. Tudo que você conseguir fazer como líder em análise de negócios para ajudar a comprovar o valor de novas fontes de dados para o seu empreendimento fará com que sua organização deixe de apenas experimentar e explorar Big Data e passe a adaptá-lo e acolhê-lo como um diferenciador. Não há nada de errado com a exploração, mas por fim o valor advém da colocação de tais *insights* em prática.

Problemas empresariais enfrentados com análise de Big Data

Os principais problemas empresariais enfrentados por Big Data em geral são a eficiência dos processos e a redução de custos, bem como a melhoria da experiência dos clientes, mas diferentes prioridades emergem dependendo de cada setor. A eficiência dos processos e a redução de custos talvez estejam entre os problemas mais destacados que podem ser enfrentados por análise de Big Data nos setores industrial, governamental, energia e serviços básicos, comunicações e mídia, transporte e atendimento de saúde. A melhoria da experiência dos clientes pode estar no topo da lista dos problemas enfrentados por companhias de seguro e grandes varejistas. Já a gestão de riscos costuma estar no topo da lista para empresas dos setores bancário e educacional. Eis a seguir uma lista parcial dos problemas que podem ser enfrentados usando-se análise de Big Data:

- Eficiência de processos e redução de custos
- Gestão de marca
- Maximização de faturamento, venda cruzada e *up-selling*
- Melhoria da experiência do cliente
- Identificação de evasão de clientes, captação de clientes
- Melhoria do serviço aos clientes
- Identificação de novos produtos e oportunidades de mercado
- Gestão de riscos
- Conformidade regulatória
- Elevação das capacidades de segurança

O Caso Aplicado 7.2 ilustra um exemplo excelente no setor bancário, quando fontes de dados díspares são integradas numa mesma infraestrutura de Big Data a fim de se obter uma única fonte da verdade.

Caso aplicado 7.2

O banco de investimento Top Five obtém uma fonte única da verdade

A equipe altamente respeitada de derivativos do banco Top Five é responsável por mais de um terço do total de transações de derivativos no mundo. Sua prática com derivativos deixa uma marca global com equipes que suportam crédito, taxas de juros e derivativos patrimoniais em todas as regiões do planeta. O banco já recebeu inúmeras premiações do ramo e é reconhecido por seus produtos inovadores...

Desafio

Com sua exposição significativa em derivativos, a gestão do banco reconheceu a importância de obter um retrato global em tempo real de suas posições. O sistema existente, baseado numa base de dados relacional, foi formado por múltiplas instalações ao redor do mundo. Devido às graduais expansões para acomodar as crescentes variedades no volume de dados, o sistema legado não era rápido o bastante para reagir a necessidades e exigências empresariais cada vez maiores. Ele era incapaz de produzir alertas em tempo real para gerir posições de crédito de mercado e de contrapartidas dentro dos prazos almejados.

Solução

O banco construiu um repositório de transação de derivativos baseado no MarkLogic Server (uma solução de um fornecedor de análise de

Big Data), substituindo as tecnologias até então vigentes. Com a substituição de 20 servidores separados de processamento de lotes por um único repositório operacional de transações, o banco passou a conhecer melhor seu mercado e suas posições de contrapartida de crédito em tempo real, o que lhe permitiu atuar rapidamente para mitigar riscos. A precisão e a completude dos dados fez com que o banco e seus reguladores passassem a confiar plenamente no parâmetros e resultados de teste de estresse de seus relatórios.

O processo de seleção incluiu o *upgrade* da tecnologia existente da Oracle e da Sybase. O cumprimento de todas as novas exigências regulatórias também foi um importante fator na decisão, já que o banco almejava maximizar seus investimento. Depois da investigação cuidadosa do banco, a escolha ficou clara – somente a MarkLogic era capaz de satisfazer suas necessidades e ao mesmo tempo proporcionar melhor desempenho, escalabilidade e desenvolvimento acelerado para exigências e implementações futuras, e a um custo total de propriedade muito inferior. A Figura 7.5 ilustra a transformação dos antigos sistemas fragmentados para o novo sistema unificado.

Resultados

A MarkLogic foi escolhida porque os sistemas existentes não proporcionavam atualizações em subsegundos e os tempos de resposta para análise necessários para gerir de modo eficaz uma carteira de transação de derivativos que representa quase um terço do mercado global. Agora, dados sobre transações são gerados com precisão ao longo de toda a carteira de derivativos do banco, permitindo que os responsáveis pela gestão de risco fiquem a par do verdadeiro perfil de risco empresarial, conduzam análises preditivas usando dados precisos e adotem uma abordagem voltada ao futuro. Assim, não apenas foram poupados centenas de milhares de dólares em custos com tecnologia a cada ano, como o banco já não precisa mais adicionar recursos para atender às demandas crescentes dos reguladores por mais transparência e testes de estresse mais frequentes. Eis os destaques do projeto:

- Um recurso de alerta mantém os usuários a par de mudanças no mercado e em contrapartidas de crédito minuto a minuto, para que possam tomar as medidas apropriadas.

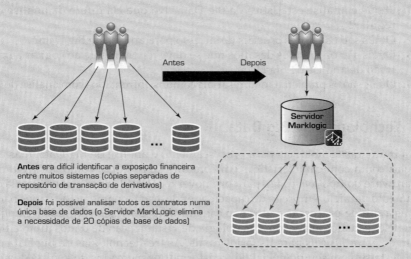

FIGURA 7.5 Transição de muitos sistemas antigos para um novo sistema unificado. *Fonte:* MarkLogic.

(Continua)

> **Caso aplicado 7.2** *(Continuação)*
>
> - Derivativos são armazenados e transacionados em um único sistema da MarkLogic, sem qualquer exigência de parada para manutenção, o que representa uma vantagem competitiva considerável.
> - Mudanças complexas podem ser realizadas em questão de horas, em comparação aos dias, semanas ou mesmo meses que os concorrentes acabam levando.
> - A substituição das soluções Oracle e Sybase reduziu consideravelmente os custos operacionais: um único sistema *versus* 20, um único administrador de base de dados em vez de até 10, e custos mais baixos por transação.
>
> **Próximos passos**
>
> O sucesso na implementação e desempenho do novo sistema levou o banco a examinar outras áreas em que poderia extrair mais valor de sua Big Data – dados estruturados, não estruturados e/ou poliestruturados. Duas aplicações estão sob discussão ativa. Seu braço de pesquisas patrimoniais vê uma oportunidade de alavancar consideravelmente as receitas com uma plataforma capaz de proporcionar pesquisas, reaproveitamentos e entrega de conteúdo em tempo real. O banco também percebe o potencial de centralizar os dados dos clientes a fim de aprimorar a ambientação, aumentar oportunidades de venda cruzada e sustentar exigências do tipo "conheça seu cliente".
>
> **Questões para discussão**
>
> 1. De que forma o Big Data pode beneficiar bancos de investimento em larga escala?
> 2. Como a infraestrutura MarkLogic ajuda na extração de valor de Big Data?
> 3. Quais foram os desafios, a solução proposta e os resultados obtidos?
>
> *Fonte:* MarkLogic. (2012). Top 5 investment bank achieves single source of truth. marklogic.com/resources/top-5-derivatives-trading-bank-achieves-single-source-of-truth (acessado em julho de 2016).

SEÇÃO 7.3 QUESTÕES DE REVISÃO

1. O que é análise estatística de Big Data? No que ela difere da análise de dados regular?
2. Quais são os fatores cruciais de sucesso para análise de Big Data?
3. Quais são os grandes desafios que se deve ter em mente ao cogitar a implementação de análise de Big Data?
4. Quais são os problemas empresariais comuns enfrentados com análise de Big Data?

7.4 Tecnologias de Big Data

Há inúmeras tecnologias para processamento e análise de Big Data, mas a maioria delas conta com características em comum (Kelly, 2012), como aproveitamento de hardware do tipo *commodity* para promover técnicas de aumento em escala e processamento paralelo, emprego de capacidades de armazenamento de dados não relacionais a fim de processar dados não estruturados e semiestruturados, e aplicação de análise de dados avançada e tecnologia de visualização de dados junto a Big Data a fim de gerar *insights* para usuários finais. As três tecnologias de Big Data que mais se destacam em seu potencial de transformar os mercados de análise de negócios e gerenciamento de dados são MapReduce, Hadoop e NoSQL.

MapReduce

MapReduce é uma técnica popularizada pela Google que distribui o processamento de vastíssimos arquivos de dados multiestruturados ao longo de grandes *clusters* de máquinas. Um alto desempenho é alcançado ao se fracionar o processamento em pequenas unidades de trabalho que podem ser rodadas em paralelo ao longo centenas, potencialmente milhares, de nós no *cluster*. Para citar um artigo seminal a respeito de M:

> MapReduce é um modelo de programação e uma implementação associada para o processamento e a geração de vastos conjuntos de dados. Programas escritos nesse estilo funcional são automaticamente estabelecidos em paralelo e executados junto a um grande *cluster* de máquinas do tipo *commodity*. Isso permite que programadores sem qualquer experiência com sistemas paralelos e distribuídos utilizem facilmente os recursos de um vasto sistema distribuído. (Dean & Ghemawat, 2004)

Um ponto-chave a ressaltar nessa citação é que MapReduce é um modelo de programação, não uma linguagem de programação, ou seja, é voltado para ser usado por programadores, em vez de por usuários corporativos. A maneira mais fácil de descrever como o MapReduce funciona é mediante um exemplo – veja o Contador de Quadrados Coloridos na Figura 7.6.

A entrada ao processo de MapReduce na Figura 7.6 é um conjunto de quadrados coloridos. O objetivo é contar o número de quadrados de cada cor. Nesse exemplo, o programador fica responsável pela codificação do mapa e pela redução dos programas; o restante do processamento é realizado pelo sistema de software que implementa o modelo de programação MapReduce.

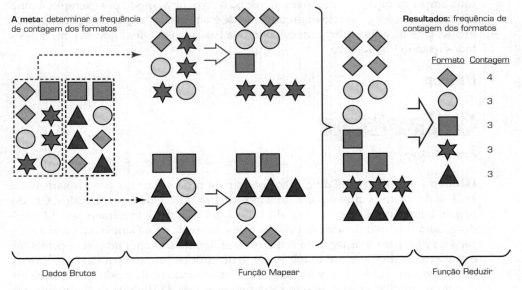

FIGURA 7.6 Representação gráfica do processo MapReduce.

Antes de mais nada, o sistema MapReduce lê o arquivo de entrada e divide-o em múltiplos pedaços. Nesse exemplo, há duas divisões, mas num cenário do mundo real, a quantidade de divisões seria muito maior. Em seguida, essas divisões são processadas por múltiplos programas que rodam em paralelo nos nós do *cluster*. A função de cada programa de mapeamento nesse caso é agrupar os dados segundo um fracionamento por cor. Por fim, o sistema MapReduce coleta a saída de cada programa de mapeamento e funde (ordena) os resultados na forma de entrada para o programa de redução, que calcula a soma de quadrados de cada cor. Nesse exemplo, apenas uma cópia do programa de redução é usada, mas podem haver mais na prática. A fim de otimizar o desempenho, os programadores podem incluir seu próprio programa de ordenamento e também podem implantar um combinador, que conjuga arquivos de saída de mapeamento local que tenham sido acessados remotamente ao longo do *cluster* na etapa de ordenamento.

Por que usar MapReduce?

MapReduce auxilia organizações no processamento e análise de vastos volumes de dados multiestruturados. Dentre os exemplos de aplicação estão indexação e busca, análise gráfica, análise textual, aprendizado de máquina, transformação de dados e assim por diante. Esses tipos de aplicações muitas vezes são difíceis de implementar usando-se a SQL padrão empregado por DBMSs relacionais.

O caráter procedural do MapReduce facilita sua compreensão por parte de programadores habilidosos. Com ele também há a vantagem de que os desenvolvedores não precisam ficar preocupados com a implementação de computação paralela – isso é resolvido de forma transparente pelo sistema. Embora o MapReduce seja voltado para programadores, não programadores podem explorar o valor de aplicações e bibliotecas funcionais pré-instaladas de MapReduce. Bibliotecas de MapReduce tanto comerciais quanto de código aberto estão disponíveis, oferecendo uma ampla gama de capacidades analíticas. A Apache Mahout, por exemplo, é uma biblioteca em código aberto e aprendizado de máquina de "algoritmos para agrupamento, classificação e filtragem colaborativa baseada em lotes" que são implementados usando MapReduce.

Hadoop

Fonte: Hadoop.

Hadoop é um referencial de código aberto para processamento, armazenamento e análise de imensas quantidades de dados distribuídos e não estruturados. Criado originalmente por Doug Cutting, do Yahoo!, o Hadoop foi inspirado pelo MapReduce, uma função definida por usuário e desenvolvida pela Google no início da década da 2000 para indexação da Internet. Ele foi projetado para lidar com petabytes e exabytes de dados distribuídos ao longo de múltiplo nós em paralelo. Os *clusters* de Hadoop rodam em hardware barato do tipo *commodity*, de modo que os projetos podem se ampliar em escala sem rasparem os cofres. O Hadoop é atualmente um projeto da Apache Software Foundation, onde centenas de colaboradores aprimoram continuamente sua tecnologia básica. Conceito fundamental: em vez de martelar um grande bloco de dados com uma única máquina, o Hadoop secciona Big Data em múltiplas partes, de forma que cada parte possa ser processada e analisada ao mesmo tempo que as demais.

Como o Hadoop funciona?

Um cliente acessa dados não estruturados e semiestruturados a partir de fontes incluindo arquivos de registro, *feeds* de redes sociais e repositórios de dados internos. Ele secciona os dados em "partes", que são então abastecidas num sistema de arquivos composto por múltiplo nós que rodam em hardware do tipo *commodity*. O depósito-padrão de arquivos no Hadoop é o **Hadoop Distributed File System**, ou **HDFS**. Sistemas de arquivos como o HDFS estão aptos a armazenarem vastos volumes de dados não estruturados e semiestruturados porque não exigem que os dados fiquem organizados em linhas e colunas relacionais. Cada "parte" é replicada múltiplas vezes e abastecida no sistema de arquivos de tal forma que, se um nó apresentar falha, outro nó possui uma cópia dos dados contidos no nó problemático. O Nó de Nomes [Name Node] atua como um facilitador, comunicando de volta ao cliente informações como quais nós estão disponíveis, onde no *cluster* certos nós se encontram e quais nós apresentaram falha.

Assim que os dados são abastecidos no *cluster*, estão prontos para serem analisados via a estrutura MapReduce. O cliente encaminha uma tarefa de "Mapa" – geralmente uma consulta redigida em Java – para um dos nós do *cluster* conhecido como Rastreador de Tarefas [Job Tracker]. O Rastreador de Tarefas consulta o Nó de Nomes para determinar quais dados ele precisa acessar a fim de cumprir a tarefa e onde no *cluster* tais dados encontram-se localizados. Uma vez determinado isso, o Rastreador de Tarefas encaminha a consulta aos nós relevantes. Em vez de levar todos os dados de volta para uma localização central para serem processados, o processamento se dá em cada nó simultaneamente, ou em paralelo. Essa é a característica essencial do Hadoop.

Após cada nó ter terminado o processamento de sua respectiva tarefa, ele armazena os resultados. O cliente inicia uma tarefa de "Redução" por meio de Rastreador de Tarefas, na qual resultados da etapa de mapeamento armazenados localmente em nós individuais são agregados a fim de determinar a "resposta" à consulta original, sendo então abastecidos em outro nó do *cluster*. O cliente acessa esses resultados, que podem ser abastecidos em um dentre diversos ambientes analíticos para análise. A essa altura, a tarefa do MapReduce foi concluída.

Assim que a etapa do MapReduce é completada, os dados processados estão prontos para análise aprofundada por parte dos cientistas de dados e outros com habilidades avançadas de análise de dados. Os **cientistas de dados** podem manipular e analisar os dados utilizando quaisquer dentre diversas ferramentas para inúmeras aplicações, incluindo a busca de *insights* e padrões ocultos ou o uso dos dados como alicerce para aplicações analíticas voltadas a usuários. Os dados também podem ser modelados e transferidos de *clusters* Hadoop para bases de dados relacionais, *data warehouses* e outros sistemas tradicionais de IT para análise mais aprofundada e/ou suporte de processamento transacional.

Componentes técnicos de Hadoop

Uma "pilha" Hadoop é composta de inúmeros componentes, que incluem:

- **Hadoop Distributed File System (HDFS):** A camada-padrão de armazenamento em qualquer *cluster* Hadoop.
- **Nó de Nomes [Name Node]:** Em um *cluster* Hadoop, este é o nó que fornece ao cliente as informações sobre onde dados específicos encontram-se armazenados no *cluster* e sobre nós que apresentam falhas.
- **Nó Secundário:** Um *backup* do Nó de Nomes, ele periodicamente replica e armazena dados caso o Nó de Nomes apresente falha.
- **Rastreador de Tarefas [Job Tracker]:** Em um *cluster* Hadoop, este é o nó que inicia e coordena tarefas do MapReduce ou o processamento dos dados.
- **Nós Escravos:** Os burros de carga de qualquer *cluster* Hadoop, os nós escravos armazenam dados e obedecem ao Rastreador de Tarefas para processá-los.

Além desses componentes, o ecossistema Hadoop é composto de inúmeros subprojetos complementares. Repositórios de dados NoSQL tipo Cassandra e HBase também são usados para armazenar os resultados de tarefas MapReduce em Hadoop. Além de Java, algumas tarefas MapReduce e outras funções Hadoop são escritas em Pig, uma linguagem de código aberto projetada especificamente para Hadoop. **Hive** é um *data warehouse* de código aberto original desenvolvido pelo Facebook e que permite modelagem analítica em Hadoop. Eis a seguir alguns dos subprojetos mais mencionados para Hadoop.

HIVE Hive é uma estrutura do tipo *data warehouse* baseada em Hadoop desenvolvida originalmente pelo Facebook. Ela permite que usuários escrevam consultas numa linguagem do tipo SQL chamada HiveQL, que então são convertidas em MapReduce. Isso permite que programadores SQL sem experiência alguma em MapReduce utilizem o *data warehouse* e também facilita a integração com ferramentas de inteligência de negócios (BI) e visualização, como Microstrategy, Tableau, Revolutions Analytics e assim por diante.

PIG Pig é uma linguagem de consulta baseada em Hadoop desenvolvida pela Yahoo!. Ela é relativamente fácil de aprender e é apta a tubulações de dados bastante profundas e longas (uma limitação da SQL).

HBASE HBase é uma base de dados não relacional que possibilita procuras rápidas e de baixa latência em Hadoop. Ela acrescenta capacidades transacionais ao Hadoop, permitindo que usuários conduzam atualizações, inserções e deleções. O eBay e o Facebook recorrem bastante ao HBase.

FLUME Flume é uma estrutura para povoar de dados o Hadoop. Agentes são povoados ao longo da estrutura de IT em questão – dentro de servidores Web, servidores de aplicativo e dispositivos móveis, por exemplo – a fim de coletar dados e integrá-los ao Hadoop.

OOZIE O Oozie é um sistema de processamento de fluxos de trabalho mediante o qual usuários podem definir uma série de tarefas escritas em múltiplas linguagens – como MapReduce, Pig e Hive – para então vinculá-las de modo inteligente uma às outras. O Oozie permite que os usuários especifiquem, por exemplo, que uma consulta em particular só deve ser iniciada depois de tarefas prévias das quais ele depende para que os dados sejam completados.

AMBARI Ambari é um conjunto de ferramentas baseadas na Web para implementar, administrar e monitorar *clusters* Apache Hadoop. Seu desenvolvimento está sendo liderado por engenheiros da Hortonworks, que inclui Ambari em sua Hortonworks Data Platform.

AVRO Avro é um sistema de serialização de dados que permite a codificação do esquema de arquivos Hadoop. Ele é voltado para fracionar dados e realizar chamadas de procedimento remoto.

MAHOUT Mahout é uma biblioteca de mineração de dados. Ela reúne os algoritmos mais populares de mineração de dados para realizar *cluster*, testes de regressão e modelagem estatística, e os implementa usando o modelo MapReduce.

SQOOP Sqoop é uma ferramenta de conectividade para transferir dados de repositórios não Hadoop – como bases de dados e *data warehouses* não relacionais – para repositórios tipo Hadoop. Ela permite que os usuários especifiquem a localização-alvo dentro do Hadoop e instrui o Sqoop a transferir dados da Oracle, Teradata e outras bases de dados relacionais para o alvo.

HCATALOG O HCatalog é um serviço centralizado de gerenciamento e compartilhamento de metadados para Apache Hadoop. Ele promove uma visão unificada de todos os dados no *cluster* Hadoop e permite que diversas ferramentas, incluindo Pig e Hive, processem quaisquer elementos de dados sem a necessidade de saber onde eles estão fisicamente armazenados no *cluster*.

Hadoop: os prós e os contras

O principal benefício do Hadoop é que com ele as empresas podem processar e analisar vastos volumes de dados não estruturados e semiestruturados, até então inacessíveis a elas, gastando pouco tempo e dinheiro. Como os *clusters* Hadoop podem ser ampliados em escala até petabytes ou mesmo exabytes de dados, as empresas já não precisam mais depender de conjuntos de dados de amostragem, podendo processar e analisar *todos* os dados relevantes. Os cientistas de dados podem empregar uma abordagem iterativa à análise, refinando e testando continuamente consultas para descobrirem *insights* até então desconhecidos. Além disso, a iniciação no Hadoop não sai cara. Desenvolvedores podem baixar a distribuição Apache Hadoop gratuitamente e começar a experimentar com o Hadoop em menos de um dia.

A desvantagem do Hadoop e de sua profusão de componentes é que eles ainda estão imaturos e se encontram em desenvolvimento. Assim como para qualquer tecnologia jovem e crua, a implementação e gestão de *clusters* Hadoop e a condução de análise de dados avançada junto a grandes volumes de dados não estruturados exigem profundos conhecimentos, habilidades e treinamento especializados. Infelizmente, existe hoje em dia uma escassez de desenvolvedores Hadoop e de cientistas de dados disponíveis, tornando impraticável que muitas empresas mantenham e tirem proveito de *clusters* Hadoop complexos. Ademais, conforme os inúmeros componentes Hadoop vão sendo aprimorados pela comunidade e novos componentes vão sendo criados, acaba surgindo, como em qualquer tecnologia/abordagem de código aberto, um risco de bifurcação. Por fim, o Hadoop é uma estrutura orientada por lotes, o que significa que não suporta processamento e análise de dados em tempo real.

A boa notícia é que algumas das mentes mais brilhantes em TI estão colaborando com o projeto Apache Hadoop, e uma nova geração de desenvolvedores Hadoop e cientistas de dados está eclodindo. Como resultado, a tecnologia está avançando rapidamente, tornando-se mais poderosa e mais fácil de ser implementada e gerida. Um ecossistema de fornecedores – tanto *start-ups* focadas em Hadoop, como Cloudera e Hortonworks, bem como os bons e velhos bastiões da TI, como IBM, Microsoft, Teradata e Oracle – está trabalhando para oferecer distribuições, ferramentas e serviços comerciais Hadoop prontos para tornar a implementação e gestão da tecnologia uma realidade prática para a empresa tradicional. Outras *start-ups* com projetos experimentais estão trabalhando para aperfeiçoar repositórios de dados NoSQL (Not Only SQL, ou Não Apenas SQL) capazes de proporcionarem *insights* quase em tempo real em conjunção com Hadoop. O quadro Dicas Tecnológicas 7.2 apresenta alguns fatos para esclarecer algumas ideias equivocadas a respeito de Hadoop.

DICAS TECNOLÓGICAS 7.2
Alguns fatos desmistificadores a respeito do Haddop

Embora já estejam em circulação há mais de cinco anos, a maioria das pessoas ainda tem ideias equivocadas a respeito do Hadoop e de tecnologias relacionadas, como MapReduce e Hive. A lista a seguir de 10 fatos visa esclarecer o que é o Hadoop e como ele funciona no âmbito da BI, bem como em quais situações empresariais e tecnológicas pode ser útil o emprego de BI baseado em Hadoop, *data warehouses* e análise de dados (Russom, 2013).

Fato nº 1. Hadoop consiste em múltiplos produtos. Falamos sobre Hadoop como se fosse um software monolítico, quando na verdade ele representa uma família de produtos e tecnologias de código aberto supervisionados pela Apache Software Foundation (ASF). (Alguns produtos Hadoop também estão disponíveis via distribuidores comerciais; mais sobre isso a seguir.)

A biblioteca Apache Hadoop inclui (em ordem de prioridade de BI) HDFS, MapReduce, Hive, Hbase, Pig, Zookeeper, Flume, Sqoop, Oozie, Hue e assim por diante. É possível combiná-los de várias formas, mas HDFS e MapReduce (talvez com Hbase e Hive) constituem uma pilha tecnológica útil para aplicações em BI, *data warehouses* e análise de dados.

Fato nº 2. Hadoop é uma tecnologia de código aberto, mas também é oferecida por distribuidores comerciais. A biblioteca de software de código aberto Apache Hadoop é disponibilizada pela ASF em *apache.org*. Para usuários desejosos de um pacote mais amadurecido para uso empresarial, alguns fornecedores agora oferecem distribuições de Hadoop que incluem ferramentas administrativas adicionais e suporte técnico.

Fato nº 3. Hadoop é um ecossistema, não um produto único. Além de produtos da Apache, o ecossistema estendido Hadoop inclui uma lista crescente de produtos de fornecedores que se integram ou que ampliam tecnologias Hadoop. Um minuto no seu mecanismo de busca preferido mostrará quais são eles.

Fato nº 4. HDFS é um sistema de arquivos, e não um sistema de gerenciamento de base de dados (DBMS). O Hadoop é primordialmente um sistema de arquivos distribuídos e carece de capacidades que associaríamos a um DBMS, como indexação, acesso aleatório a dados e suporte para SQL. Isso não chega a ser um problema, pois o HDFS faz coisas que DBMSs não conseguem.

Fato nº 5. O Hive se parece com SQL, mas não é SQL-padrão. Muitos de nós ficamos amarrados à SQL, pois a conhecemos bem e nossas ferramentas exigem sua utilização. Quem já está acostumado com SQL pode aprender rapidamente a codificar Hive manualmente, mas isso não resolve problemas de compatibilidade com ferramentas baseadas em SQL. A TDWI acredita que, com o passar do tempo, produtos Hadoop acabarão suportando SQL-padrão, e que, assim, esse problema logo será irrelevante.

Fato nº 6. Hadoop e MapReduce estão relacionados, mas não exigem um ao outro. Desenvolvedores da Google criaram o MapReduce antes da existência de HDFS, e algumas variações de MapReduce funcionam com diversas tecnologias de armazenamento, incluindo HDFS, outros sistemas de arquivos e alguns DBMSs.

Fato nº 7. O que o MapReduce oferece são controles para análise de dados, e não análise de dados em si. MapReduce é um mecanismo de execução de propósito geral que lida com as complexidades de comunicação em rede, programação paralela e tolerância a falhas para qualquer tipo de aplicativo que você possa codificar manualmente – não apenas análise de dados.

Fato nº 8. O espírito do Hadoop é a diversidade, e não apenas o volume de dados. Teoricamente, o HDFS consegue armazenar e acessar qualquer tipo de dado, contanto que os dados se encontrem em um arquivo e sejam copiados em HDFS. Por mais simplista que pareça, isso é quase sempre verdade, e é exatamente isso que atrai muitos usuários para o Apache HDFS.

Fato nº 9. O Hadoop complementa um DW; raramente serve como um substituto. A maioria das organizações projetam seus DWs para dados estruturados e relacionais, o que dificulta a extração de valor de BI a partir de dados não estruturados e semiestruturados. O Hadoop promete complementar DWs ao lidar com os tipos de dados multiestruturados com os quais os DWs não conseguem lidar.

Fato nº 10. Hadoop possibilita muitos tipos de análise de dados, não apenas análise de dados da Web. O Hadoop atrai muitos holofotes pelo modo como empresas da Internet o utilizam para analisar *logs* da Web e outros dados da Web, mas também existem outros casos de uso. Considere, por exemplo, a Big Data proveniente de dispositivos sensoriais, como robótica na fabricação, RFID no varejo ou monitoramento de redes de transmissão no setor energético. Outros aplicações analíticas que exigem grandes amostras de dados – como segmentação de base de clientes, detecção de fraudes e análise de risco – podem se beneficiar de Big Data adicional gerida pelo Hadoop. De modo similar, os dados adicionais do Hadoop podem descortinar panoramas em 360° para criar uma visão mais completa e granular.

NoSQL

Um novo estilo relacionado de base de dados chamado **NoSQL** (Not Only SQL, ou Não Apenas SQL) surgiu para, como o Hadoop, processar vastos volumes de dados multiestruturados. Porém, enquanto o Hadoop é apto a suportar análises históricas em larga escala e aos lotes, bases de dados NoSQL visam, em sua maior parte (embora haja algumas exceções importantes), oferecer amplos volumes de dados discretos e multiestruturados para usuários finais e aplicações de Big Data. Essa capacidade faz uma grande falta em tecnologias de base de dados relacional, que simplesmente são incapazes de manter os níveis necessários de desempenho de aplicativo numa escala de Big Data.

Em alguns casos, NoSQL e Hadoop atuam em conjunção. A anteriormente citada HBase, por exemplo, é uma popular base de dados NoSQL modelada segundo a Google BigTable, que é muitas vezes implantada sobre o HDFS, o Hadoop Distributed File System, a fim de proporcionar buscas rápidas e de baixa latência em Hadoop. Atualmente, a desvantagem da maioria das bases de dados NoSQL é que elas obedecem ao padrão ACID (atomicidade, consistência, isolamento, durabilidade) de desempenho e escalabilidade. Muitas carecem de ferramentas maduras de gestão e monitoramento. Essas duas desvantagens estão em via de serem superadas pelas comunidades NoSQL de código aberto e por alguns fornecedores que estão buscando comercializar as diversas bases de dados NoSQL. As bases de dados NoSQL atualmente disponíveis incluem HBase, Cassandra, MongoDB, Accumulo, Riak, CouchDB e DynamoDB, entre outras. O Caso Aplicado 7.3 ilustra o uso de bases de dados NoSQL no eBay. Já o Caso Aplicado 7.4 ilustra um aplicativo de rede social em que a infraestrutura Hadoop foi usada para compilar um *corpus* de mensagens no Twitter para descobrir que tipos de usuários procuram qual tipo de suporte para pacientes com problemas médicos buscando informações sobre doenças mentais crônicas.

Caso aplicado 7.3
Solução de Big Data da eBay

A eBay é o maior mercado online do mundo, possibilitando a compra e venda de praticamente qualquer coisa. Fundado em 1995, o eBay conecta uma comunidade diversa e apaixonada de indivíduos compradores e vendedores, bem como pequenas empresas. O impacto coletivo do eBay sobre o comércio eletrônico é impressionante: em 2012, o valor total de venda de mercadorias no eBay foi de US$75,4 bilhões. Atualmente, o eBay atende a mais de 112 milhões de usuários ativos e mais de 400 milhões de itens para venda.

O desafio: suportar dados numa escala extrema

Um dos segredos para o sucesso extraordinário do eBay é sua capacidade de transformar os enormes volumes de dados que ele gera em *insights* úteis que seus clientes podem obter diretamente a partir das páginas que frequentam. Para acomodar o crescimento explosivo de dados do eBay – suas centrais de dados realizam bilhões de leituras e gravações a cada dia – e devido à crescente demanda por processamento de dados a altíssimas velocidades, o eBay precisava de uma solução que não apresentasse os típicos gargalos, problemas de escalabilidade e restrições transacionais associados a abordagens comuns de base de dados relacional. A empresa também precisava conduzir análises aceleradas junto a uma ampla gama de dados estruturados e não estruturados que captura.

A solução: análise de dados integrados em tempo real

Suas exigências em termos de Big Data levaram o eBay a tecnologias NoSQL, especificamente Apache Cassandra e DataStax Enterprise. Juntamente com Cassandra e com suas capacidades de dados de alta velocidade, o eBay também tirou proveito da análise de dados integrada do Apache Hadoop que já vem com o DataStax Enterprise. A solução incorpora uma arquitetura escalável, permitindo que o eBay instaure múltiplos *clusters* DataStax Enterprise ao longo de várias centrais de dados diferentes usando hardware do tipo *commodity*. O resultado final é que agora o eBay alcançou um melhor custo/benefício no processamento de vastas quantidades de dados a altíssimas velocidades, o que ampliou suas capacidades com relação ao que conseguia obter com o sistema proprietário de custo mais alto que costumava usar. Atualmente, o eBay está gerindo uma parcela considerável de suas necessidades de central de dados – mais de 250 TBs de armazenamento – em *clusters* Apache Cassandra e DataStax Enterprise.

Fatores técnicos adicionais que pesaram na decisão do eBay de empregar DataStax Enterprise tão amplamente incluem a escalabilidade linear da solução, alta disponibilidade sem qualquer ponto de falha e desempenho excepcional em gravações.

Lidando com diversos casos de uso

O eBay emprega o DataStax Enterprise para muitos casos de uso diferentes. Os exemplos a seguir ilustram algumas das maneiras como a empresa é capaz de satisfazer suas necessidades de Big Data com o processamento extremamente rápido de dados e as capacidades de análise de dados que a solução oferece. Naturalmente, o eBay experimenta grandes quantidades de tráfego de registros, as quais a implementação Cassandra em DataStax Enterprise lida com mais eficiência do que qualquer outra solução RDBMS ou NoSQL. O eBay atualmente testemunha mais de 6 bilhões de registros ao dia ao longo de múltiplos *clusters* Cassandra e mais de 5 bilhões de leituras (em sua maioria offline) ao dia também.

Um caso de uso suportado pelo DataStax Enterprise envolve a quantificação de dados sociais que o eBay exibe em suas páginas de produtos. A distribuição Cassandra em DataStax Enterprise armazena todas as informações necessárias para proporcionar contagens de dados "*like*", "*own*" e "*want*" em páginas de produtos no eBay. Também oferece os mesmos dados para a página "Your Favorites" do eBay, que contém todos os itens que um usuário aprecia, possui ou deseja, com o Cassandra atendendo a toda a página "Your Favoritos". O eBay oferece esses dados por meio do recurso escalável de contagens do Cassandra.

O equilíbrio de carga e a disponibilidade de aplicação são aspectos importantes nesse caso de uso em particular. A solução DataStax Enterprise proporcionou aos arquitetos do eBay a flexibilidade que eles precisam para projetar um sistema que possibilite que qualquer solicitação de usuário se encaminhe para qualquer central de dados, com cada central de dados dispondo de um único *cluster* DataStax Enterprise abrangendo tais centrais. Essa característica de design ajuda a equilibrar cargas de usuários e elimina qualquer possível ameaça de queda do aplicativo. Além dos dados de negócio que abastece as páginas da Internet que seus clientes visitam, o eBay também consegue realizar análise em alta velocidade com a capacidade de manter uma central de dados rodando nós Hadoop do mesmo anel DataStax Enterprise (veja a Figura 7.7).

Outro caso de uso envolve o "gráfico de predileções" Hunch (uma empresa-irmã do eBay) para usuários e itens do eBay, que oferece recomendações a clientes com base em interesses de usuários. O site do eBay é essencialmente um gráfico entre todos os usuários e os itens a venda. Todos eventos (lances, compra, venda e lista) são capturados pelos sistemas do eBay e armazenados como um gráfico no Cassandra. O aplicativo recebe mais de 200 milhões de registros ao dia e mantém mais de 40 bilhões de dados individuais.

O eBay também usa o DataStax Enterprise para muitos casos de uso de série temporal em que o processamento de altos volumes de dados em tempo real é uma prioridade vital. Eles incluem registros e rastreamento de notificação móvel (todas as vezes que o eBay envia uma notificação para um telefone ou dispositivo móvel, ela fica registrada no Cassandra), detecção de fraudes, registro de *payload* de solicitação/resposta de SOA e *logs* de servidor RedLaser (outra empresa-irmã do eBay) e análise de dados.

Entre todos esses casos de uso está a exigência comum de *uptime*. O eBay está bastante ciente da necessidade de se manter em pleno funcionamento e aberto para negócios, e o DataStax Enterprise cumpre um papel-chave nisso, suportando *clusters* de alta disponibilidade. "A qualquer momento estamos preparados

(Continua)

Caso aplicado 7.3 *(Continuação)*

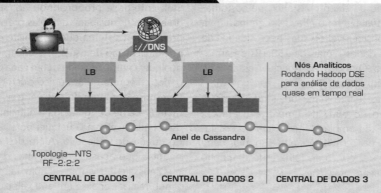

FIGURA 7.7   Implementação de múltiplas centrais de dados pelo eBay. *Fonte:* DataStax.

para recuperação pós-desastres. É muito bom que o Cassandra promova múltiplas centrais de dados ativas em que possamos ler e registrar dados em qualquer lugar, a qualquer momento", afirma Jay Patel, arquiteto do eBay.

Questões para discussão

1. Por que o eBay precisava de uma solução para Big Data?
2. Quais foram os desafios, a solução proposta e os resultados obtidos?

Fonte: DataStax. Customer case studies. datastax.com/resources/casestudies/eBay (acessado em julho de 2016).

Caso aplicado 7.4

Avaliação da qualidade e confiabilidade de informações sobre saúde no Twitter

Na Internet atual, todos os usuários tem o poder de contribuir bem como de consumir informações. E esse poder é usado de muitas maneiras. Em plataformas de rede social como o Twitter, os usuários podem postar informações sobre seus problemas de saúde e também receber ajuda sobre aos melhores tratamentos para cada caso. Muitos usuários se perguntam sobre a qualidade das informações disseminadas em plataformas de redes sociais. Se, por um lado, o potencial de postar e disseminar informações de saúde no Twitter parece proveitosa para muitos usuários que as utilizam para tratar suas doenças, a autenticidade de tais informações, sobretudo quando se originam de indivíduos leigos, vem sendo posta em dúvida.

Muitos usuários já perguntaram: "Como posso verificar e confiar em informações de não especialistas sobre como tratar questões vitais como meu problema de saúde?".

Quais tipos de usuários compartilham e discutem quais tipos de informações? Será que usuários com muitos seguidores discutem e compartilham o mesmo tipo de informação que usuários com menos seguidores? A quantidade de seguidores de um usuário determina seu poder de influência. Características das informações são mensuradas em termos da qualidade e objetividade do tuíte postado. Uma equipe de cientistas de dados se dispôs a explorar a relação entre a quantidade de seguidores de um usuário e as características das informações por ele disseminadas (Asamoah & Sharda, 2015).

Solução

Os dados foram extraídos da plataforma Twitter usando sua própria API. Os cientistas de dados adaptaram o modelo de descoberta de conhecimento e gerenciamento de dados para gerir e analisar esse vasto conjunto de dados. O modelo foi otimizado para gerenciamento e análise de Big Data derivada de uma plataforma de rede social, passando por fases para ganhar conhecimentos na área, desenvolver uma plataforma apropriada de Big Data, adquirir e armazenar dados, limpar dados, validar dados, analisar dados e apresentar resultados e meios de aplicação.

Tecnologia usada

Os tuítes foram extraídos, geridos e analisados usando-se a distribuição da Cloudera do Apache Hadoop. O referencial Apache Hadoop conta com diversos subprojetos que suportam diferentes tipos de atividades de gerenciamento de dados. O subprojeto Apache Hive, por exemplo, suportou a leitura, o registro e o gerenciamento de vastos dados de tuítes. Ferramentas de análise de dados como Gephi foram usadas para análise de redes sociais, e R foi usado para desenvolvimento de modelos preditivos. Os pesquisadores conduziram duas análises em paralelo: análise de redes sociais para entender a rede de influências na plataforma e mineração de texto para entender o conteúdo dos tuítes postados pelos usuários.

O que se descobriu?

Como mencionado anteriormente, tuítes de usuário influentes e não influentes foram coletados e analisados. Os resultados mostraram que a qualidade e a objetividade das informações disseminadas por usuários influentes foram superiores àquelas disseminadas por usuários não influentes. Eles também descobriram que usuários influentes controlaram o fluxo de informações numa rede e que os demais usuários se mostraram mais propensos a seguir sua opinião a respeito de um tema. Houve uma diferença clara entre o tipo de embasamento informativo oferecido por usuários influentes *versus* os outros. Usuários influentes discutiram informações mais objetivas quanto ao tratamento de uma doença – coisas como diagnósticos, medicamentos e terapias formais. Usuários não influentes ofereceram mais informações a respeito de suporte emocional e maneiras alternativas de lidar com tais doenças. Assim, uma diferença clara entre usuários influentes e os demais ficou evidente.

Da perspectiva dos não especialistas, os cientistas de dados retratam como a oferta de atendimento de saúde pode ser ampliada ajudando-se os pacientes a identificarem e utilizarem recursos valiosos na Internet para tratar seus problemas de saúde. Esse trabalho também ajuda a identificar como não especialistas podem encontrar e filtrar informações de saúde que não necessariamente podem ser benéficas para tratar suas próprias enfermidades.

Questões para discussão

1. Qual era a principal preocupação dos cientistas de dados quanto a informações de saúde que são disseminadas na plataforma Twitter?
2. De que forma os cientistas de dados garantem que informações não especializadas disseminadas em redes sociais podem de fato conter informações valiosas sobre saúde?
3. Faz sentido que usuários mais influentes compartilhem informações mais objetivas, ao passo que usuários menos influentes se concentrem em informações mais subjetivas? Por quê?

Fontes: Asamoah, D., & Sharda, R. (2015). Adapting CRISP-DM process for social network analytics: Application to healthcare. In *AMCIS 2015 Proceedings*. aisel.aisnet.org/amcis2015/BizAnalytics/GeneralPresentations/33/ (acessado em julho de 2016).

Sarasohn-Kahn, J. (2008). *The wisdom of patients: Health care meets online social media*. Oakland, CA: California HealthCare Foundation.

SEÇÃO 7.4 QUESTÕES DE REVISÃO

1. Quais são as características comuns entre as tecnologias emergentes de Big Data?
2. O que é MapReduce? O que ele faz? Como consegue fazer isso?
3. O que é Hadoop? Como funciona?
4. Quais são os principais componentes do Hadoop? Quais funções eles cumprem?
5. O que é NoSQL? Como se encaixa no cenário de análise de Big Data?

7.5 Big Data e *data warehouses*

Não resta dúvida de que o surgimento da Big Data transformou e continuará a transformar o armazenamento de dados de uma maneira considerável. Até pouco tempo, *data warehouses* empresariais (Capítulos 2 e 3) eram o fulcro de todas as tecnologias de embasamento de decisões. Agora, eles têm de compartilhar os holofotes com um novato, Big Data. A pergunta que está pipocando por toda parte é se o Big Data e suas tecnologias facilitadoras, como Hadoop, acabarão substituindo os *data warehouses* e sua tecnologia básica, RDBMS. Será que estamos testemunhando um confronto entre *data warehouse* e Big Data (ou, do ponto de vista tecnológico, entre Hadoop *versus* RDBMS)? Nesta seção, explicaremos por que essas perguntas não têm fundamento – justificando, ao menos, por que esse maniqueísmo entre "ou isso ou aquilo" não é um reflexo da realidade neste momento.

Na última década, aproximadamente, temos assistido a um avanço considerável em sistemas computadorizados de apoio a decisões, que pode ser creditado em grande parte a aprimoramentos em software e hardware para capturar, armazenar e analisar dados. Conforme a quantidade de dados aumenta, o mesmo ocorre com as capacidades dos *data warehouses*. Dentre esses avanços em *data warehouses*, podemos citar: processamento paralelo massivo (em vez de apenas um ou alguns, muitos processadores em paralelo), redes de área de armazenamento (soluções de armazenamento facilmente escaláveis), armazenamento em estado sólido, processamento na própria base de dados, processamento em memória principal e bases de dados colunares (orientadas por colunas), para citar apenas alguns. Esses avanços ajudaram a manter sob controle a quantidade crescente de dados, e, ao mesmo tempo, a atender de forma efetiva as necessidades analíticas dos tomadores de decisões. O que alterou a paisagem nos últimos anos foi a variedade e a complexidade dos dados, o que tornou os *data warehouses* incapazes de acompanharem o ritmo. Não foi o volume de dados, e sim sua variedade e velocidade que forçaram o mundo da TI a desenvolver um novo paradigma, que atualmente chamamos de "Big Data". Agora que dispomos desses dois paradigmas – *data warehouse* e Big Data – aparentemente competindo pelo mesmo trabalho – transformar dados em informações de caráter prático – qual deles acabará prevalecendo? Essa é uma pergunta razoável de se fazer? Ou estamos deixando de perceber a questão como um todo? Nesta seção, tentamos lançar luz sobre essa pergunta intrigante.

Como ocorreu com muitas inovações tecnológicas anteriores, a badalação envolvendo Big Data e suas tecnologia facilitadoras, como Hadoop e MapReduce, parece desenfreada. Tanto quem atua como quem não atua na área acaba sendo inundado por opiniões divergentes. Segundo Awadallah e Graham (2012), as pessoas estão confundindo as coisas ao alegarem que o Hadoop substitui bases de dados relacionais e que está se tornando o novo *data warehouse*. É fácil perceber de onde vêm essas afirmações, já que tanto os sistemas Hadoop quanto os *data warehouses* de dados podem rodar em paralelo, aumentar em escala para se adequarem a enormes volumes de dados e disporem de arquiteturas sem qualquer compartilhamento [*share-nothing architecture*]. Em um nível conceitual, eles bem que poderiam ser encarados como intercambiáveis. A realidade é que não o são, e as diferenças entre os dois suplantam suas similaridades. Então, se eles não são intercambiáveis, como podemos decidir quando implementar Hadoop e quando usar um *data warehouse*?

Usos preferenciais de Hadoop

Como abordamos anteriormente neste capítulo, o Hadoop é resultado de novos desenvolvimentos em tecnologias computacionais e de armazenamento em grade. Usando hardware do tipo *commodity* como um alicerce, o Hadoop oferece uma camada de software que abrange a grade inteira, transformando-a em um sistema único. Como consequência, alguns diferenciadores importantes ficam óbvios nessa arquitetura:

- Hadoop é o repositório e a refinaria para dados brutos.
- Hadoop é um arquivo poderoso, econômico e ativo.

Desse modo, o Hadoop situa-se em ambas extremidades do ciclo de vida dos dados em larga escala – primeiro, assim que nascem os dados brutos, e, por fim, quando os dados estão se aposentando, mas ainda são ocasionalmente necessários.

1. **Hadoop como o repositório e refinaria.** Conforme volumes de Big Data chegam vindos de fontes como sensores, máquinas, redes sociais e interações de *clickstream*, o primeiro passo é capturar todos os dados de forma confiável e eficiente. Quando os volumes de dados são vastos, a tradicional estratégia de servidor único não funciona por muito tempo. Despejar os dados em HDFS proporciona aos arquitetos a tão almejada flexibilidade. Não apenas eles conseguem capturar centenas de terabytes em um mesmo dia, como também podem ajustar a configuração do Hadoop para cima ou para baixo a fim de acompanhar os picos e vales de ingestão de dados. Isso é conquistado ao menor custo possível por gigabyte, devido à economia de código aberto e ao aproveitamento de hardware do tipo *commodity*.

   Como os dados ficam armazenados em repositório local, em vez de redes de área de armazenamento, o acesso aos dados no Hadoop costuma ser bem mais rápido, e não entope a rede com terabytes de movimentação de dados. Assim que os dados brutos são capturados, o Hadoop é utilizado para refiná-los. O Hadoop pode atuar como "um mecanismo de ETL em paralelo com anabolizantes", alavancando tecnologias de transformação de dados escritos a mão ou comerciais. Muitas dessas transformações de dados brutos exigem a organização de dados complexos em forma livre em formatos estruturados. Isso é especialmente válido no caso de *clickstreams* (ou *logs* na Web) e formatos complexos de dados provenientes de sensores. Como consequência, um programador precisa separar o joio do trigo, identificando sinais valiosos em meio ao ruído.

2. **Hadoop como o arquivo ativo.** Numa entrevista de 2003 para a ACM, Jim Gray afirmou que discos rígidos poderiam ser tratados como fitas. Embora ainda possa levar muitos anos para que os arquivos em fita magnética sejam aposentados, hoje algumas porções das cargas de trabalho em fita já estão sendo redirecionadas para *clusters* Hadoop. Esse deslocamento está ocorrendo por dois motivos fundamentais. Primeiro, ainda que possa parecer barato armazenar dados em fita, o verdadeiro custo se revela na dificuldade de recuperação de dados. Não

apenas os dados ficam armazenados offline, exigindo horas, ou mesmo dias, para serem restaurados, como as próprias fitas ficam propensas a degradação com o passar do tempo, tornando a perda de dados uma realidade e forçando empresas a levar esses custos em consideração. Para piorar as coisas, os formatos em fita são alterados de anos em anos, exigindo que as organizações ou providenciem migrações massivas de dados para o formato mais recente ou se arrisquem a perder a capacidade de recuperar dados de fitas obsoletas.

Segundo, já ficou demonstrado que há valor em manter dados históricos online e acessíveis. Como no exemplo do *clickstream*, ao manterem dados brutos num disco giratório por uma duração mais longa, fica mais fácil para as empresas revisitarem dados quando ocorrem mudanças de contexto e novas restrições precisam ser aplicadas. Vasculhar milhares de discos com Hadoop é radicalmente mais rápido e mais fácil do que botar para rodar centenas de fitas magnéticas. Além disso, conforme as densidades dos discos continuam dobrando a cada 18 meses, torna-se economicamente viável para organizações manter anos de dados brutos ou refinados em HDFS. Sendo assim, a grade de armazenamento Hadoop é útil tanto para o pré-processamento de dados brutos quanto para o armazenamento de dados a longo prazo. Trata-se de um verdadeiro "arquivo ativo", já que ele não apenas armazena e protege os dados como também permite que os usuários derivem valor a partir deles de forma rápida, fácil e perpétua.

Usos preferenciais de *data warehouses*

Após quase 30 anos de investimento, refinamento e crescimento, a lista de recursos disponíveis num *data warehouse* é bastante impressionante. Construída sobre tecnologia de base de dados relacional usando esquemas e integrando ferramentas de BI, as principais diferenças nessa arquitetura são:

- desempenho de *data warehouse*;
- dados integrados que geram valor empresarial;
- ferramentas interativas de BI para usuários ficais.

1. **Desempenho de data warehouse.** A indexação básica, encontrada em bases de dados de código aberto, como MySQL ou Postgres, é um recurso-padrão usado para abreviar tempos de resposta de consultas ou para impor restrições sobre os dados. Formas mais avançadas como visualizações materializadas, índices conjuntos agregados, índices em cubo e índices conjuntos esparsos promovem inúmeros ganhos de desempenho em *data warehouses*. No entanto, o avanço mais importante no desempenho até hoje é o otimizador baseado em custo. O otimizador examina a entrada de SQL e cogita múltiplos planos para executar cada consulta o mais rápido possível. Ele consegue isso comparando solicitações de SQL com o projeto de base de dados e extensivas estatísticas de dados que ajudam a identificar a melhor combinação de etapas de execução. Em essência, o otimizador é como contar com um programador genial que examina cada consulta e a lapida para o melhor desempenho. Na ausência de um otimizador ou de estatística demográfica de dados, uma consulta que poderia rodar em minutos pode acabar levando horas, mesmo com muitos índices. Por isso, fornecedores de bases de dados estão constantemente acrescentando novos tipos de índices, segmentações, estatísticas e recursos de otimizador. Nos últimos 30 anos, todos os lançamentos de software representaram um lançamento de desempenho.

Como veremos ao final desta seção, o Hadoop agora está ganhando dos armazéns de dados tradicionais em termos de desempenho em consultas.
2. **Dados integrados que geram valor empresarial.** No cerne de qualquer *data warehouse* está a promessa de oferecer respostas para perguntas empresariais essenciais. A integração de dados é a base singular necessária para alcançar esse objetivo. Reunir dados de múltiplas áreas de estudo e de inúmeras aplicações em um único repositório é a razão de ser dos *data warehouse*s. Projetistas de modelos de dados e arquitetos de extração, transformação e carga (ETL) munidos de paciência e de ferramentas de metadados e limpeza de dados devem racionalizar formatos de dados, sistemas de origem e o significado semântico dos dados para torná-los compreensíveis e dignos de confiança. Isso cria um vocabulário comum dentro da corporação, fazendo com que conceitos cruciais como "cliente", "fim do mês" e "elasticidade de preço" sejam mensurados e compreendidos de forma uniforme. Em nenhum outro local em toda a central de dados de TI os dados são coletados, limpos e integrados como no *data warehouse*.
3. **Ferramentas interativas de TI.** Ferramentas de BI como MicroStrategy, Tableau, IBM Cognos e outras proporcionam a usuários corporativos acesso a *insights* do *data warehouse*. Antes de mais nada, o usuário corporativo pode criar relatórios e análises complexas rápida e facilmente usando essas ferramentas. Como resultado, há uma tendência em muitos locais de *data warehouse* rumo ao autoatendimento por parte de usuários finais. Usuários corporativos podem facilmente exigir mais relatórios do que o pessoal de TI conseguiria oferecer. Contudo, mais importante que o autoatendimento é o fato dos usuários desenvolverem uma íntima familiaridade com os dados. Eles podem rodar um relatório, perceber que esqueceram um parâmetro ou filtro, fazer um ajuste e rodar seu relatório mais uma vez, tudo isso em poucos minutos. Esse processo acarreta em mudanças significativas no modo como os usuários corporativos entendem os negócios e seu próprio processo decisório. Para começar, os usuários param de fazer perguntas triviais e começam a levantar questões estratégicas mais complexas. Em geral, quanto mais complexo e estratégico é o relatório, mais faturamento e cortes de custos são obtidos pelo usuário. Isso faz com que certos usuários se tornem "usuários avançados" numa empresa. Esses indivíduos se transformam em magos na extração de valor comercial a partir dos dados e no fornecimento de informações estratégicas valiosas para o pessoal executivo. Cada *data warehouse* conta com algo em torno de 2 a 20 usuários avançados.

Áreas duvidosas (em que ambos cumprem a tarefa)

Embora existam inúmeras áreas onde é fácil distinguir um do outro, também há áreas duvidosas em que o *data warehouse* e o Hadoop não podem ser claramente discernidos. Nessas áreas, qualquer das ferramentas poderia ser a solução certa – ou por cumprirem um trabalho igualmente bom ou por não se saírem assim tão bem na tarefa em questão. A escolha de uma em detrimento da outra depende das exigências e das preferências da organização. Em muitos casos, o Hadoop e o *data warehouse* trabalham juntos numa cadeia de suprimento de informações, enquanto em outros uma ferramenta é preferível para uma carga de tarefas específica (Awadallah & Graham, 2012). O Quadro 7.1 ilustra a plataforma preferível (uma em detrimento de outra, ou ambas igualmente possíveis) sob inúmeras exigências comumente observadas.

QUADRO 7.1 Quando usar qual plataforma – Hadoop *versus* DW

Requisito	Data warehouse	Hadoop
Baixa latência, relatórios interativos e OLAP	☑	
Conformidade com ANSI 2003 SQL é necessária	☑	☑
Pré-processamento ou exploração de dados brutos não estruturados		☑
Arquivos online alternativa em fita		☑
Dados limpos, de alta qualidade e consistentes	☑	☑
Entre centenas e milhares de usuários concomitantes	☑	☑
Descoberta de relações desconhecidas nos dados		☑
Processamento lógico complexo em paralelo	☑	☑
Análise intensa de CPU	☑	
Governança de sistema, usuários e dados	☑	
Muitas linguagens flexíveis de programação rodando em paralelo		☑
Explorações irrestritas e não governadas do tipo *sandbox*		☑
Análise de dados provisórios	☑	
Segurança extensiva e conformidade regulatória	☑	☑

Coexistência de Hadoop e *data warehouse*

Há vários cenários possíveis nos quais o uso de uma combinação de tecnologias de Hadoop e de *data warehouse* baseado em DBMS relacional faz mais sentido. Eis alguns desses cenários (White, 2012):

1. **Utilize Hadoop para armazenar e arquivar dados multiestruturados.** Um conector com uma DBMS relacional podem então ser usado para extrair dados necessários do Hadoop para análise pela DBMS relacional. Se a DBMS relacional suportar funções MapReduce, essas funções podem ser usadas para realizar a extração. O adaptador Aster-Hadoop, por exemplo, utiliza funções SQL-MapReduce para oferecer um ágil abastecimento de dados em duas mãos entre HDFS e a Aster Database. Em seguida, dados abastecidos na Aster Database podem ser analisados usando-se tanto SQL quanto MapReduce.
2. **Utilize Hadoop para filtrar, transformar e/ou consolidar dados multiestruturados.** Um conector como o adaptador Aster-Hadoop pode ser usado para extrair os resultados do processamento Hadoop para a DBMS relacional para análise.
3. **Utilize Hadoop para analisar grandes volumes dados multiestruturados e publicar os resultados analíticos.** Nessa aplicação, o Hadoop atua como a plataforma de análise de dados, mas os resultados podem ser postados de volta no ambiente de *data warehouse* tradicional, num repositório compartilhado de dados de grupos de trabalho ou numa interface de usuário comum.

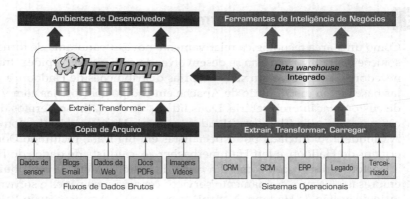

FIGURA 7.8 Coexistência de Hadoop e *data warehouse*. *Fonte:* Teradata Corp.

4. **Utilize uma DBMS relacional que proporcione capacidades de MapReduce como uma plataforma computacional investigativa.** Cientistas de dados podem empregar a DBMS relacional (o sistema Aster Database, por exemplo) para analisar uma combinação de dados estruturados e multiestruturados (abastecidos a partir do Hadoop) usando uma mescla de processamento SQL e funções analíticas MapReduce.
5. **Utilize uma ferramenta de consulta front-end para acessar e analisar dados.** Aqui, os dados são armazenados tanto em Hadoop como em DBMS relacional.

Esses cenários sustentam um ambiente em que o Hadoop e DBMSs relacionais ficam separados entre si e um software de conectividade é usado para o intercâmbio de dados entre os dois (veja a Figura 7.8). A direção da indústria nos próximos anos provavelmente avançará rumo a tecnologias mais acopladas de Hadoop e *data warehouses* baseados em DBMSs relacionais – tanto na forma de software quanto de hardware. Tal integração oferece muitos benefícios, incluindo a eliminação da necessidade de instalar e manter múltiplo sistemas, a redução do movimento de dados, a garantia de um único repositório de metadados para desenvolvimento de aplicativos e o oferecimento de uma única interface tanto para usuários corporativos quanto para ferramentas analíticas. A vinheta de abertura (Seção 7.1) ofereceu um exemplo de como *data warehouse* tradicional e de dois conjuntos diferentes de dados não estruturados armazenados em Hadoop foram integrados para criar uma aplicação analítica a fim de se compreender as interações de um cliente com uma empresa antes do cancelamento de uma conta. Na condição de gestor, você preza pelos *insights* que é capaz de derivar dos dados, e não se os dados encontram-se arquivados num *data warehouse* estruturado ou num *cluster* Hadoop.

SEÇÃO 7.5 QUESTÕES DE REVISÃO

1. Quais foram os desafios enfrentados pelos *data warehouses* e por Big Data? Estamos testemunhando o fim da era dos *data warehouses*? Por quê?
2. Quais são os usos preferências de Big Data e Hadoop?
3. Quais são os usos preferenciais de *data warehouses* de RDBMS?
4. Em quais cenários Hadoop e RDBMS podem coexistir?

7.6 Fornecedores e plataformas de Big Data

Como uma área tecnológica relativamente nova, o panorama de fornecedores de soluções para Big Data está se desenvolvendo com grande rapidez. Inúmeros fornecedores desenvolveram suas próprias distribuições de Hadoop, a maioria delas baseada na distribuição de Apache em código aberto, mas com vários níveis de customização proprietária. Duas líderes de mercado em termos de distribuição parecem ser a Cloudera (cloudera.com) e a Hortonworks (hortonworks.com). A Cloudera foi iniciada por especialistas em Big Data, incluindo Doug Cutting, criador do Hadoop, e Jeff Hammerbacher, ex-cientista de dados do Facebook. Já a Hortonworks nasceu como um ramo da Yahoo!. Além da distribuição, ambas empresas oferecem treinamento/serviços corporativos pagos e software proprietário de gestão de Hadoop. A MapR (mapr.com), outra *start-up* do Vale do Silício, oferece sua própria distribuição de Hadoop que suplementa HDFS com seu sistema de arquivos em rede (NFS – *network file system*) proprietário para aumento do desempenho. Já a EMC Greenplum formou parceria com a MapR para lançar sua própria distribuição de Hadoop parcialmente proprietária em maio de 2011. Essas são apenas algumas das muitas empresas (estabelecidas e *start-ups*) que estão ocupando a paisagem competitiva de fornecedores de ferramentas e serviços para tecnologias Hadoop.

No mundo da NoSQL, inúmeras *start-ups* estão trabalhando para oferecer versões comerciais de NoSQL. A DataStax, por exemplo, oferece uma versão comercial do Cassandra que inclui suporte e serviços empresariais, bem como integração com Hadoop e busca empresarial em código aberto via Lucene Solr. A maioria dos fornecedores de integração de dados proprietários, incluindo Informatica, Pervasive Software e Syncsort, estão abrindo trilhas para o mercado de Hadoop por meio de conectores Hadoop e ferramentas complementares voltadas a facilitar a movimentação de dados para os desenvolvedores em torno e dentro de *clusters* Hadoop.

A camada de análise de dados da pilha de Big Data também está passando por um desenvolvimento considerável. Uma *start-up* chamada Datameer, por exemplo, está desenvolvendo o que ela chama de plataforma de inteligência de negócios "tudo em um" para Hadoop, ao passo que a especialista em visualização de dados Tableau Software adicionou ao seu pacote de produtos conectividade com Hadoop e *Data Warehouse* de Próxima Geração [Next Generation Data Warehouse]. A EMC Greenplum, por sua vez, conta com o Chorus, uma espécie de parque de diversões para cientistas de dados, onde eles podem misturar, experimentar e compartilhar grandes volumes de dados para análise. Outros fornecedores se concentram em casos específicos de uso analítico, como a ClickFox, com seu mecanismo de análise de dados sobre experiências dos clientes. Inúmeros fornecedores tradicionais de inteligência de negócios, destacadamente a MicroStrategy, estão trabalhando para incorporar analise de Big Data e capacidades de geração de relatórios em seus produtos.

O espaço de aplicações de Big Data também está se ampliando. Muitas empresas oferecem aplicativos criados para aproveitar o *cluster* Hadoop e a estrutura MapReduce. Ferramentas de código aberto, como a linguagem de programação R, contam com muitas funções implementadas para tirar proveito da execução em paralelo ao longo de um *cluster*. A Teradata, por exemplo, oferece aplicativos de *"Big-Data-as-a- -service"* para diversos setores de atuação.

Enquanto isso, o mercado para a próxima geração de *data warehouses* passou por uma significativa consolidação nos últimos tempos. Quatro fornecedores líderes nesse mercado – Netezza, Greenplum, Vertica e Aster Data – foram adquiridos pela IBM, EMC e Teradata, respectivamente. A própria EMC acabou sendo adquirida pela Dell. Os megafornecedores Oracle e IBM também atuam no palco de Big Data. A Oracle acolheu a abordagem de equipamentos para Big Data, com seus equipamentos Exadata, Exalogic e Big Data. Seu equipamento de Big Data incorpora a distribuição de Hadoop da Cloudera com base de dados e ferramentas de integração de dados NoSQL da Oracle. Já a plataforma BigInsights, da IBM, baseia-se em Apache Hadoop, mas traz inúmeros módulos proprietários, incluindo a base de dados Netezza, InfoSphere Warehouse, ferramentas de inteligência de negócios Cognos e capacidades de mineração de dados SPSS. Ela também oferece a IBM InfoSphere Streams, uma plataforma projetada para *streaming* de análise de Big Data. Com o sucesso da marca de análise de dados Watson, a IBM está encerrando muitas de suas ofertas analíticas em geral e de Big Data em particular sob a designação Watson. A aquisição da Aster pela Teradata resultou no impressionante produto Teradata Aster, que implementa muitas das funções de análise de dados comumente usadas no ambiente de Big Data. A seguir, introduziremos brevemente os ambientes InfoSphere, da IBM, e Teradata Aster e apresentaremos um breve caso aplicado para cada um deles. Optamos por introduzir essas duas plataformas porque ambas são sucessos comerciais e por existir vasto material didático, incluindo software baixável, disponível a seu respeito.

IBM InfoSphere BigInsights

Introdução O InfoSphere BigInsights, da IBM, é uma plataforma baseada no projeto de código aberto Apache Hadoop para analisar dados estruturados tradicionais encontrados em bases de dados legadas ao longo de dados semiestruturados e não estruturados como texto, vídeo, áudio, imagens, redes sociais, *logs* da Web e *clickstreams*. A plataforma incorpora muitas implementações de MapReduce de algoritmos de análise de dados para rodar aplicações de larga escala em paralelo, visando oferecer análise de dados avançada baseada em tecnologia Hadoop especificamente otimizada para exigências de Big Data.

Arquitetura A Figura 7.9 exibe os vários componentes de IBM InfoSphere BigInsights. Além do software-padrão Apache Hadoop, o BigInsights oferece tecnologias singulares da IBM e linguagens de programação com análise de dados e aceleradores de aplicativos pré-instalados (como texto, geoespacial, série temporal, mineração de dados, finanças, evento telco e dados de máquina) para rodar de forma eficiente operações especializadas a fim de atender as exigências da análise de Big Data. A *JSON Query Language* (*JAQL*), por exemplo, é projetada para melhor suportar a manipulação e a análise de dados semiestruturados *JavaScript Object Notation* (*JSON*). Essas funções são especialmente úteis na análise de fluxos de dados do Twitter. A *BigSheets* é uma ferramenta ao estilo planilha que suporta exploração e visualização escaláveis de dados diretamente numa tabela Big SQL residindo em HDFS. Já a *Annotation Query Language* (*AQL*) oferece bibliotecas pré-instaladas para análise de texto avançada ao longo de vastas quantidades de documentos semi e não estruturados. A BigR é uma plataforma para análise de dados em larga escala em Hadoop que promove acesso, manipulação, análise e visualização de dados residindo em HDFS a partir da interface de usuário R. Por último, mas não menos importante,

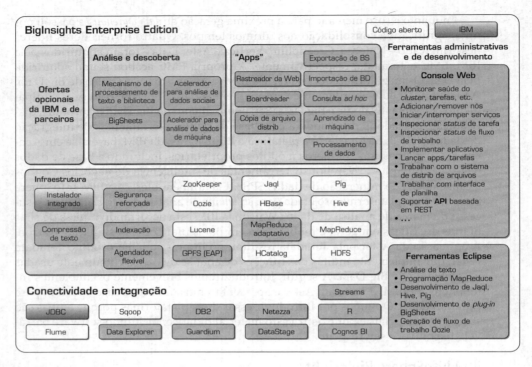

FIGURA 7.9 Arquitetura IBM InfoSphere.

as ferramentas InfoSphere BigInsights para Eclipse permitem que desenvolvedores criem programas para serem rodados no InfoSphere BigInsights. Elas incluem *wizards*, geradores de código e um ambiente de teste para simplificar os esforços de desenvolvimento de aplicativos. Com todas essas ferramentas disponíveis numa única plataforma integrada, é possível desenvolver e publicar um aplicativo no catálogo BigInsights baseado na Web, e então usar um console da Web para implementar o aplicativo no *cluster* Hadoop e permitir o acesso de usuários autorizados a ele.

Como iniciar Testes com o BigInsights podem ser baixados no seguinte *link*: http://www.ibm.com/analytics/us/en/technology/hadoop/hadoop-trials.html.

A edição de início rápido do BigInsights está disponível para baixar de graça via http://www.ibm.com/developerworks/downloads/im/biginsightsquick/.

Ela suporta um *cluster* de nó único ou múltiplo de Hadoop de código aberto. Exige um sistema com um mínimo de 16 GB RAM, processador 4-core e 50 GB de espaço livre em disco.

O melhor lugar para começar a aprender sobre o InfoSphere BigInsights é por meio do IBM Knowledge Center:

http://www.ibm.com/support/knowledgecenter/SSPT3X_2.1.2/com.ibm.swg.im.InfoSphere.biginsights.tut.doc/doc/tut_Introduction.html.

O Caso Aplicado 7.5 fornece um exemplo de como fomos capazes de combinar dados de múltiplas fontes para analisar relatórios de gripe.

Caso aplicado 7.5
Uso de mídias sociais para previsões imediatas de contágio de gripe

Doenças infecciosas impõem um fardo considerável ao sistema público de saúde dos Estados Unidos. O surgimento do HIV/AIDS ao final dos anos 70, a pandemia da gripe H1N1 em 2009, a epidemia de H3N2 na virada de 2012 para 2013, o surto de ebola em 2015 e o surto do vírus da zika em 2016 demonstraram a suscetibilidade das pessoas a tais doenças contagiosas. Praticamente todos os anos ocorre um surto do vírus influenza em várias formas, com impactos de diversas intensidades. Nos Estados Unidos, estima-se que o impacto anual dos surtos sazonais de gripe represente uma média de 610.660 anos de vida perdidos não descontados, 3,1 milhões de dias de hospitalização, 31,4 milhões de visitas de pacientes sem internação e um total de US$87,1 bilhões em fardo econômico. Como resultado dessa tendência crescente, novas técnicas e tecnologias de análise de dados capazes de detectar, rastrear, mapear e gerir tais doenças entraram em cena nos últimos anos. Em particular, sistemas de vigilância digital são promissores em sua capacidade de revelar padrões de procura por atendimento de saúde e de transformar essas descobertas em estratégias de caráter prático.

Esse projeto demonstrou que as mídias sociais podem ser utilizadas como um método efetivo para detecção prévia de surtos de gripe. Colocamos em funcionamento nos Estados Unidos uma plataforma de Big Data que aproveita dados do Twitter para monitorar atividades de contágio por gripe. Nossos métodos de análise de Big Data abrangeram mineração temporal, espacial e de texto. Na análise temporal, examinamos se dados do Twitter poderiam ser adaptados para previsões imediatas [*nowcasting*] de surtos de gripe. Na análise espacial, mapeamos surtos de gripe por meio de dados geoespaciais do Twitter para identificar áreas de forte contágio. Já a análise de texto foi realizada para identificar sintomas populares e tratamentos para gripe que eram mencionados em tuítes.

A plataforma IBM InfoSphere BigInsights foi empregada para analisar dois conjuntos de dados sobre atividades de contágio: dados do Twitter foram usados para monitorar surtos de gripe nos Estados Unidos, e o *data warehouse* do Cerner HealthFacts foi usado para rastrear encontros clínicos no mundo real. Um volume imenso de tuítes relacionados a gripe foram coletados junto à rede social usando o Twitter Streaming API, sendo então abastecidos em um *cluster* Hadoop. Após os dados terem sido importados com sucesso, a ferramenta JSON Query Language (JAQL) foi usada para manipular e organizar dados semiestruturados do tipo JavaScript Object Notation (JSON). A seguir, o Hive foi utilizado para entabular os dados textuais e segregar as informações para a análise e visualização de localização espaço-temporal em R. O processo integral de mineração de dados foi implementado usando-se funções MapReduce. Utilizamos o pacote BigR para encaminhar os *scripts* em R sobre os dados armazenados em HDFS. Com o pacote BigR, conseguimos nos beneficiar da computação paralela de HDFS e realizar operações MapReduce. As bibliotecas Maps API do Google foram usadas como uma ferramenta básica de mapeamento para visualizar as localizações dos tuítes.

Nossos achados demonstraram que a integração de mídias sociais com registros médicos pode ser um suplemento valioso aos sistemas de vigilância existentes. Nossos resultados confirmaram que o tráfego relacionado à gripe em mídias sociais está intimamente relacionado com surtos propriamente ditos da doença. Isso também foi corroborado por outros pesquisadores (St Louis & Zorlu, 2012; Broniatowski, Paul, & Dredze, 2013). Conduzimos uma análise de série temporal para obtermos a correlação cruzada espaço-temporal entre as duas

(Continua)

Caso aplicado 7.5 *(Continuação)*

tendências (91%) e observamos que os encontros clínicos para tratamento de gripe ficam atrás das postagens online. Além disso, nossa análise de localização revelou diversos locais públicos de onde a maioria dos tuítes se originou. Essas descobertas podem ajudar autoridades do ramo da saúde e governos a desenvolverem modelos mais ágeis e precisos de previsão durante surtos, informando indivíduos quanto aos locais que devem evitar durante tal período.

Questões para discussão

1. Por que as mídias sociais poderiam atuar como um indicador prévio de surtos de gripe?
2. Quais outras variáveis poderiam ajudar a prever tais surtos?
3. Por que este seria um bom problema para ser solucionado por tecnologias de Big Data mencionadas neste capítulo?

Fontes: Zadeh, A. H., Zolbanin, H. M., Sharda, R., & Delen, D. (2015). Social media for nowcasting the flu activity: Spatial-temporal and text analysis. *Business Analytics Congress, Pre-ICIS Conference*, Fort Worth, TX.

Broniatowski, D. A., Paul, M. J., & Dredze, M. (2013). National and local influenza surveillance through Twitter: An analysis of the 2012–2013 influenza epidemic. *PloS One, 8*(12), e83672.

Moran, P. A. (1950). Notes on continuous stochastic phenomena. *Biometrika*, 17–23.

Teradata Aster

Introdução A Teradata Aster é uma plataforma de Big Data para armazenamento e processamento distribuídos de vastos conjuntos de dados multiestruturados. Ela vem sendo usada para otimização de marketing, detecção de fraudes, análise de dados esportivos, análise de redes sociais, análise de dados de máquina, análise energética, análise de atendimento de saúde e muitas outras aplicações. A Teradata Aster implementa em paralelo muitas funções de análise de dados tradicionais e avançadas. Conta com capacidades pré-instaladas para realizar análise de série temporal, análise estatística, análise de *clusters*, mineração de texto, mineração de regras de associação, análise de redes sociais, análise visual, análise de localização e análise de dados preditiva; tudo isso de uma maneira distribuída. Além dos tradicionais pacotes de análise de dados, ela também traz pacotes inovadores e singulares para análise de trajetórias. Também é compatível com outras linguagens de programação, como R, Python e Java.

Arquitetura A Teradata Aster adotou a arquitetura mestre-escravo do Apache Hadoop. Ela é constituída por um nó principal e múltiplos nós escravos, equivalentes ao nó de nome e aos nós de dados no Hadoop, respectivamente. A Figura 7.10 apresenta a arquitetura TD Aster. O nó principal na camada do topo administra o sistema, o esquema, a gestão de erros e a distribuição da computação entre os escravos. Ele coordena as consultas e retorna os seus resultados. A camada do meio da arquitetura contém os operários. Eles armazenam os dados com um fator de replicação designado pelo administrador, e, assim, tornam-se tolerantes a falhas. Os escravos interagem uns com os outros a fim de processar consultas solicitadas pelo nó principal. A terceira camada da arquitetura consiste nos nós de carga que recebem os dados de terceiros, como Informatics.

A arquitetura TD Aster inclui a Aster File Store, que é capaz de ingerir dados multiestruturados como *logs* da Web, dados de sensores e dados de *log* de máquina.

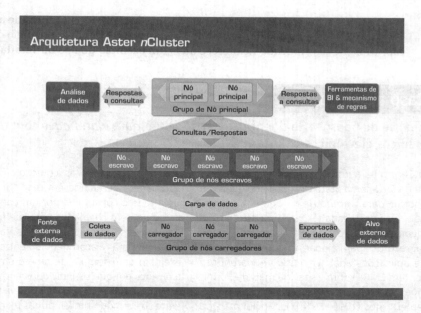

FIGURA 7.10 Arquitetura Teradata Aster. *Fonte:* Teradata Corp.

Ela é compatível com HDFS e com outros sistemas de arquivos tradicionais. O *cluster* também pode ser conectado a outras bases de dados como Oracle DB, Teradata Warehouse e Hive, por meio de outros conectores disponíveis.

Para a análise de dados, um usuário pode escrever consultas tradicionais SQL, SQL-MapReduce (SQL-MR) e SQL-Graph (SQL-GR). SQL-MR é uma estrutura TD Aster que permite a execução MapReduce das funções analíticas na Aster Database. De modo similar, SQL-GR é uma estrutura para possibilitar o processamento da Graph Engine na Aster Database. A execução das consultas escritas em SQL, SQL--SQL-MR ou SQL-GR são implementadas automaticamente em paralelo ao longo do *cluster*. Para acessar as bases de dados e escrever consultas, os usuários podem utilizar ou a Aster Command Tool (ACT) ou um aplicativo do lado do cliente chamado Teradata Studio.

O pacote TD Aster completo inclui uma ferramenta baseada em navegador da Web para visualização, chamada AppCenter. A AppCenter pode ser utilizada para criar diferentes tipos de visualizações, como um diagrama de Sankey, diagrama sigma, diagrama de acordes, estrutura em forma de árvore, diagrama de *cluster* hierárquico, nuvem de palavras, gráfico de barras, gráfico de pizza e outros diagramas estatísticos tradicionais.

Como iniciar   A versão expressa da Teradata Aster está disponível para download gratuito. Pode-se baixar a TD Aster Express a partir do link https://aster--community.teradata.com. Ela é formada por duas máquinas virtuais: uma mestre e uma escrava. Para rodar, é necessário dispor de uma máquina com no mínimo 4 GB RAM. Um usuário pode subir um máximo de 17 GB de dados na Aster Express. Um guia de primeiros passos pode ser acessado no portal da Teradata University Network (www.teradatauniversitynetwork.com). É preciso criar uma conta no site da TUN para acessar a documentação, as instruções, os exercícios e os conjuntos de dados para aprender sobre a Teradata Aster.

Você já encontrou exemplos do uso da Teradata Aster na vinheta de abertura do Capítulo 1, a respeito de análise de dados esportivos, e também no início do presente capítulo. O Caso Aplicado 7.6 oferece mais um exemplo do uso da Teradata Aster.

Caso aplicado 7.6

Análise de padrões de doenças a partir de um *data warehouse* com registros médicos eletrônicos

O Centro para Inovação de Sistemas de Saúde da Oklahoma State University recebeu um enorme *data warehouse* da Cerner Corporation, uma destacada fornecedora de registros médicos eletrônicos (EMRs – *electronic medical records*), para ajudar no desenvolvimento de aplicações analíticas. O *data warehouse* contém EMRs sobre visitas de mais de 50 milhões de pacientes únicos em hospitais norte-americanos (1995–2014). Ele inclui mais de 84 milhões de admissões agudas e visitas a emergência e ambulatório. Trata-se da base de dados mais recente e única relacional em toda indústria, incluindo registros abrangentes com dados sobre farmácia, laboratório, eventos clínicos, admissões e cobranças. A base de dados também inclui mais de 2,4 bilhões de resultados laboratoriais e mais de 295 milhões de prescrições para quase 4.500 medicamentos, por nome e marca. Trata-se de uma das maiores compilações de dados desse tipo sem identificação de privacidade, do mundo real e em conformidade com a lei HIPAA.

Os EMRs podem ser usados para desenvolver múltiplas aplicações de análise de dados. Uma aplicação é compreender as interações entre doenças com base nas informações sobre doenças simultâneas desenvolvidas nos pacientes. Quando múltiplas doenças estão presentes num mesmo paciente, a enfermidade é denominada comorbidade. As comorbidades podem ser diferentes entres grupos populacionais. Nessa aplicação, um grupo de pesquisa da Oklahoma State University criou uma comparação de comorbidades entre pacientes de zonas urbanas e de áreas rurais.

Para comparar as comorbidades, uma abordagem de análise em rede foi aplicada. Uma rede é constituída por um conjunto definido de itens chamados nós, que ficam ligados uns aos outros por linhas. Uma linha representa uma relação definida entre nós. Um exemplo bem comum de rede é uma teia de amizades em que os indivíduos encontram-se conectados uns aos outros caso sejam amigos entre si. De modo similar, outras redes comuns são as redes de computadores, as redes de páginas da Internet, as redes de energia e as redes de aeroportos. A fim de comparar as comorbidades, redes de doenças nos pacientes de hospitais rurais e urbanos foram desenvolvidas. As informações a respeito das doenças desenvolvidas por cada paciente durante visitas hospitalares foram usadas para criar uma rede de doenças. A quantidade total de visitas aos hospitais urbanos chegou a 66 milhões e nos hospitais rurais foi de 1 milhão. Para gerir tamanho conjunto de dados, a plataforma de Big Data Teradata Aster foi usada. E para extrair e preparar os dados de rede, estruturas SQL, SQL-MR e SQL-GR suportadas pela Aster foram utilizadas. Para visualizar as redes, utilizamos Aster AppCenter e Gephi.

A Figura 7.11 apresenta as redes de comorbidade rural e urbana. Nessas redes, os nós representam diferentes doenças classificadas segundo a *Classificação Internacional de Doenças*, Nona Revisão, Modificação Clínica (CID-9-MC), agregadas no nível de três dígitos. Duas doenças foram ligadas entre si sempre que apresentavam correlação ou comorbidade significativa ($p < 0,01$). Quanto maior o tamanho do nó, mais comórbida é a doença. A rede de comorbidade urbana é mais densa do que a rede rural. A quantidade de nós e linhas na rede urbana é de 1.043 e 22.029, respectivamente, ao passo que a quantidade de nós e linhas na rede rural é de 993 e 2.073, respectivamente. Isso indica que os pacientes em hospitais rurais são muitas vezes diagnosticados com menos doenças simultaneamente. As visualizações apresentam uma clara diferença entre o padrão de doenças desenvolvidas em pacientes urbanos e rurais. Isso suscita muitas questões médicas e de políticas sociais que exigem mais pesquisas e análises. Por outro lado, incluímos aqui essa análise para também aumentar a conscientização sobre outra questão. Mencionamos anteriormente que o conjunto de dados usado para essa análise incluía cerca de 66 milhões de encontros com pacientes urbanos e apenas 1 milhão com pacientes rurais. Uma diferença tão gritante advém provavelmente do fato dos hospitais rurais não poderem arcar com o custo de um grande sistema de registros médicos como o Cerner, fazendo os dados penderem para o lado dos hospitais urbanos. Mas quaisquer *insights* gerados por tal amostra seriam questionados.

Como observado no Capítulo 4, uma amostra proporcional poderia ter sido coletada junto às áreas urbanas para então serem comparadas aos registros de pacientes rurais.

Os sistemas de base de dados tradicionais enfrentariam dificuldades para processar um conjunto de dados assim tão vasto. O Teradata Aster tornou bastante rápida e fácil a análise de dados contendo 84 milhões de visitas e 200 milhões de registros. A análise de rede é muitas vezes sugerida como um método para se analisar vastos conjuntos de dados. Ela ajuda a entender os dados a partir de um único retrato. Nessa aplicação, a rede de comorbidade explica as relações entre doenças num mesmo local.

Questões para discussão

1. Por que a comorbidade de doenças seria diferente entre hospitais rurais e urbanos?
2. Qual é o problema em haver uma enorme diferença entre encontros de pacientes rurais e urbanos?
3. Quais são os principais componentes de uma rede?
4. Onde mais se pode aplicar uma abordagem de análise de rede?

Fonte: Kalgotra, P., & Sharda, R. (2016). Rural versus urban comorbidity networks. Working Paper, Center for Health Systems and Innovation, Oklahoma State University.

A nuvem também está cumprindo um papel cada vez maior no mercado de Big Data. Amazon e Google suportam implementações Hadoop em suas ofertas públicas em nuvem. O Amazon Elastic MapReduce e o Google Compute Engine, respectivamente, permitem que usuários ampliem ou reduzam a escala dos *clusters* facilmente conforme necessário. A Microsoft suporta a distribuição de Hadoop da Hortonworks em sua nuvem Azure. Discorreremos sobre produtos baseados em nuvem no próximo capítulo.

Há ainda outros fornecedores abordando a Big Data do ângulo da análise visual. Conforme indica o mais recente Magic Quadrant da Gartner, um crescimento considerável em inteligência de negócios e análise de dados reside na exploração visual e na análise visual. Grandes empresas como SAS, SAP e IBM, juntamente com empresas menores mas estáveis como Tableau, TIBCO e QlikView, estão atraindo olhares para a análise de dados de alto desempenho incutida em plataformas de visualização de informações. O quadro Dicas Tecnológicas 7.4 apresenta alguns facilitadores-chave para se obter sucesso com Big Data e análise visual. Talvez mais do que qualquer outra, a SAS é uma organização que se encontra na

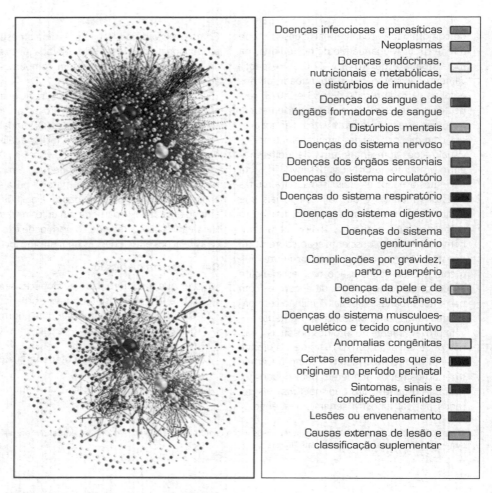

FIGURA 7.11 Redes de comorbidade rural e urbana.

vanguarda com sua plataforma recém lançada SAS Visual Analytics. Ela foi introduzida no Capítulo 2. Usando inúmeros avanços computacionais, a plataforma SAS Visual Analytics é capaz de transformar, em meros segundos, dezenas de milhares de registros de dados em imagens gráficas informacionais usando processamento paralelo massivo (MPP – *massively parallel processing*) e computação em memória principal.

SEÇÃO 7.6 QUESTÕES DE REVISÃO

1. O que há de especial na paisagem de fornecedores de Big Data? Quem são os peixes grandes?
2. Na sua opinião, quais serão as mudanças na paisagem de fornecedores de Big Data no futuro próximo? Por quê?
3. Qual é o papel da análise estatística visual no mundo da Big Data?

DICAS TECNOLÓGICAS 7.3
Como ser bem-sucedido com Big Data

Desde a Casa Branca até a sua casa, é difícil encontrar uma organização ou consumidor que tenha menos dados hoje do que um ano atrás. Opções de base de dados se proliferam, e a inteligência de negócios evolui para uma nova era de análise de dados de organizações como um todo. E tudo passou a ser móvel. Organizações que conseguiram adaptar sua arquitetura de dados e seus processos para lidar com as três características de Big Data – volume, variedade e velocidade – estão aumentando sua eficiência operacional, elevando seu faturamento e promovendo novos modelos de negócios. Com toda atenção que as organizações estão dedicando a inovações envolvendo dados, o ritmo das mudanças só aumentará. Então, o que as empresas devem fazer para obterem sucesso com Big Data? Eis alguns dos mandamentos da indústria:

1. *Simplificar.* É difícil se manter a par de todos os novos distribuidores de base de dados, projetos de código aberto e fornecedores de serviços de Big Data. E esse mercado ficará ainda mais apinhado e complicado nos próximos anos. É preciso, portanto, que simplifiquemos a questão. É essencial assumir a abordagem estratégica de ampliar seus sistemas de processamento relacional e de transações online e adotar uma ou mais das novas opções de base de dados domésticas, hospedadas ou baseadas em serviços que melhor reflitam as necessidades de seu ramo e de sua organização, para então selecionar uma plataforma de inteligência de negócios em tempo real que suporte conexões diretas com muitas bases de dados e formatos de arquivo. A escolha da melhor mescla de soluções alternativas para todos os projetos (entre a conexão ao vivo a bases de dados velozes e a importação de extrações de dados para um mecanismo de análise de dados em memória principal a fim de compensar o desempenho de bases de dados lentas ou sobrecarregadas) é crucial para o sucesso de qualquer projeto de Big Data. A arquitetura de análise de Big Data do eBay, por exemplo, inclui Teradata (uma das empresas mais populares de armazenamento de dados), Hadoop (a solução mais promissora ao desafio da Big Data) e Tableau (um dos prolíficos provedores de soluções em análise visual) O eBay é capaz de visualizar *insights* gerados por mais de 52 petabytes de dados. A empresa utiliza uma solução de análise visual da Tableau para analisar a relevância e a qualidade de busca do site eBay.com, para monitorar os mais recentes *feedbacks* de clientes e aferir sentimentos em eBay.com e para arquivar relatórios operacionais para os sistemas de *data warehouse*. Foram todos esses detalhes que fizeram uma cultura analítica florescer dentro do eBay.
2. *Coexistir.* Aproveitar os pontos fortes de cada plataforma de base de dados e permitir que elas coexistam na arquitetura de dados de sua organização são aspectos essenciais. Há uma vasta literatura que fala sobre a necessidade de se manter e cultivar a coexistência de *data warehouses* de dados tradicionais com as capacidades de novas plataformas.
3. *Visualizar.* De acordo com empresas líderes no ramo de pesquisas em análise de dados, como a Forrester e a Gartner, as organizações consideram as plataformas avançadas de visualização de dados como ferramentas essenciais, permitindo que monitorem negócios, encontrem padrões e tomem medidas para evitar ameaças e aproveitar oportunidades. A análise visual ajuda as organizações a descobrirem tendências, relações e anomalias ao vasculharem visualmente vastas quantidades de dados. Uma experiência de análise visual apresenta certas características. Ela permite que você realize duas coisas a qualquer momento:
    - Substituir instantaneamente os dados que você está examinando. Isso é importante, porque diferentes perguntas exigem diferentes dados.

(Continua)

DICAS TECNOLÓGICAS 7.3 *(Continuação)*
Como ser bem-sucedido com Big Data

- Substituir instantaneamente o modo como que você está examinando os dados. Isso é importante porque cada visualização pode responder perguntas diferentes.

Essa combinação cria a experiência exploratória necessária para que qualquer um responda perguntas rapidamente. Em essência, a visualização se torna uma extensão natural de seu processo de raciocínio experimental.

4. *Alavancar.* Big Data e inteligência de negócios customizada caminham *pari passu*, segundo o artigo recém publicado pelo Aberdeen Group "Maximizing the Value of Analytics and Big Data". Organizações com Big Data são 70% mais propensas do que as demais a terem projetos de BI/BA liderados primordialmente pela comunidade de negócios, e não pelo grupo de TI. Por toda uma gama de aplicações – seja o enfrentamento de novos problemas de negócios, o desenvolvimento de produtos e serviços inteiramente novos, a extração de informações estratégicas em menos de uma hora ou a mescla de dados vindos de fontes díspares – a Big Data instiga a imaginação do que é possível com o emprego de análise de dados.

5. *Integrar.* A integração e a mescla de dados vindos de fontes díspares para a sua organização é uma parte essencial da análise de Big Data. Organizações capazes de mesclar diferentes fontes de dados relacionais, semiestruturados e brutos em tempo real, sem incorrer em altos custos prévios de integração, serão aquelas capazes de extrair mais valor da Big Data. Uma vez integrados e mesclados, a estrutura dos dados (seja na forma de planilhas, uma base de dados, um *data warehouse*, um sistema de arquivos de código aberto como o Hadoop ou todos eles ao mesmo tempo) deixa de ser importante; ou seja, não é preciso conhecer os detalhes de como os dados estão armazenados para fazer perguntas e encontrar respostas baseando-se neles. Como vimos no Caso Aplicado 7.4, a campanha eleitoral de Obama encontrou uma maneira de integrar dados de redes sociais, tecnológicos, de bases de dados de emails, de bases de dados de arrecadações de fundos e do mercado consumidor para criar uma vantagem competitiva.

6. *Governar.* A governança de dados sempre foi uma questão desafiadora em TI, e está ficando ainda mais desconcertante com o advento da Big Data. Mais de 80 países contam com leis sobre privacidade de dados. A União Europeia define sete "princípios de porto seguro para privacidade" visando à proteção dos dados pessoais dos cidadãos. Em Singapura, a lei sobre proteção de dados pessoais entrou em vigência em janeiro de 2013. Já nos Estados Unidos, a lei de Sarbanes-Oxley afeta todas as empresas de capital aberto, e a HIPAA (abreviação em inglês para Lei da Portabilidade e Responsabilização por Seguro-Saúde) estabelece os padrões nacionais em atendimento de saúde. O equilíbrio certo entre controle e experimentação varia dependendo da organização e do ramo. O uso de melhores práticas no gerenciamento de dados parece ajudar na administração do processo de governança.

7. *Evangelizar.* Com o apoio de um ou mais padrinhos na área executiva, evangelistas como você podem botar a máquina para funcionar e instigar um ciclo virtuoso: quanto mais departamentos na sua organização perceberem benefícios práticos, mais arraigada se tornará a análise de dados pela sua organização. Uma análise visual rápida e fácil de usar é a chave que abre a porta para a adoção e colaboração total e irrestrita de análise de dados na organização.

Fontes: Lampitt, A. (2012). Big data visualization: A big deal for eBay. infoworld.com/d/big-data/big-data-visualization-big-deal-ebay-208589 (acessado em agosto de 2016).

Tableau white paper. (2012). 7 Tips to Succeed with Big Data in 2013. cdnlarge.tableausoftware.com/sites/default/files/whitepapers/7-tips-to-succeed-with-big-data-in-2013.pdf (acessado em agostos de 2016).

7.7 Big Data e análise de fluxos

Além de volume e variedade, conforme vimos neste capítulo, uma das características-chave que definem Big Data é a velocidade, que diz respeito à rapidez com que os dados são criados e abastecidos no ambiente de análise de dados. As organizações estão buscando maneiras de processar o fluxo de dados de entrada a fim de reagir de forma ágil e precisa a problemas e oportunidades, satisfazendo seus clientes e obtendo vantagem competitiva. Em situações em que há um fluxo acelerado e contínuo de dados, abordagens tradicionais de análise de dados que funcionam com dados previamente acumulados (isto é, dados estanques) ou acabam redundando em decisões equivocadas devido a um excesso de dados fora de contexto ou acabam chegando a decisões acertadas, porém tarde demais para serem úteis à organização. Por isso, em diversas situações empresariais é crucial analisar os dados assim que são criados e/ou assim que fluem para dentro do sistema analítico.

Nos dias de hoje, a vasta maioria das empresas parte do pressuposto de que é importante e crucial gravar cada dado, pois ele pode conter informações valiosas agora ou em algum momento no futuro próximo. No entanto, quando a quantidade de fontes de dados não para de aumentar, a abordagem de "armazenar tudo" se torna cada vez mais difícil, e em alguns casos até mesmo inviável. Na verdade, apesar dos avanços tecnológicos, a atual capacidade total de armazenamento encontra-se bem atrás do montante de informações digitais sendo geradas no mundo. Além do mais, no ambiente de negócios em constante evolução, a detecção em tempo real de mudanças significativas nos dados, bem como de variações complexas em seus padrões em um curto espaço de tempo, é essencial para a preparação de medidas que melhor se adaptem ao novo ambiente. Esses fatos se tornaram os principais gatilhos para um novo paradigma que chamamos de *análise de fluxos*. O paradigma da análise de fluxos nasceu como uma resposta a esses desafios, quais sejam, as torrentes ilimitadas de dados que não podem ser armazenados de forma permanente para então serem analisados, com agilidade e eficiência, e as variações complexas de padrões que têm de ser detectadas e aproveitadas assim que acontecem.

A **análise de fluxos** (também chamada de *análise de dados em movimento* e *análise de dados em tempo real*, entre outros nomes) é um termo usado para designar o processo analítico de extrair informações de caráter prático de dados que fluem continuamente. Um fluxo é definido como uma sequência contínua de elementos de dados (Zikopoulos et al., 2013). Os elementos de dados em um fluxo muitas vezes são chamados de *tuplos*. No contexto de uma base de dados relacional, um tuplo é similar a uma linha de dados (um registro, um objeto, uma instância). Porém, no contexto de dados semiestruturados ou não estruturados, um tuplo é uma abstração que representa um pacote de dados, que pode ser caracterizado como um conjunto de atributos para um determinado objeto. Se um tuplo em si não for suficientemente informativo para análise ou correlação – ou se outras relações coletivas entre tuplos forem necessárias – então a janela de dados que inclui um conjunto de tuplos é usada. Uma janela de dados é uma quantidade/sequência finita de tuplos, onde as janelas são continuamente atualizadas à medida que novos dados ficam disponíveis. O tamanho da janela é determinado com base no sistema sendo analisado. A análise de fluxos está se tornando cada vez mais popular por dois motivos. Primeiro, o tempo de reação cada vez é mais valorizado, e, segundo, dispomos dos meios tecnológicos para capturar e processar os dados enquanto estão sendo criados.

Algumas das aplicações mais impactantes da análise de fluxos foram desenvolvidas no setor de energia, especificamente em sistemas de redes inteligentes (cadeia de suprimento de energia elétrica). As novas redes inteligentes são capazes não apenas de criar e processar em tempo real múltiplos fluxos de dados e determinar a distribuição ideal de energia para satisfazer as necessidades de clientes reais, como também de gerar com precisão previsões a curto prazo para lidar com demanda inesperada e picos de geração de energia renovável. A Figura 7.12 ilustra um caso de uso genérico para análise de fluxos no setor de energia (uma típica aplicação de rede inteligente). A meta é prever com precisão a demanda e a produção de eletricidade em tempo real usando dados que fluem de medidores inteligentes, sensores de sistemas de produção e modelos meteorológicos. A capacidade de prever tendências de consumo/produção no futuro próximo e detectar anomalias em tempo real pode ser usada para otimizar decisões de suprimento (o quanto produzir, quais tipos de fontes de produção utilizar e como ajustar idealmente as capacidades de produção), bem como para ajustar os medidores inteligentes para regular o consumo e uma precificação favorável da energia.

Análise de fluxos *versus* análise perpétua

Os termos *fluxo* e *perpétuo* podem soar como similares para muita gente, e em muitos contextos eles são usados como sinônimos. Contudo, no contexto de sistemas inteligentes, há uma diferença (Jonas, 2007). A análise de fluxos envolve a aplicação de lógica no âmbito de transações para observações em tempo real. As regras aplicadas a essas observações levam em consideração observações prévias contanto que tenham ocorrido dentro da janela prescrita; essa janelas apresentam tamanhos arbitrários (abrangendo, digamos, os últimos 5 segundos ou as últimas 10 mil observações). A **análise perpétua**, por outro lado, avalia todas as observações que vão chegando em comparação a todas as observações anteriores, onde não há um tamanho de janela. Descobertas em tempo real são feitas ao se perceber como a nova observação se relaciona com todas as observações anteriores.

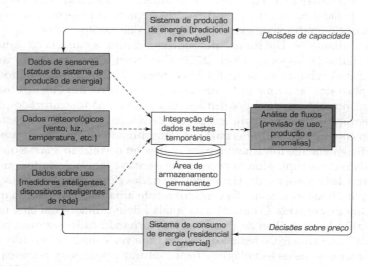

FIGURA 7.12 Caso de uso de análise de fluxos no setor energético.

Tanto a análise de fluxos quanto a análise perpétua têm seus prós e contras e seus respectivos lugares no mundo da análise de negócios. Às vezes os volumes transacionais são, por exemplo, altos e o tempo de reação é breve demais, favorecendo a não persistência e janelas de pequenos tamanhos, o que se traduz no emprego de análise de fluxos. No entanto, quando a missão é crítica e os volumes de transações podem ser administrados em tempo real, então a análise perpétua é uma resposta melhor. Dessa forma, pode-se responder perguntas como "Qual é a relação entre isso que acabei de descobrir e aquilo que eu já sabia?", "Isso é importante?" e "Quem precisa saber disso?".

Processamento de eventos críticos

O **processamento de eventos críticos** é um método para capturar, rastrear e analisar fluxos de dados a fim de detectar eventos (acontecimentos fora do normal) de certos tipos que são dignos do esforço. O processamento de eventos complexos é uma aplicação da análise de fluxos que combina dados provenientes de múltiplas fontes para inferir eventos ou padrões de interesse antes que eles ocorram ou assim que aconteçam. A meta é tomar medidas ágeis para fazer impedir a ocorrência (ou mitigar os efeitos negativos) desses eventos (como fraude ou invasão de rede), ou, no caso de uma breve janela de oportunidade, tirar proveito completo da situação em tempo hábil (com base no comportamento do usuário num site de comércio eletrônico, criar ofertas promocionais que aumentem sua propensão a reagir).

Esses eventos críticos podem estar ocorrendo por diversas camadas de uma organização, como oportunidades de vendas (*sales leads*) ou telefonemas de atendimento de clientes. Ou, em termos mais gerais, podem envolver novos itens, mensagens de texto, postagens em redes sociais, *feeds* de bolsa de valores, condições meteorológicas ou outros tipos de anomalias que talvez exerçam um impacto significativo sobre o bem-estar da organização. Um evento também pode ser definido genericamente como uma "mudança de estado", que pode ser detectada como uma mensuração que excede um patamar pré-definido de tempo, temperatura ou algum outro valor. Embora não se possa negar a proposição de valor do processamento de eventos críticos, é preciso ser seletivo no que deve ser mensurado, quando mensurar e com que frequência mensurar. Devido à vasta quantidade de informação disponível a respeito de eventos, o que por vezes é denominado de *nuvem de eventos*, é bem possível exagerar a mão nessa empreitada, e, em vez de ajudar a organização, acabar prejudicando sua eficiência operacional.

Mineração de fluxo de dados

A **mineração de fluxo de dados**, como uma tecnologia facilitadora de análise de fluxos, é o processo de extrair novos padrões e estruturas de conhecimento junto a registros de dados contínuos e acelerados. Como vimos no capítulo sobre mineração de dados (Capítulo 4), métodos tradicionais de mineração de dados exigem que os dados sejam coletados e organizados em um formato de arquivo apropriado, para então serem processados de maneira recursiva a fim de se descobrir os seus padrões ocultos. Em contraste, um fluxo de dados é uma sequência contínua e ordenada de instâncias que em muitos aplicativos de mineração de fluxo de dados podem ser lidas/processadas apenas uma vez ou poucas vezes usando capacidades limitadas de computação e armazenamento. Exemplos de fluxos de dados incluem dados de sensores, tráfego de redes computadorizadas, conversas telefônicas, transações em caixa-eletrônico, buscas na Internet e dados financeiros. A mineração de fluxo de dados é considerada um subcampo da mineração de dados, aprendizado de máquina e descoberta de conhecimentos.

Em muitos aplicativos de mineração de fluxo de dados, o objetivo é prever a classe ou valor de novas instâncias no fluxo de dados considerando-se algum conhecimento a respeito da filiação de classe ou valores de instâncias prévias no fluxo de dados. Técnicas especializadas de aprendizado de máquina (a maioria delas derivada de técnicas tradicionais de aprendizado de máquina) podem ser usadas para aprender essa tarefa de previsão a partir de exemplos rotulados de forma automatizada. Um exemplo de tal método de previsão foi desenvolvido por Delen, Kletke e Kim (2005), em que eles construíram gradualmente e refinaram um modelo de árvore de decisão usando um subconjunto dos dados por vez.

SEÇÃO 7.7 QUESTÕES DE REVISÃO

1. O que é um fluxo (no mundo da Big Data)?
2. Quais são as motivações para análise de fluxos?
3. O que é análise de fluxos? No que ela difere da análise de dados regular?
4. O que é processamento de eventos críticos? Qual sua relação com a análise de fluxos?
5. Defina *mineração de fluxo de dados*. Quais desafios adicionais são impostos pela mineração de fluxo de dados?

7.8 Aplicações da análise de fluxos

Devido ao seu poder de criar *insights* instantaneamente, ajudando tomadores de decisões a ficarem por dentro de eventos à medida que eles ocorrem e permitindo que organizações enfrentem complicações antes que elas se tornem problemas, o uso da análise de fluxos é uma tendência em franca expansão. A seguir são examinadas algumas das áreas de aplicação que já se beneficiaram da análise de fluxos.

Comércio eletrônico

Empresas como Amazon e eBay (entre muitas outras) estão tentando extrair o máximo dos dados que coletam enquanto um consumidor encontra-se dentro de seus sites. Cada visita de página, cada produto examinado, cada busca realizada e cada clique feito são registrados e analisados para maximizar o valor obtido junto à visita do usuário. Se conduzida rapidamente, a análise de tal fluxo de dados pode transformar navegadores em compradores e compradores em viciados em compras. Quando visitamos um site de comércio eletrônico, mesmo aqueles dos quais não somos membros, depois de uns cliques aqui e ali, começamos a receber ofertas de preços muito interessantes de produtos e combos. Nos bastidores, a análise de dados avançada está processando em tempo real os dados provenientes de nossos cliques, e dos cliques de milhares de outros, a fim de "entender" o que nos interessa (em alguns casos, nem nós sabemos o que é) e extrair o máximo dessas informações ao propor ofertas criativas.

Telecomunicações

O volume de dados provenientes de registros detalhados de ligações (CDR – *call detail records*) para empresas de telecomunicações é impressionante. Embora essas informações já venham sendo usadas há algum tempo para propósitos de cobrança, existe uma infinidade de conhecimentos soterrados no fundo dessa Big Data, e as empresas de telecomunicações perceberam que podem aproveitá-los. Dados de CDR, por exemplo, podem ser analisados para impedir a evasão de clientes mediante a identificação de redes de telefonadores, influenciadores, líderes e seguidores dentro dessas redes, tomando-se medidas proativas embasadas nessas informações. Como todos sabemos, influenciadores e líderes exercem o efeito de alterar a percepção dos seguidores em suas redes no que tange a prestadora de serviço, seja positiva ou negativamente. Utilizando técnicas de análise de redes sociais, empresas de telecomunicação estão identificando os líderes e influenciadores e os participantes de suas redes para melhor administrarem sua base de clientes. Além da análise de evasão de clientes, tais informações também podem ser usadas para recrutar novos membros e maximizar o valor dos membros já existentes.

Fluxos contínuos de dados provenientes de CDR podem ser combinados com dados de redes sociais (análise de sentimentos) para aferir a efetividade de campanhas de marketing. *Insights* obtidos junto a essas fontes de dados podem ser usados para reagir com rapidez a efeitos adversos (que podem levar a perda de clientes) ou para exacerbar o impacto de efeitos positivos (que podem levar à maximização de aquisições por de clientes existentes ou ao recrutamento de novos clientes) observados nessas campanhas. Além do mais, o processo de obtenção de *insights* a partir de CDR pode ser replicado para redes de dados usando-se registros detalhados de protocolos na Internet. Como a maioria das empresas de telecomunicações presta esses dois tipos de serviços, uma otimização holística de todos os produtos e serviços ofertados e das campanhas de marketing poderia levar a ganhos de mercado. O Caso Aplicado 7.7 é um exemplo de como a Salesforce.com obtém uma melhor noção de seus clientes com base em análise de *clickstreams*.

Caso aplicado 7.7

A Salesforce está utilizando dados em *streaming* para elevar o valor dos clientes

A Salesforce ampliou seus serviços de Nuvem de Marketing para incluir recursos de Pontuações Preditivas e Público Preditivo chamados Jornada Preditiva em Nuvem de Marketing. Esse acréscimo emprega dados em *streaming* em tempo real para aumentar o engajamento dos clientes online. Primeiro, os clientes recebem uma Pontuação Preditiva individualizada. A pontuação é calculada a partir de inúmeros fatores diferentes, incluindo a extensão de seu histórico de navegação, se clicaram em um link por email, se fizeram uma compra, quanto gastaram, há quanto tempo fizeram uma compra e se alguma vez já responderam a um email ou campanha publicitária. Assim que os clientes recebem uma pontuação, eles são segmentados em diferentes grupos. A esses grupos são atribuídos diferentes objetivos e planos de marketing baseados nos comportamentos previstos designados a eles. As pontuações e os segmentos são atualizados e alterados diariamente, proporcionando a empresas um mapa

(Continua)

Caso aplicado 7.7 (Continuação)

mais detalhado para mirarem e alcançarem uma resposta almejada. Essas soluções de marketing são mais precisas e criam maneiras mais personalizadas para as empresas acomodarem seus métodos de retenção de clientes.

Questões para discussão

1. Existem áreas em algum setor em que dados em *streaming* são irrelevantes?
2. Além da retenção de clientes, quais são outros benefícios de se usar análise de dados preditiva?

O que podemos aprender com este caso?

Por meio da análise de dados adquiridos aqui e agora, empresas conseguem fazer previsões e tomar decisões a respeito de seus clientes mais rapidamente. Com isso, as empresas podem mirar, atrair e reter os clientes certos e maximizar seu valor. Dados adquiridos semana passada não são tão benéficos quanto os dados que as empresas possuem hoje. A utilização de dados relevantes torna nossa análise preditiva mais precisa e eficiente.

Fontes: Amodio, M. (2015). *Salesforce adds predictive analytics to Marketing Cloud. Cloud Contact Center.* http://www.cloudcontactcenterzone.com/topics/cloud-contact-center/articles/413611-salesforce-adds-predictive--analytics-marketing-cloud.htm (acessado em julho de 2016).

Davis, J. (2015). Salesforce adds new predictive analytics to Marketing Cloud. *Information Week.* http://www.informationweek.com/big-data/big-data-analytics/salesforce-adds-new-predictive-analytics-to-marketing-cloud/d/d--id/1323201 (acessado em julho de 2016).

Henschen, D. (2016). Salesforce reboots Wave Analytics, preps IoT cloud. *ZD Net.* http://www.zdnet.com/article/salesforce-reboots-wave-analytics-preps-iot-cloud/ (acessado em julho de 2016).

Fiscalização e segurança cibernética

Fluxos de Big Data oferecem excelentes oportunidades de recrudescer a prevenção de crimes, a fiscalização de leis e a segurança em geral. Eles oferecem um potencial inigualado em se tratando de aplicações de segurança que podem ser incluídas no espaço, como conscientização situacional em tempo real, supervisão multimodal, detecção para segurança cibernética, grampos legais, vigilância por vídeo e reconhecimento facial (Zikopoulos et al., 2013). Como uma aplicação de salvaguarda de informações, as empresas podem empregar análise de fluxos para detectar e prevenir invasões de rede, ataques cibernéticos e atividades maliciosas ao transmitir e analisar registros de rede e outros recursos de monitoramento de atividades na Internet.

Setor energético

Devido ao uso crescente de medidores inteligentes, a quantidade de dados coletados em tempo real por empresas de energia está aumentando exponencialmente. Leituras que antes ocorriam a cada mês agora são feitas a cada 15 minutos (ou até menos), gerando um acúmulo de grandes quantidades de dados inestimáveis para as empresas de energia. Esses medidores inteligentes e outros sensores espalhados por toda a rede de energia estão enviando informações de volta às centrais de controle para serem analisados em tempo real. Tais análises ajudam as empresas de energia a otimizarem suas decisões de cadeia de suprimento (como ajustes de capacidade, opções de rede de distribuição, compra e venda em tempo real) baseando-se em padrões minuto a minuto de uso e demanda dos consumidores. Além disso, empresas de energia são capazes de integrar dados meteorológicos e de outras condições naturais em sua análise de dados a fim de otimizarem a geração de energia a partir de fontes alternativas (como energia eólica) e para melhor preverem a demanda de energia em diferentes granulações geográficas. Benefícios similares também se aplicam a outras fornecedoras de serviços básicos, como água e gás natural.

Serviços financeiros

Empresas de serviços financeiros estão entre os exemplos primordiais em que a análise de fluxo de Big Data pode oferecer decisões melhores e mais rápidas, vantagem competitiva e supervisão regulatória. A capacidade de analisar um fluxo de dados acelerado e de alto volume sobre transações financeiras a uma baixíssima latência ao longo de diferentes mercados e países oferece uma tremenda vantagem para a tomada de decisões de compra/venda em questão de segundos e que podem se traduzir em enormes ganhos monetários. Além da otimização de decisões de compra/venda, a análise de fluxos também pode ajudar empresas de serviços financeiros no monitoramento de transações em tempo real para a detecção de fraudes e outras atividades ilegais.

Ciências da saúde

Dispositivos médicos da era moderna (como eletrocardiogramas e equipamentos que medem pressão sanguínea, nível de oxigênio no sangue, glicemia e temperatura corporal) são capazes de produzir um fluxo de dados diagnósticos/sensoriais inestimáveis e em ritmo muito acelerado. A organização desses dados e sua análise em tempo real oferecem benefícios – aqueles que chamamos "de vida ou morte" – diferentes de qualquer outro setor. Além de ajudar as empresas de atendimento de saúde a se tornarem mais efetivas e eficientes (e, portanto, mais competitivas e lucrativas), a análise de fluxos também está melhorando as condições dos pacientes e salvando vidas.

Muitos sistemas hospitalares ao redor do mundo estão desenvolvendo infraestruturas de atendimento e sistemas de saúde futuristas. Esses sistemas visam tirar proveito integral daquilo que a tecnologia tem a oferecer, e mais. O uso de dispositivos de hardware que geram dados em alta resolução a um ritmo bastante acelerado, aliados a computadores ultrarrápidos capazes de analisar sinergicamente múltiplas fontes de dados, aumenta as chances de se manter os pacientes a salvo mediante a pronta detecção de anomalias. Esses sistemas são voltados a ajudar os decisores humanos a tomarem decisões melhores e mais rápidas ao serem expostos a uma profusão de informações assim que elas ficam disponíveis.

Governo

Governos do mundo inteiro estão tentando encontrar maneiras de aumentar sua eficiência (via otimização de recursos limitados) e efetividade (fornecendo serviços que as pessoas precisam e desejam). Conforme as práticas de *e-government* se popularizam, aliadas ao uso e acesso difundido às mídias sociais, vastíssimas quantidades de dados (tanto estruturados como não estruturados) ficam a disposição de agências governamentais. O uso adequado e ágil desses fluxos de Big Data distinguem as agências proativas e altamente eficientes daquelas que ainda estão empregando métodos tradicionais para reagir a situações à medida que elas vão ocorrendo. Outro modo pelo qual as agências governamentais podem tirar proveito de capacidades de análise de dados em tempo real é na administração de desastres naturais como nevascas, furacões, tornados e incêndios, por meio da vigilância de fluxos de dados provenientes de radares, sensores e outros dispositivos de detecção inteligentes. Elas também podem usar abordagens similares para monitorar a qualidade da água, a qualidade do ar e padrões de consumo e para detectar anomalias antes que elas se tornam problemas consideráveis. Outra área em que as agências governamentais utilizam análise de fluxos é na gestão de trânsito em cidades congestionadas. Utilizando dados provenientes de câmeras de fluxo de tráfego, GPS de veículos comerciais e sensores de tráfego localizados em rodovias, as agências são capazes de alterar sequências de semáforos e a mão de certas pistas para mitigar dores de cabeça geradas por engarrafamentos.

SEÇÃO 7.8 QUESTÕES DE REVISÃO

1. Quais são os setores mais férteis para análise de fluxos?
2. Como a análise de fluxos pode ser usada em comércio eletrônico?
3. Além do que está listado nessa seção, você consegue lembrar de outros setores e/ou áreas de aplicação em que a análise de fluxos pode ser usada?
4. Comparada à análise de dados regular, você acha que a análise de fluxos terá mais (ou menos) casos de uso na era da análise de Big Data? Por quê?

Destaques do capítulo

- Big Data significa coisas distintas para pessoas com formações e interesses diferentes.
- Big Data excede o alcance de ambientes de hardware e/ou capacidades de ferramentas de software comumente usados, não podendo ser capturado, gerido e processado por eles dentro de um espaço de tempo tolerável por sua população de usuários.
- Big Data costuma ser definido por três Vs: volume, variedade, velocidade.
- MapReduce é uma técnica para distribuir o processamento de vastíssimos arquivos de dados multiestruturados ao longo de grandes *clusters* de máquinas.
- Hadoop é um referencial de código aberto para processamento, armazenamento e análise de imensas quantidades de dados distribuídos e não estruturados.
- Hive é uma estrutura do tipo *data warehouse* baseada em Hadoop e desenvolvida originalmente pelo Facebook.
- Pig é uma linguagem de consulta baseada em Hadoop desenvolvida pela Yahoo!.

- NoSQL, que significa Not Only SQL [Não Apenas SQL], é um novo paradigma para armazenar e processar grandes volumes de dados não estruturados, semiestruturados e multiestruturados.
- Os cientistas de dados cumprem um novo papel ou tarefa comumente associada a Big Data e ciência de dados.
- Big Data e *data warehouses* representam tecnologias complementares (não concorrentes) de análise de dados.
- Como uma área relativamente nova, o panorama de fornecedores de soluções para Big Data está se desenvolvendo com grande rapidez.
- Análise de fluxos é um termo que costuma se referir à extração de informações de caráter prático a partir de fontes de dados que fluem continuamente.
- A análise perpétua avalia toda e cada observação recém chegada em comparação com todas as observações anteriores.

- O processamento de eventos críticos é um método para capturar, rastrear e analisar fluxos de dados a fim de detectar eventos (acontecimentos fora do normal) de certos tipos que são dignos do esforço.

- A mineração de fluxo de dados, como uma tecnologia facilitadora de análise de fluxos, é o processo de extrair novos padrões e estruturas de conhecimento junto a registros de dados contínuos e acelerados.

Termos-chave

análise de Big Data
análise de fluxos
análise perpétua
Big Data
cientistas de dados
Hadoop
Hadoop Distributed File System (HDFS)
Hive
MapReduce
mineração de fluxo de dados
NoSQL
Pig
processamento de eventos críticos

Questões para discussão

1. O que é Big Data? Por que ele é importante? De onde ele vem?
2. Na sua opinião, qual será o futuro do Big Data? Ele perderá popularidade para alguma outra coisa? Nesse caso, que coisa será essa?
3. O que é análise de Big Data? No que ela difere da análise de dados regular?
4. Quais são os fatores cruciais de sucesso para análise de Big Data?
5. Quais são os grandes desafios que se deve ter em mente ao cogitar a implementação de análise de Big Data?
6. Quais são os problemas empresariais comuns enfrentados com análise de Big Data?
7. Na era da Big Data, estamos prestes a testemunhar o fim do *data warehouse*? Por quê?
8. Quais são os usos preferenciais para Big Data/Hadoop e *data warehouses*/RDBMS?
9. O que é análise de fluxos? No que ela difere da análise de dados regular?
10. Quais são os setores mais férteis para análise de fluxos? O que há em comum entre esses setores?
11. Comparada à análise de dados regular, você acha que a análise de fluxos terá mais (ou menos) casos de uso na era da análise de Big Data? Por quê?

Exercícios

Teradata University Network (TUN) e outros exercícios práticos

1. Entre em teradatauniversitynetwork.com e procure por casos de estudo. Leia casos e artigos técnicos que discorram sobre análise de Big Data. Qual é o tema comum nesses estudos de caso?
2. Em teradatauniversitynetwork.com, encontre artigos técnicos, estudos de caso e exercícios práticos a respeito do SAS Visual Analytics. Faça os exercícios de análise visual junto a vastos conjuntos de dados e prepare um relatório para examinar seus achados.
3. Em teradatauniversitynetwork.com, vá até a página Sports Analytics. Encontre aplicações de Big Data nos esportes. Prepare um resumo de tudo que descobrir.
4. Entre em teradatauniversitynetwork.com e procure por BSI Videos que tratem de Big Data. Analise esses vídeos sobre BSI e responsa as perguntas de caso relacionadas a eles.
5. Entre nos sites teradata.com e/ou asterdata.com. Encontre pelo menos três estudos de caso sobre clientes e Big Data, e escreva um relatório examinando as afinidades e diferenças entre esses casos.

6. Visite IBM.com. Encontre pelo menos três estudos de caso sobre clientes e Big Data, e escreva um relatório examinando as afinidades e diferenças entre esses casos.
7. Visite cloudera.com. Encontre pelo menos três estudos de caso sobre clientes e implementação de Hadoop, e escreva um relatório examinando as afinidades e diferenças entre esses casos.
8. Visite mapr.com. Encontre pelo menos três estudos de caso sobre clientes e implementação de Hadoop, e escreva um relatório examinando as afinidades e diferenças entre esses casos.
9. Visite hortonworks.com. Encontre pelo menos três estudos de caso sobre clientes e implementação de Hadoop, e escreva um relatório examinando as afinidades e diferenças entre esses casos.
10. Visite marklogic.com. Encontre pelo menos três estudos de caso sobre clientes e implementação de Hadoop, e escreva um relatório examinando as afinidades e diferenças entre esses casos.
11. Visite youtube.com. Procure por vídeos sobre computação de Big Data. Assista a pelo menos dois deles. Prepare um resumo de tudo que descobrir.
12. Visite google.com/scholar e procure por artigos a respeito de análise de fluxos. Encontre pelo menos três artigos relacionados. Leia-os e prepare um resumo de tudo que descobrir.
13. Visite google.com/scholar e procure por artigos a respeito de mineração de fluxo de dados. Encontre pelo menos três artigos relacionados. Leia-os e prepare um resumo de tudo que descobrir.
14. Visite google.com/scholar e procure por artigos a respeito de Big Data *versus data warehouse*. Encontre pelo menos cinco artigos relacionados. Leia-os e prepare um resumo de tudo que descobrir.

Referências

Adshead, A. (2014). Data set to grow 10-fold by 2020 as Internet of Things takes off. http://www.computerweekly.com/news/2240217788/Data-set-to-grow-10-fold-by-2020-as-internet-of-things-takes-off (accessed September 2016).

Amodio, M. (2015). Salesforce adds predictive analytics to Marketing Cloud. Cloud Contact Center. cloudcontactcenterzone.com/topics/cloud-contact-center/articles/413611-salesforce-adds-predictive-analytics-marketing-cloud.htm (accessed August 2016).

Asamoah, D., Sharda, R., Zadeh, A., & Kalgotra, P. (2016). Preparing a Big Data analytics professional: A pedagogic experience. In *DSI 2016 Conference*, Austin, TX.

Asamoah, D., & Sharda, R. (2015). Adapting CRISP-DM process for social network analytics: Application to healthcare. *In AMCIS 2015 Proceedings*. aisel.aisnet.org/amcis2015/BizAnalytics/GeneralPresentations/33/ (accessed July 2016).

Awadallah, A., & Graham, D. (2012). Hadoop and the data warehouse: When to use which. teradata.com/white-papers/Hadoop-and-the-Data-Warehouse-When-to-Use-Which (accessed August 2016).

Broniatowski, D. A., Paul, M. J., & Dredze, M. (2013). National and local influenza surveillance through Twitter: An analysis of the 2012–2013 influenza epidemic. *PloS One, 8*(12), e83672.

Cisco. (2016). The zettabyte era: Trends and analysis. cisco.com/c/en/us/solutions/collateral/service-provider/visual-networking-index-vni/vni-hyperconnectivity-wp.pdf (accessed August 2016).

DataStax. Customer case studies. datastax.com/resources/casestudies/eBay (accessed July 2016).

Davis, J. (2015). Salesforce adds new predictive analytics to Marketing Cloud. Information Week. informationweek.com/big-data/big-data-analytics/salesforce-adds-new-predictive-analytics-to-marketing-cloud/d/d-id/1323201 (accessed August 2016).

Dean, J., & Ghemawat, S. (2004). MapReduce: Simplified data processing on large clusters. research.google.com/archive/mapreduce.html (accessed August 2016).

Delen, D., Kletke, M., & Kim, J. (2005). A scalable classification algorithm for very large datasets. *Journal of Information and Knowledge Management, 4*(2), 83–94.

Dillow, C. (2016). What happens when you combine artificial intelligence and satellite imagery. fortune.com/2016/03/30/facebook-ai-satellite-imagery/ (accessed July 2016).

Ekster, G. (2015). Driving investment performance with alternative data. integrity-research.com/wp-content/uploads/2015/11/Driving-Investment-Performance-With-Alternative-Data.pdf (accessed July 2016).

Henschen, D. (2016). Salesforce reboots Wave Analytics, preps IoT cloud. *ZD Net*. zdnet.com/article/salesforce-reboots-wave-analytics-preps-iot-cloud/ (accessed August 2016).

Higginbotham, S. (2012). As data gets bigger, what comes after a yottabyte? gigaom.com/2012/10/30/as-data-gets-bigger-what-comes-after-a-yottabyte (accessed August 2016).

Hope, B. (2015). Provider of personal finance tools tracks bank cards, sells data to investors. Wall Street Journal. wsj.com/articles/provider-of-personal-finance-tools-tracks-bank-cards-sells-data-to-investors-1438914620 (accessed July 2016).

Jonas, J. (2007). Streaming analytics vs. perpetual analytics (Advantages of Windowless Thinking). jeffjonas.typepad.com/jeff_jonas/2007/04/streaming_analy.html (accessed August 2016).

Kalgotra, P., & Sharda, R. (2016). Rural versus urban comorbidity networks. Working Paper, Center for Health Systems and Innovation, Oklahoma State University.

Kelly, L. (2012). Big data: Hadoop, business analytics, and beyond. wikibon.org/wiki/v/Big_Data:_Hadoop,_Business_Analytics_and_Beyond (accessed August 2016).

Lampitt, A. (2012). Big data visualization: A big deal for eBay. infoworld.com/d/big-data/big-data-visualization-big-deal-ebay-208589 (accessed August 2016).

MarkLogic. (2012). Top 5 investment bank achieves single source of truth. marklogic.com/resources/top-5-derivatives-trading-bank-achieves-single-source-of-truth (accessed July 2016).

Moran, P. A. (1950). Notes on continuous stochastic phenomena. *Biometrika*, 17–23.

Orbital Insight. World Oil Storage Index. orbitalinsight.com/solutions/world-oil-storage-index/ (accessed July 2016).

Russom, P. (2013). Busting 10 myths about Hadoop: The Big Data explosion. TDWI's *Best of Business Intelligence, 10*, 45–46.

Sarasohn-Kahn, J. (2008). *The wisdom of patients: Health care meets online social media*. Oakland, CA: California HealthCare Foundation.

Shaw, C. (2016). Satellite companies moving markets. quandl.com/blog/alternative-data-satellite-companies (accessed July 2016).

Steiner, C. (2009). Sky high tips for crop traders (accessed July 2016).

St Louis, C., & Zorlu, G. (2012). Can Twitter predict disease outbreaks? *BMJ*, 344.

Tableau white paper. (2012). 7 Tips to succeed with Big Data in 2013. cdnlarge.tableausoftware.com/sites/default/files/whitepapers/7-tips-to-succeed-with-big-data-in-2013.pdf (accessed August 2016).

Thusoo, A., Shao, Z., & Anthony, S. (2010). Data warehousing and analytics infrastructure at Facebook. In *Proceedings of the 2010 ACM SIGMOD International Conference on Management of Data* (p. 1013).

Turner, M. (2015). This is the future of investing, and you probably can't afford it. businessinsider.com/hedge-funds-are-analysing-data-to-get-an-edge-2015-8 (accessed July 2016).

Watson, H. (2012). The requirements for being an analytics-based organization. *Business Intelligence Journal, 17*(2), 42–44.

Watson, H., Sharda, R., & Schrader, D. (2012). Big Data and how to teach it. *Workshop at AMCIS*, Seattle, WA.

White, C. (2012). MapReduce and the data scientist. Teradata Aster White Paper. teradata.com/white-paper/MapReduce-and-the-Data-Scientist (accessed August 2016).

Wikipedia.com. "Petabyte." en.wikipedia.org/wiki/Petabyte (accessed August 2016).

Zadeh, A. H., Zolbanin, H. M., Sharda, R., & Delen, D. (2015). Social media for nowcasting the flu activity: Spatial-temporal and text analysis. *Business Analytics Congress, Pre-ICIS Conference*, Fort Worth, TX.

Zikopoulos, P., DeRoos, D., Parasuraman, K., Deutsch, T., Corrigan, D., & Giles, J. (2013). *Harness the power of Big Data*. New York: McGraw-Hill.

CAPÍTULO 8

Tendências futuras, privacidade e considerações gerenciais em análise de dados

OBJETIVOS DIDÁTICOS

- Explorar algumas das tecnologias emergentes que podem afetar a análise de dados, a inteligência de negócios (BI) e o apoio à decisões.
- Descrever o fenômeno emergente da Internet das Coisas (IoT), suas aplicações potenciais e seu ecossistema.
- Descrever a uso atual e futuro de computação em nuvem na análise de negócios.
- Descrever como a análise de dados geoespaciais e baseados em localização está auxiliando as organizações.
- Descrever os impactos organizacionais das aplicações de análise de dados.
- Listar e descrever as principais questões éticas e legais da implementação de análise de dados.
- Identificar as características-chave de um profissional bem-sucedido em ciência de dados.

Este capítulo introduz diversas tecnologias emergentes que tendem a exercer importantes impactos no desenvolvimento e aplicação de inteligência de negócios (BI). Numa área dinâmica como a análise de dados, os termos também evoluem e se sobrepõem. Conforme mencionado anteriormente, podemos nos referir a essas tecnologias como BI, análise de dados, ciência de dados, aprendizado de máquina, inteligência artificial (IA), computação cognitiva, Big Data e por diversas outras designações. Não é nosso objetivo focar em diferenças sutis entre cada uma delas, e sim examinar a coleção como uma grande constelação. Nosso foco recai em algumas tendências que já se materializaram e em outras que estão prestes a afetar a análise de dados ainda mais. Usar uma bola de cristal sempre é uma proposição arriscada, mas este capítulo oferece uma análise de algumas áreas florescentes. Introduzimos e explicamos algumas tecnologias emergentes e exploramos suas aplicações atuais. Em seguida, discutimos os impactos organizacionais, pessoais, legais, éticos e sociais dos sistemas de apoio analítico e das questões que devem importar para gestores e profissionais em análise de dados.

8.1 VINHETA DE ABERTURA: A análise de dados de sensores ajuda a Siemens a evitar falhas em trens

A Siemens é a maior produtora do mundo de tecnologias energeticamente eficientes e poupadoras de recursos. A empresa está sediada em Berlim, Alemanha, com um faturamento anual de US$93 bilhões. A Siemens produz uma variedade de trens e componentes de infraestrutura, como sistemas de controle e sistemas motrizes.

A equipe de Serviços de Dados Móveis da Siemens acredita que a análise de Big Data e a Internet das Coisas (IoT) podem lhe permitir prever falhas em componentes com semanas de antecedência. A equipe está explorando essas técnicas para se certificar de que nenhum trem fique parado nos trilhos devido a falhas técnicas imprevistas. A Siemens deseja *abandonar* a manutenção reativa (após o acidente) e a manutenção preventiva (mediante inspeções regulares) e *adotar* manutenção preditiva nos trens.

Sensores ligados aos componentes dos trens medem a situação atual de tais partes. A Siemens coleta os dados dos sensores e os analisa quase em tempo real. Quando alguma anormalidade é encontrada nos dados, isso indica que um componente provavelmente apresentará uma falha. Assim, medidas preventivas podem ser tomadas de acordo com isso.

Segundo o blog da Teradata, engenheiros da Siemens aproveitam dados vindos de dezenas de milhares de sensores. Dados dos trens e dos trilhos, dados sobre processos de consertos, dados meteorológicos e dados vindos da cadeia de suprimento, todos são encaminhados para a Arquitetura de Dados Unificados Teradata pertencente à Siemens, fazendo uso de Hadoop, Teradata Aster e do Teradata *Data Warehouse*. Gerhard Kress, diretor de Serviços Móveis da Siemens, afirmou: "Não poderíamos fazer o que estamos fazendo se nos baseássemos numa arquitetura diferente, pois os volumes de dados com que estamos lidando são muito grandes. Assim, por exemplo, para uma frota de veículos na Europa, acabamos de reunir todos os dados provenientes de sensores – foram cerca de 100 bilhões de linhas de uma tabela. Fazer um algoritmo de aprendizado de máquina rodar sobre tamanho volume só é possível usando-se algo massivamente paralelo".

O aprendizado de máquina usando todos os dados de sensores permite que os cientistas de dados e engenheiros da Siemens identifiquem falsos positivos (a previsão de uma falha que não acaba acontecendo) e produzam uma previsão clara sobre verdadeiras falhas em peças específicas. Como há mais alarmes falsos do que verdadeiros, a organização está examinando encomendas de trabalho, números de série e o histórico de dados sobre trens e serviços, informações de diagnóstico, dados de sensores, processo de conserto e dados de cadeia de suprimento para ajudar a identificar e resolver falhas genuínas em peças. Ao incorporar dados meteorológicos, a Siemens consegue distinguir as falhas mais prováveis no trem de alta velocidade entre Moscou e São Petersburgo no inverno frígido *versus* no trem de alta velocidade viajando durante os verões quentes da Espanha.

A operadora de trens espanhóis RENFE utiliza componentes-chave do trem de alta velocidade da Siemens, Valero E, que são monitorados continuamente pela Siemens. Se os padrões de dados coletados por sensores se mostrarem anormais, uma equipe é enviada para inspecionar esses componentes, prevenindo assim falhas do trem sobre os trilhos. Como resultado, apenas um entre 2.300 trens está perceptivelmente atrasado. A Siemens também garante que a maior confiabilidade de seus trens ajudou muitos operadores ferroviários a aprimorarem sua pontualidade. Os trens em Bangkok, por exemplo, têm a reputação de se atrasarem somente em 1% dos casos. E a Siemens também estima que as operações ferroviárias de alta prioridade entre Barcelona e Madri apresentaram um aumento significativo em passageiros transportados e chegaram a reduzir o tráfego aéreo nesse mesmo trecho.

Sendo assim, o desenvolvimento de modelos preditivos proporcionou à Siemens uma nova oportunidade de serviço. A empresa se estabeleceu como uma das principais prestadoras de serviços de rastreamento de falhas ferroviárias. A venda desses serviços preditivos está se tornando até mais importante do que o mero equipamento original.

Quais lições podemos tirar dessa vinheta?

A Siemens está abrindo caminhos no desenvolvimento de serviços adicionais e extração de valor junto a produtos industriais de grande porte vindo de indústrias relativamente maduras. Ao empregar sensores que geram vastas quantidades e variedades de dados e os mesclando com outras fontes de dados como as meteorológicas, uma empresa é capaz de obter um retrato mais nítido de como seus produtos se saem no ambiente real. Além do mais, a análise de tais dados pode ajudar um cliente a realizar manutenções quando realmente se fazem necessárias, e não seguindo um cronograma prévio. A venda de tais serviços analíticos se tornou um foco novo e importante para todas as principais fabricantes de equipamentos industriais como a Siemens e a General Electric. Vender serviços para a realização de análise de dados em produtos e manutenção ou consertos preditivos é um exemplo excelente de criação de novas oportunidades de mercado para produtos já estabelecidos.

QUESTÕES PARA DISCUSSÃO

1. Em equipamentos industriais como trens, quais parâmetros podem ser medidos regularmente a fim de estimar seu desempenho atual e futuras necessidades de conserto?
2. Como dados meteorológicos podem ser úteis na análise do estado de um equipamento ferroviário?
3. Estime o quanto de dados você coletaria em um mês usando, digamos, mil sensores em um trem. Cada sensor é capaz de gerar 1 KB de dados por segundo.
4. Qual seria sua proposta para armazenar tais conjuntos de dados?

Fonte: Adaptado de Teradata.com. (2016). The Internet of trains. http://www.teradata.com/resources/case-studies (acessado em agosto de 2016); theit.org. (2016). Siemens tracks Big Data for trains that keep on running. http://eandt.theiet.org/magazine/2016/07/siemens-big-data--trains.cfm (acessado em agosto de 2016); Siemens.com. (2016). About Siemens. http://www.siemens.com/about/en/ (acessado em agosto de 2016).

8.2 Internet das Coisas (IoT)

A vinheta de abertura introduziu uma área que está atualmente passando por um crescimento explosivo. A **Internet das Coisas (IoT)** é o fenômeno de conectar o mundo físico à Internet, em contraste à Internet das pessoas, que conecta nós humanos uns aos outros por meio da tecnologia. Na IoT, dispositivos físicos são conectados a sensores que coletam dados sobre a operação, a localização e o estado de um dispositivo. Esses dados são processados usando-se várias técnicas de análise de dados para monitorar o dispositivo remotamente a partir de um escritório central ou para prever futuras falhas no dispositivo. Talvez o exemplo mais comum da IoT seja o iminente carro autônomo. Para dirigir por conta própria, um carro precisa ter sensores suficientes para automaticamente monitorar a situação ao seu redor e tomar as medidas apropriadas para se ajustar a qualquer configuração necessária, incluindo a velocidade do carro, sua direção e assim por diante. Outro exemplo comum da IoT são os medidores de exercícios, que permitem que um usuário faça um acompanhamento de suas atividades físicas como caminhar, correr e dormir. Outro exemplo que ilustra o fenômeno da IoT é uma empresa chamada Smartbin. A Smartbin desenvolveu recipientes de lixo que incluem sensores para detectar os níveis de preenchimento. A empresa de coleta de lixo pode ser automaticamente informada para esvaziar um recipiente quando os sensores detectam que ele está quase repleto. Obviamente, o exemplo mais comum que as pessoas usam para ilustrar a IoT é a ideia de sua geladeira encomendar leite automaticamente ao detectar que o produto está acabando! A Clorox acaba de introduzir um novo filtro Brita, com o qual uma jarra dotada de Wi-Fi é capaz de encomendar os filtros d'água por conta própria ao detectar que está na hora do atual ser substituído. Em todos esses exemplos, não é preciso que um humano se comunique com outro humano, e nem mesmo com uma máquina, em muitos casos. São as próprias máquinas que cuidam da comunicação. É por isso que o termo *Internet das Coisas* é usado.

De acordo com a Juniper Research (2016), além de tablets, smartphones e PCs, até 2020 mais de 38 bilhões de coisas estarão conectadas à Internet. Há muitos motivos para o crescimento exponencial da IoT:

1. O hardware ficou menor, mais barato e mais poderoso: os custos de atuadores e sensores caíram consideravelmente nos últimos dez anos, resultando em sensores completos muito mais baratos. Mobilidade barata: os custos de processamento de dados, largura de banda e dispositivos móveis diminuíram em 97% desde a década passada.
2. Disponibilidade de ferramentas de BI: atualmente, cada vez mais empresas estão oferecendo suas ferramentas de BI seja em dependências próprias ou na nuvem a preços baixos. Big Data e ferramentas de BI estão amplamente disponíveis e são altamente sofisticadas.
3. Aplicações novas e interessantes estão emergindo praticamente todos os dias.

Cabe ressaltar, porém, que há algum desacordo envolvendo o uso de termo *Internet das Coisas*. Algumas pessoas preferem a designação Web das Coisas. Já outras defendem o uso do termo Internet dos Sistemas em seu lugar, pois, em diversos sentidos, seria uma combinação de sistemas que se comunicariam entre si. No entanto, seguiremos nos referindo a esse fenômeno como Internet das Coisas (IoT) nesta seção, para fins de consistência.

As estimativas sobre o crescimento da indústria de IoT variam bastante, mas algo em torno de US$ 6 trilhões e US$ 11 trilhões serão gastos em soluções de IoT até 2020. Trata-se de um dos setores de crescimento mais acelerado no ramo de tecnologia da informação (TI) e um componente-chave da indústria da análise de dados. Os Casos Aplicados 8.1 e 8.2 oferecem dois exemplos de aplicações de IoT em diferentes ramos usando duas plataformas tecnológicas diferentes.

Caso aplicado 8.1

As lanchas SilverHook utilizam análise de dados em tempo real para informar pilotos e espectadores

A SilverHook é uma empresa que fabrica uma das lanchas mais rápidas, potentes e eficientes do mundo. Essas embarcações são usadas em corridas de lanchas ao redor do mundo. Lanchas de alta velocidade batendo contra a água salgada correm risco de falha de equipamento a bordo. Pilotos dependem de dados de telemetria gerados por suas embarcações para tomar decisões de segurança e estratégia. Em certas situações, dados biométricos dos pilotos também são coletados. Assim, os pilotos recebem inúmeras informações, dificultando o acompanhamento de todos os dados. A SilverHook também percebeu que espectadores de corridas de lancha estavam tendo dificuldade em acompanhar os pilotos no mar, já que as lanchas se moviam em alta velocidade, fazendo com que os fã perdessem o interesse. As lanchas da SilverHook coletam dados de 80 sensores, mas não havia uma maneira fácil de formar diagnósticos para aprimorar as capacidades de decisão, reforçar as medidas de segurança e melhorar a experiência dos espectadores.

A equipe da SilverHook empregou a IBM Bluemix Platform como serviço (PaaS – veja na próxima seção) para colocar em prática soluções de análise de dados do IBM SPSS e gerar informações compreensíveis para os usuários e fãs. A PaaS permitiu que a SilverHook desenvolvesse aplicativos, colocasse os dados na nuvem e realizasse a análise de dados necessária. O IBM Bluemix, juntamente com a empresa parceira Virtual Eye, utilizou como base a IoT para enviar dados gerados por sensores e por rastreadores de sistema de posicionamento global (GPS) para a nuvem. A análise de dados dos sensores foi realizada usando-se ferramentas analíticas presentes no IBM Bluemix. A Virtual Eye produziu alertas com informações técnicas para a equipe de corrida e representação em tempo real da competição para os espectadores. Agora os pilotos podem obter *insights* em tempo real sobre a corrida, melhorando suas decisões e acirrando sua competitividade.

Questões para discussão

1. Que tipo de informação os sensores de uma lancha de corrida são capazes de gerar e que seria importante os pilotos conhecerem? E quanto aos espectadores?
2. Quais outros esportes podem se beneficiar de tecnologias similares?
3. Quais desafios técnicos podem ser enfrentados na construção de tais sistemas?

Fontes: IBMbigdatahub.com. (2015). SilverHook Powerboats: Tracking fast-moving boats in real time. http://www.ibmbigdatahub.com/blog/silverhook-powerboats-tracking-fast-moving-powerboats-real-time (acessado em agosto de 2016); IBM.com. (2015). Case study: SilverHook Powerboats. http://www.ibm.com/cloud-computing/case-studies/silverhook-powerboats.html (acessado em agosto de 2016).

Infraestrutura tecnológica da IoT

De um ponto de vista distanciado, a tecnologia da IoT pode ser dividida em quatro blocos principais. A Figura 8.1 ilustra esses quatro blocos.

1. Hardware: inclui os dispositivos, os sensores e os atuadores físicos em que os dados são produzidos e registrados. O dispositivo é o equipamento que tem de ser controlado, monitorado ou rastreado. Dispositivos sensores de IoT podem conter um processador ou qualquer aparelho de computação que organize os dados de entrada.

Caso aplicado 8.2

A Rockwell Automation monitora equipamentos caros de exploração de gás e petróleo

A Rockwell Automation é um das maiores provedoras mundiais de automação industrial e soluções informacionais. Possui clientes em mais de 80 países pelo mundo, e conta com cerca de 22.500 funcionários. Uma de suas áreas de atuação é o auxílio a empresas de petróleo e gás na exploração. Um exemplo é a Hilcorp Energy, uma empresa que extrai petróleo no Alasca. Os equipamentos usados na perfuração, extração e refino de petróleo são bem caros. Uma única falha de equipamento pode custar à empresa de gás e petróleo entre US$100 mil e US$300 mil ao dia em perda de produção. Para lidar com esse problema, é preciso contar com tecnologias capazes de monitorar remotamente o estado de tais equipamentos e prever problemas com grande antecedência.

A Rockwell Automation enxergou aí uma oportunidade de ampliar seus negócios junto a indústrias de gás e petróleo ao reunir dados de locais de exploração e ao analisá-los para aumentar a eficiência e gerar melhor desempenho. A empresa está colocando em prática sua noção de Empresa Conectada ao usar a IoT da Microsoft para fornecer monitoramento e suporte para equipamentos de gás e petróleo situados em áreas remotas. Assim, a Rockwell passou a fornecer soluções para prever falhas em equipamentos ao longo da cadeia de suprimento petrolífera, monitorar sua saúde e seu desempenho em tempo real e ajudar a prevenir suas falhas no futuro. A empresa está fornecendo soluções nas seguintes áreas:

1. **Extração:** a Hilcorp Energy possui equipamento de bombeamento situado no Alasca, onde extrai petróleo 24 horas ao dia. Uma única falha no equipamento pode custar muito dinheiro para a Hilcorp. A Rockwell conectou à nuvem *drives* elétricos variáveis em equipamentos de bombeamento (veja a seção a seguir), para que essas máquinas possam ser controladas a milhares de quilômetros de distância da sala de controle, no estado norte-americano de Ohio. Sensores capturam dados, e, por meio dos portais de controle da Rockwell, esse dados são transferidos para a Microsoft Azure Cloud, chegando então até os engenheiros da Hilcorp por meio de painéis de controles digitais. Os *dashboards* fornecem informações em tempo real a respeito de pressão, temperatura, taxa de fluxo e dezenas de outros parâmetros que ajudam os engenheiros a monitorar a saúde e o desempenho dos equipamentos. Esses *dashboards* também exibem alertas sobre qualquer possibilidade de problemas. Quando um dos equipamentos de bombeamento da Hilcorp apresentou falha, ela foi identificada e consertada em menos de uma hora, o que poupou 6 horas para rastreamento da falha e o custo que seria incorrido em perda de produção.

2. **Construção de bombas de gás mais inteligentes:** atualmente, alguns caminhões de entrega utilizam gás natural liquefeito (GNL) como combustível. Empresas de petróleo estão atualizando suas estações de abastecimento para incorporar bombas de GNL. A Rockwell Automation instalou sensores e dispositivos de frequência variável nessas bombas a fim de coletar dados em tempo real a respeito de operações de equipamento, estoque de combustível e taxa de consumo. Esses dados são transmitidos para a plataforma de nuvem da Rockwell. A partir daí, a empresa gera *dashboards* interativos e relatórios retratando esses detalhes por meio do Microsoft Azure, e os entrega para as partes interessadas apropriadas. Isso oferece a essas partes interessadas uma boa noção da saúde de seus bens de capital.

Capítulo 8 • Tendências futuras, privacidade e considerações gerenciais em análise de dados   **499**

A solução Empresa Conectada da Rockwell acelerou o crescimento de muitas empresas de gás e petróleo, como a Hilcorp Energy, ao levar seus dados operacionais para a plataforma em nuvem e ajudá-las a reduzir enormes custos em ociosidade e manutenção de equipamentos. Isso resultou numa nova oportunidade de negócios para baluartes da era industrial como a Rockwell Automation.

Questões para discussão
1. Quais tipos de informação podem ser coletadas por uma plataforma de extração de gás e petróleo?
2. Essa aplicação se enquadra nos três Vs da Big Data (volume, variedade, velocidade)? Por quê?
3. Quais outras indústrias poderiam utilizar mensurações operacionais e *dashboards* similares?

Fontes: Customers.microsoft.com. (2015). Rockwell Automation: Fueling the oil and gas industry with IOT. https://customers.microsoft.com/Pages/CustomerStory.aspx?recid=19922 (acessado em agosto de 2016); Microsoft.com. (n.d.). Customer stories | Rockwell Automation. https://www.microsoft.com/en-us/cloud-platform/customer-stories-rockwell-automation (acessado em julho de 2016).

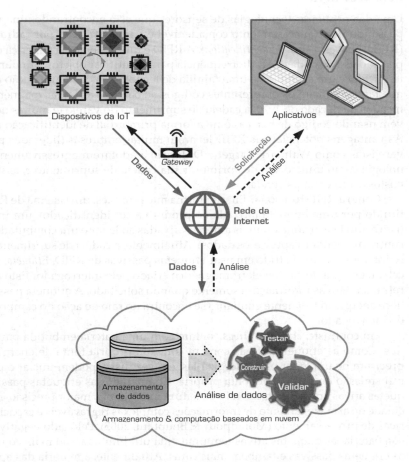

FIGURA 8.1 Elementos básicos da infraestrutura tecnológica da IoT.

2. **Conectividade**: é preciso haver uma estação básica ou um *hub* que colete dados dos objetos munidos de sensores e envie esses dados para a nuvem. Os dispositivos ficam conectados a uma rede para se comunicarem entre si ou com outros aplicativos. Eles podem estar direta ou indiretamente conectados à Internet. Uma porta permite que dispositivos não diretamente conectados com a Internet contatem a plataforma em nuvem.
3. **Software de *backend***: nesta camada, os dados coletados são gerenciados. O *backend* de software administra redes conectadas e dispositivos e proporciona integração de dados. Isso pode muito bem ser dar na nuvem (novamente, veja a próxima seção).
4. **Aplicativos**: nessa parte da IoT, os dados são transformados em informações úteis. Muitos dos aplicativos podem rodar em smartphones, tablets e PCs e fazerem algo de útil com os dados. Outros aplicativos podem rodar no servidor e oferecer resultados ou alertas por meio de *dashboards* ou mensagens às partes interessadas.

Sensores RFID

Uma das primeiras tecnologias de sensores que está encontrando uma vida nova e passando por um crescimento considerável é a **identificação por radiofrequência** (**RFID** – *radio-frequency identification*). A RFID é uma tecnologia genérica que diz respeito ao uso de ondas de radiofrequência para identificar objetos. Fundamentalmente, a RFID é um exemplo de uma família de tecnologias de identificação automática, que também inclui os onipresentes códigos de barras e as faixas magnéticas. Desde meados da década de 1970, a cadeia de suprimento do varejo (e muitas outras áreas) vem usando código de barras como a forma primordial de identificação automática. As vantagens potenciais da RFID levaram muitas empresas (lideradas por grandes varejistas como Walmart, Target e Dillard's) a adotarem agressivamente essa tecnologia como uma forma de aprimorar sua cadeia de suprimento e, assim, reduzir custos e aumentar as vendas.

Como a RFID funciona? Em sua forma mais simples, um sistema de RFID é constituído por uma etiqueta (afixada ao produto a ser identificado), um interrogador (isto é, um leitor), uma ou mais antenas afixadas ao leitor e um computador (a fim de controlar o leitor e capturar os dados). Atualmente, a cadeia de suprimento do varejo se interessa acima de tudo em usar etiquetas passivas de RFID. *Etiquetas passivas* recebem energia do campo eletromagnético criado pelo interrogador (isto é, o leitor) e retransmitem as informações somente quando solicitado. A etiqueta passiva permanece energizada somente enquanto se encontra no raio de ação do campo magnético do interrogador.

Em contraste, *etiquetas ativas* contam com uma bateria embutida para energizá-las. Como as etiquetas ativas contam com sua própria fonte de energia, elas não precisam de um leitor para energizá-las; em vez disso, podem iniciar o processo de transmissão de dados por conta própria. Comparadas às etiquetas passivas, as etiquetas ativas apresentam um raio de leitura mais amplo, maior precisão, maior capacidade de armazenamento de informações complexas regraváveis e capacidades mais ricas de processamento (Moradpour & Bhuptani, 2005). Pelo lado negativo, devido à sua bateria, as etiquetas ativas têm uma vida útil limitada, são mais volumosas que as etiquetas passivas e também mais caras. Atualmente, a maioria das aplicações no varejo é projetada e operada com etiquetas passivas. Já as etiquetas ativas costumam ser mais encontradas em sistemas de defesa ou militares, mas também aparecem em tecnologias como o Sem Parar, em que as etiquetas são vinculadas a uma conta pré--paga, permitindo que condutores paguem pedágio ao passarem dirigindo por um leitor, em vez de precisarem parar para fazer o pagamento junto a um guichê.

A representação de dados mais comumente usada para tecnologia de RFID é o Electronic Product Code (EPC, ou Código Eletrônico de Produto), que é encarado por muitos na indústria como a próxima geração do Universal Product Code (UPC, ou Código Universal de Produto), no mais das vezes representado por um código de barras. Assim como o UPC, o EPC consiste em uma série de números que identificam tipos de produtos e fabricantes ao longo da cadeia de suprimento. O código EPC também inclui um conjunto de dígitos extras para identificar itens singularmente.

Atualmente, a maioria das etiquetas de RFID contém 96 bits de dados na forma de números serializados de identificação de comércio global (SGTINs, na sigla em inglês) para identificar embalagens ou códigos serializados de remessa de contêineres para identificação de *pallets* (embora os SGTINs também possam ser usados para identificar *pallets*). O guia completo para os padrões de dados em etiquetas pode ser encontrado no site da EPCglobal (epcglobalinc.org). A EPCglobal, Inc., é uma organização aberta a inscrições de líderes da indústria e organizações voltadas à criação de padrões globais para que o EPC suporte o uso de RFID.

Conforme ilustrado pela Figura 8.2, dados de etiquetas, em sua forma mais pura, consistem em uma série de dígitos binários. Esse conjunto de dígitos binários podem, então, ser convertidos para o sistema SGTIN decimal equivalente. Conforme mostrado, um SGTIN é essencialmente um UPC (UCC-14, para identificação de remessas em contêiner) com um número de série. O número de série é a diferença mais importante entre o UPC de 14 dígitos usado atualmente e o SGTIN contido numa etiqueta de RFID. Com UPCs, empresas podem identificar a família de produtos a que uma embalagem pertence (como um pacote de oito rolos de papel higiênico Neve), mas não são capazes de distinguir uma embalagem de outra. Com um SGTIN, cada embalagem é identificada singularmente. Isso proporciona visibilidade no nível das embalagens, e não no nível das famílias de produtos.

Uma das aplicações das quantidades imensas de dados que são gerados por RFID está na gestão de cadeia de suprimento (Delen, Hardgrave, & Sharda, 2007). A RFID também pode ser usada por empresas a fim de aumentar ou a eficiência ou a efetividade de vários processos já existentes mediante mudanças incrementais nos processos. Evidências preliminares sugeriram, por exemplo, que a RFID é capaz de reduzir o tempo para receber um produto em um armazém (Katz, 2006). Em vez de escanear cada embalagem de produto uma a uma com um escâner de código

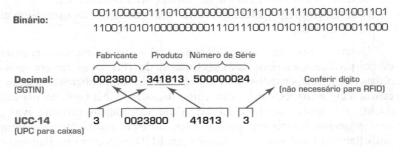

FIGURA 8.2 Etiqueta de dados para RFID.

de barras, um produto etiquetado com RFID pode ser lido automaticamente em um portal receptor. A Gillette divulgou uma redução no tempo para o recebimento de *pallets* em sua central de distribuição, de 20 para 5 segundos, devido à RFID e a sua estratégia de etiquetagem na fonte (Katz, 2006). O processo de recebimento não passou por qualquer alteração drástica (isto é, as empilhadeiras descarregavam os produtos como antes). A única mudança foi a eliminação da necessidade de escaneamento manual dos produtos. Assim, o processo acabou ficando mais eficiente. Os processos também podem ganhar em efetividade. A Walmart, por exemplo, identificou uma redução de 21% em produtos fora de estoque usando dados de RFID para gerar melhores listas de produtos a serem reabastecidos (Hardgrave, Langford, Waller, & Miller, 2008). O processo de autorreabastecimento não foi alterado, e sim aprimorado pelo uso de RFID. A RFID também está sendo usada para reduzir a quantidade de erros, o que aumenta a precisão dos estoques e acaba aprimorando as projeções e o reabastecimento.

Dados de RFID já foram usados em muitas outras aplicações relacionadas. Mercadorias perecíveis, por exemplo, apresentam alguns dos maiores desafios para a gestão de cadeia de suprimento, devido à alta quantidade de variantes com diferentes características de perecibilidade, exigências a serem consideradas para o fluxo de mercadorias em algumas cadeia de suprimento e aos vastos volumes de mercadorias transferidas por longas distâncias. Embora os alimentos representem uma importante parcela do rol de perecíveis, muitos outros produtos, incluindo flores recém colhidas, produtos farmacêuticos e autopeças, entre outros, exigem controles ambientais estritos para reterem sua qualidade. Devido ao volume extremamente vasto de mercadorias comercializadas, a probabilidade de problemas aumenta (Sahin, Babaï, Dallery, & Vaillant, 2007). Até mesmo a eliminação de um pequeno percentual de desperdício, por exemplo, acaba redundando numa melhoria significativa para a cadeia de suprimento. Por isso, a gestão otimizada da cadeia de suprimento de perecíveis é de suma importância para empreendimentos nesse segmento de mercado.

O sucesso da atual cadeia de suprimento altamente volátil de perecíveis depende do nível (e da prontidão) de visibilidade dos produtos. A visibilidade deve proporcionar respostas a perguntas como "Onde está o meu produto?" e "Em que condição meu produto se encontra?". Muitas empresas já estão começando a experimentar com RFID para perecíveis. Considere os seguintes exemplos:

- A Samworth Brothers Distribution (Reino Unido, sanduíches, bolos, etc.) implementou monitoramento de temperatura em tempo real em seus caminhos (Swedberg, 2006a).
- A Starbucks utiliza rastreamento de temperatura de produtos para preparação de alimentos rumo a suas lojas físicas (Swedberg, 2006b).
- A Sysco emprega RFID para conferir as condições de carga sem abrir as portas (Collins, 2005).

Outro exemplo do uso de RFID em cadeias de suprimento é na gestão de qualidade dos produtos. Estudos usando etiquetas de RFID baseadas em sensores em caminhões refrigerados usados no transporte de itens alimentícios revelaram que a temperatura não permanecia uniforme como se assumia. Na verdade, ela variava bastante (Delen, Hardgrave, & Sharda, 2011). À medida que um produto avança pela cadeia de suprimento, o ambiente pode mudar, afetando a qualidade e a segurança do produto. Sensores ambientais facilitados por RFID oferecem um diagnóstico das flutuações nas condições ambientais conforme o produto, e fornecem os dados necessários para determinar até que ponto tais alterações afetam a qualidade ou a segurança do produto. Sem tais sensores, pode-se obter várias estimativas pontuais das condições ambientais (como a temperatura no momento do abastecimento e a temperatura no momento da entrega), mas não se obtém qualquer visibilidade entre esses pontos. Nas aplicações de amostragem, as temperaturas variaram de acordo com a posição no *pallet* (como no alto, no meio ou na base), a configuração de carga (isto é, a posição dos *pallets*), o tipo de contêiner, o tipo de produto e o material de embalagem (como, por exemplo, papelão *versus* bolsa plástica). O impacto óbvio de muitas variáveis sugere que o monitoramento ambiental contínuo é necessário para se compreender como um todo as condições no âmbito dos *pallets* e/ou das embalagens individuais. Em geral, sensores habilitados por RFID (temperatura) funcionaram bem e ofereceram ótimos diagnósticos das condições encontradas por produtos conforme iam avançando pela cadeia de suprimento – diagnósticos estes que não são possíveis com estimativas pontuais. A lição geral é que a tecnologia de RFID gera quantidades imensas de dados que podem ser analisados para se obter ótimos diagnósticos ambientais de uma empresa, um propósito primordial para a própria existência de BI e apoio a decisões.

Computação em névoa

Uma das questões-chave envolvendo a IoT é que a quantidade de dados produzidos pelos sensores é imensa, e nem todos eles são úteis. Assim sendo, qual parcela deles deve ser subida para os servidores em nuvem para análise? Um conceito recente para enfrentar esse problema é a ideia de computação em névoa (*fog computing*). A névoa amplia a nuvem, para que ela fique mais próxima das coisas que produzem e colocam os dados da IoT em prática. Esses dispositivos, denominados nós em névoa (*fog nodes*), podem ser colocados em qualquer lugar entre a conexão de rede. Qualquer dispositivo com computação, armazenamento e conectividade de rede pode ser um nó em névoa, como roteadores e *switches*. A visão a seguir ilustra isso:

Data Center/Nuvem ---->> **Dispositivo em névoa** ---->> **Dispositivo físico/ Sensores gerando dados**

A análise de dados perto dos dispositivos minimiza a latência. Além disso, também conserva a largura de banda, já que o envio de dados para a nuvem exige grande largura de banda. A computação em névoa é crucial em situações em que os dados precisam ser analisados em menos de um segundo, como no caso de uma falha em cascata em um sistema. O Quadro 8.1 identifica duas diferenças simples entre a nuvem e a névoa.

A computação em névoa também pode proporcionar maior segurança, já que os nós em névoa podem ser protegidos pela mesma solução de segurança usada em outros ambientes de TI.

QUADRO 8.1 Diferença entre nós em névoa e uma plataforma em nuvem

Nós em névoa	Plataforma em nuvem
Recebe dados de aparelhos de IoT	Recebe e agrega dados de nós em névoa
Roda análise de dados da IoT em tempo de resposta de milissegundos	A análise é realizada junto a imensas quantidades de dados empresariais e pode levar horas ou semanas

Fonte: **Cisco.com.** (2015). Fog computing and the Internet of Things: Extend the Cloud to where the things are. https://www.cisco.com/c/dam/en_us/solutions/trends/iot/docs/computing-overview.pdf (acessado em agosto de 2016).

Plataformas de IoT

Como a IoT ainda está em evolução, muitos domínios de plataformas tecnológicas e aplicações específicas também estão evoluindo. Não é de surpreender, portanto, que vários dos principais fornecedores são os mesmos que oferecem serviços de análise e armazenamento de dados para outras áreas de aplicação. Eles incluem as soluções Amazon AWS IoT, Microsoft Azure IoT Suite, Predix IoT Platform, da General Electric (GE), e IBM Watson IoT. A Teradata Unified Data Architecture vem sendo similarmente aplicada por muitos clientes na área de IoT. Um exemplo foi dado na vinheta de abertura. O Caso Aplicado 8.3 apresenta a aplicação de outra importante plataforma de IoT sendo comercializada pela General Electric.

Caso aplicado 8.3

A Pitney Bowes colabora com a plataforma de IoT da General Electric para otimizar a produção

A Pitney Bowes, sediada no estado de Connecticut, é uma empresa norte-americana prestadora de soluções de comércio eletrônico e produtos para entregas de encomendas e correspondências. As máquinas da empresa processam ou produzem uma média de 150 milhões de correspondências por dia.

Os "Negócios de Correspondência Empresarial" da Pitney Bowes desenvolvem, vendem e atendem a grandes máquinas chamadas Inserters. Essas máquinas ajudam bancos e prestadoras de atendimento de saúde a inserir a correspondência certa no envelope adequado. No caso dos bancos, uma máquina dessas prepara 900 mil correspondências ao ano. A maioria das máquinas produz 20 mil cartas por hora. Com esse nível de produção automatizada, a Pitney Bowes e seus clientes também produzem um enorme volume de dados a cada dia. A Pitney Bowes deseja analisar os dados gerados por essas máquinas de correspondências para prever falhas nelas com antecedência para prevenir qualquer falta de material e consertar as máquinas antes que parem de funcionar.

A Pitney Bowes adotou a GE Predix, uma plataforma baseada em nuvem voltada para a Internet industrial. A plataforma Predix coleta dados de sensores incorporados nas máquinas e, empregando análise de dados em tempo real, oferece diagnósticos poderosos que facilitam a tomada de decisões. Além de prever falta de material, a análise de dados realizada pela Predix ajuda a reduzir a ociosidade e a aumentar a produtividade. A análise geral de dados dos sensores por parte da Predix aumentou a produtividade e o desempenho das máquinas.

Fontes: News.pb.com. (2015). GE and Pitney Bowes join forces to bring the power of the industrial Internet to the world of commerce. http://news.pb.com/article_display.cfm?article_id=5764 (acessado em agosto de 2016); GEreports.com. (2016). The power of Predix: An inside look at how Pitney Bowes is using the industrial Internet platform. http://www.gereports.com/the-power-of-predix-an-inside-look-at-how-pitney-bowes-has-been-using-the-industrial-internet-platform/; (acessado em agosto de 2016); GE.com. (2016). Making machines intelligent is smart business. http://www.ge.com/digital/sites/default/files/ge_digital_predix_pb_brochure.pdf; (acessado em agosto de 2016); GE.com. (2015). The industrial Internet, Pitney Bowes and GE. http://blogs.pb.com/corporate/2015/07/14/the-industrial-internet-pitney-bowes-and-ge/ (acessado em agosto de 2016).

Ecossistema de *start-ups* em IoT

Muitas empresas *start-ups* estão emergindo no campo da IoT, e nos próximos 3 a 4 anos veremos uma explosão nessa indústria. O capital de risco na paisagem de IoT está aumentando, de US$1,8 bilhão em 2013 para US$2,59 bilhões em 2014, e para US$3,44 bilhões em 2015. Algumas das empresas *start-ups* proeminentes no cenário de IoT são Sigfox, 3D Robotics, Canary, Athos, Greenwave, Jawbone, FreedomPop, Razer e Ring.

Uma das *start-ups* de IoT mais bem-sucedidas é a Fitbit. A Fitbit é uma empresa norte-americana que fabrica rastreadores de atividades, dispositivos tecnológicos com capacidade *wireless* que utilizam sensores para determinar a quantidade de passos caminhados, frequência cardíaca, quantidade de degraus vencidos e outros parâmetros de saúde pessoal.

Empresas de telecomunicação também vêm explorando e promovendo a IoT. A maioria das grandes operadoras no ramo, como a AT&T, desejam tirar proveito dessa tecnologia. A AT&T formou parceria com oito das dez montadoras de veículos nos Estados Unidos para proporcionar conectividade aos carros. Muitas empresas telecom encaram suas futuras redes 5G como a espinha dorsal da IoT.

Google/Alphabet e Amazon estão entre os agentes notáveis no ecossistema de IoT. Com sua Google Cloud, SideWalk Labs (cidades inteligentes) e carros autônomos, a Google é uma investidora líder em diversas iniciativas em IoT. Já a Amazon, com seu AWS (Amazon Web Services), introduziu uma nova plataforma de IoT que pode servir como o *backend* da IoT. A Figura 8.3 apresenta uma ilustração concisa dos componentes do ecossistema da IoT. Ela inclui várias áreas de aplicação, fabricantes de hardware, provedores de conectividade, desenvolvedores de software, consultores em análise de dados e assim por diante. Ela é uma adaptação do diagrama de ecossistema desenvolvido e mantido por Matt Turck em seu blog: http://mattturck.com/2016/03/28/2016-iot-landscape/ (acessado em agosto de 2016).

Seu diagrama detalhado inclui uma lista de empresas em cada bloco. Reproduzimos uma lista de categorias na Figura 8.3, em vez de uma lista de empresas em cada seção, pois empresas podem ficar obsoletas em pouquíssimo tempo nessa área em rápida evolução. No entanto, a Figura 8.3 deixa claro que as oportunidades em IoT estão evoluindo em três setores principais. O primeiro grupo de destaque inclui empresas que proporcionam os tijolos básicos das tecnologias e facilitadores de IoT (hardware, software, conectividade e consultores/incubadores/alianças/ parcerias). O segundo grupo pode ser chamado de provedores de serviços para desenvolvedores de IoT – o setor horizontal. Esse grupo envolve plataformas, interfaces e a recente impressão 3D, além de fornecedores aliados de tecnologias/ serviços. O terceiro agrupamento de destaque consiste nos verticais da indústria, a área que seria de aplicações em vários setores – pessoal, lar, veículos e a empresa. A Figura 8.3 apresenta uma panorama dessa organização, e o blog mencionado mostra uma visão diferente que inclui exemplos de empresas em cada um dos subgrupos identificados aqui.

Considerações gerenciais da Internet das Coisas (IoT)

Embora haja uma empolgação considerável quanto ao crescimento e o potencial da IoT, também há algumas preocupações sobre as quais os gestores devem estar

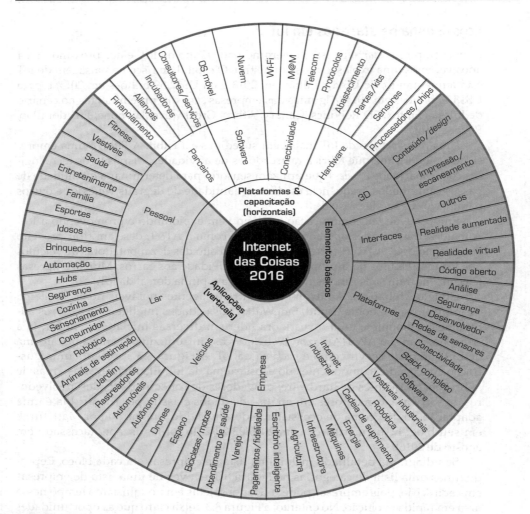

FIGURA 8.3 Ecossistema da Internet das Coisas.
Fonte: Adaptado de Matt, T. (2016, March). Internet of Things: Are We There Yet? http://mattturck.com/2016/03/28/2016--iotlandscape/ (acessado em agosto de 2016).

cientes. O McKinsey's Global Institute (2015) organizou um excelente guia executivo para a Internet das Coisas (*Executive's Guide to the Internet of Things*). O relatório identifica as seguintes questões:

1. **Alinhamento organizacional.** Embora o mesmo valha para muitas outras iniciativas tecnológicas, com a IoT, as oportunidades para avanços operacionais e a criação de novas oportunidades de negócios implicam que o pessoal de TI e operacional têm de trabalhar como uma equipe, e não como funções separadas. Como ressaltado pelos autores do guia: "A IoT desafiará outras noções de responsabilidades organizacionais. Diretores financeiros, de marketing e de operações, bem como líderes de unidades de negócios, terão de se mostrar receptivos à integração de seus sistemas" (McKinsey, 2015).

2. **Desafios de interoperabilidade.** Até o momento, a interoperabilidade é um enorme impeditivo para o crescimento desses sistemas. Nem todos os dispositivos se conectam suavemente uns aos outros. Em segundo lugar, ainda restam muitos problemas tecnológicos em conectividade. Muitas áreas remotas ainda não contam com conexões Wi-Fi apropriadas. Problemas relacionados a processamento de Big Data também são responsáveis pelo lento progresso na IoT. As empresas estão tentando reduzir a quantidade de dados no âmbito dos sensores, para que apenas aqueles essenciais acabem indo para a nuvem. A infraestrutura atual mal comporta a imensa quantidade de dados criada pela IoT. Um problema relacionado é a readaptação de sensores em dispositivos para torná-los capazes de reunir e transmitir dados para análise. Em média, uma *start-up* em IoT leva entre 18 e 24 meses para entregar seu produto. E mais um ou dois anos são necessários para que uma *start-up* passe a distribuir e vender seu produto no mercado.

   Além disso, levará algum tempo para que os consumidores substituam seus objetos analógicos por novos produtos IoT inteligentes. Para exemplificar, é mais fácil as pessoas substituírem seus aparelhos celulares do que substituírem um carro, eletrodomésticos, fechaduras e outras coisas que podem se beneficiar da inclusão de sensores e da conexão com a IoT.

3. **Segurança.** A segurança dos dados é uma preocupação em geral, mas é ainda maior no contexto da IoT. Cada dispositivo conectado com a IoT torna-se mais um ponto de entrada para que *hackers* mal-intencionados invadam um amplo sistema, ou, na melhor das hipóteses, operem ou corrompam o dispositivo específico. Há histórias de *hackers* que conseguiram invadir e controlar funções automatizadas de um carro, ou controlar o acionador do portão de uma garagem remotamente. Tais questões exigem que qualquer adoção em larga escala da IoT envolva considerações de segurança desde os seus primórdios.

No que pese essas considerações administrativas, o crescimento emergente da IoT e seu potencial de nos ajudar a colocar em prática cidades inteligentes, redes inteligentes, *qualquer coisa* inteligente é fascinante. Trata-se de uma das áreas escancaradas para criatividade e empreendedorismo.

SEÇÃO 8.2 QUESTÕES DE REVISÃO

1. Quais são as principais aplicações da IoT?
2. Quais são os tijolos básicos da tecnologia da IoT?
3. O que é RFID?
4. Procure online por aplicações de RFID no atendimento de saúde, entretenimento e esportes.
5. Identifique alguns agentes-chave no ecossistema da IoT. Explore o que eles têm a oferecer.
6. Quais são algumas das principais questões que os gestores devem ter em mente ao explorar a IoT?

8.3 Computação em nuvem e análise de negócios

Outra tendência tecnológica emergente que usuários da análise de negócios devem estar cientes é a computação em nuvem. O National Institute of Standards and Technology (NIST) define **computação em nuvem** como "um modelo para possibilitar acesso conveniente e sob demanda a uma coleção compartilhada de recursos computacionais configuráveis (como redes, servidores, armazenamento e serviços) que podem ser prontamente supridos e lançados com mínimo esforço gerencial ou interação com o prestador de serviço". A Wikipédia (s.d., Computação em Nuvem) define a computação em nuvem como "um estilo de computação em que recursos dinamicamente escaláveis e por vezes virtualizados são providos pela Internet. Os usuários não precisam ter conhecimentos, experiência ou controle sobre as infraestruturas tecnológicas na nuvem que os suporta". Essa definição é ampla e abrangente.

Em certos sentidos, computação em nuvem é um novo nome para muitas tendências prévias relacionadas: computação de utilidade, computação em rede para provedor de serviço de aplicativo, computação sob demanda, software como serviço (SaaS – *software as a service*) e até computação centralizada mais antiga com terminais burros. Mas o termo *computação em nuvem* se origina como uma referência à Internet como uma "nuvem", e representa uma evolução de todas as tendências prévias de computação compartilhada/centralizada. O verbete da Wikipédia também reconhece que a computação em nuvem é uma combinação de diversos componentes de TI como serviços. A *infraestrutura como serviço* (IaaS – *infrastructure as a service*), por exemplo, diz respeito ao suprimento de computação em *plataformas como serviço* (PaaS – *platforms as a service*), bem como todo o provisionamento básico de plataformas, como administração gerencial, segurança e assim por diante. Também inclui SaaS, que por sua vez inclui aplicativos a serem entregues por meio de navegador, enquanto os dados e os programas aplicativos encontram-se em algum outro servidor.

Ainda que não costumemos encarar o email baseado na Web como um exemplo de computação em nuvem, ele pode ser considerado uma aplicação básica em nuvem. Tipicamente, o aplicativo de email armazena os dados (as mensagens de email) e o software (programas de email que nos permitem processar e gerir emails). O provedor de email também fornece o hardware/software e toda a infraestrutura básica. Contanto que a Internet esteja disponível, é possível acessar o aplicativo de email de qualquer lugar na nuvem. Quando o aplicativo é atualizado pelo provedor de email (quando, por exemplo, o Gmail atualiza seu aplicativo de email), ele fica disponível para todos os clientes, sem que eles precisem baixar novos programas. Sites de redes sociais como Facebook, Twitter e LinkedIn, também são exemplos de computação em nuvem. Sendo assim, qualquer aplicativo geral baseado na Web é um exemplo de aplicativo em nuvem. Outro exemplo de um aplicativo geral em nuvem é o Google Docs e Planilhas. Esse aplicativo permite que um usuário crie documentos de texto ou planilhas que ficam armazenados nos servidores da Google e disponíveis aos usuários em qualquer lugar em que tenham acesso à Internet. Novamente, nenhum programa precisa ser instalado, já que "o aplicativo está na nuvem". O espaço de armazenamento também encontra-se "na nuvem".

Um bom exemplo geral de computação em nuvem usada para negócios são os serviços Web da Amazon.com. A Amazon.com desenvolveu uma impressionante infraestrutura tecnológica para comércio eletrônico, bem como para BI, gestão de relacionamento com o cliente e gestão de cadeia de suprimento. Ela construiu importantes centrais de dados para administrar suas próprias operações. Porém, por meio dos serviços em nuvem da Amazon.com, muitas outras empresas podem aproveitar essas mesmas instalações para obter benefícios dessas tecnologias sem terem de fazer um investimento similar. Assim como outros serviços de computação em nuvem, um usuário pode estabelecer uma filiação a tais dependências em formato "pague o quanto usar". Esse modelo de deixar que alguma outra organização seja a proprietária do hardware e do software para fazer uso de suas instalações segundo o formato de "pague o quanto usar" é a pedra fundamental da computação em nuvem. Inúmeras empresas oferecem serviços de computação em nuvem, incluindo Salesforce.com, IBM (Bluemix), Microsoft (Azure), Google e muitas outras.

A computação em nuvem, como muitas outras tendências em TI, acabou resultando em novas ofertas em BI. Essas opções permitem que uma organização amplie a escala de seu *data warehouse* e pague apenas por aquilo que utilizar. O usuário final de um serviço de BI baseado em nuvem pode usar uma determinada organização para aplicativos de análise, a qual, por sua vez, utiliza outra empresa para a plataforma ou infraestrutura. Os próximos parágrafos resumem as mais recentes tendências na interface da computação em nuvem e da BI/análise de negócios. Algumas das afirmações são adaptadas de um artigo escrito por Haluk Demirkan e por um dos coautores deste livro (Demirkan & Delen, 2013).

A Figura 8.4 ilustra uma arquitetura conceitual de um ambiente de apoio a decisões voltado para serviços, ou seja, um sistema de análise de dados baseado em nuvem. Essa figura sobrepõe os serviços baseados em nuvem à arquitetura geral de análise de dados apresentada nos capítulos anteriores.

Em soluções de apoio a decisões orientada para serviços, (1) sistemas operacionais, (2) *data warehouse*, (3) processamento analítico online e (4) componentes de usuário final podem ser obtidos individualmente ou reunidos e oferecidos aos usuários como serviço. Todo e qualquer desses serviços pode ser obtido por meio da nuvem. Como o campo da computação em nuvem está evoluindo rapidamente e crescendo a um ritmo acelerado, há muita confusão quanto à terminologia sendo empregada por diversos fornecedores e usuários. As designações variam de Infraestrutura, Plataforma, Software, Dados, Informações e Análise de Dados como

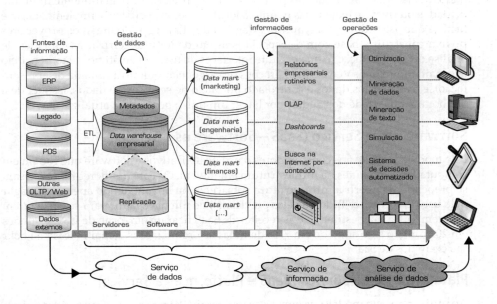

FIGURA 8.4 Arquitetura conceitual de um sistema de suporte orientado por nuvem.
Fonte: Baseado em Demirkan, H., & Delen, D. (2013, April). Leveraging the capabilities of service-oriented decision support systems: Putting analytics and Big Data in cloud. *Decision Support Systems, 55*(1), 412–421.

Serviço. A seguir, definiremos esses serviços. Posteriormente, resumiremos as atuais plataformas tecnológicas e destacaremos as aplicações de cada uma delas por meio de casos aplicados.

Dados como Serviço (DaaS – Data as a Service)

O conceito de dados como um serviço basicamente defende a visão de que não importa "onde moram os dados" – a plataforma propriamente dita em que os dados residem. Os dados podem residir em um computador local ou em um servidor na fazenda (*farm*) de servidores dentro de um ambiente de computação em nuvem. Com DaaS, qualquer processo comercial pode acessar os dados onde quer que eles residam. A ideia de dados como serviço começou pela noção de que a qualidade dos dados poderia ser aprimorada em um local centralizado, limpando-se e enriquecendo-se os dados e oferecendo-os para diferentes sistemas, aplicativos ou usuários, independente de onde se encontram dentro da organização, dos computadores ou da rede. Atualmente, isso foi substituído por um gerenciamento de dados mestres e por soluções de integração de dados de clientes, em que o registro do cliente (ou produto, ou patrimônio, etc.) pode residir em qualquer lugar e fica disponível como um serviço para qualquer aplicativo que permita acesso aos serviços. Aplicando-se um conjunto--padrão de transformações às várias fontes de dados (como, por exemplo, garantindo que campos de gênero contendo diferentes estilos de notação [como M/F, Sr./Sra.] sejam todos traduzidos em masculino/feminino) e então permitindo-se que aplicativos acessem os dados via padrões abertos como SQL, XQuery e XML, solicitadores de serviço podem acessar os dados independentemente de fornecedor ou sistema.

Com DaaS, os clientes podem se movimentar rapidamente graças à simplicidade do acesso aos dados e ao fato de não precisarem de conhecimento extensivo sobre os dados subjacentes. Se os clientes precisarem de uma estrutura ligeiramente diferente de dados ou tiverem exigências quanto a localizações específicas, a implementação é fácil, já que as mudanças são mínimas (agilidade). Em segundo lugar, os provedores podem construir a base com os especialistas em dados e terceirizar as camadas de análise ou apresentação (o que permite interfaces de usuário de ótimo custo/benefício e tornam muito mais viáveis as alterações de exigências quanto à camada de apresentação), e o acesso aos dados é controlado por meio de serviços de dados. Isso tende a melhorar a qualidade dos dados, por haver um único ponto para atualizações.

Software como Serviço (SaaS – Software as a Service)

Este modelo permite aos consumidores o uso de aplicativos e software que rodam em computadores distantes na infraestrutura em nuvem. Os consumidores não precisam se preocupar em gerir a infraestrutura subjacente na nuvem, tendo apenas de pagar pelo uso do software. Tudo que eles precisam é de um navegador para se conectarem à nuvem. A Gartner estima que as receitas de SaaS ficaram em torno de US$32 bilhões em 2015, tendo sido adotado em 77% de todas as organizações. Gmail, Picasa e Flickr são exemplos de SaaS.

Plataforma como Serviço (PaaS – Platform as a Service)

Ao utilizarem este modelo, as empresas podem instaurar seu software e seus aplicativos na nuvem para que seus clientes possam utilizá-los. As empresas não precisam gerir recursos necessários para administrar seus aplicativos em redes, servidores, armazenamento ou sistemas operacionais em nuvem. Isso reduz o custo de manutenção associado à infraestrutura para rodar seu software, e também poupa o tempo necessário para preparar essa infraestrutura. Assim, os usuário podem se concentrar em seus negócios, ao invés de se preocuparem em gerir a infraestrutura para rodar seu software. Exemplos de PaaS incluem Microsoft Azure, Amazon EC2 e Google App Engine.

Infraestrutura como Serviço (IaaS – Infrastructure as a Service)

Segundo este modelo, recursos de infraestrutura como redes, armazenamento, servidores e outros elementos de computação são supridos para as empresas clientes. Os clientes podem rodar seus aplicativos e deter os direitos administrativos de usar esses recursos, mas sem com isso gerirem a infraestrutura subjacente. Os clientes têm de pagar pelo uso da infraestrutura. Um bom exemplo disso são os serviços Web da Amazon.com. A Amazon.com desenvolveu uma impressionante infraestrutura tecnológica que inclui centrais de dados. Outras empresas podem usar os serviços em nuvem da Amazon.com em formato "pague o quanto usar" sem terem de fazer investimentos similares.

Vale ressaltar que há uma considerável confusão e sobreposição no uso da terminologia de nuvem. Alguns fornecedores, por exemplo, também adicionam informação como serviço (IaaS – *information as a service*), que é uma extensão de DaaS. Claramente, IaaS é diferente da infraestrutura como serviço descrita anteriormente. Nosso objetivo aqui é apenas reconhecer que há diferentes graduações de serviços que uma organização pode assinar para gerir os aplicativos de análise de dados. A Figura 8.5 destaca o nível de assinaturas de serviço que um cliente utiliza em cada um dos três principais tipos de ofertas em nuvem. SaaS é claramente o nível mais elevado de serviço em nuvem que um cliente pode obter. Ao usar o Office 365, por exemplo, uma organização está utilizando o software como serviço. O cliente é responsável apenas pelo abastecimento de dados. Muitos dos aplicativos de análise de dados como serviço também recaem nessa categoria.

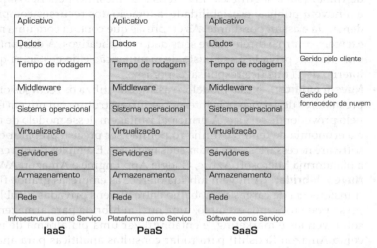

FIGURA 8.5 Pilha tecnológica como serviço para diferentes tipos de produtos ofertados em nuvem.

Tecnologias essenciais para computação em nuvem

VIRTUALIZAÇÃO A virtualização é a criação de uma versão virtual de algo como um sistema operacional ou servidor. Um exemplo simples de virtualização é a divisão lógica de um disco rígido para criar dois discos rígidos em separado num computador. A virtualização pode ser dar em todas as três áreas da computação:

- **Virtualização de rede:** Trata-se da segmentação da largura de banda em canais, o que disfarça a complexidade da rede ao dividi-la em partes gerenciáveis. Em seguida, cada largura de banda pode ser alocada a um servidor ou dispositivo específico em tempo real.
- **Virtualização de armazenamento:** Trata-se da conjugação do armazenamento físico de diversos dispositivos de armazenamento em rede em um único dispositivo de armazenamento que pode ser administrado a partir de um console central.
- **Virtualização de servidor:** Trata-se da ocultação [*masking*] de servidores físicos de usuários de servidor. Os usuários não precisam gerenciar os servidores em si, nem compreender detalhes complicados sobre os recursos dos servidores.

Essa diferença no nível de virtualização está diretamente relacionada com o serviço em nuvem a ser adotado.

Modelos de implementação em nuvem

Serviços em nuvem podem ser adquiridos de diversas maneiras, desde a construção de uma infraestrutura inteiramente privada até seu compartilhamento com outros. Os três modelos a seguir são os mais comuns.

- **Nuvem privada:** Também pode ser chamada de nuvem interna ou nuvem corporativa. Trata-se de uma forma mais segura de serviço em nuvem do que as nuvens públicas como MS Azure e Google BigQuery. É operada com exclusividade para uma única organização, com a missão crítica de garantir a carga de trabalho e a segurança. Ela oferece os mesmos benefícios que um serviço em nuvem pública: escalabilidade, alteração dos recursos computacionais sob demanda e assim por diante. As empresas que contam com uma nuvem privada exercem controle direto sobre seus dados e aplicativos. A desvantagem de se ter uma nuvem privada é seu custo de manutenção e de gestão, já que é o pessoal interno de TI que fica responsável por isso.
- **Nuvem pública:** Neste modelo, o assinante utiliza os recursos oferecidos pelos prestadores de serviço pela Internet. A infraestrutura em nuvem é administrada pelo provedor de serviço. A principal vantagem desse modelo de nuvem pública é a economia de tempo e dinheiro por não ser preciso preparar o hardware e o software necessários para rodar seus negócios. Exemplos de nuvens públicas são a plataforma Microsoft Azure, Google App Engine e Amazon AWS.
- **Nuvem híbrida:** A nuvem híbrida oferece às empresas grande flexibilidade na transferência de cargas de trabalho entre nuvens privadas e públicas. Uma empresa pode usar, por exemplo, uma nuvem híbrida para armazenar seus dados sobre vendas e marketing, e então utilizar uma plataforma de nuvem pública como Amazon Redshift para rodar consultas analíticas para analisar seus dados. A principal exigência é conectividade de rede e compatibilidade de API (*application program interface*) entre a nuvem privada e a pública.

Principais fornecedores de plataforma em nuvem para análise de dados

Esta seção começa pela identificação de alguns dos principais fornecedores de infraestrutura em nuvem para análise de dados como serviço, bem como de algumas funcionalidade selecionadas de análise de dados. Em seguida, também mencionamos ofertas representativas de análise de dados como serviço que podem inclusive rodar em tais plataformas em nuvem.

Amazon Elastic Beanstalk: Trata-se de um serviço oferecido pela Amazon Web Services. É capaz de implementar, gerir e ampliar aplicativos na Web. Suporta as seguintes linguagens de programação: Java, Ruby, Python, PHP e .NET em servidores como Apache HTTP, Apache Tomcat e IIS. Um usuário tem de subir o código para o aplicativo, e o Elastic Beanstalk cuida da sua implementação, equilíbrio de carga e autoescala, além de monitorar a saúde do aplicativo. Assim, o usuário pode se concentrar em construir sites, aplicativos móveis, *backend* de API, sistemas de gestão de conteúdo, SaaS e assim por diante, enquanto os aplicativos e a infraestrutura para geri-los é providenciada pelo Elastic Beanstalk. O usuário pode utilizar a Amazon Web Services ou um ambiente integrado de desenvolvimento como Eclipse ou Visual Studio para fazer o upload de seu aplicativo. Um usuário precisa pagar pelos recursos do AWS necessários para armazenar e rodar os aplicativos.

IBM Bluemix: Trata-se de uma plataforma em nuvem que permite a um usuário construir *apps* usando muitas tecnologias computadorizadas em código aberto. Os usuários também podem implementar e gerir aplicativos híbridos usando o software. Com o IBM Watson, cujos serviços estão disponíveis no IBM Bluemix, os usuários agora podem criar aplicativos cognitivos de última geração capazes de descobrir, inovar e tomar decisões. Os serviços do IBM Watson podem ser usados para analisar emoções e sintetizar fala com aparência natural a partir de texto. O Watson utiliza o conceito de computação cognitiva para analisar texto, vídeo e imagens. Ele suporte linguagens de programação como Java, Go, PHP, Ruby e Python.

Microsoft Azure: Trata-se de uma plataforma em nuvem criada pela Microsoft para construir, implementar e gerir aplicativos e serviços por meio de uma rede de centrais de dados da Microsoft. Ela atua tanto como PaaS quanto IaaS, e oferece muitas soluções como análise de dados, armazenamento de dados, monitoramento remoto e manutenção preditiva.

Google App Engine: É uma plataforma da Google para serviços de computação em nuvem, usada para desenvolver e hospedar aplicativos. Administrada pelas centrais de dados da Google, ela suporta *apps* de desenvolvimento em linguagens de programação Python, Java, Ruby e PHP. O ambiente BigQuery oferece serviços de *data warehouse* por meio da nuvem.

OpenShift: O OpenShift é a plataforma de aplicativos em nuvem da Red Hat, baseada em um modelo PaaS. Por meio desse modelo, desenvolvedores de aplicativos podem implementar suas criações na nuvem. Há dois modelos diferentes disponíveis para OpenShift. Um atua como uma PaaS pública e o outro atua como uma PaaS privada. O OpenShift Online é a PaaS pública da Red Hat, que oferece desenvolvimento, construção, hospedagem e implementação de aplicativos na nuvem. Já a PaaS privada, o OpenShift Enterprise, permite o desenvolvimento, construção e implementação de aplicativos em um servidor interno ou em uma plataforma privada em nuvem.

Análise de dados como Serviço (AaaS – Analytics as a Service)

A análise de dados e as soluções gerenciais baseadas em dados – os aplicativos que consultam dados para uso em planejamento, solução de problemas e embasamento de decisões de negócios – estão evoluindo de forma acelerada e sendo adotadas por praticamente todas as organizações. As empresas estão sendo inundadas por informações, e obter *insights* a partir desses dados é um grande desafio para elas. Como se não bastasse, há desafios relacionados a segurança, qualidade e conformidade dos dados. A AaaS é uma plataforma analítica extensível que emprega o modelo de entrega baseado em nuvem, em que diversas ferramentas de BI e de análise de dados podem ajudar empresas a tomarem melhores decisões e obterem *insights* a partir de suas imensas quantidades de dados. A plataforma abrange todos os aspectos de funcionalidade, desde a coleta de dados junto a dispositivos físicos até a visualização de dados. A AaaS oferece um modelo ágil para empresas extraírem relatórios e analisarem dados, para que possam se concentrar no que fazem de melhor. Os clientes podem ou rodar seus próprios aplicativos analíticos na nuvem ou podem colocar seus dados na nuvem e receber *insights* úteis.

A AaaS combina aspectos da computação em nuvem com análise de Big Data, permitindo que cientistas e analistas de dados acessem conjuntos de dados centralmente administrados. Assim, eles podem explorar conjuntos de dados informativos com maior interatividade e descobrirem *insights* mais depressa, o que suprime muitos dos atrasos que podem ser enfrentados ao se procurar tendências nos dados. Um provedor pode, por exemplo, oferecer acesso a uma plataforma remota de análise de dados mediante uma taxa. Isso permite que o cliente utilize o software de análise de dados pelo tempo que precisar. AaaS é uma parte dos modelos SaaS, PaaS e IaaS, ajudando assim o pessoal de TI a reduzir de modo considerável custos e riscos de conformidade, e ao mesmo tempo aumentando a produtividade dos usuários.

Os funcionários do eBay, por exemplo, acessam uma fatia virtual do principal servidor de *data warehouse*, onde podem armazenar e analisar seus próprios conjuntos de dados. Os *data marts* virtuais privados do eBay alcançaram grande sucesso, com 50 a 100 deles em operação a todo momento. Os *data marts* virtuais eliminaram a necessidade da empresa instaurar novos *data marts* físicos, que custam cerca de US$1 milhão cada e que requerem a atenção em tempo integral de diversos funcionários qualificados (Winter, 2008).

A AaaS na nuvem gera economias de escala e escopo, ao oferecer maior escalabilidade a muitos aplicativos analíticos a custos mais baixos. Com o crescimento dos volumes de dados e as dezenas de aplicativos analíticos virtuais, é bem provável que a maioria deles tire proveito do processamento em ocasiões, padrões de uso e frequências diferentes (Kalakota, 2011).

A mineração de dados e texto é outra aplicação bastante promissora de AaaS. As capacidades que uma orientação de serviço (juntamente com computação em nuvem, recursos reunidos e processamento paralelo) proporcionam ao mundo da análise de dados também podem ser utilizadas para otimização em larga escala, problemas altamente complexos de decisão segundo multicritérios e modelos de simulação distribuída. A seguir, identificamos ofertas selecionadas de análise de dados baseada em nuvem.

Ofertas representativas de análise de dados como serviço

ASTER ANALYTICS AS A SERVICE A Teradata Aster é uma importante agente que oferece Analytics as a Service. A Aster AaaS inclui Aster MapReduce Analytics Foundation (permite o processamento ao longo de vastos conjuntos de dados) e Aster Graph Analytics, além de inúmeras outras ferramentas de BI. Com Aster AaaS, as empresas podem obter *insights* valiosos a partir de seus dados, o que as ajuda na tomada de melhores decisões, e sem precisarem desembolsar um investimento prévio em infraestrutura.

IBM WATSON ANALYTICS A IBM está disponibilizando todas as suas ofertas em análise de dados por meio de seu serviço em nuvem, o Bluemix. O IBM Watson Analytics integra a maioria das funcionalidades e capacidades de análise de dados que podem ser geradas e empregadas através do Bluemix. Além disso, o IBM Watson Cognitive mostrou-se uma importante oferta baseada em nuvem, que emprega mineração de texto e aprendizado profundo em um nível bastante elevado. Ele foi introduzido no contexto da mineração de texto.

MINEMYTEXT.COM Uma das áreas de maior crescimento na análise de dados é a mineração de texto. A mineração de texto identifica tópicos de âmbito abrangente em documentos, infere sentimentos a partir de resenhas e visualiza as relações de termos/conceitos, conforme já abordado no capítulo sobre mineração de texto. Uma *start-up* chamada MineMyText.com oferece essas capacidades na nuvem por meio de seu site.

SAS VISUAL ANALYTICS AND VISUAL STATISTICS O SAS Institute está disponibilizando seu software de análise de dados sob demanda por meio da nuvem. Atualmente, o SAS Visual Statistics só está disponível como um serviço em nuvem, e é um concorrente do Tableau.

TABLEAU O Tableau, um destacado software de visualização que foi introduzido no contexto da análise de dados descritiva, também está disponível por meio da nuvem.

SNOWFLAKE O Snowflake é uma solução de *data warehouse* baseado na nuvem. Os usuários podem unificar suas múltiplas fontes de dados para então analisá-los usando o Snowflake.

PREDIX, DA GENERAL ELECTRIC Comenta-se que a General Electric está concentrada no desenvolvimento de uma plataforma de análise preditiva de dados de IoT para ajudar seus clientes a melhor operarem e administrarem equipamentos industriais e plataformas. A empresa desenvolveu um novo produto de análise de dados chamado Predix (examinado no Caso Aplicado 8.3), que está disponível na nuvem por meio da Amazon Web Services, e que em breve estará disponível por meio do Microsoft Azure.

Aplicações ilustrativas de análise de dados que empregam infraestrutura em nuvem

Nesta seção, destacamos diversas aplicações de análise de dados. Elas serão apresentadas em uma única seção, e não em Casos Aplicados individuais.

O Centro Oncológico MD Anderson utiliza capacidades de computação cognitiva do IBM Watson para oferecer melhor tratamento para pacientes com câncer

O Centro Oncológico MD Anderson da University of Texas é um dos melhores hospitais oncológicos dos Estados Unidos. Desde 1994, o Centro Oncológico MD Anderson já tratou 900 mil pacientes com câncer, e conta com cerca de 19 mil funcionários.

A cada ano, cerca de 100 mil pacientes com câncer são tratados no MD Anderson e por sua rede regional e nacional adjacente. Como resultado, o Centro acumulou muitos dados de oncologia clínica sobre seus pacientes. Os dados incluem o cuidado cotidiano dos pacientes, testes clínicos e resultados de testes com pacientes, quer na forma de observações registradas por pesquisadores e médicos, quer localizados em bases de dados e arquivos remotos gerados por outros clínicos que atenderam esses pacientes no passado. O MD Anderson reconheceu que, se esse imenso conjunto de dados fosse coletado em uma única fonte e analisado, ele então ajudaria médicos em testes clínicos e na determinação das melhores alternativas de tratamento para seus pacientes.

Assim, em 2012, o MD Anderson lançou um programa chamado "Moon Shots" e implementou a análise de conteúdos do IBM Watson para encontrar melhores curas para o câncer. Para isso, foi desenvolvida uma plataforma tecnológica chamada APOLLO, que agrega todos os dados não estruturados espalhados sobre pacientes em um único sistema de prontuários médicos eletrônicos (EMR, na sigla em inglês). O IBM Watson se integra perfeitamente ao sistema EMR e utiliza análise de conteúdo para gerar um perfil abrangente de cada paciente com câncer num formato estruturado para os clínicos. Isso ajuda os médicos a avaliarem melhor a condição de cada paciente e lhes permite conduzir uma comparação de pacientes com base numa nova gama de atributos embasados por dados. Agora, a equipe de médicos do MD Anderson pode comparar um grupo de pacientes para identificar aqueles que reagem de modo diferente a terapias, para então descobrirem quais atributos são responsáveis por essas diferenças. Com isso, os médicos podem oferecer a certos pacientes a participação em testes clínicos sob terapias inovadoras com base em evidências e experiência.

Fontes: MDanderson.org. (2013). MD Anderson taps IBM Watson to power "Moon Shots" mission. https://www.mdanderson.org/newsroom/2013/10/md-anderson–ibm-watson-work-together-to-fight-cancer.html (acessado em agosto de 2016); IBM.com. (2015). Smarter care at MD Anderson. http://www-03.ibm.com/software/businesscasestudies/us/en/corp?synkey=H447240O66679Z38 (acessado em agosto de 2016); YouTube.com. (2014). Smarter care at MD Anderson. https://www.youtube.com/watch?v=savJ8VQ0kcA (acessado em agosto de 2016). Wikipedia.org. (n.d.). University of Texas MD Anderson Cancer Center. https://en.wikipedia.org/wiki/University_of_Texas_MD_Anderson_Cancer_Center (acessado em agosto de 2016).

Escolas públicas de Tacoma, Washington, utilizam aprendizado de máquina do Microsoft Azure para prever a evasão escolar

O Tacoma Public Schools é o principal distrito escolar de Tacoma, no estado de Washington. Ele é composto por 35 escolas de educação infantil, 9 de ensino fundamental e 9 de ensino médio. Trata-se do terceiro maior distrito escolar do estado de Washington, com mais de 30 mil alunos e mais de 5 mil funcionários.

Um estudo conduzido em 2007 referiu-se a cinco escolas de ensino médio do Tacoma Public Schools como "fábricas de evasão escolar". Em 2010, a situação estava ainda pior. Apenas 55% dos estudantes do ensino médio se formavam no prazo previsto, bem abaixo da média nacional de 88%. O distrito escolar dispunha de muitos dados relacionados a estudantes, como notas de prova, endereço e em qual pré-escola haviam estudado. A intenção era utilizar esses dados para encontrar uma solução para aumentar as taxas de formatura. Além disso, a ideia também era prever com antecedência quais alunos estavam mais propensos a abandonar os estudos, para que pudessem receber atenção especial por meio de medidas preventivas.

O Tacoma Public Schools começou explorando várias soluções de BI para analisar seus dados. O Microsoft Consulting Services trabalhou junto com o distrito escolar e construiu um *data warehouse* capaz de capturar informações a respeito da saúde, notas, presença em aula e detalhes adicionais dos alunos junto aos sistemas estudantis informatizados das escolas. O Microsoft Excel Services e o SharePoint ajudaram os professores a visualizar dados históricos sobre seus alunos e medidas que haviam sido tomadas com base nos parâmetros observados. Isso os ajudou a mensurar coletivamente o progresso de cada criança e a determinar o nível de desempenho da escola no avanço de seus alunos.

Além disso, o distrito queria prever quais estudantes estavam mais propensos a desistir dos estudos, para que pudessem ajudá-los previamente e trabalhar de perto com eles. Novamente, as autoridades escolares trabalharam junto com a Microsoft para criar um modelo de dados do tipo "prova de conceito" que se baseia no Azure Machine Learning (ML) da Microsoft, uma solução de análise preditiva de dados baseada na plataforma em nuvem da Microsoft. Esse modelo analisou dados subidos para o Azure a partir de múltiplos sistemas informatizados de cada escola. O Azure Data Factory promoveu um fluxo preditivo que utiliza o modelo Azure ML para prever se um aluno está sob risco de desistir dos estudos. Resultados preditivos são repassados para a base de dados Microsoft Azure SQL, a partir da qual funcionários e membros do conselho escolar distrital podem visualizar os resultados usando *dashboards* do Power BI. Com a ajuda da análise preditiva de dados e do Microsoft Azure Machine Learning, o distrito conseguiu aumentar as taxas de graduação estudantil de 55% em 2010 para 82,6% em 2016 para o Tacoma Public Schools.

Fontes: Blogs.technet.microsoft.com. (2015). ML predicts school dropout risk & boosts graduation rates. https://blogs.technet.microsoft.com/machinelearning/2015/06/04/ml-predicts-school-dropout-risk-boosts-graduation-rates/ (acessado em agosto de 2016); Customer.microsoft.com. (2015). Tacoma Public Schools: Predicting student dropout risks, increasing graduation rates with cloud analytics. https://customers.microsoft.com/Pages/CustomerStory.aspx?recid=20703 (acessado em agosto de 2016); YouTube.com. (2016). The saving power of data. https://www.youtube.com/watch?v=rfAoKs8XxzY (acessado em agosto de 2016).

O Centro Médico Dartmouth-Hitchcock oferece atendimento proativo e personalizado usando Microsoft Cortana

O Centro Médico Dartmouth-Hitchcock Medical Center (DHMC, na sigla em inglês) fica localizado na cidade de Lebanon, New Hampshire. Trata-se do único centro médico acadêmico do estado de New Hampshire, e conta com cerca de 400 leitos. O DHMC deseja determinar de maneira proativa a saúde das pessoas propensas a ficar doentes a fim de impedir de antemão que isso aconteça. Seu objetivo é prestar atendimento médico personalizado a baixo custo. Enfermeiros e *coaches* de saúde acompanham o quadro de um paciente em tempo real, e dados são coletados usando-se sensores que ficam afixados a aparelhos como manguitos medidores de pressão, oxímetros de pulso e rastreadores de atividade como o Microsoft Band. Esses dados são transmitidos para a nuvem Azure por meio de smartphones. Em seguida, eles são exibidos em *dashboards* que são monitorados continuamente, 24/7, por enfermeiros registrados usando o Microsoft Cortana Analytics Suite. Sempre que os dados de um paciente ultrapassam qualquer limite de segurança, um alerta é enviado aos enfermeiros, os quais entram em contato com o paciente, evitando assim o risco de qualquer problema grave à sua saúde. Como resultado do uso dessa tecnologia da Microsoft, a saúde do paciente pode ser monitorada remotamente de seu próprio lar, ajudando a reduzir o custo de visitas médicas regulares.

Fontes: Blogs.microsoft.com. (2015). Dartmouth-Hitchcock ushers in a new age of proactive, personalized healthcare using Cortana Analytics Suite. http://blogs.microsoft.com/transform/2015/07/13/dartmouth-hitchcock-ushers-in-a-new-age-of-proactive-personalized-healthcare-using-cortana-analytics-suite/(acessado em agosto de 2016); Enterprise.microsoft.com. (2015). How Dartmouth-Hitchcock is challenging healthcare's status quo with Cortana Analytics. https://enterprise.microsoft.com/en-us/industries/health/how-dartmouth-hitchcock-is-challenging-healthcares-status-quo-with-cortana-analytics/(acessado em agosto de 2016); YouTube.com. (2015). Dartmouth-Hitchcock revolutionizes the U.S. healthcare system. https://www.youtube.com/watch?v=-wVeHZNn8aU (acessado em agosto de 2016).

A Mankind Pharma utiliza a infraestrutura em nuvem da IBM para reduzir o tempo de implementação de encomendas em 98%

A Mankind Pharma é uma empresa farmacêutica sediada em Nova Delhi, Índia. Com 11 mil funcionários e uma receita anual de US$600 milhões, ela é a quarta maior produtora de medicamentos prescritos na Índia. Com a ampliação de seus negócios, a Mankind Pharma estava procurando por um ambiente de hospedagem em nuvem que oferecesse uma infraestrutura para sua plataforma de RH e para outras missões críticas.

Para essa tarefa, a equipe técnica da Mankind começou usando uma plataforma da IBM Cloud chamada Softlayer. A Softlayer possuiu centrais de dados e servidores físicos situados ao redor do mundo, ajudando a Mankind em seu alcance global e a cumprir com suas missões críticas empresariais. Utilizando o serviço de infraestrutura da Softlayer, o prazo de implementação de encomendas da empresa diminuiu em 98%. Agora suas encomendas ficam disponíveis para os clientes em horas, e não mais no prazo de 15 dias antes necessário.

Fontes: IBM.com. (2014). Softlayer hosting platform reduces application implementation time by 98%. http://www-03.ibm.com/software/businesscasestudies/us/en/corp?synkey=Y979749I50926G25 (acessado em agosto de 2016); CIO.in. (2015). Mankind Pharma finds an antidote in IBM solution for improving app implementation time (acessado em agosto de 2016). http://www.cio.in/solution-center/emc/55281; CxOtoday.com. (2014). Cloud platform to help Pharma Co accelerate growth. http://www.cxotoday.com/story/mankind-pharma-to-drive-growth-with-softlayers-cloud-platform/ (acessado em agosto de 2016); Wikipedia.org. (n.d.). Mankind Pharma. https://en.wikipedia.org/wiki/Mankind_Pharma (acessado em agosto de 2016); Mankindpharma.com. (n.d.). Overview. https://www.mankindpharma.com/company/companyoverview (acessado em agosto de 2016).

A Gulf Air utiliza Big Data para conhecer melhor seus clientes

A Gulf Air é a companhia aérea estatal do Bahrein. Trata-se de uma importante transportadora aérea internacional, com 3 mil funcionários, atendendo a 45 cidades em 24 países espalhados por 3 continentes. A Gulf Air é uma líder no setor de oferecimento de hospitalidade árabe tradicional a seus clientes. Para saber melhor o que seus clientes achavam dos seus serviços de hospitalidade, a companhia aérea decidiu investigar o que eles estavam comentando nas mídias sociais a respeito do assunto. O desafio era analisar todos os comentários e postagens de seus clientes, já que surgiam centenas de milhares deles a cada dia. O monitoramento manual dessas postagens seria uma tarefa demorada e desalentadora, e também propensa a erros humanos.

Assim, a Gulf Air achou melhor automatizar essa tarefa e analisar os dados para descobrir tendências emergentes no mercado. Junto com isso, a empresa almejava uma infraestrutura robusta para hospedar uma solução de monitoramento de mídias sociais que ficasse disponível initerruptamente e que ultrapassasse fronteiras geográficas.

Desse modo, a Gulf Air desenvolveu uma solução de análise de sentimentos, a "Arabic Sentiment Analysis", que analisa postagens em mídias sociais em idioma inglês e árabe. A ferramenta Arabic Sentiment Analysis baseia-se na estrutura de Hadoop Big Data da Cloudera.

Ela roda no ambiente em nuvem privada da Gulf Air e também utiliza a plataforma Red Hat JBoss Enterprise Application. A nuvem privada hospeda cerca de 50 terabytes de dados, e a ferramenta Arabic Sentiment Analysis é capaz de analisar milhares de postagens em mídias sociais, gerando resultados de análise de sentimentos em minutos.

A Gulf Air obteve grande economia de custos ao colocar o aplicativo "Arabic Sentiment Analysis" no ambiente de sua nuvem privada já existente, pois assim não precisou investir na preparação da infraestrutura para implementação do aplicativo. O "Arabic Sentiment Analysis" ajuda a Gulf Air a alocar seleções e ofertas a seus passageiros com agilidade, o que também a ajuda a permanecer à frente da concorrência. Para o caso de ocorrência de falha no servidor-mestre, a companhia aérea criou "imagens-fantasma" do servidor, que podem ser instauradas rapidamente, e a imagem pode começar a funcionar no seu lugar. A solução de Big Data captura postagens de modo rápido, eficiente e periódico, e as transforma em relatórios, permitindo que a Gulf Air permaneça atualizada sobre quaisquer mudanças nos sentimentos ou alterações na demanda, para que possa reagir a elas com agilidade. *Insights* gerados pela solução de Big Data já tiveram um impacto positivo sobre o trabalho realizado pelos funcionários da Gulf Air.

(Continua)

Fontes: RedHat.com. (2016). Gulf Air builds private cloud for Big Data innovation with Red Hat Technologies. https://www.redhat.com/en/about/press-releases/gulf-air-builds-private-cloud-big-data-innovation-red-hat-technologies; (acessado em agosto de 2016); RedHat.com. (2016). Gulf Air's Big Data innovation delivers deeper customer insight. https://www.redhat.com/en/success-stories(acessado em agosto de 2016); ComputerWeekly.com. (2016). Big-data and open source cloud technology help Gulf Air pin down customer sentiment. http://www.computerweekly.com/news/450297404/Big-data-and-open-source-cloud-technology-help-Gulf-Air-pin-down-customer-sentiment (acessado em agosto de 2016).

A Chime melhora a experiência dos clientes usando Snowflake

A Chime, uma opção bancária, oferece uma cartão de débito Visa, uma conta bancária segurada por agência governamental e um *app* móvel que facilita os serviços bancários para as pessoas. A Chime queria saber mais sobre o engajamento de seus clientes. Para isso, desejava analisar dados de plataformas móveis, da Web e de *backend* para ajudar a melhorar a experiência dos usuários. Porém, a reunião e a agregação de dados junto a múltiplas fontes, como serviços publicitários do Facebook e do Google e eventos de outras ferramentas de análise de dados de terceiros como JSON (JavaScript Object Notation) *docs*, representava uma tarefa trabalhosa. Sendo assim, a empresa precisava de uma solução capaz de agregar dados dessas múltiplas fontes e de analisá-los. Para a Chime, o ideal seria se a solução pudesse processar fontes de dados JSON e consultá-las usando tabelas padronizadas de base de dados SQL.

Assim, a Chime começou a usar a solução Snowflake Elastic Data Warehouse. O Snowflake reuniu dados de todas as 14 fontes da Chime, incluindo dados como JSON *docs* de aplicativos. O Snowflake ajudou a Chime a analisar dados JSON rapidamente para aprimorar os serviços aos membros e oferecer uma experiência bancária mais personalizada aos clientes.

Fonte: Adaptado de Snowflake.net. (n.d.). Chime delivers personalized customer experience using Chime. http://www.snowflake.net/product (acessado em agosto de 2016).

Estamos entrando na "era dos petabytes", e abordagens tradicionais perante dados e análise estão começando a mostrar seus limites. A análise de dados em nuvem é uma solução alternativa emergente para a análise de dados em larga escala. Sistemas em nuvem voltados para dados incluem armazenamento e computação em um ambiente distribuído e virtualizado. Uma grande vantagem dessas ofertas é a rápida difusão de ferramentas avançadas de análise entre os usuários, sem exigir um investimento significativo em aquisição de tecnologia. Essas soluções também trazem seus desafios, como segurança, nível de serviço e governança de dados. Inúmeras preocupações foram levantadas quanto à computação em nuvem, incluindo perda de controle e de privacidade, responsabilidades legais, questões políticas transfronteiriças e assim por diante. Segundo a Cloud Security Alliance, as três principais ameaças à segurança na nuvem são perda e vazamento de dados, falha de equipamento de hardware e uma interface insegura. Todos os dados na nuvem ficam acessíveis ao prestador de serviço, de forma que ele pode, inadvertida ou deliberadamente, alterar os dados, ou ainda pode repassá-los a terceiros por força de lei sem consultar a empresa cliente. As pesquisas ainda são limitadas nessa área. Como resultado, existe ampla oportunidade para levar a modelagem analítica, computacional e conceitual para o contexto da ciência de serviços, orientação de serviços e inteligência na nuvem. Seja como for, a computação em nuvem é uma iniciativa importante, à qual um profissional da análise de dados deve ficar atento por ser uma área em franco crescimento.

SEÇÃO 8.3 QUESTÕES DE REVISÃO

1. Defina *computação em nuvem*. Qual sua relação com PaaS, SaaS e IaaS?
2. Dê exemplos de empresas que oferecem serviços em nuvem.
3. De que forma a computação em nuvem afeta a BI?
4. Como o modelo de DaaS altera a maneira como os dados são tratados?
5. Quais são os diferentes tipos de plataformas em nuvem?
6. Por que o modelo AaaS apresenta bom custo/benefício?
7. Cite no mínimo três provedores de serviços em nuvem.
8. Dê pelo menos três exemplos de provedores de análise de dados como serviço.

8.4 Análise de dados baseados em localização para organizações

Até aqui, vimos muitos exemplos de organizações que empregam técnicas analíticas para obterem um vislumbre de seus processos existentes por meio de relatórios, análise de dados preditiva, projeções e otimização. Nesta seção, aprenderemos a respeito de uma importantíssima tendência emergente: a incorporação de dados de localização à análise de dados. A Figura 8.6 apresenta nossa classificação das aplicações analíticas baseadas em localização. Começaremos pelo exame das aplicações que fazem uso de dados estáticos de localização, geralmente denominados *dados geoespaciais*. Em seguida, analisaremos o crescimento explosivo das aplicações que aproveitam todos os dados de localização sendo gerados pelos dispositivos atuais. O foco inicial dessa seção recai nas aplicações de análise de dados que estão sendo desenvolvidas por organizações para tomarem melhores decisões na gestão de operações, identificação de públicos-alvo, promoções e assim por diante. Por fim, exploraremos as aplicações

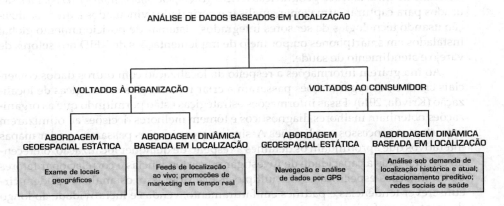

FIGURA 8.6 Classificação das aplicações analíticas baseadas em localização.

de análise de dados que estão sendo desenvolvidas para serem usadas diretamente pelo consumidor, algumas das quais também tiram proveito de dados de localização.

Análise de dados geoespaciais

Um panorama consolidado do desempenho em geral de uma organização costuma ser representado por meio das ferramentas de visualização que fornecem informações de caráter prático. As informações podem incluir valores atuais e futuros de diversos fatores comerciais e indicadores-chave de desempenho (KPIs – *key performance indicators*). O exame de KPIs como meros números espalhados por gráficos e diagramas pode ser confuso. Com isso, há um grande risco de que oportunidades potenciais de crescimento passem despercebidas ou que áreas problemáticas não sejam identificadas. Como uma alternativa à mera visualização de relatórios, organizações empregam mapas visuais que são geograficamente traçados e baseados nos dados tradicionais de localização, geralmente agrupados por códigos postais. Essas visualizações baseadas em mapas são usadas pelas organizações para a leitura de dados agregados e para a obtenção de diagnósticos locais mais significativos.

As técnicas analíticas tradicionais baseadas em localização usando geocodificação de regiões, organizações e consumidores impedem que as organizações compreendam impactos "verdadeiramente baseados em localização". Locais baseados em códigos postais oferecem uma visão agregada de uma vasta área geográfica. Essa baixa granularidade pode não ajudar a circunscrever as oportunidades de crescimento a uma região precisa, já que a localização dos consumidores-alvo pode mudar rapidamente. Desse modo, as campanhas promocionais de uma organização podem acabar não se concentrando nos consumidores certos se forem baseadas em códigos postais. Para lidar com isso, as organizações estão adicionando localização e extensões espaciais à análise de dados (Gnau, 2010). Com a inclusão de componentes de localização baseados em longitude e latitude às técnicas analíticas tradicionais, as organizações conseguem adicionar uma nova dimensão de "onde" para suas análises de negócios tradicionais, as quais atualmente respondem as perguntas de "quem", "o que", "quando" e "quanto".

Dados baseados em localização agora estão prontamente disponíveis a partir de **sistemas de informações geográficas (GIS** – *geographic information systems*). Eles são usados para capturar, armazenar, analisar e gerir dados vinculados a uma localização usando tecnologias de sensores integrados, sistemas de posicionamento global instalados em smartphones ou por meio de implementações de RFID nos setores de varejo e atendimento de saúde.

Ao integrarem informações a respeito da localização com outros dados comerciais cruciais, as organizações passaram a criar informações estratégicas de localização (Krivda, 2010). Essas informações estratégicas estão permitindo que as organizações obtenham melhores diagnósticos e tomem melhores decisões ao otimizarem importantes processos e aplicações Assim, as organizações passaram a criar mapas interativos que aprofundam os detalhes a respeito de qualquer localização, oferecendo aos analistas a capacidade de investigar novas tendências e correlacionar fatores de localizações específicas com múltiplos KPIs. Com isso, os analistas podem circunscrever tendências e padrões em faturamento, vendas e lucratividade ao longo de áreas geográficas.

Ao incorporarem detalhes demográficos às localizações, os varejistas são capazes de determinar como as vendas variam conforme nível populacional e proximidade a outros concorrentes; eles podem acessar a demanda e a eficiência de operações da cadeia de suprimento. Empresas de produtos de consumo conseguem identificar necessidades e queixas específicas de clientes conforme sua localização, e podem facilmente rastreá-las de volta até os produtos. Representantes de vendas conseguem mirar melhor seus clientes em potencial ao analisá-los geograficamente.

Uma empresa que é a líder de mercado no fornecimento de dados de GIS é a ESRI (esri.com). A ESRI licencia seu software ArcGIS para milhares de clientes, incluindo os setores comercial, governamental e militar. Mais de um livro inteiro seria necessário para destacar as aplicações da base de dados e do software GIS da ESRI! Outra empresa, a grindis.com, identifica mais de 60 categorias de aplicações de GIS (http://grindgis.com/blog/gis-applications-uses). Dentre alguns dos exemplos ainda não mencionados estão:

- **Aplicações na agricultura:** Ao combinar dados relacionados a localização, clima, solo e safra, aplicativos bastante precisos para irrigação e fertilização podem ser planejados. Exemplos incluem empresas como sstsoftware.com e sensefly.com (elas combinam GIS com as últimas informações coletadas por meio de drones, outra tecnologia emergente).
- **Análise de criminalidade:** A sobreposição entre dados sobre criminalidade, incluindo data, horário e tipo de crime, e dados de GIS podem oferecer diagnósticos precisos sobre padrões de criminalidade e alocação de força policial.
- **Previsão de difusão de doenças:** Um dos primeiros exemplos conhecidos de análise de dados descritiva foi a análise do surto de cólera na cidade de Londres em 1854. O Dr. John Snow plotou os casos de cólera em um mapa e conseguiu refutar a teoria de que a doença estava sendo causada por miasmas. O mapa ajudou-o a vincular o surto a um poço de água contaminada. (TheGuardian.com, 2013). Já faz tempo que não precisamos plotar mapas a mão, mas a ideia de conseguir rastrear e prever surtos de doenças, como a gripe, usando GIS e outros dados acabou se tornando em si mesmo um importante campo de estudo. O Capítulo 7 apresentou um exemplo do uso de dados de redes sociais juntamente com dados de GIS para identificar tendências no contágio de gripe.

Além disso, com informações estratégicas sobre localização, as organizações podem cruzar rapidamente efeitos climáticos e ambientais e prever o nível de impacto em operações cruciais de negócios. Com avanços tecnológicos, dados geoespaciais passaram a ser diretamente incorporados a *data warehouse* corporativos. A análise de dados baseada em localização e em base de dados permite que as organizações realizem cálculos complexos com crescente eficiência e obtenham um panorama único de todos os dados espacialmente orientados, revelando tendências ocultas e novas oportunidades. O *data warehouse* da Teradata, por exemplo, suporta a funcionalidade de dados geoespaciais baseados no padrão SQL/MM. A funcionalidade geoespacial é capturada como um novo tipo de dado geométrico denominado ST_GEOMETRY. Ele suporta um amplo espectro de formatos, desde simples pontos, linhas e curvas até polígonos complexos na representação de áreas geográficas. A empresa está convertendo os dados não espaciais de suas localizações de negócios operacionais ao incorporar as coordenadas de latitude e longitude. Esse processo de geocodificação é prontamente suportado por empresas de serviço como a NAVTEQ e a Tele Atlas, que mantêm bases de dados mundiais de endereços com elementos geoespaciais e fazem uso de ferramentas de limpeza de endereços, como Informatica e Trillium, que suportam, por sua vez, o mapeamento de coordenadas espaciais para os endereços como parte das funções de extrair, transformar e carregar.

Organizações dos mais diversos ramos estão empregando análise de dados geoespaciais. Revisaremos alguns exemplos a seguir. O Caso Aplicado 8.4 oferece um exemplo de como informações baseadas em localização foram utilizadas na seleção de locais para a expansão do alcance de uma empresa. Já o Caso Aplicado 8.5 ilustra outra aplicação que vai além de meras decisões sobre localizações.

Caso aplicado 8.4

A Great Clips emprega análise espacial para poupar tempo na escolha de locais para expansão

A Great Clips, a maior rede de salões de beleza e a que mais cresce no mundo, conta com mais de três mil estabelecimentos nos Estados Unidos e Canadá. O sucesso da franquia depende de uma estratégia de crescimento voltada para a rápida abertura de novas lojas em locais e mercados certeiros. A empresa precisava analisar as localizações com base nas exigências de uma base potencial de clientes, tendências demográficas e impacto de vendas sobre franquias já existentes na localização-alvo. A escolha de um bom local é de suma importância. Seu processo original levava bastante tempo para analisar um único local e dava bastante trabalho, exigindo recursos intensivos de analistas para aferir manualmente os dados a partir de múltiplas fontes.

Com milhares de locais para analisar a cada ano, o atraso colocava em risco a perda de locais estratégicos para a concorrência e estava se revelando dispendioso; a Great Clips empregava fornecedores externos para mitigar o atraso. A empresa criou um aplicativo de fluxo de trabalho para a seleção de locais para novos salões usando capacidades analíticas geoespaciais da Alteryx. Um novo local em potencial era avaliado conforme sua proximidade relativa e sua conveniência para atender todos os clientes existentes da rede Great Clips na região. A solução da Alteryx também permitiu a avaliação de cada nova localização com base em dados demográficos e de comportamento de clientes, alinhando perfis de clientes existentes da Great Clips com o impacto potencial do faturamento do novo local sobre os estabelecimentos existentes. Como resultado das técnicas analíticas baseadas em localização, a Great Clips conseguiu reduzir o tempo para avaliar novos locais em quase 95%. A análise anteriormente trabalhosa foi automatizada e desenvolvida em um aplicativo de coleta de dados, análise, mapeamento e relatório que pode ser facilmente usado por gestores imobiliários sem formação técnica na área. Além do mais, ele permitiu que a empresa implementasse uma análise preditiva proativa para novas localizações para a franquia, já que o processo inteiro agora leva apenas alguns minutos.

Questões para discussão

1. De que forma a análise geoespacial é usada na Great Clips?
2. Quais critérios uma empresa deve levar em consideração na avaliação de locais para expansão futura?
3. Você consegue lembrar de outras aplicações em que tais dados geoespaciais possam ser úteis?

Fonte: Adaptado de Alteryx.com. (n.d.). Great Clips. alteryx.com/sites/default/files/resources/files/case-study-great--chips.pdf (acessado em agosto de 2016).

Caso aplicado 8.5

A Starbucks explora GIS e análise de dados para se expandir pelo mundo

Um dos desafios-chave para qualquer organização que está tentando ampliar sua presença é decidir os locais de seus próximos estabelecimentos. A Starbucks se depara com essa mesma questão. Para identificar novos locais para ampliação, mais de 700 funcionários da Starbucks (chamados de parceiros) espalhados por 15 países utilizam uma solução de planejamento de mercado baseada em ArcGIS e BI chamada Atlas. O Atlas oferece aos parceiros fluxos de trabalho, análise e informações sobre o desempenho de lojas para que aqueles parceiros locais na região possam tomar decisões ao identificar novas oportunidades de negócio.

Conforme divulgado por múltiplas fontes, o Atlas é empregado por decisores locais para identificar tendências e demandas da população. Na China, por exemplo, há mais de 1.200 estabelecimentos do Starbucks, e a empresa está abrindo uma loja nova quase todo dia. Informações como áreas comerciais, agrupamentos de lojas de varejo e fábricas, tráfego e características demográficas são importantes ao se optar pela localização de uma nova loja. Depois de analisar um mercado e um bairro novos, um gestor pode examinar locais específicos dando zoom sobre uma área da cidade para identificar onde três novas torres de escritórios podem ser concluídas nos próximos dois meses, por exemplo. Após visualizar essa área no mapa, uma janela de fluxo de trabalho pode ser criada para ajudar o gestor a avançar o novo local ao longo do processo de aprovação, permissão, construção e, finalmente, abertura.

Ao integrar dados meteorológicos e outros dados locais, também é possível gerir melhor as operações de demanda e da cadeia de suprimento. A Starbucks está integrando seus sistemas de negócios empresariais com suas soluções GIS em serviços Web para enxergar o mundo e seus negócios de novas maneiras. A empresa integra, por exemplo, dados da AccuWeather sobre previsão de sensação térmica. Esses dados de previsão de temperatura podem ajudar a localizar esforços de marketing. Caso a previsão seja de uma próxima semana bastante quente em Memphis, analistas da Starbucks podem selecionar um grupo de cafeterias e obter informações detalhadas sobre padrões meteorológicos passados e futuros, bem como sobre características de cada estabelecimento. Esse conhecimento pode ser usado para preparar uma promoção localizada de Frappuccinos, por exemplo, ajudando a Starbucks a antecipar o que os clientes vão desejar com uma semana de antecedência.

Grandes eventos também afetam o desempenho das cafeterias. Quando 150 mil pessoas viajaram para San Diego para a Parada LGBT, baristas locais atenderam muitos clientes. Para assegurar a melhor experiência possível para seus clientes, a Starbucks aproveitou o conhecimento desse evento local para planejar alocação de pessoal e estoque em locais próximos à parada.

Questões para discussão

1. Quais tipos de informações demográficas e de GIS seriam relevantes para decidir pela localização de uma nova loja?
2. Mencionou-se que a Starbucks encoraja seus clientes a usarem seu *app* móvel. Quais tipos de informações a empresa é capaz de obter a partir do *app* para ajudar a melhor planejar suas operações?
3. Será que a disponibilidade de Wi-Fi gratuito nas cafeterias da Starbucks podem produzir informações que ajudem na análise de dados da empresa?

Fontes: Digit.HBS.org. (2015). Starbucks: Brewing up a data storm! https://digit.hbs.org/submission/starbucks-brewing-up-a-data-storm/ (acessado em agosto de 2016); Wheeler, C. (2014). Going big with GIS. http://www.esri.com/esri-news/arcwatch/0814/going-big-with-gis (acessado em agosto de 2016); Blogs.ESRI.com. From customers to CxOs, Starbucks delivers world-class service. (2014). https://blogs.esri.com/esri/ucinsider/2014/07/29/starbucks/ (acessado em agosto de 2016).

Além das aplicações de análise de transações de varejo destacadas aqui, há muitas outras aplicações que combinam informações geográficas com outros dados sendo gerados por uma organização. Empresas de operações e comunicação em rede, por exemplo, costumam gerar quantidades imensas de dados todos os dias. A capacidade de analisar os dados rapidamente com um alto nível de granularidade geográfica pode ajudar na identificação de evasão (*churn*) de clientes e na formulação de estratégias específicas para cada local a fim de aumentar a eficiência operacional, a qualidade do serviço e o faturamento.

A análise geoespacial pode permitir que empresas de comunicação capturem transações diárias junto a uma rede a fim de identificar as áreas geográficas que estão sofrendo com grande quantidade de tentativas fracassadas de conexão de voz, dados, texto e Internet. A análise de dados pode ajudar a determinar as causas exatas com base em localização, aprofundando-se até o cliente individual para lhe oferecer um melhor serviço. Você pode ver isso em ação ao fazer o seguinte exercício multimídia.

Um exercício multimídia em análise de dados empregando dados geoespaciais

A Teradata University Network inclui um vídeo da BSI sobre o caso de quedas de ligações telefônicas móveis. Por favor, assista ao vídeo que aparece no YouTube no seguinte link: http://www.teradatauniversitynetwork.com/Library/Items/BSI-The-Case-of-the-Dropped-Mobile-Calls/.

Uma empresa de telecomunicação lança uma nova linha de smartphones e enfrenta problemas com interrupções nas ligações. O novo lançamento está em apuros, e a região nordeste é a mais atingida, na comparação dos efeitos das ligações interrompidas sobre os lucros por região geográfica. A empresa contrata a BSI para analisar os problemas causados por defeitos nos aparelhos celulares, na cobertura de torres de transmissão e em software. Dados da região nordeste inteira são divididos em agrupamentos geográficos, e a empresa soluciona o problema ao identificar os dados de clientes individuais. A equipe da BSI emprega análise de dados geoespaciais para identificar os locais onde a cobertura de rede estava causando as quedas nas ligações, e sugere a instalação de algumas torres adicionais onde clientes insatisfeitos estão situados.

Depois de assistir ao vídeo inteiro, você pode ver como a análise foi preparada em: slideshare.net/teradata/bsi-teradata-the-case-of-the-dropped-mobile-calls.

Essa excursão multimídia oferece um exemplo de uma combinação de análise de dados geoespaciais com análise de Big Data a fim de auxiliar na tomada de melhores decisões.

Informações estratégicas sobre localização em tempo real

Muitos dispositivos em uso pelos consumidores e profissionais estão constantemente enviando informações sobre suas localizações. Carros, ônibus, taxis, telefones celulares e aparelhos pessoais de navegação todos transmitem suas localizações graças a tecnologias de posicionamento conectadas a redes, como GPS, Wi-Fi e triangulação por torres de telefonia celular. Milhões de consumidores e empresas utilizam dispositivos habilitados para localização a fim de encontrar serviços próximos, localizar amigos e familiares, navegar, rastrear bens e animais de estimação e praticar esportes, jogos e *hobbies*. Essa onda de serviços habilitados para localização resultou numa imensa base de dados com histórico de posicionamento e *streaming* em tempo real. Esses dados se encontram, obviamente, espalhados e não são muito úteis em si mesmos. A coleta automatizada de dados possibilitada pela captura de telefones celulares e pontos de acesso a Wi-Fi apresenta uma dimensão nova e interessante para pesquisas de mercado não intrusivas e, é claro, microanálise de tais vastos conjuntos de dados.

Analisando e aprendendo a partir desses padrões de movimentação em larga escala, é possível identificar classes distintas de comportamento em contextos específicos. Essa abordagem permite que uma empresa compreenda melhor os padrões de seus clientes e tome decisões mais embasadas acerca de promoções, precificação, etc. Mediante a aplicação de algoritmos que reduzem a dimensionalidade de dados sobre localização, é possível caracterizar locais de acordo com a atividade e a movimentação por eles. A partir de quantidades imensas de dados altamente dimensionais de localização, esses algoritmos revelam tendências, significado e relações, gerando por fim representações compreensíveis a nós humanos. Assim, torna-se possível utilizar tais dados para fazer automaticamente previsões inteligentes e encontrar correspondências e similaridades importantes entre locais e pessoas.

A análise de dados baseada em localização encontra sua aplicação no marketing voltado aos consumidores. A Quiznos, uma rede de lanchonetes, utilizou a plataforma da Sense Networks para analisar rastros de passagem de usuários com aparelhos móveis junto a dados geoespaciais obtidos a partir de GPS, e com isso distribuiu cupons especificamente para clientes fissurados em tecnologia. Veja o Caso Aplicado 8.6. Ele ilustra uma tendência emergente no cenário do varejo, em que empresas buscam aumentar a eficiência de suas campanhas de marketing não apenas mirando cada cliente com base em localização em tempo real, mas também empregando uma análise preditiva mais sofisticada em tempo real sobre os perfis comportamentais dos clientes a fim de identificar o segmento certo entre eles para campanhas publicitárias.

Outra extensão da análise de dados baseados em localização é o uso da realidade aumentada. Em 2016, o Pokémon GO se tornou uma sensação no mercado. Trata-se de um jogo de sensoriamento de localização baseado em realidade aumentada que encoraja os usuários a coletarem itens virtuais em locais geográficos selecionados. O usuário pode começar em qualquer lugar numa cidade e seguir os marcadores no *app* para chegar a um item específico. Os itens virtuais ficam visíveis por meio do *app* quando o usuário aponta a câmera do seu telefone na direção de tal item. Em seguida, o usuário pode coletar o item em questão. Aplicações comerciais de tais tecnologias também estão emergindo. Um *app* chamado Candybar, por exemplo, permite que empresas situem esses itens virtuais em um mapa usando Google Maps. A localização em que cada item é deixado pode ser determinada com precisão usando-se o Google Street View. Assim que todos os itens virtuais são configurados com suas respectivas informações e localização, as empresas podem ativar itens, que ficam visíveis para os usuários em tempo real. A Candybar também oferece análise de dados sobre uso para as empresas, para permitir uma alocação mais específica

> **Caso aplicado 8.6**
>
> **A Quiznos customiza sanduíches para seus clientes**
>
> A Quiznos, uma franquia de restaurantes de *fast food*, implementou uma campanha de customização móvel baseada em localização voltada para consumidores ocupados e adeptos da tecnologia em Portland, Oregon. Ela fez uso da plataforma Sense Networks, que analisou rastros de localização de usuários móveis ao longo de períodos detalhados e construiu perfis anônimos baseados nos atributos comportamentais de seus hábitos de compras.
>
> Com a aplicação de análise de dados preditiva junto aos perfis de usuários, a Quiznos desenvolveu uma segmentação comportamental baseada em localização para restringir as características dos usuários mais propensos a comerem neste tipo de estabelecimento. Sua campanha publicitária foi veiculada durante dois meses – novembro e dezembro de 2012 – e voltada apenas a clientes potenciais que haviam ido a *fast food* nos últimos 30 dias, dentro de um raio de cinco quilômetros de um de seus estabelecimentos, e com idades entre 18 e 34. Foram usadas propagandas móveis relevantes de cupons locais baseadas na localização dos clientes. A campanha resultou em mais de 3,7 milhões de novos clientes e em um aumento de 20% em resgate de cupons na área de Portland.
>
> **Questões para discussão**
>
> 1. De que modo a análise de dados baseados em localização ajuda os varejistas a segmentar clientes?
> 2. Pesquise aplicações similares de análise de dados baseados em localização no setor do varejo.
>
> *Fonte:* Adaptado de Mobilemarketer.com. (2013). Quiznos sees 20pc boost in coupon redemption via location-based mobile ad campaign. mobilemarketer.com/cms/news/advertising/14738.html (acessado em agosto de 2016).

dos itens virtuais. O aspecto de realidade virtual do *app* incrementa a experiência dos usuários, proporcionando a eles um ambiente de *game* na vida real. Ao mesmo tempo, oferece uma poderosa plataforma de marketing para que as empresas alcancem seus clientes.

Como fica evidente nessa seção, a análise de dados baseados em localização e suas aplicações decorrentes representam talvez o mais importante *front* no futuro próximo para as organizações. Um tema comum nesta seção foi o uso de dados operacionais ou de marketing por parte das organizações. A seguir, exploraremos aplicações de análise de dados que são diretamente voltadas a usuários e que às vezes tiram proveito de informações sobre localização.

Aplicações de análise de dados para consumidores

O crescimento explosivo da indústria de *apps* para plataformas de smartphone (iOS, Android, Windows e assim por diante) e o emprego de análise de dados estão criando tremendas oportunidades para o desenvolvimento de aplicativos em que os consumidores utilizam análise de dados sem jamais perceber. Esses *apps* diferem da categoria anterior por serem voltados ao uso direto por parte de um consumidor, em oposição a uma organização que está tentando extrair dados de uso/compras de um consumidor para criar um perfil para o marketing de produtos e serviços específicos. Previsivelmente, esses *apps* visam possibilitar que consumidores tomem melhores decisões ao empregarem um análise de dados específica. Destacamos dois deles nos exemplos a seguir.

O Waze, um *app* de Web social que auxilia usuários na identificação de trajetos de navegação e que os alerta quanto a problemas potenciais como acidentes, barreiras policiais, controladores de velocidade e obras na pista, com base em informações fornecidas por outros usuários, tornou-se um aplicativo bastante popular de navegação. A Google adquiriu esse *app* alguns anos atrás e o aprimorou ainda mais. Esse *app* é um exemplo de agregação de informações geradas por usuários e sua disponibilização para os clientes.

Muitos *apps* permitem que usuários enviem resenhas e avaliações sobre empresas, produtos e assim por diante, para então apresentá-las aos usuários de forma agregada a fim de ajudá-los a tomar decisões. Eles também pode ser identificados como *apps* baseados em dados sociais que são voltados para consumidores, em que os dados são gerados pelos próprio consumidores. Um dos *apps* mais populares nessa categoria é o Yelp.

Outro *app* relacionado a transporte que emprega análise de dados preditiva foi desenvolvido em Pittsburgh, Pensilvânia. Desenvolvido em colaboração com a Carnegie Mellon University, esse *app* inclui capacidades preditivas para estimar disponibilidade de vagas de estacionamento. O ParkPGH encaminha os condutores para estacionamentos em áreas em que há vagas disponíveis. Ele calcula a quantidade de vagas disponíveis em 10 estacionamentos – mais de 5.300 vagas e 25% da área total de garagem na região central de Pittsburgh. Vagas disponíveis são atualizadas a cada 30 segundos, mantendo o condutor o mais a par possível da atual disponibilidade. Dependendo do histórico de demanda e de eventos vindouros, o *app* é capaz de prever a disponibilidade de vagas e fornecer informações sobre quais estacionamentos terão espaços livres no horário em que o condutor chegar ao destino. O algoritmo básico do *app* utiliza dados sobre eventos atuais nas cercanias – um jogo de basquete, por exemplo – a fim de prever um aumento na demanda por vagas de estacionamento mais tarde no mesmo dia, poupando assim um tempo valioso aos condutores que buscam vagas para estacionar em uma cidade movimentada.

Aplicativos baseados em análise de dados estão emergindo não apenas para diversão e saúde, mas também para aumentar a produtividade de seus usuários. O Cloze, por exemplo, é um *app* que administra caixas de entrada em múltiplas contas de email, bem como contas de redes sociais, CRM e assim por diante, em um único lugar. Ele integra redes sociais com contatos de email para aprender quais contatos são importantes e atribuir uma pontuação a eles – contatos importantes recebem uma pontuação mais alta. Emails com uma pontuação mais alta são mostrados em primeiro, filtrando e tirando do caminho mensagens menos importantes e irrelevantes. O Cloze armazena o contexto de cada conversa para poupar o tempo de usuários que desejam retomar um diálogo pendente. Os contatos ficam armazenados em grupos baseados na frequência com que interagem, ajudando usuários a manter contato com pessoas que podem estar se distanciando. Os usuários podem atribuir uma pontuação Cloze para pessoas com as quais desejam entrar em contato e se esforçar para aumentar tal pontuação. O Cloze eleva uma pontuação sempre que uma tentativa de conexão é realizada. Quando um email é aberto, por exemplo, o Cloze oferece diversas opções, como agora, hoje, amanhã e semana que vem, lembrando automaticamente o usuário de iniciar contato no prazo agendado. Isso serve como um lembrete para retomar certos emails mais tarde, sem que sejam esquecidos ou marcados como "não lidos", o que muitas vezes leva a uma caixa de entrada bagunçada. Como o Cloze está sendo atualmente comercializado como um *app* de produtividade empresarial, seu preço no momento está além do orçamento de um consumidor típico.

Como fica evidente por esses exemplos de *apps* voltados a consumidores, a análise de dados preditiva está começando a possibilitar o desenvolvimento de software usado diretamente por um consumidor. O *Wall Street Journal* (wsj.com/apps) estima que a indústria de *apps* já chegou à marca de US$25 bilhões, com mais crescimento esperado. Acreditamos que os aplicativos analíticos voltados ao consumidor seguirão se multiplicando e criarão muitas oportunidades empresariais para leitores deste livro.

Uma preocupação-chave no emprego dessas tecnologias é a perda de privacidade. Quando alguém é capaz de rastrear a movimentação de um telefone celular, a privacidade de seu proprietário se torna um problema importante. Alguns dos desenvolvedores de *apps* alegam que só precisam agregar fluxos de informações, e não informações individualmente identificáveis. Mas muitas notícias pipocam na mídia destacando violações desse princípio geral. Tanto usuários quanto desenvolvedores de tais *apps* precisam estar bastante cientes do efeito deletério da divulgação de informações privadas, bem como da coleta de tais informações. Discutiremos essa questão mais a fundo na Seção 8.5.

SEÇÃO 8.4 QUESTÕES DE REVISÃO

1. Como a análise de dados tradicional faz uso de dados baseados em localização?
2. De que forma localizações geocodificadas podem ajudar na tomada de melhores decisões?
3. Qual é o valor oferecido pela análise de dados geoespaciais?
4. Explore mais a fundo o uso de análise de dados geoespaciais ao investigar seu uso em diversos setores, como censo governamental, marketing para o consumidor e assim por diante.
5. Busque online por outros aplicativos analíticos voltados ao consumidor.
6. De que forma a análise de dados baseados em localização pode ajudar consumidores individuais?
7. Explore mais aplicativos de transporte que empregam análise de dados baseados em localização.
8. Quais outros aplicativos você consegue imaginar se tivesse acesso a dados de localização de telefones celulares?

8.5 Questões envolvendo legalidade, privacidade e ética

Conforme a ciência de dados, a análise de dados, a computação cognitiva e a IA aumentam em alcance e onipresença, todos são afetados por esses aplicativos. Porém, só porque algo é factível por meio da tecnologia, isso não quer dizer que seja apropriado, legal ou ético. Profissionais da ciência de dados e gestores precisam estar bem cientes dessas preocupações. Diversas questões legais, de privacidade e éticas importantes estão relacionadas com a análise de dados. Aqui, apresentamos apenas fontes e exemplos representativos. Como mídia popular sempre está bastante disposta a divulgar deslizes legais e éticos de comportamento, esta é uma seção em que você encontrará ainda mais exemplos recentes online. Conforme mencionado no Capítulo 1, nosso objetivo aqui é lhe apresentar uma exposição dessas questões. Seus colegas de aula devem ser capazes de identificar ainda outros casos recentes e comentar a seu respeito.

Questões legais

O advento da análise de dados pode agravar inúmeras questões legais já relevantes para sistemas computadorizados. Questões envolvendo, por exemplo, a responsabilização pelas ações de aconselhamento oferecidas por máquinas inteligentes estão começando a ser consideradas.

Além da resolução de disputas quanto a resultados inesperados e possivelmente danosos de certas análises de dados, outros problemas complexos podem vir à tona. Quem é o responsável, por exemplo, quando uma empresa acaba indo à falência como resultado de conselhos prestados por um aplicativo analítico? Será que a própria empresa será responsabilizada por não ter testado o sistema adequadamente antes de confiar questões sensíveis a ele? Será que firmas de auditoria e contabilidade acabarão partilhando a responsabilidade por não terem aplicado os testes de fiscalização adequados? Será que os desenvolvedores de software de sistemas inteligentes também arcarão com responsabilidade? À medida que os carros autônomos forem se tornando mais comuns, quem será o responsável por danos ou lesões quando os sensores, a rede ou a análise de dados de um carro deixarem de funcionar como o planejado? Um caso recente envolvendo um acidente com um carro da Tesla, em que o condutor morreu na batida enquanto o carro se encontrava supostamente no modo "piloto automático", levou essa questão para as capas dos jornais e para discussões legais.

O Caso Aplicado 7.1 ofereceu exemplos do uso de dados alternativos como informações adicionais para melhor prever a produtividade de safras, o volume de vendas de uma empresa e assim por diante. Embora essas ferramentas não imponham atualmente as restrições à divulgação de informações comerciais sigilosas, pois ninguém dentro da empresa está compartilhando informações restritas ao público, ainda podem haver problemas em se dispor de informações que não estão publicamente disponíveis. Ekster (2015) observa que qualquer operador de mercado que acabe utilizando análises e dados alternativos deve estar ciente das regras sobre informação impostas pelas entidades reguladoras do setor financeiro. Tipicamente, *insights* que são *derivados* de dados públicos são seguros, já que não foram *diretamente adquiridos* junto a fontes internas.

Vejamos as questões legais específicas a seguir:

- Em um tribunal, qual é o valor de uma opinião especializada quando ela se encontra codificada em um computador?
- Quem é responsável por um aconselhamento (ou informação) equivocado por parte de um aplicativo inteligente? O que acontece, por exemplo, se um médico aceitar um diagnóstico incorreto realizado por um computador e tomar medidas que resultem na morte de um paciente?

- O que acontece se um gestor inserir um valor incorreto em um aplicativo analítico e o resultado for dano ou um desastre?
- A quem pertence o conhecimento em uma base de conhecimentos?
- A gestão pode forçar especialistas a contribuírem com seus conhecimentos especializados?

Privacidade

Privacidade significa coisas distintas para pessoas diferentes. Em geral, **privacidade** é o direito de ser deixado em paz e o direito de estar livre de intrusões pessoais fora de propósito. Em muitos países, já faz tempo que a privacidade representa uma questão legal, ética e social. O direito à privacidade é reconhecido hoje em todos os estados dos Estados Unidos e por seu governo federal. A definição de *privacidade* pode ser interpretada de forma bem ampla. No entanto, as duas regras a seguir vêm sendo obedecidas bem de perto pelas decisões judiciais passadas: (1) o direito à privacidade não é absoluto. A privacidade deve ser contrabalançada por necessidades da sociedade. (2) O direito do público de saber é superior ao direito do indivíduo à privacidade. Essas duas regras mostram porque é difícil, em alguns casos, determinar e fiscalizar regulamentações de privacidade (veja Peslak, 2005). Questões de privacidade online envolvem características e políticas específicas. Uma área em que a privacidade pode ser comprometida é discutida a seguir. Para questões de privacidade e segurança no ambiente de *data warehouse*, consulte também o artigo de Elson e LeClerc (2005).

Coleta de informações sobre indivíduos

A complexidade de se coletar, triar, preencher e acessar informações manualmente a partir de inúmeras agências governamentais era, em muitos casos, uma proteção intrínseca contra o mau uso de informações privadas. Era simplesmente caro, complexo e complicado demais invadir a privacidade de uma pessoa. A Internet, em combinação com bases de dados em larga escala, acabou criando uma dimensão inteiramente nova de acesso e uso de dados. O poder inerente em sistemas capazes de acessar vastas quantidades de dados pode ser usado para o bem da sociedade. Ao comparar registros com a ajuda de um computador, por exemplo, é possível eliminar ou reduzir fraudes, crimes, malversação governamental, evasão fiscal, golpes em projetos sociais, desvio de suporte social, emprego de trabalhadores ilegais, etc. Porém, que preço o indivíduo deve pagar em termos de perda de privacidade para que o governo possa melhor prender criminosos? O mesmo vale no âmbito corporativo. Informações privadas sobre funcionários podem ajudar na tomada de melhores decisões, mas a privacidade dos funcionários pode ser afetada. Questões similares estão relacionadas com informações a respeito de clientes.

As implicações para a privacidade online são consideráveis. A USA Patriot Act (Lei Patriota dos EUA) também amplia a capacidade do governo de acessar informações estudantis e informações financeiras pessoais sem que haja qualquer suspeita de infração caso as informações aptas a serem encontradas forem pertinentes a uma investigação criminal em andamento (veja Electronic Privacy Information Center, 2005). Informações sobre localização de dispositivos já foram usadas para localizar vítimas, bem como culpados, em alguns casos, mas a partir de que ponto as informações deixam de ser de propriedade do indivíduo? O alvoroço recente envolvendo gravações de dados pelos Estados Unidos e outros países em ligações telefônicas, emails e outras comunicações eletrônicas acabou apontando os holofotes para muitas dessas questões. Além disso, a divulgação de informações de comunicações governamentais pelo Wikileaks gerou uma grande tempestade nos últimos anos. Por fim, a divulgação por Edward Snowden de programas de coleta e dados pelo governo norte-americano com a subsequente mineração dessas informações também resultou em grande polêmica na mídia quanto a questões de invasão de privacidade. Qualquer busca por esses tópicos trará a tona inúmeros links e opiniões. Como um profissional da ciência de dados, você tem de reconhecer que tais questões podem fazer uma grande diferença para a reputação de sua organização.

Duas ferramentas efetivas para coletar informações sobre indivíduos são *cookies* e *spyware*. Locais de *login* universal [*single sign-on*] que permitem a um usuário acessar vários serviços a partir de um mesmo provedor estão começando a suscitar algumas das mesmas preocupações que os *cookies*. Tais serviços (Google, Yahoo!, MSN) permitem que consumidores criem um perfil de informações juntamente com uma senha e usem essas informações e senha repetidamente para acessar serviços em múltiplos sites. Críticos afirmam que tais serviços criam as mesmas oportunidades que os *cookies* de invadir a privacidade de um indivíduo.

O uso de tecnologias de IA na administração e fiscalização de leis e regulamentações pode aumentar a preocupação do público com relação à privacidade de informações. Esses temores, gerados pelas capacidades percebidas na IA, terão de ser enfrentados desde o princípio de praticamente qualquer esforço de IA.

Privacidade de usuário móvel

Muitos usuários desconhecem que suas informações privadas estão sendo rastreadas ao utilizarem seu smartphone. Muitos *apps* coletam dados de usuários rastreando telefones conforme avançam de uma torre de telefonia para outra, aparelhos de GPS que transmitem as localizações dos usuários e telefones que transmitem informações em locais com acesso a Wi-Fi. Importantes desenvolvedores de *apps* alegam que tomam extremo cuidado para proteger a privacidade dos usuários, mas é interessante ter em conta a profusão de informações que ficam disponíveis pelo uso de um único aparelho. Um debate recente entre a Apple e o governo norte-americano evidenciou essa questão, quando o governo exigiu que a empresa desbloqueasse um iPhone e a Apple se recusou a modificar seu software. A Apple alega que coleta pouca ou mesmo nenhuma informação a respeito de seus usuários individuais de iPhone. Por outro lado, a Google coleta bastantes informações de uso para poder oferecer aos usuários informações proativas sobre seu calendário, restaurantes preferidos, atividades futuras e assim por diante. Seja como for, qualquer desenvolvedor de aplicativos com análise de dados deve ter em mente essas questões envolvendo privacidade.

Segurança nacional e privacidade individual

O uso de tecnologias de análise de dados como mineração e a interpretação do conteúdo de telefonemas, a obtenção de retratos de pessoas em certos locais e sua subsequente identificação, e o uso de escâneres para visualizar seus pertences são atos considerados por muitos como uma invasão de privacidade. No entanto, muitas pessoas reconhecem que ferramentas analíticas são meios efetivos e eficazes para aumentar a segurança, muito embora a privacidade de muitas pessoas inocentes seja comprometida.

O governo dos Estados Unidos emprega tecnologias analíticas em escala global na guerra contra o terrorismo. No primeiro ano e meio após 11 de setembro de 2001, redes de supermercado, lojas de construção e decoração e outras varejistas voluntariamente entregaram imensas quantidades de registros sobre clientes a agências governamentais de vigilância, quase sempre em violação a suas políticas privadas declaradas. Muitas outras reagiram a liminares para a cessão de informações, conforme exigido por lei. Sob leis aprovadas após 11 de setembro de 2001, o governo norte-americano tem o direito de coletar dados corporativos. Atualmente, o FBI explora enormes quantidades de dados, procurando por atividades que possam indicar um plano ou crime terrorista.

Questões de privacidade abundam. Como o governo está adquirindo dados pessoais para detectar padrões suspeitos de atividade, existe o potencial de uso impróprio ou ilegal dos dados. Muitos encaram tal coleta de dados como uma violação das liberdades e direitos dos cidadãos. Eles consideram necessário que haja uma organização supervisora para "observar os observadores" e garantir que o Departamento de Segurança Nacional não adquira dados insensatamente. Segundo essa opinião, o departamento deveria adquirir apenas dados e informações pertinentes que podem ser explorados para identificar padrões com o potencial de expor atividades terroristas. Isso não é tarefa fácil.

Recentes questões tecnológicas envolvendo privacidade e análise de dados

A maioria dos prestadores de serviços na Internet, como Google, Facebook, Twitter e outros, depende da monetização das ações de seus usuários. Eles fazem isso de muitas maneiras diferentes, mas, ao fim e ao cabo, todas essas abordagens visam entender o perfil e as preferências dos usuários com base em seu uso dos serviços. Com o crescimento em usuários da Internet em geral e em usuários de dispositivos móveis em particular, muitas empresas foram fundadas para empregar análise avançada de dados a fim de desenvolver perfis de usuários com base em seu uso de aparelhos, movimentação e contatos com outros usuários. O *Wall Street Journal* tem uma excelente coleção de artigos intitulada "What They Know" (WallStreetJournal.com, 2016). Esses artigos são atualizados constantemente para destacar as últimas questões envolvendo tecnologia e privacidade/ética. Uma das empresas mencionadas nessa coleção é a Rapleaf (atualmente parte da Towerdata). Por meio de sua tecnologia, a Rapleaf afirma ser capaz de produzir o perfil de um usuário conhecendo apenas seu endereço de email. Claramente, sua tecnologia a permite coletar informações consideráveis. Outra empresa que garante identificar dispositivos com base em seu uso é a BlueCava, que recentemente se fundiu com a Qualia (**Qualia.com**). Com a tecnologia da BlueCava, a Qualia vincula um perfil pessoal para conseguir reconhecer um usuário como um indivíduo ou residência, mesmo que múltiplos aparelhos móveis e laptops sejam usados. Todas essas empresas empregam tecnologias como agrupamento e mineração de associação para desenvolver perfis de usuários. Tais aplicações de análise de dados sem dúvida suscitam questões espinhosas envolvendo violação de privacidade para os usuários. Obviamente, muitas das *start-ups* de análise de dados nesse ramo garantem honrar a privacidade dos usuários, mas muitas violações já foram relatadas. A Rapleaf (que, como mencionado anteriormente, passou por uma fusão com a Towerdata), por exemplo, estava coletando informações não autorizadas dos usuários junto ao Facebook, o que a levou a ser banida dessa rede social. Numa coluna publicada na *Time*, Joel Stein (2011) relatou que, uma hora após ele passar seu endereço de email a uma empresa especializada em monitoramento de informações de usuários (reputation.com), ela conseguiu descobrir seu número de Previdência Social. Esse número é uma chave para o acesso a informações privadas a respeito de um usuário, e poderia levar a furto de identidade. Assim, violações de privacidade criam o temor de conduta criminosa com base em informações de usuário. Essa é uma área de grande preocupação geral e que deve ser estudada cuidadosamente. O site "What They Know", do *Wall Street Journal*, é um recurso que deve ser consultado periodicamente. Esses exemplos não apenas ilustram o poder que a análise de dados tem de descobrir mais a respeito de clientes-alvo como também servem de alerta para que profissionais do ramo sejam sensíveis a questões de privacidade e ética.

Outra área de aplicação que combina o impacto organizacional da TI, sensores de Big Data e preocupações de privacidade é a análise de comportamentos de funcionários com base em dados coletados junto a sensores que eles carregam em seus crachás. Uma empresa, a Humanyze, divulgou diversas aplicações para esse tipo de informação coletada. Esses sensores rastreiam todos os movimentos de um funcionário. Isso, é claro, suscita importantes questões de privacidade. Deve-se permitir quer as empresas monitorem seus funcionários de maneira tão intrusiva? A Humanyze relatou que esses dados são repassados apenas de forma agregada para seus clientes, e que dados de usuários individuais não são compartilhados. A empresa divulgou que alguns empregadores desejam obter dados de funcionários individuais, mas que seu contrato as proíbe explicitamente desse tipo de compartilhamento. De qualquer modo, os sensores estão levando a um novo patamar de vigilância e análise de dados, o que suscita interessantes questões legais e éticas em termos de privacidade.

A quem pertence nossos dados privados?

Com a recente multiplicação de dados a partir do uso que fazemos das tecnologias e com a capacidade das empresas de ter acesso a eles e miná-los, o debate sobre a privacidade também leva a perguntas óbvias, como quem é o proprietário dos dados de qualquer usuário. Welch (2016) discorreu sobre essa questão numa coluna para a *Bloomberg Businessweek*. Tomemos o exemplo de um carro relativamente novo. O carro vem equipado com muitos sensores, desde aqueles usados para monitorar a pressão dos pneus até rastreadores GPS que coletam informações sobre por onde você passou, com que velocidade estava dirigindo, todas as vezes em que trocou de pista, e assim por diante. O carro pode saber inclusive o peso do passageiro viajando no banco da frente. Como Welch observa, um carro conectado à Internet (o que é o caso da maioria dos carros novos!) pode ser um pesadelo de privacidade para seu proprietário ou uma mina de ouro para quem quer que possua esses dados. Uma grande batalha está se formando entre as montadoras de veículos e os fornecedores de tecnologia como Apple (CarPlay) e Google (Android Auto) a respeito de quem é o proprietário desses dados e quem pode ter acesso a eles. Isso está se tornando cada vez mais crucial porque, conforme os carros vão ficando mais autônomos, o condutor/passageiro no carro pode ser um cliente em potencial altamente visado para produtos e serviços específicos, agora que seu perfil é bem conhecido da organização capaz de acessar seus dados. O aplicativo Waze, da Google, coleta, por exemplo, dados de GPS de mais de 50 milhões de usuários para rastrear informações de trânsito e ajudar usuários a encontrar a melhor rota, mas então gera propagandas do tipo *pop-up* na tela dos usuários. Yelp, Spotify e outros *apps* bastante usados nos carros têm planos e aplicações similares.

Uma batalha semelhante também está se formando no campo dos dados de saúde e biometria dos usuários. Devido a preocupações de segurança, muitos usuários estão migrando para autenticação de *login* usando impressões digitais, escaneamento de íris e assim por diante. Como essas informações são bastante singulares a cada indivíduo, a futura geração de perfis de usuários pode acabar se tornando ainda mais precisa. Assim, a batalha pela propriedade e correspondência de tais informações com outros dados coletados também está se acirrando. De modo similar, hospitais, profissionais da medicina, laboratórios e empresas de seguro coletam inúmeras informações sobre seu histórico médico. Embora os Estados Unidos conte com leis rigorosas (como a HIPAA) para proteger a privacidade de um usuário, a compilação dessas informações está desencadeando importantes avanços na análise de dados de saúde. O desafio da privacidade, porém, ainda é bastante real.

Em suma, na condição de profissional de análise de dados, fique bastante atento às questões legais e éticas envolvidas na coleta de informações que podem ser privilegiadas ou protegidas. Uma pergunta geral a se fazer é: se você estivesse desenvolvendo um aplicativo, gostaria que suas próprias informações fossem coletadas por ele?

Ética no apoio e na tomada de decisões

Esta última pergunta nos leva a inúmeras questões éticas relacionadas à análise de dados. Dentre as questões éticas mais representativas e relevantes em implementações de análise de dados, podemos citar:

- vigilância eletrônica;
- ética no design de DSS (ver Chae, 2005);
- pirataria de software;
- invasão de privacidade de indivíduos;
- uso de bases de dados proprietárias;
- uso de propriedade intelectual como conhecimentos especializados;
- exposição de funcionários a ambientes inseguros relacionados a computadores;
- acessibilidade a computadores para trabalhadores com deficiência;
- privacidade de dados, informações e conhecimentos;
- proteção dos direitos de usuários;
- acessibilidade a informações;
- uso de computadores corporativos para fins não relacionados ao trabalho;
- o nível de participação de computadores nas tomadas de decisões.

Valores pessoais constituem um importante fator na questão da tomada de decisões éticas. O estudo de questões éticas é complexo devido à sua multidimensionalidade. Por isso, faz sentido desenvolver referenciais para descrever processos e sistemas éticos. Mason, Mason e Culnan (1995) explicaram como a tecnologia e a inovação ampliam o campo da ética e examinaram um modelo para raciocínio ético que envolve quatro perguntas focais fundamentais: Quem é o agente? Qual medida foi tomada ou está sendo cogitada? Quais são os resultados ou consequências de tal medida? O resultado é justo para todas as partes interessadas? Os autores descreveram uma hierarquia de raciocínio ético em que cada julgamento ou ação ética se baseia em regras e códigos de ética, que por sua vez se baseiam em princípios, os quais estão alicerçados na teoria ética.

Uma notícia que deixou muitos usuários irritados (embora não envolvesse nada ilegal) um tempo atrás foi o experimento do Facebook de apresentar diferentes *feeds* de notícias aos usuários para então monitorar suas reações emocionais, mensuradas por respostas, curtidas, análise de sentimentos e assim por diante (veja, por exemplo, Goel, 2014). A maioria das empresas, incluindo as do ramo de tecnologia, conduzem testes com usuários a fim de identificarem os elementos mais apreciados e desapreciados por eles e fazerem a sintonia fina de seus produtos ofertados. Devido ao porte do Facebook, a condução desse experimento sem o consentimento dos usuários foi visto como antiético. De fato, o Facebook reconheceu seu erro e instituiu um controle mais formal por meio de seus Conselhos de Revisão Interna e outros mecanismos de conformidade para testes futuros. Embora tenha recebido muitas críticas na imprensa de início, sua resposta rápida permitiu sua pronta recuperação.

SEÇÃO 8.5 QUESTÕES DE REVISÃO
1. Liste algumas questões legais envolvendo a análise de dados.
2. Descreva as preocupações envolvendo a privacidade na análise de dados.
3. Na sua opinião, a quem devem pertencer os dados sobre o uso do seu carro?
4. Liste questões éticas na análise de dados.

8.6 Impactos da análise de dados em organizações: uma visão geral

Sistemas analíticos são fatores importantes na revolução em informações e conhecimentos. Trata-se de uma transformação cultural com a qual as pessoas recém estão se acostumando. Ao contrário das revoluções mais lentas do passado, como a Revolução Industrial, esta está ocorrendo muito depressa e afetando todas as facetas de nossas vidas. E são inúmeras as questões gerenciais, econômicas e sociais inerentes a essa acelerada transformação.

É difícil separar o impacto da análise de dados daquele exercido por outros sistemas computadorizados, sobretudo devido à tendência rumo à integração, ou mesmo incorporação, da análise de dados a outros sistemas informatizados baseados em computador. A análise de dados pode ter tanto micro quanto macroimplicações. Tais sistemas podem afetar indivíduos e empregos específicos, e podem impactar estruturas laborais de departamentos e unidades dentro de uma organização. Eles também podem exercer efeitos significativos a longo prazo sobre estruturas organizacionais, setores inteiros, comunidades e a sociedade como um todo (isto é, um macroimpacto).

O crescimento explosivo na análise de dados, IA e computação cognitiva acabará tendo um enorme impacto no futuro das organizações. O impacto dos computadores e da análise de dados pode ser dividido em três categorias gerais: organizacional, individual e social. Em cada um deles, os computadores já exerceram muitos impactos. Não seria possível examinarmos todos eles nesta seção; por isso, nos próximos parágrafos, abordaremos os tópicos que nos parecem mais relevantes para a análise de dados. A Figura 8.7 destaca os tópicos gerais que planejamos cobrir.

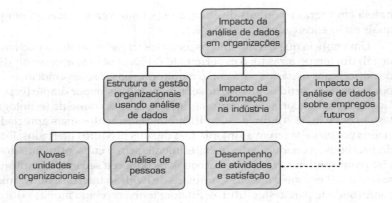

FIGURA 8.7 Impacto da análise de dados nas organizações.

Novas unidades organizacionais

Uma mudança na estrutura organizacional é a possibilidade de se criar um departamento de análise de dados, um departamento de BI ou um departamento de ciência de dados em que a análise de dados cumpre um papel fundamental. Essa unidade especial pode ser combinada ou substituída por uma unidade de análise quantitativa, ou pode ser uma entidade inteiramente nova. Algumas grandes corporações contam com unidades ou departamentos separados de apoio à decisão. Muitos dos principais bancos, por exemplo, contam com tais departamentos em suas divisões de serviços financeiros. Muitas empresas dispõem de pequenas unidades de ciência de dados ou BI/*data warehouse*. Esses tipos de departamentos costumam se envolver no treinamento, além de atividades de consultoria e desenvolvimento de aplicativos. Outros encarregaram um diretor de tecnologia de toda BI, sistemas inteligentes e aplicações de comércio eletrônico. Empresas como a Target e a Walmart fazem pesados investimentos em tais unidades, que estão constantemente analisando seus dados para determinar a eficiência do marketing e da gestão da cadeia de suprimento e para entender suas interações com clientes e fornecedores. Por outro lado, muitas empresas estão incorporando especialidades de análise/ciência de dados a áreas funcionais como marketing, finanças e operações. Em geral, esta é uma área em que muitas oportunidades de emprego encontram-se disponíveis no momento. Identificamos vagas de emprego relacionadas no Capítulo 1, e apresentaremos uma descrição geral de um cientista de dados ideal na seção a seguir.

O crescimento da indústria de BI também resultou na formação de novas unidades em empresas fornecedoras de TI. Alguns anos atrás, por exemplo, a IBM formou uma nova unidade de negócios focada em análise de dados. Esse grupo incluiu unidades em BI, modelos de otimização, mineração de dados e desempenho de negócios. Acima de tudo, o grupo tem como foco não apenas software, mas sobretudo serviços/consultoria. Conforme mencionado em seções anteriores, o enorme crescimento da indústria de *apps* criou muitas oportunidades para novas empresas capazes de empregar análise de dados e produzir aplicações inovadoras em qualquer domínio específico. Observamos anteriormente como tradicionais baluartes da era industrial, como General Electric e Siemens, estão se remodelando para gerar faturamento significativo a partir da prestação de serviços de análise de dados relacionados a seus produtos e serviços. Isso modificará a estrutura de poder organizacional, já que ela tipicamente deriva dos departamentos que mais geram faturamento.

Remodelagem de uma organização pelo uso de análise de dados

Uma área emergente de pesquisa e prática é o emprego de tecnologias de ciência de dados para estudar a dinâmica organizacional, o comportamento de pessoal e o remodelamento da organização para melhor alcançar os objetivos. Na verdade, tais aplicações de análise de dados são conhecidas como "Análise de Pessoal". Assim a análise de dados é empregada, por exemplo, em departamentos de RH para identificar candidatos ideais a partir de todos os currículos encaminhados à organização, ou mesmo junto a grupos mais amplos de candidatos, como o LinkedIn. Aplicativos já foram desenvolvidos para identificar os candidatos mais aptos e menos propensos a abandonarem a organização. Como a retenção de um funcionário é similar à retenção de um cliente, minimizar a evasão (*churn*) interna é igualmente importante para o sucesso de uma organização.

Uma área de aplicação mais interessante e recente refere-se à compreensão do comportamento de funcionários pelo monitoramento de seus movimentos dentro da organização e pelo emprego dessas informações para remodelar o leiaute ou as equipes a fim de alcançar um desempenho melhor. Uma empresa chamada Humanyze (antigamente conhecida como Sociometric Solutions e mencionada na Seção 8.5) dispõe de crachás que incluem um GPS e um sensor. Quando funcionários usam esses crachás, todas suas movimentações são registradas. Conforme relatos, a Humanyze já ajudou empresas a prever quais tipos de funcionários são mais propensos a permanecer com a empresa ou abandoná-la, com base nas suas interações com outros funcionários. Aqueles trabalhadores que permanecem em seus próprios cubículos, por exemplo, estão menos propensos a galgar a escada corporativa do que aqueles que se movimentam e interagem com outros funcionários extensivamente. Coletas e análises similares de dados já ajudaram outras empresas a determinar o tamanho necessário de salas de conferência ou mesmo o leiaute dos escritórios para maximizar a eficiência. De acordo com o site da Humanyze, uma empresa cliente queria compreender melhor as características de seus líderes. Ao analisar os dados desses crachás, a empresa conseguiu reconhecer que os líderes bem-sucedidos interagem, de fato, com redes mais amplas de relacionamentos, passam mais tempo interagindo com outros e também são mais fisicamente ativos. As informações colhidas junto aos líderes de equipes foram usadas para remodelar o espaço de trabalho e ajudar a melhorar o desempenho de outros líderes. Isso claramente suscita questões de privacidade, mas dentro da organização tais estudos podem ser viáveis. O site da Humanyze traz diversos outros estudos de caso interessantes que oferecem exemplos de como tecnologias de Big Data podem ser usadas para desenvolver equipes e projetos organizacionais mais eficientes.

O impacto da análise de dados nas atividades, no desempenho e na satisfação profissional de gestores

Embora muitos empregos possam ser substancialmente enriquecidos pela análise de dados, outros podem se tornar mais rotineiros e menos gratificantes. Mais de 40 anos atrás, Argyris (1971) previu, por exemplo, que sistemas informatizados baseados em computador acabariam por reduzir o arbítrio dos gestores na tomada de decisões, tornando-os insatisfeitos. No entanto, em seu estudo sobre sistemas automatizados de decisão, Davenport e Harris (2005) descobriram que funcionários que utilizam tais sistemas, sobretudo aqueles cujo poder emana desses sistemas, sentiam-se mais satisfeitos em suas funções. Se a rotina e o trabalho mundano podem ser cumpridos usando-se um sistema analítico, então ele deveria libertar os gestores e os trabalhadores intelectuais para tarefas mais desafiadoras.

A tarefa mais importante dos gestores é tomar decisões. A análise de dados pode alterar a maneira como muitas decisões são tomadas e, consequentemente, modificar as responsabilidades laborais dos gestores. Perez-Cascante, Plaisent, Maguiraga e Bernard (2002), por exemplo, identificaram que um certo sistema de apoio a decisões melhorava o desempenho de gestores antigos e novos e também de outros funcionários. Ele ajudava os gestores na obtenção de mais conhecimento, experiência e expertise e, consequentemente, elevava a qualidade de suas decisões. Muitos gestores relatam que os computadores acabaram livrando-lhes tempo para sair do escritório e mergulhar na área de atuação. Eles também perceberam que podem passar mais tempo planejando atividades, em vez de apagando incêndios, já que podem ser alertados quanto a problemas potenciais com grande antecedência graças a agentes inteligentes e outras ferramentas analíticas.

Outro aspecto do desafio gerencial encontra-se na capacidade da análise de dados de embasar o processo decisório em geral e decisões sobre planejamento e controle em particular. A análise de dados tem o potencial de revolucionar o processo decisório e até mesmo os estilos de tomada de decisão. A coleta de informações para a tomada de uma decisão, por exemplo, é concluída com muito mais rapidez quando a análise de dados é empregada. Sistemas informatizados empresariais são extremamente úteis no suporte da gestão estratégica. Atualmente, tecnologias de mineração de dados, texto e da Web são usadas para aprimorar a varredura do ambiente externo atrás de informações. Como resultado, os gestores podem modificar sua abordagem à resolução de problemas e tomar melhores decisões com agilidade. Segundo relatos, a Starbucks recentemente lançou um novo tipo de café e decidiu estabelecer seu preço final experimentando diversos valores e monitorando as reações nas redes sociais ao longo do dia. Isso implica que os métodos usados por um gestor para coletar dados podem acabar se tornando drasticamente diferentes daqueles do passado.

Pesquisas indicam que a maioria dos gestores tendem a trabalhar junto a uma grande quantidade de problemas simultâneos, pulando de um para o outro enquanto aguardam por mais informações sobre seu problema atual (veja Mintzberg, Lampel, Quinn, & Ghoshal, 2002). Tecnologias de análise de dados tendem a reduzir o tempo necessário para completar tarefas no processo decisório e a eliminar parte do tempo de espera improdutivo ao fornecer conhecimentos e informações. Desse modo, gestores trabalham em menos tarefas durante cada dia, mas completam mais delas. A redução no tempo desperdiçado na migração de uma tarefa para outra pode representar a fonte mais importante de aumento de produtividade gerencial.

Outro impacto possível da análise de dados na tarefa dos gestores pode ser uma alteração nas exigências de liderança. Aquelas que são consideradas atualmente como boas qualidades gerais de gestão podem ser modificadas de forma significativa pelo uso da análise de dados. A comunicação frente a frente, por exemplo, costuma ser substituída por emails, wikis e conferências por computador; sendo assim, as qualidades de lideranças atribuídas à aparência física podem ficar menos importantes.

A seguir estão listados os impactos potenciais da análise de dados sobre as tarefas dos gestores:

- Menos experiência é necessária para a tomada de muitas decisões.
- Decisões mais rápidas podem ser tomadas, devido à disponibilidade de informações e à automação de algumas fases no processo decisório.
- Menor dependência de especialistas e analistas para oferecer suporte aos altos executivos; os gestores podem fazer isso por conta própria com a ajuda de sistemas inteligentes.
- O poder está sendo redistribuído entre os gestores. (Quanto mais informações e capacidade analítica eles possuem, mais poder eles detêm.)
- O apoio a decisões complexas acelera o seu desenvolvimento e eleva sua qualidade.
- As informações necessárias para se tomar decisões de alto nível são agilizadas ou até mesmo autogeradas.
- A automação de decisões rotineiras ou de fases no processo decisório (como decisões de linha de frente e uso de DDS) pode eliminar certos gestores.

Em geral, revelou-se que as tarefas cumpridas pelos gestores de médio escalão são as mais propensas a serem automatizadas. Tais gestores tomam decisões bastante rotineiras, que podem ser totalmente automatizadas. Já os gestores em escalões inferiores não passam muito tempo tomando decisões. Em vez disso, eles supervisionam, treinam e motivam os não gestores. Algumas de suas decisões rotineiras, como agendamentos, podem ser automatizadas; já outras decisões que envolvem aspectos comportamentais não podem. Contudo, mesmo que automatizássemos por completo suas funções decisórias, não poderíamos automatizar seus postos de trabalho. A Web oferece uma oportunidade de automatizar certas tarefas cumpridas por funcionários de linha de frente; isso confere poder a eles, reduzindo assim a carga de trabalho de gestores responsáveis por aprovações. O trabalho dos altos gestores é o menos rotineiro e, portanto, o mais difícil de automatizar.

Reestruturação industrial

Alguns autores começaram a especular sobre o impacto da inteligência artificial (IA), análise de dados e computação cognitiva no futuro da indústria. Dentre os excelentes recursos a consultar, estão Autor (2016), Ransbotham (2016) um relatório especial da *The Economist* (Standage, 2016) e um livro de Brynjolfsson e McAfee (2016). O relatório publicado pela *The Economist* é bem abrangente e examina muitas dimensões do impacto dos desenvolvimentos atuais sobre a indústria e a sociedade. Os principais argumentos são que a tecnologia está atualmente permitindo que cada vez mais tarefas que eram cumpridas por humanos passem a ser feitas por computadores. Isso, é claro, já aconteceu antes, na Revolução Industrial. O que torna a mudança dessa vez mais significativa e abrangente é que a tecnologia está possibilitando que muitas tarefas cognitivas sejam cumpridas por máquinas. E a velocidade das mudanças é tão radical que o provável impacto sobre as organizações e a sociedade será bastante considerável e às vezes imprevisível. Mas esses autores não concordam todos em suas previsões, é claro. Neste parágrafo, concentremo-nos primeiramente nos impactos organizacionais. Ransbotham (2016) sustenta que a computação cognitiva fará com que muitos trabalhos feitos por humanos passem a ser cumpridos por computadores, reduzindo assim os custos para as organizações. A qualidade da produção final talvez acabe melhorando também no trabalho cognitivo, o que já foi mostrado em diversos estudos que comparam o desempenho humano com o das máquinas. Todos já sabem que o IBM Watson saiu vencedor no programa de perguntas e respostas *Jeopardy!* e que um sistema da Google bateu campeões humanos em partidas de Go. Mas muitos outros estudos em áreas específicas como reconhecimento de fala e interpretação de exames médicos também demonstraram uma superioridade similar de um sistema automatizado quando a tarefa é altamente especializada, mas rotineira ou repetitiva. Ademais, como as máquinas tendem a ficar disponíveis em qualquer horário e local, o alcance de uma organização pode aumentar, facilitando sua ampliação em escala e aumentando a competitividade entre organizações. Esses impactos organizacionais implicam que as principais organizações até o momento podem não permanecer no topo para sempre, pois a computação cognitiva e a automação são capazes de desafiar os atores estabelecidos. Este também é o caso na indústria automotiva. Embora as montadoras tradicionais estejam se esforçando para acompanhar o ritmo, Google, Tesla e outras empresas de tecnologia estão causando disrupção na estrutura industrial ao desafiarem as líderes da era automotiva. E é a análise de dados que está promovendo muitas dessas mudanças.

O impacto da automação nos empregos

Relatos de pesquisas citados no parágrafo anterior também estão debatendo o impacto dos avanços na ciência de dados e IA sobre os empregos humanos. Conforme já observado, muitas das tarefas intelectuais cumpridas por trabalhadores agora são factíveis por máquinas. Ao mesmo tempo, a tecnologia nem sempre leva uma diminuição das vagas de emprego. Conforme ressaltado por Autor (2016), a quantidade de caixas eletrônicos quadruplicou, pulando de cerca de 100 mil para 400 mil entre 1995 e 2010, mas durante o mesmo período a quantidade de bancários também aumentou, passando de cerca de meio milhão em 1980 para cerca de 550 mil em 2010. Ocorreu que a parte rotineira do trabalho passou a ser feita pelos caixas eletrônicos, com os bancários se dedicando mais à conexão com clientes e com serviços de vendas cruzadas e *up-selling*. Alguns desses serviços, é claro, podem agora ser oferecidos por meios de modelos analíticos que identificam oportunidades específicas para clientes apropriados. Ransbotham (2016) oferece mais um exemplo. A consultoria financeira costuma ser vista como uma tarefa que exige muitos conhecimentos. À medida que a tecnologia de ciência de dados for oferecendo suporte customizado para cenários específicos, os custos de tais serviços tendem a cair. Isso levará mais gente a optar pela demanda de tais serviços, o que acabará exigindo a contratação de mais humanos para tarefas avançadas.

Alguns desses autores sustentam que a automação gerada por computação cognitiva e IA irá acelerar a chamada "polarização" do mercado de trabalho no futuro. Isso acarreta num crescimento expressivo nas vagas de emprego de alto e baixo escalão no mercado de trabalho, mas em perda de vagas no escalão intermediário. Empregos que exigem menos habilidades – serviços de zeladoria, cuidados pessoais, preparação de alimentos e assim por diante – seguem se multiplicando. De modo similar, empregos que exigem altíssimos níveis de habilidade – como funções gerenciais, design gráfico e computacionais – também estão sendo criados. Porém, empregos que exigem "habilidades médias" – conhecimentos especializados que já foram aplicados diversas vezes com alguma adaptação – enfrentam o maior risco de desaparecerem. Às vezes, a própria tecnologia elimina a necessidade de intermediários!

O IBM Watson Analytics, por exemplo, agora inclui capacidades preliminares para começar a fazer perguntas que um profissional da análise de dados faria sobre um repositório de dados, e encontrando, obviamente, suas respostas. De modo similar, outros produtos de análise de dados como serviço podem fazer com que menos pessoas precisem ser proficientes no uso de software de análise de dados.

O relatório da *The Economist* ressalta que, mesmo que a IA não venha a substituir trabalhadores diretamente, ela sem dúvida exigirá que eles adquiram novas habilidades para permanecerem competitivos. E a disrupção do mercado sempre é desconfortável. Os próximos anos trarão excelentes oportunidades para que profissionais de análise de dados moldem o futuro. Na próxima seção, identificaremos algumas características gerais de um profissional de ciência de dados.

Efeitos não intencionais da análise de dados

Além das questões que já discutimos no que diz respeito a privacidade, ética, segurança e impactos pessoais/organizacionais da análise de dados, gestores e profissionais da ciência de dados devem estar cientes dos efeitos sociais e a longo prazo dos modelos. Um livro recente de Cathy O'Neil (2016) expôs esses argumentos muito bem e ganhou repercussão na mídia. Ela é PhD em matemática por Harvard e já trabalhou nos setores de finanças e ciência de dados. Suas experiências e observações a levaram a escrever um livro popular intitulado *Weapons of Math Destruction: How Big Data Increases Inequality and Threatens Democracy* (Armas de Destruição Matemática: Como a Big Data Aumenta a Desigualdade e Ameaça a Democracia, inédito no Brasil). Recomendamos que você leia esse livro, ou pelo menos o blog da autora, em https://mathbabe.org/. Além de promover seu livro, o blog destaca questões sociais relacionadas à análise de dados. Um bom resumo/resenha do livro pode ser encontrado no seguinte site: http://knowledge.wharton.upenn.edu/article/rogue-algorithms-dark-side-big-data/.

Em seu livro, O'Neil sustenta que os modelos devem satisfazer três condições. Muito modelos matemáticos não são transparentes. Quando o modelo não é compreensível, sua aplicação pode levar a consequências imprevistas. Em segundo lugar, o modelo precisa ter objetivos claros que sejam quantificáveis. Na aplicação celebrada da análise de dados no livro e filme *Moneyball*, por exemplo, o modelo estava voltado para o aumento do número de vitórias. E as medidas de entrada propostas também eram compreensíveis. Em vez de usar a medida mais comum de *run base in* (RBI), o analista propôs e utilizou percentuais de *on base* e outras medidas (que também eram facilmente calculadas e entendidas por qualquer um com habilidades matemáticas básicas). Por outro lado, modelos construídos para aferir o risco de títulos lastreados por hipotecas – em que ninguém conhecia por completo os pressupostos subjacentes, mas que eram comercializados por operadores – são apontados por muita gente como os culpados pela crise financeira de 2008. Esse terceiro aspecto é especialmente crucial na aplicação de modelos em ambientes sociais. Quando isso é ignorado, os modelos perpetuam os pressupostos equivocados inerentes ao estágio inicial de desenvolvimento do modelo. O'Neil discorre sobre diversas situações em que isso ocorreu. Ela descreve, por exemplo, os modelos criados nos Estados Unidos para identificar professores com mau desempenho e para recompensar professores de destaque. Esses modelos utilizavam as notas que seus alunos tiravam nas provas. Ela menciona diversos exemplos em que os modelos foram usados para demitir professores com "fraco desempenho", muito embora esses professores fossem adorados por alunos e pais. O'Neil também cita outro exemplo que está crescendo em importância em muitas organizações: o desempenho dos trabalhadores. Modelos são usados para otimizar os cronogramas dos trabalhadores em muitas organizações. Em muitos casos, esses cronogramas são desenvolvidos para satisfazer variações sazonais e diárias na demanda, mas a autora lamenta o fato dos modelos não levarem em consideração os impactos prejudiciais de tal variabilidade de cronograma sobre as famílias desses trabalhadores de baixa renda. Outro exemplo do tipo inclui modelos de avaliação de crédito pessoal, que se baseiam em perfis históricos, e que, portanto, podem ter um impacto negativo sobre as minorias. Sem mecanismos para auditar tais modelos e seus efeitos imprevistos, podemos causar mais mal do que bem a longo prazo. Por isso, profissionais da ciência de dados precisam estar a par de tais preocupações.

SEÇÃO 8.6 QUESTÕES DE REVISÃO

1. Liste os impactos da análise de dados na tomada de decisões.
2. Liste o impacto da análise de dados em outras tarefas gerenciais.
3. Descreva novas unidades organizacionais que são criadas devido à análise de dados.
4. Identifique outros exemplos de aplicações da análise de dados na remodelagem de espaços de trabalho ou no comportamento de equipes.
5. De que forma a computação cognitiva está afetando a estrutura da indústria?
6. Quais são os empregos mais propensos a mudanças como resultado da automação?
7. Estude o relatório da *The Economist* (Standage, 2016) mencionado nesta seção. Quais outros impactos da automação você achou interessantes?

8.7 Ciência de dados como uma profissão

Cientista de dados é uma função ou emprego frequentemente associado a Big Data. Em pouquíssimo tempo, esta se tornou uma das funções mais buscadas no mercado de trabalho. Num artigo publicado na edição de outubro de 2012 da *Harvard Business Review*, os autores Thomas H. Davenport e D. J. Patil elegeram a ciência de dados como "o emprego mais *sexy* do século XXI". No artigo, eles especificaram a habilidade mais básica e universal dos cientistas de dados como sendo a capacidade de escrever código (nas linguagens e plataformas mais recentes de Big Data). Embora isso possa ser menos verdade no futuro próximo, quando muito mais gente terá o título de "cientista de dados" em seus cartões de visita, no momento atual essa parece ser a habilidade mais fundamental exigida de um cientistas de dados. Uma habilidade mais duradoura será a comunicação dos cientistas de dados em uma linguagem que todas as partes interessadas consigam entender – e a demonstração de habilidades especiais para contar histórias com os dados, seja de forma verbal, visual ou, idealmente, ambas (Davenport & Patil 2012).

Cientistas de dados usam uma combinação de suas habilidades empresariais e técnicas para *investigar* Big Data, buscando maneiras de aprimorar práticas atuais de análise de negócios (desde descritivas e preditivas até prescritivas) e, assim, melhorar as decisões para novas oportunidades de negócios. Uma das maiores diferenças entre um cientista de dados e um usuário de BI – como um analista de negócios

– é que aquele investiga e procura por novas possibilidades, enquanto este analisa situações e operações empresariais já existentes.

Uma das características dominantes esperadas de cientistas de dados é uma curiosidade intensa – um desejo de ir além da superfície de um problema, encontrar os cernes das questões e destilá-las em um conjunto bem claro de hipóteses que possam ser testadas. Isso muitas vezes resulta no pensamento associativo que caracteriza a maioria dos cientistas criativos em qualquer área. Conhecemos, por exemplo, um cientista de dados que, ao estudar um problema de fraude, percebeu que ele era análogo a um tipo de problema de sequenciamento de DNA (Davenport & Patil, 2012). Ao cotejar esses dois mundos díspares, ele e sua equipe conseguiram propor uma solução que reduziu drasticamente os prejuízos causados por fraude.

De onde vêm os cientistas de dados?

Embora haja certa divergência quanto ao uso do termo *ciência* no nome, esta questão está cada vez menos polêmica. Cientistas reais utilizam ferramentas criadas por outros cientistas, ou as criam por conta própria caso não existam, como um meio de ampliar conhecimentos. É exatamente isso que se espera dos cientistas de dados. Físicos experimentais, por exemplo, precisam projetar equipamentos, reunir dados e conduzir inúmeros experimentos para descobrir conhecimentos e comunicar seus resultados. Embora possam não estar vestindo jalecos brancos e convivendo no ambiente estéril de um laboratório, é exatamente isso que os cientistas de dados fazem: utilizam ferramentas e técnicas criativas para transformar dados em informações de caráter prático a fim de embasar e aprimorar as decisões de outrem.

Não existe consenso quanto à formação acadêmica que um cientista de dados deve ter. Os velhos conhecidos Mestrado (ou PhD) em Ciências da Computação, Sistemas de Informação Gerenciais (MIS – Management Information Systems), Engenharia Industrial ou os recém popularizados diplomas de pós-graduação em análise de dados, podem ser necessários mas não suficientes para chamar alguém de cientista de dados. Uma das características mais buscadas em um cientista de dados é a expertise em áreas de aplicação técnica e de negócios. Nesse aspecto, isso lembra um pouco as funções de um profissional de engenharia ou gestão de projetos, em que a experiência é valorizada tanto quanto (senão mais que as habilidades técnicas e a formação acadêmica. Não seria grande surpresa ver nos próximos anos um diploma voltado especificamente para cientistas de dados (talvez chamado "Professional de Ciência de Dados" ou "PCD" para abreviar).

Por se tratar de uma profissão cujo campo de atuação ainda está sendo definido, muitas de suas práticas seguem sendo experimentais e longe de serem padronizadas. Por isso, as empresas ainda se apegam demais ao critério da experiência de um cientista de dados. Conforme a profissão for amadurecendo, e práticas forem sendo padronizadas, a experiência não será tão decisiva na definição de um cientista de dados. Atualmente, empresas que buscam quadros que tenham experiência extensiva no trabalho com dados complexos vêm tendo alguma sorte recrutando aqueles com formação acadêmica nas ciências físicas e sociais. Alguns dos melhores e mais brilhantes cientistas de dados são PhD em áreas recônditas como ecologia e sistemas biológicos (Davenport & Patil, 2012). Muito embora não haja consenso quanto à área original de formação de cientistas de dados, há um entendimento comum de quais habilidades e qualidades espera-se que eles possuam. A Figura 8.8 exibe uma ilustração gráfica de âmbito geral dessas habilidades.

Espera-se que os cientistas de dados possuam habilidades comportamentais, como criatividade, curiosidade, comunicação interpessoal, expertise na área, definição de problemas e capacidades gerenciais (mostradas em hexágonos de fundo verde no alto e na esquerda da figura), bem como habilidades técnicas como manipulação de dados, programação/*hacking*/codificação e domínio de tecnologias da Internet e redes sociais (mostradas em hexágonos de fundo cinza na base e na direita da figura). O quadro Dicas Tecnológicas 8.1 apresenta um típico anúncio de vaga para cientista de dados.

Pessoas que detêm essa gama de habilidades são raras, o que explica a escassa oferta desses profissionais no mercado. Devido à alta demanda por esses indivíduos relativamente raros, os salários iniciais para cientistas de dados ficam bem acima das seis cifras ao ano (em dólares americanos), e para aqueles com ampla experiência e expertise em uma área específica, são ainda mais altos. Na maioria das organizações, em vez de sair a cata de indivíduos com todas essas competências, será necessário criar uma equipe de pessoas que coletivamente esgotem essas habilidades. Eis algumas declarações recentes acerca de cientistas de dados:

- Cientistas de dados transformam Big Data em alto valor, entregando produtos que encantam os usuários e *insights* que apoiam decisões de negócios.
- Um cientista de dados é não apenas proficiente em manipular dados, como também estima os dados em si como patrimônios inestimáveis.
- No ano de 2020, haverá 4,5 milhões de novas vagas de emprego para cientistas de dados, mas apenas um terço delas estará preenchido, devido à carência de pessoal para cumpri-las.
- Os cientistas de dados de hoje são os analistas quantitativos dos mercados financeiros dos anos 80.

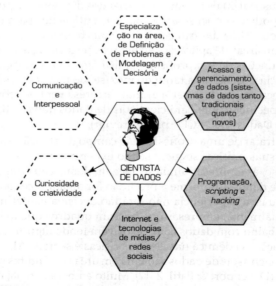

FIGURA 8.8 Habilidades que definem um cientista de dados.

DICAS TECNOLÓGICAS 8.1
Um típico anúncio de vaga de emprego para cientistas de dados

[Certa empresa] está buscando um Cientista de Dados para se juntar à nossa equipe de Análise de Big Data. Espera-se que indivíduos nessa função sintam-se confortáveis trabalhando como engenheiro de software e como pesquisador quantitativo. O candidato ideal deve ter um intenso interesse no estudo de uma rede social online e uma paixão por identificar e responder perguntas que ajudem a desenvolver os melhores produtos.

Responsabilidades
- Trabalhar de perto com uma equipe de engenharia de produto a fim de identificar importantes perguntas sobre produtos.
- Responder perguntas sobre produtos usando técnicas estatísticas apropriadas junto a dados disponíveis.
- Comunicar suas descobertas a gestores e engenheiros de produto.
- Conduzir a coleta de dados novos e o refinamento das fontes de dados existentes.
- Analisar e interpretar os resultados de experimentos com produtos.
- Desenvolver melhores práticas para instrumentação e experimentação e comunicá-las a equipes de engenharia de produto.

Requisitos
- Mestrado ou Doutorado na área técnica relevante, ou + de 4 anos de experiência em cargo relevante.
- Experiência extensiva na solução de problemas analíticos usando abordagens quantitativas.
- Conforto na manipulação e análise de dados complexos, de vasto volume e alta dimensionalidade provenientes de diversas fontes.
- Uma intensa paixão por pesquisa empírica e por responder perguntas difíceis com dados.
- Uma abordagem analítica flexível que permita a obtenção de resultados com graus variáveis de precisão.
- Capacidade de comunicar análises quantitativas complexas de uma maneira clara, precisa e de caráter prático.
- Fluência em pelo menos uma linguagem de programação, como Python ou PHP.
- Familiaridade com bases de dados relacionais e SQL.
- Conhecimentos especializados em uma ferramenta de análise, como R, Matlab ou SAS.
- Experiência de trabalho com grandes conjuntos de dados; pontos extras para experiência de trabalho com ferramentas de computação distribuída (MapReduce, Hadoop, Hive, etc.).

O uso de cientistas de dados não se limita a empresas *high-tech* da Internet. Muitas das empresas que não têm muita presença na Internet também estão interessadas em profissionais altamente qualificados em análise de Big Data. Na verdade, é nesse campo que boa parte do crescimento está sendo testemunhada. É claro, como mencionado diversas vezes ao longo do livro, oportunidades empresariais ainda existem para o desenvolvimento da próxima aplicação "matadora" capaz de fazer uma diferença imensa para uma organização e seus interessados e, assim, deixar você rico e famoso!

SEÇÃO 8.7 QUESTÕES DE REVISÃO

1. O que é um cientista de dados? Por que há uma demanda tão grande por esse profissional?
2. Quais são as características comuns dos cientistas de dados? Qual delas é a mais importante?
3. De onde vêm os cientistas de dados? Quais formações acadêmicas eles têm?
4. Na sua opinião, qual é o caminho para se tornar um ótimo cientista de dados?

Destaques do capítulo

- Dados geoespaciais podem aprimorar aplicações de análise de dados ao incorporar informações sobre localização.
- Informações de localização de usuários em tempo real podem ser exploradas para desenvolver campanhas promocionais voltadas a usuários específicos também em tempo real.
- Informações de localização captadas por telefones celulares podem ser usadas para criar perfis de comportamento e movimentação de usuários. Tais informações de localização podem permitir que usuários encontrem outras pessoas com interesses similares e que publicitários customizem suas promoções.
- A análise de dados baseados em localização também pode beneficiar diretamente os consumidores, e não apenas as empresas. Aplicativos móveis estão sendo desenvolvidos para possibilitar tais aplicações inovadoras de análise de dados.
- A Internet das Coisas (IoT) é a próxima grande fronteira no crescimento de análise/ciência de dados. Algumas pessoas também a chamam de Internet industrial.
- Aplicações da IoT estão crescendo em todas as indústrias, incluindo a médica, a fabril, de energia e aviação.
- Uma categoria popular de aplicações da IoT é a manutenção preditiva para minimizar o tempo ocioso de equipamentos e para realizar os reparos obrigatórios antes que sejam necessários.
- A computação em nuvem oferece a possibilidade de usar software, hardware, plataformas e infraestrutura, tudo baseado na assinatura de um serviço. A computação em nuvem permite um investimento mais escalável por parte de um usuário.
- Serviços analíticos baseados em computação em nuvem oferecem às organizações as tecnologias mais recentes sem exigir investimentos iniciais significativos.
- A análise de dados pode afetar as organizações de muitas maneiras, seja como sistemas isolados ou integrados entre si, ou ainda integrados com outros sistemas informatizados baseados em computador.
- O impacto da análise de dados sobre os indivíduos varia – pode ser positivo, neutro ou negativo.
- Questões legais graves podem se desenvolver mediante a introdução de sistemas inteligentes; responsabilização e privacidade são as principais áreas problemáticas.
- Muitas implicações sociais positivas podem ser esperadas da análise de dados. Elas vão desde o oferecimento de oportunidades para portadores de deficiências até a liderança no combate ao terrorismo. É provável que a qualidade de vida, tanto no trabalho quanto no lar, acabe melhorando como resultado da análise de dados. Também há, é claro, aspectos negativos que exigem atenção.
- O crescimento da análise de dados levará a importantes mudanças na estrutura da indústria e nos empregos futuros.
- Uma grande batalha está se formando para determinar a quem pertencem os dados que estão sendo gerados a partir do uso de smartphones, carros e assim por diante.

Termos-chave

computação em nuvem

identificação por radiofrequência (RFID)

Internet das Coisas (IoT)

privacidade

sistemas de informações geográficas (GIS)

Questões para discussão

1. Quais são os benefícios potenciais de se usar dados geoespaciais em análise de dados? Dê exemplos.
2. Quais tipos de novas aplicações podem emergir do conhecimento das localizações de usuários em tempo real? E se também soubéssemos o que há em seus carrinhos de compra, por exemplo?
3. De que forma os consumidores podem se beneficiar do uso da análise de dados, sobretudo com base em informações sobre localização?
4. "A geração de perfis baseados em rastreamento de localização é uma técnica poderosa, mas que impõe ameaças à privacidade." Comente.
5. Será que a computação em nuvem é "apenas um vinho antigo numa garrafa nova"? Quais são suas semelhanças com outras iniciativas? E quais suas diferenças?
6. Discuta a relação entre dispositivos móveis e redes sociais.
7. Algumas pessoas afirmam que a análise de dados em geral desumaniza as atividades gerenciais, enquanto outras discordam disso. Analise argumentos em prol de cada opinião.
8. O diagnóstico de infecções e a prescrição de remédios são os pontos fracos de muitos médicos praticantes (segundo E. H. Shortliffe, um dos desenvolvedores do MYCIN). Parece, portanto, que a sociedade estaria melhor servida se sistemas de diagnóstico baseados em análise de dados fossem utilizados por mais médicos. Responda as perguntas a seguir:
    a. Em sua opinião, porque tais sistemas são usados tão pouco por médicos?
    b. Suponha que você é o administrador de um hospital cujos médicos são assalariados e se reportam a você. O que você faria para persuadi-los a utilizar o sistema?
    c. Se os benefícios potenciais para a sociedade são tão grandes, será que ela não pode fazer alguma coisa para aumentar o uso de tais sistemas analíticos por parte dos médicos?
9. Quais são algumas das principais preocupações no emprego da análise de dados coletados junto a dispositivos móveis?
10. Identifique novos casos de violações de privacidade de usuários na literatura atual e os impactos da ciência de dados como profissão.

Exercícios

Teradata University Network (TUN) e outros exercícios práticos

1. Entre em teradatauniversitynetwork.com e procure por estudos de caso. Assista ao BSI Video intitulado "Case of Misconnected Passengers", ao qual você já deve ter assistido ao ler o Capítulo 1. Quais novas aplicações você consegue imaginar com o nível de dados detalhados que uma companhia aérea é capaz de capturar hoje em dia?
2. Em teradatauniversitynetwork.com, vá até a Podcasts Library. Encontre podcasts sobre Pervasive BI publicados por Hugh Watson. Resuma os argumentos sustentados pelo palestrante.
3. Entre em teradatauniversitynetwork.com e procure por vídeos de BSI. Analise esses vídeos de BSI e responda as perguntas do caso relacionadas a eles.

4. O agrupamento de dados baseados em rastreamento de localização oferece grande potencial para serviços personalizados, mas desafios em termos de privacidade. Divida a turma em dois grupos para argumentar a favor e contra tais aplicações.
5. Identifique questões éticas relacionadas à tomada de decisões gerenciais. Procure na Internet, junte-se a grupos/blogs de discussão e leia artigos da Internet. Prepare um relatório sobre o que descobrir.
6. Procure na Internet exemplos de como sistemas de análise de dados podem facilitar atividades como empoderamento, customização em massa e trabalho em equipe.
7. Investigue o American Bar Association's Technology Resource Center (abanet.org/tech/ltrc/techethics.html) e nolo.com. Quais são as principais preocupações e avanços legais e sociais abordados ali? Como estão sendo enfrentados?
8. Explore diversos sites relacionados a atendimento de saúde (como, por exemplo, o WebMD.com e o who.int). Encontre questões relacionadas a análise de dados e privacidade. Escreva um relatório sobre como esses sites aprimoram o atendimento de saúde.
9. Visite o blog de Matt Turck sobre o Ecossistema de IoT, em http://mattturck.com/2016/03/28/2016-iot-landscape/. Identifique pelo menos duas empresas em ao menos dois setores verticais e dois horizontais. Entre nos sites dessas empresas e prepare um relatório sobre os produtos que elas oferecem e os sucessos de clientes.
10. Entre em YouTube.com. Procure por vídeos a respeito de computação em nuvem, e assista a pelo menos dois deles. Prepare um resumo de tudo que descobrir.
11. Entre em Pandora.com. Descubra como você pode criar e compartilhar músicas com seus amigos. Explore a maneira como o site analisa preferências do usuário.
12. Entre em Humanyze.com. Revise vários estudos de caso e resuma uma aplicação interessante de sensores na compreensão de interações sociais em organizações.
13. O objetivo deste exercício é familiarizá-los com as capacidades dos smartphones de identificar atividades humanas. O conjunto de dados está disponível em archive.ics.uci.edu/ml/datasets/Human+Activity+Recognition+Using+Smartphones.

   Ele contém leituras de acelerômetro e giroscópio de 30 sujeitos que carregavam o smartphone na cintura. Os dados estão disponíveis em formato bruto e exigem alguns esforços de preparação de dados. Seu objetivo é identificar e classificar essas leituras em atividades como caminhada, corrida, escalada, etc. Mais informações sobre o conjunto de dados estão disponíveis na página de download. Você pode usar agrupamento para exploração inicial e para obter uma compreensão dos dados. Também pode utilizar ferramentas como R para preparar e analisar esses dados.

Referências

Alteryx.com. (n.d.). Great Clips. alteryx.com/sites/default/files/resources/files/case-study-great-chips.pdf (accessed August 2016).

Argyris, C. (1971). Management information systems: The challenge to rationality and emotionality. *Management Science*, *17*(6), B-275.

Autor, D. H. (2016). The shifts—great and small—in workplace automation. sloanreview.mit.edu/article/the-shifts-great-and-small-in-workplace-automation/ (accessed August 2016).

Blogs.ESRI.com. (2014). From customers to CxOs, Starbucks delivers world-class service. blogs.esri.com/esri/ucinsider/2014/07/29/starbucks/ (accessed August 2016).

Blogs.microsoft.com. (2015). Dartmouth-Hitchcock ushers in a new age of proactive, personalized healthcare using Cortana Analytics Suite. microsoft.com/transform/2015/07/13/dartmouth-hitchcock-ushers-in-a-new-age-of-proactive-personalized-healthcare-using-cortana-analytics-suite/ (accessed August 2016).

Blogs.pb.com. (2015). The industrial Internet, Pitney Bowes and GE.blogs.pb.com/corporate/2015/07/14/the-industrial-internet-pitney-bowes-and-ge/ (accessed August 2016).

Blogs.technet.microsoft.com. (2015). ML predicts school dropout risk & boosts graduation rates. blogs.technet.microsoft.com/machinelearning/2015/06/04/ml-predicts-school-dropout-risk-boosts-graduation-rates/ (accessed August 2016).

Brynjolfsson, E., & McAfee, A. (2016). The second machine age. secondmachineage.com (accessed September 2016).

Chae, B., Paradice, D. B., Courtney, J. F., & Cagle, C. F. (2005). Incorporating an ethical perspective into problem formulation. *Decision Support Systems, 40*(2), 197–212.

CIO.in. (2015). Mankind Pharma finds an antidote in IBM solution for improving app implementation time. cio.in/solution-center/emc/55281 (accessed August 2016).

Collins, J. (2005, June). Sysco gets fresh with RFID. *RFID Journal.* rfidjournal.com/articles/view?1652 (accessed September 2016).

ComputerWeekly.com. (2016). Big-data and open source cloud technology help Gulf Air pin down customer sentiment. computerweekly.com/news/450297404/Big-data-and-open-source-cloud-technology-help-Gulf-Air-pin-down-customer-sentiment (accessed August 2016).

Customers.microsoft.com. (2015). Rockwell Automation: Fueling the oil and gas industry with IoT customers.microsoft.com/Pages/CustomerStory.aspx?recid=19922 (accessed August 2016).

Customers.microsoft.com. (2015). Tacoma Public Schools: Predicting student dropout risks, increasing graduation rates with cloud analytics. customers.microsoft.com/Pages/CustomerStory.aspx?recid=20703 (accessed August 2016).

CxOtoday.com. (2014). Cloud platform to help Pharma Co accelerate growth. cxotoday.com/story/mankind-pharma-to-drive-growth-with-softlayers-cloud-platform (accessed August 2016).

Davenport, T. H., & Harris, J. G. (2005). Automated decision making comes of age. *MIT Sloan Management Review, 46*(3), 83.

Davenport, T. H., & Patil, D. J. (2012, October). Data scientist. *Harvard Business Review,* 70–76.

Delen, D., Hardgrave, B., & Sharda, R. (2007). RFID for better supply-chain management through enhanced information visibility. *Production and Operations Management, 16*(5) 613–624.

Delen, D., Hardgrave, B. C., & Sharda, R. (2011, April). The promise of RFID-based sensors in the perishables supply chain. *IEEE Wireless Communications,* 1–8.

Demirkan, H., & Delen, D. (2013, April). Leveraging the capabilities of service-oriented decision support systems: Putting analytics and Big Data in cloud. *Decision Support Systems, 55*(1), 412–421. dx.doi.org/10.1016/j.dss.2012.05.048 (accessed September 2016).

Digit.HBS.org. (2015). Starbucks: Brewing up a data storm! digit.hbs.org/submission/starbucks-brewing-up-a-data-storm/ (accessed August 2016).

Ekster, G. (2015). Driving investment performance with alternative data. integrity-research.com/wp-content/uploads/2015/11/Driving-Investment-Performance-With-Alternative-Data.pdf (accessed September 2016).

Electronic Privacy Information Center. (2005). USA PATRIOT Act. epic.org/privacy/terrorism/usapatriot (accessed September 2016).

Elson, R. J., & LeClerc, R. (2005). Security and privacy concerns in the data warehouse environment. *Business Intelligence Journal, 10*(3), 51.

Enterprise.microsoft.com. (2015). How Dartmouth-Hitchcock is challenging healthcare's status quo with Cortana Analytics. enterprise.microsoft.com/en-us/industries/health/how-dartmouth-hitchcock-is-challenging-healthcares-status-quo-with-cortana-analytics/ (accessed August 2016).

Gartner.com (2016) Gartner Says Worldwide Public Cloud Services Market Is Forecast to Reach $204 Billion in 2016. http://www.gartner.com/newsroom/id/3188817 (Accessed November 2016)

GE.com. (2016). Making machines intelligent is smart business. ge.com/digital/sites/default/files/ge_digital_predix_pb_brochure.pdf (accessed August 2016).

GEreports.com. (2016). The power of Predix: An inside look at how Pitney Bowes is using the industrial Internet platform. gereports.com/the-power-of-predix-an-inside-look-at-how-pitney-bowes-has-been-using-the-industrial-internet-platform (accessed August 2016).

Gnau, S. (2010). Find your edge. *Teradata Magazine Special Edition Location Intelligence.* teradata.com/

articles/Teradata-Magazine-Special-Edition-Location-Intelligence-AR6270/?type=ART (accessed September 2016).

Goel, V. (2014, June 29). Facebook tinkers with users' emotions in news feed experiment, stirring outcry. *New York Times.* nytimes.com/2014/06/30/technology/facebook-tinkers-with-users-emotions-in-news-feed-experiment-stirring-outcry.html (accessed September 2016).

Hardgrave, B. C., Langford, S., Waller, M., & Miller, R. (2008). Measuring the impact of RFID on out of stocks at Wal-Mart. *MIS Quarterly Executive, 7*(4), 181–192.

IBMbigdatahub.com. (2015). SilverHook Powerboats: Tracking fast-moving boats in real time. http://www.ibmbigdatahub.com/blog/silverhook-powerboats-tracking-fast-moving-powerboats-real-time (accessed August 2016).

IBM.com. (2015). Case study: SilverHook Powerboats develops a racing app 40 percent faster. ibm.com/cloud-computing/case-studies/silverhook-powerboats.html (accessed August 2016).

IBM.com. (2014). Softlayer hosting platform reduces application implementation time by 98 percent. www-03.ibm.com/software/businesscasestudies/us/en/corp?synkey=Y979749I50926G25 (accessed August 2016).

IBM.com. (2015). Smarter care at MD Anderson. www-03.ibm.com/software/businesscasestudies/us/en/corp?synkey=H447240O66679Z38 (accessed August 2016).

Juniper Research (2016). 'Internet of Things' connected devices to almost triple to over 38 billion units by 2020. http://www.juniperresearch.com/press/press-releases/iot-connected-devices-to-triple-to-38-bn-by-2020 (accessed September 2016).

Kalakota, R. (2011). Analytics-as-a-service: Understanding how Amazon.com is changing the rules. practicalanalytics.wordpress.com/2011/08/13/analytics-as-a-service-understanding-how-amazon-com-is-changing-the-rules (accessed September 2016).

Katz, J. (2006, February). Reaching for ROI on RFID. *Industry Week.* industryweek.com/companies-amp-executives/reaching-roi-rfid (accessed September 2016).

Krivda, C. D. (2010). Pinpoint opportunity. *Teradata Magazine Special Edition Location Intelligence.* teradata.com/articles/Teradata-Magazine-Special-Edition-Location-Intelligence-AR6270/?type=ART (accessed September 2016).

Mankindpharma.com. (n.d.). Overview. mankindpharma.com/company/companyoverview (accessed August 2016).

Mason, R. O., Mason, F. M., & Culnan, M. J. (1995). *Ethics of information management.* Thousand Oaks, CA: Sage.

McKendrick, J. (2015). SilverHook Powerboats: Tracking fast-moving boats in real time. ibmbigdatahub.com/blog/silverhook-powerboats-tracking-fast-moving-powerboats-real-time (accessed August 2016).

McKinsey.com. (2015). *An executive's guide to the Internet of Things.* mckinsey.com/business-functions/business-technology/our-insights/an-executives-guide-to-the-internet-of-things (accessed September 2016).

MDanderson.org. (2013). MD Anderson taps IBM Watson to power 'Moon Shots' mission. mdanderson.org/newsroom/2013/10/md-anderson–ibm-watson-work-together-to-fight-cancer.html (accessed August 2016).

Microsoft.com. (n.d.). Customer stories | Rockwell Automation. microsoft.com/en-us/cloud-platform/customer-stories-rockwell-automation (accessed July 2016).

Mintzberg, H., Lampel, J. B., Quinn, J. B., & Ghoshel, S. (2002). *The strategy process*, 4th ed. Upper Saddle River, NJ: Prentice Hall.

Mobilemarketer.com. (2013). Quiznos sees 20pc boost in coupon redemption via location-based mobile ad campaign. mobilemarketer.com/cms/news/advertising/14738.html (accessed September 2016).

Moradpour, S., & Bhuptani, M. (2005). *RFID field guide: Deploying radio frequency identification systems.* New York: Sun Microsystems Press.

News.pb.com. (2015). GE and Pitney Bowes join forces to bring the power of the industrial Internet to the world of commerce. news.pb.com/article_display.cfm?article_id=5634 (accessed August 2016).

O'Neil, C. (2016). *Weapons of Math Destruction: How Big Data Increases Inequality and Threatens Democracy*, Crown, 2016 New York.

Perez-Cascante, L. P., Plaisent, M., Maguiraga, L., & Bernard, P. (2002). The impact of expert decision support systems on the performance of new employees. *Information Resources Management Journal 15*(4), 64–78.

Peslak, A. R. (2005). Internet privacy policies: A review and survey of the *Fortune* 50. *Information Resources Management Journal, 18*(1), 29–41.

Ransbotham, S. (2016). How will cognitive technologies affect your organization? sloanreview.mit.edu/article/how-will-cognitive-technologies-affect-your-organization/ (accessed September 2016).

RedHat.com. (2016). Gulf Air builds private cloud for big data innovation with Red Hat Technologies. redhat.com/en/about/press-releases/gulf-air-builds-private-cloud-big-data-innovation-red-hat-technologies (accessed August 2016).

RedHat.com. (2016). Gulf Air's Big Data innovation delivers deeper customer insight. redhat.com/en/success-stories (accessed August 2016).

Sahin, E., Babaï, M. A., Dallery, Y., & Vaillant, R. (2007). Ensuring supply chain safety through time temperature integrators. *The International Journal of Logistics Management, 18*(1), 102–124.

Snowflake.net. (n.d.). Chime delivers personalized customer experience using Chime. snowflake.net/product (accessed August 2016).

Standage, T. (2016). Special report by *The Economist*: The return of the machinery question. bit.ly/28X8cfD, economist.com/news/special-report/21700761-after-many-false-starts-artificial-intelligence-has-taken-will-it-cause-mass (accessed September 2016).

Stein, J. (2011). Data mining: How companies now know everything about you. *Time*. time.com/time/magazine/article/0,9171,2058205,00.html (accessed September 2016).

Swedberg, C. (2006a, October). Samworth keeps cool with RFID. *RFID Journal*. rfidjournal.com/article/articleview/2733/ (accessed September 2016).

Swedberg, C. (2006b, December). Starbucks keeps fresh with RFID. *RFID Journal*. rfidjournal.com/article/articleview/2890/ (accessed September 2016).

TheGuardian.com. (2013). John Snow's data journalism: The cholera map that changed the world. theguardian.com/news/datablog/2013/mar/15/john-snow-cholera-map (accessed August 2016).

Turck, M. (2016). Internet of Things: Are we there yet? (The 2016 IoT landscape). mattturck.com/2016/03/28/2016-iot-landscape/ (accessed August 2016).

WallStreetJournal.com. (2016). What they know. wsj.com/public/page/what-they-know-digital-privacy.html (accessed September 2016).

Welch, D. (2016, July 18–24). The battle for smart car data. *Bloomberg Business Week*. bloomberg.com/news/articles/2016-07-12/your-car-s-been-studying-you-closely-and-everyone-wants-the-data (accessed September 2016).

Wheeler, C. (2014). Going big with GIS. esri.com/esri-news/arcwatch/0814/going-big-with-gis (accessed August 2016).

Wikipedia.org. (n.d.). Cloud computing. en.wikipedia.org/wiki/cloud_computing (accessed August 2016).

Wikipedia.org. (n.d.). Mankind Pharma. wikipedia.org/wiki/Mankind_Pharma (accessed August 2016).

Wikipedia.org. (n.d.). University of Texas MD Anderson Cancer Center. wikipedia.org/wiki/University_of_Texas_MD_Anderson_Cancer_Center (accessed August 2016).

Winter, R. (2008). E-Bay turns to analytics as a service. informationweek.com/news/software/info_management/210800736 (accessed September 2016).

YouTube.com. (2014). Smarter care at MD Anderson. youtube.com/watch?v=savJ8VQ0kcA (accessed August 2016).

YouTube.com. (2015). Dartmouth-Hitchcock revolutionizes the U.S. healthcare system. youtube.com/watch?v=-wVeHZNn8aU (accessed August 2016).

YouTube.com. (2016). The saving power of data. youtube.com/watch?v=rfAoKs8XxzY (accessed August 2016).

Glossário

administrador de *data warehouse* (DWA – *data warehouse administrator*) Uma pessoa responsável pela administração e gestão de um *data warehouse*.

agente inteligente Um sistema especialista ou baseado em conhecimentos integrado a sistemas de informação baseados em computador (ou seus componentes) para torná-los mais inteligentes.

agrupamento Fracionamento de um determinado conjunto de dados em segmentos (grupos naturais) em que os membros de um segmento partilham qualidades similares entre si.

algoritmo Uma busca passo a passo em que aprimoramentos são feitos a cada passo até que a melhor solução seja encontrada.

algoritmo Apriori O algoritmo mais utilizado para descobrir regras de associação ao identificar recursivamente conjuntos frequentes de itens.

amplitude Uma medida estatística para dispersão – a distância entre o menor valor e o maior valor dentro de uma determinada amostra de pontos de dados numéricos.

análise da Web A aplicação de atividades de análise de negócios a processos baseados na Web, incluindo comércio eletrônico.

análise de Big Data Aplicação de métodos e ferramentas de análise de dados a Big Data.

análise de *clickstream* A análise de dados que ocorre no ambiente da Web.

análise de dados A ciência da análise.

análise de dados decisória ou normativa Também chamada de análise de dados prescritiva, trata-se de uma modelagem analítica que visa identificar a melhor decisão possível a partir de um amplo conjunto de alternativas.

análise de dados descritiva (ou de relatório) Uma fase inicial do *continuum* da análise de dados que lida com a descrição dos dados – respondendo perguntas sobre o que aconteceu e por que aconteceu assim.

análise de elos Os vínculos entre muitos objetos relevantes são revelados automaticamente, como o elo entre páginas da Web e relacionamentos referenciais entre grupos de autores de publicações acadêmicas.

análise de fala Um campo científico em crescimento que permite a usuários analisar e extrair informações junto a conversas ao vivo e gravadas.

análise de fluxos Um termo que costuma se referir à extração de informações de caráter prático a partir de fontes de dados de fluxo contínuo.

análise de mídias sociais Aplicação de ferramentas de análise junto a dados de mídias sociais e redes sociais.

análise de negócios (BA – *business analytics*) A aplicação de análise de negócios a problemas/dados de negócios.

análise de redes sociais (SNA – *social network analysis*) O mapeamento e mensuração de relações e fluxos de informação entre pessoas, grupos, organizações, computadores e outras entidades que processam informações ou conhecimentos. Os nós na rede são pessoas ou grupos, enquanto os elos exibem as relações ou os fluxos entre os nós. SNAs proporcionam análise visual e matemática de relacionamentos.

análise de risco O desenvolvimento de modelos matemáticos para aferir a natureza do risco (variabilidade) para uma situação decisória.

análise de sensibilidade Um estudo do efeito de uma mudança sobre uma ou mais variáveis de entrada em termos de uma solução proposta.

análise de sentimentos A técnica usada para detectar opiniões favoráveis e desfavoráveis em relação a produtos e serviços específicos usando uma grande quantidade de fontes de dados textuais (*feedback* de clientes na forma de postagens na Internet).

análise de tendências A coleta de informações e a tentativa de identificar um padrão, ou *tendência*, nas informações.

análise de texto Um conceito bastante abrangente que inclui recuperação de informações (como a busca e identificação de documentos relevantes para um determinado conjunto de termos-chave), bem como extração de informações, mineração de dados e mineração da Web.

análise decisória Uma abordagem de desenvolvimento de modelos que lida com situações decisivas que envolvem uma quantidade finita e geralmente não muito vasta de alternativas.

análise "e se" Trata-se de um processo experimental que ajuda a determinar o que acontecerá com a solução/saída se uma variável de entrada, um pressuposto ou o valor de um parâmetro for alterado.

análise léxica A categorização de um bloco de texto de acordo com a função que ele cumpre.

análise (modelagem) multidimensional Um método de modelagem que envolve análise de dados em diversas dimensões.

análise perpétua Uma prática de análise que avalia continuamente a entrada de cada novo ponto de dado (isto é, observação) frente a todas as observações anteriores a fim de identificar padrões/anomalias.

análise preditiva de dados Uma abordagem analítica de negócios voltada à previsão (de demanda, problemas, oportunidades, etc.) e que é usada no lugar do simples relatório de dados conforme ocorrem.

análise prescritiva de dados Um ramo da análise de negócios que lida com a busca pela melhor solução alternativa possível para um determinado problema.

análise visual Uma extensão de visualização de dados/informações que inclui não apenas análise de dados descritiva, mas também preditiva.

analista de negócios Um indivíduo cujo trabalho é analisar processos de negócio e o apoio que eles recebem (ou precisam) da tecnologia da informação.

aprendizado Um processo de autoaprimoramento em que novos conhecimentos são obtidos por meio de um processo usando-se aquilo que já se conhece.

aprendizado não supervisionado Um método de treinamento de redes neurais artificiais em que apenas os estímulos de entrada são mostrados à rede, que é auto-organizável.

aranha *Ver* rastreador da Web.

área sob a curva ROC Uma técnica de avaliação gráfica para modelos de classificação binária em que a taxa de verdadeiros positivos é plotada no eixo y e a taxa de falsos positivos é plotada no eixo x.

armazenamento de dados ativo *Ver* armazenamento de dados em tempo real.

armazenamento de dados em tempo real (RDW – *real-time data warehousing*) O processo de abastecimento e provisionamento de dados via um *data warehouse* conforme vão ficando disponíveis.

árvore de decisão Uma representação gráfica de uma sequência de decisões inter-relacionadas a serem tomadas sob risco assumido. Essa técnica segmenta entidades específicas em classes baseadas na características das entidades; uma raiz seguida de nós internos, cada nó (incluindo a raiz) é rotulado com uma pergunta, e arcos associados a cada nó cobrem todas as respostas possíveis.

assimetria Uma medida estatística que caracteriza o formato de uma distribuição unimodal – caracterizando o caráter assimétrico (pendor) da distribuição (*ver também* curtose).

associação Uma categoria de algoritmo de mineração de dados que estabelece relações sobre itens que ocorrem em conjunto em determinado registro.

atingimento de metas Um método de análise de dados prescritiva em que uma meta (um valor alvo/desejado) é estabelecida, e então o conjunto de valores de variáveis de entrada que a satisfazem é identificado.

aumentar o foco (*drill down*) A investigação de informações em detalhe (encontrar, por exemplo, não apenas o total de vendas, mas também as vendas por região, por produto e por vendedor). Encontrar as fontes detalhadas.

***balanced scorecard* (BSC)** Uma medida de desempenho e uma metodologia gerencial que ajudam a traduzir os objetivos e alvos financeiros, de clientes, de processos internos e de aprendizado e crescimento em uma organização em um conjunto de iniciativas de caráter prático.

base de dados Uma coleção de arquivos que é visualizada como um conceito singular de armazenamento. Os dados ficam então disponíveis para uma ampla gama de usuários.

Big Data Dados que são caracterizados por seu volume, variedade e velocidade, que excedem o alcance de ambientes de hardware comumente usados e/ou as capacidades de processamento de ferramentas de software.

bootstrapping Uma técnica de amostragem em que um número fixo de instâncias dos dados originais são amostrados (com substituição) para treinamento, e o restante do conjunto de dados é usado para teste.

centralidade Um grupo de medidas que visam quantificar a importância ou influência (em diversos sentidos) de um nó específico (ou grupo) em uma rede.

certeza A situação comercial em que conhecimentos completos estão disponíveis para que o responsável por uma decisão saiba exatamente qual será o resultado de cada curso de ação.

cientistas de dados Um novo papel/tarefa/cargo comumente associado a Big Data e ciência de dados.

classificação Indução supervisionada para analisar os dados históricos armazenados numa base de dados e automaticamente gerar um modelo capaz de prever comportamentos futuros.

computação de alto desempenho Uma infraestrutura de computação em larga escala para lidar com Big Data.

computação em nuvem Infraestrutura de tecnologia da informação (hardware, software, aplicativos e plataforma) que está disponível como serviço, geralmente na forma de recursos virtualizados.

confiança Em regras de associação, a probabilidade condicional de encontrar o LD da regra presente numa lista de transações em que o LE da regra já existe.

conhecimento A compreensão, ciência ou familiaridade adquirida por meio da educação e da experiência; qualquer coisa que tenha sido aprendida, percebida, descoberta, inferida ou entendida; a capacidade de utilizar informações. Num sistema de gestão de conhecimento, o conhecimento é informação em ação.

consulta *ad hoc* Uma consulta que não pode ser determinada antes do momento em que é lançada.

corpus Em linguística, um *corpus* (plural *corpora*) é um conjunto vasto e estruturado de textos (geralmente armazenados e processados eletronicamente) preparado com o propósito de conduzir descoberta de conhecimento.

correlação Uma medida estatística que indica até que ponto duas ou mais variáveis mudam/flutuam em conjunto.

CRISP-DM Um processo padronizado usado em vários setores para conduzir projetos de mineração de dados, constituído por uma sequência de seis etapas que começa por uma boa compreensão do negócio e pela necessidade do projeto de mineração de dados (isto é, a área de aplicação), e que se encerra pela implementação da solução que satisfez as necessidades do negócio.

cubo de dados Um objeto bidimensional, tridimensional ou de mais dimensões no qual cada dimensão dos dados representa uma medida de interesse.

curtose Uma medida estatística que caracteriza o formato de uma distribuição unimodal – caracterizando o caráter agudo/alto/esguio da distribuição (*ver também* assimetria).

dado Um elemento único de informação/fato; versão singular de dados.

dado nominal Um tipo de dado que contém medidas de códigos simples atribuídos a objetos na forma de designações, que em si não são medidas. A variável *estado civil*, por exemplo, pode ser categorizada geralmente como (1) solteiro, (2) casado e (3) divorciado.

dado numérico Um tipo de dado que representa os valores numéricos de variáveis específicas. Exemplos de variáveis com valores numéricos incluem idade, número de filhos, renda familiar total, distância viajada (em quilômetros) e temperatura (em graus Fahrenheit).

dados Fatos brutos que não fazem sentido em si mesmos (isto é, nomes, números).

dados categóricos Dados que representam as designações de múltiplas classes usadas para dividir uma variável em grupos específicos.

dados estruturados Dados que estão formatados (muitas vezes em tabelas com linhas e colunas) para que possam ser facilmente entendidos e processados por computadores.

dados intervalares Variáveis que podem ser medidas em escalas intervalares.

dados não estruturados Dados que carecem de um formato pré-determinado e são armazenados na forma de documentos textuais.

dados ordinais Dados que contêm códigos atribuídos a objetos ou eventos na forma de designações, que também representam o ranking entre eles. A variável *nível de crédito*, por exemplo, pode ser geralmente categorizada como (1) baixo, (2) médio ou (3) alto.

dados racionais Dados contínuos em que tanto as diferenças quanto as razões são interpretáveis.

A característica peculiar da escala de razão é a posse de um valor zero não arbitrário.

dashboards Uma apresentação visual dos dados críticos para serem vistos por executivos. Permite que executivos visualizem áreas de interesse em segundos e explorem a situação.

data mart (DM) Um banco de dados departamental que armazena apenas dados relevantes.

data mart dependente Um *data mart* que depende da existência de um *data warehouse*.

data mart independente Um pequeno banco de dados projetado para uma unidade ou departamento estratégico de negócios.

data warehouse (DW) Um repositório físico em que dados relacionais são especialmente organizados para oferecer à empresa como um todo dados limpos em um formato padronizado.

data warehouse empresarial (EDW – *enterprise data warehouse*) Um *data warehouse* de âmbito organizacional desenvolvido para fins analíticos.

decomposição em valores singulares (SVD – *singular value decomposition*) Vagamente relacionada com a análise de componentes principais, ela reduz a dimensionalidade geral da matriz de entradas (a quantidade de documentos de entrada pela quantidade de termos extraídos) para um espaço dimensional reduzido, em que cada dimensão consecutiva representa o maior grau de variabilidade (entre palavras e documentos).

descoberta de conhecimento em bases de dados (KDD – *knowledge discovery in databases*) Um processo de aprendizado de máquina que pratica uma indução de regras ou um procedimento relacionado para estabelecer conhecimentos a partir de grandes bases de dados.

desvio absoluto médio Um indicador de precisão que costuma ser usado junto a problemas de previsão ao estilo regressão (como previsão por série temporal), em que o erro é calculado como a distância média quadrada entre os valores reais e aqueles previstos.

desvio-padrão Uma medida de estatística descritiva para dispersão. Trata-se da raiz quadrada da variância.

detecção de embustes Uma maneira de identificar embustes (a propagação intencional de crenças que não são verdadeiras) por voz, texto e/ou linguagem corporal de humanos.

diagrama de caixa e fios de bigode Uma ferramenta de estatística descritiva que exibe tanto a tendência central quanto a dispersão (quartis) de uma determinada amostra de pontos de dados numéricos em uma ilustração gráfica.

diagrama de influência Uma representação gráfica de um determinado modelo matemático.

dispersão Uma medida de estatística descritiva em que o grau de espalhamento de uma determinada amostra de pontos de dados numéricos é aferido.

divisão simples Dados são fracionados em dois subconjuntos mutuamente excludentes chamados de *conjunto de treinamento* e *conjunto de teste* (ou *conjunto de reserva*). É comum designar dois terços dos dados como o conjunto de treinamento e o terço restante como o conjunto de teste.

DMAIC Um modelo de aprimoramento empresarial de circuito fechado que inclui os seguintes passos: definição, medição, análise, melhoria e controle de um processo.

ecossistema de análise de dados A classificação de setores, fornecedores de tecnologias/soluções e participantes da indústria para análise de dados.

elevação (*lift*) Uma medida de grau de adequação de modelos de classificação e também de mineração de regras de associação.

entropia Um indicador que mede a quantidade de incerteza ou aleatoriedade em um conjunto de dados. Quando todos os dados em um subconjunto pertencem a uma mesma classe, não há qualquer incerteza ou aleatoriedade em tal conjunto de dados, e, portanto, sua entropia zero.

esquema em estrela O estilo mais usado e mais simples de modelagem dimensional.

esquema em floco de neve (*snowflake schema*) Um arranjo lógico de tabelas em uma base de dados multidimensional de tal forma que o diagrama de relação de entidades se parece com um formato de floco de neve.

estatística Uma coleção de técnicas matemáticas voltadas a caracterizar e interpretar dados.

estatística descritiva Um ramo da modelagem estatística que visa descrever uma determinada amostra de dados (*ver também* estatística inferencial).

estatística inferencial Um ramo da modelagem estatística que visa fazer inferências ou tirar conclusões sobre as características da população com base em uma determinada amostra de dados (*ver também* estatística descritiva).

Glossário

extração do radical das palavras O processo de reduzir palavras a seus respectivos radicais para melhor representá-las em um projeto de mineração de texto.

extração, transformação e carga (ETL – *extraction, transformation and load***)** O processo de armazenamento de dados consiste na extração (isto é, leitura de dados de uma ou mais base de dados), transformação (isto é, conversão dos dados extraídos de seu formato prévio para o formato no qual eles precisam estar para poderem ser inseridos em um *data warehouse* ou simplesmente em outra base de dados) e carga (isto é, a colocação dos dados dentro do *data warehouse*).

fatores críticos de sucesso (CSFs – *critical success factors***)** Fatores-chave que delineiam pontos em que uma organização deve se destacar para ser bem-sucedida no mercado (também podem ser chamados de indicadores-chave de desempenho [KPIs – *key performance indicators*]).

frequência inversa de documentos Uma transformação comum e bastante útil de índices numa matriz de termos/documentos que reflete tanto a especificidade das palavras (frequências de documentos) quanto as frequências gerais de suas ocorrências (frequências de termos).

ganho de informação O mecanismo de divisão usado em ID3 (um popular algoritmo de árvore de decisão).

gestão de conhecimento O gerenciamento ativo de especializações dentro de uma organização. Envolve a coleta, a categorização e a disseminação de conhecimentos.

gestão de desempenho de negócios (BPM – *business performance management***)** Uma medição avançada de desempenho e abordagem analítica que abrange planejamento e estratégia.

gráfico de dispersão Um gráfico em que os valores de duas variáveis são plotados ao longo dos dois eixos a fim de ilustrar a relação entre elas.

gráfico de pizza Uma ilustração gráfica de proporções.

Hadoop Um referencial de código aberto para processamento, armazenamento e análise de imensas quantidades de dados distribuídos e não estruturados.

Hadoop Distributed File System (HDFS) Um sistema distribuído de gerenciamento de arquivos que se presta ao processamento de vastos volumes de dados não estruturados (isto é, Big Data).

heurística Conhecimento informal e opiniático sobre uma área de aplicação que constitui as regras de bom discernimento nesse âmbito. A heurística também engloba o conhecimento sobre como resolver problemas de modo efetivo e eficaz, como planejar os passos para resolver um problema complexo, como melhorar o desempenho e assim por diante.

histograma Um gráfico estatístico que exibe frequência de ocorrência para uma determinada amostra de dados numéricos.

Hive Uma estrutura do tipo *data warehouse* baseada em Hadoop e desenvolvida originalmente pelo Facebook.

hub Uma ou mais páginas da Internet que fornece uma coleção de links para páginas de autoridade.

hyperlink-induced topic search (HITS, ou busca de tópicos induzida por *hyperlink*) O algoritmo mais conhecido publicamente e mais citado usado para calcular *hubs* e autoridades.

IBM SPSS Modeler Um pacote de software popular, comercialmente disponível e abrangente de mineração de dados, texto e da Web, desenvolvido pela SPSS (antigamente Clementine).

identificação de polaridade O processo de identificação de conotações negativas ou positivas em textos (em análise de sentimentos).

identificação por radiofrequência (RFID – *radio-frequency identification***)** Uma tecnologia genérica que diz respeito ao uso de ondas de radiofrequência para identificar objetos.

incerteza Uma situação decisória em que há uma carência completa de informações sobre quais são os valores de parâmetros ou qual será o estado futuro da natureza.

indicador-chave de desempenho (KPI – *key performance indicator***)** Medida de desempenho frente ao objetivo e a meta estratégicos.

índice de Gini Indicador usado na economia para mensurar a diversidade de uma população. O mesmo conceito pode ser usado para determinar a pureza de uma classe específica como resultado de uma decisão de bifurcar um ramo ao longo de um atributo/variável em particular.

integração de aplicativos empresariais (EAI – *enterprise application integration***)** Uma tecnologia que oferece um veículo para carregar dados de sistemas de origem para o *data warehouse*.

integração de dados Integração que abrange três processos principais: acesso a dados, federação de dados e captura de mudanças. Quando esses três processos estão corretamente implementados, os dados podem ser acessados por um leque de ferramentas de ETL e análise no ambiente de armazenamento de dados.

integração de informações empresariais (EII – *enterprise information integration*) Um espaço de ferramentas em evolução que promete integração de dados em tempo real a partir de uma variedade de fontes, como bases de dados relacionais, serviços Web e bases de dados multidimensionais.

integridade de dados Uma parte da qualidade dos dados em que a sua precisão (como um todo) é mantida durante qualquer operação (como transferência, armazenamento ou recuperação).

inteligência artificial O subcampo da ciência da computação envolvido com raciocínio simbólico e resolução de problemas.

inteligência de negócios (BI – *business intelligence*) Uma estrutura conceitual para apoio a decisões administrativas. Combina arquitetura, bases de dados (ou *data warehouse*), ferramentas analíticas e aplicativos.

interface de usuário O componente de um sistema de informação que permite a comunicação bidirecional entre o sistema e seu usuário.

Internet das Coisas (IoT) O fenômeno tecnológico de conectar uma variedade de aparelhos no mundo físico uns aos outros e a sistemas de informação via Internet.

KNIME Uma plataforma gratuita e de código aberto de software de análise de dados (pode ser acessada em knime.org).

MapReduce Uma técnica para distribuir o processamento de vastíssimos arquivos de dados multiestruturados ao longo de grandes *clusters* de máquinas.

marcação de classes gramaticais (POS – *part-of-speech tagging*) O processo de marcar as palavras em um texto como correspondentes a um determinado tipo de classe gramatical (como substantivos, verbos, adjetivos, advérbios, etc.) dependendo da definição da palavra e do contexto em que ela é usada.

matriz termo-documentos (TDM – *term-document matrix*) Uma matriz de frequência criada a partir de documentos digitalizados e organizados (o *corpus*) em que as colunas representam os termos e as linhas representam os documentos individuais.

mecanismo de busca Um programa que encontra e lista sites ou páginas da Internet (designadas por URLs) que correspondem a algum critério de busca.

média aritmética Uma medida de estatística descritiva – uma média simples de uma determinada amostra de pontos de dados numéricos.

mediana Uma medida de tendência central em estatística que identifica a média simples de uma determinada amostra de dados numéricos.

medição de distância Um método usado para calcular a proximidade entre pares de itens na maioria dos métodos de análise de agrupamento. Entre as medições de distância populares estão a distância euclidiana (a distância ordinária entre dois pontos medida com uma régua) e a distância de Manhattan (também chamada de distância retilínea, ou distância de táxi, entre dois pontos).

metadados Dados a respeito de dados. Num *data warehouse*, metadados descrevem os conteúdos de um *data warehouse* e o modo como são utilizados.

metas múltiplas A disposição de mais do que uma meta a ser levada em consideração em um problema de otimização.

Microsoft Enterprise Consortium Uma fonte mundial para acesso ao pacote de software SQL Server da Microsoft para fins acadêmicos – ensino e pesquisa.

Microsoft SQL Server Um sistema RDBM popular desenvolvido pela Microsoft.

mineração da Web A descoberta e análise de informações interessantes e úteis junto à Web, a respeito da Web e geralmente usando-se ferramentas baseadas na Web.

mineração de conteúdos da Web A extração de informações úteis junto a páginas da Web.

mineração de dados Um processo que emprega técnicas estatísticas, matemáticas e de aprendizado de máquina para extrair e identificar informações úteis e conhecimentos subsequentes a partir de vastos conjuntos de dados.

mineração de estruturas da Web O desenvolvimento de informações úteis a partir de links incluídos em documentos da Web.

mineração de fluxo de dados O processo de extrair novos padrões e estruturas de conhecimento junto a registros de dados de fluxo contínuo. *Ver* análise de fluxos.

mineração de texto A aplicação de mineração de dados junto a arquivos textuais não estruturados ou menos estruturados. Envolve a geração de índices numéricos relevantes a partir de textos não estruturados e o subsequente processamento desses índices usando vários algoritmos de mineração de dados.

mineração de usos da Web A extração de informações úteis de dados gerados por meio de visitas, transações, etc. em páginas da Internet.

mineração sequencial Método de identificação de padrões em que relações entre coisas são examinadas em termos de sua ordem de ocorrência a fim de identificar associações ao longo do tempo.

mínimos quadrados ordinários (MQO) Um método que se baseia no quadrado da medida de distância para identificar a melhor linha/plano/hiperplano de preenchimento em modelagem por regressão.

moda Uma medida de tendência central em estatística que identifica o valor no quinto percentil.

modelagem dimensional Um sistema de consulta baseado em recuperação de dados que suporta alto volume e alta velocidade de subconjunto de dados.

modelagem interativa visual (VIM – *visual interactive modeling*) Uma técnica de representação de modelo visual que permite interações entre usuários e outros sistemas.

modelo quantitativo Modelos matemáticos que se baseiam em medidas numéricas/quantificáveis.

modelos analíticos Modelos matemáticos nos quais dados são abastecidos para análise.

modelos conjuntos Uma técnica popular de análise de dados em que dois ou mais modelos (ou simplesmente seus resultados) são combinados a fim de produzir um resultado mais preciso/robusto/confiável (em análise de dados preditiva, podem ser chamados de *conjuntos de modelos*).

modelos dinâmicos Uma técnica de modelagem para capturar/estudar sistemas que evoluem com o tempo.

modelos estáticos Modelos que capturam um retrato instantâneo do sistema, ignorando suas características dinâmicas.

narrativa Um caso com riqueza de informações e episódios. Lições podem ser tiradas de um caso desse tipo.

NoSQL (Not Only SQL, ou Não Apenas SQL) Um novo paradigma para armazenar e processar grandes volumes de dados não estruturados, semiestruturados e multiestruturados.

oper mart Um *data mart* operacional. Um *oper mart* é um *data mart* em pequena escala tipicamente usado por um único departamento ou área funcional numa organização.

otimização O processo de identificação da melhor solução possível para um problema.

otimização para mecanismos de busca (SEO – *search engine optimization*) A atividade intencional de afetar a visibilidade de um site de comércio eletrônico ou uma página da Web nos resultados naturais (não pagos ou orgânicos) gerados por um mecanismo de busca.

PageRank Um algoritmo de análise de elos, batizado em homenagem a Larry Page – um dos fundadores da Google como um projeto de pesquisa na Universidade de Stanford em 1996, e usado pelo mecanismo de busca Google Web.

páginas com autoridade Páginas da Internet que são identificadas como especialmente populares, com base em *links* provenientes de outras páginas da Internet e diretórios.

palavras de parada (*stop words***)** Palavras já filtradas para o processamento ou antes do processamento de dados de linguagem natural (isto é, texto).

parâmetro Constantes numéricas usadas no desenvolvimento de modelos matemáticos.

Pig Uma linguagem de consulta baseada em Hadoop desenvolvida pela Yahoo!.

polissemas Palavras também são chamadas de *homônimos*; são palavras sintaticamente idênticas (isto é, grafadas exatamente iguais) com diferentes significados (*pia*, por exemplo, pode significar "tipo de bacia", "conjugação do verbo piar" ou "pessoa devota").

pré-processamento de dados O processo tedioso de converter dados brutos em estado pronto para análise.

previsão O ato de dizer o que deve ocorrer no futuro.

previsão por série temporal Um modelo preditivo que se baseia em ocorrências/valores passados da variável de interesse para estimar/calcular os valores esperados futuros.

privacidade Em geral, é o direito de ser deixado em paz e o direito de estar livre de intrusões pessoais fora de propósito. Privacidade de informações é o direito de determinar quando, e até que ponto, informações a respeito de si mesmo podem ser comunicadas a outrem.

processamento analítico online (OLAP – *online analytical processing***)** Um sistema informatizado que permite que o usuário, diante de um PC, consulte o sistema, conduza uma análise e assim por diante. O resultado é gerado em segundos.

processamento de eventos críticos (CEP – *critical event processing***)** É um método para capturar, rastrear e analisar fluxos de dados a fim de detectar eventos (acontecimentos fora do normal) de certos tipos que são dignos do esforço.

processamento de linguagem natural (PLN) O uso de um processador de linguagem natural como interface de um sistema baseado em computador.

processamento de transações online (OLTP – *online transaction processing***)** Um sistema transacional responsável acima de tudo por capturar e armazenar dados relacionados a funções empresariais cotidianas.

programação linear (PL) Uma técnica de modelagem matemática usada para representar e solucionar problemas de otimização com restrições.

programação matemática Uma família de ferramentas projetadas para ajudar a resolver problemas gerenciais em que o tomador de decisão deve alocar recursos escassos entre atividades concorrentes a fim de otimizar uma meta mensurável.

projeção O uso de dados do passado para antever os valores futuros de variáveis de interesse.

pronto para análise de dados O estado de preparação para projetos de análise de dados, sobretudo no que diz respeito a aquisição e preparação de dados.

qualidade de dados A qualidade holística dos dados, incluindo sua precisão, acurácia, completude e relevância.

quartil Um quarto de uma amostra reservada de dados numéricos/ordinais.

RapidMiner Um popular pacote de software de mineração de dados de código aberto e gratuito que emprega uma interface de usuário graficamente aprimorada, uma vasta quantidade de algoritmos e uma variedade de recursos de visualização de dados.

rastreador da Web (*Web crawler***)** Também conhecido como aranha (*spider*), trata-se de um aplicativo usado para varrer/percorrer/ler conteúdos de sites automaticamente.

rede neural artificial (ANN – *artificial neural network***)** Tecnologia computacional que busca construir computadores que operam como o cérebro humano. As máquinas possuem armazenamento de memória simultânea e trabalham com informações ambíguas. Às vezes são chamadas simplesmente de *redes neurais*.

redução dimensional Um processo iterativo/heurístico de redução do número de variáveis de entrada para uma quantidade manuseável – identificando as variáveis mais prevalentes/importantes/colaboradoras a serem incluídas nas atividades de modelagem.

regressão Um método de mineração de dados para problemas de previsão do mundo real em que os dados previstos (isto é, a variável de resultado ou a variável dependente) são numéricos (como a previsão de que a temperatura amanha será de 20°C).

regressão linear Uma técnica estatística relativamente simples para modelar a relação linear entre uma variável de resposta e uma ou mais variáveis explanatórias/de entrada.

regressão logística Um algoritmo de classificação probabilística bastante popular e estatisticamente consistente que emprega aprendizado supervisionado.

relatório Qualquer artefato comunicativo preparado com a intenção específica de transmitir informações em um formato apresentável.

relatório de negócios Qualquer artefato de comunicação preparado com a intenção específica de transmitir informações digeríveis a quem quer que possa precisar delas, quando quer e onde quer que se façam necessárias.

repositório de dados operacionais (ODS – *operational data store***)** Um tipo de base de dados usado como uma área de interim para um *data warehouse*, sobretudo para arquivos com informações sobre clientes.

resultados intermediários Saídas intercalares em modelos matemáticos.

risco Uma situação decisória probabilística ou estocástica.

SAS Enterprise Miner Uma ferramenta de software abrangente e comercial para mineração de dados, desenvolvida pelo SAS Institute.

scorecard Uma representação visual que é usada para mapear o progresso com relação a metas e alvos estratégicos e táticos.

segurança de dados Um conjunto de medidas protetivas para prevenir o acesso não autorizado a computadores/dados.

Seis Sigma Uma metodologia de gestão de desempenho que visa aproximar a quantidade de defeitos em um processo de negócios o máximo possível de zero defeitos por milhão de oportunidades (DPMO – *defects per million opportunities*).

seleção de variáveis Ver redução dimensional.

SEMMA Um processo alternativo para projetos de mineração de dados proposto pelo SAS Institute. A sigla "SEMMA" é a abreviação de "amostrar [*sample*], explorar, modificar, modelar e avaliar".

SentiWordNet Uma extensão do WordNet a ser usada para identificação de sentimentos. Ver WordNet.

serviço Web Uma arquitetura que permite a montagem de aplicativos distribuídos a partir de serviços de software que os liga entre si.

simulação Uma técnica de condução de experimentos (como análises "e se") com um computador sobre um modelo de um sistema do mundo real.

simulação de eventos discretos Um forma de desenvolver modelos de simulação em que um sistema é estudado com base na ocorrência de eventos/interação entre diferentes partes (entidades/recursos) do sistema.

simulação de Monte Carlo Uma técnica de simulação baseada na distribuição de mudança/probabilidade para representar a incerteza na modelagem do problema decisório.

simulação interativa visual (VIS – *visual interactive simulation*) Um ambiente visual/animado de simulação que permite ao usuário final interagir com os parâmetros do modelo enquanto este está rodando.

sistema de gerenciamento de banco de dados (DBMS – *database management system*) Software para estabelecer, atualizar e consultar (como, por exemplo, gerir) um banco de dados.

sistema de informações geográficas (GIS – *geographical information system*) Um sistema de informações capaz de integrar, compartilhar e exibir informações geograficamente referenciadas.

sistemas de apoio a decisão (DSS – *decision support systems*) Um referencial conceitual de auxílio à tomada de decisões gerenciais, geralmente pelo desenvolvimento de modelos para a resolução de problemas e pelo emprego de modelos quantitativos para análise de soluções.

sistemas de medição de desempenho Métodos sistemáticos para associar metas de negócios com relatórios periódicos de monitoramento que indicam o progresso frente às metas.

software como serviço (SaaS – *software as a service*) Software que é alugado, em vez de vendido.

solução otimizadora A melhor solução possível para um problema.

Structured Query Language (SQL) Uma linguagem de definição e gerenciamento de dados para bases de dados relacionais. A maioria dos DBMSs relacionais traz SQL como *front-end*.

suporte (*support***)** A medida de frequência com que produtos e/ou serviços aparecem juntos na mesma transação; ou seja, a proporção de transações no conjunto de dados que contém todos os produtos e/ou serviços mencionados em uma regra específica.

tabela de decisão Uma representação tabular de possíveis combinações de condições ou resultados.

tabelas dimensionais Em um *data warehouse*, ao redor das tabelas factuais centrais (e ligadas via chaves estrangeiras) encontram-se as chamadas tabelas dimensionais.

taxonomia de dados Uma representação estruturada dos subgrupos/subtipos de dados.

técnicas analíticas Métodos que empregam fórmulas matemáticas para derivar uma solução ideal ou para prever um certo resultado, sobretudo na solução de problemas estruturados.

tomada de decisão A ação de selecionar uma dentre várias alternativas.

validação cruzada *k-fold* Uma popular técnica de aferição de precisão para modelos preditivos, em que o conjunto completo de dados é fracionado de forma aleatória em k subconjuntos mutuamente excludentes de tamanho quase igual. O modelo de classificação é treinado e testado k vezes. A cada vez, ele é treinado em todos exceto um dos subconjuntos, e então testado no único subconjunto restante. A estimativa por validação cruzada da precisão em geral de um modelo é calculada simplesmente extraindo-se a média dos k parâmetros de precisão individuais.

variância Uma medida de estatística descritiva para dispersão. Trata-se do quadrado do desvio-padrão.

variável Qualquer característica (número, símbolo ou quantidade) que pode ser mensurada ou contada.

variável de resultado Uma variável que expressa o resultado final de uma decisão (como uma envolvendo lucratividade), geralmente uma das metas de um problema de tomada de decisão.

variável decisória A variável de interesse.

variável incontrolável Uma variável de modelagem matemática que tem de ser tomada como um dado do problema – sem permitir mudanças/modificações.

varredura e análise ambiental Um processo contínuo de construção de informações estratégicas – identificação de problemas e/ou oportunidades via aquisição e análise de dados/informações.

visualização de dados Uma apresentação gráfica, animada ou em vídeo dos dados e dos resultados de sua análise.

voz do consumidor (VOC – *voice of the customer*) Aplicativos que se concentram em perguntas como "quem e como" ao coletar e reportar *feedback* direto de visitantes de um site, ao realizar *benchmark* frente a outros sites e canais offline e ao suportar modelagem preditiva de comportamento de futuros visitantes.

Weka Um pacote popular, gratuito e de código aberto de software de aprendizado de máquina escrito em Java, desenvolvido na University of Waikato.

WordNet Um léxico popular de uso geral criado pela Universidade de Princeton.

Índice

A

AaaS. *Ver* análise de dados como serviço (AssS)
AARP, Inc., 204-208
Aberdeen Group, 479-480
abordagem absolutista, 163-165
abordagem de baixo para cima, 272-274
abordagem de *data mart*, 180-184
abordagem EDW, 179-181, 182-184t, 184-185, 187t
abordagem EEE, 1
abordagem otimista, 413-414
abordagem pessimista, 413-415
abordagem ROI, 175-176
abordagem via ferramentas de transformação, 174-175
abrangência, 67-68
acessibilidade, 67-68, 367-368
acessibilidade de dados, 67-68
acesso a dados, 170-171
acesso de consulta de alto volume, 184-185, 187
Acxiom, 49-50, 281-282
AdaBoosting, 261-262
adivinhação, 235, 238-240
administrador de *data warehouse* (DWA), 193-194
agências certificadas, 50-53
agentes inteligentes, 21-22
agilidade, 197-198
aglomerações de conteúdo, 358-359
agregadores e distribuidores de dados de setores específicos, 46-47
agrupamento, 43-44, 49-50, 235, 238-241, 299, 321-325
agrupamento por *k-means*, 86
alcance, 367-368
além da marca, 370-371
alertas, 190-191
algoritmos
    algoritmo Apriori, 272-274, 273-274f
    algoritmos agregadores, 268-270
    algoritmos de aprendizado de máquina, 71-72
    árvores de decisão, 262-264
    classificadores de sentimentos, 337
    desenvolvimento de modelos de classificação, 260-262
    mecanismos de busca, 350-352
    mineração de regras de associação, 240-241, 272-273
    otimização via, 386-388t
    tarefa de mineração de dados, 248-250
    tecnologia de processamento na própria base de dados, 199-201
    ver também algoritmos específicos
algoritmos de análise preditiva de dados, 71-72
algoritmos genéticos, 235, 238-240, 261-262, 268-269
Alhea, 350-352
alinhamento organizacional, 506-507
All England Lawn Tennis Club (AELTC), 328-333
Alteryx, 46-47-47-49
alvos, 207-208
Amazon, 26-27, 36-37, 39-40, 483-485, 504-505, 508-511
Amazon Elastic, 476-477
Amazon Elastic Beanstalk, 512-513
Ambari, 456-457
ambiente de BI ágil, 206-207
ambientes de negócios cambiáveis, 9-11
ambientes que correm contra o tempo, 440-442
ambiguidade sintática, 303-304
AMC Networks, 304-308
ameaças à segurança, 330-331
American Airlines, Inc., 393
American Cancer Society, 248-250
amplitude, 90-91, 208-209
analisador de consultas, 348-349
análise, 19-20, 30-31
análise (modelagem) multidimensional, 388-389
análise da Web, 29-31, 49-50, 341-342, 353-360
    análise de dados da Web no próprio local, 354-357
    dashboard, 359-360f
    estatística de conversão, 358-360
    fontes de tráfego, 357-358
    métricas, 356-360
    perfis dos visitantes, 358-359
    tecnologias, 354-357
    usabilidade do site, 356-358
    ver também mineração da Web
análise de afinidade, 269-270
análise de agrupamento, 240-241, 267-270
análise de Big Data, 39-41, 447-448f, 494-495
    computação de alto desempenho, 447-449
    desafios, 447-450
    fatores críticos de sucesso, 447-448f, 449
    fundamentos de, 445-453
    necessidade de, 447-448
    problemas comerciais enfrentados por, 449-450
    ver também Big Data
análise de canais, 38-39t
análise de cesta de mercado, 38-39t, 39-40, 240-241, 269-272
análise de *clickstream*, 353-356
análise de compradores, 39-40
análise de criminalidade, 522-523
análise de custo/benefício, 22-23, 29-30
análise de dados, 19-20, 22-25, 165-166
    análise de decisões, 29-30
    aplicações, áreas selecionadas, 31-40
    área de atendimento de saúde, exemplos, 31-37
    áreas diferentes, aplicação em, 29-31
    cadeia de valor do varejo, exemplos, 36-40, 38-39t
    departamento, 538-539
    descritiva (ou de extração de relatórios), 25-26
    desenvolvimentos, 9-11
    efeitos imprevistos, 542-543
    evolução das necessidades de, 9-11
    evolução de apoio de decisões computadorizado, 11-15, 11-12f

gestão, impacto na, 539-541
impacto de, em organizações, 536-543, 538-539f
níveis de, 23-25, 23-25f
normativa, 29-30
preditiva, 26-29
prescritiva, 27-30
remodelamento organizacional, 539-540
versus ciência de dados, 30-32
visão geral, 22-32
análise de dados avançada, 201-202, 368-370
análise de dados baseados em localização
   análise de dados geoespaciais, 521-527
   aplicações de análise de dados para consumidores, 527-531
   classificação, 521-522f
   informações estratégicas sobre localização em tempo real, 526-528
análise de dados como serviço (AssS), 513-516
análise de dados da Web no próprio local, 354-357
análise de dados descritiva, 25-26, 46-47, 113-114, 152-154, 368-370
   estatística, 87-88
   estatística descritiva, 87-89
   inteligência de negócios. *Ver* inteligência empresarial (BI)
   métodos de estatísticos, 86
   ramos de, 87-88
análise de dados em memória principal, 231-233, 447-449
análise de dados em movimento, 442-443, 481-482
análise de dados em tempo real, 496-498
   ver também análise de fluxos
análise de dados espaciais, 523-524
análise de dados geoespaciais, 521-527
análise de dados guiada, 142-143
análise de dados na própria base de dados, 199-201, 447-449
análise de dados para extração de relatórios, 25-26, 46-47

análise de dados por série temporal, 5-6, 6f
análise de dados preditiva, 26-29, 46-49, 71-72, 384-385, 387, 527-529
   métodos estatísticos, 86
   mineração de dados. *Ver* mineração de dados
   modelos conjuntos, 261-263
   tipos de dados, 71-73
análise de dados prescritiva, 27-30, 47-49, 379-381
   análise de sensibilidade, 410-412
   análise "e se", 397-398, 411-412f
   atingimento de metas, 397-398, 411-413
   exemplos de modelos, 381-382, 384-385, 387
   metas múltiplas, 408-411
   otimização. *Ver* otimização
   simulação. *Ver* simulação
   tomada de decisões baseada em modelos, 381-382, 384-389
análise de decisão multicritérios, 413-414
análise de decisões, 29-30
análise de discriminantes, 86, 235, 238-240
análise de elos, 240-241
análise de esportes, 2-9, 49-50
análise de evasão de clientes, 38-39t
análise de fluxos, 449-450, 481-482, 481-482f
   aplicações, 483-488
   casos de uso, 481-482f
   comércio eletrônico, 483-485
   e Big Data, 478, 480-485
   fiscalização da lei, 486-487
   governo, 487-488
   mineração de fluxo de dados, 482-485
   processamento de eventos críticos, 482-483
   segurança cibernética, 486-487
   serviços de saúde, 486-487
   serviços financeiros, 486-487
   setor energético, 486-487
   telecomunicações, 483-486
   versus análise perpétua, 482-483

análise de fluxos de dados, 441-443
análise de localização, 49-50
análise de mercado, 444-447
análise de microarranjo de DNA, 313-314
análise de mídias sociais, 49-50, 366-368
   além da marca, 370-371
   efeito marola, 370-371
   influenciadores, 370-371
   medição de impacto em mídia social, 368-370
   melhores práticas, 368-371
   não um sistema classificatório, 368-371
   planejamento, 371
   precisão de análise de texto, 370-371
   precisão de ferramenta analítica, 371
   sentimento ilusivo, rastreamento, 370-371
   usuários, 367-370, 367-368f
análise de negócios, 15-17
   computação em nuvem. *Ver* computação em nuvem
   e inteligência de negócios, 152-153, 153-154f
   modelagem estatística, 86-99
   para departamento comercial, 2-4
   para departamento esportivo, 2-4
   ver também análise de dados
análise de negócios para departamento comercial, 2-4
análise de negócios para departamento esportivo, 2-4
análise de novas lojas, 38-39t
análise de padrões, 233-234
   ver também mineração de dados
análise de redes sociais, 47-49, 361-363, 368-370
análise de risco, 392-393
análise de sensibilidade, 279-281, 410-412
análise de sentimentos, 304-306, 327-339, 485-486, 518-520
   agregação, 336-337
   aplicações, 331-335
   classificação de polaridade N-P, 334-336
   coleção, 336-337

Índice **567**

detecção de sentimentos, 334-335
documentos de treinamento, 337
gestão de marca, 333-334
identificação de alvos, 335-337
identificação de polaridade, 336-337
inteligência governamental, 333-335
léxico, 336-337
mercados financeiros, 333-334
orientação temática, 338-339
política, 333-334
processo, 334-337, 335-336f
voz do consumidor, 331-334
voz do funcionário, 333-334
voz do mercado, 333-334
análise de subjetividade, 327-328
análise de tendências, 322-324
análise de texto, 10-11, 29-31, 297-300, 297-298f
 ver também mineração de texto
análise de vídeo, 38-39t, 39-40
análise decisória, 412-413
 árvores de decisão. *Ver árvores de decisão*
 tabelas de decisão, 413-415
análise "e se", 397-398, 411-412, 411-412f
análise em nuvem, 520-521
análise esportiva, 30-31, 105
análise estatística, 260-261
análise linear discriminante, 103-104
análise perpétua, 482-483
análise por árvore de decisão, 260-261
análise por regressão simples, 100-102
análise serial de expressões genéticas, (SAGE – *serial analysis of gene expression*), 313-314
análise social, 361-371
 análise de mídias sociais. *Ver análise de mídias sociais*
 análise de redes sociais, 361-363
 conexões, 362, 365-366
 distribuições, 362, 365-367
 segmentação, 366-367
análise superficial, 315-315

análise visual, 129-130, 241-242
 ambientes de análise estatística visual de alto poder, 129-135
 caso aplicado 138-140
 surgimento da, 127-128, 130-135
analista, 49-52
analista de dados, 30-31
Annotation Query Language (AQL), 471-472
antecedente, 272-273
AOL Search, 350-352
Apache, 40-41, 237-238
Apache Cassandra, 460-462, 464
Apache Hadoop, 457-460, 462, 464
Apache Hive, 462, 464
Apache Software Foundation (ASF), 457-459
aplicações acadêmicas, 315-317
aplicações biomédicas, 313-315
aplicações da mineração de dados, 241-246
aplicações de BI em tempo real, 21-22
aplicações de segurança, 308-314
aplicações em marketing, 308-309
aplicações na agricultura, 2
Apple, 532-534
apps voltados ao consumidor, 528-531
aprendizado, 103-104
aprendizado de máquina, 494-495
aprendizado de regras de associação, 240-241
aquisição de clientes, 159-160
aquisições, 170-171
aranhas da Web, 342-343, 346-347
ArcGIS, 525-526
área de interesse, 318-320
área sob a curva ROC, 260-261
ARIMA, 111-112
armazenamento
 data warehouse, 197-198
 e limites cognitivos, 10-11
armazenamento de dados em tempo real (RDW), 12-14, 198-199
armazenamento de dados no momento certo, 12-14

arqueologia de dados, 233-234
 ver também mineração de dados
arquitetura cliente/servidor, 162-163
arquitetura de *data mart bus*, 166-170, 167f
arquitetura estrela, 166-170, 167f
arquitetura federada, 167f, 169-170
arquitetura orientada para serviços (SOA – *service-oriented architecture*), 12-15, 171-173
arquiteturas de n camadas (*tiers*), 162-163
arquivo de registros públicos, 233-234
árvores de classificação e regressão (CART), 263-264, 275-276t
árvores de decisão, 235, 238-241, 251-252, 262-268, 414-416, 418
 algoritmos, 262-264
 modelo de árvore de decisão em cascata, 5-6, 5-6f
Ask, 350-352
assimetria de dados, 92-94
associação, 235-236, 240-241, 322-323
Association for Information Systems, 50-52
Aster análise de dados como serviço, 513-516
Aster Graph Analytics, 513-516
Aster MapReduce Analytics Foundation, 513-516
astronomia, 230-231
AT&T, 193-194, 504-505
ataques de negação de serviço (DDoS), 330-331
atendimento de saúde, 31-37, 244-245
atingimento de metas, 411-413, 412-413f
atividades de processamento analítico, 153-154
Atlas, 525-526
atomização, 299-300
atos de fala, 303-304
atributos, 262-263
aumentar/diminuir o foco, 187-188
automação, 541-543
autoridade, 343-344

avaliação de credibilidade, 310-311
Avro, 456-457

B

balanced scorecard (BSC), 208-213
  balance, significado de, 211-213
  perspectiva de aprendizado e crescimento, 210-211
  perspectiva de processos internos de negócios, 210-211
  perspectiva do cliente, 209-211
  perspectiva financeira, 210-211
  quatro perspectivas, 209-211
  relatórios do tipo *balanced scorecard*, 114-115
  versus Seis Sigma, 213-214, 214-215f
BAM *pure-play*, 21-22
BAM. *Ver* gestão de atividades de negócios (BAM – *business activity management*)
banco de investimento, 450-453
base de dados abrangente, 162
base de dados colunar, 198-199
bases de dados múltiplas, 160-161
bases de dados operacionais, 19-20
Beane, Billy, 2-4
benchmark, 208-209
Bertin, Jacques, 116-117
BI Competency Center, 20-22
BI. *Ver* inteligência de negócios (BI)
Big Data, 14-15, 61-62, 65-66, 155-156, 439-440
  arquitetura conceitual de âmbito geral, 442-443f
  definição de, 439-445
  e análise de fluxos, 478, 480-485
  e armazenamento de dados, 464-470
  fornecedores e plataformas, 469-478, 480-481
  gestão de, 9-11
  plataforma de Big Data, 45-46
  proposição de valor, 442-448
  significado de, 39-43
  sucesso com, 479-481
  tecnologias, 451-462, 464
  variabilidade, 442-443
  variedade, 440-442
  velocidade, 440-443
  veracidade, 442-443
  volume, 440-442
  ver também análise de Big Data
BigSheets, 471-472
Bing, 350-352
Bloomberg Businessweek, 535-536
BlueCava, 534-535
BM SPSS Modeler, 27-29
boa escalabilidade, 192
bootstrapping, 259-260
BP Lubricants, 170-173
BPM. *Ver* gestão de desempenho de negócios (BPM)
brontobytes (BB), 441-442
Broussard, Bruce, 35-36
BSC. *Ver balanced scorecard* (BSC)
BSI Videos (Business Scenario Investigations), 19-20
Building the Data Warehouse (Inmon), 155-156
bullet graphs, 125-126
buracos negros, 20-21
BureauNet, 115-116
Burt, Ronald, 366-367
busca, 343-344
busca de padrões, 233-234
  ver também mineração de dados
busca de tópicos induzida por hyperlink (HITS), 343-344
buscas diretas, 357-358
Business Objects, 155-156, 162-163, 180-181t

C

C4.5, 263-264
C5, 263-264
cadeia de patrocínios, 189-190
cadeia de valor do varejo, 36-40, 36-37f, 38-39t
California Institute of Technology (Caltech), 154-155
campanha russa (1812), 118f
campanhas *offline*, 357-358
campanhas online, 357-358
Candybar, 527-528
capacidade, 189-190
capacidade de servidor, 163-165
capacidades, 400-401
capacidades de processamento, 449-450
capital social, 366-367
captura de mudanças, 170-171

carga de dados, 162
carregar, 173-174
carrinhos de compra abandonados, 352-354
Cary, Carolina do Norte, 97-99
casos aplicados
  AARP, Inc., 204-208
  AMC Networks, 304-308
  American Airlines, Inc., 393
  análise visual, 138-140
  aplicativos de infraestrutura em nuvem, 515-521
  atividade de contagio por gripe, 472-475
  banco de investimento, 450-453
  BP Lubricants, 170-173
  carrinhos de compra abandonados, 352-354
  Cary, Carolina do Norte, 97-99
  CenterPoint Energy, 42-43
  Centro Médico da University of Tennessee, 399-401
  Cosan, 422-425
  Czech Insurers' Bureau (CIB), 301-303
  dados alternativos, 444-447
  Dallas Cowboys, 136-137
  decisões de cronograma para o setor de produção, 426-429
  Dell, 235-238
  Departamento de Tecnologia do Michigan, Gestão e Orçamento, 192
  eBay, 460-462, 464
  Electrabel GDF SUEZ, 138-140
  empresa de barras de aço especiais, e prazos de promessa de entrega, 29-30
  evasão escolar, 78-86
  Expedia.com, 215-217
  ExxonMobil, 383-384
  Federal Emergency Management Agency (FEMA), 115-116
  Filmes de Hollywood, 277-281
  financiamento de terroristas, 244-246
  Great Clips, 523-524
  Influence Health, 264-268
  Ingram Micro, 385-388
  Instrumentation Laboratory, 72-76

intervenções em hepatite B, 416-419
Lenovo, 315-317
lesões esportivas, 27-29
levantamento de literatura científica, 323-326
Lotte.com, 352-354
Macfarlan Smith, 119-122
mentiras, 310-314
Metro Meals on Wheels Treasure Valley, 395-398
padrões de doenças, 474-477
Pennsylvania Adoption Exchange, 394-397
pesquisa oncológica, 248-252
Pitney Bowes e General Electric, 503-505
prestadores de serviços móveis, 158-161
Quiznos, 527-528
resultados de disputas de título pela NCAA, 105-111
Rockwell Automation, 497-500
Sabre, 17-20
Salesforce, 485-486
Siemens, 26-27
Silvaris Corporation, 25-26
SilverHook, 496-498
Starbucks, 525-526
Target, 282-283
Teradata® Analytics, 176-180
Tito's Handmade Vodka, 362-363, 365-366
Twitter, 462, 464-465
Visa, 230-233
Wimbledon, 328-333
categorias de modelos, 384-385, 387-389, 386-388t
categorização, 298-299, 321-322
categorização de texto, 321-322
CDR. *Ver* registros detalhados de telefonemas (CDR)
Center for Health Systems Innovation, 474-476
CenterPoint Energy, 42-43
Centers for Disease Control and Prevention (CDC), 33-35
Central Intelligence Agency (CIA), 310-311
centralidade, 92-94, 362, 365-366
Centro Médico da University of Tennessee, 399-401
Centro Médico Dartmouth--Hitchcock, 517-518

Centro Médico MD Anderson, 515-517
centroide, 269-270
Cerner, 47-49
Cerner Corporation, 474-476
certeza, 391-393
Chime, 520-521
ciclo BPM fechado, 202-208, 202-203f
ciência computacional, 30-31
ciência de dados, 19-20, 384-385, 387
    departamento, 538-539
    versus análise da Web, 30-32
ciência de rede, 30-31
cientista de dados, 455-456, 543-548
CIO Insight, 55-56
circuito fechado de vigilância (CCTV), 39-40
círculos sociais, 366-367
Citibank, 154-155
classes aglomerativas, 268-269
classes divisórias, 268-269
classificação, 235, 238-266, 321-322, 386-388
    algoritmos genéticos, 235, 238-240
    análise estatística, 260-261
    análise por árvore de decisão, 260-261
    área sob a curva ROC, 260-261
    bootstrapping, 259-260
    classificadores bayesianos, 261-262
    conjuntos aproximados, 235, 238-240
    deixar um de fora, 259-260
    de polaridade N-P, 334-336
    divisão simples, 258-260, 258-259f
    jackknifing, 259-260
    parâmetros comuns de precisão, 258-259f
    precisão do modelo de classificação, 256-261, 258-259f
    raciocínio baseado em casos, 260-261
    redes neurais, 260-261
    técnicas, 260-262
    validação cruzada *k-fold*, 259-260
classificadores bayesianos, 261-262
ClickFox, 470-471
clickstream, 465-466

cliques, 366-367
Cloudera, 462, 464, 518-520
Cloze, 528-529
CNN, 192
codificações, 208-209
código de barras, 501-502
coeficiente de agregação, 366-367
coeficientes de entrada/saída (tecnologia), 400-401
coeficientes de função objetiva, 400-401
coeficientes de regressão logística, 105
coesão, 366-367
Cognos, 17-18, 155-156
colaboração, 9-10
coleção, 336-337
coleta, agregação e distribuição de dados especializados, 46-47
colheita de informações, 233-234
    ver também mineração de dados
comentários de usuário de negócios, 142-143
comércio eletrônico, 334-335, 352-357, 483-485
compactação, 75-77, 336-337
companhias aéreas, 243-245
comparador/ranqueador de documentos, 348-349
componentes, 43-44
componentes mais especializados, 22-23
comportamento politicamente ingênuo, 189-190
compreensão de linguagem natural, 307-308
compressão temporal, 417-419
computação afetiva, 327-328
computação de alto desempenho, 129-130, 447-449
computação e análise em tempo real, 189-190
computação em grade, 447-449
computação em memória principal, 477-478
computação em névoa, 502-504
computação em nuvem, 44-46, 194-196, 506-509
    análise de dados como serviço (AssS), 513-516
    aplicações ilustrativas de análise de dados, 515-521
    dados como serviço (DaaS), 509-511

infraestrutura como serviço (IaaS), 508-512
modelos de implementação em nuvem, 511-513
pilha tecnológica como serviço, 511-512f
plataforma como serviço (PaaS), 508-511
principais fornecedores de nuvem, 512-515
sistema de suporte orientado por nuvem, 509-510f
software como serviço (SaaS), 510-511
tecnologias essenciais, 511-512
virtualização, 511-512
Computer Associates, 180-181t
Computer Sciences Corporation (CSC), 115-116
Comscore, 46-47
comunicação em grupo, 9-10
conceito/princípio "entra lixo/sai lixo (GIGO)", 61-62
conceitos, 299-300
concertação de dados, 88-89
conclusões, 87-88
condutores de valor, 208-209
conexões, 362, 365-366
conferências manuais de qualidade, 73-75
confiabilidade, 67-68
confiabilidade da fonte de dados, 67-68
confiança, 272-273
conformidade regulatória, 73-75
conhecimento, 65-66
conhecimento profundo, 294-295
conhecimento superficial, 294-295
conjunto de teste, 258-259
conjunto de treinamento, 258-259
conjuntos aproximados, 235, 238-240, 261-262
conjuntos de árvore de decisão do tipo *bagging*, 261-262
conjuntos de árvore de decisão do tipo *boosting*, 261-262
conjuntos de modelos heterogêneos, 261-263
consistência, 73-75
consistência de dados, 67-68
consolidação de dados, 75-76, 78t

construção de modelo, 248-252
construção de narrativa, 131-133
consultas SQL, 162-163
contabilidade, 390-391t
Contenko, 350-352
conversão de texto em fala, 307-308
conversões, 359-360
cookies, 532-534
Cornell Movie-Review Data Sets, 338-339
corpus, 299-300, 318-320
correlação, 99-100
corretagens, 243-244
Cosan, 422-425
CRISP-DM (Cross-Industry Standard Process for Data Mining), 27-29, 246-247, 246-247f, 317-318
CRM. *Ver* gestão de relacionamento com o cliente (CRM)
Crystal Ball, 421-422
cubo, 187-188
cultura de tomada de decisão baseada em fatos, 447-449
curtose, 94
curva ROC, 260-261, 260-261f
custo da solução, 449-450
Cutting, Doug, 469-470
Czech Insurers' Bureau (CIB), 301-303

D

DaaS. *Ver* dados como serviço (DaaS)
dados, 11-12, 46-47, 70-71
  Big Data. *Ver* Big Data
  dados do *continuum* de conhecimentos, 65-66, 66-67f
  esquemas de representação, 72-73
  formato de uma distribuição, 92-94
  identificação e seleção, 247-248
  integração, 466-467
  narrativa com, 131-133, 133f
  natureza dos dados, 65-70
  nível de preparação dos dados, 67-70
  proposição de valor, 66-67
  simples taxonomia dos dados, 70-73, 70-71f
  tarefas relacionadas a dados, 67-68
  tipos de dados, 70-72

tipos de variáveis, 72-73
transporte de, 173-174
volume de dados, 441-442
dados alternativos, 444-447
dados assimétricos, 89-90
dados biométricos, 535-536
dados categóricos, 70-71, 240-241
dados como serviço (DaaS), 509-511
dados consistentes, 67-68
dados de identificação por radiofrequência (RFID – *radio-frequency identification data*), 21-22, 243-244, 425-429, 498-503
dados de imagens, 71-72
dados de imagens de satélite, 444-445
dados de sensores, 494-496
dados de vídeo, 71-72
dados de voz, 71-72
dados demográficos, 45-47
dados dinâmicos, 71-72
dados do mundo real, 75-76
dados em série temporal, 111-112f
dados espaciais, 71-72
dados estáticos, 21-22, 71-72
dados estruturados, 70-71, 299-300
dados externos, 189-190
dados genômicos, 230-231
dados geoespaciais, 521-522
dados históricos, 156-158
dados internos voltados para registros, 189-190
dados intervalares, 71-72, 240-241
dados meteorológicos, 45-47
dados multiestruturados, 467-469
dados não estruturados, 70-71, 299-300
dados nominais, 70-71, 247-248
dados numéricos, 71-72, 88-89, 247-248
dados obsoletos, 156-158
dados ordinais, 71-72, 247-248
dados primários, 241-242
dados qualitativos, 247-248
dados quantitativos, 247-248
dados racionais, 71-72
dados secundários, 241-242
dados semiestruturados, 70-71
dados sensoriais, 243-244
dados sobre saúde, 44-45
dados *soft*, 233-234

Índice

dados sujos, 75-76
dados textuais, 71-72, 337-339
Dallas Cowboys, 136-137
dashboard executivo, 135-137, 135-136f
Dashboard Spy Web, 138-139
dashboards, 15-17, 135-143
   análise, 138-139
   análise da Web, 359-360f
   análise de dados guiada, 142-143
   apresentação de informações, 142-143
   benchmarks, 140-141
   características, 140-141
   comentários de usuário de negócios, 142-143
   construto visual, 142-143
   design, 138-139
   especialista em usabilidade, 142-143
   gestão, 138-139
   melhores práticas para o *design* de *dashboards*, 140-141
   metadados contextuais, 140-141
   monitoramento, 138-139
   priorização de alertas/exceções, 142-143
   ranqueamento de alertas/exceções, 142-143
Data Advantage Group, 180-181t
data mart (DM), 156-158
data mart dependente, 156-158
data mart independente, 156-158, 166-170, 167f
Data Science Central, 39-40, 54-55
data warehouse, 9-10, 15-17, 45-46
   abordagens modernas, origem das, 15-17
   administração, 193-195
   aplicações baseadas na Web, 156-158
   armazenamento de dados em tempo real (RDW), 12-14, 198-199
   armazenamento de dados no momento certo, 12-14
   arquitetura cliente/servidor, 156-158
   arquiteturas, 162-170, 162-167f
   características de, 155-158
   casos de uso, 465-467
   e Big Data, 464-470
   estrutura relacional, 156-158
   estruturas multidimensionais, 156-158
   fornecedores, 180-181t
   fornecimento, 194-196
   fraude fiscal, alvos, 149-153
   futuro da, 194-202
   infraestrutura, 198-199
   integração, 156-158
   metadados, 156-158
   não volátil, 156-158
   orientação temática, 155-158
   participação do usuário, 190-191
   perspectiva histórica, 154-156, 154-155f
   privacidade, 193-194
   problemas de implementação, 188-194
   processo, 160-163
   questões de segurança, 193-195
   riscos, 189-190
   soluções "tudo em um", 198-199
   tempo real, 156-158
   valor comercial de, 182-184
   variável no tempo (série temporal), 156-158
data warehouse, 19-21, 149, 153-154
   abordagem de *data mart*, 180-184
   abordagem EDW, 179-181, 182-184t, 184-185, 187t
   abordagens de desenvolvimento, 179-184
   ampla variedade de dados, 20-21
   análise de dados, 186-187
   arquitetura estrela, 166-169, 167f
   benefícios diretos, 175-176
   benefícios indiretos, 175-176
   centralizado, 166-168, 167f
   como componente do sistema BI, 15-17
   da empresa como um todo (EDW), 166-168
   dados provenientes de, 12-14
   data mart (DM), 156-158
   desempenho, 466-467
   desenvolvimento, 175-189
   DSSs baseados em DW, 12-14
   empresariais (EDW), 158-159
   escalabilidade, 190-194
   federado, 166-169
   ferramentas migração de dados, 165-166
   fornecedores, 45-46
   gestor, 189-190
   gigantescos, 9-11, 190-194
   hospedado, 184-185
   migração de dados, 174-175
   modelos de DW de sistemas tradicionais de BI, 21-22
   referencial e opiniões, 162f
   representação de dados, 184-187
   soluções de DW, 45-46
   tomada de decisão embasada por dados, 162f
   ver também armazenamento de dados
   versus Hadoop, 464-469
   versus lagos de dados (*data lakes*), 197-198t
data warehouse baseados na Web, 163-165, 165-166f, 190-191
data warehouse centralizado, 167f, 169-170
data warehouse de duas camadas, 162-163, 163-165f
data warehouse em três camadas, 162-165, 162-163f
Datameer, 470-471
DataMirror, 180-181t
DataStax Enterprise, 460-462, 464, 470-471
Davenport, Thomas H., 2-4, 229-230, 543-544
DB2, 165-166
Decision Support Systems (periódico), 55-56
decisões de cronograma para o setor de produção, 426-429
decisões sobre prazo de promessa de entrega (ATP), 29-30
decisões sobre preços, 385-388
decomposição em valores singulares (SVD – *singular value decomposition*), 301-302, 321-322
DeepQA, 294-295, 295-297f
defeitos, 213-214
defeitos por milhão de oportunidades (DPMO), 213-214
defesa, 243-244
deixar um de fora, 259-260
Dell, 180-181t, 235-238, 301-302, 470-471
Dell Statistica, 72-76, 237-238, 275-276t
Demirkan, Haluk, 508-509
demos, 55-56

572 Índice

densidade, 362, 365-366
Departamento de Polícia do Condado de Miami-Dade, 225-230
Departamento de Segurança Nacional dos EUA, 310-311, 532-535
Departamento de Tecnologia do Michigan, Gestão e Orçamento, 192
depósitos de dados operacionais (ODS – *operational data store*), 158-159
Descartes Labs, 444-445
descoberta de conhecimento em bases de dados (KDD), 253-254, 255f
descoberta de conhecimento em bases de dados textuais. *Ver* mineração de texto
desempenho de serviços, 208-209
desempenho junto a clientes, 208-209
desenvolvedores de software de análise de dados, 46-49
desenvolvedores gráficos, 50-52
desvio absoluto médio, 90-91
desvio-padrão, 90-94
detalhes demográficos, 522-523
detecção de embuste, 310-314, 313-314t
detecção de sentimentos, 334-335
detector automático de interações qui-quadrado (CHAID), 263-264
Devlin, Barry, 155-156
diagrama de caixa, 91-94
diagrama de caixa e fios de bigode, 91-94, 91-92f
diagrama de influência, 388-389
diagramas
 diagrama de bolhas, 123-125
 diagrama de linhas, 122-123
 diagrama de PERT, 123-125
 diagramas básicos, 122-123
 diagramas de Gantt, 123-125
 diagramas especializados, 123-126
 escolha de, 125-127
 gráficos de barras, 122-123
 gráficos de pizza, 122-123
 taxonomia, 125-126, 126-127f
 ver também gráficos

diagramas de rede, 123-125
dicionário, 318-320
dicionário de termos, 299-300
DigitalGlobe, 444-445
dinâmica de sistemas, 420-421
discretização, 75-77, 240-241
dispersão, 89-90, 94f
disponibilidade de habilidades, 449-450
dispositivos portáteis, 7-8
distância, 362, 365-366
distorção (viés), 75-77
distribuição normal, 92-94, 94f
distribuição unimodal, 94
distribuições, 362, 365-367
distribuições contínuas, 420-421, 421-422t
distribuições discretas, 420-421, 421-422t
Distrito Escolar da Filadélfia, 379-381
dividir, 187-188
"dividir e segmentar", 187-188
divisão simples, 258-260, 258-259f
divulgação de informação, 113-116
DMAIC, 213-214
documentos de treinamento, 337
doenças infecciosas, 472-473
Dogpile, 350-352
downloads, 356-357
DPMO. *Ver* defeitos por milhão de oportunidades (DPMO)
dragagem de dados, 233-234
 ver também mineração de dados
DSS Resources, 55-56
DuckDuckGo, 350-352
Dundas BI, 26-27

E
EAI. *Ver* integração de aplicativos empresariais (EAI)
eBay, 460-462, 464, 483-485, 513-515
Economining, 338-339
ecossistema de análise de dados, 42-43, 43-44f
 agências certificadas, 50-53
 analista, 49-52
 desenvolvedores de aplicativos, 47-50
 desenvolvedores de aplicativos de ramos específicos, 47-50

desenvolvedores de aplicativos genéricos, 47-50
desenvolvedores de software de análise de dados, 46-49
fornecedores de *data warehouse*, 45-46
fornecedores de infraestrutura de geração de dados, 44-45
fornecedores de infraestrutura de gerenciamento de dados, 44-46
fornecedores de middleware, 45-46
influenciadores, 49-52
instituições acadêmicas, 50-53
metáfora da flor, 43-44
organizações usuárias de análise de dados, 52-54
prestadores de serviços de dados, 45-47
reguladores, 52-53
responsáveis pelas políticas, 52-53
visão geral, 42-45
efeito marola, 370-371
efeitos ambientais, 522-523
efeitos meteorológicos, 522-523
eficiência processual, 10-11, 449-450
EII. *Ver* integração de informações empresariais (EII)
EIS. *Ver* sistemas de informações executivas (EISs)
elasticidade de preço, 38-39t
Electrabel GDF SUEZ, 138-140
Electronic Product Code (EPC), 501-502
elevação (*lift*), 272-273
email baseado na Web, 508-509
embaixadores, 50-52
embaixadores da análise de dados, 50-52
Embarcadero Technologies, 180-181t
embasamento de decisões
 desenvolvimentos, 9-11
 ética, 535-537
 evolução das necessidades de, 9-11
 evolução de apoio de decisões computadorizado, 11-15, 11-12f
EMC Greenplum, 133-134, 470-471

empresas de avaliação de crédito e divulgação de classificações, 49-50
empresas de software estatístico, 46-47
empresas de telecomunicação (telecoms), 158-161
ensaio de Bernoulli, 103-104
"entendendo os clientes", 229-230
entrada imperfeita, 303-304
entrada irregular, 303-304
entropia, 264-266
ênuplas, 481-482
envenenamento de mecanismo de busca, 349-351
EPCglobal, Inc., 501-502
equipamento de *data warehouse*, 198-201
equipamentos (*appliances*), 447-449
equipamentos de exploração de gás e petróleo, 497-500
equipamentos médicos, 486-487
"era dos petabytes", 520-521
ERP. *Ver* planejamento de recursos empresariais (ERP)
erro absoluto médio (EAM), 111-112
erro percentual absoluto médio (EPAM), 111-112
erro quadrático médio (EQM), 111-112
erros, 111-112
escalabilidade, 189-194, 256-258
escrita em língua estrangeira, 307-308
especialista em usabilidade, 142-143
especialistas na área, 12-14, 285-286
esportes, 245-246
esquema em estrela, 184-187, 186-187f
esquema em flocos de neve, 186-187, 186-187f
ESRI, 46-47, 522-523
estado da natureza, 413-414
estatística, 30-31, 86-88
    estatística inferencial, 87-88, 94, 99-112
    pacotes de software estatístico, 94
    versus mineração de dados, 241-242

estatística de conversão, 358-360
estatística descritiva, 87-89, 94
    desvio absoluto médio, 90-91
    desvio-padrão, 90-92-94
    diagrama de caixa e fios de bigode, 91-94, 91-92f
    faixa interquartis, 90-92
    faixas, 90-91
    formato de uma distribuição, 92-94
    média aritmética, 88-90
    mediana, 89-90
    medidas de dispersão, 89-90
    medidas de tendência de centralidade, 88-89
    Microsoft Excel, 95-98
    moda, 89-90
    papel na análise de negócios, 87-89
    para análise de dados descritiva, 87-89
    quartis, 90-92
    variância, 90-91
estatística inferencial, 87-88, 94, 99-112
estimativa de rotação, 259-260
estimativa disseminada de confiança, 294-295
estimativa por amostra de teste, 258-259
estratégia, 20-22, 202-204, 207-208, 447-449
estratégia de armazenagem, 179-180
estratégia de marketing na Internet, 349-351
estratégia de negócios, 20-22
estratégia de TI, 447-449
estrutura da história, 131-133
estrutura organizacional, 538-539
ética, 535-537
etiquetas ativas, 499-502
etiquetas passivas, 499-501
ETL. *Ver* extração, transformação e carga (ETL)
EUROPOL, 310-311
evangelistas, 50-52, 478, 480-481
evangelistas da análise de dados, 50-52
evasão de clientes, 436-440
evasão escolar, 78-86
exabytes (EB), 439-442
Executive's Guide to the Internet of Things, 505-507

exército napoleônico, 118f
exigências regulatórias, 170-171
expectativas, 189-190
Expedia.com, 214-217
Experian, 46-47
experiência, 1
experiência dos clientes, 449-450
experimentação, 30-31
explorar, 1
exposição, 1
expressões da moda, 15-17, 29-30
extração, 173-175
extração de conhecimentos, 233-234
    ver também mineração de dados
extração de dados, 162
extração de informações, 298-299
extração de opiniões, 327-328
extração de relatórios periódicos, 190-191
extração do radical das palavras, 299-300, 320-321
extração, transformação e carga (ETL), 113-114, 171-176, 173-174f
extrair/transferir/carregar atualização de lote, 21-22
extranet, 163-165
ExxonMobil, 383-384

F
fabricação, 243-244, 390-391t
Fabricação Enxuta (Produção Enxuta/Lean), 213-214
fabricantes, 243-244
Facebook, 49-50, 444-445, 455-456, 534-537
facilidade de atualização, 367-368
faixa interquartis, 90-92
fazer o pivô, 187-188
fechamento de rede, 362, 365-366
federação de dados, 170-171
Federal Communications Commission (FCC), 52-53
Federal Emergency Management Agency (FEMA), 115-116
Federal Trade Commission (FTC), 52-53
ferramenta de consulta a *front-end*, 467-469

Índice

ferramenta de modelagem de usuário final, 394-395
ferramentas baseadas em eXtensible Markup Language (XML), 166-168, 173-174
ferramentas de classificação, 235, 238-240
ferramentas de Deep Learning, 277-278
ferramentas de gerenciamento de dados baseados na Web, 170-171
ferramentas de middleware, 162-163
ferramentas de reconhecimento de voz, 49-50
ferramentas de software de mineração de dados, 274-278, 275-276f
ferramentas de transformação de dados, 174-175
ferramentas de visualização, 25-26, 233-234
ferramentas Hadoop/Big Data, 275-278
ferramentas interativas de BI, 466-467
FICO, 47-49
Filmes de Hollywood, 277-281
filtragem de spam, 302-303
financiamento de terroristas, 244-246
FirstMark, 44-45
fiscalização de leis, 244-246, 486-487
física nuclear, 230-231
Flume, 456-457
fontes de dados, 162, 174-175
fontes de dados externos, 45-46
fontes de tráfego, 357-358
fornecedores, 55-56
fornecedores de economia compartilhada, 49-50
fornecedores de infraestrutura de geração de dados, 44-45
fornecedores de integração de dados proprietários, 470-471
fornecedores de middleware, 45-46
fornecedores híbridos de BAM--middleware, 21-22
Forrester, 50-52, 479-480
fraude
 detecção, 267-268
 fiscal, 149-153
 mecanismo de detecção, 47-50
 redução de, 230-233
fraude fiscal, 149-153
frequência, 367-368
frequência de palavras, 299-300
Frontline Systems, Inc., 47-49, 380-381
função logística, 105, 105f
função objetiva, 400-401
funcionalidade, 20-21
fusões, 170-171

G

Galton, Francis, 99-100
ganho de informação, 264-266
Gapminder, 126-128, 130f
Gartner Group, 15-17, 50-52
Gartner, Inc., 20-21, 127-130, 361-362, 440-442, 476-477, 479-480, 510-511
GE Predix, 503-505, 515-516
gegobytes (GeB), 441-442
General Electric, 503-505
geocodificação, 523-524
geografia, 358-359
Gephi, 46-47, 462, 464
geração de candidatos, 272-274
geração de linguagem natural, 307-308
geração de relatórios empresariais, 113-116
gerenciamento de banco de dados relacional (RDBM – *relational database management*), 12-14, 155-156, 165-166, 198-201, 464-465
gerenciamento de dados, 397-398
 aprimorada, e decisões, 9-10
 fornecedores de infraestrutura, 44-46
 tecnologias e práticas, 199-201
gestão, 539-541
gestão de atividades de negócios, 21-22
gestão de cadeia de suprimento (SCM – *supply chain management*), 20-21
gestão de conhecimento, 10-11
Gestão de Decisão FICO, 275-276t
gestão de desempenho de negócios (BPM), 15-17, 201-202
 ciclo BPM fechado, 202-208, 202-203f
 componentes-chave, 201-203
gestão de desempenho, efetiva, 214-215
gestão de fila de espera, 425, 428
gestão de linha de espera, 425, 428
gestão de marca, 333-334
gestão de modelos, 386-388
gestão de processos de negócios, 113-114
gestão de relacionamento com o cliente (CRM), 2-4, 20-21, 241-244, 304-306, 308-309
gestão de rendimento, 243-244
gestão de risco, 301-303, 449-450
gestão de trânsito, 44-45
GhostMiner, 275-276t
gigabytes (GB), 440-442, 441-442
Gillette, 501-502
GIS. *Ver* sistemas de informações geográficas (GIS)
Goldman Sachs, 444-445
Google, 40-41, 46-47, 344-346, 350-352, 528-529, 532-534, 541-542
Google Analytics, 46-47, 354-356
Google App Engine, 512-513
Google Compute Engine, 476-477
Google Maps, 119-120
Google/Alphabet, 504-505
Gopal, Vipin, 31-32
governança de dados, 449-450, 478, 480-481
governo, 243-244, 487-488
governo norte-americano, 193-194
gráfico de linha em série temporal, 118f
gráficos
 básicos, 122-123
 bullet graphs, 125-126
 de dispersão, 100-101f, 122-123
 escolha de, 125-127
 especializados, 123-126
 histograma, 92-94, 123-125
 tabelas realçadas, 125-126
 taxonomia, 125-126, 126-127f
 ver também diagramas; mapas
gráficos de barras, 122-123
gráficos de pizza, 122-123
granularidade, 68-70
granularidade de dados, 68-70
Gray, Jim, 465-466

Great Clips, 523-524
Greenplum, 180-181t
Grimes, Seth, 127-128, 130
grindgis.com, 522-523
Gulf Air, 518-520

H

Hadoop, 454-459, 464-470
Hadoop Distributed File System (HDFS), 40-41, 454-456
Hadoop MapReduce, 40-41
Hammerbacher, Jeff, 469-470
hardware e software de computador, 243-244
Harte-Hanks, 180-181t
Harvard Business Review, 543-544
Harvard Business Review Analytic Services, 368-370
Hbase, 456-457
HCatalog, 456-457
Health Insurance Portability and Accountability Act (HIPAA), 67-68, 193-194
heurística, 11-14, 386-388t
hierarquia de documentos, 342-343
hierarquias conceituais, 77-78
Hilcorp Energy, 497-500
histograma, 92-94, 123-125
histórias, 131-133
Hive, 455-456
homofilia, 362, 365-366
homônimos, 299-300
horário do dia, 358-359
Hortonworks, 469-470, 476-477
hotéis/resorts, 243-245
HP, 180-181t
hubs, 343-344
Humana, Inc., 31-37
Humanyze, 534-535, 539-540
Hummingbird Ltd., 180-181t
Hunch, 461-462, 464
Hyperion Solutions, 155-156, 180-181t
hyperlinks, 343-344

I

IA. *Ver* inteligência artificial (IA)
IaaS. *Ver* infraestrutura como serviço (IaaS)
IBM Bluemix, 512-513
IBM Corporation, 45-50, 155-156, 165-166, 192, 266-267, 328-333, 442-443, 470-471, 496-498, 517-520
IBM InfoSphere BigInsights, 180-181t, 470-475, 471-472f
IBM Ireland, 155-156
IBM SPSS Modeler, 275-276t, 278-281
IBM Watson, 10-11, 49-50, 275-276t, 294-297, 330-331, 515-517, 541-543
ID3, 71-73, 263-264
identificação de alvos, 335-337
identificação de interações gene/proteína, 313-315, 315-315f
identificação de polaridade, 336-337
identificação de problemas, 384-385, 387
identificação de variáveis, 384-385, 387
ilhas de dados, 154-155
imediatismo, 367-368
impactos individuais, 168-169
impactos organizacionais, 168-169
implementação, 252-253
incerteza, 392-393, 413-415
inclinação, 101-102
incluir termos, 318-320
independência (de erros), 102-103
independência, 235, 238-240
indexação básica, 466-467
indexação semântica latente, 301-302
indexador de documentos, 347-348
Indiana University Kelly School of Business, 33-34
indicadores de liderança, 208-209
indicadores de retardo (*lagging indicators*), 208-209
indicadores-chave de desempenho (KPIs) 114-115, 140-141, 153-154, 202-204, 207-209, 214-215, 521-522
índice de Gini, 263-266
índices, 320-321
indução de regras, 240-241
indução supervisionada, 235, 238-241
indústria da energia, 481-482f
indústria do entretenimento, 244-245
indústria esportiva, 44-45
indústria turística, 243-245
Influence Health, 264-268
influenciadores, 49-52, 370-371
Info, 350-352
informação como serviço (IaaS), 510-511
informações agregadas, 154-155
informações de localização, 532-534
informações estratégicas sobre localização em tempo real, 526-528
Informatica, 180-181t
Information Builders, 115-116, 179-180
Information Systems Research (ISR), 323-326
Infospace, 350-352
infraestrutura, 20-21, 198-199
infraestrutura como serviço (IaaS), 12-15, 508-512
infraestrutura de dados, 447-449
Ingram Micro, 385-388
Inmon, Bill, 155-156, 168-169, 179-181, 184-185, 187t
INPRIME, 385-386
insight sobre compradores, 38-39t
Insightful Miner, 275-276t
Instagram, 363-365
instituições acadêmicas, 50-53
Institute for Operations Research and the Management Sciences (INFORMS), 23-25, 43-44, 50-52, 381-382, 384, 388-389
Instrumentation Laboratory, 72-76
integração, 479-480
 data warehouse, 156-158
 inteligência de negócios (BI), 22-25
 tecnologias de integração, 171-173
integração de aplicativos empresariais (EAI), 171-173
integração de dados, 170-174, 449-450, 466-467
integração de informações empresariais (EII), 171-174
integração física de dados, 173-174
inteligência artificial (IA), 15-17, 532-534, 541-542

inteligência de negócios (BI), 15-17, 152-153
  análise de custo/benefício, 22-23
  aplicações de BI em tempo real, 21-22
  aquisição de sistemas de BI, 21-23
  arquitetura de, 15-17, 16-17f
  arquitetura de âmbito geral, 16-17f
  definições de BI, 15-17
  departamento, 538-539
  desenvolvimento de sistemas de BI, 21-23
  e análise de negócios, 152-153, 153-154f
  estratégia de negócios, alinhamento com, 20-22
  evolução da, 11-12f
  exercício multimídia 19-20
  fraude fiscal, alvos, 149-153
  história da, 15-17
  integração de sistemas e aplicativos, 22-23
  justificativa, 22-23
  motivações para, 15-17
  origens da, 15-17
  planejamento, 20-22
  privacidade, 22-23
  processamento de transações *versus* processamento analítico, 19-21
  referencial para, 14-23
  segurança, 22-23
  sistemas de BI, 12-14
  tempo real, BI sob demanda, 21-22
inteligência governamental, 333-335
inteligência sobre localização, 522-523
intensidade da ligação, 366-367
interceptação, 101-102
interface de usuário, 15-17
interface gráfica de usuário (GUI), 163-165
Interfaces, 381-382, 384
interferências, 87-88
International Classification of Diseases, 476-477
International Energy Agency (IEA), 444-445
International Telecommunication Union (ITU), 52-53
Internet, 163-165, 531-532
  ver também análise de dados da Web, mineração da Web

Internet das Coisas (IoT), 44-45, 49-50, 293, 494-496
  computação em névoa, 502-504
  considerações gerenciais, 505-507
  crescimento de, 496-497
  ecossistema de *start-ups*, 504-505, 505-506f
  infraestrutura tecnológica, 498-500, 499-501f
  plataformas, 503-504
  sensores de RFID, 498-503
  uso do termo, 496-497
interoperabilidade, 506-507
interpretabilidade, 256-258
intervalo de confiança, 423-425
intervenções em hepatite B, 416-419
intranet, 163-165
investimento financeiro, 390-391t
IoT. *Ver* Internet das Coisas (IoT)
ixQuick, 350-352

J

jackknifing, 259-260
JavaScript Object Notation (JSON), 471-473
JC Penney, 444-445
Jeopardy!, 294-297
JetBlue Airlines, 281-282
jogo entre duas pessoas, 413-414
Journal of Management Information Systems (JMIS), 323-326
JSON Query Language (JAQL), 471-473
Juniper Research, 496-497

K

kaggle.org, 261-262
Kalido, 171-173
KDnuggets.com, 275-278
Kensho, 444-445
kilobytes (KB), 441-442
Kimball, Ralph, 155-156, 168-169, 179-185, 187t
kit de ferramentas SQL Server BI, 46-47
k-means, 240-241, 251-252, 268-270
k-modes, 268-269
KNIME, 46-49, 274-275
Knowledge Miner, 275-276t

KPIs operacionais, 208-209
KPIs. *Ver* indicadores-chave de desempenho (KPI)

L

lacunas estruturais, 366-367
lado direito (LD), 272-273
lado esquerdo (LE), 272-273
lagos de dados (*data lakes*), 195-199
Lanworth, 444-445
leads, 358-359
LeClaire, Brian, 31-32
legislação, 15-17
leiaute de lojas, 38-39t
leitura em língua estrangeira, 307-308
Lenovo, 315-317
lesões esportivas, 27-29
levantamento de literatura científica, 323-326
Lewis, Michael, 2-4
léxico, 336-337
liderança, 540-541
limites cognitivos, 10-11
limpeza de dados, 75-77, 78t, 189-190
linearidade, 102-103
linguagens de programação, 174-175, 277-278
linguagens voltadas para a Web, 30-31
linha de regressão linear, 100-101f
linhas temporais, 68-70
LinkedIn, 30-31, 49-50
links, 54-56
locadoras de veículos, 243-245
lógica difusa, 268-269
logística, 243-244
Lotte.com, 352-354

M

Macfarlan Smith, 119-122
macros, 397-398
Mahout, 456-457
mainframes, 154-155
Major League Baseball, 245-246
Mankind Pharma, 517-520
manutenção baseada em condição, 243-244
mapa de cliques, 357-358
mapas
  de calor, 5-6, 6f, 125-126
  geográficos, 123-125

tree maps, 125-126
 ver também gráficos
mapas auto-organizáveis, 240-241
MapR, 469-470
MapReduce, 40-41, 451-455, 453-454f, 459-460, 467-469, 472-473, 476-477
máquinas de processamento de eventos complexos (CEP), 47-49
máquinas de vetores de suporte (SVMs – *support vector machines*), 235, 238-240
marcação de classes gramaticais, 299-300, 303-304, 315-315
marketing, 390-391t
marketing embasado em dados, 62-65
MarkLogic Server, 450-453
Mars Chocolate Empire, 52-53
Mars, Forrest, 52-53
Maryland, 149-152
matemática aplicada, 30-31
matiz de ocorrências, 301-302
matriz de classificação, 256-258
matriz de confusão, 256-258, 256-258f
matriz de termos por documentos, 301-302, 347-348
matriz termos-documentos (TDM – *term-document matrix*), 318-322, 320-321f
McKinsey, 50-52
McKinsey's Global Institute, 505-507
Meals on Wheels America, 395-398
mecanismos de busca, 344-354, 357-358
　algoritmos, 350-352
　analisador de consultas, 348-349
　anatomia de um mecanismo de busca, 346-349
　ciclo de desenvolvimento, 346-348
　ciclo de resposta, 348-349
　comparador/ranqueador de documentos, 348-349
　e tráfego orgânico de busca, 350-352
　efetividade, 346-347
　eficiência, 346-347
　indexador de documentos, 347-348
　mecanismos de busca mais populares, 350-352
　otimização de mecanismos de busca (SEO – *search engine otimization*), 348-353
　parâmetros de avaliação, 344-347
　rastreadores da Web, 346-348
mecanismos de busca voltados a opiniões, 334-335
mecanismos de busca voltados a revisões, 334-335
média, 88-90, 92-94
média aritmética, 88-90
média de visualizações de página por visitante, 356-357
média móvel, 111-112
média simples, 111-112
média variável ponderada, 111-112
mediana, 88-90, 92-94
médias ponderadas, 268-270
medicamento, 244-245
medição de distância, 268-269
Medicare Advantage, 33-36
medicina embasada em evidências, 302-304
medidas comparativas, 138-139
medidas de dispersão, 89-90
medidas de dispersão/descentralidade, 89-90
medidas de localização ou centralidade, 88-89
medidas de tendência de centralidade, 88-89
megabytes (MB), 441-442
mentiras, 310-314
mercado de *data warehouse* de nova geração, 470-471
mercado de trabalho, 541-542
mercados financeiros, 40-41, 333-334
metadados, 156-159, 162-163
metadados contextuais, 140-141
metas múltiplas, 408-411, 414-415t, 415-416, 418
metas simultâneas, 408-410
métodos de extração de média, 111-112
métodos de mineração de dados, 256-275
　análise de agrupamento, 267-270
　árvores de decisão. Ver árvores de decisão
　classificação, 235, 238-266
　mineração de regras de associação, 269-270-273-274
　modelos conjuntos, 261-263
　métodos manuais, 154-155

métricas de análise de redes sociais, 362-363, 365-366
Metro Meals on Wheels Treasure Valley, 395-398
Microsoft, 46-47, 155-156, 180-181t, 497-500
Microsoft Azure, 512-513, 516-518
Microsoft Cortana Analytics Suite, 517-518
Microsoft Enterprise Consortium, 55-56, 274-276
Microsoft Excel, 94-98, 395-398, 397-399f, 401-404, 421-422
MicroStrategy, 470-471
mídias sociais, 40-41, 49-50, 194-195, 472-475
migração de dados, 165-166, 174-175
Minard, Charles Joseph, 116-117
MineMyText.com, 515-516
mineração da Web, 340-346
　desafios, 340-342
　　mineração de conteúdos da Web, 341-346
　　mineração de estruturas da Web, 342-346
　　mineração de usos da Web, 341-342, 353-360
　taxonomia da, 342-343f
mineração de características de mensagens, 312-313
mineração de dados, 9-10, 12-14, 26-27, 225-226, 233-234, 235, 238-240
　agrupamento, 240-241
　aplicações, 229-246
　associação, 240-241
　benefícios, 233-235
　características, 233-235
　classificação, 235, 238-241
　como funciona a mineração de dados, 234-236
　conceitos, 229-242
　definições, 233-234
　ferramentas de software, 274-278, 275-276f
　ideias por trás, 230-231
　mescla de múltiplas disciplinas, 234-235f
　métodos, 256-275
　mitos e deslizes, 282-286, 283-285f
　objetivos, 233-235
　outros nomes associados a, 233-234

previsão por série temporal, 241-242
previsões, 235, 238-240
processo, 245-256, 246-247f, 253- 255f
proposição de valor, 283-285
questões de privacidade, 281-282
tarefas, categorias de, 235, 238-241
taxonomia para tarefas, métodos e algoritmos, 239-240f
uso do termo, 229-231
versus estatística, 241-242
visualização, 241-242
mineração de dados *ad hoc*, 190-191
mineração de fluxo de dados, 482-485
mineração de fluxos, 47-49
mineração de opiniões, 327-328
mineração de regras de associação, 251-252, 269-274
mineração de texto, 12-14, 298-299
　aplicações, 308-317
　aplicações biomédicas, 313-315
　aplicações de segurança, 308-314
　aplicações em marketing, 308-309
　áreas de aplicação, 298-300
　benefícios de, 298-299
　e gestão de relacionamento com o cliente (CRM – *customer relationship management*), 308-309
　modelos saco de palavras, 302-303
　processamento de linguagem natural (PLN), 302-309
　processo, 317-326
　terminologia, 299-302
mineração sequencial, 240-241
mínimos quadrados ordinários (MQO), 101-102
MIS Quarterly (MISQ), 323-326
MIS. *Ver* sistemas de informação gerenciais (MIS)
moda, 88-90
modelagem baseada em conhecimentos, 386-388
modelagem de custo almejado, 393
modelagem de dados, 190-191

modelagem de decisões com planilhas, 392-399
modelagem dimensional, 184-185, 187
modelagem estatística, 30-31, 86-99
modelagem por regressão, 99-114
　avaliação da elevação (*lift*), 101-102
　correlação *versus* regressão, 99-100
　modelo de efetividade, 101-102
　modelo de regressão linear, 100-104
　previsão por série temporal, 111-112
　regressão logística, 103-111
　regressão simples *versus* múltipla, 100-101
modelagem visual interativa (VIM – *visual interactive visual*), 423-425
modelo de árvore de decisão em cascata, 5-6, 5-6f
modelo de lucros, 390-391
modelo de programação linear (PL), 400-407
modelo de programação por inteiros mistos, 399-401
modelo de regressão linear, 100-104
modelo financeiro, 390-391
modelo simples de fluxo de caixa de valor presente, 390-392
modelos, 11-12, 234-235
modelos baseados em agente, 420-421
modelos conjuntos, 261-263
modelos de árvores de decisão, 26-27
modelos de fusão de informações, 262-263
modelos de implementação em nuvem, 511-513
modelos de redes neurais, 27-29
modelos dinâmicos, 384-385, 387, 425, 428
modelos estáticos, 384-385, 387, 425, 428
modelos matemáticos, 401-403f
　implementação, 407-408
　modelo de programação linear (PL), 400-407
　otimização por programação matemática, 398-408

modelos matemáticos de apoio a decisões
　componentes de, 390-392, 390-391t
　estrutura de, 389-392
　modelo de lucros, 390-391
　variáveis de resultado intermediário, 390-391
　variáveis decisórias, 389-390
　variáveis incontrolável, 389-390
　variável de resultado, 389-390
modelos múltiplos, 262-263
modelos preditivos, 35-37, 386-388t
modelos quantitativos, 389-390, 389-390f, 408-410
modelos saco de palavras, 302-303
moeda, 68-70
Moneyball (Lewis), 2-4, 542-543
monitoramento, 203-204
monitoramento de cadeia de suprimento, 73-75
monitoramento social, 363-364
monitores de software, 21-22
morfologia, 299-300
motivadores, 208-209
Motorola, Inc., 174-175
MPQA Corpus, 338-339
multicolinearidade, 103-104
multiplexidade, 362, 365-366
Murphy, Paul, 155-156
Musixmatch, 49-50
mutualidade, 362, 365-366
MyWebSearch, 350-352

N

National Basketball Association (NBA), 245-246
National Centre for Text Mining, 315-316
National Collegiate Athletic Association (NCAA), 245-246
National Flood Insurance Program (NFIP), 115-116
National Institute of Standards and Technology (NIST), 52-53, 506-507
National Institutes of Health, 315-316
Nature, 315-316
navegador de Internet, 163-165
necessidade comercial, 447-449
negócios, 20-21

Índice **579**

Netezza, 180-181t
NeuroDimensions, 47-49
Nielsen, 46-47
Nike, 49-50
nó de nomes, 455-456
nó em forma de folha, 262-263
nó secundário, 455-456
normalidade (de erros), 103-104
normalidade, 235, 238-240
nós, 476-477
nós em névoa, 502-504, 503-504t
nós escravos, 455-456
NoSQL, 457-462, 464, 470-471
novas unidades organizacionais, 538-539
novidade, 197-198
números serializados de identificação de comércio global (SGTIN – *serialized global trade identification numbers*), 501-502
nuvem, 476-477
nuvem corporativa, 511-512
nuvem de eventos, 482-483
nuvem híbrida, 512-513
nuvem interna, 511-512
nuvem privada, 511513
nuvem pública, 512-513

O

"O Modelo ASP Estendido", 194-195
O'Neil, Cathy, 542-543
objetivo comercial, 246-247
objetivo de aprendizado e crescimento, 211-213
objetivo de processos internos de negócios, 211-213
objetivo do cliente, 211-213
objetivos não financeiros, 211-213
ODS. *Ver* depósitos de dados operacionais (ODS – *operational data store*)
Oklahoma State University, 27-29, 52-53
OLAP. *Ver* processamento analítico online (OLAP)
OLTP. *Ver* processamento de transações online (OLTP)
Omniture, 46-47
Oozie, 456-457
OpenShift, 513-515
oper marts, 158-159
operações de vendas, 208-209
operadores financeiros, 243-244

Oracle Corporation, 17-18, 45-46, 155-156, 165-166, 180-181t, 421-422, 450-451, 470-471
Oracle Data Mining (ODM), 275-276t
Orange Data Mining Tool, 275-276t
Orbital Insights, 444-445
organização, 20-21
organizações usuárias de análise de dados, 52-54
orientação temática, 155-158, 338-339
ORMS Today, 381-382, 384, 425, 428
otimização
  algoritmos, 386-388t
  fórmula analítica, 386-388t
  por programação matemática, 398-408
otimização de estoque, 38-39t
otimização de mecanismos de busca (SEO – *search engine otimization*), 348-353
ouro de tolo, 285-286
Overall Analysis System for Intelligence Support (OASIS), 310-311

P

PaaS. *Ver* plataforma como serviço (PaaS)
pacote de software Toad, 237-238
padrões da indústria, 140-141
padrões de compra dos clientes, 282-283,
padrões de doenças, 474-477
padronização de atributos codificados, 174-175
páginas com autoridade, 343-344
palavras de parada (*stop words*), 299-300, 318-320
palavras-chave, 358-359
Palisade.com, 421-422
paralelismo em massa, 294-295
parâmetros de Dias Saudáveis, 34-35
parâmetros incontroláveis, 389-390
ParkPGH, 528-529
particionamento, 165-166
Patil, D. J., 30-31, 543-544
patrocínio, 447-449
patrono executivo, 447-449

Pearson, Karl, 99-100
Pennsylvania Adoption Exchange, 394-397
Penzias, Arno, 229-230
perda catastrófica, 414-415
perecíveis, 502-503
perfis de página de destinação, 358-359
perfis dos visitantes, 358-359
periódicos, 55-56
perspectiva de aprendizado e crescimento, 210-211
perspectiva de processos internos de negócios, 210-211
perspectiva do cliente, 209-211
perspectiva financeira, 210-211
pesquisa oncológica, 248-252
pesquisa operacional (PO), 11-12
  modelo matemático, desenvolvimento de, 416-417
  modelos de PO, 11-12
  software, 47-49
petabytes (PB), 193-194, 440-442
pétalas, 43-44
Pig, 456-457
Pitney Bowes, 503-505
PL. *Ver* programação linear (PL)
planejamento, 20-22, 203-204, 371
planejamento de recursos empresariais (ERP), 12-14, 20-21
planilhas, 392-399
plano de vendas, 208-209
plano estratégico, 203-204
plano operacional, 203-204
planos de saúde, 35-36
plataforma como serviço (PaaS), 508-511
plataforma em nuvem, 503-504t
plataforma Red Hat JBoss Enterprise Application, 518-520
plataformas de smartphone, 527-529
Playfair, William, 116-117, 118f
PLN. *Ver* processamento de linguagem natural (PLN)
plotagem de frequência, 92-94
Pokémon Go, 527-528
Polaridade O-S (Polaridade Objetividade-Subjetividade), 334-335
"polarização" do mercado de trabalho, 541-542
polissemia, 299-300
política, 333-334

PolyAnalyst, 275-276t
ponte, 362, 365-366
ponto de equilíbrio, 412-413
ponto único, 262-263
pontos de acesso a Wi-Fi, 532-534
prazos, 208-209
precisão, 67-68, 258-259, 258-259t, 371
precisão de busca, 322-323
precisão do conteúdo de dados, 67-68
precisão geral do classificador, 256-258
precisão preditiva, 256-258
preços dinâmicos, 3-5, 3-5f
Prêmio de Liderança em Análise de Dados, 33-34
preparação de dados, 247-250, 283-285
  ver também processamento de dados
prestadores de serviços de dados, 45-47
prestadores de serviços móveis, 158-161
previsão, 99-100, 235, 238-240, 384-385, 387
previsão de difusão de doenças, 522-523
previsão de vendas, 208-209
previsão por série temporal, 111-112, 241-242
previsões, 99-100, 235-236, 238-240
privacidade, 529-532
  coleta de informações, 531-534
  data warehouse, 193-194
  inteligência de negócios (BI), 22-25
  mineração de dados, 281-282
  privacidade de dados, 67-68
  privacidade de usuário móvel, 532-534
  problemas de tecnologias recentes, 534-535
  propriedade de dados privados, 535-536
  segurança nacional, 532-535
privacidade de usuário móvel, 532-534
processamento analítico, 19-21
processamento analítico online (OLAP – *online analytical processing*), 9-10, 20-21, 87-88, 113-114, 186-188, 187-188f, 397-398

processamento de dados, 75-76, 247-250
  arte e ciência, 75-86
  essência de, 77-78, 78t
  etapas, 75-77f
  proposição de valor de, 77-78
  propósito de, 247-250
processamento de eventos complexos (CEP), 482-483
processamento de eventos críticos, 482-483
processamento de linguagem natural (PLN), 297-298, 302-309, 330-331
processamento de transações online (OLTP – *online transaction processing*), 19-20, 113-114, 174-175, 186-188, 187-188f
processamento paralelo, 165-166, 192-194
processamento paralelo massivo (MPP – *massively parallel processing*), 50-52
processo de detecção de embustes baseado em texto, 312-313f
processo de mineração de dados, 245-256
  avaliação, 252-253
  compreensão de dados, 247-248
  compreensão dos negócios, 246-247
  construção de modelo, 248-252
  CRISP-DM, 246-247, 246-247f
  implementação, 252-253
  outros processos e metodologias padronizados, 252-255
  preparação de dados, 247-250
  ranking dos processos e metodologias, 255f
  teste, 252-253
processo de mineração de texto, 317-326
  agrupamento, 321-323
  análise de tendências, 322-324
  associação, 322-323
  classificação, 321-322
  corpus, estabelecimento de, 318-320
  diagrama de contexto, 317-318f
  extração de conhecimento, 321-324

matriz termos-documentos (TDM – *term-document matrix*), 318-322, 320-321f
  redução de dimensionalidade de matriz, 320-322
  representação de índices, 320-321
  três passos/tarefas, 318-320f
processos de planejamento e orçamento financeiro, 203-204
processos judiciais envolvendo privacidade, 281-282
ProClarity, 155-156
produção, 243-244
produtividade, 528-529
produtos, 55-56
produtos de serviço de seguro, 270-272
programa, 400-401
programa de certificação de Profissional Certificado de Análise de Dados, 50-52
programabilidade, 397-398
programação linear (PL), 398-399
programação matemática, 398-399
programas de certificação, 50-52
projeções, 444-447
projeto de base de dados transacional, 189-190
pronto para análise, 66-67
propagandas dinâmicas, 334-335
propinquidade, 362, 365-366
proteômica por espectrometria em massa, 313-314

Q

Quadrante Mágico para Plataformas de Inteligência de Negócios e Análise de Dados, 50-52, 127-130, 476-477
Qualia, 49-50, 534-535
qualidade, 366-368
qualidade de dados, 65-67, 174-175
qualidade de informação, 168-169
qualidade do sistema, 168-169
quartis, 90-92
quedas, 31-34
quedas acidentais, 31-34
questões legais, 529-532
Quiznos, 526-528

Índice **581**

R

R (plataformas de código aberto), 46-49, 275-276, 462, 464
R^2 (*R quadrado*), 101-102
raciocínio baseado em casos, 260-261
Raiz do Erro Quadrático Médio (REQM), 101-102
ramo, 262-263
Random Forest, 261-262, 275-276t
RapidMiner, 46-49, 274-276
Rapleaf, 534-535
rastreador de tarefas, 455-456
rastreadores da Web, 342-343, 346-348
rastreamento de tópicos, 298-299
Rathi, Abhishek, 36-37
RDBM. *Ver* gerenciamento de banco de dados relacional
realidade aumentada, 527-528
recall, 258-259t
recessão, 194-195
reciprocidade, 362, 365-366
reconhecimento de fala, 307-308
reconhecimento óptico de caracteres, 307-308
recuperação de dados, 165-166
recursos, 54-56
Red Brick Systems, 155-156
rede de amigos, 476-477
redes comunitárias, 362-363
redes criminosas, 362-363
redes de comorbidade, 477-478f
redes de comunicação, 361-363
redes de inovação, 362-363
redes neurais, 26-27, 235, 238-241, 260-261, 268-269
redes sociais, 159-160, 361-362
redução de custos, 159-160, 449-450
redução de dados, 77-78, 78t
redução dimensional, 77-78
reestruturação industrial, 540-542
Regional Neonatal Associates, 399-400
registros detalhados de telefonemas (CDR), 483-485-485-486
registros médicos, 270-272
regra de associação, 322-323
regras de cálculo, 174-175
regras de sumarização, 174-175
regras e salvaguardas de Gramm-Leach-Bliley, 193-194
regras empresariais, 174-175

regras "se, então, senão", 11-14
regressão, 99-100, 256
 ver também modelagem por regressão
regressão linear, 101-102
 ver também modelo de regressão linear
regressão linear múltipla, 101-102
regressão logística, 26-27, 86, 103-111, 235, 238-240
regressão logística ordinal múltipla, 71-72
regressão múltipla, 86, 100-101
regressão simples, 100-101
regulação, 15-17
reguladores, 52-53
relações sequenciais, 235, 238-240
relatório, 113-114
relatórios de parâmetros de gestão, 114-115
relatórios do tipo *dashboards*, 114-115
relatórios empresariais, 113-114
relevância, 68-70
relevância de dados, 68-70
remodelamento organizacional, 539-540
RENFE, 494-495
representação categórica, 71-72
representação matemática, 88-89
representação numérica, 71-72
reserva, 258-259
responsáveis pelas políticas, 52-53
resposta a perguntas, 299-300, 307-308
restrições, 317-318, 390-391, 400-401
resultados de disputas de título pela NCAA, 105-111
resultados finais, 208-209
retenção de clientes, 159-160
retorno de busca, 322-323
retorno sobre o investimento (ROI – *return on investment*), 235-238, 356-357
revisão textual, 307-308
revista *Analytics*, 381-382, 384
revista *Time*, 534-535
Revolution Analytics, 46-47
riqueza de dados, 67-68
risco, 392-393
 data warehouse, 189-190
 perda catastrófica, 414-415

@RISK, 421-422
robusteza, 256-258
Rockwell Automation, 497-500
ROI. *Ver* retorno sobre o investimento
rolar para cima, 187-188
rótulo de classe, 262-263
RS Metrics, 444-445
Rulequest, 47-49

S

SaaS. *Ver* software como serviço (SaaS)
Sabre Corporation, 17-18
Sabre Technologies, 49-50
Salesforce, 485-486
Sam M. Walton College of Business, 275-276
Samworth Brothers Distribution, 502-503
SAP, 45-46, 176-180
SAP InfiniteInsight (KXEN), 275-276t
Sarbanes-Oxley Act, 15-17
SAS Enterprise Miner, 275-276t
SAS Institute, Inc., 23-25, 45-49, 98-99, 129-130, 133-134, 155-156, 170-171, 180-181t, 231-233, 252-253, 315-317, 352-354, 477-478
SAS Visual Analytics, 129-130, 133-135, 133-135f, 139-140, 477-478, 515-516
SAS Visual Statistics, 515-516
Schmidt, Eric, 350-352
SCM. *Ver* gestão de cadeia de suprimento
Securities and Exchange Commission, 114-115
segmentação, 366-367
segmentação de mercado, 267-268
segmentação de texto, 303-304
segmentar, 187-188, 188-189f
segurança, 506-507
 cibernética, 486-487
 data warehouse, 193-194, 197-198
 de dados, 67-68
 inteligência de negócios (BI), 22-25
segurança nacional, 244-246, 532-535
seguro, 243-244
Seis Sigma, 211-217
seleção de variáveis, 77-78
sementes, 347-348

582 Índice

SEMMA, 252-254, 253-254f
seniores, 31-34
sensores (de temperatura) habilitados por RFID, 502-503
sensores, 44-45
sentimento explícito, 328-329
sentimento implícito, 328-329
SentiWordNet, 337
SEO de chapéu branco, 349-351
SEO de chapéu preto, 349-352
serviços, 390-391t
serviços bancários, 270-272
serviços de saúde, 486-487
serviços financeiros, 486-487
serviços granularizados de SOA, 171-173
serviços na Web, 21-22
setor bancário, 243-244, 450-453
setor energético, 486-487
setor varejista, 36-40, 230-231
setores, 43-44
setores de atendimento de saúde, 36-40
setores financeiros, 230-231
Shazam, 49-50
shells, 21-23
Siemens, 26-27, 180-181t, 494-496
siglas, 15-17
Silvaris Corporation, 25-26
SilverHook, 496-498
simplificação, 479-480
simulação, 386-388t, 415-416, 418
　características, 415-419
　de eventos discretos, 420-425
　de Monte Carlo, 420-422
　dependente do tempo, 421-422
　desvantagens, 419-420
　experimentos, condução de, 415-416, 418
　inadequações, 423-425
　independente do tempo, 421-422
　metodologia, 419-421
　pacotes, 417-419
　probabilística, 420-422
　processo, 419-420f
　software, 47-49, 425, 428-429
　tipos, 420-423
　vantagens, 417-419
　visual interativa (VIS), 423-429
Simulmedia, 49-50
síndrome da bala mágica, 283-285

sinônimos, 299-300, 318-320
síntese de fala, 307-308
SiriusXM Radio, 62-65
sistema de gerenciamento de banco de dados (DBMS), 165-166, 201-202
sistema de gerenciamento de banco de dados distribuído, 154-156
sistema de gestão de base de dados orientado por colunas, 198-199
sistema de gestão de desempenho, 208-209
sistema de pontuação de KPI baseado na Web, 214-217
sistema de vigilância ECHELON, 308-311
sistemas baseados em nuvem, 9-10
sistemas de apoio a decisões (DSSs), 10-12
　add-ins, 393-395
　baseados em DW, 12-14
　e modelos interativos visuais, 425, 428
sistemas de gestão de conhecimento, 10-11
sistemas de informação gerenciais (MIS), 11-12
sistemas de informações executivas (EISs), 12-17
sistemas de informações geográficas (GIS), 123-125, 522-523
sistemas de medição de desempenho, 207-210
　balanced scorecard (BSC), 208-210
　indicadores-chave de desempenho (KPI). *Ver* indicadores-chave de desempenho (KPI)
　Seis Sigma, 211-217
　versus sistema de gestão de desempenho, 208-209
sistemas de processamento de trânsito, 19-21
sistemas em nuvem orientados por dados, 520-521
sistemas hospitalares, 486-487
sites de encaminhamento, 357-358
sites de redes sociais, 508-509
situação decisória estocástica, 392-393
situação decisória probabilística, 392-393

Six Sigma Business Scorecard (Gupta), 213-214
SKUs, 39-40
SmartBin, 49-50
smartphones, 49-50
Snowden, Edward, 532-534
Snowflake, 515-516, 520-521
SOA. *Ver* arquitetura orientada para serviços
sociologia urbana, 362-363
Softlayer, 517-520
software como serviço (SaaS), 194-195, 510-511
software de aquisição de dados (*back-end*), 162-163
software de árvore de decisão, 47-49
software de código aberto, 194-195
software de otimização, 47-49
software de pesquisa de ciência administrativa, 47-49
software de programação linear, 47-49
software de programação linear por inteiros mistos, 47-49
software Neural Network, 47-49
software WebFOCUS, 115-116
solução, 400-401
solução otimizadora, 400-401
solução visual interativa de problemas, 423-425
soluções de análise de dados para áreas específicas, 49-50
soluções de sistema de informações geográficas (GIS), 525-526
Sonatica, 135-136
Soundhound, 49-50
Spaceknow, 444-445
spam de busca, 349-351
spam de mecanismos de busca, 349-351
spamdexing, 349-351
Special Interest Group on Decision Support and Analytics, 50-52
Sportvision, 49-50
SPRINT (Scalable PaRallelizable INduction of Decision Trees), 263-264
Sprout, 362-366
spyware, 532-534
SQL Server, 44-45, 274-275
SQL Server Data Mining, 275-276t

Sqoop, 456-457
ST_GEOMETRY, 523-524
Stanford—Large Movie Review Data Set, 338-339
Starbucks, 502-503, 525-526
Statistica Data Miner, 301-302
Stein, Joel, 534-535
Strategy Maps: Converting Intangible Assets into Tangible Outcomes (Kaplan and Norton), 209-210
suavização exponencial, 111-112
sumarização, 298-299
sumarização automática, 307-308
suporte, 10-11, 272-273
suporte analítico, 10-11
SVD. *Ver* decomposição em valores singulares (SVD – *singular value decomposition*)
SVMs. *Ver* máquinas de vetores de suporte (SVMs – *support vector machines*)
Sybase, 180-181t, 450-451
Sysco, 502-503

T

tabela de contingência, 256-258
tabelas de decisão, 413-415
tabelas dimensionais, 184-185
tabelas factuais centrais, 184-185
tabelas realçadas, 125-126
Tableau, 25-26, 45-47, 133f, 136-137, 470-471, 515-516
Tacoma Public Schools, 516-518
tamanho da matriz, 320-322
Target, 282-283
taxa de precisão, 256-258
taxa de verdadeiros negativos, 258-259t
taxa de verdadeiros positivos, 258-259t
taxas de abandono, 359-360
taxas de precisão por classe, 256-258
taxas de saída, 359-360
taxonomia de dados, 70-73, 70-71f
TDWI.org, 45-46, 50-52
técnicas de classificação baseadas em estatística, 235, 238-240
técnicas de mineração de dados, 46-47
técnicas estatísticas clássicas, 46-47

tecnologia de armazenamento em memória principal, 199-202
tecnologia de processamento na própria base de dados, 199-201
tecnologias de Big Data, 451-462, 464
  Hadoop, 454-459
  MapReduce, 451-455, 453-454f
  NoSQL, 459-462, 464
tecnologias de *data warehouse* baseadas em DBMS relacional, 467-470
Teknion, 136-137
telecomunicações, 270-272, 483-486
tempo no site (*time on site*), 356-357
terabytes (TB), 192, 439-442
Teradata, 17-18, 63-65, 133-134, 154-156, 165-166, 180-181t, 198-199, 470-471, 494-495
Teradata Aster, 47-49, 237-238, 437-438, 473-478, 480-481, 513-516
Teradata University Network (TUN), 7-9, 19-20, 50-52, 55-56
Teradata Warehouse Miner, 275-276t
Teradata® Analytics, 176-180
termo, 299-300
termos de parada, 318-320
terrorismo, 532-535
teste de hipóteses, 99-100
teste F geral, 101-102
"The Balanced Scorecard: Measures that Drive Performance" (Kaplan and Norton), 209-210
"*The Balanced Scorecard: Translating Strategy into Action* (Kaplan and Norton), 209-210
The Championships, 328-333
The Data Warehouse Toolkit (Kimball), 155-156
The Data Warehousing Institute, 22-23, 50-52, 54-55, 179-180, 187-188
The Economist, 540-543
The Execution Premium (Kaplan and Norton), 209-210
The Strategy-Focused Organization: How Balanced Scorecard Companies Thrive in the New Business Environment (Kaplan and Norton), 209-210
Thomson Reuters, 444-445

Tito's Handmade Vodka, 362-362, 365-366
tomada de decisão
  análise de dados, suporte de, 540-541
  certeza, 391-393
  ética, 535-537
  incerteza, 392-393, 413-415
  modelagem de decisões com planilhas, 392-399
  risco, 392-393
  situação decisória estocástica, 392-393
  situação decisória probabilística, 392-393
  zonas de tomada de decisão, 391-392f
tomada de decisão embasada por dados, 162f
tomada de decisões baseada em modelos, 381-382, 384-389
  categorias de modelos, 384-385, 387-389, 386-388t
  exemplos de modelo de análise de dados prescritiva, 381-382, 384-385, 387
  gestão de modelos, 386-388
  identificação de problemas, 384-385, 387
  modelagem baseada em conhecimentos, 386-388
  tendências atuais em desenvolvimento de modelos, 388-389
  varredura e análise ambiental, 384-385, 387
Torch Concepts, 281-282
Towerdata, 49-50
tradução de máquina, 307-308
trajetória de cliques, 357-358
transação, 20-21
transação de títulos financeiros, 243-244
transações de vendas, 270-272
transações via cartão de crédito, 270-272
Transcrições de debate aberto no Congresso, 338-339
transformação, 173-174
transformação de dados, 75-78, 78t, 162
transitividade, 362, 365-366
transporte, 390-391t
Treasata, 470-471
tree maps, 125-126
treinamento, 367-368
tríades relacionais, 362, 365-366

Tufte, Edward, 116-117
Tukey, John W., 91-92
TurboRouter, 381-382, 384
Turck, Matt, 44-45, 504-505
Twitter, 49-50, 363-365, 462, 464-465, 471-473

U

Universal Product Code (UPC), 501-502
Universidade de Stanford, 304-306
universidades, 50-52
University of Arkansas, 275-276
University of California, Berkeley, 315-316
University of Liverpool, 315-316
University of Manchester, 315-316
Unmetric, 49-50
URL dedicado, 357-358
usabilidade do site, 356-358
usuários, 197-198
usuários avançados, 466-467

V

validação cruzada *k-fold*, 259-260
validade, 68-70
validade de dados, 68-70
valor corrente/agilidade dos dados, 68-70
valor dos clientes, 485-486
valores ausentes, 75-76
valores discrepantes, 88-92
valores pessoais, 536-537
vantagem competitiva, 241-242
varejo, 243-244
variabilidade, 213-214, 442-443
variância, 90-91
variância constante (de erros), 103-104
variáveis, 389-390
    de classe/resposta, 103-104
    de resposta, 99-101
    de resultado, 389-390
    de saída, 99-100
    decisórias, 389-390, 400-401, 413-414
    dependentes, 389-390
    explanatória, 100-101

    explanatórias/previsoras, 103-104
    incontroláveis, 389-390, 413-414
    previsoras, 103-104
    variável de resultado, 389-390
variedade, 440-442, 445-447
varredura e análise ambiental, 384-385, 387
vasto volume de dados, 241-242
vCreaTek, LLC, 36-37
velocidade, 256-258
velocidade, 440-443, 445-447
velocidade de carregamento de página, 163-165
velocidade de recuperação, 195-196
vendas, 359-360
veracidade, 442-443
vinculação cruzada, 349-351
vinculação de conceitos, 299-300
vinhetas de abertura
    análise de esportes, 2-7-9
    Departamento de Polícia do Condado de Miami-Dade, 225-230
    Distrito Escolar da Filadélfia, 379-381
    evasão de clientes, 436-440
    fraude fiscal, 149-153
    IBM Watson, 294-295
    Siemens, 494-496
    SiriusXM Radio, 62-65
virtualização, 511-512
virtualização de armazenamento, 511-512
virtualização de rede, 511-512
virtualização de servidor, 511-512
VIS. *Ver* simulação visual interativa
Visa, 230-233
visão, 447-449
visitantes de retorno, 358-359
visitantes novos, 358-359
visualização de dados, 116-117
    construção de narrativa, 131-133, 133f
    dashboards. Ver dashboards
    ferramentas, 46-47
    ferramentas visuais, necessidade de, 119-120
    futuro da, 119-120

    história da, 116-120
    mineração de dados e, 241-242
visualizações, 27-29, 46-47, 241-242, 479-480
visualizações de página, 356-357
volume, 440-442, 445-447
volume de dados, 449-450
voz do consumidor (VOC – *voice of the consumer*), 331-334
voz do funcionário (VOE – *voice of the employee*), 333-334
voz do mercado (VOM – *voice of the market*), 333-334

W

Wall Street Journal, 444-445, 528-529, 534-535
Walmart, 192, 501-502
Waze, 49-50, 528-529, 535-536
Weapons of Math Destruction: How Big Data Increases Inequality and Threatens Democracy (O'Neil), 542-543
WebCrawler, 350-352
Webhousing, 190-191
Weka, 274-275
Wells Fargo Bank, 155-156
"What They Know," 534-535
Wikileaks, 532-534
Wikipédia, 508-509
Wimbledon, 328-333
WordNet, 304-306, 336-337
WordNet-Affect, 337
World Wide Web, 340-341
Wow, 350-352

X

XLMiner, 275-276t

Y

Yahoo! Search, 350-352
Yodlee, 444-445
yottabytes (YB), 441-442
Young, John, 72-76
YP.com, 49-50

Z

Zementis Predictive Analytics, 275-276t
zettabytes (ZB), 440-442